U0816048

兴安

年鉴 2019

XING'AN NIANJIAN

兴安县地方志编纂委员会　编

方志出版社
Publishing House of Local Records

图书在版编目（CIP）数据

兴安年鉴 . 2019 / 兴安县地方志编纂委员会编. --
北京 ：方志出版社，2019.12
ISBN 978-7-5144-4093-5

Ⅰ. ①兴… Ⅱ. ①兴… Ⅲ. ①兴安县—2019—年鉴
Ⅳ. ① Z526.74

中国版本图书馆 CIP 数据核字(2020)第 001959 号

兴安年鉴（2019）

编　　者：兴安县地方志编纂委员会
责任编辑：顾　洁

出 版 者：方志出版社
地址　北京市朝阳区潘家园东里 9 号（国家方志馆 4 层）
邮编　100021
网址　http://www.fzph.org
发　　行：方志出版社图书经销中心
电话（010）67110500
经　　销：各地新华书店
装帧设计：南宁市佳彩广告设计有限公司
印　　刷：深圳市精一瑞兰印刷有限公司

开　　本：889 × 1194　　1/16
印　　张：24.25
字　　数：701 千字
版　　次：2019 年 12 月第 1 版　　2019 年 12 月第 1 次印刷
印　　数：001 ～ 400 册

ISBN　978-7-5144-4093-5　　定价：198.00 元

· 版权所有　翻印必究 ·

编辑说明

一、《兴安年鉴》是中共兴安县委、县人民政府组织，兴安县地方志编纂委员会编纂的系统记述本行政区域自然、政治、经济、文化、社会等方面情况的年度资料性文献。旨在为各级领导机构决策、指导工作提供县情依据，是社会各界和海外人士了解、研究兴安的最新信息载体，并为兴安县的发展积累史料。

二、《兴安年鉴》主体内容设类目、分目、条目三个层次，除特载、附录等类目采用综合性文章外，其余内容均以条目为表现的基本形式。条目的标题统一由黑体字加【 】表示，一般先以【概况】条目介绍行业、事业的基本情况，后按一事一目的原则设置条目。年鉴内容的层次设置，总体上按学科分类和社会分工相结合的原则归类和排列，乡镇、机关、企事业单位等排序和层次一般不表示其地位和规模。

三、《兴安年鉴(2019)》着重记载2018年兴安县经济和社会发展的基本情况及大事、要事、新事，个别重要内容有上溯或下延。收录范围以兴安县行政区划为界，凡在兴安境域内的乡镇、部门、单位、各行各业，不论其性质、隶属关系和级别，均在收录之列。

四、本卷年鉴共设特载、大事记、兴安概况、中国共产党兴安县委员会、兴安县人民代表大会、兴安县人民政府、中国人民政治协商会议兴安县委员会、纪检·监察、社会团体、法治、国防事务、工业·供电、信息产业、农业·水利、商贸业、财税·金融、城乡建设·环境保护、交通运输、综合经营管理、教育·科技、文化·旅游·体育·卫计、社会事务、乡镇、索引等24个类目。

五、本卷年鉴土地面积计量单位“亩”，质量单位“吨”，由于涉及至广大农民农村农业的问题，且在目前本地农村农民的日常生产生活中，“亩”和“吨”仍作为土地面积的计量单位和质量单位。所以，本年鉴记述农业事项在土地面积时仍使用“亩”，在计量水果、粮食作物质量时仍使用“吨”作为计量单位，1亩＝666.67平方米，1吨＝1000千克，随文不再括注同比例平方米数和千克数。

六、本卷年鉴稿件由各乡镇、县直各部门及各有关单位提供，并经供稿单位审核。主要统计数据均由撰稿单位提供，因统计口径不同等原因，可能与统计部门公布的数据有出入，引用时请加以区别。统计数据采用法定计量单位。

兴安县地方志编纂委员会

名誉主任：黄洪斌　张永军　唐庆林
主　　任：黄　钦
副 主 任：黄小桂　经友新　唐社林　庄慧琼　吴　勋　刘婉秋　韦　辉
　　　　　杨　义　李　芳　阳　旭
委　　员：蒋　涛　刘袁华　蒋治全　赵　勤　陈宗辉　李忠生　黄学红
　　　　　李传亮　赵时斌　朱建华　谭海文　莫付林　赵　晖　彭　平
　　　　　黄本谊　刘筱红　文善华　伍影中　张征华　顾云晖　张　旎
　　　　　陆光雄　丁贵明　蒋志勇　陆吉林　吕瑞云　江元科　高　峰
　　　　　杨迪勇　张　勇　唐修桂　邓永忠　胡黎明　唐春和　胡学军
　　　　　赵福生　卢宇春　李　波　潘　敏　赵兴梅　何立松　戴文戈
　　　　　刘绍良　王　杰　张凌明　彭　博　张　峰　唐　泓　蒋艳琼
　　　　　潘荣利　胡祖江　郭俊林　吕　芳

《兴安年鉴(2019)》编辑人员

主　　编：阳　旭
常务副主编：李　翔
副 主 编：刘绍良
编辑部主任：李　翔（兼）
编　　辑：蒋子鸣　何艳红　廖晓梅

领导调研及政务活动

1 1月17日，自治区高级人民法院院长黄克（正面中）在兴安县与自治区人大代表座谈　县人民法院　供图

2 3月15日，自治区审计厅党组书记苏海棠（左二）一行到兴安县审计局开展调研活动　县审计局　供图

3 6月15日，自治区食品药品监管局餐饮处处长陈修荣（左三）率督查组一行在学校食堂查看留样登记制度　县食药监局　供图

4 5月11日，国家森防总站、造林司、和国家林业局规划院等专业技术人员，在黄洪斌（左四）等县领导的陪同下对兴安县松材线虫病疫情小班、枯死松树除治情况进行了实地察看　唐　静　摄

领导调研及政务活动

1

2

3

1 9月5日，县委书记黄洪斌（左三）到漠川乡中心校调研义务教育均衡发展工作　漠川乡　供图

2 1月19日，县委书记黄洪斌（右四）参加军事日活动　县委办　供图

3 9月3日，桂林警备区政委王致（左二）、县长黄钦（左一）到县人武部检查指导新兵役前训练工作　县人武部　供图

4 6月26日，广西电网公司党委书记、董事长揣小勇（前排左二）到兴安供电局调研　县供电局　供图

5 1月24日，县委书记黄洪斌（左四）调研海螺公司　县委办　供图

6 6月1日，县委书记黄洪斌（中）等领导到县二幼进行“六一”慰问　县教育局　供图

7 5月17日，县政协主席唐庆林（左二）带队进行河长制的调研视察　县政协　供图

领导调研及政务活动

1

2

3

4

5

6

1 9月29日，县政协主席唐庆林（右一）实地推进灵渠展示中心建设　　县政协　供图

2 4月10日，县委常委、县委办主任唐社林（左四）检查环境综合整治工作　　县委办　供图

3 6月6日，副县长徐建强（左一）一行现场调研气象站迁站工程新址　　县气象局　供图

4 县委常委、县政法委书记蒋世语（右三）与县工商质监局，县公安局领导在"5·15"打传宣传活动现场发放宣传单　　县工商质监局　供图

5 6月26日，副县长文新祥（左）到上桂峡水库检查安全度汛工作　　李　丽　摄

6 12月28日，兴安县宣传思想现场会情景　　溶江镇　供图

7 7月20日，国家税务总局兴安县税务局挂揭牌仪式　　县税务局　供图

7

工业与招商引资

1

2

3

1 6月11日—13日，县委书记黄洪斌（左三）带队赴深圳华润置地有限公司考察　县招商局　供图

2 11月14日，县长黄钦（左三）率队赴湖南长沙三一集团考察　县招商局　供图

3 12月23日—25日，县委书记黄洪斌（左四）率队赴江西考察铜锣湾广场项目　县招商局　供图

4 10月20日，深圳招商会前，桂林市副市长樊新鸿（右二）、县委书记黄洪斌（右一）、县长黄钦（右三）与客商座谈交流　县招商局　供图

5 9月12日—15日，县委书记黄洪斌（左五），县委常委、常务副县长黄小桂（右四）率团参加第十五届中国—东盟博览会　县招商局　供图

6 10月20日，深圳招商会前，桂林市副市长樊新鸿（前排左）、县委书记黄洪斌（右一）、县长黄钦（左一）与客商交流　县招商局　供图

7 9月8日，兴安县利用水泥窑协同处置城市生活垃圾项目竣工投产仪式，在兴安海螺水泥有限责任公司厂区举行。图为市、县领导参观项目操控室　蒋子鸣　摄

4

5

6

7

工业与招商引资

广西兴安第十一届桂林米粉文化节
潮起兴安正当时
投资招商推介会
2018年4月28日
主办：中共兴安县委员会 兴安县人民政府
承办：兴安县招商局
发言台

1

CONCH VENTURE
兴安县利用水泥窑协同处置城市生活垃圾项目
竣工投产仪式

2

3

1 4月28日，县长黄钦在第十一届米粉节暨“潮起兴安正当时”招商推介会上致辞　　蒋子鸣　摄

2 9月8日，兴安县利用水泥窑协同处置城市垃圾项目竣工投产仪式　　蒋子鸣　摄

3 4月28日，县领导出席与华润置地有限公司签约乐满地项目　　县招商局　供图

4 9月12日，县委常委、常务副县长黄小桂（左一）在第十五届中国—东盟博览会上签约高寨旅游温泉康养度假胜地项目　　县招商局　供图

5 10月20日，桂林市副市长樊新鸿在兴安深圳招商推介会上致辞　　县招商局　供图

6 7月13日，桂林兴安供电局溶江供电所启动10千伏车盐铺线隐患综合运维整治行动　　县供电局　供图

4

5

6

三农工作

1

2

3

4

5

6

1 1月24日，县委副书记经友新（左二）到白石乡调研乡村振兴 县委办 供图

2 3月15日—16日，县气象局联合广西气象防灾减灾所开展柑橘寒害及农业气象服务调研 县气象局 供图

3 3月15日，县科协在兴安镇周家园村开展科普下乡送图书活动 县科协 供图

4 4月27日，县畜牧局开展2018年兴安县增殖放流活动暨禁渔活动 县畜牧局 供图

5 7月6日，兴安县科协与县老科协、市老科协高级农艺师陈永孝（左二）开展科普下乡暨柑橘种植技术宣讲 县科协 供图

6 8月6日，县长黄钦（左五）带领贵州贵澳实业（集团）有限公司一行赴高尚镇考察银杏产业发展 高尚镇 供图

7 4月24日，广西财政支农项目——植保无人机飞手培训班在崔家乡举办 崔家乡 供图

8 11月1日，副县长吕忠荣（右四）到兴安镇现场颁发农村土地承包经营权证书 兴安镇 供图

7

8

三农工作

1

2

3

4

5

1 12月19日，桂林市村级集体经济绿色发展大会首站到兴安镇源江村考察发展壮大村级集体经济工作　　兴安镇　供图

2 7月12日，严关镇清水村灵芝喜获丰收　　雷俊忠　摄

3 10月10日，县食品药品监管局执法人员开展“食品安全进乡村”宣传活动　　县食药监局　供图

4 10月17日，广西区食品药品监管系统新闻宣传培训班学员到“大管家”食品药品科普宣传站进行参观并进行现场授课　　县食药监局　供图

5 10月17日，兴安县食品药品监管工作人员在“大管家”科普站进行中小学生食品安全科普宣传　　县食药监局　供图

6 11月17日，兴安溴川举行第二届“金色乡村”体验活动，兴安县食品药品监管局执法人员对食品加工操作过程进行全程监督　　县食药监局　供图

7 12月24日，崔家乡组织乡人大代表参观视察富硒大米加工厂　　崔家乡　供图

8 市政府办、财政局、住建委一行赴高尚镇指导新型城镇化示范乡镇建设工作　　高尚镇　供图

9 5月8日，兴安县金满田园粮食产业（核心）示范区水田工厂育秧、机械化犁田和机插水稻工作　　高尚镇　供图

6

7

8

9

灵渠申遗

兴安灵渠入选世界灌溉工程遗产
接牌仪式
单位：中共兴安县委员会
兴安县人民政府
单位：中共兴安县委宣传部
兴安县灵渠申遗
兴安县水利局
兴安县文旅广体

1

2

3

4

5

1 8月24日，兴安举行灵渠入选世界灌溉工程遗产名录接牌仪式。国际灌溉排水委员会荣誉副主席丁昆仑（左一）、国家灌溉排委员会办公室主任高黎辉（右一），向兴安县颁授“世界灌溉工程遗产”牌，县委书记黄洪斌（左二）、县长黄钦（左三）接牌　蒋子鸣　摄

2 12月15日，国家文物局局长宋新潮（左二）到申遗办考察灵渠申遗相关工作。县领导黄洪斌（左一）、黄钦（右一）等陪同考察　陈兴华　摄

3 5月11日，国家灌排委员会专家在灵渠北渠、竹枝堰考察　蒋子鸣　摄

4 5月11日，国家灌排委员会组织水利部专家到兴安县经过实地考察，召开“灵渠申报世界灌溉工程遗产专家考察评估会”。图为专家们在灵渠考察合影　蒋子鸣　摄

5 6月7日，县委书记黄洪斌（左三）陪同有关领导、专家到灵渠沿岸开展灵渠陡军村落情况调查工作　陈兴华　摄

6 4月26日—28日，全国“灵渠保护与申遗暨水利遗产保护利用学术论坛”在兴安县召开　段晓燕　摄

7 7月17日，自治区水利厅老干部、老专家到兴安县调研灵渠水利工程　张滔　摄

8 10月，广西区文物与保护研究所、兴安县文物局在溶江镇对石马坪古墓进行抢救性发掘　唐中立　摄

9 5月11日，兴安县委书记黄洪斌在灵渠申报2018年世界灌溉工程遗产获得专家组一致推荐之后作表态发言　蒋子鸣　摄

灵渠申遗

1

2

3

4

5

1. 1月9日，兴安县举行灵渠南渠复航一期工程试航仪式。黄洪斌（左四）、黄钦（左五）、张永军（左三）、经友新（右一）、庄慧琼（左二）等县领导参加复航仪式　　陈兴华　摄
2. 11月30日，县政协主席唐庆林（前排左二）组织住兴桂林市政协委员视察灵渠保护工作情况　　县政协　供图
3. 3月9日，桂林市相关专家开展灵渠立法调研工作　　陈兴华　摄
4. 4月28日，水利史年会专家考察灵渠　　唐中立　摄
5. 11月30日，灵渠南渠通航修缮工程后试航　　唐中立　摄
6. 4月17日，相关专家及媒体记者考察灵渠　　唐中立　摄
7. 3月11日，灵渠博物馆开工（打下第一桩）　　陈兴华　摄
8. 11月，车上堰修缮工程竣工　　唐中立　摄
9. 8月22日，兴安县灵渠申遗办和团县委等部门联合举行“清洁灵渠，助推申遗”青年志愿者服务活动　　蒋子鸣　摄
10. 6月，“我和灵渠留个影”摄影大赛圆满结束。图为县人大常委会副主任胡琳（左一）、县政协副主席伍发进（左二）为获奖者颁奖　　陈兴华　摄

节庆·活动

1

2

3

4

5

1 2月12日晚上，兴安县首个历史文化浓郁的生态公园——滨江公园正式开园，县委书记黄洪斌（左二）、县长黄钦（左三）、县人大常委会主任张永军（左一）、县政协主席唐庆林（左四）共同开启滨江公园开园水晶球　　蒋子鸣　摄

2 4月11日上午，广西兴安县第十一届桂林米粉文化节暨中国“南粉北面”产业发展高峰论坛新闻发布会在桂林乐满地举行　　蒋子鸣　摄

3 4月28日，米粉节期间美食一条街　　蒋子鸣　摄

4 4月28日，广西兴安县第十一届桂林米粉文化节暨中国“南粉北面”产业发展高峰论坛活动在桂林乐满地度假世界景区开幕　　蒋子鸣　摄

5 5月1日，首届广西山歌歌王争霸赛在华江瑶族乡举行　　华江瑶族乡　供图

6 8月8日，2018年广西青少年跆拳道锦标赛在兴安县体育馆开幕

县文旅广体局　供图

7 9月30日，桂北红色旅游联合体揭牌仪式在兴安火车北站高铁游客集散中心举行　蒋子鸣　摄

8 9月30日，桂北红色旅游联合体在湘江战役纪念馆成立　蒋子鸣　摄

9 9月30日全国第五个烈士纪念日，兴安县党政军及社会各界人士，在红军长征突破湘江烈士纪念碑园举行2018年烈士纪念日公祭活动

蒋子鸣　摄

节庆·活动

1 11 月 17 日，各级领导出席银杏之乡·桂林兴安漠川第二届金色乡村体验活动　　漠川乡　供图

2 12 月 23 日上午，2018“奔跑吧广西”生态马拉松系列赛（桂林兴安站）暨兴安灵渠古运河马拉松赛在银杏广场开跑　　蒋子鸣　摄

3 11 月 10 日，兴安源江第二届风车文化节上，县领导和镇领导合唱原创歌曲《天上源江》　　兴安镇　供图

4 11 月 23 日，新时代文明实践活动——广西养生养老小镇授牌仪式在华江瑶族乡举行　　华江瑶族乡　供图

5 7 月 12 日，桂林桂林市副市长彭代元现场办公推进灵渠南渠（左一）复航工程 溶江镇 供图

6 11 月 2 日，县人大常委会副主任刘婉秋（右二）与南宁市良庆区人大代表赴高尚镇山湾村调研现代农业核心示范区 高尚镇 供图

7 3 月 16 日，中国水科院领导考察北渠 湘漓镇 供图

8 3 月 15 日，国有重点金融机构监事会主席于学军（左二）一行到农发行兴安县支行调研，并考察灵渠 农行兴安县支行 供图

9 6 月 25 日，知名导演陈维亚（左三）到兴安县考察 县政协 供图

10 12 月 20 日，兴安县创建国家全域旅游示范区验收末次会议在乐满地酒店二楼会议厅举行 县文旅广体局 供图

精准扶贫

1

❶ 11月2日，县委书记黄洪斌（左三）到漠川乡走访贫困户　漠川乡　供图

❷ 10月9日，县委书记黄洪斌（左三）到高尚镇仁和村委调研走访贫困户　高尚镇　供图

❸ 9月15日，县委书记黄洪斌（左二）在湘漓镇慰问贫困户　湘漓镇　供图

❹ 5月5日，县委书记黄洪斌（左二）三同活动调研乡村振兴　县委办　供图

❺ 2月6日，县委书记黄洪斌（右）慰问困难群众　县委办　供图

2

3

4

5

6 9月21日，桂林市政协副主席汤桂荔（左五）到漠川乡白面村开展脱贫攻坚调研活动　　漠川乡　供图

7 11月4日，县长黄钦（左三）到石坑村走访贫困户　　兴安镇　供图

8 9月14日，县委副书记经友新（前排右二）等县领导参加扶贫现场会　　县委办　供图

9 6月11日，县委常委、县委办主任唐社林（左二）走访贫困户　　县委办　供图

精准扶贫

1

2

1. 县人武部领导开展慰问贫困户、援建村委大礼堂活动 县人武部 供图
2. 9 月 14 日，全县 2018 年贫困村脱贫摘帽工作现场会在崔家乡粉洞村召开 兴安镇 供图
3. 2018 年春节期间，县卫计局组织党员干部开展锤炼党性为贫困户送温暖送健康活动 县卫计局 供图
4. 12 月 7 日，农发行兴安县支行参加“爱心认购助扶贫 扶贫解困传优良”财税金融系统党员活动日，职工认购爱心果 550 千克 农行兴安县支行 供图

文体活动

手新時代 共圓中國夢
演讲报告会
高尚名人风采

1

兴安县2018年"春风行动"现场招聘会
主题：促进转移就业 支持返乡创业 助力增收脱贫
主办单位：兴安县人民政府 承办单位：县人力资源和社会保障局 县扶贫办 县总工会 县妇联 县工商联
中国黄金
CHINA GOLD

2

3

1. 1月5日，高尚之子——蒋开儒带着《中国梦》踏上家乡讲台演讲　　高尚镇　供图
2. 2月27日，兴安县2018年“春风行动”在县城中心广场启动　　县人社局　供图
3. 2月8日，高尚镇开展关爱保洁员春节送温暖活动　　高尚镇　供图
4. 2月4日，兴安县关心下一代工作委员会联合有关部门举办第四届青少年挥春书画赛暨“五老”携幼赠写春联活动　　县老干局　供图
5. 6月5日，工行兴安支行开展征信知识宣传活动　　工行兴安县支行　供图
6. 6月14日，共青团兴安县委组织青年团干开展“保护母亲河 青年在行动 社会同参与”主题活动　　易　翠　摄

4

5

6

文体活动

1

2

3

1 7月10日上午，一部全程在兴安取景拍摄的电影——《北纬25°天空下》，在兴安县猫儿山脚下正式开机拍摄。图为黄钦（左四）等县领导现场探班　　蒋子鸣　摄

2 7月2日，兴安县总工会开展禁毒工作宣传　　县总工会　供图

3 7月4日，兴安县总工会农民工子女暑期亲情活动温馨启动　　县总工会　供图

4 6月28日，老年大学代表队的《风情万般猫儿山》参加由桂林市委组织部、市委老干部局主办的全市离退休干部纪念建党97周年文艺汇演活动　　张爱群　摄

5 11月12日，中国流动科技馆广西巡展兴安站在兴安中学启动　　县科协　供图

6 9月10日，兴安县举行庆祝第34个教师节表彰暨文艺汇演活动　　县教育局　供图

美丽兴安

1

2

3

4

5

1 华灯初上——严关镇夜景
唐袁华 5月12日摄
2 古韵漠川 蒋子鸣 11月16日摄
3 崔家高泽之秋 尹相逢 11月28日摄
4 2月12日，正式开园的滨江公园夜景
蒋子鸣 摄
5 10月1日，重大项目西绕城路建成通车 文 勇 摄
6 严关镇风光旖旎的马头山
陈新洲 6月8日摄
7 灵渠泊舟 蒋子鸣 4月16日摄
8 渡头江大桥夜景
县住建局 2月12日摄

美丽兴安

1 华江风雨桥　尹相逢　6月18日摄
2 严关金色田野　尹相逢　5月8日摄
3 乐满地朝霞　尹相逢　6月21日摄

目　录

特　载

大事记

兴安概况

中国共产党兴安县委员会

兴安县人民代表大会

兴安县人民政府

中国人民政治协商会议兴安县委员会

纪检·监察

社会团体

法 治

国防事务

工业·供电

信息产业

农业·水利

商 贸 业

财税·金融

城乡建设·环境保护

交通运输

综合经营管理

教育·科技

文化·旅游·体育·卫计

社会事务

乡 镇

索 引

特　载

在中国共产党兴安县第十四届委员会第七次全体(扩大)会议上的报告

(2019 年 1 月 15 日)

中共兴安县委书记　黄洪斌

中共兴安县委书记　黄洪斌

一、砥砺奋进,迎难而上,经济社会发展焕发勃勃生机

刚刚过去的 2018 年是全面贯彻落实党的十九大精神的开局之年,是改革开放 40 周年、自治区成立 60 周年。一年来,在区、市党委、政府的正确领导下,县委常委会团结带领全县各级党组织、广大党员和干部群众,坚持以党的十九大精神和习近平新时代中国特色社会主义思想为指导,紧紧围绕建设"生态兴安、文化兴安、富裕兴安"、实现"七大目标"[1]和创建"三大生态"先进县[2]战略,深化"六个年"[3]活动,撸起袖子加油干,全县经济社会发展和党的建设各项事业呈现出新气象。预计全年完成地区生产总值同比增长 8.7%,创 2014 年以来最好水平;规模工业总产值增长 9.6%,固定资产投资增长 12.0%;财政收入下降 9.58%(按可比口径增长 22.0%);城镇居民人均可支配收入增长 6.0%,农村居民人均可支配收入增长 10.0%。

时间是最忠实的记录者。这一年,全县上下齐心参与兴安发展的方方面面,共同见证兴安变化的点点滴滴,携手为兴安进步鼓与呼。这一年,斧子口水库完成终验下闸蓄水,标志着历时八年之久的桂林市防洪及漓江补水枢纽主体工程建设成功落下帷幕。这一年灵渠申遗列入自治区工作日程,灵渠成功荣膺世界灌溉工程遗产。这一年,工业高质量发展迸发强劲动能,兴安山水之间高奏"大风歌",建材、风电等"工业树"项目呈参天之势。这一年,华润置地重组乐满地、中储能设备制造、乾昭实业等项目先后落地,"潮起兴安正当时"深圳投资招商推介会成功举办,兴安投资热潮再涌。这一年,脱贫攻坚奋起直追,苦干实干加油干,被动局面全面扭转。这一年,滨江公园如期开园成为县城新地标,海螺水泥窑协同处理城市生活垃圾项目竣工投产,城乡环卫一体化市场服务正式运营,棚户区改造提速,城市颜值越来越高。这一年,新型城镇化示范乡镇建设蹄疾步稳,生态文明兴安样本浓墨重彩,"百千"工程扎实推进,美丽乡村画卷从容运笔。这一年,全区"传承红色基因,争做时代新人"工作经验交流会、全市宣传思想、农村集体经济现场会等先后在兴安召开,新时代文明实践中心全区先行先试。这一年,我们在负重中前行,在风雨中兼程,成绩喜人,成果丰硕,倍增发展信心。

回顾一年来的工作,县委常委会主要抓了以下几个方面:

(一)坚持政治领航,执政能力不断提升

践行"两个维护"[4],树牢"四个意识"[5]。县委常委会始终坚持把政治建设摆在首位,切实加强班子自身建设、增强政治定力、提振发展信心。深入学习贯彻党的十九大和十九届二中、三中全会精神、习近平新时代中国特色社会主义思想,坚决维护习近平总书记在党中央的核心、全党的核心地位,坚决维护党中央权威和集中统一领导,自觉用党的最新理论成果武装头脑、指导实践、推动工作。4 月份以

党的政治建设为主题，在全县范围内开展了一次政治建设专项检查活动。成立了党的十九大精神宣讲团，实施党课标准化建设，县委班子成员带头上党课，下乡驻村开展宣讲活动，一年来，全县共开展宣讲 780 场次、理论政策面对面活动 150 场次、新时代讲习所活动 405 场次。进一步规范和加强县委理论中心组集中学习，围绕脱贫攻坚、乡村振兴战略等主题开展学习研讨，不断增强各级领导干部“四个意识”，着力提升贯彻落实中央和区、市决策部署的能力和水平。

明确发展方向，科学定制蓝图。县委常委会始终坚持研实情、判趋势、定方向，基于兴安经济社会发展的优势与基础、薄弱环节和短板，确定了 2018 年和今后一个时期的发展思路。强调要坚持打基础、利长远，补短板、强优势，推改革、增动能，重点开展好招商引资年、园区建设年、农村电商建设年、旅游营销年、改革推进年、依法治理年等“六个年”活动。抓住影响发展的“牛鼻子”，将项目建设作为支撑发展的根本动力，进一步健全完善项目推进工作机制，实行专项工作领导小组负责制和项目指挥部工作负责制并行办法，全面统筹项目推进。破解制约发展的“软钉子”，聚焦群众反映强烈的堵点、痛点、难点，开展“转作风、提效能、优环境”专项活动，畅通办事流程、简化办事环节，以刀刃向内的勇气塑造良好发展环境。全县上下呈现咬定青山不放松，真抓实干促发展的良好势头。

立足率先垂范，激发干事合力。县委常委会始终坚持大兴求真务实之风，切实担负起管党治党政治责任，认真落实加强党内政治生活培育良好政治生态若干措施，级级压实责任，着力破解我县部分基层党组织党的领导弱化、党的建设缺失、全面从严治党不力等突出问题。坚持以身作则、以上率下转作风，严格贯彻执行中央八项规定精神，坚决防止“四风”反弹。结合“两学一做”学习教育、主题党日、“新三同”活动及脱贫攻坚、乡村振兴等，带头深入基层、企业开展“五个一”等大调研大走访。建立重大项目、重大信访积案、脱贫攻坚等联系基层制度，推行县委月度主要工作计划、优秀积分制等，力促各项工作高效推进。全年共拟定计划事项 485 项，全面完成和基本完成 316 项。用好绩效考核指挥棒作用，积极开展差异化评价考核，在脱贫攻坚、政务服务等重点领域试行弹性考核，用好“硬考核”和“软管理”，充分激发干部“新时代新担当新作为”核心动力，一批担当作为、奋进争先的优秀干部不断涌现。

（二）坚持第一要务，发展基础更加厚实

面对复杂严峻的国际国内形势和经济下行、深层次矛盾的巨大压力，县委常委会始终坚持发展第一要务，克难攻坚、砥砺前行，经济发展焕发新气象。

项目建设成果丰硕。2018 年全县统筹推进重大项目 44 个，其中重中之重项目 9 个，完成投资 39.5 亿元。斧子口水库、海螺水泥窑协同处置城市生活垃圾、湘江环境综合整治工程、西绕城路等项目相继竣工；界首一、二期 10 万千瓦及严关二期 5 万千瓦风电项目如期推进；灵渠展示中心（兴安博物馆）、妇幼保健院、县第三幼儿园、双胞胎集团年产 36 万吨饲料等一大批重大项目快速推进；魁星楼历史文化街区、双女井溪（二期）、欣安电器、碧桂园房产等一批重大项目顺利实施，为我县经济发展企稳回升、强劲发力奠定了坚实基础。

工业振兴步伐坚实。新能源建设取得新成效，风电并网装机容量达 60 万千瓦，新建界首二期 5 万千瓦，严关二期 5 万千瓦，新规划 147 万千瓦，规划总装机规模增至 217 万千瓦，风电成为新的工业支柱产业；茂兴新能源加快推进；光伏复产取得新进展。依托矿粉产业园建设，海螺水泥、晟和矿粉等传统建材企业势头强劲。茗兴生物、鑫鑫药业二期、兴昊药业等投产，生物医药迈出新步伐。嘉达机电、乾昭实业、中储能等项目落地建设，装备制造业呈现新生机。双胞胎集团年产 24 万吨饲料生产项目一期即将投产。着力开展“园区建设年”活动，米粉产业园、矿粉产业园取得重大突破，园区基础设施建设不断夯实。

农业产业化持续提升。以“百村示范、千村整治”工程启动为切入点，全面实施乡村振兴战略，推动“三农”事业再上新台阶。持续创建和提升金满田园等一批自治区、市现代特色农业核心示范区，辐射、引领全县农业走规模化、产业化发展路子。实施传统特色农业品振兴计划，突出葡萄、柑橘、银杏、鲜食玉米、食用菌技术攻关，着力破解葡萄根瘤蚜病、南丰蜜橘滞销等难题。加快新型经营主体培育，全县注册登记农业合作社 377 家，其中国家级示范社 6 家、区级 26 家。全面加强“三品一标”认证工作及农村土地承包经营权确权登记颁证工作。加快“农村电商建设年”步伐，农产品加工、农旅融合发展势头良好。持续扩大农村公路、水利等设施投入，农村生产生活条件进一步改善。

旅游三产转型发展。全力创建全国旅游标准化试点县、国家全域旅游示范区,促进旅游业跨越发展。突出灵渠保护利用,灵渠荣膺世界灌溉工程遗产,灵渠(南渠)修缮、灵渠展示中心、南渠复航工程等顺利推进。深入实施"旅游+"战略,打造了"灵渠人家""桂北老家"等精品旅游线路。华江云顶温泉度假酒店等一批文旅项目有序推进。发挥红色资源优势,擦亮红色旅游名片,牵头成立了桂北红色旅游联合体,加强湘江战役红军烈士遗骸收殓保护及传承利用工作。大力开展"旅游营销年"活动,与阳朔、湖南新宁等县组建旅游发展联盟,成功举办了第十一届桂林米粉文化节活动,荣获"中国米粉美食之乡"称号。顺利通过自治区创建国家全域旅游示范区初审。预计全年接待游客784.5万人次,同比增长12.6%,旅游收入达87.28亿元,同比增长15.2%。

城乡建设协同推进。全面实施棚户区改造项目,原财政局、凤凰坡、下水垌等片区棚户区改造项目取得突破;渡头江巷完成立面改造和水系景观建设,魁星楼和白云驿历史人文景观项目启动建设。城南新区规划和建设加快推进,双拥路移民安置社区房屋及配套设施建设取得新成果。进一步完善县城基础设施建设,开启14条城市道路新改(扩)建工程。双女井溪马路市场整治成效明显,金山城等农贸市场实现运营。持续开展打击"两违",全面启动城镇市容及交通乱象整治集中行动。加快推进新型城镇化示范乡镇建设,启动溶江三花小镇项目,华江瑶族乡荣获"广西养生养老小镇"、高尚山湾村获"广西特色名村"称号。

财政建设呈现生机。继续实施财政解困攻坚计划,加快财源培植,做强优势产业,扶持新兴产业。风电产业实现财政收入达3000余万元,正在成长为新的财税支柱产业;海螺水泥技改后税收首次突破2亿元,创历史最高。积极组织财政收入,扩大城市建设投资,拓展财政投融资渠道;加大招商引资力度,鼓励社会投资;做好土地文章,加强国有资产管理与经营;压缩财政支出,防范和化解财政金融风险,强化精细化管理。2018年实际财力水平达到2011年以来最好水平。

(三)坚持民生优先,社会事业全面进步

县委常委会坚持把改善民生作为一切工作的出发点和落脚点,顺应群众呼声,聚焦问题短板,社会民生事业全面发展。

脱贫攻坚稳步推进。始终坚持把脱贫攻坚作为第一重要的政治任务、第一重要的中心工作、民生工程、作风建设工程来抓紧抓实,以脱贫攻坚来检验各级党组织的政治意识。出台了《关于进一步打好打赢精准脱贫攻坚战的实施意见》,对打赢脱贫攻坚战进行再动员、再部署,整合全县104个定点帮扶单位3300多名干部开展驻村帮扶,构建了领导小组统揽全局,指挥部协调各方,专责小组和定点帮扶单位工作组横向到边、乡镇和村(屯)扶贫机构纵向到底的高效组织架构;层层传导压力,强化"三级书记"抓扶贫,上下同心,合力攻坚,扎实推进脱贫攻坚"六大行动"[6],突出抓好产业扶持、就业帮困、危房改造、医疗保障、集体经济发展,强化六个"精准"[7]。开展扶贫"爱心果"认购倡议活动,帮助果农共克时艰。拧紧责任"链条",严格落实扶贫领域区、市巡视巡察反馈问题整改工作,深化扶贫领域腐败和作风问题专项治理工作。预计实现600户2034人脱贫,10个贫困村摘帽。

生态建设成果显著。坚持生态立县战略,践行"绿水青山就是金山银山"的发展理念。全面打响污染防治攻坚战,积极破解城乡污水、垃圾无害化处理难题,城北及4个乡镇污水处理厂建设完成,海螺水泥窑协同处理城市生活垃圾项目成功运行,实现城乡生活垃圾100%无害化处理。开展矿粉及米石加工企业专项整治行动,关停并转小散乱企业107家。推进"宜居乡村"建设,"三改"工作成效明显,竣工验收9531户。严格落实河长制,实施漓江、湘江及海洋河等流域治理工程,启动双女井溪水生态环境改造和灵渠补水工程。加强灵渠沿岸生态保护,推进风电和山林生态修复,着力打造桂北生态安全屏障。

民生福祉持续改善。以改革创新为引领,市容环卫、医药等重点领域体制改革取得重大突破。持续推进振兴兴安教育三年行动计划,实行学区和中心校管理体制改革,推进义务教育城乡一体化发展,顺利通过义务教育均衡发展国检验收。服务惠民工作稳步推进,就业培训和公共就业服务更加完善,城乡居民医疗保险、养老保险、失业保险、特困供养、低保、救灾救助等城乡一体化社会保障体系建设取得新实效,养老服务业稳步发展。

社会治理扎实有效。以"依法治理年"活动为依托,深入开展法治宣传教育及突出社会矛盾和信访问题精准排查、精细化解工作,完善"三大纠纷"调处机制,积极开展县四家班子领导干部和政法干部夜访活动,收集意见建议326条,现场解决问题

45个,一批重大信访积案得到化解。加强衔接配合,快速审查;推进诉讼服务升级版,实现"一村一法律顾问"全覆盖,司法裁决执行难得到基本解决。公安机关急群众所急,推行《接处警快速反应联动警务新机制》,实施交警、巡骑警联合巡逻,快出快处。积极开展"双提升"工作及扫黑除恶专项斗争,着力提升群众安全感和政法队伍执法满意度,社会大局和谐稳定。

民主法治建设全面进步。依法支持和保障县人大及其常委会依法行使职权,支持人民政协开展政治协商、民主监督和参政议政。切实加强统战工作,服务非公有制经济工作成效凸显。坚持党管武装,切实加强国防动员和国防后备力量建设,支持军队改革,推进双拥工作朝广度与深度发展。科技、民族、宗教、侨务、外事、对台工作取得新成绩,工商联、工青妇、残联、科协等群团组织改革稳步推进,工作取得新成效。

(四)坚持从严治党,党风政风气象日新

县委常委会始终担负全面从严治党的政治责任,坚持严字当头,把严的要求贯彻到管党治党全过程、落实到党的建设各方面。

基层组织建设进一步加强。实施党建领导小组专项工作负责制,县四家班子领导干部挂点联系重大项目、脱贫攻坚等联系基层制度,加强基层党组织"星级化"评定核验,一把尺子量到底。全面实施党课标准化建设工程、农村党员帮扶贫困户全覆盖工程、基层党组织突击队活动、党员积分管理工程、领头雁工程等,着力构建农村基层党建新格局。建成多元化党课平台12个、实训基地21个,受训党员干部1.63万人次。推进"两随机"督查常态化,规范党组织建设,整顿软弱涣散村13个,提升五星级党组织2个。充分激发"两新"党建活力,全力打造"红基因·兴企业""老山界下守初心·瑶乡深处党旗红"等党建品牌。抓好领导干部新"三同""夜学夜访"等活动,收集群众意见建议1905条,为群众办理实事好事674件,解决问题1236件。

干部队伍素质进一步提升。始终坚持"在一线用干部、凭实绩论英雄"的用人导向,综合运用项目建设积分、绩效考核、县领导初始提名和平时考核等多种方式,在一线培养选拔有思想、能吃苦、敢担当的干部。举办"乡村振兴""改革与创新发展"等专题培训班5期,灵渠新风大讲堂7期。出台《兴安县关于进一步激励广大干部新时代新担当新作为集聚发展核心动力的若干意见》《兴安县关于支持改革创新建立容错纠错机制的实施办法(试行)》等,激发干事热情。实施"百人计划"工程,打造"灵渠人才"品牌,制定《兴安县"灵渠人才"选拔管理实施办法》,为经济社会发展提供人才支撑。

意识形态阵地建设进一步夯实。健全意识形态工作主体责任制,以"五讲五树"[8]为载体,推动意识形态学习常态化,促进意识形态责任层层落实。强化宣传阵地建设,135个"新时代讲习所"根植全县10个乡镇、125个村(社区)同步开讲;打造主流媒体传播新阵地,挂牌成立兴安融媒体中心,构建起"一个主体、三级管理、三大系统"管理体系,中央、区、市各级媒体上稿1000余条,《新闻联播》等央视新闻栏目10余次聚焦兴安。切实加强精神文明建设,以创建自治区县级文明城市为契机,深入实施市民文明素质提升"八大行动"[9];完成"县—乡—村—屯"四级新时代文明实践活动试点建设,组建新时代文明实践志愿服务总队和21支志愿服务分队,电影《北纬25° 天空下》成功首映。增强榜样力量,评选年度"感动兴安"十大人物和"百佳"先进人物,产生了良好的社会效应。

党风廉政建设纵深推进。聚焦"六项重点任务"[10],带头贯彻执行《兴安县严肃党内政治生活着力营造良好政治生态的若干措施》及"一岗双责"制度,级级压实责任。深入开展"转提优"活动,着力推行"353848"改革提升效能服务企业若干措施,锲而不舍聚焦中央八项规定,坚决防止"四风"反弹。创新方式方法,利用"随手拍"一键式举报系统、电视问政等,重拳整治不作为、慢作为突出问题,曝光扶贫领域等问题12个,立案审查15人。以县委巡察为"探头",将巡察办列入县委工作机构序列,对24个单位进行全面巡察,发现问题330个,提出整改意见182条,移交问题线索96条,立案12件。全力支持和保障县纪委监委深化"三转",率先在全市县区使用留置措施,立案194起,给予党纪政务处分180人。

同志们,以上报告的是县委常委会一年来的主要工作,这些成绩的取得,是区、市党委、政府正确领导的结果,是全县各级党组织、广大党员和干部群众共同努力、艰苦奋斗的结果,也是各位委员、候补委员辛勤工作、奋力拼搏的结果。在此,我代表县委常委会,向大家表示衷心地感谢和崇高的敬意!

当然,我们工作中还存在许多问题和不足,一些长期累积的深层次矛盾和难题亟须破解;历史原因导致的财政收支矛盾形势依然严峻;改革创新力度还有待加强;干部队伍建设、作风建设存在薄弱环节,激励干部担当作为还需新的举措,等等。对于这些问题,我们将采取有力措施,认真加以解决。

二、振奋精神,笃信笃行,奋力推动新时代兴安改革开放"再出发"

发展风雨总向前,改革创新再扬鞭。习近平总书记在庆祝改革开放40周年大会上发表重要讲话,深刻总结了改革开放40年来党和国家事业取得的伟大成就和宝贵经验,郑重宣示了将改革开放进行到底的信心和决心,明确提出了把新时代改革开放继续推向前进的目标要求。学习好、宣传好、贯彻好习近平总书记重要讲话精神,是当前和今后一个时期的重要政治任务。我们要提高政治站位,深刻把握"十个始终坚持"[11]伟大成就、"九个必须坚持"[12]宝贵经验,奋力推动新时代兴安改革开放"再出发",以更大决心、更大勇气、更实举措把兴安改革开放推向深入。

(一)要推动思想再解放,汇聚发展强大力量。长期以来,我们坚持在解放思想中凝聚发展共识、完善发展思路、破解发展难题,有效调动各方面积极性,推动了经济社会快速发展。特别是换届以来,新一届县委、政府坚持解放思想、立足实际、把握方向、明确目标、突出重点、知难而进,充分发挥总揽全局、协调各方的领导核心作用,形成了戮力同心团结协作的强大合力,力促经济社会发展步入良性轨道,干部作风持续转变,党的建设全面加强。实践证明,地方发展的差距不在条件而在思想解放上,只有思想大解放,才能换来事业的大发展。目前,兴安在思想再解放、观念再更新上依然任重而道远。我们必须以更大勇气冲破思想禁锢,交出时代大考的合格答卷。要在强基础、培优势、谋发展上解放思想。努力把我县独特的区位优势、资源优势、生态优势转化为现实生产力,变区位优势为集聚效应,变资源优势为产业基础,变绿水青山为金山银山。坚决防止只争帽子、不迈步子,只争政策、不用政策,只做方案、不抓落实,只动嘴巴、不撸袖子的问题,用好用活用足政策。要在转作风、优环境、提效能上解放思想。聚焦精神懈怠、纪律涣散、作风漂浮、推诿扯皮、不敢担当、效能低下等方面突出问题,以壮士断腕的勇气,刮骨疗毒,整治作风顽症。要倡导"开放、包容、义勇、敢为人先"的兴安人文精神,坚决破除地方主义、本位主义、乌排文化,大力推进简政放权,提升服务质量,营造良好的营商环境。要在强定力、敢担当、善作为上解放思想。干部敢担当,地方有希望。要树立敢闯敢试、敢啃硬骨头的担当精神和一抓到底的改革韧劲,倡导"实干就是能力,落实才是水平"理念,为实干担当者担当,让实干有为者有位,形成"重一线、重实干、重实绩"鲜明导向,激励干部新时代新担当新作为。

(二)要推动改革再深入,不断释放发展活力。回顾兴安40年改革开放历程,浓墨重彩、写满辉煌。特别是去年以来,我们聚焦民生的医疗、公共交通、环卫市场化营运等三大体制改革,释放出了不竭活力。目前,改革到了新的历史关头,我们需坚持问题导向、需求导向、民生导向,系统谋划、强力推进一批重点领域和关键环节改革,着力破除体制机制弊端,垒实经济社会发展基础。要聚焦营商环境抓改革,深入推进"放管服"改革,推进并联审批机制,试行容缺审批、一站式审批等,引入第三方评估营商环境。要深化投融资体制改革,建立健全投融资公司"借、用、管、还"工作机制,对标对表、用好用活中央积极的财政政策和稳健的货币政策。要推进财税体制改革,完善政府预算体系,狠抓财源培育和税收征管,加大财政资金统筹使用力度,全力做好保运转和财政解困工作。要加快推进国有企业改革,健全国有资产监管体系,依法清理闲置国有资产。要把发展壮大民营经济摆在更加突出位置,出台鼓励、支持、服务民营经济发展办法,解决其发展中的困难与问题,营造民营经济发展良好环境。要巩固农村综合改革成果,大力实施乡村振兴战略,继续深化农村土地制度改革,补齐农村基础设施和公共服务设施建设短板。要积极稳妥地完成机构改革,深入推进城市管理、公安、司法等执法体制改革,持续推进文化教育、医疗卫生、公共交通等事业改革,让更多改革发展成果更公平地惠及人民群众。

(三)要推动创新再发力,形成发展核心动能。要树立抓创新就是抓发展、谋创新就是谋未来的思想观念。抢抓国家实施"互联网+"战略机遇,加快推进工业化与信息化融合发展。要创新招商引资方式,以"强链、延链、补链"为原则,以五大优势产业为重点,组织开展有针对性的招商活动,培育新的经济增长点。建立县领导与招商企业"直通车"沟通机制,推行驻点招商、以商招商、全民招商,营造亲商、护商、稳商的良好发展氛围。要加快发展电商物流贸易，建立企业传统销售、智能制造、种植加工+电商销售网络，形成商业新业态。要深入开展科技创新支撑产业高质量发展行动，围绕新型工业、现代农业、现代服务业、文化科技、社会民生等领域发展需求，大力开展技术创新和产品创新，提升自主创新能力，形成更具竞争力的产业优势。

三、坚定信心，突出重点，全力开创经济社会发展新局面

在自治区成立60周年之际，习近平总书记发表了“建设壮美广西、共圆复兴梦想”的题词，这是对广西发出的迈进新时代、站上新起点、实现新跨越的伟大号召，为全区发展指明了前进方向、描绘了宏伟蓝图、提出了更高要求。我们要深刻领会、牢牢把握好“壮”与“美”的深刻内涵和内在逻辑，真抓实干、感恩奋进，乘势而上、奋发有为，让兴安大地真正“壮”起来、“美”起来！

综观国内外形势，机遇与挑战同在。全国、全区经济工作会议的陆续召开，为2019年工作把关定向，作出了一系列重大部署，特别是国家继续实施积极的财政政策和稳健的货币政策等，更为我们提供了良好的政策环境。近年来，我县经济社会发展稳中有进，社会大局和谐稳定，全县人民加快发展的愿望、信心和决心进一步增强，干部队伍干事创业的精气神逐步提升，等等，这些有利因素更加坚定了我们加快发展的信心和决心。我们必须敏锐把握外部环境的新变化新动向，紧扣重要战略机遇期的新内涵，按照“建设壮美广西、共圆复兴梦想”的总目标总要求，保持定力、坚定信念，抢抓机遇、因势利导，统筹推进各项事业发展，打好经济发展“翻身仗”。

2019年是新中国成立70周年，是决胜全面建成小康社会关键之年，做好今年各项工作尤为重要。今年全县工作总体思路是：以习近平新时代中国特色社会主义思想为指导，全面贯彻党的十九大和十九届二中、三中全会精神，以及自治区党委、市委决策部署，统筹推进“五位一体”总体布局，深刻把握“四个全面”战略布局，按照“建设壮美广西、共圆复兴梦想”总目标总要求，坚持新发展理念，强优势、推改革，补短板、延链条，持续深化“六个年”活动，推动经济转型提质增效、社会事业惠及人民、党的建设全面加强，为建设“三个兴安”、实现“七大目标”、创建“三大生态”先进县，全面建成小康社会收官打下决定性基础，以优异成绩庆祝新中国成立70周年。

今年经济发展主要预期目标是：地区生产总值增长7.2%；财政收入增长6.5%（按可比口径增长10.0%以上）；全社会固定资产投资增长10.0%以上；城镇居民人均可支配收入增长8.0%；农村居民人均可支配增长10.0%。

对照自治区“对标小康、稳中求进、创新提质、担当实干”[13]工作要求，实现上述目标，我们要重点抓好以下几方面工作。

（一）突出项目带动，着力增强经济发展后劲。项目是拉动经济增长的“火车头”，要坚持把项目建设作为推动经济发展的总抓手，形成谋项目、抢项目、抓项目、比项目的你追我赶生动局面。各级各部门、各行各业都要抓项目，人人肩上有担子，将重实干、重实绩落实到项目上。今年全县要实施投资500万元以上项目100个以上，完成年度投资30亿元以上；其中，全县统筹推进的重点项目30个以上。健全完善重大项目推进工作机制、保障机制、目标考核机制、奖惩机制，切实保障领导到位、人员到位、资金到位、服务到位。继续实施“招商引资年”活动，面向珠三角及东部发达地区，积极做好产业转移承接和项目引进。积极引导和鼓励实体经济发展，千方百计激活民间投资。强化签约项目后续管理、跟踪服务和落地考核，实施重点项目“大攻坚”行动，加快推进风电、双胞胎年产36万吨饲料生产项目、欣安电器、中储能等工业项目，华润（乐满地）、华江云顶温泉度假酒店等文化旅游产业项目建设，灵渠大道三期、县城棚户区改造、灵渠展示中心等基础设施建设项目。严厉打击非法阻工、强揽工程等违法犯罪行为，为项目建设营造良好环境。

（二）突出产业升级，着力推动经济高质量发展。继续实施工业振兴计划、工业项目攻坚与园区建设年活动，巩固和发展工业支撑地位。实施补链强链工程，大力培育规模企业、限上企业，形成工业成群效应。抓好海螺技改、矿粉产业园及绿色矿山等重点项目，推动综合建材产业实现生态发展。抓紧界首二期、严关二期、凤形山、白石风电场等重点风电开发项目和光伏产业恢复性增长、茂兴新能源等重点项目建设，打造南方风电基地，巩固新能源产业支柱地位。抓实米粉产业园、云峰食品二期、日盛食品二期等重点项目，促进农产品深加工业精深化发展。抓牢风电塔筒、乾昭新材料等重点项目，不断夯实装备制造业基础。加快工业企业提升改造，扩产扩能，推动技术创新和产品创新。继续推进“园区建设年”

行动，理顺园区管理体制；完善园区基础设施配套，着力构建大园带小园、园中园等发展模式，不断增强园区承载力，务求取得实质性成效。要加强企业服务，实施“一企一策”帮扶机制，全力破解中小微企业融资难、用地难、用工难等问题，助推企业上规模、上档次、上水平。

实施“百千工程”，扎实推进乡村振兴。以“百屯示范、千屯整治”为抓手，用3~5年的时间，多渠道投入5亿~7亿元资金，在全县1100个20户以上的村屯开展环境治理工作，一本蓝图绘到底，从根本上改变农村生产生活环境与条件。进一步优化农业产业布局，深化农业结构调整，加快农业产业化发展，推动一二三产业融合发展，提升农业产业化、现代化水平。实施现代特色农业示范区“增点、扩面、提质、升级”三年行动计划，积极创建国家级灵渠葡萄现代特色农产品优质区，推进红色湘江蜜橘、金满田园、竹海碧涛自治区级现代农业核心示范区创建和提档升级，着力构建“一县一业”“一乡(镇)一品”现代特色农业发展格局。发展特色效益农业，加快有机食品产区、“三品一标”创建工作，着力培育农产品品牌。重点抓好溶江灵渠三花田园综合体、南丰蜜橘地理标志登记申请等工作。继续实施“农村电商建设年”活动，加快电子商务产业中心、仓储物流批零展销中心建设并投入使用；加强品牌营销服务，挖掘县内名优特产品潜力，建立农产品、特色商品生产企业及特色产品库，开展“兴安品牌月”等活动，实施全网营销。继续开展信息进村入户示范创建工作，不断增强农村发展后劲。

突出旅游营销，促进旅游三产形成经济增长新动能。继续推进旅游营销年活动，引导和强化各景区景点集体营销、特色推介，打造桂北湘南区域旅游联盟，推出桂北历史文化、红色文化、山水文化、民俗文化等旅游线路，积极开展“三月三”、葡萄节、灵渠马拉松等节庆赛事活动，破除旅游营商瓶颈。巩固和提升国家全域旅游示范区创建水平和全国旅游标准化示范县创建工作，加快建成桂林国际旅游胜地升级发展的重要发展极。深入实施“旅游+”“+旅游”战略，推进农旅、文旅、康养旅游等融合发展。积极申报全国休闲农业与乡村旅游示范县，加快乐满地AAAAA文化旅游康养综合体建设，启动华江桐子坪中国健康好乡村、桂林阳雀国际温泉旅游度假区建设。推动灵渠“申遗”工作，依法理顺灵渠经营权管理体制，加快灵渠(南渠)修缮二期三期、灵渠展示中心展陈、南渠复航三期、灵渠国宾馆等项目建设。实现湘江战役纪念公园创建AAAA景区，启动猫儿山、灵渠创建AAAAA景区工作。推进具有兴安特色的特色美食、旅游商品、文化娱乐，发展提升旅游配套服务业。实现以旅游为龙头的第三产业新突破，对经济发展的贡献率超过50%。

(三)突出城乡统筹，着力推进新型城镇化。以城市建设理念和标准推进城镇化建设。持续推进县城棚户区改工程，实施房屋征收、安置小区建设、配套道路及污水管网基础设施建设大会战。实质性推进城南新区建设大会战，加快推进灵渠大道(三期)、兴西路、双拥路移民安置社区基础设施项目等建设步伐；启动兴安铜锣湾商业广场项目，打造城市新客厅；提高县城承载力、协调性和宜居度。保护和修缮一批传统风貌街区，加快推进魁星楼和白云驿历史人文景观区、财神庙历史文化街区、双女井溪(二期)、水街提升改造等项目建设，进一步提升城市形象和品质内涵。深化城市管理体制和综合执法体制改革，持续开展“两违”整治行动，扎实开展城市交通、市容市貌和环境卫生综合整治，确保顺利通过自治区卫生城市复验。全面启动“美丽兴安·幸福乡村”，高位推进溶江特色小镇建设和经济发达镇行政管理体制改革，因地制宜、突出特色，完成高尚镇、湘漓镇桂林市第四批新型城镇化示范乡镇建设。

(四)突出以人为本，着力保障和改善民生。坚持以人民为中心执政理念，倾心倾力谋民生发展。突出抓好脱贫攻坚，聚焦“两不愁、三保障”[14]，全面贯彻落实自治区党委提出的“核心是精准、关键在落实、确保可持续”工作要求，科学制定2019年脱贫摘帽计划，压实责任，纵深推进精准扶贫、精准脱贫，着力抓好住房保障、医疗保障、基础设施、产业发展、集体经济等重点工作，形成可持续的脱贫机制，全面完成2019年脱贫摘帽任务。坚持教育优先发展，继续实施振兴教育三年行动计划，下大气力推进义教均衡发展整改提升工作，突出抓好教师队伍建设，发展优质民办教育，构建多元化办学格局。继续推行公立医院改革，确保县妇幼保健院竣工，加快县中医院、人民医院、界首骨伤科医院改造提升步伐，进一步提升卫生基础设施条件和卫生服务能力。积极落实就业创业扶持政策，重点解决弱势群体就业。切实加强社会保障体系建设，抓好社会保险扩面征缴；提升社会救助水平，提高城乡保障水平；缩小低保标准和扶贫标准的差距，构建更密更牢的民生保障体系。

（五）突出厚植生态，着力推动绿色发展。深入贯彻落实习近平生态文明思想，践行“绿水青山就是金山银山”理念。坚决打好污染防治攻坚战，落实农村垃圾村收、乡镇转运、县处理工作机制，实现全县城乡环卫治理全覆盖；推进重点镇污水管网建设，着力解决污水直排灵渠、严关矿粉粉尘污染等突出问题。加强漓江流域生态环境保护和生态修复，强化猫儿山、海洋山自然生态保护区和漓江、湘江水源保护工作。严格落实河长制、名木古树保护机制，严厉打击非法采矿、非法采砂等违法行为，规范生态敏感区域畜禽规模养殖。切实加强生态环境恢复工作，积极做好采石场、风电项目建设中的生态恢复、保护和重建工作，大力培育美丽广西生态文明建设桂北新样本。抓好中央环保督察“回头看”反馈意见整改，严格落实党政同责和一岗双责，做到不回避、不推诿、不留死角，确保完成整改任务。

（六）突出社会治理，着力确保和谐稳定。牢固树立安全发展理念，持续巩固团结和谐大好局面。实施政法基础设施建设工程，不断完善治安防控体系建设，始终保持对违法犯罪活动的严打高压态势。积极创建“无传销县”，强化禁毒工作，推动扫黑除恶专项斗争向纵深发展。建立重大矛盾纠纷调处中心，改革三大纠纷和基层矛盾纠纷调处机制，着力化解影响社会稳定的信访积案。支持人民法院抓实办案第一要务，持续发力解决执行难；支持检察机关落实“谁办案谁普法”、开展公益诉讼；扎实开展以案说法、以案普法，落实落细法治宣传教育。推进法治兴安、平安兴安建设，进一步提升群众安全感和满意度。强化安全生产主体责任，突出风险管控和隐患排查，加强食品、交通、消防安全的监督管理，守住安全生产底线。

（七）突出高地意识，着力推动文化繁荣。深入学习党的十九大精神和习近平新时代中国特色社会主义思想，坚持社会主义先进文化前进方向，强化各级班子理论武装。严格落实党委（党组）意识形态工作责任制，抓好党委（党组）中心组理论学习，用好讲习所等平台，不断夯实基层宣传思想文化阵地建设。持续推进自治区县级文明城市和农村精神文明创建工作，培育和践行社会主义核心价值观，提升“新时代文明实践中心”、县级融媒体中心建设水平与能力，建立一支新时代新闻宣传队伍。切实提高外宣工作水平，提升兴安美誉度。深入挖掘红色文化内涵，讲好红色故事、传承红色基因，加快推进湘江战役红军烈士遗骸收殓及桂北长征文化资源保护利用工作，完成红军长征突破湘江战役纪念碑园改造提升、光华铺红军烈士陵园改扩建、溶江金石文甲洞烈士陵园等纪念和配套设施建设；启动老山界干部学院建设和县委党校改造，建立红军长征湘江战役精神集中研学基地；推动红军长征文化公园规划建设，融入全国红色文化旅游圈，着力打造广西最重要的红色文化旅游基地。凸显兴安文化底蕴，加强灵渠文化创作基地建设及灵渠“马拉松”品牌培育，推动历史文化名镇、传统村落保护工作。继续开展创“百佳”等先进人物系列评选活动，弘扬“开放、包容、义勇、敢为人先”的兴安人文精神。不断完善文化体系基础设施建设，深化群众体育文化，加强文化市场监管，大力做好庆祝建国70周年系列活动及宣传工作，丰富群众精神文化生活。

四、从严从紧，标本兼治，推动全面从严治党向纵深发展

坚决落实新时代党的建设总要求，坚持从严从紧、标本兼治，全面加强党的建设，纵深推进全面从严治党。

（一）以增强“四个意识”为核心，突出抓好思想政治建设。全县各级党组织要切实加强政治建设，增强政治意识，严明政治纪律，树牢“四个意识”，坚定“四个自信”，践行“两个维护”，始终做到政治上坚定自信、思想上同心同向、行动上高度自觉，坚决同以习近平同志为核心的党中央保持高度一致，确保政令畅通，令行禁止。进一步提高党员教育质量，精心组织开展“不忘初心、牢记使命”主题教育，深入推进“两学一做”学习教育常态化、制度化；深入挖掘，充分利用湘江战役等红色文化资源，在全县广大党员干部中开展弘扬红军湘江战役“勇于胜利、勇于突破、勇于牺牲”精神专题教育，拧紧思想发条。进一步严肃党内政治生活，加强对基层党组织生活的规范化管理，充分运用新时代讲习所等，落实好三会一课、双重组织生活等平台，开展好领导干部到一线讲党课、“新三同”活动等工作。

（二）以实现“六个过硬”为目标，全面提升基层党组织建设水平。夯实2018年基层党组织规范建设年工作成果，扎实开展基层党组织示范提升年活动，整体谋划基层党建，加快实现各级党组织政治、组织、队伍、服务、保障、品牌“六个过硬”目标。突出基层党建品牌工作建设力度，继续推进县委常委领导联系指导党建品牌工作，培育提升一批党建新品牌。深化拓展农村基层组织“星级化”管理，对星级农村基层组织适时开展“回头看”。持整治软弱涣散基层党组织，加强对农村党组织带头人和村级干部队伍的培训提升，壮大村级集体经济，打造坚强有力的基层战斗堡垒。深化拓展党员积分制，规范党建日常工作台账化管理，继续强化党员突击队的积极作用，激励党员干部在急难险重任务中冲锋在前、实干为先。加强基层党组织标准化建设，以党建保障“六大工程”[15]为抓手，抓好基层党建工作各项重点任务落实。

（三）以提高执政能力为重点，着力建设高素质专业化干部队伍。始终坚持“重一线、重实干、重实绩”的理念和突出“在一线用干部、凭实绩论英雄”的导向，进一步完善综合运用优秀积分、绩效考核、年度考核、平时考核和调研等差异化考评方式的干部考核选用机制，建设结构合理、梯次科学、素质能力与专业水平过硬的干部队伍。进一步优化干部成长途径，深入推进公开选拔、交流轮岗、挂职锻炼制度，拓宽渠道促进年轻干部“墩苗”成长。建立完善后备干部制度，落实发现选拔培养措施。进一步落实关怀激励措施，将严管与厚爱并重，激发干部内生动力。强化“人才是第一资源”观念，打造“灵渠人才”品牌，努力营造人尽其才、才尽其用的良好环境，为加快发展提供人才支撑。

（四）以加强党的作风建设为突破口，激励干部敢于担当作为。在全县倡导“担当为要、实干为本、发展为重、奋斗为荣”理念，旗帜鲜明为担当者担当，为负责者负责，为干事者撑腰，让担当作为成为兴安干部队伍的最鲜明特征。对标担当作为，深入开展“机关病”、庸懒散等专项整治活动，深化“转提优”活动成效，运用好“随手拍”一键式举报系统、电视问政等，切实转变干部作风；完善容错纠错机制，坚持“三个区分开来”[16]，划清容错范围边界，鼓励干部放手干事创业；注重正向激励，选树一批新时代新担当新作为的先进典型，激励广大干部见贤思齐、奋发有为；曝光一批不担当、不作为、乱作为的问题典型，警示干部、激浊扬清。对标发展环境，继续开展优化营商环境大行动，对不作为、慢作为等损害营商环境的行为一查到底、严肃追责，坚决打赢优化营商环境攻坚战。

（五）以夯实责任为保障，切实加强党风廉政建设。压实党风廉政建设责任，突出“两个责任”，强化“一岗双责”，紧紧抓住落实、考核、追究三个关键环节，严格执行廉政谈话、述责述廉评议、考核结果运用等制度，推动党风廉政建设责任落地生根。推进体制机制创新，深入贯彻落实党内问责条例，推进重点领域、重点环节、重点岗位以及“三重一大”等事项的廉政风险防控，从源头上减少腐败发生。充分发挥巡察工作的“利剑”作用和派驻监督的“探头”作用，完善纪律监督、监察监督、派驻监督、巡视监督“四位一体”监督工作格局，加强对主要负责人和关键岗位领导干部监督教育，增强震慑遏制作用。深入开展“四风”问题专项整治，持续释放执纪必严、违纪必究的强烈信号。加强纪律审查工作。坚持“无禁区、全覆盖、零容忍”，落实“一案双查”，以“抓早抓小”的理念加强预防提醒，以“零容忍”的态度，持续开展扫黑除恶专项斗争及扶贫等重点领域专项治理，坚决查处群众身边腐败和作风问题，推进管党治党全面走向“严紧实”。

名词解释

［1］七大目标：即把兴安建设成为广西新能源的重要基地；“美丽广西”生态文明建设桂北新样本；桂林国际旅游胜地的重要一极；广西历史文化、红色文化、山水文化、民俗文化交相辉映的文化名县；巩固提升广西卫生城市；创建广西文明城市；迈入广西县域经济发展第一方阵。

［2］“三大生态先进县”：是指创建自治区风清气正的政治生态、团结和谐的社会生态和山清水秀的自然生态“先进县”。

［3］“六个年”活动：是指县委2018年提出的招商引资年、园区建设年、农村电商建设年、旅游营销年、改革推进年、依法治理年活动。

［4］两个维护：坚决维护习近平总书记在党中央的核心、全党的核心地位，坚决维护党中央权威和集中统一领导。

［5］四个意识：即增强政治意识、大局意识、核心意识、看齐意识。

［6］脱贫攻坚“六大行动”：是指桂林市2018年脱贫攻坚工作中开展的信息大核对、问题大整改、项目大推进、就业大推荐、产业大发展、质量大提升行动。

［7］6个“精准”：是指脱贫攻坚工作中实施扶贫对象、项目安排、资金使用、措施到户、因村派人、脱贫成效六方面精准措施。

［8］“五讲五树”：是指讲新思想、树坚定信念；讲新政策、树坚定信心；讲核心价值、树优良品行；讲优秀文化、

树文化自信;讲移风易俗、树时代新风。

[9]文明素质提升“八大行动”:是指我县创建县级文明城市提出的文明礼仪宣教、市容环境整治、交通秩序整治、市场经营秩序整治、窗口行业形象展示、学雷锋志愿服务、未成年人思想道德建设、文明餐桌等行动。

[10]政治建设“六项重点任务”:是指坚决维护以习近平为核心中共中央权威和集中统一领导情况、贯彻落实中共十九大精神情况、贯彻落实习近平总书记对广西工作的重要讲话和指示精神情况、深化党和国家机构改革实施情况、党章党规党纪执行情况、召开民主生活会情况。

[11]十个始终坚持:是指习近平总书记在改革开放40周年重要讲话中总结的始终坚持解放思想、实事求是、与时俱进、求真务实,坚持马克思主义指导地位不动摇,坚持科学社会主义基本原则不动摇;始终坚持以经济建设为中心,不断解放和发展社会生产力;始终坚持中国特色社会主义政治发展道路,不断深化政治体制改革;始终坚持发展社会主义先进文化,加强社会主义精神文明建设。始终坚持在发展中保障和改善民生;始终坚持保护环境和节约资源,坚持推进生态文明建设;始终坚持党对军队的绝对领导,不断推进国防和军队现代化;始终坚持推进祖国和平统一大业,实施“一国两制”基本方针;始终坚持独立自主的和平外交政策;始终坚持加强和改善党的领导。

[12]九个必须坚持:是指习近平总书记在改革开放40周年重要讲话中强调的必须坚持党对一切工作的领导,不断加强和改善党的领导;必须坚持以人民为中心,不断实现人民对美好生活的向往。必须坚持马克思主义指导地位,不断推进实践基础上的理论创新;必须坚持走中国特色社会主义道路,不断坚持和发展中国特色社会主义;必须坚持完善和发展中国特色社会主义制度,不断发挥和增强我国制度优势;必须坚持以发展为第一要务,不断增强我国综合国力;必须坚持扩大开放,不断推动共建人类命运共同体;必须坚持全面从严治党,不断提高党的创造力、凝聚力、战斗力;必须坚持辩证唯物主义和历史唯物主义世界观和方法论,正确处理改革发展稳定关系。

[13]“对标小康、稳中求进、创新提质、担当实干”工作要求:是指自治区党委十一届五次全会提出的对标经济社会发展“十三五”规划,对标对表全面建成小康社会指标要求,梳理工作进度,认真查漏补缺,为确保2020年我区与全国同步全面建成小康社会打下坚实基础。立足于“稳”、着眼于“进”,巩固“稳”的基础,增强“进”的动力,既要把稳增长摆在更加突出的位置,又要抢抓发展新机遇,实现结构调整进、创新驱动进、改革开放进、脱贫攻坚进、人民生活水平进,推动经济、政治、社会、文化、生态文明和党的建设迈出新步伐。坚持改革推动、开放带动、创新驱动,坚持质量第一、效益优先,大力推动质量变革、效率变革、动力变革,着力在重点领域和关键环节改革上取得新突破,促进经济社会发展更高质量、更有效率、更加公平、更可持续。要把广大党员干部的积极性主动性创造性调动起来,干事创业的精气神凝聚起来,对标先进,不甘落后,奋力赶超,以永不懈怠的干劲、永不退缩的冲劲、永不服输的闯劲,全力以赴完成全年工作目标任务。

[14]“两不愁、三保障”扶贫标准:到2020年,稳定实现农村贫困人口不愁吃、不愁穿,义务教育、基本医疗和住房安全有保障。

[15]党建保障“六大工程”:指实施领头雁工程、堡垒建设工程、能力提升工程、示范引领工程、党群连心工程、党建保障工程。

[16]“三个区分开来”:是指把干部在推进改革中因缺乏经验、先行先试出现的失误和错误,同明知故犯的违纪违法行为区分开来;把上级尚无明确限制的探索性试验中的失误和错误,同上级明令禁止后依然我行我素的违纪违法行为区分开来;把为推动发展的无意过失,同为谋取私利的违纪违法行为区分开来。

注:报告中2018年各项主要经济指标数据及2019年预期目标均为预计数,数据还有待上级部门进一步核定,最终以上级部门发布数据为准。

兴安县人大常委会工作报告

——2019 年 1 月 25 日在兴安县第十六届人民代表大会第五次会议上

兴安县人大常委会主任　张永军

2018 年主要工作

一年来，在县委的坚强领导下，县人大常委会坚持以习近平新时代中国特色社会主义思想为指导，全面贯彻落实中央、自治区党委、市委和县委决策部署，始终坚持党的领导、人民当家做主和依法治国有机统一，认真履行宪法和法律赋予的职责，紧紧围绕县委提出的建设“三个兴安”、实现“七大目标”和创建“三大生态”先进县战略，依法履职，主动作为，为推进兴安民主法治建设，促进全县经济社会发展做出了积极的贡献。

一、深入学习贯彻习近平新时代中国特色社会主义思想，牢牢把握新时代人大工作正确方向

常委会以习近平新时代中国特色社会主义思想为指导，立足人大工作实际，把学习贯彻习近平总书记关于坚持和完善人民代表大会制度重要思想摆在突出位置，作为一项重大战略任务安排和推进。除参加县委统一安排的县委中心组集中学习，常委会党组还把学习领会习近平总书记一系列重要讲话精神作为常委会一项重要工作常抓不懈，召开党组、主任会议带头学，举办常委会组成人员和机关干部专题学习班，牢固树立“四个意识”，坚定“四个自信”，坚决做到“两个维护”，切实维护以习近平为核心的党中央集中统一领导。自觉把人大工作紧紧扣在贯彻落实中央、自治区党委、市委和县委重大决策部署上来，紧紧扣在回应人民群众重大关切上来，紧紧扣在厉行法治、推进兴安法治建设上来。

常委会始终从谋划全县发展大局和推进人大工作，坚持重大问题和重要事项向县委请示报告制度，主动把县委决策部署贯彻落实到人大依法履职、开展工作的各方面和全过程。坚持把审议决定重大事项与全县经济社会发展紧密结合起来，听取审议了《兴安城市总体规划(2017—2035)》，对总规提出合理化建设性意见建议，交县人民政府研究处理。

二、创新机制，注重实效，监督工作取得新成效

常委会紧紧抓住我县经济社会发展中全局性、关键性问题开展监督，坚持为民代言，关注社会民生，倾力推动共享发展。

兴安县第十六届人民代表大会第四次会议　（县人大办　供图）

推动经济转型，强化经济运行监督。面对经济下行压力加大的形势，常委会重点加强了对宏观经济运行、经济结构调整、预算决算等工作的监督。听取审议了 2018 年上半年国民经济和社会发展计划执行情况报告、预算执行情况报告，2017 年县本级财政决算报告和审计工作报告，2018 年财政预算调整方案，2018 年政府工作报告落实情况报告，2018 年环保状况和环保目标完成情况报告。审查批准 2017 年县本级财政决算报告，2018 年财政预算调整方案。审议中，常委会组成人员认真分析我县经济运行情况，强调要高度重视经济运行中存在的突出问题，并形成审议意见交县人民政府研究处理。针对审计工作报告提出的部分政府投资项目资金核减率较高，工程预算编制和审核环节存在把关不严问题，县人大常委会建议县人民政府要加强工程预算编制的审核工作，有效解决资金核减率高的问题。

开展视察调研，服务发展取得新成果。紧紧围绕全县经济社会发展和民生保障等重大问题，认真行使监督职权，不断加大监督力度，确保了重大项目和重点工作取得实效。一是听取审议了县人民政府关于我县精准扶贫、棚户区改造项目建设及资金使用情况、创建国家全域旅游示范区工作等专项报告，针对存在的问题和原因，形成审议意见交县人民政府研究处理。二是开展了“风电”复绿工作视察和兴安县医改工作专题调研，视察、调研组深入实地了解情况，仔细分析存在的困难和问题。特别是医改工作调研组召开各类座谈会十多场次，针对公立医疗机构空编率高，导致人才匮乏等问题，提出适当放宽报考人员条件，加大医疗机构招录医务人才的力度，减少空编率建议，有计划地解决人才匮乏的问题，提高我县医疗水平，保障全县人民身体健康。三是派出调研组赴江浙开展红色旅游发展专题调研，赴贵州开展农村环境综合整治专项考察，学习借鉴发达地区做法和经验，分析存在的问题和原因，寻找解决问题办法，为县委、政府决策提供依据。四是在机关设立两个调研室，充分发挥人大机关非领导职务同志的优势，对一些热点问题、工作情况和民生事项，有针对性地开展调研，为全县工作提出了更多更好的意见和建议。五是积极配合自治区、桂林市人大做好“民族地区旅游扶贫”、“台资企业发展情况”等多项执法检查和专题调研活动。

依法任免人事，严格执行宪法宣誓制度。常委会坚持党管干部原则与人大依法任免的有机统一，充分发扬民主、严格任免程序，确保党委的人事安排，通过法定程序，变成人民意志。一年来共依法任免国家机关工作人员 43 人次，接受辞职 10 人次，补选市五届人大代表 2 人，任命县人民法院人民陪审员 19 人。严格执行常委会任命国家机关工作人员向宪法宣誓制度，增强国家机关工作人员责任感和使命感。

开启履职报告新模式，监督工作注入新活力。为加强对人大常委会任命的政府职能局办的局长和办公室主任的监督，着力提高被任命人员的依法履职能力。听取审议了民政局、人社局、工商质监局、司法局、住建局、国土局、财政局等七名局长的履职情况报告，常委会组成人员就群众关心关切的问题分别向他们进行了询问。其他政府职能局办进行了书面履职情况报告。通过审议履职情况报告，常委会认为教育局在义务教育均衡发展、财政局在组织财税收入和破解财政困境、国土局在土地开发和土地指标落实、发改局在全县项目统筹、工信局在工业项目推进、住建局在城乡一体化建设和城市总规修编等方面做了大量工作。常委会还听取了县监察委员会组建以来的情况报告。

三、弘扬法治，构建和谐，着力推进法治建设

法令既行，纪律自正，则无不治之国，无不化之民。常委会坚持以推进社会主义民主法治建设、强化社会公平正义为己任，认真贯彻落实党的十九大和十九届二中、三中全会精神，进一步加大法律监督力度，积极推进依法行政、公正司法和全民守法，为全面建成小康社会提供强有力的法治保障。

开展执法检查，规范依法行政。坚持“少而精、重实效”的原则，每年选择两三部与人民群众生活息息相关、社会关注度较高的法律法规进行执法检查和执法调研。先后对《安全生产法》、《广西壮族自治区林木种苗条例》开展执法检查、对《治安处罚法》开展执法调研，促进相关法律法规在我县贯彻实施。人大常委会始终把食品安全作为重大民生问题，列入监督重点，持续对 2017 年《食品安全法》执法检查发现的问题，进行跟踪问效，确保康洁消毒中心设备陈旧问题得到顺利整改。

强化司法监督，促进公正司法。加强对“两院”执法监督，是司法为民、公正司法的重要保障。常委会听取了法院破解“执行难”专项工作报告，检察院年度工作情况汇报，开展人大代表视察检察院，旁听法院庭审活动。“两院”积极落实审议意见，改进工作，促进公正司法，保障社会稳定。

加强普法教育，推进全民守法。围绕“平安兴安”创建和“满意度”提升，利用“12·4”国家宪法日，组织相关部门在中心广场开展宪法和法律法规宣传活动。充分发挥司法行政系统专业人员优势，深入机关、企业、镇村、社区、学校等场所开展宣传。为实现宪法宣传工作日常化，在县城公交车站台广告宣传栏等地方，制作生动、易懂、与公民息息相关的宪法宣传专版，受到群众的好评。

重视人大信访，维护和谐稳定。把受理和督办群众来信来访作为关注民生、了解民情、反映民意的重要渠道。常委会领导坚持每月主动参加信访接待日活动，热情耐心听取群众诉求，妥善解决群众问题。建立健全人大机关接访、转办、督办、反馈工作机制。一年来，县人大机关共接待群众来信来访27件，接待上访群众167人次，都依照程序进行妥善处理，为维护全县社会稳定发挥了积极作用。

四、夯实基础，创新载体，充分发挥代表主体作用

政之所兴在顺民心，政之所废在逆民心。人大代表是国家权力机关的组成人员，发挥代表主体作用，是做好人大工作的基础，常委会全力支持和保障代表依法履行职务，充分发挥代表参与管理国家事务和社会事务的作用。

拓展代表工作，增强代表履职能力。一是注重把提高代表综合素质作为代表履职的基础，通过集中学习、分组培训，努力提高代表履职能力。二是坚持邀请代表参加常委会组织的视察调查、专题调研、执法检查、工作评议等活动，拓宽代表知情知政渠道。三是充分发挥“兴安人大”微信公众号等新媒体优势，及时向代表通报常委会工作动态，提供网络化学习资料，宣传代表先进事迹。四是组织部分市、县人大代表赴恭城、平乐、阳朔三县，对“实施乡村振兴战略，促进农旅融合发展”开展专题调研。五是组织市五届人大代表兴安代表小组成员和常委会组成人员对双女井溪一期、双胞胎饲料生产等2018年部分重大项目进行集中视察。

拓宽履职渠道，强力抓好履职平台建设。常委会高度重视人大代表履职平台建设，通过召开推进会，全县共创建11个网络平台和30个实体平台，支持代表利用网络平台反映社情民意，表达群众诉求，密切常委会组成人员与代表、代表与人民群众的联系，利用乡镇履职活动中心，逐步推行代表向选民述职制度，不断提高人大代表为人民服务的思想。履职平台建设工作，2018年11月顺利通过市人大组织的交叉检查验收并获得好评。

强化督查落实，增强建议办理实效。坚持把代表建议办理作为保障代表依法履职的重要内容和落实代表监督职权的重要措施。十六届人大四次会议，共收到代表建议84件，通过推行重点建议县政府领导领办、常委会领导重点督办、代表建议办理列入年度绩效考评、代表对建议办理满意度测评等机制，充分调动承办单位办理代表建议的积极性和主动性，推动代表建议工作取得新成绩，代表“建议”答复率100%，A类件35件，占总数的41.67%，代表满意度逐年提升。

注重联系指导，不断提高乡镇人大工作水平。乡镇人大是最基层的国家权力机关，是县人大工作的重要组成部分，常委会高度重视乡镇人大工作。一是坚持常委会领导联系指导乡镇人大工作制度，指导乡镇人大主席团按照县委和本乡镇重点工作开展监督。二是定期组织乡镇人大开展业务培训学习和经验交流，推动乡镇人大工作依法依规开展。三是组织乡镇人大干部参加桂林市人大举办的全市人大系统通讯员培训班，提高做好人大宣传报道工作的能力。四是分期分批安排10个乡镇人大秘书到人大办公室跟班学习，提升乡镇人大工作水平。

五、积极参与，主动作为，努力完成县委中心工作任务

勇于担当作为，积极投身重大项目建设。县人大常委会牢固树立政治意识，大局意识，在履行好人大职责的同时，大力支持、参与全县的重大项目。按照县委对全县重大项目的安排，常委会领导分别担任兴安县碳酸钙精深加工新型材料产业园、佛保山生态旅游田园综合体、三大水库、棚户区改造、教育基础设施项目、兴资高速、西绕城路、灵渠申遗、乡镇污水处理系统、兴安界首至资源枫木二级公路改造、猫儿山风景名胜区等重大项目建设指挥部的指挥长或副指挥长。目前，常委会领导负责的各项目建设进展顺利，均取得阶段性成果。人大机关干部职工28人，抽调到重点工程和专项工作组有14人。他们深入基层、深入一线，尽职尽责，为推进重大项目建设发挥了积极作用。

情系贫困群众，聚焦精准脱贫攻坚战。常委会认真贯彻落实中央、区、市、县脱贫攻坚工作会议精神，把精准扶贫工作作为最大的政治任务和最大的民生工程，持续跟踪督查，听取审议了县人民政府关于精准扶贫工作的专项报告，督促政府强化机制，形成合力。常委会深入开展脱贫攻坚突出问题整改，常委会领导经常深入挂点乡镇、村屯，开展调查研究、政策宣讲、走访慰问、结对帮扶等工作，帮助谋划脱贫之策，协调解决问题，指导贫困村加强基层组织建设，加快产业发展。常委会各领导结对帮扶的21户建档立卡贫困户，通过扶贫与扶志、扶智相结合，贫困户生产生活条件明显改善,有 15 户建设新房,帮扶成效明显,贫困户较为满意。定点帮扶的湘漓镇义和村,在住村工作队和结对帮扶干部共同努力下,贫困村和贫困户帮扶产业发展良好,村民和村集体经济收入稳步增长,贫困户生产生活条件明显提高,建档立卡贫困户 38 户,有 22 户建设新房,有 23 户实现脱贫。

六、与时俱进,改进机制,着力加强自身建设

常委会以高度的政治自觉,牢固树立“四个意识”,坚定“四个自信”,坚持做到“两个维护”,紧紧围绕贯彻县委重大决策部署,充分发挥常委会党组领导核心作用,扎实推进常委会各项建设。全面落实从严治党主体责任,严格执行中央八项规定精神,推进党风廉政建设,积极支持县纪委派驻县人大机关纪检组工作。围绕“情系人民,依法履职”党建品牌持续抓好机关党建工作,确保“两学一做”常态化制度化。严格落实意识形态工作责任制,加强对人大意识形态工作的领导,充分利用新媒体宣传人大工作,展示人大代表风采。深入开展“转作风、提效能、优环境”专项活动,大力整顿机关作风。加强学习培训,积极探索创新人大依法行使职权的方式方法,凝聚“人大能量”,彰显“人大作为”,全力打造“创新人大、活力人大、有为人大”,推动全县人大工作创新发展。

回顾过去一年的工作,我们也清醒地认识到,人大常委会工作与县委的要求和人民群众的期盼还存在一定的差距。监督工作的针对性和实效性还有待进一步增强,充分发挥代表作用有待进一步加强,自身建设有待进一步提升等等。对此,我们要虚心听取各方面意见建议,采取有力措施,切实加以改进。

2019 年主要任务

2019 年是新中国成立 70 周年,是全面建成小康社会关键之年,做好今年各项工作意义重大,县人大常委会工作的总体要求是:以习近平新时代中国特色社会主义思想为指导,全面贯彻落实党的十九大和十九届二中、三中全会精神,深入贯彻习近平总书记关于坚持和完善人民代表大会制度的重要思想,紧紧围绕中国共产党兴安县第十四届委员会第七次全体(扩大)会议确立的目标任务,坚持党的领导、人民当家做主、依法治国有机统一,依法履职,锐意进取,为全面建成小康社会,建设“生态兴安、文化兴安、富裕兴安”,实现“七大目标”和创建“三大生态”先进县做出积极贡献,以优异的成绩庆祝新中国成立 70 周年。

一、强化学习,深刻领会,着力提升常委会履职工作质量

坚持党的领导,全面贯彻实施宪法。努力在学习、研究、宣传、贯彻落实上下功夫、见成效,进一步增强“四个意识”,坚定“四个自信”,坚决做到“四个服从”“两个维护”,自觉在思想上政治上行动上同以习近平为核心的党中央保持高度一致,确保人大工作正确政治方向。坚持和完善人民代表大会制度,坚持人民当家作主,坚持全面依法治国,坚持民主集中制,坚持全面贯彻实施宪法,坚持正确监督、有效监督,坚持民有所呼、我有所应,着力提升常委会履职工作质量,全面推进人大监督、决定、任免等各项工作。

科学决定重大事项,助推兴安发展新格局。针对经济建设、政治建设、文化建设、生态文明建设中带有根本性、全局性、长远性的事项,全力助推兴安发展新格局,依法作出决议决定,努力将县委的主张,通过法定程序,成为人民意志。

二、突出重点、创新机制,着力提高监督的针对性、实效性

听取审议专项报告,提出意见交办落实。牢固树立全县一盘棋思想,坚持正确监督、有效监督,将监督与支持有机结合起来,促进“一府一委两院”改进工作,确保县委重大决策部署贯彻落实。听取审议政府工作报告落实情况报告、上半年计划执行情况报告、预算执行情况、财政决算报告、审计工作报告、环境保护和环保目标完成情况报告。听取审议政府关于我县学前教育事业发展状况、重点支出预算和政策、国有资产经营管理等专项工作报告。审查批准县本级财政决算报告、预算调整方案。

持续开展执法检查,推动法律贯彻实施。开展《人民调解法》《道路交通安全法》《民族区域自治法》《桂林市城市市容和环境卫生管理条例》贯彻实施情况执法检查,利用“12·4”国家宪法日,开展法律法规宣传,推进法律法规在我县贯彻实施。听取和审议县人民检察院关于开展公益诉讼专项工作报告,组织人大代表视察县人民法院和参加庭审现场,进一步推动公正司法。

扎实推进专题调研,破解改革发展突出问题。

开展我县国土工作、工业经济与工业园区建设专题调研,继续对“医改”工作情况、全域旅游工作情况、红色旅游调研报告、“风电”建成后复绿视察等审议意见办理情况进行跟踪督促。继续充分发挥调研室作用,对群众关心关切的社会热点问题加大调研力度,形成专题调研报告,为县委政府破解改革发展突出问题建言献策。组织桂林市五届人大代表兴安代表小组成员和常委会组成人员开展集中视察和调研,组织常委会组成人员和部分县人大代表对“百千”工程实施情况进行视察。灵渠是我县历史文化瑰宝,是世界灌溉工程遗产,为加大对灵渠的保护力度,督促支持县政府、主动配合市人大做好灵渠保护立法工作。

严格依法任免,加强对任命人员的监督。坚持党管干部原则,严格执行任免国家机关工作人员的法律规定,依法任免国家工作人员,确保县委人事安排顺利实现。依法组织县人大及其常委会选举或任命的国家工作人员进行宪法宣誓,继续推行人大常委会任命政府职能局局长和办公室主任向人大常委会作履职情况报告制度,激励和教育国家工作人员忠于宪法、遵守宪法、维护宪法。

三、积极作为,履职为民,着力发挥代表主体作用

推进平台升级,优化代表履职服务保障。持续推进乡镇代表履职平台建设,完善相关管理制度,充分发挥代表履职平台作用,统筹安排县、乡人大代表在代表履职活动中心开展主题活动。落实常委会组成人员走访和联系代表制度,建立群众意见处理反馈机制,发挥人大代表作为党和国家联系人民群众桥梁纽带作用,做好驻兴区、市人大代表的联系和服务,全力为代表履职提供保障。

创新建议办理,提高代表满意率。进一步提高代表建议质量,探索建议办理工作新机制,继续实行县政府领导领办,常委会领导牵头督办重点代表建议、办理满意度测评等制度,推动重点难点问题解决,提高建议办结率和代表满意率。

创新学习培训,促进履职水平不断提升。加强代表履职学习培训,采取集中学习和分组培训,扩大代表对常委会工作的参与,不断丰富代表集中视察、专题调研、小组活动的内容和方式,坚持邀请代表列席会议,及时向代表通报人大工作情况,推动“一府一委两院”与代表密切联系。

四、不忘初心,牢记使命,着力加强自身建设

提高政治站位,全面落实从严治党主体责任。旗帜鲜明讲政治,在政治立场、政治方向、政治原则、政治道路上同以习近平同志为核心的党中央保持高度一致。大力倡导“担当为要、实干为本、发展为重、奋斗为荣”的理念,努力使县人大常委会成为全面担负起宪法法律赋予的各项职责的工作机关,成为同人民群众保持密切联系的代表机关。落实全面从严治党主体责任,推进“两学一做”学习教育常态化,扎实开展“不忘初心、牢记使命”主题教育。组织常委会组成人员和机关干部进行专题学习培训,开展弘扬红军湘江战役“勇于胜利、勇于突破、勇于牺牲”精神专题教育,努力提高全县人大工作整体水平。

加大宣传力度,强化服务协作。加强人大宣传工作力度,与各类宣传媒体加强联系,充分宣传人民代表大会制度的优越性,展示代表新风采,传播人大好声音。加强对乡镇人大工作的联系指导,增强协作配合。加强人大信访工作,努力维护人民群众合法权益。加强联系村的精准脱贫工作,提高帮扶成效。加强对离退休老干部的联系,进一步做好老干部服务保障工作。

政府工作报告

——2019 年 1 月 25 日在兴安县第十六届人民代表大会第五次会议上

兴安县人民政府县长　黄　钦

兴安县人民政府县长　黄　钦

2018 年工作回顾

2018 年，在市委、市政府和县委的正确领导下，在县人大、县政协的监督支持下，全县上下紧紧围绕建设“生态兴安、文化兴安、富裕兴安”、实现“七大目标”[1]、创建“三大生态”先进县[2]战略，扎实推进“六个年”活动[3]，致力和谐，聚力发展，较好地完成了县十六届人民代表大会第四次会议确定的目标任务。

据初步统计，全县完成地区生产总值同比增长 9.2%，规模以上工业总产值同比增长 9.6%，固定资产投资同比增长 18.4%，财政收入按实际可比口径计算同比增长 22.0%，社会消费品零售总额同比增长 8.7%，城镇居民人均可支配收入同比增长 6.0%，农村居民人均可支配收入同比增长 10.0%。

灵渠荣膺广西首个“世界灌溉工程遗产”；兴安连续 9 次荣获“自治区双拥模范县”，荣获“自治区级生态县”，被列为“广西第一批工业重点县”，成为广西唯一“第四批全国旅游标准化试点县创建单位”，国家全域旅游示范区创建工作通过初审，义务教育均衡发展通过国家评估认定；溶江镇入选“广西经济发达镇”；华江瑶族乡荣获“广西养生养老小镇”和“自治区民族团结进步模范集体”。

一年来，我们主要做了以下几方面的工作：

一、突出发展要务，经济发展呈现新局面

重大项目建设取得新成就。全县统筹推进重大项目 44 个，总投资 179 亿元，累计完成年度投资 39.5 亿元。共实施了 14 条城市道路新改（扩）建工程，里程总长 25.7 千米，其中总投资 2.1 亿元的西绕城路竣工通车，灵渠大道（一、二期）完工并投入使用，西环路和迎宾路完成提升改造；风电项目完成年度投资 12.3 亿元，界首（一、二期）风电项目完成整套工程启动验收，严关（二期）风电项目如期推进；灵渠南渠修缮（一、二期）工程推进顺利，灵渠南渠恢复通航（一期）工程成功试航；滨江公园实现开园；双女井溪提升改造（一期）工程全面完工；白云亭、攀桂桥完成主体工程；兴安博物馆完成主体封顶；妇幼保健院完成主体建设；城南新区移民安置区加快推进；碧桂园房产项目开盘营销；湘漓佛保山生态旅游田园综合体、凤凰坡和城南棚改安置点、双女井溪提升改造（二期）等一批项目顺利开工。

工业经济持续向好。一是主导产业结构基本形成。全县基本形成以综合建材、新能源、健康食品、生物医药、装备制造、通用航空为支柱产业的工业产业结构，每个支柱产业都培育和形成了 2~3 个龙头企业带动的良好发展格局。海螺水泥产销两旺，全年实现税收 2.18 亿元；风电并网装机容量 60 万千瓦，年度发电量 9.86 亿千瓦时，全年实现税收 3042 万元；光伏企业完成改造升级，恢复生产；日盛食品、云峰食品加快提质升级；展卓通用航空1800米跑道获得批复，成功通过民航商业运输资质运行和61部飞行员培训审定，完成白竹铺机场验收取证，实现年产值2000万元。二是加快推进园区建设。大力开展“园区建设年”活动，切实加强园区管理，入园企业53家，园区工业增加值同比增长18%，税收同比增长25%。认真落实工业发展奖励政策，实现“四上”企业入库10家，其中规上企业入库4家。全长7.1千米的西绕城路撑起园区主干路网骨架。探索运用PPP模式，完成标准厂房建设3.4万平方米。占地102亩的米粉产业园开工建设；矿粉产业园完成规划，500亩土地基本完成征收和平整，其中已取得145亩用地指标，入园主干道路建设基本完成。三是全力以赴招商引资。投资5000万元以上的招商引资落地项目有双胞胎饲料、嘉达机电、中储能设备、天翔硅业、乾昭新型金属材料、兴昊科技、鑫鑫药业、欣安电器、东莞刘福记米粉、溶江干混砂浆、茂兴新能源、天宝石材、旸谷矿业、安进矿业等14家企业。这14家企业投资总额近10亿元，全部建成投产后可形成30亿~35亿元的新增工业产值。四是积极帮扶原有企业。全力促动原有企业扩能提质，已启动并实施扩能提质的企业有煜亮亮光伏、海螺水泥协同窑处理城市生活垃圾、恒韵居家具、云峰食品、日盛食品、艺唯思皮具、顺泰金属等7家企业。这些企业每家扩能提质投资均在2000万元以上，投资总额近4亿元，扩能提质完成后预计每年可新增工业产值3亿元以上。五是助推企业自主创新。“国家知识产权强县工程试点县”工作有序推进，大管家获得区级“星创天地”创业平台。鸿翼生物、日盛食品、茗兴生物通过“高新企业”认定。

营商环境不断优化。一是持续深化“放管服”。拟取消县级各类证明192项，保留225项。全面贯彻落实营商环境政策，在自治区推行“354560”的基础上，进一步落实“353848”[4]要求，其中企业开办手续办理时限提速85%，其他承诺办结事项在法定时限上提速62.6%。二是大力推进“最多跑一次”改革。已有37个单位进驻政务服务中心开展“一站式服务”，其中“最多跑一次”事项734项，占总事项的92.9%；深入推进“互联网+政务服务”，745个政务服务事项可实现网上办事指南查询、表格下载、网上预审等功能，网上办事率达94.3%。兴安网上政务服务中心荣获“广西第一届十大最受关注政府网站优秀创新案例”。

乡村振兴全面实施。出台《关于推进乡村振兴战略的实施意见》等文件，以“百村示范、千村整治”工程为抓手，推动农村现代化和农业产业化发展。一是粮食生产再获丰收。全县种植粮食51.5万亩，总产量达19.21万吨。崔家乡全新农机合作社、兴安镇雄力农机合作社有力带动农业生产机械化水平，服务面积不断扩大。二是农业产业化步伐加快。积极开展农作物病虫害、有害生物和禽畜疫病综合防治工作，葡萄根瘤蚜、柑橘黄龙病和松材线虫病得到有效控制。编制完成《2018—2020年兴安县现代特色农业示范区建设行动方案》，灵渠葡萄、红色湘江蜜橘现代农业(核心)示范区建设工程不断提升，金满田园粮食产业示范区被认定为广西第七批四星级核心示范区，大管家生态农业休闲示范区、翠珠红裳温克葡萄示范区被认定为县级示范区。三是生态农业发展迅速。“三品一标”认证工作取得阶段性成效，南丰蜜橘地理标志申请前期工作、高尚甜玉米绿色食品认证有序推进，水果绿色防控面积达10万亩。我县连续8年荣获“全国生猪调出大县”，89家养殖场完成“生态养殖场”认证。四是新型经营主体培育取得新成绩。全县有市级以上农业产业化重点龙头企业14家、县级以上示范专业合作社58家、县级以上示范家庭农场26家。五是农村基础工作不断优化。农村土地承包经营权确权登记颁证率95.38%，超额完成目标任务；全面完成农村集体资产清产核资数据上报，并在兴安镇启动桂林市产权制度改革试点镇工作；国有林场改革通过了自治区验收。着力破解南丰蜜橘滞销等问题。县电子商务产业中心及375个乡村益农信息服务站全面完成。大力推进“宜居乡村”建设，完成改厨改厕9531户。新建防洪堤及护岸2.99千米，维修改造山塘堰坝4处，防渗加固渠道10千米。

旅游发展活力释放。国家全域旅游示范区、全国旅游标准化试点县创建工作稳步推进。一是灵渠申遗扎实推进。启动了依法解除“灵渠经营权合作协议”工作，成功举办灵渠保护与申遗暨水利遗产保护利用学术论坛，灵渠成功列入世界灌溉工程遗产名录。二是旅游项目加快推进。灵渠复航、红军长征文化资源保护与开发利用、灵渠周边环境综合整治、魁星楼—白云驿历史人文景观区等项目建设强力推进。继续培优“灵渠人家”“桂北老家”乡村旅游品牌，溶江乡里乐、黄茅坝旅游咨询中心正式运营，白石石柱、高尚江村、漠川榜上古村等旅游停车场完成建设，新建A级旅游厕所8座。红军长征突破湘江烈士纪念公园创建AAAA景区通过区、市专家评审。三是文旅互促亮点纷呈。全面开展“旅游营销年”活动，成功举办历史最高水平的米粉文化节，获得“中国米粉美食之乡”称号；牵头阳朔、湖南新宁等县组建旅游发展联盟，联合桂北五县成立桂北红色旅游联合体；漠川红石山庄、华江猫儿山生态园、兴安镇老山界农庄和周家园分别获评自治区级四星级农家乐和四星级乡村旅游区。以兴安风土人情为背景题材的自治区成立60周年献礼电影《北纬25° 天空下》正式首映；《新闻联播》《新闻直播间》等央视新闻栏目十余次聚焦兴安，兴安的知名度和美誉度不断提高。全年全县旅游总人数795.56万人次，同比增长16.81%；旅游总消费89.07亿元，同比增长20.63%。四是旅游康养招商项目取得重大突破。引进华润置地收购乐满地，拟投资120亿元打造“大旅游+大健康+大文化”的旅游康养综合体项目；引进中铁锦绣集团，拟投资118亿元打造云影风车山地康养旅游度假区项目；引进上海九翌集团，拟投资约10亿元打造阳雀国际温泉旅游度假区项目。

财政解困持续推进。紧紧围绕“保工资、保运转、保基本民生”工作思路，开源节流，基本保证了财政工作的有序运行。一是积极组织财政收入。抓好现有税源及非税的征缴，全县组织财政收入完成11.49亿元，按可比口径同比增加1.62亿元。二是积极向上争取项目补助。全年争取中央、自治区项目补助资金15.68亿元，同比增加1000万元；重点生态功能区等转移支付收入同比增加2128万元；均衡性转移支付同比增加4268万元，同比增长161.17%。三是全力保障民生资金投入。全年财政专项扶贫资金投入5801万元，实际支出5671万元，支出进度为97.75%，位居全市第二名、全区第四名，其中县财政安排1812万元、债券资金安排1014万元。全面落实各项教育政策，义均教育迎国检项目建设、贫困寄宿生生活补助等共支出3.69亿元，同比增加4045万元，同比增长12.33%。社会保障和就业共支出3.56亿元。发放农村危房改造、改厨改厕等各类补贴3582万元。整合融资资金1.36亿元，为重点项目的有序实施提供了有力资金保障。四是严格预算管理和资金审批。全面落实县四家班子带头厉行节约的要求，压缩一般性支出5%以上。五是深化投融资体制改革。积极争取地方政府债券额度3.64亿元，同比净增加1.1亿元，同比增长43%。

国土工作取得新突破。一是狠抓土地报批工作，完成建设用地报批项目13个共57.8公顷。二是完成土地收储326.3亩，盘活存量土地2300多亩，供地率86.25%。三是完成挂牌出让国有土地21宗共388亩，实现收入9101.5万元，创下2014年以来历史新高。四是出让采矿权5宗，实现收入1亿元，收益明显增加。五是严厉打击土地矿产违法行为，将2017年卫片图斑61.7%的违法初始比例降至2.54%。六是整县推进土地整治项目顺利完工，旱改水指标任务完成167.2公顷，梳理出城乡建设用地增减挂钩潜力面积938.6公顷。

二、聚力改善民生，切实提高群众获得感

脱贫攻坚扎实推进。一是始终坚持把脱贫攻坚作为最重大政治任务、第一民生工程，出台《兴安县关于进一步打好打赢精准脱贫攻坚战的实施意见》，县四家班子率先垂范，县乡村组四级联动，聚焦“六大行动”，聚力贫困群众增收，完成了600户2034人脱贫、10个贫困村摘帽的工作任务。桂林市村级集体经济发展现场会在兴安召开。二是扶贫政策全面落实。整合投入扶贫资金5801万元。加快产业扶贫，选准和培育县“5+2”、村“3+1”特色产业。新(续)建村级光伏电站18个。全面落实“雨露计划”；建档立卡贫困户医疗保障参保率、家庭医生签约率、健康扶贫大病救治专项进度救治率均为100%，住院医疗费用经政府兜底机制个人实际报销比例达90%；完成贫困户危房改造453户。三是压实各级扶贫工作责任。整合全县104个定点帮扶单位3300多名干部驻村帮扶，全力推进责任、政策、工作三落实。四是严格落实问题整改。针对扶贫领域中央、自治区、桂林市巡视巡察检查反馈问题，全力开展整改工作，2018年反馈的168个具体问题已整改到位并全部销号。

城乡建设协同推进。一是规划编制日趋完善。编制完成《兴安县城市总体规划(2016—2035)》。城南新区的土规和城规基本实现两规合一。二是城乡建设强力推进。按照疏解提升老城、加快建设城南新城的战略，全面实施投资18.75亿元、涉及14个片区的城市棚户区改造，完成房屋征收2000户，拆迁面积8.1万平方米；争取资金1.86亿元、专项债券6000万元；凤凰坡片区安置点已全面完成房屋征收，原财政局和蒋家村片区征收补偿协议签约率分别达99%、97.1%。渡头江巷完成立面改造和水系景观建设，魁星楼—白云驿历史人文景观区项目启动建设。湘漓、高尚新型城镇化示范乡镇建设项目顺利推进；华江荣获桂林市第三批新型城镇化示范乡镇建设一等奖；溶江与聚光科技签订了漓江三花小镇建设战略合作框架协议；白石、漠川依托桂北老家、银杏古村，打造乡村旅游示范带；狮子山、江西田等12个乡土特色示范村加快建设。三是城乡管理更加精细。长期以来，困扰市民的双女井溪马路市场“脏乱差”得到根本性整治。城区亮灯率95%，设施完好率96%。持续开展打击“两违”，拆除违建面积1.16万平方米，查处违法用地14.19万平方米。通过公开招标，成功引入上市企业侨银环保公司，完成城乡环卫一体化改革。界首、严关、高尚、溶江污水处理项目及湘漓污水管网工程投入试运行，碧清源污水处理厂提标改造工程启动建设，城北污水处理厂投入运营，为工业园区发展提供了环境承载力，实现了全县污水垃圾处理全覆盖，走在全市前列。

生态环境不断优化。一是全面落实“党政同责，一岗双责”，加强猫儿山和漓江、湘江水源保护。严格落实河长制，编制完成23册“一河一策”方案。着力开展清水行动，县城饮用水源实现实时监控。强化自然保护区监管，依法拆除竹坪江、城岭、漕江河下王家三个水电站拦河坝。二是污染防治扎实有效。启动实施了严关矿粉、米石企业的环保整治工作。关停小散乱石灰窑26孔，搬迁、关闭霞云桥4个猪场，拆除塘堡纸厂，关停漓江流域16家采石场和19家采砂场。完成99个自然村屯的生活污水处理站及村屯垃圾收集设施建设。全年全县空气优良天数330天，同比增加7.5%，PM2.5年均浓度每立方米28微克，同比下降15.2%。三是生态建设稳步实施。继续实施“绿满八桂”造林绿化工程，推进风电场和山林生态修复，全县森林覆盖率76.48%，自治区级生态乡镇创建率90%，市级生态村创建率100%。已完成海洋山自然保护区确界、全县生态红线划定上报工作。全面落实中央环保督察问题整改及“回头看”反馈意见整改工作。

“三大水库”建设扎实推进。完成24千米的库周道路建设；斧子口水库移民宅基地全部交付使用，移民建房率60%以上，川江、小溶江水库移民建房率90%以上，A、B区永久性供电完成，内部道路硬化有望春节前完工。

改革动能不断增强。聚焦重点领域，确立了7个专题27类76小项重点改革工作任务。一是县城道路及公共场所推行限时停车收费市场化管理改革有序推进，目前正在进行停车位画线和设备安装调试，部分区域试运行。二是实行学区制和中心校管理体制改革，推进义务教育城乡一体化发展。三是城乡公交运营管理体制改革积极推进。四是投融资体制改革、农村集体产权制度改革、集体林权制度改革、司法体制改革等加快推进。五是统计方法制度改革和基层统计规范化建设深入推进，全县经济运行和普查数据质量进一步提高。

民生福祉持续改善。扎实推进教育、卫生健康、交通、社保等十项为民办实事工程。一是实施振兴兴安教育三年行动计划，义务教育均衡发展通过国家评估认定。二是医疗体制改革稳步推进，医联体建设乡镇卫生院参与率100%。三是一批民生工程顺利推进。总投资220万元的白石高圩天桥、总投资730万元的湘漓普头大桥均已完工；总投资710万元的溶江庄家大桥已基本完成下部结构施工；湘漓新渡大桥、界首下宅桥、华江一号危桥改造启动建设；漠川保林公路竣工通车，兴安至严关大修项目顺利开工，兴安至庄子公路改扩建前期工作基本完成。115个行政村村级综合服务中心完成建设，10座村级公共文化服务中心完成主体建设。投入413万元完成白石山背村等11处农村饮水安全工程，受益人口4173人。投入8700多万元完成电网建设项目194个。上桂峡水库扩容项目前期工作积极推进。广西主要支流湘江治理工程在艰难中持续推进。四是社会保障体制不断完善。全县新增城镇就业人数4557人，城镇失业人员再就业人数1188人，全区失业保险工作业务推进培训会在兴安召开。社会保障水平持续提升，保障城市低保对象698户、农村低保对象6323户。

三、坚持依法治县，社会大局和谐稳定

依法治县水平不断提升。积极开展“依法治理年”活动，全面落实区、市、县法治政府建设实施方案和行政执法“三项制度”。坚持依法行政，按照服务型、法治型、创新型、学习型、务实清廉型“五型政府”要求，实现了效率提高、服务提优、办事提速的政务服务目标。自觉接受人大法律监督、政协民主监督、社会公众监督，共办理人大代表议案和建议84件、政协提案60件，回复率100%。

平安建设深入推进。紧扣社会治安大局持续稳定目标，深入开展“扫黑除恶”专项斗争，法治兴安、平安兴安建设取得重大进展，2018年第四季度群众安全感在全区111个县(市、区)中位列第45位。全面开展“双提升”工作,把提升群众安全感和政法队伍满意度工作纳入绩效考评。进一步加强“天网”工程和“雪亮”工程建设,新增“千里眼”高清探头2100个。深入开展“三大纠纷”调处,对突出的社会矛盾和信访问题实施精准排查、精细化解。狠抓安全生产,全年无重特大安全事故发生。全区水库水电站防洪抢险应急演练、全区测震应急流动观测演练分别在兴安举行。县食药监局荣立全区食药监管系统集体二等功。

加强工作作风建设。严格落实中央八项规定和区、市、县各项要求,“三公”经费逐年下降。落实党风廉政建设责任制,抓好政府系统廉政风险点防控。履行全面从严治党主体责任,县政府党组党内政治生活不断规范和加强。

同时,工青妇、供销、人防、物价、史志、档案、气象、机关事务、残联、民族宗教、国防动员等工作取得新进展、新成效。

过去的一年,我们经历的挑战前所未有。面对困难和考验,全县人民在县委的坚强领导下,振奋精神、顽强拼搏,解决了一批长期困扰发展的历史遗留问题;推进了一批打基础、利长远的重点项目;办成了一批顺民意、解民忧的实事好事。在生态环保、项目建设、招商引资、产业发展、文化旅游、城乡建设、社会治安等方面都取得了骄人成绩,社会建设全面丰收。

在肯定成绩的同时,我们也清醒地看到,在我县经济社会发展中还存在一些突出问题和矛盾。一是财政解困依然艰难。由于深层次的结构性因素及历史遗留因素,财政收支矛盾仍异常尖锐,刚性支出缺口很大,已成为制约兴安发展的主要因素之一。二是产业结构不够合理。农业大而不强且优势正在失去,工业发展依赖资源且结构单一,旅游“三产”发展滞后,驱动县域发展的后劲不足。三是营商环境有待进一步优化。这些问题和矛盾,需要我们在今后的工作中,认真加以研究和解决。

2019年工作部署

2019年,政府工作的总体要求是:以习近平新时代中国特色社会主义思想为指导,全面贯彻党的十九大和十九届二中、三中全会精神,在市委、市政府和县委的坚强领导下,统筹推进“五位一体”总体布局,协调推进“四个全面”战略布局,按照“建设壮美广西、共圆复兴梦想”总目标总要求,认真贯彻落实县委十四届七次全体(扩大)会议的精神和要求,坚持新发展理念,坚持稳中求进总基调,强优势、推改革,补短板、延链条,持续深化“六个年”活动,围绕建设“三个兴安”、实现“七大目标”、创建“三大生态”先进县战略目标,扎实做好稳增长、促改革、调结构、惠民生、防风险各项工作,积极融入桂林市“1+2”国家战略[5],全面加快县域经济高质量发展,为全面建成小康社会收官打下决定性基础,以优异成绩庆祝中华人民共和国成立70周年。

今年经济社会发展主要预期目标是:地区生产总值增长7.2%;规模以上工业增加值增长7.0%;固定资产投资增长10.0%以上;财政收入增长6.5%(按可比口径增长10.0%以上);社会消费品零售总额增长10.0%;城镇居民人均可支配收入增长8.0%;农村居民人均可支配收入增长10.0%。

围绕上述总体要求和目标任务,我们要着力抓好以下几方面的工作:

一、着力争创广西科学发展先进县,加快经济转型升级

创新发展理念,今年全县要以争创广西科学发展先进县作为统筹全县经济工作的重要抓手,举全县之力推进争创工作。

强化推进措施。一是全面启动前期工作。成立争创科学发展先进县统筹协调领导小组,制定工作实施方案,安排2000万元专项经费用于开展争创工作。二是强化责任落实。围绕争创标准和目标任务,成立经济发展与结构优化、农业及示范区建设、工业及产业园区发展、服务业及特色旅游发展、城乡发展、生态建设与环境保护等六个工作小组,全面实行部门主要领导负总责的工作责任制,各部门要认真研究制定具体的实施方案和工作措施,确保每项工作扎实开展。三是强化考核机制。把争创广西科学发展先进县目标列为全县重中之重工作,各单位完成情况列为重点督查事项和目标考核内容,与年终绩效考评直接挂钩。

紧盯创建目标任务。一是不断优化经济产业结构,加强财政风险管控,加快全县经济高质量发展。二是重点抓好国家、区、市、县、乡五级示范区建设,争创国家农业综合开发田园综合体试点县,推动现代特色农业核心示范区提质升级。三是大力促进工业园区新型建材、新能源、生物医药三大产业集群结构优化升级，力争到2020年园区工业总产值占全县工业总产值的比重达70%以上；持续完善县城工业集中区、界首工业园、溶江米粉产业园及严关矿粉产业园基础设施建设，不断提升园区承载力；大力创建工业园区服务中心、小微企业创业创新基地，不断提升园区服务水平；加大入园项目招商力度，力争全年招商项目达6个以上。四是持续抓好国家全域旅游示范区及全国旅游标准化试点县创建工作，大力发展田园观光采摘、农耕文明实践等旅游业态，创建广西五星级乡村旅游区、五星级农家乐。五是抓好县城基础设施建设，不断完善教育、医疗等公共服务功能；抓好溶江全国特色小镇及高尚、湘漓新型城镇化示范乡镇建设；持续开展"百千工程"，进一步改善农村人居环境。六是加大生态建设与环境保护力度，着力解决污水、垃圾、大气及水质量污染问题，提升森林覆盖率，不断优化空气质量。

二、着力推进项目建设，夯实经济发展基础

要坚持以项目为中心，全力抓好项目和投资工作，为经济稳定增长提供有力支撑。

全力推进项目建设。2019年全县计划实施重大项目65个，计划投资360亿元，年度计划投资45.4亿元。着力完成中央预算内投资项目和湘漓、高尚新型城镇化示范乡镇等项目建设。确保灵渠大道（三期）、水街提升改造等24个项目按时开工建设。扎实推进香港铜锣湾城市商业综合体、华润旅游康养综合体、中铁锦绣云影风车山地康养旅游度假区等项目建设；加快推进魁星楼—白云驿历史人文景观区、棚户区改造、灵渠南渠修缮、老山界红色生态旅游、"三大水库"后续工作及移民安置区建设等33个续建项目。积极谋划烈士碑园改扩建、华江瑶族乡旅游二级公路、湘江二桥、东环路、城乡电网改造等项目的前期工作。

抓好项目要素保障。一是加强项目协调推进。安排2000万元前期工作经费，扎实做好项目前期工作。继续实施县领导包干推进重大项目和重大项目联席会议制度。按照"五个一"[6]工作机制和"一包三定"[7]要求，落实各级领导和相关责任人抓重点项目建设的责任，推行重大项目绩效考评。二是保障项目建设用地。土地利用年度计划要向重大基础设施项目、重点产业项目和急需的公益性项目倾斜，积极争取建设用地总量指标，简化用地审查环节，依法加快推进征地拆迁工作。三是做好项目资金保障。一要坚持不懈加强与自治区各厅（局）汇报、对接，在争取项目、资金上下功夫，力求取得新突破，充分发挥财政投资的拉动作用；二要清除民间资本进入障碍，放开市场准入条件，大力鼓励民间资本进入产业领域；三要大力推进银企合作，筛选一批符合融资要求的重大项目向金融部门推介，积极筹集建设资金。四是加强项目监管力度。要加强项目投资进度、质量、安全监管力度，严格设计调整、大额签证管理。五是优化项目建设环境。进一步转变工作作风，切实查处项目建设过程中的不作为、慢作为、乱作为。定期开展施工环境专项整治活动，严厉打击和处理项目建设强买强卖、强揽工程、阻工闹事等违法犯罪行为。

务实开展精准招商。继续实施"招商引资年"活动，不断创新招商方式。要完善主要领导抓招商、"招大引强论英雄"的工作机制；要加强招商信息搜集，及时掌握行业、产业转移或投资动向，继续做好跟踪对接；要敢于让利优惠，创造吸引企业入驻的比较优势。重点围绕综合建材、新能源、健康食品、生物医药、设备制造、通用航空、文化旅游产业，牢牢盯紧中国联塑产业园、三一集团装配式建筑产业园、中国健康好乡村·兴安地道中草药产业园、桂北农产品商贸中心等重大产业项目的招商，争取今年引进2~3家产业聚集、产业链延伸有带动力、投资额度大的产业龙头企业。

三、着力推动工业振兴，加快工业提质增效

坚持聚焦实体经济，推动传统产业转型升级、新兴产业快速发展，不断优化产业结构，提高产业发展质量和效益。

做优工业主导产业。全力以赴做好2018年14个新落地企业、7个扩能提质企业的服务工作，促进这些项目早日竣工投产。继续深化与海螺公司全面合作，加快新型建材产业的发展步伐。持续推进风电项目建设，确保界首（二期）装机容量5万千瓦、严关（二期）装机容量5万千瓦全部投产发电；加快推进界首凤形山、白石集中式装机容量25万千瓦及高尚枫木界、高尚茗田、湘漓文明分散式装机容量6万千瓦的前期工作，力争今年底启动建设。全力支持煜亮亮等光伏企业扩大生产，提高运营水平。培育壮大以鑫鑫药业、兴昊科技为龙头的生物医药产业集群。大力发展设备制造新兴产业，推动嘉达机电扩能、中储能设备、乾昭金属材料建成投产，力争再引进1~2家知名设备制造企业，进一步扩大产业规模，提升产业竞争力。推进云峰食品、日盛食品等现有企业的扩能提质工程，推动健康食品产业再上台阶。加快推进飞行员培训业务，白竹铺机场争取设立为桂北国家应急救援中心基地。加大重点企业培育力度，力争将顺泰金属、艺唯思皮具等企业纳入规模企业和限上企业，确保完成新进规模企业6家以上。加大对高新技术企业的培育工作，加强科技成果转化，全面提升企业自主创新能力。加快"数字兴安"建设。

推动民营经济发展。强化引导扶持，建立重点扶持民营企业清单，开展民营经济示范乡镇、示范园区创建活动。营造公平竞争环境，坚持"非禁即入"原则，扩大民营经济市场准入。全力维护民营企业合法权益。构建"亲""清"新型政商关系，千方百计帮助民营企业解决困难和问题，切实降低企业要素成本，减轻企业税费负担，让更多优秀民营企业健康成长。

加快工业园区建设。继续开展"园区建设年"活动，重点完善园区规划，提升公共服务配套，健全园区运行管理体制，着力构建园中园等发展模式；坚持节约高效利用土地，增强园区承载力。全面加快矿粉产业园、米粉产业园建设步伐，矿粉产业园力争完成300亩土地收储及出让工作，米粉产业园建设实现投产。

深入优化营商环境。继续深入开展"转提优"活动，全面实施落实县领导联系帮扶企业制度。持续优化、简化行政审批流程改革，大力营造优质高效的服务环境。继续推进"最多跑一次"改革，力争95%以上政务服务事项实现"最多跑一次"。全面推进"互联网+政务服务"建设，政务服务事项承诺提速65%，进一步落实"353848"要求。

四、着力实施乡村振兴，促进农村全面发展

要按照"产业兴旺、生态宜居、乡风文明、治理有效、生活富裕"的总要求，扎实做好乡村振兴这篇大文章。

大力发展农村经济。推动乡村产业发展。在确保粮食产量稳定并向优质稻发展的基础上，整合运用各项惠农政策，力争扩改种水果1.5万亩；继续加大葡萄根瘤蚜、柑橘黄龙病、松材线虫病、毛竹蝗虫等病虫害防治工作；加大农业供给侧改革力度，不断引进推广葡萄、柑橘新品种；稳步发展葡萄、柑橘、食用菌、罗汉果、猕猴桃等特色产业，推动重振银杏、毛竹产业。继续加大现代特色农业示范区建设，完成1个区级、1个市级、2个县级核心示范区的建设，积极创建自治区级溶江三花田园综合体。鼓励发展壮大新型农业经营主体，力争家庭农场达到127家。

强力推进乡镇龙头项目建设。各乡镇在全力以赴统筹抓好脱贫攻坚、乡村振兴、生态保护等工作的同时，要着力推进以下重点工作：兴安镇要依托源江风电场旅游资源，加快推进云影风车山地康养旅游度假区项目，着力打造中国南方·风车之乡。界首镇要借助桂北四县交通枢纽优势，加快打造规划面积500亩，集农产品批发零售、仓储冷链、物流配送、电商平台、会展展销、商业配套开发等产城融合为一体的桂北农产品交易中心，全力打造桂北"一二三产"融合发展样板镇。溶江镇要以创建全国特色小镇——漓江三花小镇为契机，着力打造以通用航空和健康食品为主导的特色小镇。湘漓镇要全力做好桂林市第四批新型城镇化示范乡镇建设，加快推进佛保山田园综合体建设。高尚镇要依托金满田园粮食产业核心示范区和兴阳旅游精品线路，加快推动农旅产业发展与新型城镇化建设齐头并进、良性互动、融合发展。严关镇要加快矿粉产业结构转型升级步伐，全力以赴推进矿粉产业园建设；同时借助灵渠申遗、南渠复航的契机，进一步打响"灵渠人家"乡村旅游品牌。漠川乡要深挖古韵文化底蕴，以湘桂古商道为基础，升级江畔绿道，全力打造生态休闲旅游浪漫之乡。崔家乡要以银杏酒业、泽源丰生态场产业为龙头企业，着力打造集出行休憩、游玩吃住、农旅结合的乡村驿站经典版。华江瑶族乡要加快推进阳雀国际温泉旅游度假区项目、锐炜至高寨二级旅游公路建设。白石乡要加快以湘江源、秦家大院为核心的景区景点提升改造，打造成为寻古探源、灵秀精美的"桂北老家"特色乡镇。兴安镇、湘漓镇要进一步牢固树立服务全县发展大局的理念，全力以赴做好引进项目涉及的征地、拆迁、协调等方面工作，为项目落地提供强力保障。

强力建设幸福乡村。坚持"因村制宜，特色发展"，加强传统村落保护和农村风貌管控整治。用3~5年时间，多渠道筹措5亿~7亿元资金，持续开展"百千工程"，年内建成示范村30个，整治400个自然村，进一步改善农村人居环境。全面开展"环境秀美""生活甜美""乡村和美"专项活动，打造农民幸福生活美丽家园。继续加强农村土地确权和产权制度改革工作，巩固农村体制改革成果；加强农村基层基础工作，健全自治、法治、德治相结合的乡村治理体系。

努力增加农民收入。大力实施“数字农业一张图”[8]工程。继续实施“农村电商建设年”活动，推进“互联网+农业”，加快电子商务产业中心、仓储物流批零展销中心建设，充分发挥电商企业作用，完善农产品网络销售体系，提高优质农产品市场竞争力。加强品牌营销服务，挖掘县内名优特产品潜力，建立农产品、特色商品生产企业及特色产品库，开展“兴安品牌月”等活动，实施全网营销。

五、着力发展全域旅游，推动旅游三产深度融合

围绕全域旅游发展，优化旅游供给结构，丰富旅游产品，实现兴安旅游三产高质量发展。

加快全域旅游建设。加快灵渠申遗步伐，依法收回灵渠经营权，强力推进灵渠保护修缮、灵渠文化研究保护展陈、灵渠复航、灵渠公园和水街改造提升等灵渠保护与利用项目建设。启动猫儿山、灵渠、湘江战役纪念公园创建AAAAA景区工作。全力推进阳雀国际温泉旅游度假区项目、天上高寨文旅项目、魁星楼—白云驿历史人文景观区、财神庙历史文化街区等大型旅游项目建设；加大招商引资力度，引进有实力的公司策划海洋河生态休闲观光旅游等项目，不断增强旅游市场吸引力。

强力推进湘江战役红军遗骸收殓保护和相关纪念设施规划建设。全面排查整理红军遗骸分布情况，迅速开展科学高效的收殓保护工作。完善提升红军长征突破湘江烈士纪念公园，完成光华铺等红军遗骸集中安放点改扩建和红军遗骸散葬点修缮保护，做好湘江战役纪念馆等现有集中纪念设施展陈提升，维护修缮零散纪念设施，抢救保护重要战斗遗址遗存。此项工作是我县今年红色文化建设的重中之重工作，必须举全县之力确保8月底全面完成。加快建成国家重点红色旅游景区，加强湘江战役红军长征精神研究，创作一批湘江战役主题的文艺、影视作品和图书出版物。

推进产业融合发展。深入实施“旅游+”“+旅游”战略，推进农旅、文旅、康养旅游等融合发展。积极申报全国休闲农业与乡村旅游示范县。合理利用古村古镇、民族村寨、风电景观，做好乡村旅游基础设施建设，启动漠川长洲至高尚灵龙联网公路前期工作。充分发掘兴安历史文化的丰富内涵，将贺郎歌、马仔调等特色文化融入景区景点建设，进一步打造“灵渠人家”“桂北老家”。精心打造一批特色旅游商品，做长旅游产业链。

全面强化旅游营销。继续推进“旅游营销年”活动，突出抓好县内旅游景区景点的整体扩大营销，策划推动桂北红色文化、历史文化、山水文化、民俗文化等旅游线路，打造桂北湘南区域旅游联盟。继续办好葡萄节、灵渠马拉松等节庆和赛事活动，提升兴安知名度和影响力。

全面启动县文旅投公司的培育发展。要坚持政企分开、政资分开和公平竞争原则，做强做优做大国有资本，加快实现从管企业向管资本转变。严格按照“以市场经济为基础，以企业法人制度为主体，以公司制度为核心，以产权清晰、权责明确、政企分开、管理科学为条件的现代企业制度”的要求，全面启动县文旅投公司的培育和发展工作，并注入有效资产，整合优质资源，充分借助国储林贷款的灵活、优惠政策，积极策划“中国健康好乡村·兴安地道中草药产业园”项目，形成稳健的主管业务及良好的现金流，提升经营创收能力。

六、着力统筹城乡发展，提高城镇化建设水平

围绕新型城镇化总体要求，按照加快建设新城、疏解提升老城的战略，按城市标准加快城镇化建设水平。

科学做好规划编制。全面完善《兴安县城市总体规划(2017—2035)》，启动多规合一的兴安县城市空间规划编制，对城南新区、城北新区、乐满地片区等城市重要片区进行城市设计的编制。

加快建设“县域城市”。一是加快推进城南新区建设。继续开展“城南新区建设大会战”，加快推进灵渠大道(三期)、兴西路等基础设施项目建设，不断提高新区承载功能。全力推进铜锣湾城市商业综合体、第三幼儿园等项目建设，完善新区公共服务功能。强力推进双拥路移民安置区的各项建设工作。二是努力提升老城功能品味。全力推进魁星楼—白云驿历史人文景观区、渡头江巷历史文化街区的建设，启动财神庙历史文化街区的招商引资工作。奋力抓好棚改工作，全面完成原财政局、下水垌、蒋家村、地区水泥厂等片区的房屋征收工作，启动火电厂、木材厂等片区的房屋征收工作，全力推进凤凰坡和城南安置点的建设工作。总投资4.37亿元，全力完成城台路罐头厂路段、城中百货公司片区道路、兴北大道、海螺路、新民路、青龙街、天平路、桂善街等棚改配套基础设施项目建设。继续抓好大街小巷改造工程。大力实施保障性住房建设，全面完成桂善街保障性住房项目建设。启动五里峡直供水输水管道项目建设，全力推进第二水厂建设。三是启动县第四小学规划建设、县中医院搬迁等项目。

强力推进新型城镇化建设。全力推动溶江全国特色小镇——漓江三花小镇产业研究和核心区规划通过自治区评审，全面启动特色小镇建设。加快推进华江健康养生小镇建设。积极推进界首中国历史文化名镇建设。重点抓好高尚、湘漓新型城镇化示范乡镇建设，将湘漓的新型城镇化建设与滨江公园融合衔接，拓展市民休闲场所，延伸城市发展空间。漠川要全面启动桂林市第五批新型城镇化示范乡镇建设前期工作。抓好乡村风貌三年提升工作，全面核查和开展农村贫困户的危房改造工作。抓好严关等6个乡镇级污水支管网建设[9]，全面完成县城碧清源污水处理厂提标改造、霞云桥泵站建设和塘市垃圾填埋场处理工作。

扎实抓好城市管理。启动县城违法建筑、违法用地的集中清理整治，开展县城道路停车画线与收费工作。全面清理县城马路市场，突出抓好金山城、润发市场的规范化管理，实现划行规市。巩固环卫一体化的改革成果，积极探索城市绿地养护管理的市场化改革。启动垃圾分类工作，进一步抓好10个乡镇垃圾转运，切实做到村收、镇运、县处理，改善农村人居环境。通过综合执法、综合整治、综合管理，切实改善城市面貌，提升城市品质与档次。

七、着力推进精准脱贫，坚决打好脱贫攻坚战

要始终把脱贫攻坚作为当前最重大的一项政治任务，确保完成今年贫困村、贫困人口的脱贫摘帽任务。

强化扶贫机制。严格执行脱贫攻坚一把手负责制。进一步加强驻村帮扶、结对帮扶全覆盖，着重提升"三率一度"[10]，构建"三位一体"[11]大扶贫格局。建立健全县、乡、村三级层层抓落实的工作联动机制和常态督查指导机制。继续深入开展扶贫领域腐败和作风问题专项整治。

夯实扶贫基础。围绕"两不愁三保障"[12]"八有一超"[13]"十一有一低于"[14]脱贫摘帽标准，加强贫困人口动态管理，做到应纳尽纳、应返尽返、应剔尽剔。抓好扶贫项目推进和资金拨付工作，保障贫困村水电路等基础设施和村级活动中心等公共服务设施建设。深入推进"六大行动"[15]，持续提升脱贫质量，不断巩固脱贫成果。

聚焦产业扶贫。提升产业扶贫水平，拓宽光伏、电商、金融扶贫新路径，开展农村土地承包经营权抵押、林权抵押和住房财产权抵押等贷款试点工作，不断拓宽贫困户产业融资渠道。大力发展村级集体经济，用好用活扶贫政策，着力盘活集体资产，壮大农民专业合作社，实现贫困村集体经济收入达到4万元以上。

做好政策衔接。推进贫困户危房改造建设。全面落实农村低保与扶贫有效衔接，实现应保尽保。深入开展健康扶贫工作。全力推进教育扶贫。同时，做好后续帮扶工作，确保脱贫成效得到人民认可、经得起历史检验。

八、着力推进生态建设，坚决打好污染防治攻坚战

深入实施"生态兴安"战略。全面落实环境保护"党政同责、一岗双责"责任制，坚决执行新环保法、环境保护税法、最严格水资源管理制度和国家重点生态功能区产业准入负面清单，划定生态红线。严守生态功能保障底线。加快完成海洋山自然保护区确界工作。积极推进桂林市可持续发展议程创新示范区建设、"三大水库"生态修复和生态保护工作。

着力解决环境突出问题。全面落实中央环保督察"回头看"反馈意见整改工作。大力推进大气污染防治，加快推进矿山开采标准化建设，严格执法，强力推进以严关矿粉、米石加工企业为代表的小散乱工矿企业环保整治。深入开展县城及周边环境专项整治，确保空气质量优良天数达330天以上，PM2.5浓度降至每立方米28微克以下。大力推进水污染防治，加强漓江流域生态环境保护和生态修复，强化猫儿山、海洋山自然生态保护区和漓江、湘江水源保护工作。全面落实河长制，强力推进饮用水水源地保护区规划建设。加大污水垃圾集中处理力度，强力推进县城规划区及灵渠南、北渠污水直排问题的集中整治。严厉打击非法采砂、采矿、毁林等各种破坏生态环境的行为。推动生态养殖，全力争取畜禽养殖粪污资源化利用整县推进项目，有序推进灵渠沿岸农村环境连片整治项目，积极推进灵渠铧嘴上游湘江段历年淤砂的系统治理。

九、着力攻坚财政解困，提升经济发展质量

严格执行《预算法》，高度重视财政运行困难。保证预算公开透明运行，有效提升财政资金的绩效水平。一是坚持有保有压、确保重点、钱跟事走、量力而行、公平公正的原则，优先保工资、保运转、保基本民生。二是严格坚守先有预算、后有支出的原则，加强财政专项资金的管理，规范资金拨付管理流程。三是严格政府采购管理，禁止无预算采购或超预算采购。四是严肃财经纪律，严禁安排无预算、超预算、超标准、超财力的项目，增强预算执行的刚性约束力。

依法征管，培植优质财源。分税种、分行业逐一进行排查摸底，利用大数据平台，抓好现有重点税源分析和主体税种的有效监管，做到应收尽收。切实做好重点纳税企业的跟踪服务工作，下大力气用好用活相关政策。全力服务企业在兴安落户，夯实税源培植的基础。

积极争取政府债券资金，确保民生项目持续推进。密切关注棚户区改造、土地储备、自求平衡等专项债券和乡村振兴、学校建设等方面的政策走向，积极争取债券资金，确保全县棚户区改造、土地储备及相关民生项目的有序推进。

坚决防范化解重大风险，杜绝发生政府性债务风险事件。全力完成上级布置的化解债务风险目标任务。一是严格政府债务限额管理，严控隐性债务增量。二是积极筹措资金化解隐形债务。三是按中央和自治区经济工作会议精神，积极推进平台公司的改革转型，做到全县隐形债务总量不增加，存量逐年减，底线不突破。

优化财政资源配置，加大闲置资产的盘活与处置。深化财税体制改革，大力推进财政资金统筹使用，盘活各领域“沉睡”资金，提高资金使用效益。强化专项资金使用监管，做到统筹安排、定向投放、合理使用，集中力量办大事。健全完善国有资产处置工作制度，针对闲置土地和国有资产，做到依法清理、依法处置，努力增加财政收入。拓宽思路，采用与国有投资公司合作等新型模式，盘活国有“负担型”资产。

十、着力抓好国土管理，切实保障发展需求

以争创“全国国土资源节约集约模范县”为抓手，统筹做好国土工作。

推进生态国土建设。强化对自然资源尤其是基本农田的保护，落实保护责任制；重视投入，推动做好土地开垦、旱地提质改造以及自然资源生态修复等保护性工作，完成100公顷左右的土地开垦，3月份前全部完成整县推进土地整治项目；加大自然资源执法监察力度，成立动态联合执法队伍，形成合力打击非法用地用矿行为，年度土地矿产违法比例控制在8%以内。群策群力做好地质灾害防治工作，继续保持“自治区地灾防治十有县”荣誉称号。

加强国土基础建设。认真抓好“第三次全国国土调查”和国土数字县域城市建设；提前做好多规合一的筹划工作，确保新一轮规划符合兴安实际发展需求；制定城镇低效用地开发管理办法，努力盘活城镇低效用地；制定兴安县旅游基准地价，为优质旅游项目进驻兴安提供政策保障。

强化发展保障能力。一是加大建设用地报批力度，今年要批复不低于2000亩的新增项目建设用地指标，确保华润、铜锣湾、中铁锦绣、上海九翌等重大招商企业以及民生基础设施项目有可靠的用地保障。二是大力实施增减挂攻坚工作，成立县增减挂攻坚工作领导小组办公室，采取吸引社会资金投入实施，力争全年实施增减挂面积不低于600公顷。三是强力开展历史闲置矛盾土地攻坚工作，成立县征拆办，抽强人调能人以攻坚的精神，处置历年来批而未征、征而未供、供而未用、未批已建、未批已供等问题土地，确保清理解决释放2000亩以上土地。四是在保障被征地群众合法利益的前提下，多措并举基本解决历史遗留的预留用地问题。五是做好与自治区自然资源厅土地储备中心的合作，全年计划收储土地2000亩，其中新增收储工业用地1000亩（城西工业园区400亩、界首工业园区300亩、溶江工业园区300亩），新增收储经营性土地1000亩（城南新区800亩、城北新区200亩）。六是加大土地出让力度，对东风水泥厂、滨江公园、城南新区、维也纳酒店后区域等地块尽快完成出让条件，全年完成土地出让收入6亿元以上、矿权出让收入6000万元。七是进一步加大对闲置土地、特别是工业园区闲置土地的处置盘活力度，全年力争处置盘活闲置土地200亩以上。

提高审批服务效能。贯彻落实机构改革的要求，完善不动产审批流程，提高审批效率。加强力量逐步做好农宅和林地的登记审批工作。

十一、着力深化改革开放，释放发展新动能

深化“放管服”改革。探索开展以“企业容缺、政府容错，企业向政府承诺、政府向企业承诺”为主要内容的“双容双承诺”项目审批改革，着力破解项目落地的瓶颈制约，变投资项目“先批后建”为“先建后验”，实现投资项目“直接落地”。大力实施政务服务“一网通办”“一事通办”改革。全面推行权力清单、责任清单和负面清单制度，全面推行“证照分离”，切实减少行政审批流程。

持续推进重要领域改革。有序推进全县政府

机构改革步伐，确保按期完成改革任务。加快溶江镇经济发达镇行政管理体制改革。深化供给侧改革。深化行政体制改革，优化审批程序和流程，提高办事效率。全力推进公共交通营运体制改革。深化医药体制改革，探索县域医共体模式建设。

全面深化农村改革。继续抓好土地确权登记颁证工作。扎实推进农村集体经济资产清产核资工作，全面盘活农村资产。培育新型经营主体，坚持适度规模经营，推进土地经营权有序规范流转。

充分释放和激发金融活力。深入调查研究，认真分析研判经济发展趋势和现有金融政策，解放思想，勇于创新，积极推进历史遗留问题的妥善解决。积极探索银企合作、银政互动的新途径，出台《兴安县充分释放激发金融活力，服务经济发展大局的意见》，更好地释放和激发金融活力，更好地让金融系统融入并服务县域经济发展大局。

十二、着力保障改善民生，提升人民群众获得感

坚持以人民为中心的理念，以更大的决心、更大的力度保障和改善民生，努力提升人民群众获得感。

推进文化兴安建设。深入挖掘兴安的红色文化，继承和发扬红色传统，努力推出《湘江1934》红色舞台话剧等一批在区内外有市场影响力的文艺精品。锲而不舍地坚定推进灵渠申遗工作，以魁星楼—白云驿、财神庙、兴安博物馆等重点项目建设为载体，打造面积近2平方千米的兴安历史文化旅游核心区，更好推进“文化兴安”建设，进一步巩固兴安作为岭南文化地标、广西历史文化名县、广西红色文化强县的地位。

推进各项社会事业。进一步加大教育投入，贯彻落实《兴安县深化教育改革，振兴兴安教育三年行动计划》，巩固提升义务教育均衡发展成果，顺利完成“回头看”核验。巩固提升医药卫生体制改革成果，推进卫生健康深度融合，完成妇幼保健院整体搬迁项目建设，加快县中医院搬迁和县人民医院、界首骨伤医院改造提升。加速完成创业孵化基地建设，推动大众创业万众创新。统筹推进公共文化服务体系建设，丰富群众文化体育活动。继续加强国防建设，继续深入开展双拥工作，积极争创“全国双拥模范县”。

提升社会保障水平。继续实施为民办实事工程，完善提升社会保障。健全完善留守儿童、妇女、老人和残疾人关爱保障机制。加强城乡社会救助体系建设，完善最低生活保障制度。统筹做好重点群体就业工作。有效治理拖欠农民工工资问题。加大社会养老基础设施建设，大力发展养生养老服务产业。

维护社会安全稳定。深化“平安兴安”建设，实施政法基础设施建设工程，着力抓好“四所一平台”[16]建设。推进社会治安防控体系建设，深入开展“扫黑除恶”专项斗争，严厉打击违法犯罪活动。坚决打击和制止双拥路移民建房擅自加层扩大面积等违规建设行为，坚决打击和制止“三大水库”库周路群众违法违规建房行为。坚持“谁执法谁普法”原则，持续开展“七五普法”。加大“三大纠纷”调处和信访积案等化解力度。坚持毫不松懈抓好安全生产，高度重视食品药品安全、防震减灾和防火、防汛、防疫等工作，加强气象防灾减灾体系建设，健全公共突发事件应急管理机制，坚决防止重大安全事故、重大群体性事件、重大舆情事件发生，确保人民生命财产安全、社会和谐稳定。

各位代表，民生工作无小事，服务群众永远在路上。人民对美好生活的向往就是我们的奋斗目标，我们将始终把百姓冷暖忧乐放在心上，坚持保障和改善民生，努力让老百姓的生活一年更比一年好！

十三、着力推进法治建设，打造人民满意的政府

坚持党的领导。全面贯彻党的十九大精神，树牢“四个意识”，增强“四个自信”，坚决维护习近平同志在党中央和全党的核心地位，坚决维护党中央权威和集中统一领导。坚决维护县委领导，主动接受县人大、县政协的法律监督和民主监督。

深入贯彻落实依法治国基本方略。努力构建“便民、阳光、规范、有序、高效、廉洁”的行政运行机制，积极打造“服务型、法治型、创新型、学习型、务实清廉型”的“五型”政府。

改进工作作风。大力倡导敢于担当的精神，牢固树立“担当为要、实干为本、发展为重、奋斗为荣”的理念，贯彻落实“实干就是能力，落实才是水平”的要求。

加强廉政建设。落实全面从严治党主体责任和“一岗双责”，严格落实中央八项规定精神及实施细则，加强审计监督，全力打造为民、务实、清廉政府。

名词解释

[1]“七大目标”：即把兴安建设成为广西新能源的重要基地；“美丽广西”生态文明建设桂北新样本；桂林国

际旅游胜地的重要一极；广西历史文化、红色文化、山水文化、民俗文化交相辉映的文化名县；巩固提升广西卫生城市；创建广西文明城市；迈入广西县域经济发展第一方阵。

［2］“三大生态”先进县：是指创建自治区风清气正的政治生态、团结和谐的社会生态和山清水秀的自然生态“先进县”。

［3］“六个年”活动：是指县委2018年提出的招商引资年、园区建设年、农村电商建设年、旅游营销年、改革推进年、依法治理年活动。

［4］“353848”：指企业开办手续3个工作日内完成，不动产登记5个工作日内完成，园区建设项目施工许可38个工作日内完成，其他建设项目施工许可48个工作日内完成。

［5］“1+2”国家战略：“1”是指桂林国际旅游胜地建设，“2”是指国家可持续发展议程创新示范区建设、桂林国家健康旅游示范基地建设。

［6］“五个一”：是指“一个项目，一名领导，一个班子，一套方案和一抓到底”的工作机制。

［7］“一包三定”：是指包项目、定时间、定目标和定责任的要求。

［8］“数字农业一张图”：是指加快物联网、大数据、空间信息等发展，全面提供农业政策法规、市场动态、专家咨询、农技普及、农业气象等信息服务。

［9］6个乡镇级污水支管网建设：是指界首镇、溶江镇、湘漓镇、高尚镇、严关镇及华江瑶族乡6个乡镇污水支管网建设。

［10］“三率一度”：是指精准扶贫漏评率、错退率、综合贫困发生率和群众满意度。

［11］“三位一体”：是指专项扶贫、行业扶贫、社会扶贫等多方力量、多种举措有机结合、互为支撑、共同推进的扶贫开发工作格局。

［12］“两不愁三保障”：是指到2020年，稳定实现农村贫困人口不愁吃、不愁穿，义务教育、基本医疗和住房安全有保障。

［13］“八有一超”：是指有稳固住房、有饮用水、有电用、有路通自然村、有义务教育保障、有医疗保障、有电视看、有收入来源或最低生活保障；家庭年人均纯收入超过国家扶贫标准。

［14］“十一有一低于”：是指有硬化路、有水喝、有稳固住房、有电用、有服务设施、有电视看、有网络宽带、有医疗保险、有集体经济收入、有特色产业、有好班子；贫困发生率低于3%。

［15］“六大行动”：是指在扶贫工作中，集中开展信息大核对、问题大整改、项目大推进、就业大推荐、产业大发展及质量大提升工作。

［16］“四所一平台”：是指戒毒所、城北派出所、湘漓派出所、看守所，情指行合成作战平台。

注：报告中2018年各项主要经济指标数据及2019年预期目标均为预计数，最终以上级部门发布数据为准。

中国人民政治协商会议兴安县第九届委员会常务委员会工作报告

（2019 年 1 月 24 日在政协兴安县第九届委员会第四次会议上）

唐庆林

中国人民政治协商会议兴安县第九届委员会常务委员会主席　唐庆林

2018 年工作回顾

2018 年是全县上下攻坚克难，奋力拼搏赶超的一年，也是县政协围绕中心服务大局成效突出的一年。一年来，在中共兴安县委的正确领导下，县政协及其常委会紧紧围绕习近平总书记关于"加强和改进人民政协工作"的要求，以加强思想政治建设为引领，以凝心聚力助发展为主攻方向，以人民群众期盼为落脚点，充分发挥人民政协作为协商民主的重要渠道，在"懂政协、会协商、善议政"上不断推陈出新。主要体现在：调查研究深入扎实，合乎民心；协商议政张弛有度，重点突出；民主监督形式多样，成效明显；团结联谊广泛拓展，合力增强。

一、坚定方向，强化学习，增进团结奋斗新共识

加强理论学习，提升履职能力。一年来，常委会把深入学习习近平新时代中国特色社会主义思想和中共十九大精神作为首要任务，把学习习近平总书记关于加强和改进人民政协工作的重要思想作为重点内容，精心编印学习资料，以政协党组学习会、政协常委会、支部学习会、每月固定集中学习会、微信交流群、培训班等平台精心安排学习活动。坚持领导带头学、带着问题学、学深悟透、融会贯通，用以武装头脑、指导实践、推动工作。在此基础上，积极引导政协委员撰写理论文章，今年共向桂林市政协、自治区政协上报理论文章 16 篇。其中《发挥协商式监督特色优势　切实增强人民政协民主监督实效》等多篇理论文章被收录进《桂林市政协论文集》，兴安县政协获得"2018 年度桂林市人民政协理论研究工作一等奖"。

强化党的建设，夯实政治基础。为贯彻落实好党中央、全国政协党组、自治区党委关于新时代加强政协系统党的建设工作作出的一系列部署和要求。一是先后组织政协机关干部、政协常委集中学习了汪洋主席 6 月 23 日在全国政协系统党的建设工作座谈会上的讲话和蓝天立主席 8 月 31 日在全区政协系统党的建设工作座谈会上的讲话。二是进一步完善了政协党组议事规则，强化了从严治党举措。三是坚持政协重要活动，重大事项在县四家班子领导碰头会上通报，并提请县委常委会研究。四是根据 9 月 25 日自治区党委督查要求，认真梳理，对标对表，查找不足，并着重在政治引领、作风建设、汇聚力量等方面下功夫，切实以政协党建工作推动各项工作不断提质增效。

二、突出重点，协商议政，彰显服务大局新作为

常委会坚持把建设"生态兴安、文化兴安、富裕兴安"、实现"七大目标"和创建"三大生态县"作为履职主线，围绕全县重大改革、重点项目建设、义务

教育均衡发展、创建国家全域旅游示范区、乡村振兴战略实施、脱贫攻坚、招商引资、群众安全感满意度等重点难点问题，切实履行政治协商、民主监督、参政议政职能，为推进兴安经济社会发展做出了应有贡献。

深入开展调研视察，把脉支招助推发展。2018年，组织政协委员、驻兴桂林市政协委员对全县重大项目建设、乡村振兴工作、河长制落实工作、灵渠清淤疏浚工作、乡村旅游工作、灵渠申遗工作、义务教育均衡发展、双女井溪整治、养老一体化建设等方面调研视察11次。围绕乡村振兴战略“产业兴旺、生态宜居、乡风文明、治理有效、生活富裕”20字方针开展大调研活动，领导班子与机关干部结合“新三同”和“转提优”专项活动要求，每月至少下村调研2次，搜集情况，提出意见建议，定期向县委报送调研情况。精选“破解我县旅游发展瓶颈、让兴安旅游尽快火起来”、“全面推进河长制的落实，保护我县的绿水青山”、“不容忽视的社会养老问题”等重点课题进行调研；组织部分政协常委、委员及相关部门负责人分别赴贵州遵义、江西靖安、山东青岛、安徽黄山等地学习借鉴外地先进经验。其中在贵州学习考察期间，考察组成员纷纷被贵州全域旅游发展带来的变化、环境保护成果以及老百姓发自内心的“十谢共产党”而深深震撼。面对我县的差距，大家深刻反思，就如何把我县的旅游资源优势发展为我县的经济优势纷纷建言献策。调研报告选题切合民心，指出问题一针见血，提出意见建议顺应民意。县委黄洪斌书记、县人民政府黄钦县长对此非常重视，及时作出批示，并责成抓好落实。在政协九届十一次常委会上，县人民政府相关领导就《兴安县河长制落实现状调研报告》、《兴安县旅游业发展现状调研报告》、《兴安县竹产业发展专题调研报告》落实办理情况进行了通报。调研报告部分建议已转化为成果。如：针对兴安县河长制落实现状调研报告中指出的问题，县人民政府出台了《关于进一步落实河长制整改措施的方案》；针对报告中建议倡导文明祭祀活动，拟出台《兴安县开展“移风易俗.文明祭祀”工作实施方案》。

积极开展协商议政，促进共识服务大局。常委会重视发挥人民政协作为专门协商机构作用，把协商民主贯穿于政协履职全过程，积极搭建参政议政平台，切实做到有事多商量、遇事多商量、做事多商量，推进协商民主广泛多层制度化发展，彰显政协的独特优势和作用。一是充分发挥政协全委会的整体协商作用。在九届三次会议期间，县委、县政府领导到各界别小组，围绕全县经济社会发展大局与委员们进行协商讨论，共商全县发展大计。同时安排3名政协委员围绕食品安全、生态环保种养、创业理念+定位等议题，在大会上作了发言。二是召开专题议政性常委会进行协商。全年共召开了2次专题议政性常委会，分别听取了县人民政府就政协调研的三个课题办理落实情况通报，听取了县人民政府关于全县经济社会发展及提案办理落实情况通报，听取了县人民法院、县人民检察院工作情况通报。三是扎实推进其他协商活动。一年来，我们通过专题协商会、对口协商会、界别协商会等，组织政协委员就我县“三改”工作、白果树的管护、义务教育均衡发展、全域旅游工作、漠川艳林道路修建、提案办理情况等问题开展协商活动12次，通过各种协商形式，广集智慧，向县委、政府建净言、献良策。

中国人民政治协商会议兴安县第九届委员会第三次会议

（蒋子鸣　摄）

充分发挥民主监督作用，广泛议政助推民生改善。常委会始终坚持为民履职理念，高度重视社会民生，切实把促进社会进步和民生改善作为政治协商的重要议题、民主监督的重要内容、参政议政的重要任务，通过提案、日常监督、社情民意信息反映、民主评议等方式深化民主监督，促使人民群众最关心、最直接、最现实的利益问题得到解决。一是积极通过提案办理进行监督。县人民政府及时召开了委员提案交办会，先后跟踪督办5次，召开政协提案办理汇报会2次，邀请15个提案承办单位领导与委员面对面协商，互动交流，就提案工作进一步达成共识，促进了提案办理工作顺利开展。二是扎实推进日常性监督，切实发挥民主监督作用。一年来，共组织委员开展15次民主监督活动，涉及重大项目建设视察、电视问政节目、感动兴安“十大人物”评选、司法诉讼、物价听证、义务教育均衡发展和“转提优”专项活动座谈会、精准扶贫会议、县四家班子领导届中考核会等。三是积极搜集社情民意反映群众呼声，年内共搜集社情民意28条。县委、县政府对委员反映的社情民意非常重视，并积极作出回应。如：委员反映界首路段有油罐车私自加油现象，存在极大的安全隐患，县委、县人民政府及时组织相关部门进行了查处。委员提到要对双女井溪进行整治，该项目已完成了第一期工程，并且取缔了沿溪马路市场。

三、服务大局，主动作为，书写履职为民新篇章

常委会在履行好本职工作的同时，以“不忘初心、牢记使命”的担当精神，主动把推进重大项目建设、打赢脱贫攻坚战、兴安文化建设等责任扛在肩上，不畏困难、砥砺前行，为全县经济社会发展和民生福祉改善做出了积极贡献。

积极参与脱贫攻坚工作。县政协心系困难群众，充分发挥联系广泛、联系畅通的优势，注重牵线搭桥、鼓励委员积极参与精准扶贫工作，助力打赢脱贫攻坚战。一是县政协常委会按照习近平总书记“要动员全社会力量，广泛参与扶贫事业”的要求，及时向全县政协委员发出倡议。委员们积极响应，亲自带头捐款捐物、并组织发动各方力量参与其中，涌现出一幅幅感人的场景。如政协常委李木龙、唐桂阳、王虹，政协委员杨小连、杨建坤、李小艳等，不仅自己带头捐款，还发动企业员工及社会各界人士慷慨解难。他们当中有农民工、有环卫工人、有执勤门卫、有白衣天使、有学生家长等等。在委员们的积极带动和引领下，短短一周，就有一千多人参与扶贫捐款，共募集到资金46.3万元，这些款项已及时送到贫困村和贫困户手中。二是动员14家委员企业参与“千企扶千村”行动，帮助贫困村发展壮大产业，吸纳有劳动能力的贫困户到委员企业就业，激发贫困村和贫困户内生动力。如：委员企业桂林兴松林化扶持崔家乡崔家村委1万元；桂林艺唯思皮具有限公司扶持湘漓镇普头村委2万元。此外，委员张优胜、崔嵩、蒋雪梅等纷纷在自己的企业建立了扶贫车间，共吸纳了100多个贫困户就业。三是开展广泛联谊，牵线各种公益行动走进兴安。先后有明日教育基金会“班班通——同心助学助力教育信息化公益活动”到兴安捐赠了价值30万元的教育信息化设备；桂林市仁济慈善基金会为兴安30名贫困大学新生提供帮扶资金4.8万元；由桂林市九三学社牵头组织医疗机构来我县为8名贫困户免费进行了疝气手术治疗。四是不遗余力为联系村委及帮扶对象改善条件，夯实脱贫基础。县政协领导及其政协机关干部心系联系贫困村和贫困户，竭尽所能帮助贫困村和贫困户发展生产，解决有关问题和困难。一年来，帮助灵龙村委建成了50千瓦光伏发电项目1个，修建便民候车服务亭1个，为贫困户争取产业扶贫资金近14万元；协调筹措水泥40吨、资金4.8万元帮助凤凰村委修建光伏发电项目围墙及维修石鼓园水库人畜饮水及农田灌溉渠道；为兴安镇石坑村委争取兴安县泽源丰建材有限公司投入46万多元修建下西岭桥梁1座、篮球场1个，同时筹措资金3万元扶持村级党群服务中心建设，扶持30吨水泥帮助桥板坪村修建人饮工程；安排2万元扶助艳林村委修建村委办公楼；引资引智，助推高尚镇仁和村委在2018年年底实现脱贫摘帽；扶持界首百里紫草园村修建了蓄水池，解决了全村安全饮水问题。

积极参与重大项目建设。根据《兴安县四家班子领导2018年统筹参与全县工作分工方案》，县政协班子成员每人至少承担着一项以上的专项工作或重大项目。为推进工作落实，政协班子领导带领机关干部及相关部门领导，想办法、攻难关，为所负责的项目做了大量艰辛细致卓有成效的工作。一是着力打造美丽宜居乡村。在充分尊重乡(镇)、村、群众意愿的基础上，以整村推进的办法，完成全年改厨改厕任务。厕所改造后，拆除了村中旱厕及废弃附房，将空地建成“微花园、微菜园、微果园”。两年累计完成改厨20753户，改厕20886户，涉及100多个自然村。由于建设标准高，成效明显，这项工作到目前为止，依然领跑广西。二是风电项目加快推进，全县实现风电装机60万千瓦并网发电，为县域经济发展增添了强劲动力。2018年完成风电项目投资12.3亿元，全年累计发电量9.86亿千瓦时，实现工业产值6.01亿元，增加县财政收入合计3042万元。三是积极为灵渠申遗出谋划策，助推灵渠在2018年8

月成功列入世界灌溉工程遗产名录。积极筹措资金，努力推进灵渠展示中心(兴安博物馆)项目建设，2018年底已完成了主体工程封顶。四是其他重大项目有序推进。川江水库的遗留问题正在逐步解决，左岸公路二标段验收、一标段矛盾纠纷以及毛岭脚至老草岭的库周公路的矛盾纠纷等问题都得到了解决;湘漓普头大桥顺利建成;鑫鑫中药饮片有限公司二期扩建项目已竣工投产;溶江米粉产业园已完成土地招拍挂,正在进行大面积土方平整,预计2019年7月份第一条生产线试产。

助力“文化兴安”建设。一是成功邀请到著名导演陈维亚先生来到兴安,为打造灵渠文化,策划实景演出做前期考察。主动邀约广西旅游发展集团来兴安调研,促成兴安旅游与区级国企合作。积极引进广西南宁卓星文化传播有限公司为兴安量身打造一台红色话剧《湘江1934》,夯实红色文化基础。目前,该公司正在与县人民政府洽谈签约,话剧编排好后将在湘江战役纪念公园每天开放公演;为庆祝广西壮族自治区成立60周年,协助拍摄了一部反映兴安山水文化的电影《北纬25° 天空下》,该电影2017年已在桂林成功首映。二是在精心打造“桂北老家”“灵渠人家”两条精品旅游线路的基础上,充分挖掘民俗文化,编撰了《桂北老家》和《灵渠人家》——兴安,一个让人记住乡愁的地方系列丛书。三是文化界委员充分发挥自身优势,在挖掘、宣传推介兴安历史文化、红色文化、民俗文化等方面做了大量的工作,成果不断。如:刘玉委员创作的长篇红色纪实作品《征服老山界》入选广西区党委宣传部“广西文学艺术创作项目三年规划”,还配合华江红色旅游氛围提升工程完成了大型群雕、浮雕、导视导览系统的创作及安装;李国权、唐中立、李晟、蒋子鸣等委员积极参与广西桂学研究会组织的古村落调研,协助完成了三十个古村落调研报告;彭维标、胡东辉等委员组织县书画协会会员成功举办了“第二届水墨灵渠·兴安书画作品展”,为建设“文化兴安”做出了积极贡献。

四、协调各界,团结联谊,凝聚改革发展新合力

常委会充分发挥人民政协大团结、大联合的优势和作用,通过“走出去、请进来”工作思路,积极搭建“大平台”,汇聚改革发展磅礴力量。

积极推进联谊合作。在春节前夕举办了兴安县各界人士迎春座谈会。米粉节期间,积极联系兴安籍在外地工作的成功人士参加兴安县第一届“新乡贤共话乡村振兴”座谈会,并借机邀请12名热爱兴安、关心兴安的贤达人士为政协九届特邀委员。积极参与筹备兴安县深圳招商会,力促14个项目签约兴安。

促进政协组织交流。密切配合上级及外地政协来我县调研考察40批次。其中配合桂林市政协调研组对桂林米粉产业、乡村振兴战略、产业扶贫工作进行了深入调研;接待了驻滇全国政协委员考察团和回国定居藏胞考察团。县政协在认真做好接待工作的同时,积极向各考察团宣传推介兴安的历史文化、旅游资源、民俗民风、特色美食,并通过他们口口相传,让兴安享誉全国。

扎实开展走访委员活动。由政协领导班子成员分别带队深入委员所创办的企业进行走访,采取座谈交流、实地考察等方式了解委员的思想、工作情况,并积极协调帮助委员解决企业发展和工作中遇到的突出问题和困难。如:帮助委员企业桂林艺唯思皮具有限公司解决了期盼多年想在兴安落户并扩大生产的迫切愿望。帮助俊勇农资有限公司解决了企业重复缴纳购地款返还等问题。全年共走访政协委员64名,通过深入到委员企业走访,进一步加大了委员所在单位对委员履职的支持,为委员履职创

中国人民政治协商会议兴安县第九届委员会第三次会议,对2017年度政协工作提案承办先进单位和优秀政协委员以及优秀提案进行了表彰

(蒋子鸣　摄)

业和企业发展营造了良好的氛围，增强了政协组织的凝聚力和向心力，激发了委员履行职能的积极性和主动性。

五、担当尽责，勇立潮头，展示人民政协新形象

常委会为贯彻落实中共中央关于《进一步激励广大干部新时代新担当新作为的意见》，坚持“严”字当头，练好“基本功”，增强履职保障。

不断改进机关作风。以“两学一做”“不忘初心牢记使命”“新三同”和“转提优”为载体，深入开展主题实践活动。并结合“三会一课”、内部管理制度、个人绩效考评等措施，全面加强政协机关的思想、组织和制度建设，切实加强党员干部的宗旨意识和党性修养。把从严治党要求贯穿政协履职全过程，组织党员干部到桂林市廉政教育基地学习参观，引导党员干部树立防腐意识，讲规矩守纪律。运用监督执纪“四种形态”，对苗头性、倾向性问题，及时谈心谈话，提醒约谈，责令纠错。2018 年以来，责任主体共开展提醒谈话 11 次，接受谈话对象 19 人次。

不断扩大对外宣传。2018 年，除利用兴安政协网报道政协履职情况外，还积极向其他媒体投稿 60 多篇，一些特色工作、亮点工作引起了各级媒体竞相报道。如：兴安县政协开展助力脱贫攻坚的工作信息，桂林电视台于 11 月 6 日在桂林新闻中播出、《桂林晚报》11 月 13 日第 2 版刊登、《广西日报》11 月 19 日第 5 版刊登、广西人民广播电台播出、11 月 16 日中国网中国政协频道刊登、11 月 22 日新华网广西频道刊登。2018 年，兴安政协荣获广西区政协办公厅“2018 年度全区政协报刊宣传工作先进单位一等奖”。

强化委员服务管理工作。创建立了全体委员微信群，为委员互相交流联谊提供了平台。严格委员会议请假制度，因故不能参加各种会议的委员必须提交书面请假条。关爱委员健康，组织委员健康体检，增强委员幸福指数。强化委员学习，为委员分别订阅《广西政协报》和《文史春秋》，提升委员内在素质。

回顾一年来的工作，我们也清醒认识到，与新时代、新任务、新要求和人民群众对政协工作的新期待相比，还存在一些差距和不足，主要是：履行职能的方式方法需进一步改进，民主监督实效和协商成果转化需进一步增强，政协委员的界别优势和作用需进一步发挥，政协工作制度的落实需进一步强化。对此，我们将认真研究，切实加以解决。

2019 年工作部署

2019 年是新中国成立 70 周年，也是决胜全面建成小康社会的关键之年。在新的一年里，常委会工作的总体要求是：深入学习贯彻习近平新时代中国特色社会主义思想和习近平总书记关于加强和改进人民政协工作的重要思想以及最新的重要讲话精神，把思想政治引领落实到履职工作各方面和全过程。准确把握新时代政协的新方位、新使命、新要求，加强政协系统党的建设，加强履职能力建设，不断改进履职方式方法，推动政协工作创新发展，积极为建设“三个兴安”、实现“七大目标”和创建“三大生态县”做出新的更大贡献。

一、坚持党的领导，在政治引领上促深化

继续把坚持学习贯彻习近平新时代中国特色社会主义思想和中共十九大精神作为首要政治任务，持续在学懂弄通做实上下功夫，深刻领会中共“十九大”的思想精髓和核心要义，牢固树立“四个意识”，把坚定维护以习近平同志为核心的中共中央权威和集中统一领导作为第一位的政治要求，把夯实共同思想政治基础作为主轴，始终在政治立场、政治方向、政治原则、政治道路上同以习近平同志为核心的党中央保持高度一致；切实把习近平新时代中国特色社会主义思想贯穿于政协工作全过程，用新的理念武装头脑、凝聚共识。要把牢工作定位，紧紧围绕县委七次全会精神暨经济工作会议的部署，明确履职重点，找准工作基点，切实把县委的决策部署转化为社会各界的广泛认同和行动自觉，凝聚建设生态兴安、文化兴安、富裕兴安的共识合力。

二、坚持创新思维，在协商议政上多作为

充分利用政协全委会、常委会、专委会、座谈会等形式协商议政。围绕全县特色产业发展、重大项目建设、红色文化发展、乡村振兴战略实施、灵渠申遗、重点民生保障、脱贫攻坚、中医院的改造提升等重点工作开展调研视察，并把调研视察、现场监督与互动协商融为一体。落实县委召开政协工作会议制度，推动政协协商民主落到实处。建立专题情况通报制度，对一些涉及面广，群众反映强烈的问题进行专项视察，邀请县有关部门通报情况，并跟踪办理。政协各专委会要加强同各界别委员的联系，年内至少组织一次有深度的专题调研视察，并撰写专题调研报告。举办一次有影响的对口协商，组织一次上规模的界别活动，提交一件高质量的集体提案，多方位引领政协委员资政建言，在服务全县改革发展中多作为。

三、坚持履职为民，在改善民生上添助力

深入贯彻落实自治区党委办公厅《关于加强和改进人民政协民主监督工作的实施意见》，把人民对美好生活的向往作为履职责任，坚持协商于民、协商为民，多做得民心、顺民意、惠民生、聚民力的工作，不断增强人民群众的获得感幸福感安全感。探索建立提案办理网络平台和“金点子平台”，使之成为县委、县政府关注社情、体察民意的重要渠道。建立重点提案督办机制，健全提案办理工作考评机制和办理信息反馈机制，切实提高提案办理实效。2019年将着重针对县城交通拥堵、停车难，农村垃圾和污水处理，食品药品安全，农村文化阵地建设，民生保障、生态修复、脱贫攻坚、“两违”整治等问题进行民主监督，围绕履职不力提出批评意见，针对存在不足督促改进，助推问题解决，民生改善。

四、坚持团结联谊，在凝心聚力上下功夫

以协调各方关系为抓手，坚持把发扬民主、增进团结、协调关系、化解矛盾作为重要着力点，切实发挥统一战线组织作用，把各界人士像“石榴籽那样”团结凝聚在一起，更加协调一致地开展工作。坚持走访联系委员制度，同时利用委员微信群，与委员保持经常性联系和沟通。加强与上级政协的联动，协助配合市政协完成相关调研，视察和学习考察活动，注重加强与外地政协组织的友好交往学习，学习先进经验，借鉴总结成功做法，进一步提升我县政协工作水平。密切与政协各参加单位、民主党派、工商联、无党派人士以及各界人士的联系和合作。主动融入“平安兴安”建设，充分发挥政协委员工作在一线、创业在基层的身份和优势，针对改革发展中群众思想认识上的“困惑点”和矛盾“易发点”，多做春风化雨、理顺情绪、化解矛盾的扶贫帮困工作，努力为全县经济社会发展构筑坚实的群众基础。

五、坚持严实标准，在能力素质上抓提升

要以党的建设统领政协工作，充分发挥政协党组领导作用，深入学习新《党章》和《中国共产党纪律处分条例》，严守政治纪律规矩，严肃党内政治生活，增强政治领导本领，锤炼忠诚担当品格，以党的建设新成效带动政协自身建设取得新进展。精心打造“界别＋组别”双平台履职模式。打破界别限制，设立“委员之家”，将分布在机关、社区、农村、企事业单位等不同行业、不同领域的委员紧密联系起来，发挥人才荟萃优势，引领委员开展文化下乡、医疗下乡、扶贫济困，捐资助学等社会公益活动。加强智慧政协建设。充分利用兴安政协网、兴安政协微信公众号、委员群等新媒介，适时发布信息，广泛搜集社情民意，为政协工作增加更多智能元素，实现委员便捷化履职。编辑出版《湘水人家》（暂定名）一书，做好特色文化的挖掘和传承工作，配合改革开放40周年纪事，组织开展《广西政协文史丛书》史料征集。加强政协宣传理论研究工作，加强与各新闻媒体的联系合作，加大对县政协重要工作落实创新经验做法，重大调研成果，社情民意反映和委员先进事迹等工作的宣传报道力度。充分调动委员参与政协理论研究工作的积极性，激发委员撰写政协理论文章的热情，全年至少完成四篇理论文章上报市政协。强化制度建设，不断提升机关服务能力和水平。继续加强作风建设，推进“两学一做”教育常态化制度化，全力抓好正风肃纪，着力营造风清气正、廉洁干事的环境氛围。

大事记

1月

1日 县领导唐社林、庄慧琼、刘婉秋到兴安北站广场出席兴安高铁旅游集散中心建设项目全面落成揭牌仪式。

2日 在县委二楼小会议室召开“立足岗位、争创百佳”活动领导小组会议，县领导经友新、蒋世语、刘先锋、莫家晶、庄慧琼、徐建强出席会议，评选活动领导小组成员，牵头单位相关负责人参加会议。

3日 县领导黄洪斌、黄钦、唐社林、徐建强在县委306会议室专题听取并研究下水洞片区棚改工作，棚改指挥部相关工作人员参加。

同日 词作家蒋开儒在兴安县湘江战役纪念馆会议厅作“携手新时代，共圆中国梦”主题演讲报告会。县人大常委会主任张永军、县政协主席唐庆林等县四套班子部分领导以及全县副科级以上领导干部参加演讲报告会。

4日 县委副书记经友新到县农机局对兴安县农机工作进行调研并与县农机局领导成员座谈。

同日 在县委二楼小会议室召开县第十四届党代会第三次会议《工作报告》征求意见座谈会，县委副书记经友新出席会议，部分乡镇、县直单位相关负责人，“两代表一委员”、党外干部、老干部等社会各界人士参加座谈会。

同日 在县委二楼会议厅召开2018年新闻通讯员培训会，县委副书记经友新出席会议，县委宣传部、各乡镇宣传委员以及部分新闻宣传骨干参加会议。

同日 县委常委、县委宣传部部长、副县长庄慧琼到兴安师范出席词作家蒋开儒第二场“携手新时代，共圆中国梦”主题演讲报告会。

同日 自治区政法委副书记张宣东到兴安县公安局调研智慧警务平台建设，县领导黄洪斌、蒋世语、申小军陪同调研。

5日 市委副书记、代市长秦春成一行在县委书记黄洪斌、县长黄钦的陪同下，先后到国电投广西兴安风电有限公司、灵渠大道、双拥路移民安置区、滨江公园等项目实地调研，并在县委二楼小会议室召开座谈会。黄洪斌、黄钦分别就兴安县经济社会发展情况作汇报。

同日 县委书记黄洪斌在县四楼会议室主持召开了中共兴安县第十四届委员会第四十七次常委会。黄钦、经友新、汪清平、唐社林、余桂兰、刘先锋、莫家晶、庄慧琼等常委领导参加会议，县领导张永军、唐庆林列席会议。会议审议通过了提交中共兴安县第十四届代表大会第三次会议的《县委工作报告(征求意见稿)》《纪委工作报告(征求意见稿)》；讨论审议了《兴安县“百佳”先进人物奖励暂行办法》《兴安县党政领导干部和国有企业领导人员承包农村土地问题专项清理工作方案》；递补陈宗辉为县委委员；同意县委组织部提交的关于召开中共兴安县第十四届委员会第五次全体会议及中共兴安县第十四届代表大会第三次会议日程、议程和有关材料等事宜，同意《关于召开2017年度兴安县委常委班子民主生活会的工作方案》及县人大、政协“两会”有关事宜。传达学习了自治区党委办公厅《关于深入学习贯彻习近平总书记重要批示精神，进一步纠正“四风”加强作风建设的通知》。

同日 副县长刘军到湘漓镇四楼会议室出席中国共产党湘漓镇第五届代表大会第三次会议。

8日 在县委二楼会议厅召开中国共产党兴安县第十四届委员会第五次全体会议。县领导黄洪斌、黄钦、张永军、唐庆林、经友新、汪清平、唐社林、余桂兰、蒋世语、刘先锋、莫家晶、庄慧琼出席会议。参加这次会议的县委委员36人，县委候补委员5人，县人大常委会主任张永军以及第十四届县纪委委员列席会议，县委书记黄洪斌主持会议并作重要讲话。

8日、15日、17日 在县委四楼会议室召开县四家班子领导务虚会，与会领导按照“不谈成绩、只讲问题”的基本要求，畅所欲言，为推进兴安县科学发展、跨越发展提出了许多建设性意见建议，奠定坚实基础，县委书记黄洪斌主持会议并做讲话。

9日 黄洪斌、黄钦、张永军等县四套班子部分领导出席灵渠南渠恢复通航一期工程试航仪式。

同日 黄洪斌、黄钦、张永军等县四套班子部分领导出席财神庙历史文化街区、双胞胎集团年产36万吨饲料、双女井溪改造(二期)3个项目集中开工仪式。

同日 由自治区住房城乡建设厅住房保障处处长于斌带领的区住房城乡建设行业设区市绩效指标考核工作第四考核组成员在副县长徐建强，市、县住建局主要负责人的陪同下，对兴安县棚户区改造项目进行实地考察。

同日 县委常委、县委组织部部长莫家晶到严关镇清水村贫困户家中开展扶贫结对帮扶工作。

同日 副县长徐建强参加县城棚户区改造项目青龙街片区桂善街项目开工仪式。

10日 县委副书记经友新陪同陕西延安市委常委、宣传部长何昌万一行就兴安县红色文化进行考察。

同日 在县委二楼会议厅召开党政领导干部和国有企业领导人员承包经营农村土地问题专项清理工作会议，县委常委、县委组织部部长莫家晶出席会议。各乡镇、县直各单位相关负责人、县清理工作领导小组全体成员参加会议。

15日 副市长谢灵忠在县领导黄钦、蒋世语、余桂兰、赵代林、申小军、文新祥陪同下到兴安县斧子口水库检查指导工作。

同日 副市长彭代元在市直相关部门负责人及县领导经友新、徐建强、周剑冰的陪同下到华江瑶族乡，就该乡新型城镇化示范乡镇建设情况进行调研。

同日 在政协会议室召开县政协第九届委员会常务委员会第七次会议。会议由县政协主席唐庆林主持，县政协副主席韦辉、唐树斌、伍发进、张琴出席会议，县人民政府副县长吕忠荣受邀出席会议，全体政协常委委员参加会议。

16日 在县委二楼会议厅召开中国共产党兴安县第十四届代表大会第三次会议。黄洪斌、黄钦、经友新、唐社林、余桂兰、蒋世语、刘先锋、莫家晶、庄慧琼出席会议。非党代表的第十四届县委委员、县委候补委员；非党代表的第十四届纪委委员以及县直各单位、部分基层党组织负责人列席会议。非党代表的县四套班子领导；离退休领导干部代表；非党员的县直单位主要负责人；驻兴安单位的主要负责人应邀参加会议。

大会应到代表263人，实到代表246人，符合规定人数。县委书记黄洪斌代表县委常委会向大会作题为《坚定信心凝心聚力，谱写兴安发展新篇章》工作报告。

同日 在中国共产党兴安县第十四届代表大会第三次会议召开期间，县委书记黄洪斌分别到兴安镇、湘漓镇、高尚镇代表团参加讨论并发表讲话。黄钦、经友新、唐社林、蒋世语、刘先锋、庄慧琼、余桂兰、刘婉秋、赵代林、申小军、吕忠荣、杨乔木、韦辉、唐树斌、伍发进、张琴等县领导参加各代表团讨论。

17日 自治区高院党组书记、院长黄克，党组成员、自治区纪委驻区高院纪检组组长零海康等一行，在桂林市中院党组书记、院长陈敏，县人大常委会主任张永军，县委常委、政法委书记蒋世语，兴安县人民法院党组书记、院长张云艳的陪同下到广西兴安县风电有限公司调研，并在兴安法院召开座谈会，张永军、蒋世语及兴安县人民法院班子成员参加座谈会。

同日 桂林市防洪及漓江补水枢纽工程斧子口水库正式下闸蓄水，标志着历时8年的桂林市防洪及漓江补水枢纽工程建设取得决定性胜利，这对桂林市破解漓江水安全问题具有里程碑式的重大意义。桂林市领导赵乐秦、秦春成、粟增林、潘永建、白松涛、赵仲华、谢灵忠、丁东弟，县领导黄洪斌、黄钦、唐庆林、黄小桂、唐社林、余桂兰、赵代林、蒋功合、徐建强、申小军、文新祥、唐树斌、伍发进，出席在斧子口水库举行的桂林市防洪及漓江补水枢纽工程主体工程暨后续工作部署会。

18日 民政部副部长顾朝曦，民政部救灾司司长、国家救灾中心主任庞陈敏，民政部办公厅副处长王一鸣一行，在自治区副主席黄伟京、自治区民政厅厅长韩元利、桂林市副市长兰燕，县领导黄洪斌、黄钦、吕忠荣的陪同下，就兴安县全国综合减灾示范社区建设，因灾倒损住房恢复重建及防灾宣传、冬春荒救助等工作进行调研，并瞻仰了红军长征突破湘江战役纪念公园。

同日 以市委正处级督查专员龚财金为组长的市绩效考评年终核验组在县委常委、县委办主任唐社林的陪同下，到兴安县开展2017年度绩效考评年终察访核验工作。

同日 桂林市委统战部副部长程海超一行，在县委常委、县委统战部部长余桂兰，县政协副主席伍发进的陪同下，对兴安县统战工作绩效年终考评指标及相关工作进行检查。

同日 在县委二楼会议室召开全县领导干部大会对县四家班子及领导2017年度工作进行考核。市考核组组长梁锦出席会议，并带队对兴安县部分重点项目进行现场考察。

同日 在县卫生和计划生育局四楼会议室召开迎接桂林市艾滋病攻坚工程2017年度年终绩效考评汇报会暨反馈会。副县长刘军、各乡镇及县直相关单位负责人参加会议。

19日 在县委二楼会议厅召开2017年度乡镇党委书记和县直有关党委(党组)书记落实主体责任述职评议会议。县领导黄洪斌、黄钦、经友新、唐社林、蒋世语、刘先锋、莫家晶、余桂兰,县委党的建设工作领导小组成员,县纪委、监察局班子成员,县委组织部、宣传部的部分成员,县委巡察组组长、巡察办主任,各乡镇党委书记、纪委书记、分管组织和宣传工作的党委委员,县直各单位党工委(党组)书记,部分“两代表一委员”和基层党员干部群众代表参加会议。

同日 县委书记黄洪斌、县政协主席唐庆林率在家的县四家班子领导到雷家部队开展“军事日”活动,带头接受国防教育。

同日 在县委二楼会议厅召开第十六届人民政府第二次全体(扩大)会。县领导黄钦、黄小桂、徐建强、申小军、刘军、文新祥出席会议,县政府班子成员,县政府组成部门及各乡镇、县直相关单位负责人参加会议。

同日 市环境保护目标责任制考核组在县委二楼会议室召开考评会,就兴安县环保目标责任制完成情况和考核检查情况进行反馈。副县长文新祥出席会议,环保局、工信局、市容局、住建局、水产畜牧局以及各乡镇相关负责人参加考评会议。

22日 县委书记黄洪斌在县委四楼会议室主持召开了中共兴安县第十四届委员会第四十八次常委会。黄钦、经友新、黄小桂、唐社林、余桂兰、蒋世语、刘先锋、莫家晶、庄慧琼等常委领导参加会议,县领导张永军、唐庆林列席会议。

会议审议通过了《中国共产党兴安县第十四届代表大会第三次会议报告任务分解表》及《中共兴安县委2018年工作主要事项》;同意周剑冰等5人为兴安县上报桂林市第三批新型城镇化示范乡镇建设(华江书记工程)先进工作者建设人选;原则通过《2017年政府工作报告》、2017年第四季度重大项目建设优秀人选及县供销社理事会、监事会人事调整有关事宜;就全县开展矿粉企业专项整治行动进行安排部署。

同日 在县委二楼会议厅召开学前教育《向人民承诺——电视问政》整改工作布置会。县委常委、县委宣传部部长、副县长庄慧琼出席会议并布置整改工作,各乡镇相关负责人、县人社局、财政局、发改局、公安局、交警队、消防大队、食药监局、教育局等单位相关负责人参加会议。

23日 在县人大常委会会议室召开兴安县第十六届人大常委会第十四次会议。县人大常委会主任张永军,县人大常委会副主任刘婉秋、赵代林、蒋功合、胡琳出席会议。县人民法院、县人民检察院、县人大科教文卫与民族工委、县财政局、教育局相关负责人应邀列席会议。

同日 县领导黄洪斌、黄小桂、唐社林、蒋世语、徐建强分别到滨江公园、灵渠大道、河滨西路、西环路、迎滨路、西绕路等项目考察并现场办公。

同日 以市绩效办副主任唐祖杰为组长的考核组到兴安县,对2017年度“美丽广西”乡村建设(扶贫)工作队及工作队长进行考核,并召开座谈会,县领导黄洪斌、刘先锋、莫家晶出席考核会议,副县长、“美丽广西”乡村建设(扶贫)工作队队长刘军作述职报告。县委组织部、县绩效办、县扶贫办、贫困村第一书记等相关人员参加会议。

同日 由市政府副调研员唐明宇带队的桂林市第三批新型城镇化示范乡镇建设考核验收组在县领导经友新、徐建强、周剑冰的陪同下,先后到华江门楼、迎滨路、东村、“一山半岛”温泉度假酒店项目、风雨桥、民族广场、民俗博物馆、民族大街、污水处理厂、垃圾中转站等地进行实地察看。

24日 由水利部财务司副司长付涛带领的水利部冬春农田水利基本建设专项督查组在区、市水利部门负责人和兴安县副县长文新祥等人的陪同下,先后实地察看兴安镇石坑村委黄甲塘饮水安全巩固提升工程、源江片区小农水和高效节水灌溉项目,严关镇同志村委防洪堤水毁修复工程和清水江村河段防洪治理工程。

同日 县委书记黄洪斌带领县委办、政府办、工信局、招商局、工业园区等相关负责人先后到广西大自然壁高高新装饰材料有限公司生产车间、兴安海螺水泥有限责任公司、风电塔筒项目建设现场进行考察调研,了解企业发展中遇到的困难和问题,帮助企业排忧解难。

同日 县委副书记经友新带领县农业局、扶贫办等相关部门负责人到白石乡就“党建+乡村旅游、党建+产业、党建+扶贫、党建+民生”等方面情况进行调研。

同日 县委常委、县委宣传部部长、副县长庄慧琼到县帝豪大酒店三楼会议室出席桂林市卫计局召开的计生家庭关爱保险推广工作推进会。

25日 市委常委、市委宣传部部长、副市长陈丽华带领桂林市学习宣传贯彻中共十九大精神小分队在县委常委、县委宣传部部长、副县长庄慧琼及县委宣传部、溶江镇党委政府相关负责人的陪同下，到溶江镇金石片区中洞村为老百姓送去中共十九大知识和文艺节目。并到溶江黄茅坝村就灵渠复航一期工程进行调研。

26日 县领导黄洪斌、经友新、徐建强率县委办、财政局、交通局、住建局、国土局等单位主要负责人到湘漓镇、高尚镇、溶江镇，就新型城镇化建设和特色小镇建设前期工作进行专题调研。

28日 在县委二楼会议厅召开雨雪冰冻天气防范应对工作布置会。副县长文新祥出席会议并布置相关工作，各乡镇负责人，县直相关单位负责人参加会议。

29日 县委书记黄洪斌在县委四楼会议室主持召开了中共兴安县第十四届委员会第四十九次常委会。经友新、汪清平、黄小桂、唐社林、余桂兰、蒋世语、刘先锋、莫家晶、庄慧琼等常委领导参加会议，县领导张永军、唐庆林列席会议。

会议审议通过《兴安县矿粉加工企业环境综合整治工作实施方案(送审稿)》；原则通过《兴安县2017年预算执行情况和2018年预算(草案)的报告》及《兴安县2018年财政预算编制方案》《兴安县关于2017年度县本级绩效考评奖金发放事宜》；同意胡万金等10人为“感动兴安”十大人物候选人。

同日 县委书记黄洪斌到县申遗办开展调研，专题听取申遗办各项目工作组负责人关于近期工作进展情况汇报，并就有关事项进行了研究。县领导胡琳参加调研。

同日 副县长吕忠荣带领县农业局及部分乡镇相关负责人，先后到溶江镇、崔家乡实地检查指导低温冰冻和救灾工作。

30日 县委书记黄洪斌率县委办、财政局、住建局、工商质监局、编办、兴安镇、交警大队等相关单位主要负责人到县市容局就城市管理工作进行专题调研。

同日 县政协主席唐庆林、副主席韦辉、唐树斌、伍发进、张琴率出席政协兴安县第九届委员会第三次会议的政协委员们考察兴安县部分重大项目。

31日 在县委二楼会议厅召开政协兴安县第九届委员会第三次会议，县领导黄洪斌、张永军、唐庆林等县四套班子部分领导出席会议。县四套班子离退休领导和县直各单位有关领导应邀列席会议。会议应到县政协委员201人，实到委员183人，符合政协章程规定。

31日 在县体育馆举行“感动兴安”2017年度十大人物颁奖晚会，县四套班子全体领导，各乡镇、县直各单位负责人参加晚会。

2月

1日 在县委二楼大会议厅召开兴安县政协第九届委员会第三次会议。县四套班子部分领导出席会议，县政协全体常务委员和县人民法院、县人民检察院负责人，县四套班子离退休老领导及县直单位有关领导应邀列席会议。

同日 县委书记黄洪斌出席县第十六届人大四次会议期间兴安镇代表团举行的讨论活动，认真听取代表发言，并就有关问题与代表们进行了交流。

1日至2日 在县政府大礼堂召开兴安县第十六届人民代表大会第四次会议，县四套班子部分领导出席会议，县四套班子离退休领导、区市人大代表、出席政协九届第三次会议的委员及上级单位、厂矿、驻军、县直单位负责人、乡镇人大副主席等列席会议。大会应到代表202名，实到代表183名。

会上，县长黄钦代表县人民政府向大会作《政府工作报告》，县人大常委会主任张永军向大会作《人大常委会工作报告》，县人民法院院长张云艳向大会作《县人民法院工作报告》，县人民检察院检察长秦奕明向大会作《县人民检察院工作报告》。《关于兴安县2017年国民经济和社会发展计划执行情况及2018年国民经济和社会发展计划(草案)的报告》《关于兴安县2017年财政预算执行情况和2018年财政预算(草案)的报告》以书面形式提交大会审议。相关报告决议获大会表决通过。李忠生当选为兴安县第十六届人大常委会委员，刘先锋当选为兴安县监察委员会主任。

县人大常委会副主任刘婉秋作了《兴安县第十六届人民代表大会第四次会议议案审查委员会关于代表议案、建议、批评和意见提出情况的报告》。县委书记黄洪斌在会上作了讲话。

2日 在县委三楼会议室召

开桂林市第一巡察组对兴安县专项巡察情况反馈会。市纪委常委、市委巡察工作领导小组成员、市委第一巡察办主任李伟中，市委第一巡察组组长张执雪，市委第一巡察组副组长王焕喜、邹靖出席反馈会议，市委第一巡察组有关成员，县委领导班子成员，县人大、政协主要负责人，县人民政府分管扶贫工作的副县长，民生资金部门单位负责人，县委组织部、纪委分管领导，县巡察办负责人，县巡察组组长及被巡察单位主要负责人列席会议。

同日 市委组织部副部长、市“两新”组织党工委书记石凤羽一行对兴安县“两新”组织兴松林化有限公司党支部、灵渠外国语学校党支部党建工作进行调研指导，并看望慰问农村困难党员送去党的关怀。县长黄钦，县委常委、组织部部长莫家晶等陪同调研。

5日 县委书记黄洪斌在县委306会议室会见了香港顺龙控股有限公司董事长黄有龙，深圳畜牧行业协会会长、润民集团有限公司董事长黄邦银等客商，双方就有关投资意向进行了深入交谈。县委常委、常务副县长黄小桂及有关部门负责人参加会见。

同日 县政协主席唐庆林在县政协、民政局以及高尚镇相关负责人陪同下走访慰问高尚镇贫困户、低保户、优抚户及敬老院的老人。

同日 县委常委、县委统战部部长余桂兰陪同市外事侨办副主任余治水到兴安镇粉洞村委归侨廖诗珍、侨眷侯翠容及湘漓镇双河村委蒋逢定家中慰问。

同日 县委常委、县委宣传部部长、副县长庄慧琼在相关部门主要负责人陪同下，走访慰问部分离任村干部、贫困党员和低保户。

同日 副县长徐健强到界首镇政府大礼堂出席中国共产党界首镇第十五届代表大会第三次会议。

同日 副县长徐建强在政府办、县委组织部、县工商质监局等相关负责人陪同下，走访慰问工商质监局生活困难党员和老党员。

6日 县委书记黄洪斌在县委办、县委组织部、县民政局、扶贫办及兴安镇主要负责人陪同下到兴安镇走访慰问老复退军人、贫困户、困难党员和部分困难群众。

同日 县长黄钦、副县长吕忠荣带领相关部门人员走访慰问部分驻兴部队、武警中队及县人武部官兵。

同日 县委常委、县委组织部部长莫家晶在县委组织部、县民政局等相关单位负责人的陪同下到兴安镇、湘漓镇走访慰问部分老干部及生活困难党员。

同日 县政协副主席唐树斌到漠川乡慰问退休老干部、贫困户。

同日 在喜屋酒店召开2018年离退休干部迎新春座谈会。县领导黄洪斌、黄钦、张永军、唐庆林、黄小桂、唐社林、庄慧琼、徐建强出席会议，县老干局、卫计局、民政局、财政局、人社局等相关单位负责人参加会议。

同日 在县人大会议室召开兴安县第十六届人大常委会第十五次会议。县人大常委会主任张永军，县人大常委会副主任刘婉秋、蒋功合及此届常委会委员，县委常委、纪委书记、县监察委员会主任刘先锋，县人民法院、县人民检察院、县委组织部等相关单位负责人列席会议。

同日 在县委二楼会议厅召开春节假日旅游安全工作会议。县委常委、县委宣传部部长、副县长庄慧琼出席会议。各乡镇分管负责人，县假日领导小组各成员单位负责人、主要旅游景区、宾馆酒店、旅行社和相关旅游企业负责人等参加会议。

6日至8日 县委常委、县委宣传部部长、副县长庄慧琼，副县长文新祥率县安监、公安、文旅广体、食药监、消防、工商质检等部门对乐满地、泽霖宾馆进行假日旅游安全检查。

7日 县委书记黄洪斌在县委常委、县委办主任唐社林及县老干局主要负责人陪同下走访慰问肖毅民、盘祥书两位老干部。

同日 县长黄钦、县人大常委会副主任胡琳到中电投广西兴安风电有限公司及桂林胡大管家农业发展有限公司走访慰问。

同日 县长黄钦在县政府办及县老干局相关负责人陪同下，走访慰问祝遵琪、唐申元两位离退休老干部。

同日 县长黄钦在县政府办、民政局及溶江镇相关负责人陪同下到溶江镇茶园村走访慰问特困户、低保户及贫困党员，并到溶江敬老院进行了走访慰问。

同日 县人大常委会主任张永军走访慰问离退休老干部肖世忠、韩志华。

同日 县委常委、县委组织部部长莫家晶在县扶贫办、民政局等相关单位负责人陪同下到严关镇、兴安镇部分困难党员及困难群众家中走访慰问。

同日 副县长吕忠荣参加市国土资源局到兴安县召开的

2017年度违法用地问题警示约谈会。

同日　县人大常委会副主任刘婉秋在兴安镇道冠村委出席文化科技卫生“三下乡”活动启动仪式。

同日　县人大常委会副主任刘婉秋带领县文旅广体局、工商质监局、食药监局、消防等部门执法人员对神州国旅兴安门市部、帝豪酒店、灵渠景区、吉米电竞、网中情网吧等单位进行假日旅游安全现场检查。

同日　桂林市委常委、市纪委书记吕洪安到扶贫联系点——湘漓镇双河村委走访慰问困难群众，市纪委副书记蒋平华，县委书记黄洪斌，县委常委、纪委书记刘先锋陪同走访慰问。

同日　桂林市政协副主席、市投资促进局局长汤桂荔一行到溴川乡结对帮扶贫困村白面村委进行慰问，县政协副主席唐树斌陪同慰问。

8日　在县委三楼会议室召开2017年度县委常委班子民主生活会。市委常委、市委宣传部部长、副市长陈丽华，市纪委副书记、市监察委员会副主任王列强、市远程办主任李璐等市指导组成员出席会议，县领导黄洪斌、黄钦、经友新、黄小桂、唐社林、余桂兰、蒋世语、刘先锋、莫家晶、庄慧琼等常委班子成员参加会议，县人大常委会主任张永军，县政协主席唐庆林，部分县直单位负责人、党员代表列席会议。

同日　县领导黄洪斌、张永军、唐庆林、唐社林、汪清平、吕忠荣等到桂林警备区慰问全体官兵。

同日　县委书记黄洪斌，县委常委、纪委书记、县监察委员会主任刘先锋出席兴安县监察委员会揭牌仪式。

同日　县政协副主席伍发进带队到华江漓源瀑布、龙潭江、超然派、猫儿山酒店及游客服务中心、马头山庄、岭南国际大酒店、爱尚网吧开展旅游安全大检查。

9日　在兴安师范小礼堂召开2017年社会各界人士迎新春座谈会。县领导黄洪斌、黄钦、张永军、唐庆林等县四套班子部分领导，县人民法院院长、县人民检察院检察长，各乡镇三套班子主要领导，县直各单位主要领导，部队、武警、消防、哨所主要领导，先进模范、优秀科技人才代表，企业家代表，企业纳税大户代表，2017年度重大项目建设三等功代表，优秀教师，“感动兴安”人物代表等出席会议。

同日　县委书记黄洪斌在县委常委、县委办主任唐社林及县委统战部、县工信局等部门人员陪同下到桂林乐满地度假世界、兴安海螺水泥有限责任公司走访慰问。

同日　在县政府三楼会议室召开2017年度县政府党组专题民主生活会，县领导黄钦、黄小桂、庄慧琼、徐建强、申小军、吕忠荣、文新祥、杨石祥等县政府党组成员参加会议。副县长刘军、杨乔木列席会议。

同日　县领导黄洪斌、唐社林、莫家晶在县委办、县民政局主要负责人的陪同下先后到兴安哨所、消防大队、雷家部队走访慰问。

同日　县人大常委会主任张永军，县委常委、常务副县长黄小桂在县民政局、湘漓镇等单位人员陪同下到湘漓镇沿河村委社口村、双河村、灵源村走访慰问优抚对象、重灾户、低保户。

同日　县委常委、政法委书记蒋世语，副县长、公安局局长申小军在兴安帝豪三楼会议室出席2017年度全县公安工作总结表彰会暨2018年公安工作会议。

同日　副县长徐建强在县交通局会议室出席棚户区改造项目入户宣传动员工作会议。

11日　县委书记黄洪斌在县委四楼会议室主持召开中共兴安第十四届委员会第五十一次常委会。黄钦、经友新、唐社林、余桂兰、蒋世语、刘先锋、莫家晶、庄慧琼等常委领导参加会议。县领导张永军、唐庆林列席会议。会议讨论审议了《关于预发兴安县2017年度事业单位绩效工资总量增量的请示》《关于加强兴安县征收县城规划区内农民集体土地预留集体发展用地管理的通知（送审稿）》《县纪委全会工作报告》；就自治区党委巡视桂林市反馈意见整改及落实桂林市第一巡察组反馈意见整改有关工作作了部署；原则同意县委政法委提交的《兴安县“百佳”先进人物激励暂行办法》《兴安县2018软弱涣散村党组织整顿提升工作安排一览表》。

11日至12日　副县长文新祥率交通、公安、交警、城管、工商质监、残联等部门对兴安县扰乱运输市场、非法营运车辆较为集中的地段开展专项整治行动。

12日　县领导黄洪斌、黄钦、黄小桂、唐社林、蒋世语、胡琳、徐建强等出席湘江环境综合整治（一期）工程滨江公园项目竣工仪式。

同日　县委书记黄洪斌到兴安镇出席党委民主生活会并做

讲话。

同日　县委副书记经友新出席县农业局召开的以“学习贯彻十九大精神”为主题的专题民主生活会。

同日　在县委二楼会议室召开市委第一巡察组反馈意见整改落实工作布置会。县领导黄洪斌、黄钦、张永军、唐庆林等县四套班子部分领导,各乡镇三套班子主要负责人,涉及巡察反馈意见整改的县直单位主要负责人、全县贫困村党组织第一书记、兴安县落实市委第一巡察组反馈意见整改工作导小组办公室成员参加会议。

同日　在县委二楼会议厅召开中国共产党兴安县第十四届纪律检查委员会第三次全体会议。县领导黄洪斌、黄钦、张永军、唐庆林等县四套班子部分领导出席会议。县委常委、纪委书记、监察委主任刘先锋代表县纪委常委会作《坚决贯彻落实党的十九大精神,努力开创兴安党风廉政建设和反腐败工作新局面》工作报告。县人民法院、县人民检察院负责人,县纪委委员、各乡镇党政主要领导、县直单位主要领导,非县纪委委员的全县纪检监察干部参加会议。

同日　在县委二楼大会议厅召开2018年第一季度防范重特大安全生产事故工作会议。县领导黄钦、黄小桂、蒋世语、庄慧琼、徐建强、吕忠荣出席会议。各乡镇、县安委会成员单位主要负责人以及各宾馆饭店、景区景点、重点矿企业、燃气公司、建筑企业和营运公司等相关单位负责人参加会议。

同日　在县人大三楼会议室召开2018年度第一次道路交通安全联席会议。副县长、县公安局局长申小军出席会议。县联席会议成员单位负责人、各乡镇分管领导和联络员参加会议。

13日　桂林市副市长彭代元出席由广西兴进实业集团董事长罗欣为湘漓镇江口村架桥修路的捐赠仪式,随后在县长黄钦、副县长徐建强的陪同下副市长彭代元一行到兴安县滨江公园实地走访。

同日　县领导黄洪斌、唐社林、余桂兰在县委办、县委统战部等相关部门相关人员陪同下到太平洋建设集团走访慰问。

同日　县长黄钦率相关单位负责人到兴安海螺公司、煜亮亮光伏有限公司走访慰问。

同日　在县委四楼会议室召开县委理论学习中心组扩大会议。专题学习《中共中央国务院关于实施乡村振兴战略的意见》文件精神,黄洪斌、黄钦、张永军、唐庆林等县四套班子部分领导出席会议。

15日　县委常委、县委宣传部部长、副县长庄慧琼到县人民医院、县文旅广体局慰问节日期间坚守岗位的干部职工。

17日　县长黄钦,副县长、公安局局长申小军先后到县城中心广场环卫清扫点、汽车站交警执勤点及自来水公司,看望慰问春节期间仍坚守在工作岗位上的干部职工。

22日　县委书记黄洪斌在县委常委、县委办主任唐社林,县委办、县委组织部、县人社局、县科协、县水利局、县教育局等部门人员陪同下先后到县水利局、兴安中学走访慰问一线科技工作者。

同日　县领导黄钦、黄小桂、文新祥一行到溶江镇半圩村委庄家自然村桂兴高速公路溶江出口进行现场办公。

同日　县委常委、县委宣传部部长、副县长庄慧琼,县人大常委会副主任刘婉秋在县体育馆出席2018年兴安县“民兴村镇银行杯”新春篮球赛开幕式。

同日　县委常委、县委宣传部部长、副县长庄慧琼到兴安资讯报社慰问干部职工。

同日　副县长、县森林防火指挥部副指挥长吕忠荣在县林业局相关负责人陪同下看望慰问森林防火指挥部办公室工作人员及防火一线森林消防队员。

23日　县委书记黄洪斌在县委306会议室主持召开2018年党建工作领导小组专项工作会议,县领导经友新、刘先锋、莫家晶、庄慧琼出席会议。

同日　县委常委、县委统战部部长余桂兰到白石乡三友村蒋家山走访慰问。

同日　县政协副主席韦辉到兴安北站参加由县总工会组织开展的“暖流行动”。

24日　县领导黄钦、庄慧琼、刘婉秋、文新祥一行到灵渠公园现场部署灵渠铧嘴前沙洲处置工作。

同日　在县委二楼会议室召开2018年农业农村领导小组工作会议。县领导经友新、胡琳、吕忠荣、文新祥、韦辉以及县农业农村工作领导小组全体成员参加会议。

27日　县委书记黄洪斌在县委四楼会议室主持召开中共兴安县第十四届委员会第五十二次常委会。黄钦、经友新、黄小桂、唐社林、余桂兰、蒋世语、刘先锋、莫家晶、庄慧琼等常委领导参加会议。县领导张永军、唐庆林列席会议。

会议讨论审议了“六个年”活动实施方案，要求进一步修改完善；原则通过《落实县四家班子务虚会意见建议任务分解表》《全县农业农村工作会议方案》《2018年全县工作推进会方案》《兴安县2017年度绩效考评先进乡镇和县直单位名单》；议定《关于做好新一轮全县“美丽广西”乡村建设（扶贫）工作队员选派工作的通知》及2017年度10名优秀公务员人选；并决定在自治区规划功能区修编工作中暂不调整，仍保留广西农产品主产区功能规划区。

同日 县委常委、常务副县长黄小桂，县政协副主席、县总工会主席韦辉在县城古戏台出席由县人民政府主办，县人力资源和社会保障局、县扶贫办、县总工会、县妇联、县工商联承办的兴安县2018年“春风行动”首场招聘会启动仪式。

28日 在县政府大礼堂召开全县农村工作会议。县领导黄洪斌、黄钦、张永军、唐庆林等县四套班子部分领导出席会议。县人民法院、县人民检察院负责人，县委办、县政府办分管副主任，县人大、县政协相关委室负责人，县直各单位主要领导等参加会议。

同日 在县政府大礼堂召开2018年贫困人口脱贫村摘帽计划制定工作部署会。县领导经友新、吕忠荣、杨乔木出席会议。

同日 县领导黄钦、唐庆林、唐社林、庄慧琼、刘婉秋、伍发进、杨石祥在县体育馆出席2018年兴安县“民兴村镇银行杯”新春篮球赛闭幕式。

3月

1日 桂林市副市长樊新鸿一行在县领导黄钦、黄小桂等人陪同下，先后到桂林煜亮亮能源科技有限公司、中国葛洲坝集团机电建设有限公司、兴安海螺水泥有限责任公司、国家电投集团广西兴安风电有限公司等企业，实地查看企业生产经营和市场销售及安全生产情况。

同日 在县三小五楼会议室召开城建领导小组暨城建指挥部工作布置会。县领导黄钦、唐社林、蒋世语、刘婉秋、蒋功合、徐建强、文新祥、林班才、周剑冰出席会议，各乡镇、县直相关单位负责人参加会议。

同日 县政协主席唐庆林带领县政协领导班子及部分政协委员到灵渠铧嘴，针对政协提案《关于湘江流域灵渠区段水质变异的专题调研报告》中提到“近年来，灵渠受湘江流域的影响，大小天平坝的功能已逐渐失去、沙石裸露、污泥沉积”等现状进行调研。副县长文新祥，县水利局、环保局、文旅广体局、文物局、兴安镇、湘漓镇等相关负责人参加调研活动。

2日 在县政法委一楼会议室召开2018年“双提升”工作座谈会。县委常委、政法委书记蒋世语出席会议，县公安局、检察院、法院、司法局、卫计局、教育局、农业局、林业局、水利局、市容局、统计局、文旅广体局、兴安镇和中国人民银行等14个单位主要领导参加会议。

同日 在县委三楼会议室召开国家可持续发展议程创新示范区工作推进会。县委常委、县委宣传部部长、副县长庄慧琼，各乡镇县直相关单位负责人参加会议。

5日 县委副书记、县长黄钦同志在县委四楼会议室主持召开了中共兴安县第十四届委员会第五十三次常委会。经友新、汪清平、黄小桂、唐社林、余桂兰、蒋世语、刘先锋、莫家晶、庄慧琼等常委领导参加会议。县领导张永军、唐庆林列席会议。会议根据市委考核组反馈的民主推荐情况，同意欧阳勇同志作为副处级领导干部考察对象，由县委组织部按程序上报市委。

同日 在县政府大礼堂召开2018年工作推进会，黄钦、张永军、唐庆林等县四套班子部分领导出席会议。县人民法院院长，县人民检察院检察长，各乡镇、县直各单位在职副科以上领导干部，受表彰的先进单位，先进个人代表以及为重大项目做出突出贡献的代表参加会议。

同日 县长黄钦在县体育馆出席由县委、县政府主办，县妇联承办的“庆三八‘留园杯’展兴安魅力，扬巾帼风采”旅游推介服装秀比赛活动。

6日 县领导经友新、唐社林、蒋世语、刘先锋、莫家晶、庄慧琼、余桂兰、刘婉秋、蒋功合、胡琳、韦辉、伍发进、张琴在县体育馆出席“庆三八‘留园杯’展兴安魅力，扬巾帼风采”旅游推介服装秀比赛颁奖晚会。

同日 在县委二楼小会议室召开自治区党委第六巡视组对桂林市扶贫领域机动式巡视反馈问题整改工作部署会。县委副书记经友新，县委常委、纪委书记刘先锋以及县直相关单位负责人参加会议。

同日　县政协副主席韦辉出席并指导县科协2017年度党员领导干部民主生活会。

同日　县人大常委会副主任胡琳出席并指导县水利局2017年度党组班子民主生活会。

7日　县委常委、政法委书记蒋世语到县人民法院七楼会议室出席并指导该院2017年度党员领导干部民主生活会。

8日　由自治区人大民族委员会主任委员蒙建敏为组长的自治区人大民族委员会调研组一行在县领导庄慧琼、刘婉秋陪同下先后到华江瑶族乡猫儿山生态园、高寨村和杨雀村,就少数民族地区旅游扶贫工作进行调研。

9日　在县委二楼议厅召开2018年政法与平安建设工作暨扫黑除恶专项斗争动员部署会,县领导黄钦、唐社林、蒋世语、张琴出席会议。会上,县委常委、政法委书记蒋世语总结回顾了2017年兴安县政法工作所取得的成绩,并就2018年政法工作重点进行安排部署。县长黄钦作重要讲话,并签订了《"2018年度兴安县各乡(镇)、县直单位综治(平安兴安建设)工作目标管理"责任书》。

同日　自治区人民政府在南宁召开2018年度全区精准帮扶"一户一册一卡"工作视频会,县领导黄钦、经友新、吕忠荣,各乡镇、县直各帮扶单位领导、帮扶干部在县委二楼会议厅收听收看会议。

12日　县政协副主席韦辉到兴安镇出席并指导该镇第十七届人民代表大会第三次会议。

同日　在县委四楼会议室召开县2018年度扶贫开发领导小组第一次工作会议。县长黄钦主持会议并作重要讲话。县领导经友新、汪清平、唐社林、刘先锋、莫家晶、庄慧琼、余桂兰、胡琳、吕忠荣、刘军、韦辉以及成员单位相关负责人参加会议。

13日　县委副书记、县长黄钦在县委四楼会议室主持召开了中共兴安县第十四届委员会五十四次常委会。经友新、汪清平、黄小桂、唐社林、余桂兰、蒋世语、刘先锋、莫家晶、庄慧琼等常委领导参加会议。县领导张永军、唐庆林列席会议。

会议讨论审议了招商引资率、农村电商建设率、工业园区建设率、旅游营销率、改革推进率、依法治理率"六个率"活动实施方案;经过类比权衡,同意县人民政府提交的由广州证券公司发行企业绩券(旅游扶贫专项债券);同意县组织部提交的卢宇春任县国土资源局局长,免去莫勇县国土资源局局长、党组书记职务等人事任免;并就县处级领导干部年度考核初评意见及记"三等功"人员建议名单,兴安县2018年"美丽广西"乡村建设(扶贫)工作分队队长,贫困村党组织第一书记人选进行了研究确定。讨论审议了《县四家班子领导、各单位联系联村工作调整方案》《兴安县党建工作领导小组2018年工作要点》《兴安县深化监察体制改革试点工作纪法衔接制度》《中国(兴安)第十一届米粉文化节活动实施方案》《兴安县创建自治区县级文明城市(2018—2020)年工作实施方案》;听取了《兴安县2018年一季度维护社会稳定工作情况汇报》。

同日　在县委二楼会议厅召开县四家班子领导2018年精准帮扶"一户一册一卡"工作培训会。黄钦、唐庆林等县四套班子部分领导及四办的所有正、副主任,县人大办、政协办各委室主任,各常委单位办公室主任参加会议。

同日　县委常委、常务副县长黄小桂在兴安分会场参加桂林市召开的2018年审计工作会议。

14日　市委副书记白松涛带领市纪委、市委组织部、市委宣传部、市扶贫办、市财政局等相关单位主要负责人到兴安县调研指导脱贫攻坚工作。县领导黄钦、经友新、胡琳、杨乔木参加汇报座谈会。

同日　县政协副主席伍发进在县委三楼会议室出席中国(兴安)第十一届桂林米粉文化节暨中国"南粉北面"产业发展高峰论坛之兴安味道十大美食评比活动动员会。

同日　在县体育馆举办广西兴安农村合作银行推进普惠金融暨信用卡发布会。县长黄钦、自治区农村信用联社桂林办事处主任刘蓓、人民银行兴安县支行行长姚邕桂、兴安县金融办主任陈建安及兴安农合行领导班子成员出席会议,各乡镇、县直单位领导、合作单位特邀嘉宾、优质客户代表、全行职工及广大市民参加发布会。

同日　在县委三楼会议室召开自治区党委巡视反馈问题农村危房改造整改工作会议。副县长徐建强,县审计局、住建局等相关单位以及各乡镇主要领导、分管领导参加会议。

15日　市委常委、政法委书记赵志军到兴安县就政法工作开展调研。县领导蒋世语、申小军以及公、检、法、司部门领导和相关人员参加调研座谈。

同日 自治区审计厅党组书记苏海棠区审计厅法规处处长康立鹏在桂林市审计局局长江建和及相关人员陪同下，到兴安县审计局调研指导工作，县人大常委会副主任赵代林出席会议。

同日 在县委二楼会议厅召开2018年组织、意识形态和宣传思想、统战工作会议暨新一轮创建自治区县级文明城市动员会。县领导黄钦、余桂兰、莫家晶、庄慧琼出席会议；各乡镇、县直各单位主要负责人以及分管组织、宣传、统战工作的副职领导参加会议。

同日 在县人大三楼会议室召开县人大常委会党组班子成员2017年度民主生活会。县人大常委会主任张永军，副主任赵代林、蒋功合、胡琳，党组成员林班财、周剑冰出席会议。

16日 县委副书记经友新、副县长徐建强等陪同碧桂园集团副总裁刘宁、碧桂园集团广西区域总裁谢伟洲等集团广西核心团队一行就兴安县特色小镇溶江镇建设项目进行考察。

同日 在县委三楼会议室召开第十一届桂林米粉文化节暨中国“南粉北面”产业发展高峰论坛工作布置会。县委常委、县委宣传部部长、副县长庄慧琼，各工作组负责人、各乡镇分管领导以及县米粉办全体成员参加会议。

同日 县人大常委会副主任胡琳及县灵渠申遗办部分人员陪同中国水科院水利研究所所长吕娟一行，先后对灵渠渠首段、北渠、竹枝堰支渠、南渠星桥星陡、鸾塘堰等堰坝、陡门进行实地调研。并在县申遗办会议室召开“中国水利科专家调研指导灵渠申报世界灌溉工程遗产工作座谈会”，县人大常委会副主任胡琳、县政协副主席伍发进及县水利局等部分单位负责人参加座谈会。

19日 在县委二楼小会议室召开兴安县扶贫开发领导小组综合协调专责小组扩大会议。县委副书记经友新出席会议，县委办、县政府办、县扶贫办相关负责人及综合协调专责小组负责人参加会议，县财政局、教育局、住建局、工商质监局等单位主要负责人列席会议。

同日 在县委二楼会议厅召开深化扶贫领域腐败和作风问题专项治理工作推进会。市纪委派驻市委办纪检组副组长胡讯，县领导经友新、刘先锋、刘军出席会议，各乡镇、县直相关单位负责人参加会议。

20日 市人大常委会副主任王德明率调研组到兴安县开展“基本解决执行难”专项工作调研，并在县人民法院七楼会议室召开调研座谈会。县人大常委会副主任蒋功合，县人民法院院长张云艳、县检察院相关负责人、桂林市人大代表唐春潮、兴安县律师代表宾灵华等参加调研汇报会。

同日 县委副书记经友新到界首镇出席并指导该镇第十三届人民代表大会第三次会议。

21日 自治区在南宁召开传达贯彻全国“两会”精神视频会，黄钦、张永军、唐庆林等县四套班子部分领导，县人民法院院长、县人民检察院检察长以及各乡镇、县直单位副科以上领导干部在县委二楼会议厅分会场收听收看大会实况。

同日 在县委二楼会议厅召开纪检监察系统执纪审查和宣传教育工作推进会，县委常委、纪委书记、监察委主任刘先锋出席会议并讲话，县纪委监察委其他领导班子成员，各乡镇纪委书记、副书记、纪委委员和各派驻纪检组及纪委机关全体人员参加会议。

23日 在县委三楼会议室召开县人民政府巡视巡察整改专题民主生活会，县政府党组班子成员、县领导黄钦，黄小桂，庄慧琼，刘军，吕忠荣，文新祥出席会议，副县长杨乔木、县政府副处级干部黄光平、县政府副调研员杨石祥列席会议。

24日 县委书记黄洪斌在乐满地酒店会见了顺龙控股有限公司董事长黄有龙，广东省政协委员、深圳市畜牧行业协会会长、润民集团有限公司董事长黄邦银，北京电影学院深圳研究院院长、首席代表王明一行，双方就利用乐满地、兴安灵渠打造“大旅游+大健康+大文化”的文旅项目进行具体洽谈。

同日 县委书记黄洪斌带领相关部门负责人检查兴安县部分重点项目建设进展情况。

26日 县委副书记经友新在县委党校出席2018年全县年轻干部培训班开班仪式并讲话。

同日 县委副书记经友新，县委常委、宣传部部长、副县长庄慧琼在县委二楼会议室出席兴安县申报“广西兴安·中国米粉美食之乡”实地考察评审汇报会，由中国烹饪协会副会长乔杰带队的专家评审组一行6人围绕主题，与兴安县参会领导和各相关单位负责人进行了广泛深入的座谈交流。

同日 在县人大三楼会议室召开兴安县第十六届人大常委

会第十六次会议。县人大常委会主任张永军，副主任赵代林、刘婉秋、蒋功合等常委会组成人员出席会议；县人民检察院检察长秦奕明列席会议。

同日 在县委二楼小会议室召开2018年第一季度经济运行分析会。县委常委、常务副县长黄小桂出席会议，县统计、发改、工信以及涉及到主要经济目标任务的县直单位，各乡镇分管农业、统计工作的负责人参加会议。

同日 在县委三楼会议室召开十四届县委第四轮巡查工作动员部署暨巡察业务培训会，县委常委、纪委书记刘先锋以及县委巡察工作小组成员、县委巡察办、县委组织部、被巡察单位党组织主要负责人、县纪委监察委等相关负责人参加会议。

同日 在帝豪酒店三楼会议室召开县工商业联合会第十三届二次执委会，县委常委、县委统战部部长余桂兰，县人大常委会副主任赵代林、县政协副主席韦辉出席会议。

27日 县领导庄慧琼、刘婉秋、伍发进及太平洋建设集团有限公司负责人在秦皇宫月牙广场出席"太平洋建设杯"兴安味道美食大赛。

同日 在县委三楼会议室召开人大建议和政协提案交办工作会议，对2018年"两会"期间人大建议和政协提案进行集中交办。县领导黄小桂、刘婉秋、唐树斌出席会议。

同日 自治区在南宁召开广西促进非公有制经济发展报告会。县委常委、县委统战部部长余桂兰在县委三楼兴安分会场参加会议。

28日 在县委三楼会议室召开落实自治区扶贫领域巡视反馈问题整改工作专题会，县领导经友新、吕忠荣、刘军、辛爱玖出席会议，县落实自治区扶贫领域巡视反馈问题整改工作领导小组办公室及工作组全体人员，16个整改牵头单位负责人和10个乡镇主要负责人参加会议。

29日 县领导黄钦、张永军、唐庆林等县四套班子部分领导一行到灵渠南干渠(三里陡)开展义务植树活动。

4月

3日 福建省三明市委常委、宣传部部长林斌在桂林市委常委、副市长兰燕，副县长杨乔木的陪同下，到兴安县湘江战役纪念公园、界首镇三官堂，寻访烈士遗迹，祭奠烈士英灵。

同日 兴安县2018年人大代表履职平台建设推进会在华江瑶族乡政府召开，县人大领导张永军、赵代林、刘婉秋、蒋功合、胡琳、林班财，各乡镇人大主席、副主席及县人大办公室负责人参加会议。

同日 县委常委、常务副县长黄小桂先后到兴安双胞胎饲料有限公司、兴安县顺泰金属制品有限公司、柳州威奇化工兴安分公司、兴安风电场进行调研。

同日 县委常委、县政法委书记蒋世语，副县长徐建强组织国土局、住建局、公安局、消防大队、卫计委、城管大队以及高尚镇政府干部、村委干部，依法强制拆除高尚镇区一处违章建筑。

同日 县委常委、县委组织部部长莫家晶到县党校出席2018年年轻干部培训班结业典礼并讲话。

同日 副县长文新祥到县国土资源局调研指导当前工作。

4日 在县委二楼会议厅召开全县创建全国旅游标准化试点县暨国家全域旅游示范区迎复检工作动员会。县领导黄钦、庄慧琼、刘婉秋、伍发进出席会议，各乡镇、县直有关单位、旅游企业负责人参加会议。

同日 在县委二楼会议厅召开市容市貌整治工作会议，县领导黄钦、唐社林、庄慧琼、徐建强、吕忠荣出席会议，各乡镇、县直相关单位负责人参加会议。

同日 县长黄钦在政府办、国土局、界首镇相关负责人的陪同下，先后到界首镇犁头拉自然村、石田自然村、长山弓自然村视察新农村建设情况。

9日 桂林市人大常委会副主任赵德明带领调研组在县人大常委会副主任刘婉秋的陪同下，对兴安县食品安全监管工作进行调研。

同日 副县长徐建强带领县市容局、交警大队、兴安镇等相关部门执法人员就迎宾路的市容市貌环境进行综合整治。

10日 县委副书记经友新到县帝豪大酒店三楼会议室出席兴安县举办的葡萄优质安全高效栽培技术培训班开班仪式。

同日 全区2018年中央一号文件宣讲电视会议在南宁召开，县委副书记经友新、副县长刘军及各乡镇、县直相关单位负责人在县委三楼会议室兴安分会场收听收看会议实况。

同日 兴安县2018年葡萄产业发展现场会在溶江镇黄毛坝村召开，县委副书记经友新、副县长吕忠荣出席会议，县技术攻关小组成员,溶江镇、严关镇、漠川乡主要领导,各站所负责同志及兴安县葡萄种植大户、销售大户参加会议。

同日　县委常委、县委办主任唐社林,副县长徐建强带领市容局、交警大队、交通局、国土局、环保局等部门负责人,对米粉节前城区市容环境、交通秩序等工作进行检查指导。

11日　在县国税局六楼会议室召开县城画线停车收费征求意见座谈会,县委常委、县委办主任唐社林,副县长徐建强出席会议,县直相关单位负责人参加会议。

同日　广西兴安第十一届桂林米粉文化节暨“南粉北面”产业发展高峰论坛新闻发布会在桂林乐满地度假世界举行。县委常委、县委宣传部部长、副县长庄慧琼,县人大常委会副主席刘婉秋出席发布会,县政府办、县委宣传部、县申遗办、县财政局、湘漓镇等相关乡镇、县直单位负责人,中央、区、市以及县各主流新闻媒体参加新闻发布会。

12日　在县委二楼会议室召开脱贫攻坚大督查情况反馈暨工作布置会,县领导经友新、莫家晶、辛爱玖出席会议,各乡镇、县直各单位负责人及2018年新选派分队长和第一书记参加会议。

12日至13日　桂林市人大常委会副秘书长李永松,市人大旅游委员会主任委员欧阳夏微在县人大常委会副主任刘婉秋的陪同下先后到白石乡秦家大院、水街以及华江瑶族乡实地调研。

13日　副县长徐建强组织交警、城管、兴安镇、工商、交通、司法等相关单位到县迎宾路联合开展综合环境集中整治活动。

16日　县长黄钦、副县长徐建强在县委二楼会议室与聚光科技(杭州)股份有限公司董事长王健就溶江特色小镇项目举行战略合作框架协议签约。

同日　县长黄钦、副县长杨乔木与广西高管局桂林管理处、桂林市高速办、招商公路桂林公司、桂兴高速(兴安段)建设指挥部以及县委政法委、县委宣传部、县交通局、溶江镇等相关单位负责人,到广西桂兴高速公路溶江收费站出席通车仪式。

同日　县领导黄钦、庄慧琼、徐建强带领县市容局、住建局、文旅广体局、兴安镇等相关部门负责人,调研“灵渠夜游”旅游项目。

同日　县委常委、县委统战部部长余桂兰,在县民宗局局长孙玉海陪同下,到华江瑶族乡中心小学出席以“壮族三月三·八桂嘉年华”为主题的兴安县2018年民族团结进步宣传月活动。

同日　副县长杨乔木陪同桂林市警备区动员处处长田应军带领的工作组对兴安县2018年度民兵规模结构调整工作进行检查验收。

17日　山西省太原市委常委、常务副市长王立刚在县长黄钦,县委常委、县委宣传部部长、副县长庄慧琼的陪同下先后到红军长征突破湘江战役纪念公园、灵渠公园考察。

20日　国际灌排委员会主席瑞因德、副主任丁昆仑、秘书长潘迪亚、办公室主任高黎辉等9位专家在县领导黄钦、经友新、胡琳、伍发进的陪同下先后到灵渠铧嘴、大小天平、水街、北渠的竹林堰和南渠的一支渠、三支渠、大湾陡、弯塘堰、赵家堰等进行实地考察。

同日　在县委三楼会议室召开全县开展移风易俗完善村民“红白理事会”工作推进会。县委常委、县纪委书记刘先峰,副县长杨乔木出席会议,各乡镇、县直相关单位负责人参加会议。

21日　在中国农业银行兴安县支行四楼会议室召开全县金融管理与服务工作会议。县委常委、常务副县长黄小桂出席会议,各金融单位负责人参加会议。

22日　桂林市召开安全生产工作紧急电话电视会议,县政协副主席张琴及县直相关单位负责人在兴安县委三楼会议室分会场收听收看会议。

同日　县委常委、常务副县长黄小桂,县政协副主席张琴到兴安贤达家居现场出席贤达家居建材城开业仪式。

23日　县领导黄钦、唐庆林、黄小桂、蒋世语、庄慧琼、胡琳、徐建强、申小军、吕忠荣、文新祥、辛爱玖带领县交通局、水利局、市容局、公安局、兴安镇等相关单位负责人,就重点推进“灵渠夜游”项目建设开展调研。

同日　自治区优化营商环境大行动电视电话会议在南宁召开。县委常委、常务副县长黄小桂以及县直相关单位分管领导在兴安县二楼小会议室分会场收看收听会议。

同日　县人大常委会副主任赵代林在漠川乡党委书记石峰志的陪同下,到保合村委督查保合至保林公路施工建设情况。

24日　在县委二楼小会议室召开2018年第一季度经济运行分析会。县委常委、常务副县长黄小桂出席会议,各乡镇、县直相关单位负责人参加会议。

同日 由桂林市委政研室主任龚明聪带队的调研组在副县长辛爱玖的陪同下，就贯彻落实中共十九大报告中关于实施乡村振兴战略精神的措施及主要政策需求进行专题调研。

25日 副县长杨乔木陪同桂林市第五旅游安全检查组对兴安县“五一”节前旅游安全工作进行检查。

26日 由中国水利学会水利史研究会、中国国家灌溉排水委员会、兴安县委员会、兴安县人民政府主办的灵渠保护与申遗暨水利遗产保护利用学术论坛在兴安县灵渠拉开帷幕。自治区文化厅党组成员、副厅长谢日万，中国水利学会水利史研究会会长、中国水利水电科学研究院副总工程师谭徐明，国际灌溉排水委员会副主席、中国国家灌溉排水委员会副秘书长丁昆仑，以及相关领导知名学者、相关遗产管理单位专家，兴安县领导黄钦、胡琳、文新祥、伍发进参加论坛，并就灵渠保护与申遗，灵渠水利遗产价值挖掘及保护利用等关键问题与专家进行专题研讨。

同日 县领导庄慧琼、杨石祥、辛爱玖率县文旅广体局、安监局、交警大队、食药监局、消防大队、交通局等单位负责人先后到喜屋大酒店、华江瑶族乡的龙潭在建项目、超然派景区、猫儿山景区、高寨依山傍水酒店、溶江镇乡里乐休闲山庄、严关镇马头山庄等文化旅游场所进行现场检查。

同日 在县人大会议室召开第十六届人大常务会第十七次会议。县人大常委会主任张永军，副主任赵代林、刘婉秋、胡琳出席会议，副县长杨乔木列席会议。

同日 县城乡建设用地增减挂钩实施业务培训会在县国土局召开。县委常委、常务副县长黄小桂出席会议并作动员讲话。各乡镇分管领导，县国土局等县直相关单位负责人参加会议。

同日 县人大常委会副主任刘婉秋率文旅广体局、安监局、交警大队、食药监局、消防大队、交通局相关负责人先后到爱华网吧、网中情网吧、泽霖宾馆、灵渠景区、利格莱酒店、名都水汇酒店等文化旅游场所开展“五一”节前旅游市场安全检查。

27日 县长黄钦，县委常委、常务副县长黄小桂，副县长文新祥到县国土局出席国土专题工作会议，现场研究解决当前工作中的存在的瓶颈制约问题，推进国土工作更好地服务全县经济社会发展。

同日 县委常委、政法委书记蒋世语，县委常委、县委宣传部部长、副县长庄慧琼率政府办、县委宣传部、文旅广体局、食药监局、安监局相关负责人检查指导米粉节筹备工作情况。

同日 国务院召开2018年第一次廉政工作会议。国务院总理李克强出席会议并发表重要讲话。县领导黄小桂、徐建强、文新祥等在家的县政府领导班子成员及各乡镇、县直相关单位负责人在兴安县电信局三楼会议室分会场收听收看会议。

28日 县委书记黄洪斌在桂林乐满地度假酒店会见华润集团助理总经理、华润置地执行董事兼党委书记吴向东，大漠金海集团有限公司董事长黄有龙，双方就利用桂林乐满地、兴安灵渠打造“大旅游+大健康+大文化”的文旅项目进行具体讨论。县委常委、常务副县长黄小桂，县委常委、县委办主任唐社林参加会见。

同日 在桂林乐满地度假酒店二楼多功能厅召开广西兴安第十一届桂林米粉文化节投资招商推介会。县领导黄钦、张永军、唐庆林、黄小桂、莫家晶、余桂兰、徐建强出席会议，县直相关单位负责人参加会议。

同日 在利格莱大酒店七楼会议室召开第一届新乡贤共话乡村振兴座谈会，县领导黄钦、张永军、唐庆林、黄小桂、吕忠荣出席会议，兴安籍知名乡贤参加会议。

同日 全区2018年脱贫攻坚业务培训会议在南宁召开，县领导刘先锋、莫家晶、余桂兰、赵代林、蒋功合、徐建强、杨乔木、辛爱玖、韦辉及各乡镇、县直相关单位负责人在县委二楼会议厅分会场收听收看会议。

同日 在桂林乐满地度假酒店一楼会议室兴安县与华润置地有限公司就桂林乐满地文化旅游康养综合体建设项目投资举行框架协议签约仪式。市政协副主席汤桂荔，县领导黄钦、张永军、唐庆林、余桂兰、庄慧琼，华润集团助理总经理、华润置地执行董事兼党委书记吴向东，中国泛海国际金融有限公司执行董事、行政总裁林建兴等参加签约仪式。县长黄钦代表县人民政府与华润置地华南大区总经理王笑就双方合作项目进行签约。

同日 广西兴安县第十一届桂林米粉文化节暨中国“南粉北面”产业发展高峰论坛活动在桂林乐满地主题乐园景区开幕。华润集团助理总经理、华润置地执行董事兼党委书记吴向东，大漠金海集团有限公司董事长黄有龙，中国泛海国际金融有限公司执行董事、行政总裁林建兴，中国烹饪协会特邀执行副会长李亚光，自治区食品药品监管局应急处处长陈世东，太平洋第一建设集团监事会副主席沙正中，广西烹饪餐饮行业协会会长曾大文，县领导黄洪斌、黄钦、张永军、唐庆林等县四套班子部分领导出席开幕式。

同日 县长黄钦到桂林乐满地度假酒店二楼多功能会议室出席中国米粉美食之乡——“兴安味道”美食品鉴会。

同日 县领导庄慧琼、刘婉秋、徐建强、伍发进到县银杏广场出席广西兴安第十一届桂林米粉文化节暨“南粉北面”美食一条街开街仪式。

同日 县人大常委会副主任刘婉秋、县政协副主席伍发进到县城中心广场，出席广西兴安第十一届桂林米粉文化节暨中国“南粉北面”产业发展高峰论坛“水坝佛保杯”灵渠民俗风光摄影大赛颁奖仪式暨获奖作品展仪式。

同日 县人大常委会副主任刘婉秋到兴安中学礼堂出席兴安县美术家协会承办的第二届“水墨灵渠·兴安书画作品展”开幕仪式。

29日 县领导黄钦、庄慧琼、刘婉秋、伍发进到乐满地度假酒店一楼会议室出席由中国烹饪协会、广西烹饪餐饮行业协会、中共兴安县委员会、兴安县人民政府主办的中国“南粉北面”产业发展高峰论坛。

同日 桂林市委副秘书长、督查室主任黄立平在县委常委、县委宣传部部长、副县长庄慧琼陪同下对兴安县米粉节筹备相关工作进行督查。

同日 县领导庄慧琼、刘婉秋、伍发进到喜屋酒店观看喜乐会杯歌唱大赛决赛，并为获得一、二、三等奖的选手颁发证书和奖杯。

5月

2日 自治区召开妇女儿童工作委员会暨推进实施两纲电视电话会议，县委常委、县委宣传部部长、副县长庄慧琼以及有关部门人员在兴安县分会场参加会议。

同日 在县水利局二楼会议室召开2018年防汛及安全生产工作紧急会议，副县长吕忠荣、文新祥及各乡镇主要领导、县安委会成员单位负责人、县防汛办成员参加会议。

3日 在兴安中学教研四楼会议室召开兴安县2017年高、中考总结暨2018年高、中考动员大会，县领导庄慧琼、刘婉秋、伍发进出席会议。

4日 县委书记黄洪斌在县委四楼会议室主持召开中共兴安县第十四届委员会第五十五次常委会。黄钦、经友新、黄小桂、唐社林、余桂兰、蒋世语、刘先锋、莫家晶等常委领导出席会议，县领导张永军、唐庆林列席会议。

会议听取了县政法委关于近年来兴安县群众安全感和满意度“双提升”工作情况汇报，要求拿出切实措施，力争实现全年“双提升”工作排名进入全区前八十、全市前十的目标。听取了县人民政府与华润置地有限公司，珠海市经纬大杧岛旅游开发有限公司，广西盛享碧桂园地产有限公司，北京中储能能源设备有限公司，广西乐村淘网络科技有限公司等签订项目投资框架协议所作的情况通报；讨论审议了《中共兴安县委员会　兴安县人民政府关于进一步加强精准扶贫打好打赢脱贫攻坚战的意见（送审稿）》，传达学习了区、市脱贫攻坚推进大会暨业务培训会精神。会议同意召开兴安县供销合作社联合社第二次社员代表大会，同意县纪委监委关于违纪人员的处分请示及县委组织部提交的有关人事任免。

同日 在县委二楼会议室召开扶贫开发领导小组会议。县领导黄洪斌、经友新、胡琳、吕忠荣、辛爱玖、韦辉出席会议，贫开发领导各小组各县直相关单位负责人参加会议。

同日 县领导张永军、黄小桂、文新祥率县工信、发改、国土、交通等相关部门负责人到严关镇碳酸钙精深加工新型材料产业园进行现场办公。

4日至6日 县委书记黄洪斌到扶贫联系村兴安镇粉洞、道冠、源江、南源等村委开展“新三同”活动暨脱贫攻坚实施乡村振兴战略专题调研。

7日 在县政府大礼堂召开2018年脱贫攻坚推进大会。县领导黄洪斌、黄钦、张永军、唐庆林等在家的县四家班子领导以及各乡镇、县直各单位、“美丽广西”乡村建设（扶贫）工作负责人以及贫困村党组织第一书记、各村级党支部负责人、受表彰的先进单位和个人参加会议。

同日 在县委三楼会议室召开县扶贫开发领导小组扩大会议。县领导黄钦、经友新、胡琳、吕忠荣、杨乔木、辛爱玖、韦辉出席会议。

8日　县委书记黄洪斌到县信访局公开接待群众来访,县委常委、政法委书记蒋世语,副县长文新祥及县委办、信访局、兴安镇等负责人参加接访。

同日　县委书记黄洪斌到县申遗办专题调研灵渠申遗系列项目进展工作。

同日　在县纪委二楼会议室召开兴安县委反腐败协调第二次联席会议,县委常委、纪委书记、监委主任刘先锋出席会议,县委组织部、县委政法委、县人民法院、县人民检察院、县公安局、县审计局等县委反腐败协调小组成员单位负责人参加会议。

9日　县委书记黄洪斌到城建指挥部专题调研棚改工作。

同日　县委常委、县委办主任唐社林到联系点兴安镇自治村委开展"新三同"活动。

10日　国家森防总站副总站长闫峻率造林司、森防总站和国家林业局规划院等专业技术人员为成员的国家林业局松材线虫病新发疫情核查组,到兴安县崔家乡、溶江镇、严关镇、湘漓镇、兴安镇开展新发松材线虫病疫情防控工作核查活动,桂林市林业局局长彭志明、兴安县委书记黄洪斌、县委副书记经友新、副县长杨乔木及县林业局主要负责人等陪同核查。

同日　副市长谢灵忠带队到兴安县检查2018年自治区水库电站防洪抢险应急演练活动筹备工作情况,县领导黄钦、黄小桂以及县水利局、公安局、交通运输局、市容局、文旅广体局等相关单位负责人陪同检查。

同日　县人大常委会主任张永军、副主任赵代林到联系点湘漓镇义和村委流江源自然村开展"新三同"活动。

同日　县委常委、县委统战部部长余桂兰在县喜屋酒店一楼会议室出席全市统战理论政策研究、宣传信息工作培训会并致辞。

11日　在桂林乐满地度假酒店召开灵渠申报世界灌溉工程遗产专家考察评估会,县领导黄洪斌、胡琳、文新祥出席会议。

同日　在县委三楼会议室召开县委党建领导小组第二次会议。县领导黄洪斌、经友新、刘先锋、庄慧琼、申小军等参加会议。

同日　在县委三楼会议室召开发展壮大村级集体经济工作领导小组第一次(扩大)会议。县委副书记经友新,副县长辛爱玖出席会议,县发展壮大村级集体经济工作领导小组各成员单位参加会议。

同日　副县长杨乔木在县城中心广场出席"5·12"防灾减灾日宣传活动。

11日至12日　自治区发改委地区处处长周开克率自治区县域经济发展分类考核组到兴安县溶江镇莲塘村、自治区核心农业葡萄特色示范区、三米驿站、滨江公园、城北污水处理厂、进站公路、高铁旅游集散中心、西绕路、迎宾路、灵渠大道、兴安镇源江风力发电项目等处实地核验,县领导黄洪斌、黄钦、黄小桂、蒋世语以及县农业局、市容局、文旅广体局、兴安镇、溶江镇主要负责人陪同考核。

14日　桂林市人大农业委员会主任委员兰辉率桂林市人大常委会现代特色农业发展情况专题调研组到兴安县开展现代特色农业发展调研并召开座谈会。县领导庄慧琼、胡琳陪同调研。

同日　县领导唐庆林、韦辉、伍发进率调研组到灵渠景区南陡段、水街、滨江公园、严关镇三米驿站,就兴安县的全域旅游和生态环境保护工作进行专题调研。

同日　县委副书记经友新一行到联系点界首镇和平村委开展"新三同"(同吃、同住、同劳动)活动。

同日　在县委二楼小会议室召开2018年招生考试工作会议,县委常委、县委宣传部部长、副县长庄慧琼出席会议。

15日　县委副书记经友新组织县水利局等相关部门,对灵渠两岸落实"河长制"情况进行检查。

同日　县委常委、县委宣传部部长、副县长庄慧琼在县老干局会议室出席"党的十九大精神"老干部学习会议。

同日　自治区水利工程管理局副局长黄树春率督导组就兴安县深化小型水利工程管理体制改革工作开展督导检查,副县长文新祥以及县水利局相关负责人陪同检查。

15日至16日　县委常委、县委宣传部部长、副县长庄慧琼到华江乡开展"新三同"活动和实施乡村振兴战略专题调研。

16日　市委常委、政法委书记赵志军到兴安县调研安全感满意度"双提升"工作。县委常委、政法委书记蒋世语,副县长、公安局局长申小军及县直相关单位负责人陪同调研。

同日　自治区十届人民政府召开第一次廉政工作会议,县领导黄小桂、刘先锋、文新祥及各乡镇、县直有关单位主要负责人在兴安县分会场收听收看会议。

同日　在县委二楼会议室召

开义务教育均衡发展“迎国检”推进工作汇报会，县委常委、常务副县长黄小桂，县委常委、县委宣传部部长、副县长庄慧琼出席会议。

17日 在县委四楼会议室召开中共兴安县第十四届委员会第五十六次常委会，黄洪斌、经友新、黄小桂、唐社林、余桂兰、蒋世语、刘先锋、莫家晶、庄慧琼等常委领导出席会议，县领导张永军，唐庆林列席会议。

同日 在县委二楼会议室召开乐满地文旅康养综合体概念规划及控规（前期分析研究）方案汇报会，县领导黄洪斌、黄小桂、庄慧琼，华润兴安文旅康养项目公司总经理李绍飞出席会议。

同日 县委书记黄洪斌在县委四楼会议室主持召开中共兴安县第十四届委员会第五十六次常委会。会议原则审议通过了《2018年兴安县安全感和政法队伍满意度“双提升”工作实施方案》《中共兴安县委员会巡察工作规划（2016—2020年）》《关于将县委巡察工作领导小组办公室列入县委工作机构序列的请示》《关于设立中共兴安县委员会巡察组的请示》相关事宜。通过了市派挂职县领导辛爱玖任县人民政府副县长（挂任职时间两年）的决定。同意召开共青团兴安县第十八次代表大会及相关建议人选。

同日 在县卫计局四楼会议室召开2018年兴安县防治艾滋病攻坚工程工作联席会议，副县长杨乔木出席会议。

17日至18日 县政协主席唐庆林、副主席韦辉到崔家乡、白石乡、高尚镇、漠川乡、界首镇、兴安镇常家等河道沿线集中巡查治理情况。

18日 在县人大三楼会议室召开县十六届人大常委会第十八次会议，县人大常委会主任张永军、副主任赵代林、刘婉秋、蒋功合、胡琳及该届县人大常委会其他常委出席会议，县人民法院、县人民检察院等相关部门负责人列席会议。

同日 在县委二楼会议厅召开义务教育均衡发展工作迎国检工作推进暨控辍保学工作布置会，县领导庄慧琼、刘婉秋、伍发进出席会议。

同日 广西2018全区水库水电站防洪抢险应急演练在斧子口水库进行。自治区防汛抗旱指挥部副指挥长、自治区水利厅厅长杨焱亲临现场观摩指导，自治区人民政府应急办专职副主任周运逵，自治区安监局副局长陈家良，桂林市副市长谢灵忠、县委书记黄洪斌等领导出席演练活动。

同日 四川眉山市委副书记黄剑东率考察团到兴安县考察，市委常委、统战部部长王建毅，县政协主席唐庆林，县委常委、统战部部长余桂兰陪同考察。

20日 县委常委、县委宣传部部长、副县长庄慧琼在县城中心广场出席主题为“全面建成小康社会，残疾人一个也不能少”第二十八次全国助残日系列活动。

21日 县委书记黄洪斌到城建指挥部专题调研棚改工作。

21日至22日 副县长杨乔木率民政局、卫计局、文旅广体局及华江乡等单位负责人一行15人到龙胜县龙脊镇、桂林市秀峰区鲁家村考察学习养生养老小镇创建工作。

22日 以国家督学、浙江省宁波市教育局原书记、局长沈剑光为组长的国家专项督导组到兴安县就城乡义务教育一体化改革发展情况进行实地督导检查。自治区教育厅总督学黄华吉，县领导黄洪斌、庄慧琼以及市、县教育局相关负责人陪同检查。

同日 在县委二楼小会议室召开乡村振兴大调研工作布置会，县领导黄洪斌、经友新、胡琳、吕忠荣、邓健君出席会议，各乡镇以及县委办、县政府办、农业局等相关县直单位负责人参加会议。

同日 在县委三楼会议室召开信访工作专题会议，县领导黄洪斌、黄小桂等参加会议。

同日 县委常委、常务副县长黄小桂在县城中心广场出席2018年政务公开周活动。

同日 县人大常委会副主任胡琳、党组成员林班财、副县长吕忠荣到严关镇仙桥苗木基地、溶江镇莲塘石马坪苗木基地，就兴安县贯彻落实《广西壮族自治区林木种苗管理条例》情况开展执法检查。

同日 县委常委、常务副县长黄小桂带领县直相关部门负责人到工业园区管委会对园区基础建设和部分企业发展情况进行调研。

23日 县委书记黄洪斌到湘漓镇双河、义和、江口三个贫困村开展脱贫攻坚暨实施乡村振兴战略为主题的专题调研。

同日 在县委二楼会议厅召开共青团兴安县第十八次代表大会，团市委副书记张力丹，县领导经友新、刘婉秋、韦辉出席会议。

同日 在县公安局十一楼会议室召开兴安县2018年禁毒工作会议，县委常委、政法委书记蒋世语，副县长、县公安局局长申小军，县禁毒委各成员单位负责人及县禁毒办全体人员、各乡镇分管禁毒工作负责人参加会议。

同日　在县人大三楼会议室由县人大组织召开第十六届四次会议代表“建议”重点督办件见面会,县领导庄慧琼、赵代林、刘婉秋、蒋功合、胡琳、吕忠荣出席会议,县财政局、乡村办、交通局、住建局、文旅局、大禹公司等承办单位主要负责人及县人大各专委、常委会和工委相关人员、提出“建议”的领衔代表参加会议。

同日　县领导余桂兰、杨乔木到白石乡高圩村开展扶贫送健康活动,县卫计局、县医院、兴安镇卫生院、白石乡卫生院等单位参加活动。

24日　市政协党组副书记、副主席邹长新带领市政协调研组对兴安县“乡村振兴”工作开展情况进行调研,县领导唐庆林、经友新、韦辉陪同调研并参加座谈会。

同日　县长黄钦到溶江镇茶园村委开展“新三同”活动暨实施乡村振兴战略专题调研。

同日　全国普通高等学校毕业生就业创业工作电视电话会议召开。县委常委、县委宣传部部长、副县长庄慧琼及相关部门负责人在县电信局三楼分会场收听收看会议。

25日　全区脱贫攻坚先进事迹情景报告会在南宁举行,县领导黄洪斌、黄钦、张永军、唐庆林等县四套班子部分领导在兴安分会场收听收看报告会。

同日　在县委三楼会议室召开2018年意识形态及宣传思想文化工作推进会,县委常委、县委宣传部部长、副县长庄慧琼出席会议,县直相关单位人员参加会议。

同日　县委常委、宣传部部长、副县长庄慧琼,县人大副主任刘婉秋在县城中心广场出席由县委宣传部主办、社科联承办的2018年兴安县社会科学普及活动周启动仪式。

26日　国家林业和草原局到兴安县现场抽查松树线虫病防治工作,桂林市林业局局长彭志明,县委书记黄洪斌等陪同抽查。

27日　在县委二楼会议室召开全县实施乡村振兴战略工作布置会,县领导黄洪斌、经友新、庄慧琼、吕忠荣、辛爱玖出席会议,县委办、政府办、组织部、宣传部、扶贫办等相关单位负责人参加会议。

28日　湖南省汨罗市委书记喻文,市政协主席彭千红,市委常委、市委办主任舒文治一行到兴安县学习考察文化旅游产业发展,县领导黄洪斌、唐庆林、唐社林、蒋世语以及县委办、溶江镇、严关镇等相关单位负责人陪同考察。

同日　县委书记黄洪斌到G322线绕城西路工程项目部现场办公。

同日　县委副书记经友新在县委党校一楼电教室出席2018年乡村振兴专题培训班开班仪式。

同日　市政协副主席汤桂荔携市投资促进局一行6人到漠川乡白面村开展脱贫攻坚调研活动,副县长辛爱玖陪同调研。

29日　兴安县邀请广西农科院原院长、中国农学会葡萄分会副理事长白先进,中国农科院植保所研究员、体系病虫害研究室主任王忠跃,中国农业大学、体系砧木岗位专家王军,中国农科院植保所虫害岗位团队成员马罡等专家到兴安县为葡萄种植户传授根瘤蚜虫害治理的有效措施并召开座谈会,县领导黄洪斌、吕忠荣参加会议。

同日　副县长吕忠荣出席由交通运输局、交警大队、公路局、工商质监局等部门执法人员组成的联合治超专项行动。

30日　在县委二楼会议厅召开兴安县十六届人民政府第二次廉政工作会议,县领导黄钦、黄小桂、庄慧琼、吕忠荣、杨乔木、辛爱玖出席会议。

同日　在县委二楼小会议室召开2017年度扶贫开发工作成效考核问题反馈整改落实工作会议,县领导经友新、吕忠荣、杨乔木、辛爱玖、韦辉出席会议,县委办、政府办、纪委监委、各专责小组、各乡镇、县直有关单位相关负责人参加会议。

同日　自治区移民工作管理局副局长杜勇一行6人到兴安县调研“三大水库”移民安置工作,县领导余桂兰、文新祥等陪同调研。

同日　县政协副主席韦辉率调研组到兴安镇冠山村委内龙塘村、塘市村委胡家洞村、红卫村委桐木村开展“乡村振兴”大调研活动。

31日　县委书记黄洪斌先后到县二小、严关镇中心小学、县三小、县二幼开展“六一”儿童节慰问活动。县政协副主席伍发进和县委办、县教育局主要负责人陪同慰问。

同日　县委副书记经友新到高尚镇调研指导脱贫攻坚工作。

同日　在县委二楼会议室召开深入开展“转作风、提效能、优环境”专项活动座谈会,县领导经友新、赵代林出席会议。

同日　在县委二楼会议室召开2018年新一轮创建自治区

文明县城工作推进会，县领导庄慧琼、伍发进以及各乡镇、县直相关单位负责人参加会议。

6月

1日 县委书记黄洪斌在县委四楼会议室主持召开中共兴安县第十四届委员会第五十七次常委会。黄钦、经友新、黄小桂、唐社林、余桂兰、蒋世语、刘先锋、庄慧琼等常委领导参加会议，县领导张永军、唐庆林列席会议。

会议审议并原则通过《中共兴安县委员会关于深入开展“转作风、提效能、优环境”专项工作实施方案（送审稿）》《中共兴安县委员会关于进一步贯彻落实中央八项规定精神的实施办法（送审稿）》；传达自治区、桂林市加强问责工作座谈会精神，通报了市委政治建设和专项治理工作检查反馈情况。会议就县人民政府提交的《关于启动兴安县上桂峡水库扩容灌溉、补水工程前期工作的请示》进行专题研究，同意在原设计方案基础上开展前期工作，新编制的项目可研究方案预算过高，暂不具备可行性。就广西桂林点金房地产开发有限公司诉兴安县人民政府合同纠纷案相关事宜进行了专题研究，会议认为该案原双方达成的和解协议值得商榷，但上一届县委通过四套班子会议研究同意了该处理方式，签署了调解书并产生法律效力。该届县委、县政府虽经多方努力，但申请检察院抗诉和法院再审议均未成功；在双方多次协调交涉下，促使点金公司做出让步，将赔偿金额由2241.94万元降至1800万元，在9月底前向点金公司支付退还土地款并将纠纷处理方式提交县四家班子会议研究。就兴安县城乡环卫一体化改革情况进行了研究，同意由县市容局牵头继续按原方案推进城乡环卫市场化运营体制改革。会议原则同意《兴安县2017年度县本级绩效考评结果》《兴安县2018年绩效考评工作方案》；同意中共兴安县工商质监局委员会进行换届选举；讨论审议《兴安县关于调整广西脱贫攻坚（乡村振兴）工作队员驻村工作补助标准的通知》《中共兴安县委员会　兴安县人民政府印发〈关于进一步打好打赢精准脱贫攻坚战的实施意见〉的通知》并就会议深化改革优化营商环境大会、工业高质量发展大会精神进行传达学习。

同日 在县委二楼会议厅召开兴安县开展“转变工作作风、提升工作效能、优化发展环境”专项活动动员会。黄洪斌、黄钦、张永军、唐庆林等县四套班子领导出席会议；县人民法院院长、县人民检察院检察长，全县副科级以上领导干部及上级驻兴各单位主要负责人参加会议。

同日 县长黄钦、副县长杨乔木、县人武部政委于洋在县委二楼会议厅出席兴安县2018年度征兵工作暨征兵宣传启动仪式。

同日 县委常委、县委宣传部部长、副县长庄慧琼，县政协副主席伍发进在县政府大礼堂出席以“祖国发展我成长，高举队旗跟党走”为主题的十佳少年儿童先进事迹报告会暨庆“六一”活动。

4日 县委书记黄洪斌到县发改局开展专题调研。

同日 在县委二楼会议厅召开兴安县2018年脱贫攻坚（乡村振兴）工作队员驻村工作推进会，县委副书记经友新，副县长、县工作队队长辛爱玖出席会议，各乡镇党委书记、工作分队长，县直相关单位、上级驻兴安单位主要领导，县扶贫开发领导小组组织保障专责小组全体人员参加会议。

5日 县委书记黄洪斌到兴安县部分重点项目和工业园区调研，全面了解项目建设情况，研究解决项目推进过程中遇到的困难和问题，并组织召开座谈会，对下步工作进行安排部署。

同日 县委书记黄洪斌到县林业局开展专题调研全县林业工作。

同日 自治区食药监管局食品餐饮监管处处长陈修荣一行，到兴安县督查中高考食品安全监管保障工作。桂林市食药监管局餐饮科科长鲁成科、县食药监管局局长刘志谋、教育局副局长彭祥国陪同督查。

同日 桂林市委宣传部副部长诸葛亚、市委宣传部宣传科科长王少华一行，到兴安县调研红军长征文化资源保护与开发利用建设项目，县委常委、县委宣传部部长、副县长庄慧琼陪同调研。

6日 县委书记黄洪斌到兴安中学对兴安县高考考点准备工作进行检查。县领导庄慧琼、刘婉秋、伍发进以及县委办、县教育局、兴安中学负责人陪同检查。

同日 县委书记黄洪斌到县政务中心开展“转作风、提效能、优环境”专题调研，县委常委、常务副县长黄小桂参加调研活动。

同日 在县委二楼小会议

室召开环境保护委员会专题会议，传达学习中央生态环境保护工作会议精神，贯彻落实习近平总书记和中央、国务院关于加强生态环境保护的重要战略部署和工作指示精神，结合中央环保督查组对广西、桂林环保督查发现问题需整改相关工作要求，着力安排部署兴安县矿粉产业环境整治工作。县委书记黄洪斌出席会议并作讲话。副县长文新祥，县工贸局、工商质监局、严关镇、界首镇、溶江镇、高尚镇等相关负责人参加会议。

同日　在兴安中学大礼堂召开兴安县2018年高考监考员、工作人员培训会。县委常委、宣传部部长、副县长、考区主任庄慧琼，县人大常委会副主任、考区副主任刘婉秋，县政协副主席、考区副主任伍发进，区、市巡视员，外县副主考以及县招考委全体成员、全体监考员及涉考人员参加会议。

7日　县委书记黄洪斌带队到严关镇、溶江镇、兴安镇开展灵渠南渠沿线村庄整治工作调研活动。县领导刘先锋、胡琳、伍发进，县委办、县灵渠申遗办、县财政局、市容局、林业局等相关部门人员参加调研。

同日　县委书记黄洪斌在县委四楼会议室主持召开了中共兴安县第十四届委员会第五十八次常委会。黄钦、经友新、黄小桂、唐社林、余桂兰、刘先锋等常委领导参加会议，县领导张永军列席会议。会议研究讨论了兴安县2018年第一季度重大项目建设优秀个人表彰有关事宜，审议通过《兴安县2018年重大项目建设绩效考评方案》《兴安县2017年重大项目建设绩效考评初步结果》。

同日　中央第五环境保护督察组对广西壮族自治区开展“回头看”工作动员会在南宁召开。督察组组长张宝顺、生态环境部副部长黄润秋就做好督察“回头看”工作分别作了讲话。自治区党委书记鹿心社作动员讲话。会议以电视电话形式召开。黄洪斌、黄钦、张永军等县四套班子领导在县委二楼会议室分会场收听收看会议。

同日　在县委三楼会议室召开迎接创自治区文明城市实地考察测评工作布置会，对自治区县级文明城市实地考察测评前有关工作进行再部署。县委副书记经友新，县创城办以及各乡镇、县直单位相关负责人参加会议。

同日　县长黄钦、县人大副主任刘婉秋到兴安县高考考点兴安中学，对高考考点的考风考纪、供电保障、医疗卫生等进行巡视检查。

同日　县委副书记经友新到界首镇调研指导脱贫攻坚工作，并到广西煜亮亮能源科技有限公司进行了实地调研。

同日　县委常委、常务副县长黄小桂，县人大常委会副主任刘婉秋、县政协副主席伍发进到兴安中学检查巡视高考工作。

8日　县委理论学习中心组2018年第三次集中学习（扩大）会议在县委四楼会议室召开，县委书记黄洪斌主持会议并作讲话，黄钦、张永军等县四套班子领导（含二员），县政府党组成员、县人民法院党组和县人民检察院党组书记参加学习。

同日　在县委二楼会议室召开扶贫开发领导小组第四次会议。县领导黄钦、经友新、吕忠荣、杨乔木、辛爱玖、韦辉以及各乡镇、县直各单位负责人参加会议。

同日　在县委四楼会议室召开县四家班子领导（含二员）会议，专题讨论研究广西桂林点金房地产开发有限公司诉兴安县人民政府合同纠纷案事宜，黄洪斌、黄钦、张永军等县四套班子领导（含二员）参加会议。

同日　县委常委、县纪委书记刘先锋，县人大常委会副主任刘婉秋到兴安中学巡视指导高考考务工作。

11日　在县委三楼会议室召开2018年兴安环境保护委员会联席会议暨迎接中央第五环保督察组“回头看”工作布置会，县领导黄钦、唐社林、申小军、吕忠荣、文新祥、杨乔木、辛爱玖出席会议。

同日　县委副书记经友新到界首镇和平村委就脱贫攻坚工作进行调研。

同日　兴安县纪检监察系统在县委二楼会议厅召开深入开展“转作风、提效能、优环境”专项活动动员部署会。县委常委、县纪委书记、监委主任刘先锋出席会议，全县纪检监察系统各级领导干部参加会议。

11日至13日　县委书记黄洪斌，县委常委、常务副县长黄小桂率领相关部门负责人一行到深圳华润置地有限公司进行考察交流。

12日　县委副书记、县长黄钦在县委四楼会议室主持召开了中共兴安县第十四届委员会第五十九次常委会议。经友新、唐社林、余桂兰、蒋世语、刘先锋、庄慧琼等常委领导参加会议。县领导唐庆林列席会议。会议就推进桂林市先进基层党组织、优秀共产党员、优秀党务工作者及纪念建党97周年推荐评选全县先进基层党组织、优秀共产党员、优秀党务工作者有关建议名单进行了专题研究。

同日　在县委二楼会议厅召开传达桂林市落实中央环保督察组开展“回头看”工作会议精神暨环保工作布置会。黄钦、唐庆林等县四套班子领导出席会议，各乡镇、县直各单位负责人参加会议。

同日　桂林市扶贫办主任吴新来到兴安县调研指导脱贫摘帽工作，县委副书记经友新陪同调研。

13日　县委副书记经友新率领县水利局、环保局、市容局、财政局、宣传部、文旅广体局等相关部门负责人，对灵渠南段进行再巡河“回头看”督查整改落实情况。

同日　在县委三楼会议室召开兴安县农村土地承包经营权确权登记颁证成果检查验收工作会议，副县长杨乔木以及各乡镇分管领导、业务骨干，县土地确权成员单位主要领导，各技术公司项目负责人，县确权办全体人员参加会议。

同日　副县长文新祥在严关镇政府三楼会议室出席该镇矿粉及米石加工企业综合整治工作推进会。

14日　县委书记黄洪斌到城建指挥部专题调研棚改工作。

同日　桂林市政府召开第二次廉政工作电视电话会议，进一步总结梳理、研究部署全市政府系统党风廉政建设和反腐败工作。县领导黄钦、黄小桂、申小军、文新祥、杨乔木以及县直各单位、各乡镇相关负责人在县委二楼会议厅收听收看会议。

同日　县领导黄小桂、张琴到G322线兴安县绕城公路(西环路)工程和工业园区现场办公并指导工作。

15日　广西领导干部“时代前沿知识”系列讲座第111讲在自治区党委礼堂举行，全国人大农业与农村委员会主任委员陈锡文就实施乡村振兴战略作专题报告。黄洪斌、黄钦、张永军、唐庆林等县四套班子领导以及各乡镇、县直单位主要负责人在县委二楼会议厅收听收看会议。

同日　在县委二楼会议厅召开兴安县2018年全县重大项目工作推进会，黄洪斌、张永军、唐庆林等县四家班子领导出席会议；各乡镇党委书记、乡镇长；县直各单位主要负责人；2018年全县重大项目建设指挥部副组长以上成员；县融资办主任、融资平台公司董事长和总经理以及县灵渠文化旅游投资开发有限公司筹备处主任参加会议。

同日　县委常委、常务副县长黄小桂，县委常委、县委宣传部部长、副县长庄慧琼，县政协副主席韦辉在迎宾路(县氮肥厂对面)出席子淳国际幼儿教育基地奠基仪式暨桂林二附实验小学战略合作发布会。

同日　在县委二楼小会议室召开兴安县创建广西养生养老小镇工作布置会，副县长杨乔木及创建工作领导小组成员单位领导参加会议。

同日　副县长吕忠荣在县城中心广场出席第十七个“安全生产月”活动启动仪式。

18日　副县长文新祥对斧子口水库周边沿线非法建设进行巡查，严关镇政府、华江乡政府、县林业局等相关单位负责人陪同巡查。

19日　县委书记黄洪斌率有关部门负责人到县城双女井溪改造项目建设现场办公，协调解决项目推进过程中遇到的困难和问题。

同日　桂林市副市长谢灵忠到兴安县调研生态养殖业发展情况，副县长吕忠荣，县水利局、县畜牧局等相关单位负责人陪同调研。

同日　县政协召开九届十次常委会议，县政协主席唐庆林，副主席韦辉、唐树斌、伍发进、张琴出席会议，县政协常委会全体人员参加会议。会议协商讨论通过《破解兴安旅游发展瓶颈，让兴安旅游火起来——兴安县旅游发展现状调研报告》专题调研报告(讨论稿)、《绿水青山就是金山银山——兴安县河长制落实现状调研报告》专题调研报告(讨论稿)；会议讨论研究通过关于增补九届县政协委员、政协特邀委员事项；讨论通过有关人事任免事项。

同日　在县委二楼小会议室召开兴安县2018年庆“七一”党员运动会筹备工作会，县委副书记经友新出席会议，各乡镇、县直相关单位负责人参加会议。

20日　自治区党委统战部在南宁召开全区促进非公有制经济领域“两个健康”工作电视电话会议，县委常委、县委统战部部长余桂兰在县委三楼会议室分会场参加会议。

同日　在县教育局四楼会议室召开兴安县2018年中考考务工作会议，县委常委、县委宣传部部长、副县长、考区主任庄慧琼，县人大副主任、考区副主任刘婉秋，县政协副主席、考区副主任伍发进出席会议。

同日 在县委宣传部会议室召开2018年创建文明城市工作汇报会。县委常委、县委宣传部部长、副县长庄慧琼及各乡镇、县直相关单位负责人参加会议。

同日 县委常委、常务副县长黄小桂到县工业园调研，溶江镇、县工信局、统计局等部门主要负责人陪同调研。

21日 黄洪斌、黄钦、张永军、唐庆林等县四套班子领导在县体育馆出席兴安县2018年庆“七一”党员运动会开幕式并现场观看比赛。

同日 县人大常委会主任张永军到湘漓镇开展“转作风、提效能、优环境”专项活动调研座谈会，湘漓镇三套班子领导、各村委、乡直各单位相关负责人参加会议。

同日 自治区党委政研室（改革办、农办）主任李彦平带领室（办）39名干部，到兴安县红军长征突破湘江战役纪念公园开展“重走长征路”党性教育活动，桂林市委常委、秘书长赵仲华，县委书记黄洪斌陪同参加。

22日 在县委二楼小会议室召开兴安县2018年1月—5月经济运行分析会。县长黄钦，县委常委、常务副县长黄小桂及各乡镇、县直各单位相关负责人参加会议。

同日 县领导黄钦、经友新、庄慧琼、张琴在县委二楼小会议室出席蓝田文化产业有限公司与县政府签署兴安界首镇特色历史文化产业项目合作框架协议签约仪式。

同日 县委常委、县委统战部部长余桂兰到白石乡开展乡村振兴战略调研，乡党委书记蒋勇及相关负责人陪同调研。

23日 在县政府大礼堂召开2018年脱贫攻坚（乡村振兴）工作队员驻村工作推进会暨新队员业务培训会。县委副书记经友新，副县长、县工作队队长辛爱玖，各乡镇工作分队长、贫困村党组织第一书记以及县派、乡派驻村工作队员参加会议。

24日 县人大常委会副主任刘婉秋一行对兴安县部分中考考点进行巡视。

24日至25日 县领导黄钦、唐社林、庄慧琼、文新祥陪同中国当代著名编导家陈维亚参观考察兴安县红色文化、历史文化。

25日 县委书记黄洪斌，县委常委、县委办主任唐社林在县委党校二楼会议室出席兴安县改革与创新发展专题培训班开班仪式。

同日 县委书记黄洪斌在县委四楼会议室主持召开中共兴安县第十四届委员会第六十次常委会。黄钦、经友新、黄小桂、唐社林、余桂兰、蒋世语、刘先锋、庄慧琼等常委领导参加会议，县领导张永军列席会议。

会议就收回灵渠及水街景区经营权事宜进行专题研究，会议决定同意县人民政府依法终止与广西国悦企业投资集团有限公司签订的合作协议，由县人民政府即日发函给广西国悦企业投资集团有限公司，提出协商解除双方合作协议事宜，稳妥收回灵渠及相关设施经营权。会议原则同意将滨江公园所有资产按相关程序划转移交兴安县鑫泰城市建设投资发展有限公司，通过招标购买第三方服务方式进行运营管理。审议并原则通过《兴安县创建自治区县级文明城市工作实施方案及任务分解表》《兴安县“新时代讲习所”开讲活动工作方案》《中共兴安县委员会　兴安县人民政府关于推进乡村振兴战略的实施意见》《中共兴安县委员会、兴安县人民政府关于兴安县乡村振兴产业发展基础设施公共服务能力提升三年行动计划（2018—2020年）》《兴安县乡村振兴“百千”工程实施方案》。同意县委组织部提交的干部人事任免及《兴安县加强基层党组织党课标准化建设实施方案》。

同日 副县长文新祥在县城中心广场出席第28个“全国土地日”主题活动。

26日 县委书记黄洪斌到城建指挥部专题调研棚改工作。

同日 县委书记黄洪斌在县委二楼小会议室听取兴安镇源江风林小镇项目规划设计专题汇报。

同日 在县委二楼小会议室召开2018年第二季度群众安全感市级调查结果情况分析及工作布置会。县长黄钦，副县长、公安局局长申小军出席会议，县政法委副书记、综治办主任唐春和，县司法局、教育局、卫计局主要领导，县公安局所有副职领导，县人民检察院、法院分管领导及各乡镇党委书记、派出所所长参加会议。

同日 在县委宣传部会议室召开兴安县脱贫攻坚扶贫宣传下半年工作推进会。县政协副主席、脱贫攻坚指挥部副指挥长韦辉出席会议并讲话；县委宣传部有关领导、各乡镇宣传委员、扶贫宣传工作小组成员参加会议。

同日 县委常委、政法委书记蒋世语在县城中心广场出席“6·26”国际禁毒日宣传活动。

27日 桂林市举办全市领导干部“双百”法治宣讲活动宪法专场报告会，邀请中国政法大学法学院院长焦洪昌作“解读修宪意义、直面法治难题”的法治宣讲专题报告。黄洪斌、黄钦、张永军、唐庆林等县四套班子领导和全县副科级以上干部在县委二楼会议厅分会场收听收看会议。

同日 在县委三楼会议室召开全面深化改革工作推进会，县委书记黄洪斌出席会议并讲话，县长黄钦主持会议。经友新、黄小桂、唐社林等县全面深化改革领导小组成员及2017年县定“三大改革”分管县领导，县深改办全体人员，全面深化改革工作任务所涉及部门的负责人，各乡镇负责人参加会议。

同日 县人大常委会主任张永军到湘漓镇小水田村走访慰问基层老党员。

同日 县人大常委会副主任蒋功合到严关镇走访慰问部分困难党员、老党员。

同日 副县长杨乔木到县帝豪酒店三楼会议室参加全区中晚稻南方水稻黑条矮缩病防控技术培训班研讨培训。

28日 在县灵渠申遗办会议室召开灵渠申遗专题会，县委书记黄洪斌，县委常委、县纪委书记、县监察委主任刘先锋，县委常委、宣传部部长、副县长庄慧琼，县人大常委会副主任、县灵渠申遗办常务副主任胡琳，县交通局、县财政局、县住建局、各项目指挥部相关负责人，申遗办全体成员参加会议。

同日 县委书记黄洪斌，县委常委、县委办主任唐社林到兴安镇董田村、石坑村慰问老党员代表。

同日 县委书记黄洪斌到申遗办专题调研灵渠系列项目进展情况。

同日 黄洪斌、黄钦等县四家班子领导在体育馆出席“七一”党员运动会闭幕式。

同日 县政协主席唐庆林到高尚镇看望慰问老党员。

同日 县委常委、县委统战部部长余桂兰到白石乡走访慰问困难党员、老党员。

同日 县委常委、县纪委书记、县监委主任刘先锋到崔家乡看望慰问老党员。

同日 县委常委、县委宣传部部长、副县长庄慧琼在高尚镇龙田村委出席兴安县“新时代讲习所”活动启动仪式。

同日 在县委三楼会议室举办乡村振兴“百千”工程示范村建设定点竞选会，县领导经友新、文新祥、杨乔木、辛爱玖参加会议。

同日 全国深化“放管服”改革转变政府职能电视电话会议召开，县委常委、县委宣传部部长庄慧琼在县委二楼会议厅分会场收听收看会议。

29日 在县政府大礼堂召开庆祝建党97周年“七一”表彰暨党员突击队成立授旗大会，黄洪斌、黄钦、张永军、唐庆林等县四套班子领导出席会议。

同日 在县政府大礼堂召开实施乡村振兴战略推进大会。黄洪斌、黄钦、张永军、唐庆林等县四套班子领导出席会议。

7月

2日至3日 自治区新闻出版广电局党组成员、副局长朱日荣率自治区新闻出版广电局65名党员到兴安县开展“铭记历史 牢记使命”主题党日教育活动。县委常委、县委宣传部部长、副县长庄慧琼陪同参加活动。

3日 自治区环保厅副处长田雷带领督察组一行对兴安县生态环境保护工作开展情况进行调研。副县长文新祥及相关部门负责人陪同调研。

同日 县委副书记经友新到华江瑶族乡参加“红色文化讲堂”揭牌仪式。

同日 县委副书记经友新到严关镇清水村委督查脱贫攻坚驻村工作。

同日 县委常委、纪委书记、监委主任刘先锋到崔家乡调研指导乡村振兴战略实施工作。

同日 副县长吕忠荣到溶江镇富江村委调研脱贫攻坚工作。

同日 副县长辛爱玖到湘漓镇龙禾村看望慰问老党员。

4日 自治区妇联副主席伍艳娟一行到兴安县兴安镇福在村调研基层妇联组织建设和维权工作，县委副书记经友新及相关人员陪同调研。

同日 自治区绩效办考评一处副处长首姻姻率自治区中期核验组第一小组及自治区审计厅机关党委副书记张富文为组长的第三小组先后对兴安县2018年绩效考评指标完成情况开展中期核查。县委常委、常务副县长黄小桂陪同核查。

同日 县委书记黄洪斌在县委四楼会议室主持召开中共兴安县第十四届委员会第六十一次常委会。黄钦、经友新、于洋、黄小桂、余桂兰、刘先锋、庄慧琼等常委领导参加会议，县领导张永军、唐庆林列席会议。

会议同意2018年继续开展“立足岗位、争创百佳”先进人物评选活动,要求对评选活动的项目、范围、类别、流程等作进一步调整优化,制订科学合理的评选方案。会议传达了《自治区党委办公厅、自治区人民政府办公厅印发〈关于2017年度设区市党委和政府扶贫开发工作成效考核情况的通报〉〈关于2017年全区105个有扶贫开发工作任务的县(市、区)党委和政府扶贫开发工作成效考核结果的通报〉的通知》精神,通报了自治区党政正职领导时行约谈的相关情况。会议决定,全县上下要切实提高政治站位,增强“四个意识”,把脱贫攻坚作为全县第一重要的政治任务,第一重要的中心工作,第一重要的民生工程和第一重要的作风建设工程来抓,举全县之力坚决啃下脱贫攻坚这块硬骨头。

同日　在县委三楼会议室召开暑假旅游安全、旅游秩序工作布置会。县委常委、县委宣传部部长、副县长庄慧琼,各乡镇、县直相关单位、旅游企业相关负责人参加会议。

同日　县政协副主席、县总工会主席韦辉出席县总工会到广西联星卫视设备有限责任公司兴安分公司开展农民工子女暑期亲情活动。

5日　县委书记黄洪斌到矿粉产业园、米粉产业园以及工业园区进行实地调研。县领导张永军、黄小桂以及县财政局、工信局、国土局、住建局等相关单位负责人陪同调研。

同日　县长黄钦到欣欣药业、湖北嘉达机电设备有限公司广西兴安分公司、桂林兴安县顺泰金属制品有限公司、双胞胎集团兴安饲料厂走访调研,县工信局、招商局、工业园区主要负责人陪同调研。

6日　县委书记黄洪斌到棚改指挥部开展专题调研棚改工作。

9日　华润置地董事会副主席唐勇一行到兴安县参观考察。县委书记黄洪斌,县委常委、县委宣传部部长、副县长庄慧琼陪同考察。

同日　副县长徐建强出席桂林市住房和城乡建设委员会在兴安县组织举办的国有土地上房屋征收理论与实践培训班。

同日　在县委二楼会议厅召开县扶贫开发领导小组2018年第五次全体(扩大会议)暨脱贫攻坚突出问题整改工作推进会。县领导黄洪斌、黄钦、张永军、唐庆林等县四套班子部分领导,县人民法院院长、县人民检察院检察长、各乡镇党委书记、乡镇长及其分管领导、扶贫工作站站长、有行业扶贫任务和帮扶责任的县直单位主要领导,广西脱贫攻坚(乡村振兴)工作队队长,各乡镇分队长、贫困村党组织第一书记、县扶贫开发领导小组各专责小组组长及县扶贫办全体干部参加会议。

10日　自治区党委统战部在南宁召开全区统一战线年中工作电视电话会议。县委常委、县委统战部部长余桂兰及各乡镇、县直相关单位负责人在兴安县分会场收听收看会议。

同日　在华江瑶族乡猫儿山游客中心举行电影《北纬25°天空下》开机仪式。自治区文联副主席黄云龙,市文联副主席何绍年,县领导黄洪斌、黄钦、唐庆林、庄慧琼、伍发进出席开机仪式。

同日　县长黄钦在县委常委、常务副县长黄小桂及县住建局、工商局、发改局等相关单位负责人陪同下到桂林云峰食品公司现场办公。

同日　县长黄钦到华江瑶族乡一山半岛生态旅游项目、龙潭江景区开发项目和十里大峡谷景区检查指导旅游景区安全和项目建设进度。县委常委、县委宣传部部长、副县长庄慧琼及县委办、华江瑶族乡主要负责人陪同检查。

11日　桂林市副市长彭代元带领市交通局、财政局、国土局等相关单位负责人到兴安县就灵渠南渠复航工程进行调研。县领导黄洪斌、刘先锋、吕忠荣、伍发进以及县委办、县政府办、县申遗办、县水利局等相关单位负责人陪同调研。

同日　市政协副主席肖立华率部分市政协委员到兴安县就“推动桂林米粉产业做强升级”进行专题调研并召开座谈会。县政协副主席张琴及县发改局、工信局、财政局、招商局、米粉产业园项目指挥部分管领导及溶江镇相关负责人参加会议。

同日　自治区扶贫开发领导小组产业开发专责小组办公室副主任、综合协调组组长卿军率自治区产业开发专责小组一行9人到兴安县开展产业扶贫调研工作。副县长吕忠荣及县扶贫办主任张征华等陪同调研。

同日　在县委二楼小会议室召开乡村振兴工作领导小组第一次会议。县领导黄洪斌、县委副书记经友新、副县长吕忠荣,各乡镇、县直相关单位负责人参加会议。

同日　全区深化“放管服”

改革转变政府职能暨2018年国务院大督查全区自查迎检工作动员部署电视电话会议在南宁召开。县领导黄钦、黄小桂、庄慧琼、徐建强、杨乔木以及县直各单位相关负责人在县电信局三楼会议室分会场收听收看会议。

同日 县领导黄钦、张琴率县工信局、水利局、供电局、环保局、工业园区管委会、溶江镇相关负责人到工业园区现场办公。

同日 在县委三楼306会议室召开脱贫攻坚宣传工作专题会。县委副书记、县脱贫攻坚指挥部指挥长经友新，县政协副主席、县脱贫攻坚指挥部副指挥长韦辉出席会议。

同日 在县委三楼会议室召开2018年全县直补订单粮食收购工作会议。副县长杨乔木及县直各单位、各乡镇相关负责人参加会议。

同日 在县公安局会议室召开2018年第二季度道路交通安全工作会议，副县长、公安局局长申小军出席会议。

12日 县委书记黄洪斌到界首镇调研指导脱贫攻坚和乡村振兴工作。县委办、县扶贫办、界首镇主要负责人陪同调研。

同日 县委书记黄洪斌到县财政局调研2018年上半年财政工作。县委常委、常务副县长黄小桂陪同调研。

同日 在县国土资源局六楼会议室召开2018年统一战线"不忘初心·同心助力脱贫"行动推进会。县委常委、县委统战部部长余桂兰、副县长吕忠荣出席会议。

同日 全区2018年保障农民工工资支付工作专项整治攻坚行动动员部署电视电话会议召开。县委常委、常务副县长黄小桂以及各乡镇、县直相关单位负责人参加兴安分会场会议。

13日 在县人武部五楼会议室召开兴安县双拥工作会议暨创建新一轮"双拥模范县"动员会。县领导黄洪斌、黄钦、杨乔木等出席会议，县双拥工作领导小组成员单位领导，各乡镇主要领导、武装部长、民政办主任及各双拥共建单位领导参加会议。

同日 县领导黄洪斌、刘先锋出席兴安县委巡察办、巡察组成立揭牌仪式。

同日 县领导黄洪斌、张永军、刘先锋、庄慧琼、胡琳、文新祥、伍发进出席灵渠南渠二期项目修缮开工仪式。

同日 县领导黄钦、唐庆林、黄小桂、唐社林、徐建强在县城南新区出席碧桂园(兴安)项目奠基仪式。

同日 在县委二楼小会议室召开2018年国务院大督察自查迎检工作布置会。县长黄钦以及各乡镇、县直各单位相关负责人参加会议。

同日 在县委二楼小会议室召开脱贫攻坚指挥部工作会议。

县委副书记经友新、副县长杨乔木、县政协副主席韦辉以及县脱贫攻坚指挥部成员单位负责人参加会议。

14日 县委书记黄洪斌到城建指挥部专题调研棚改工作。

16日 在县委二楼小会议室召开2016—2018年中央预算内投资项目建设推进会。县领导黄钦、黄小桂、徐建强、吕忠荣出席会议。

同日 县长黄钦，县委常委、政法委书记蒋世语在县委党校一楼出席2018年依法治理能力建设培训班开班仪式。

同日 自治区直属机关工委副书记邹颖明到兴安县红军长征突破湘江纪念公园就如何做好设立"广西机关党员党性教育基地"相关工作进行调研，县委副书记经友新陪同调研。

17日 县领导黄钦、张永军、黄小桂、文新祥到兴安县碳酸钙精深加工新型材料产业园项目建设基地进行现场办公。

同日 县人大常委会副主任、县灵渠申遗办常务副主任胡琳一行到灵渠(南渠)二期修缮工程和灵渠(南渠)三期修缮工程车上堰进行现场办公。

同日 副县长吕忠荣率县公安局、环保局、国土局等多个部门集中开展非法石灰窑专项集中整治行动。

同日 在帝豪酒店三楼会议室召开《桂林佛保山生态旅游项目总体规划(2018—2025)》专家评审会。县领导黄钦、张永军、赵代林、文新祥、杨乔木出席会议，湘漓镇政府及县级相关部门负责人参加评审会。

同日 在县委二楼会议厅召开2018年全县国土资源管理工作会议。县领导黄钦、黄小桂、文新祥出席会议。各乡镇、县直有关单位、部分企业负责人以及县国土资源局中层以上干部参加会议。

18日 县委书记黄洪斌到兴安镇、崔家乡调研脱贫攻坚工作，县扶贫办、兴安镇、崔家乡主要负责人陪同调研。

同日 在县委二楼小会议室召开2018年下放项目发展壮大村级集体经济工作布置会。县委副书记经友新、副县长辛爱玖以及各乡镇、县直各单位相关负责人参加会议。

同日 县委常委、常务副县长黄小桂到工业园区调研部分重点企业发展和建设情况。县招商局、园区管委会主要负责人陪同调研。

同日 副县长杨乔木到高尚镇凤凰村委出席由县农业局开展的“转作风、提效能、优环境”推进产业扶贫及助力乡村振兴大调研活动。

19日 县委书记黄洪斌赴自治区文化厅专题汇报灵渠申报世界灌溉工程遗产,世界文化遗产工作。

19日至20日 自治区旅发委副主任胡晶波率调研组到兴安县调研旅游发展情况。市委常委、宣传部部长、副市长韦凤云,县领导黄钦、唐庆林、黄小桂陪同调研。

19日至20日 县人大常委会副主任刘婉秋率部分县人大代表开展全县深化医药卫生体制改革进展情况专题调研活动。副县长杨乔及县直相关单位负责人陪同调研。

20日 市委组织部副部长蔡泽民到兴安县调研指导基层党建工作。县领导黄洪斌、经友新、吴勋以及县委办、县委组织部、华江瑶族乡主要负责人陪同调研。

同日 在县委四楼会议室,县委书记黄洪斌主持召开中共兴安县第十四届委员会第六十二次常委会。黄钦、经友新、于洋、黄小桂、唐社林、余桂兰、蒋世语、刘先锋、庄慧琼等常委领导参加会议,县领导张永军、唐庆林列席会议。会议就吴勋拟任县委组织部部长事宜进行了研究,经认真讨论和逐一表决,一致同意吴勋任县委组织部部长职务。

同日 县委书记黄洪斌到城建指挥部专题调研棚改工作。

同日 县领导黄钦、唐庆林、庄慧琼、刘婉秋在兴安县体育馆出席第十届广西体育节开幕式兴安分会场暨“佛保山杯”2018年广西青少年女子篮球锦标赛开幕式。

同日 县委常委、常务副县长黄小桂出席国家税务总局兴安县税务局挂牌仪式。

同日 副县长吕忠荣、县政协副主席韦辉在兴安镇三桂村东村出席乡村振兴“百千”工程启动仪式。

同日 县人大常委会副主任蒋功合及县直相关单位负责人陪同临桂区人大常委会主任、市五届人大代表易立林带领临桂选区桂林市第五届人大代表、部分区人大代表一行26人到兴安县开展“实施乡村振兴战略,着力推进农村现代化”调研活动。

同日 副县长辛爱玖在白石乡三友村出席全县开展2018年精准帮扶“三方”见面活动。

21日 中佳集团、北京佳明丽光电工程有限责任公司董事长郭继光,延运新能源科技有限公司董事长黄德平,北京中天建中工程设计有限责任公司董事长丁明禄,延运新能源科技北京公司董事、总经理张志伟一行4人到兴安县实地考察风力发电开发项目。县委书记黄洪斌,县委常委、常务副县长黄小桂及风电指挥部、县招商局、发改局、文旅广体局相关负责人陪同考察。

23日 县人大常委会副主任胡琳、县文化旅游广播电视体育局等相关负责人陪同桂林《千古情》剧组到兴安县灵渠景区取景拍摄。

同日 副县长徐建强在县城中心广场出席2018年兴安县食品安全宣传周活动启动仪式。

24日 县委常委、政法委书记蒋世语带领县护路办、电信公司等单位负责人到兴安北站“雪亮工程”施工现场实地考察工程进展情况。

同日 在县委二楼小会议室召开国税地税征管体制改革座谈会。县委常委、常务副县长黄小桂出席会议。

25日 在县人大会议室召开兴安县第十六届人大常委会第二十次会议。会议审议通过了关于补选韦凤云为桂林市第五届人大代表会代表的提案,并现场补选通过了韦凤云为桂林市第五届人大代表会代表。县人大常委会主任张永军,副主任赵代林、刘婉秋、蒋功合、胡琳及其他县人大常委会组成人员等出席会议。

同日 在县委三楼会议室召开十四届兴安县委第六轮巡察工作动员部署会。县委常委、纪委书记、监委主任、巡察领导小组常务副组长刘先锋出席会议。

同日 自治区召开第四次全国经济普查电视电话会议。县委常委、常务副县长黄小桂在兴安分会场参加会议。

同日 在县委二楼会议厅召开2018年第三季度防范重特大安全生产事故工作会议,副县长吕忠荣参加会议。

同日 县委常委、常务副县长黄小桂,县政协副主席、县总工会主席韦辉在兴安县职业技术学校出席广西第五届农民工技能大赛兴安县初赛开幕式。

26日 县委书记黄洪斌、县政协副主席伍发进赴国家文物局汇报灵渠申报世界灌溉工程遗产、世界文化遗产工作。

同日 县领导黄钦、张永军、唐庆林等县四套班子部分领导出席以“重走长征路”的特殊方式开展国防“军事日”活动。并在县政府大礼堂出席“八一”军民联欢晚会。

同日 县长黄钦到溶江镇走访慰问茶源头村“两参”复退人员。

同日 在县委二楼会议室召开农村土地确权推进会。副县长吕忠荣出席会议，县直各单位、各乡镇以及技术公司相关负责人参加会议。

同日 县人大常委会副主任刘婉秋在县体育馆出席“佛保山杯”广西青少年女子篮球锦标赛闭幕式。

27日 县领导黄洪斌、张永军、于洋、黄小桂、唐社林、刘先锋、吴勋一行先后到县人武部和三桂部队走访慰问。

同日 县政协主席唐庆林到高尚镇西河村委、龙田村委走访慰问退役军人。

同日 县委副书记经友新到界首镇走访慰问部分生活困难的复退军人。

同日 县委常委、县委组织部部长吴勋到严关镇同志村委上庄自然村、圳南自然村看望慰问复员军人。

同日 县人大常委会副主任蒋功合到严关镇塘堡村委土寨村看望慰问两参军人。

同日 县政协副主席、灵渠申遗办常务副主任伍发进在县灵渠申遗会议室出席灵渠展示中心展陈大纲初评会。

29日 在县委四楼会议室召开中共兴安县第十四届委员会第六十三次常委会，黄洪斌、黄钦、经友新、于洋、黄小桂、唐社林、余桂兰、蒋世语、刘先锋、庄慧琼、吴勋等常委领导参加会议，县领导张永军、唐庆林列席会议。

同日 县委常委、县委宣传部部长、副县长庄慧琼到华江瑶族乡看望慰问“两参”复退军人。

30日 县委书记黄洪斌到县国土局调研，副县长文新祥陪同调研。

同日 在县委二楼会议厅召开全县年中工作会议暨优化营商环境、工业高质量发展、生态环境保护工作推进大会。县领导黄洪斌、黄钦、张永军、唐庆林等在家的县四家班子领导参加会议。各乡(镇)党委书记、乡(镇)长，县直单位、上级驻兴各单位、2017年度纳税增长企业负责人、优秀企业家等参加会议。

同日 在县新帝豪三楼会议室召开全市统计系统2018年上半年经济运行分析会。县长黄钦出席会议，市统计局领导，各科室负责人以及各县区统计局局长参加会议。

同日 县人大常委会副主任刘婉秋到漠川乡看望慰问部分困难复退军人。

同日 县政协副主席韦辉带领总工会工作人员到高温作业现场等生产一线开展“夏送清凉”走访慰问活动。

同日 副县长徐建强到界首镇苏家村委慰问“两参”复退军人。

同日 市委讲师团副团长谭各顺带领市委意识形态工作督查组一行3人对兴安县意识形态工作进行督导检查并召开座谈会。县委常委、县委宣传部部长、副县长庄慧琼及县直相关单位负责人参加会议。

31日 县委书记黄洪斌到三大水库移民安置区调研走访现场办公，县委常委、县委统战部部长余桂兰，副县长文新祥以及县移民局、兴安供电公司、民政局和三大水库移民安置点指挥部工作队员陪同调研。

同日 在县委三楼会议室召开第二季度经济运行及2016—2018年中央预算内投资项目推进会。县领导黄钦、黄小桂以及各乡镇、县直相关单位负责人参加会议。

同日 在界首镇政府会议室召开全县2018年脱贫攻坚产业开发暨基础设施建设现场推进会。县领导经友新、吕忠荣、杨乔木、辛爱玖、韦辉及产业开发和基础设施两个专责小组成员单位的主要负责人，各乡镇、县直相关单位负责人参加会议。

同日 县委副书记经友新、副县长辛爱玖在兴安师范出席由县扶贫开发领导小组主办，县委党校、兴安师范协办的脱贫攻坚政策“一口清”知识竞赛复赛和决赛活动。

同日 县委常委、政法委书记蒋世语到县法院调研指导诉讼服务中心升级版建设工作。

同日 县政协副主席韦辉到兴安镇看望慰问部分复退军人。

同日 副县长杨乔木在县人民医院出席桂林首家县级胸痛中心揭牌仪式。

8月

1日至2日 自治区农业厅副厅长王凯学率调研组到兴安县调研“产业富民”和粮食生产功

能区划定工作。副县长杨乔木陪同调研。

2日　自治区安委会副主任、安全监管局局长巫家世到兴安县银剑矿业公司调研督导安全生产工作。桂林市安监局局长韦文周，县长黄钦陪同调研。

同日　县委书记黄洪斌、常务副县长黄小桂会见到访的桂林银行董事长王能一行，双方就尚华光伏融资问题进行商讨。

同日　县委常委、常务副县长黄小桂到白石乡鳌头村委周易电子厂出席兴安县首个扶贫车间揭牌仪式。

3日　在县人武部会议室召开2018年度征兵体检工作培训会，县委常委、人武部政委于洋以及县人民医院体检工作组成员参加会议。

4日　兴安县在灵渠秦文化广场隆重举行“灵渠入选世界灌溉工程遗产”接牌仪式。国际灌溉排水委员会荣誉副主席、中国国家灌溉排水委员会副秘书长丁昆仑，中国国家灌溉排水委员会办公室主任高黎辉，桂林市委副书记白松涛，县委书记黄洪斌、县长黄钦、县人大常委会主任张永军、县政协主席唐庆林、县委副书记经友新等领导参加仪式。

同日　县委书记黄洪斌在县委四楼会议室主持召开了中共兴安县第十四届委员会第六十四次常委会。会议研究讨论了县人民政府提交的关于更新兴安县工业用地土地分等定级与基准地价有关事宜；审议了县纪委监委提交的《兴安县领导班子“一岗双责”制度（送审稿）》及宣传部提交的《2018年讲好兴安好故事、传播兴安好声音、弘扬兴安好风尚，立足岗位、争创百佳先进人物评选方案（送审稿）》；对县委常委领导班子脱贫攻坚突出问题整改暨“转作风、提效能、优环境”专题民主生活会作了安排部署；讨论审议《兴安县各级干部脱贫攻坚工作职责及奖惩办法（试行）》传达学习《中共中央、国务院关于打赢脱贫攻坚战三年行动的指导意见》及习近平总书记、自治区党委书记鹿心社关于脱贫攻坚工作有关讲话精神。

5日至6日　县长黄钦、副县长辛爱玖陪同贵州贵澳集团执行总裁杨扬到兴安县考察并出席座谈会。

7日　桂林市警备区动员处处长田应军到兴安县征兵体检站考察征兵体检工作，县委常委、县人武部政委于洋陪同视察。

同日　县人大常委会副主任胡琳到溶江镇灵渠（南渠）修缮工程车上堰实地查看项目进展情况并现场办公。

8日　自治区申报世界文化遗产领导小组办公室副主任蓝日用、自治区政府申遗办特邀专家刘仲桂、桂林市文物保护与考古研究院院长周有光等区内外水利、考古、文物专家，应邀到兴安县为灵渠枢纽工程沙洲治理工作把脉问诊。县长黄钦、县人大常委会副主任胡琳、县政府党组成员邓健君等领导参加活动。

同日　在县委二楼会议室召开“清洁灵渠　助推申遗”志愿者服务活动布置会，县委副书记经友新，县人大常委会副主任、申遗办常务副主任胡琳，团县委书记方向以及各乡镇团委参加会议。

同日　县委常委、县人武部政委于洋，副县长杨乔木到县人民医院考察征兵体检工作，看望慰问正在参加体检的应征青年和医务人员。

同日　县人大常委会副主任刘婉秋到县体育馆出席“太平洋建设杯”2018广西青少年跆拳道锦标赛开幕式。

9日　在县委二楼会议厅召开2018年农村集体产权制度改革暨粮食功能区划定工作动员部署会议，县长黄钦、县委副书记经友新、副县长杨乔木、辛爱玖出席会议，各乡镇长、分管领导、各村委（社区）主任和各乡镇中心校校长参加会议。

同日　县长黄钦、副县长徐建强到湘漓镇“佛保山生态旅游项目”建设工地，实地查看项目进展情况。

同日　县领导黄钦、庄慧琼到县二中就化解大班额问题进行现场调研，并在县教育局3楼会议室组织召开专题座谈会。

同日　县委常委、县委宣传部部长、副县长庄慧琼到兴安镇东村就环境综合整治工作进行调研。

10日　在县委二楼会议室召开2018年第三季度企业座谈会，县领导黄钦、赵代林、张琴出席会议，县直相关单位负责人及15家企业代表参加会议。

同日　县委副书记经友新到兴安镇东村调研并指导乡村振兴工作。

12日　桂林市副市长谢灵忠带领财政局、人社局、农业局、教育局、卫计局、发改局等多个市直相关部门在兴安县委二楼会议室召开脱贫攻坚工作分析座谈会，县领导黄钦、经友新、杨乔木、辛爱玖以及县直相关单位、脱贫攻坚各专责小组负责人参加会议。

13日　县委理论学习中心

组2018年第五次集中学习(扩大)会议在县委四楼会议室召开,县委书记黄洪斌主持会议并作重要讲话,张永军、唐庆林、黄小桂、吴勋、吕忠荣等县四套班子领导参加会议。

同日　县委书记黄洪斌到城建指挥部专题调研棚改工作,县领导唐社林、蒋世语、蒋功合、林班财、周剑冰参加调研。

同日　亚洲开发银行公共管理主任专家Claudia Buentjen、气候变化首席专家吕学都、中国社科院可持续发展研究室中心吕献红助理研究员等到兴安县考察灵渠保护与可持续发展工作。市可持续发展办公室主任、市科技局局长黄强,县委常委、县委宣传部部长、副县长庄慧琼陪同考察。

15日　自治区党委副书记孙大伟到兴安县华江、溶江、兴安镇等地调研,县领导黄洪斌、唐社林、吕忠荣陪同调研。

同日　在县人武部五楼会议室召开宣布军委国防动员部命令大会。桂林市委常委、桂林警备区政委王致,县委常委、常务副县长黄小桂,县人武部部长何晓峰出席会议。

同日　县委常委、县委宣传部部长、副县长庄慧琼率县文旅广体局、市容局、物价局、食药监局、环保局等部门负责人,对灵渠景区和乐满地等开展专项检查活动,进一步规范旅游市场秩序。

16日　县委常委、常务副县长黄小桂在县工业园区、住建局、国土局、国投风电兴安公司负责人陪同下到县工业园区就风电公司设备维修厂选址问题进行实地调研。

16日至17日　县委书记黄洪斌连续两日率队到县部分重大项目建设现场开展调研。张永军、黄小桂、余桂兰、庄慧琼、蒋功合、胡琳、张琴等县领导陪同调研。

17日　国务院残工委办公室召开全国建立残疾儿童康复救助工作电视电话会议,县委常委、县委宣传部部长、副县长庄慧琼以及县直相关单位负责人在县电信局三楼会议室收听收看会议。

19日　县委常委、县人武部政委于洋,县政协副主席韦辉在兴安中学足球场出席兴安中学、兴安外国语实验学校举办的2018年新生会操表演大会。

同日　县领导蒋功合、杨乔木、伍发进到县政府礼堂出席县人民医院举办的首届“中国医师节”暨“国际护士节”文艺晚会。

20日　县委书记黄洪斌到崔家乡三义和白石乡三友、高圩等村委开展脱贫攻坚工作专题调研。

同日　在县委二楼会议室召开扫黑除恶专项斗争企业代表座谈会。县委常委、政法委书记蒋世语,县扫黑办,部分企业负责人以及相关单位负责人参加会议。

20日至22日　副县长吕忠荣带领县政府办、县农业局、县招商局相关负责人到贵州贵澳集团总部考察交流。

21日　江西省赣州市委常委、统战部部长彭业明率调研组到兴安县,就湘江战役红色历史文化进行调研。桂林市委常委、统战部部长王建毅,县委书记黄洪斌,县委常委、县委统战部部长余桂兰及县直相关单位负责人陪同调研。

同日　桂林市副市长谢灵忠带队到兴安县就脱贫攻坚工作进行调研并在县委二楼会议室召开座谈会,县领导黄钦、经友新、杨乔木、辛爱玖陪同调研。

同日　桂林中院党组书记、院长陈敏,党组成员、副院长张德生到兴安县人民法院调研督导攻坚“基本解决执行难”工作。县委常委、政法委书记蒋世语,兴安县人民法院党组书记、院长张云艳及部分院领导陪同调研。

同日　县委书记黄洪斌在县招商局等有关部门人员的陪同下,到桂林桂山大酒店会见北京中融鑫集团董事局主席陈诚一行,双方就有关投资项目进行了洽谈。

同日　在县委二楼会议室召开纪检监察系统2018年年中工作会议。县委常委、纪委书记、监委主任刘先锋出席会议,县纪委监委全体班子成员、各乡镇纪委书记参加会议。

同日　县委常委、常务副县长黄小桂到县税务局五楼会议室出席县税务局联合党委脱贫攻坚突出问题整改暨“转提优”专题民主生活会。

22日　在县委二楼会议室召开三大水库建设后续工作专题会议,县领导黄洪斌、黄钦、黄小桂、余桂兰、吴勋、赵代林、文新祥、唐树斌出席。

同日　在县委二楼会议室召开殡葬领域突出问题专项整治行动工作会议,副县长杨乔木以及各乡镇、县直各单位相关负责人参加会议。

同日　县政协副主席韦辉到兴安镇政府会议室出席8月驻村工作队员培训会。

23日　县人大常委会主任张永军,副主任赵代林、刘婉秋、蒋功合、胡琳参加由县人大常委会组织开展的对全县部分重点项目建设进展情况集中视察活动。

同日 县委常委、常务副县长黄小桂到县政务服务中心六楼会议室出席进一步推进政务服务政务公开工作会议。

同日 县人大常委会副主任蒋功合带领部分县人大代表对兴安县贯彻实施《中华人民共和国治安管理处罚法》情况开展调研。

24日 在县委四楼常委会议室召开中共兴安县第十四届委员会第六十四次常委会。黄洪斌、黄钦、经友新、于洋、黄小桂、唐社林、余桂兰、蒋世语、刘先锋、庄慧琼、吴勋等常委领导参加会议;县领导张永军、唐庆林列席会议。

同日 县委书记黄洪斌在县委306会议室接见到访的欣安电业投资方代表王芳、袁志坚夫妇一行,听取有关情况汇报,常务副县长黄小桂参加接见。

同日 市委副书记白松涛到兴安县出席灵渠被列入世界灌溉工程遗产名录接牌仪式活动,并到兴安县滨江公园对湘江流域水环境治理开展河长巡河调研。县领导黄洪斌、经友新、唐社林陪同调研。

27日 县领导黄洪斌、黄钦、唐庆林、徐建强到县政府三楼会议室会见广西兴安南宁商会筹备组六名成员。

同日 县委书记黄洪斌在县委四楼会议室主持召开了中共兴安县第十四届委员会第六十五次、六十六次常委会。黄钦、经友新、于洋、黄小桂、唐社林、余桂兰、蒋世语、刘先锋、吴勋等常委会领导参加会议;县领导张永军、唐庆林列席会议。会议研究讨论了推荐乡镇政府正职拟任人选的有关事宜,经中共兴安县委第十四届委员会第六次全体会议民主推荐,根据得票结果马文华、周勇两位同志列为乡镇政府正职考察对象建议人选(差额1名)。

同日 在县委三楼会议室召开中共兴安县第十四届委员会第六次全体会议,县领导黄洪斌、黄钦、经友新、于洋、黄小桂、唐社林、余桂兰、蒋世语、刘先锋、吴勋及县委委员参加会议。

28日 在县委二楼会议室召开2018年土地“批征供”大会战动员部署会,县委书记黄洪斌,县委常委、常务副县长黄小桂,副县长文新祥出席会议,县直各单位、各乡镇相关负责人参加会议。

同日 县委书记黄洪斌到城建指挥部调研。专题听取棚改项目进展情况汇报,县领导唐社林、蒋世语、蒋功合、徐建强、周剑冰参加调研。

同日 县委常委、统战部部长余桂兰陪同民革广东省委原副主委、李济深后人李崴,民革广州市委原副主任李穗梅等人到灵渠考察。

29日 在县委四楼会议室召开县委、县政府领导班子脱贫攻坚突出问题整改暨“转提优”专题民主生活会,县委书记黄洪斌、县长黄钦等县领导参加会议,县人大常委会主任张永军、县政协主席唐庆林和县政府其他党组成员应邀列席会议。

同日 县委书记黄洪斌、常务副县长黄小桂到兴安农合行会见到兴安调研的广西农信社理事长韦家干一行。

同日 在县委党校一楼会议室举办“灵渠新风大讲堂”系列讲座(第3讲)活动。县领导经友新、刘先锋、吴勋、赵代林出席活动,各乡镇、各县直相关单位负责人参加活动。

同日 在县委二楼会议室召开普通高等学校毕业生就业创业暨农民工工资“治欠保支”工作部署会,县委常委、常务副县长黄小桂及县直相关单位负责人参加会议。

同日 县人大常委会副主任刘婉秋到漠川乡视察“人大代表之家”建设情况。

30日 自治区高级人民法院副院长梁梅一行到兴安县人民法院调研。县委书记黄洪斌、市中级人民法院院长陈敏、县人民法院院长张云艳陪同。

同日 市政协副主席罗永东带领部分市政协代表对兴安县产业扶贫工作进行视察,县政协副主席韦辉陪同视察。

同日 在县人大常委会三楼会议室召开县人大常委会党组关于脱贫攻坚突出问题整改暨“转提优”专题民主生活会。县人大常委会主任张永军、副主任赵代林、蒋功合、胡琳出席会议,副主任刘婉秋列席会议。

同日 在县委二楼会议室召开“讲好长征故事,传承长征精神”座谈会,县委副书记经友新、县人大常委会副主任刘婉秋出席会议,县直相关单位负责人参加会议。

同日 在县委二楼会议室召开群团工作会议,县委副书记经友新及县直各单位相关负责人参加会议。

31日 县委书记黄洪斌到县申遗办调研,听取灵渠(南渠)修缮复航、灵渠展示中心和灵渠综合环境整治等项目推进情况汇报。县领导刘先锋、庄慧琼、胡琳参加会议。

同日 县委书记黄洪斌到

灵渠展示中心施工现场查看工程进度，县人大常委会副主任胡琳陪同察看。

同日 在县人武部五楼会议室召开2018年夏秋季定兵会议。县长黄钦，县委常委、县人武部政委于洋，副县长杨乔木出席会议，县征兵工作领导小组成员单位领导、县征兵办相关工作人员以及各乡镇征兵办负责人参加会议。

同日 县委常委、人武部政委于洋到市容局二楼会议室出席市容局党组班子脱贫攻坚突出问题整改暨“转提优”专题民主生活会。

同日 江西省赣州市民政局党组成员、副局长陈玉川等9人到兴安县考察，副县长杨乔木及县直相关单位负责人陪同视察。

同日 县政协副主席唐树斌到县科协会议室出席县科协脱贫攻坚突出问题整改暨“转提优”专题民主生活会。

9月

2日 副县长吕忠荣到溶江镇白竹铺出席米171直升机应急救援综合演练观摩研讨会。

3日 县委书记黄洪斌率县文旅、国土、住建等部门负责人到湖南省永州市零陵区，考察“零陵古城”文旅综合体项目开发建设及景区运营管理，县领导庄慧琼、伍发进参加考察。

同日 桂林市委常委、警备区政委王致到兴安县人武部检查2018年新兵役前训练工作，县领导黄钦、于洋、杨乔木，县人武部部长何晓峰陪同检查。

同日 县委常委、县纪委书记刘先锋到崔家乡出席脱贫攻坚突出问题整改暨“转提优”专题民主生活会。

4日 全国政协委员、云南省政协主席李江率驻滇全国政协委员考察团，到兴安县考察“实施乡村振兴战略、着力打造特色小镇”情况，自治区政协副主席刘慕仁，市政协主席粟增林，县委书记黄洪斌，县政协主席唐庆林，县委常委、县委办主任唐社林陪同考察。

同日 县委常委、县委统战部部长余桂兰出席县招商局党组召开的脱贫攻坚突出问题整改暨“转提优”专题民主生活会。

同日 县委常委、县委宣传部部长、副县长庄慧琼在县委宣传部会议室出席红军长征红色文化资源保护与开发利用工作会议。

5日 在县委二楼会议室召开驻兴安单位脱贫攻坚推进会，县委副书记经友新出席会议，县委组织部、县扶贫办及28个驻兴单位相关负责人参加会议。

同日 广西领导干部“时代前沿知识”系列讲座第112讲在自治区党委礼堂举行。中国工程院原院长周济作《以智能制造为主攻方向　加快建设制造强国》主题报告。自治区党委书记鹿心社主持讲座。报告以电视电话形式召开。县领导于洋、赵代林、杨乔木、韦辉以及县直各单位、各乡镇相关负责人在县委二楼会议厅分会场收听收看会议。

同日 副县长徐建强到县市容局二楼会议室出席双女井溪市场搬迁工作座谈会，并到兴安师范大礼堂出席餐饮服务食品安全事故防控紧急会议。

5日至6日 县委书记黄洪斌到漠川乡开展脱贫攻坚和乡村振兴工作调研活动，副县长吕忠荣陪同调研。

6日 县委书记黄洪斌调研督查兴安县部分棚户区改造项目，县委常委、常务副县长黄小桂，县委常委、县委办主任唐社林，副县长徐建强参加调研。

同日 县委常委、县委统战部部长余桂兰到白石乡出席2018年度脱贫攻坚突出问题整改暨“转提优”专题民主生活会。

同日 县委常委、县委宣传部部长、副县长庄慧琼到县地税局七楼会议室出席“智慧城乡”信息化建设工作动员会。

同日 县人大常委会副主任刘婉秋到漠川乡四楼会议室出席漠川乡教育工作暨2018年教师节表彰大会。

同日 在县委二楼会议室召开2018年绩效管理与考评工作推进会，县长黄钦，县委常委、县委办主任唐社林出席会议，各乡镇、67个县直单位和9个承担桂林市绩效考评任务的牵头单位的主要领导、分管领导和工作人员参加会议。

同日 自治区召开全区脱贫攻坚作风建设年推进电视电话会议，分析当前全区脱贫攻坚作风建设形势，部署推进脱贫攻坚作风建设年下一步计划。县领导黄钦、经友新、刘先锋在兴安分会场收听收看会议。

同日 自治区召开社会保险费和非税收入征管职责划转工作动员会。会议以电视电话形式召开。县委常委、常务副县长黄小桂以及县直相关单位负责人在县税务局六楼会议室收听收看会议。

同日 在县委二楼会议室

召开灵渠项目座谈会，县长黄钦，县委常委、县委宣传部部长、副县长庄慧琼，副县长辛爱玖出席会议。

同日　在县政府二楼会议室召开畜禽养殖污染治理暨非洲猪瘟防控、秋季重大动物疾病防疫工作会议，副县长吕忠荣出席会议，县政府办、畜牧局、环保局、农业局等县直部门分管领导，各乡（镇）分管领导参加会议。

7日　县委书记黄洪斌在县委四楼会议室主持召开了中共兴安县第十四届委员会第67次常委会。黄钦、经友新、黄小桂、唐社林、余桂兰、蒋世语、刘先锋、庄慧琼等常委领导参加会议，县领导张永军列席会议。

会议审议并原则通过《兴安县人民政府与华润置地有限公司关于乐满地文化旅游康养综合体建设项目投资框架协议（三）》《兴安县人民政府与上海九盟投资有限公司关于兴安县高寨旅游温泉康养度假胜地项目投资协议书》《兴安县人民政府与乾昭科技新材料股份（桂林）有限公司关于新型金属材料生产项目投资协议书》；讨论兴安县教育系统关于岗位设置中存在的问题及拟解决办法；审议《兴安县脱贫攻坚指挥部2018年弹性绩效考评工作实施方案（试行）》《兴安县2018年脱贫攻坚（乡村振兴）工作队员绩效考评方案（试行）》，对兴安县桂林市防洪及漓江补水枢纽工作建设领导协调机构、工作机构和人员进行调整，并就加强作风建设、深化"转提优"专项活动进行专题研究。

同日　自治区政府在南宁市召开2018年国务院大督查发现问题整改工作电视电话会议，县委常委、常务副县长黄小桂在兴安县分会场收听收看会议。

同日　县长、县征兵工作领导小组组长黄钦，县委常委、县人武部政委于洋，副县长杨乔木、县人武部部长何晓峰到县城银杏广场出席2018年度预定新兵役前教育训练总结暨入伍通知书发放大会。

同日　县政协副主席韦辉到漠川乡出席漠川乡教育促进会成立大会。

8日　桂林市副市长彭代元到兴安县出席兴安县利用水泥窑协同处置城市生活垃圾项目竣工投产仪式，并调研城北污水处理厂、斧子口水库移民新区、佛保山等项目进展情况，县领导黄洪斌、黄钦、张永军、黄小桂、徐建强陪同调研。

同日　桂林市委常委、市委宣传部长、副市长韦凤云到兴安县调研河长制落实情况，县领导黄洪斌、黄钦、黄小桂、庄慧琼陪同调研。

同日　县领导黄洪斌、黄钦、张永军、黄小桂、徐建强、吕忠荣、文新祥到兴安海螺水泥有限责任公司出席兴安县海螺水泥窑协同处理城市生活垃圾项目竣工仪式。

同日　县委书记黄洪斌、县长黄钦到县公安局调研并现场办公，县领导黄小桂、蒋世语、文新祥、申小军参加调研活动。

同日　县长黄钦到兴安镇初级中学、兴安县特殊教育学校和崔家乡中心小学看望慰问特岗教师、困难教师及优秀教师。

10日　黄洪斌、张永军、唐庆林等县四套班子领导到兴安中学礼堂出席以"弘扬高尚师德，潜心立德树人"为主题的庆祝第三十四个教师节表彰大会暨文艺演出。

同日　县委书记黄洪斌到基层看望慰问教师代表，县领导庄慧琼、伍发进陪同慰问。

同日　县委常委、县人武部政委于洋在县人武部大院出席2018年新兵入伍欢送会。

同日　副县长辛爱玖到县统计局会议室出席县统计局领导班子脱贫攻坚突出问题整改暨"转提优"专题民主生活会。

11日　县政协主席唐庆林、副主席唐树斌到桂林艺唯思皮具有限公司走访调研。

同日　在县政府二楼会议室召开规范市场秩序暨整顿马路市场动员会。副县长徐建强以及兴安县党代表、人大代表、政协代表、社区居民代表、机关单位代表参加会议。

12日　桂林市委常委、市委统战部部长王建毅到兴安县部分台资企业进行调研，县委常委、县委统战部部长余桂兰陪同调研。

同日　在县委三楼会议室召开双女井溪马路市场综合整治工作会议，县委常委、常务副县长黄小桂，副县长徐建强出席会议，县直各单位、乡镇相关负责人参加会议。

同日　县委副书记经友新到县人社局调研公共服务专责小组工作开展情况。

同日　县委副书记经友新到县住建局六楼会议室出席2018年农村危房改造调研工作会。

同日　县委常委、县委统战部部长余桂兰在县委统战部会议室出席统一战线"不忘初心　同心助力脱贫"行动汇报会。

同日　副县长徐建强到县市容局会议室出席双女井溪露天

市场搬迁征求意见座谈会。

同日 副县长吕忠荣到县水利局二楼会议室收听收看由桂林市组织召开的全市非洲猪瘟防控电视电话会议。

同日 县政协副主席韦辉到兴安镇粉洞村委大村子、对门村走访慰问贫困户。

12日至13日 县委书记黄洪斌,县委常委、常务副县长黄小桂率团到南宁市出席第十五届中国—东盟博览会。

13日 桂林市人大常委会副主任何运保带领执法检查组到兴安县开展《中华人民共和国旅游法》执法检查,县委常委、县委宣传部部长、副县长庄慧琼,县人大常委会副主任刘婉秋陪同检查。

同日 桂林市人民政府教育督导委员会专职副主任、桂林市教育局调研员陆程带领桂林市督导组到兴安县就义务教育均衡发展迎国检情况进行专项督导,县领导黄小桂、庄慧琼陪同检查。

14日 县委书记黄洪斌到三大水库建设指挥部调研移民安置难点配套基础设施项目攻坚工作,县委常委、县委统战部部长余桂兰参加调研。

同日 县委书记黄洪斌在县委二楼会议室召开乡村振兴专题会议,听取相关部门和乡镇工作汇报,县领导经友新、吕忠荣参加会议。

同日 县委副书记经友新,副县长吕忠荣、辛爱玖,县政协副主席韦辉到兴安镇粉洞村委出席兴安县2018年贫困村脱贫摘帽工作现场会。

同日 在县委二楼会议厅召开第四次全国经济普查动员部署暨单位清查业务培训会。县委常委、常务副县长黄小桂出席会议,县统计局所有干部职工、各乡镇分管领导、统计员、普查员及普查指导员参加会议。

同日 在县人大三楼常委会议室召开兴安县十六届人大常委会,县人大常委会主任张永军,副主任赵代林、刘婉秋、蒋功合、胡琳出席会议。

14日至15日 北京国宏环球规划设计院院长钟兵华率专家组到兴安县就长征文化资源保护与开发利用工作进行调研,县委常委、县委宣传部部长、副县长庄慧琼及市、县直相关单位负责人陪同调研。

17日 县委书记黄洪斌,县委常委、县委组织部部长吴勋到县委党校出席兴安县2018年党性教育专题培训班开班仪式。

同日 县委书记黄洪斌在县委四楼会议室主持召开中共兴安县第十四届委员会第68次常委会。县委书记黄洪斌主持会议并作重要讲话,经友新、唐社林、余桂兰、蒋世语、刘先锋、庄慧琼、吴勋等常委领导参加会议,县领导张永军、唐庆林、吕忠荣以及县工商质监局、县交通运输局、县交警大队主要负责人列席会议。

会议集体观看了《向人民承诺——电视问政》第七期,聚焦县城交通现象问题,对"转提优"专项活动进行了专题研究。审议并原则通过了2018年度乡镇及县直单位绩效考评指标体系及考评办法,县政务服务中心窗口服务工作绩效考评激励办法。审议通过兴安县国家税务局、地方税务局联合党委改设兴安县税务局党委有关事宜,撤销中共兴安海螺水泥有限责任公司委员会,成立兴安海螺水泥有限责任公司党支部。会议还对脱贫攻坚工作进行安排部署。

同日 在县委二楼会议厅召开兴安县三大水库移民安置后续工作集中攻坚推进会,县领导黄小桂、余桂兰、赵代林、文新祥、唐树斌出席会议。

18日 县领导黄洪斌、经友新、于洋、余桂兰、刘先锋、刘婉秋、吕忠荣、辛爱玖、韦辉、唐树斌、伍发进出席兴安县扶贫开发领导小组第八次会议。

同日 县委书记黄洪斌到溶江镇茅坝村和莲塘村调研,指导乡村振兴示范村建设,县委常委、县委办主任唐社林陪同。

同日 县委常委、县委统战部部长余桂兰到桂林日盛食品有限公司调研指导"千企扶千村"精准扶贫工作,并到界首镇和平村委出席企业爱心款捐赠仪式。

同日 县委常委、政法委书记蒋世语,副县长徐建强率县市容局等相关执法部门负责人对兴安县马路市场进行现场检查指导。

同日 县委常委、县委组织部部长吴勋到严关镇清水村委走访慰问贫困户。

同日 自治区教育厅原巡视员林宁率自治区督察组到兴安县部分学校考察,县委常委、县委宣传部部长、副县长庄慧琼陪同考察。

同日 中国农村劳动力资源开发研究会秘书长苏宏文率考察组就兴安县实施乡村振兴、一、二、三产融合发展、乡村旅游和循环经济等内容,分别到溶江镇、界首镇等进行实地考察,副县长吕忠荣、杨乔木、辛爱玖陪同考察。

同日 在县委二楼会议厅召开全县扶贫领域腐败和作风问

题专项治理工作例会暨脱贫攻坚作风建设推进会，县委常委、县纪委书记、县监委主任刘先锋，副县长吕忠荣出席会议。

18日至19日 自治区督察组到兴安县就义务教育基本均衡发展迎国检工作进行专项督查，县委常委、县委宣传部部长、副县长庄慧琼陪同督查。

19日 桂林市政协主席粟增林率驻桂林市自治区政协委员到兴安县考察乡村振兴示范性建设工作，县领导黄洪斌、唐庆林、经友新、韦辉陪同考察。

同日 广西社会福利服务中心主任刘宏光带领自治区评审组到兴安县就华江瑶族乡开展养生养老小镇建设情况进行现场评审，县委常委、常务副县长黄小桂，副县长杨乔木以及县民政局、文旅广体局、华江瑶族乡等相关部门负责人参加评审工作。

同日 县领导黄小桂、庄慧琼、刘婉秋、伍发进到帝豪酒店三楼会议室出席自治区督查兴安县义务教育均衡发展迎国检反馈会。

同日 县委常委、县委统战部部长余桂兰到高尚镇凤凰村委出席爱心善款捐赠仪式。

同日 副县长徐建强率检查组对兴安县中秋节前食品安全工作进行重点检查。

同日 江西省赣州市委统战部副部长、市工商联党组书记谢来福率赣州市委统战部考察团到兴安县考察红色历史文化，县委常委、统战部部长余桂兰陪同考察。

同日 在县委二楼会议厅召开双女井溪马路市场摊点拆除暨综合整治动员大会，县委常委、政法委书记蒋世语，副县长徐建强出席会议，县直相关单位负责人参加会议。

同日 在县委二楼会议室召开兴安县2018年发展壮大村级集体经济工作领导小组第二次会议，县委副书记经友新，县委常委、县委组织部长吴勋及县发展壮大集体经济工作领导小组和办公室全体成员、各乡镇党委书记参加会议。

20日 县委书记黄洪斌到城建指挥部调研棚改、双女井溪改造工期、灵渠大道项目二期等工作，并现场督查指导灵渠南渠修缮二期工程和滨江公园绿化、美化及日常管理工作。

同日 自治区召开全区脱贫攻坚问题整改工作推进电视电话会议，深入学习贯彻习近平总书记关于脱贫攻坚问题整改的重要指示精神，研究部署下一步整改工作。县领导黄洪斌、经友新、辛爱玖在县委二楼会议厅分会场收听收看会议。

同日 在县委二楼会议厅召开落实上级巡视、检查、考核、审计等反馈问题整改工作布置会，县委副书记、县脱贫攻坚指挥部指挥长经友新，副县长、县脱贫攻坚指挥部副指挥长辛爱玖出席会议，各乡镇主要负责人、相关负责人、扶贫工作站站长，县扶贫开发领导小组成员单位主要负责人参加会议。

同日 在县政府大礼堂召开2018年创建自治区县级文明城市实地考察测评问题整改暨网上申报工作布置会，县领导经友新、庄慧琼、刘婉秋、伍发进出席会议。

同日 桂林市召开部署第四季度防范重特大安全事故工作电视电话会议，副县长徐建强及各乡镇、县直各单位相关负责人在县委三楼会议室分会场收听收看会议。

同日 县委常委、县委宣传部部长、副县长庄慧琼，县政协副主席伍发进出席2018年国庆、中秋假日旅游安全工作会，并带领检查组到兴安县各大酒店、网吧、景区进行安全工作检查。

同日 县委常委、县人武部政委于洋在县人武部五楼会议室出席2018年度退伍军人座谈会。

同日 县政协副主席张琴出席“痴医者行，关注营养”助力脱贫慈善活动筹备工作座谈会。

20日至21日 自治区环保厅生态处调研员冯建华率团到兴安县就创建2018年度自治区级生态县工作进行实地考核，市环保局副局长蒋永光、自保科科长韩初强、副县长徐建强及县直相关单位和相关乡镇领导陪同检查。

20日至21日 县委常委、政法委书记蒋世语，副县长徐建强对兴安镇沿溪路、秦东街的违法建筑物依法实施强制拆除执法行动进行督查指导。

21日 县委书记黄洪斌在县委四楼常委会议室主持召开中共兴安县第十四届委员会第69次常委会。经友新、于洋、唐社林、余桂兰、刘先锋、吴勋等常委领导参加会议，县领导唐庆林列席会议。会议听取2018年县政协党组工作情况汇报，专题学习新修订的《宗教事务条例》《关于强化中秋国庆期间监督执法问责工作、深入纠正“四风”问题的通知》，并就兴安师范举办建校60周年校庆活动相关事宜进行讨论。

同日 县委常委、县委宣传部部长、副县长庄慧琼到兴安师范调研60周年校庆筹备工作。

25日　县长黄钦、副县长徐建强到金山城菜市、兴安润发农贸市场考察新市场运营状况。

同日　县长黄钦，县委常委、政法委书记蒋世语，副县长徐建强到双女井溪改造一期工程现场办公，协调解决项目推进过程中遇到的困难和问题。

同日　县领导经友新、刘先锋、赵代林、刘婉秋、蒋功合、胡琳、韦辉、唐树斌、伍发进、张琴在县委二楼会议厅观看《向人民承诺——电视问政》第七期节目。

25日至26日　县委书记黄洪斌，县委常委、宣传部部长、副县长庄慧琼到南宁市参加全区宣传思想工作会议。

26日　县委常委、政法委书记蒋世语到县城中心广场出席"爱我八桂铁路，护航陆海丝路"主题宣传铁路护路活动。

同日　副县长吕忠荣到岭南大酒店三楼会议厅出席兴安县供销合作社联合社第二次代表大会。

同日　副县长杨乔木在县委三楼会议室出席全县退役军人及其他优抚对象信息采集工作动员部署和业务培训会。

同日　自治区统战部部务委员冯倩华带领自治区加强社会主义协商民主建设情况督查组到兴安县督查指导工作，县领导唐庆林、经友新、余桂兰陪同督查。

同日　在县委二楼会议室召开第三季度经济运行分析会，安排部署今后一个时期的经济工作。县长黄钦，县委常委、常务副县长黄小桂出席会议，各乡镇、县直单位相关负责人参加会议。

同日　在县委二楼会议室召开社会保险费和非税收入征管职责划转工作动员部署会，县委常委、常务副县长黄小桂出席会议，各乡镇、县直单位相关负责人参加会议。

27日　桂林市委、市政府召开全市脱贫攻坚六大行动动员大会，全面落实中央、自治区关于脱贫攻坚新要求，安排部署桂林市脱贫攻坚信息大核对、问题大整改、项目大推进、就业大推荐、产业大发展、质量大提升"六大行动"。县委书记黄洪斌、县长黄钦在桂林主会场参加会议，县人大常委主任张永军、县政协主席唐庆林等县四套班子部分领导在县委二楼会议厅分会场参加会议。

同日　在县委二楼会议室召开县政协九届第十一次常委会，县政协主席唐庆林，县委常委、常务副县长黄小桂，副县长吕忠荣出席会议，县政协副主席韦辉、唐树斌、伍发进、张琴及县政协常委会全体成员参加会议。

同日　以宋宏梅为团长的南宁市直属机关工委考察团到兴安县进行考察，桂林市机关工委副书记唐咸康，县委常委、县委组织部部长吴勋陪同考察。

同日　县领导经友新、刘先锋、吴勋、赵代林到县委党校一楼教室出席"灵渠新风大讲堂"活动系列讲座。

同日　县人大常委会副主任刘婉秋到县政府大礼堂出席兴安县庆祝改革开放40周年和自治区成立60周年暨迎国庆文艺节目演出大赛。

28日　自治区党委书记鹿心社到兴安县调研红色文化保护工作，市委书记赵乐秦、县委书记黄洪斌陪同调研。

同日　县领导黄钦、经友新、庄慧琼、刘婉秋、伍发进到兴安师范出席建校60周年活动。

29日　县委书记黄洪斌到县统计局专题调研前三季度经济运行统计工作，县委常委、常务副县长黄小桂参加调研。

同日　县委书记黄洪斌到桂林市随同市委书记赵乐秦会见来访的华润集团董事长傅育宁一行。

同日　县领导庄慧琼、刘婉秋、伍发进到县政府大礼堂出席走进新时代——兴安县庆祝改革开放40周年和自治区成立60周年暨迎国庆文艺晚会。

同日　在县委二楼会议室召开2018年县委党建工作领导小组第三次会议，研究部署2018年最后一个季度党建各项工作。县领导黄洪斌、经友新、黄小桂、唐社林、吴勋、申小军出席会议。

同日　在县委二楼会议室召开桂林乐满地项目地块控制性详细规划专家评审会，县领导黄钦、黄小桂、庄慧琼，桂林市策划局专家组以及华润兴安文旅康养项目负责人参加会议。

同日　在县委三楼会议室召开农村土地确权成果汇交自治区限期整改约谈暨任务完成冲刺会，县长黄钦、副县长吕忠荣以及各乡镇主要领导、分管领导、县确权领导工作小组成员单位主要领导、各技术单位负责人参加会议。

同日　在县委二楼会议厅召开兴安县妇女第十三次代表大会，桂林市妇联副主席关永兵，县领导经友新、黄小桂、余桂兰、庄慧琼、刘婉秋、胡琳、韦辉以及全县妇女代表参加会议。

30日　县委中心组召开理论学习扩大会议，传达学习贯彻中共中央总书记习近平在全国宣传思想工作会议上的重要讲话精神，黄洪斌、黄钦、张永军、唐庆林等县四套班子部分领导参加学习。

同日 县委书记黄洪斌在县委四楼常委会议室主持召开了中共兴安县第十四届委员会第70次常委会。黄钦、经友新、黄小桂、唐社林、余桂兰、蒋世语、刘先锋、庄慧琼等常委领导参加会议，县领导张永军、唐庆林列席会议。

会议传达学习自治区党委书记鹿心社9月27日—28日深入龙胜、资源、兴安实地调研重要指示精神。集中学习新修订的《中国共产党纪律处分条例》《乡村振兴战略规划(2018—2022年)》《中共桂林市委办公室、桂林市人民政府办公室关于进一步加强突发事件和紧急敏感情况信息报送和节假日值班工作的通知》《关于加强和改进新形势下宗教工作的实施意见》及《习近平总书记在全国宣传思想工作会议上的重要讲话精神》《鹿心社书记在全区宣传思想工作会议上的讲话精神》，通报兴安县第三季度稳健工作情况及2018年10月主要工作计划、魁星楼设计建设相关事宜。

同日 在县委三楼会议室召开扶贫对象动态管理和信息采集工作部署会，传达学习全国、全区、全市2018年度扶贫对象动态管理工作培训班精神，部署兴安县2018年度贫困人口脱贫和贫困村摘帽计划“一微调”、扶贫对象动态管理和信息采集工作。副县长吕忠荣、县政府党组成员邓健君出席会议。

同日 黄洪斌、黄钦、张永军、唐庆林等县四套班子部分领导到县湘江战役纪念公园出席2018年烈士纪念日公祭活动，并向人民英雄敬献了花篮。

同日 黄洪斌、黄钦、张永军、唐庆林等县四套班子部分领导到西环路口出席县重大项目集中开竣工活动暨西绕城路项目通车仪式。

同日 县领导黄洪斌、黄钦、蒋世语出席兴安县湘江左岸魁星楼历史文化街区项目开工仪式。

同日 县领导黄洪斌、庄慧琼、伍发进到湘江战役纪念馆报告厅出席“桂北红色旅游联合体”成立大会。

同日 县领导唐社林、徐建强、吕忠荣到棚户区改造城南新区安置点建设项目现场出席开工仪式。

同日 县委常委、县委宣传部部长、副县长庄慧琼，县人大常委副主任刘婉秋到界首镇出席百里中心幼儿园综合楼竣工仪式。

同日 县政协副主席韦辉到湘漓镇普头村委督查普头大桥建设情况。

10月

1日 县委书记黄洪斌、县长黄钦，县委常委、常务副县长黄小桂陪同到访的华润集团董事长傅育宁一行考察灵渠、滨江公园等保护开发建设情况。

8日 在县委二楼会议室召开扶贫开发领导小组第九次会议，县委书记黄洪斌出席会议，黄小桂、唐社林、余桂兰、蒋世语、刘先锋、庄慧琼、吴勋等县扶贫开发领导小组成员、各专责小组负责人、县直有关部门负责人和各乡镇党委书记、乡镇长、扶贫办相关负责人参加会议。

同日 县委书记黄洪斌到棚改指挥部开展专题调研棚改工作。

同日 县长黄钦到溶江镇富江村委、茶源村委走访调研扶贫工作。

同日 县人大常委会主任张永军、副主任赵代林到五里峡直供水项目取水点进行现场调研。

同日 县委常委、县委宣传部部长、副县长庄慧琼到华江瑶族乡水埠村委出席脱贫攻坚定点帮扶现场办公会。

同日 县政协副主席韦辉到兴安镇政府一楼会议室出席该镇2018年脱贫攻坚“六大行动”动员大会暨工作布置会。

9日 县委书记黄洪斌到高尚镇灵龙村委、凤凰村委、仁和村委、东源村委4个贫困村实地调研脱贫攻坚工作。

同日 在县委三楼会议室召开义务教育均衡发展迎国检推进工作会，县长黄钦，县委常委、宣传部长、副县长庄慧琼，县政协副主席伍发进及各乡镇、县直各单位相关负责人参加会议。

同日 在县委二楼会议室召开农村土地确权工作紧急会议，县长黄钦，副县长吕忠荣以及各乡镇主要领导、分管领导、县确权工作领导小组成员单位主要领导、各技术单位负责人参加会议。

同日 在县委二楼会议厅召开创建国家全域旅游示范区、全国旅游标准化试点县迎检工作动员会，县长黄钦，县委常委、县委宣传部部长、副县长庄慧琼，县政协副主席伍发进以及各乡镇、县直各单位相关负责人参加会议。

同日 县人大常委会副主

任刘婉秋到漠川乡保林村督查扶贫道路、村集体活动中心项目建设情况。

10 日　自治区人大常委会委员、农业与农村委员会副主任委员莫富带领执法检查组到兴安县对《自治区扶贫开发条例》开展执法检查，市人大常委会副主任赵德明，县领导经友新、胡琳陪同检查。

11 日　自治区人大常委会委员、外事华侨委员会副主任委员梁崎峰带领调研组到兴安县就贯彻自治区人民政府《关于促进桂台经济文化交流合作的若干措施》的基本情况进行调研。县委常委、统战部部长余桂兰，县人大常委会副主任刘婉秋陪同调研。

同日　自治区新闻出版广电局党组书记、局长，自治区版权局局长黄宇到兴安县对农家书屋管理运行、广播电视的节目制作、安全播出等工作进行调研，桂林市文化新闻出版广电局党组书记、局长李滨，县委常委、宣传部部长、副县长庄慧琼陪同调研。

同日　县委常委、常务副县长黄小桂到县人社局六楼会议室出席 2019 年城乡居民基本医疗保险征缴工作布置会。

12 日　县委书记黄洪斌应邀赴桂林市委党校为该期主体班授课，并作相关报告，受到广泛好评。

同日　在县委二楼会议厅召开组织工作暨基层党建重点任务推进和基层党组织规范建设年活动经验交流会。县领导黄钦、张永军、经友新、黄小桂、唐社林、余桂兰、吴勋、庄慧琼，县委党的建设工作领导小组成员，各乡镇、县直各单位相关负责人参加会议。

同日　县委常委、县委组织部部长吴勋到县老干部局出席 2018 年离退休干部“庆祝重阳节”游园活动。

同日　县委常委、县委宣传部部长、副县长庄慧琼到兴安镇福在村指导“新时代文明实践所”创建工作。

14 日　县委书记黄洪斌召集相关部门专题研究实施乡村振兴“百千工程”投资奖补办法，县领导经友新、吕忠荣参加。

14 日至 15 日　自治区文化厅党组成员、副厅长朱创伟带领自治区文化厅红色文化大型舞剧《湘江之战》采风团到兴安县采风，县政协主席唐庆林，县委常委、宣传部部长、副县长庄慧琼以及区、市、县文化旅游部门相关负责人陪同采风。

15 日　县委书记黄洪斌到严关镇清水村委、溶江镇茶源村委调研当前脱贫攻坚工作，并对下一步脱贫攻坚工作提出具体要求。

同日　县委书记黄洪斌到湘漓镇江口村委罗家自然村看望慰问百岁老人。

同日　在县委二楼会议室召开县人民政府常务会议专题研究脱贫攻坚工作。会议传达《自治区扶贫开发领导小组关于调整我区扶贫对象脱贫摘帽标准的通知》精神，并研究“关于集中开展全县脱贫攻坚六大行动有关问题”和“关于进一步加强扶贫信息员队伍建设有关问题”。县领导黄钦、黄小桂、庄慧琼、徐建强、吕忠荣、辛爱玖出席会议，各乡镇及县直相关单位主要负责人参加会议。

同日　县领导经友新、刘先锋、赵代林、韦辉到湘漓镇政府五楼会议室出席“转提优”专项活动推进会暨“灵渠新风大讲堂”第五讲报告会。

16 日　县长黄钦到高尚镇调研脱贫摘帽工作。

同日　县长黄钦、县政协副主席韦辉到高尚镇看望慰问百岁老人、困难群众和敬老院老人。

同日　在县委二楼会议室召开 2018 年 1 月—9 月经济运行分析暨第四季度经济运行工作布置会，县领导黄钦、黄小桂、吕忠荣以及各乡镇、县直相关单位负责人参加会议。

同日　县委副书记经友新、县人大常委会副主任赵代林到湘漓镇敬老院看望慰问老人。

同日　县人大常委会副主任刘婉秋到白石乡三友村出席重阳节慰问演出暨送法下乡活动。

17 日　县委书记黄洪斌，县委常委、常务副县长黄小桂到桂林市参加全市 2018 年扶贫日启动仪式。

同日　在县委二楼会议厅召开自治区乡村振兴战略宣讲报告会（兴安专场），广西师范大学党委委员、马克思主义学院院长汤志华作题为《实施乡村振兴战略，描绘农村发展新蓝图》的专题宣讲。县领导张永军、唐庆林、余桂兰、刘先锋、刘婉秋、胡琳、韦辉、唐树斌、张琴以及县直各单位、各乡镇相关负责人参加宣讲报告会。

同日　全区打赢脱贫攻坚战三年行动电视电话会议在南宁召开，县长黄钦、县委副书记经友新在县委三楼会议室收听收看会议。

同日　自治区发展改革委

农经处处长蓝伟明带领调研组对兴安县乡村振兴相关工作进行调研，县委副书记经友新、副县长吕忠荣陪同调研。

同日 县人大常委会副主任刘婉秋到县政府大礼堂出席“兴安县人口老龄化国情县情教育暨第六届老年节”文艺会演活动。

同日 副县长杨乔木到贺州市出席2018年国际健康长寿论坛暨“广西养生养老小镇”授牌仪式，兴安县华江瑶族乡获2018年“广西养生养老小镇”称号。

同日 县政协副主席韦辉到兴安镇石坑村走访慰问贫困户老人。

18日 自治区召开中央第二巡视组对广西开展脱贫攻坚专项巡视工作动员会电视电话会议。黄洪斌、黄钦、张永军、唐庆林等县四套班子部分领导，各乡镇主要领导和分管领导，县直相关单位负责人在兴安县分会场收听收看会议。

同日 县政协主席唐庆林、副主席伍发进到两江医院一楼出席扶贫募捐仪式。

同日 副县长杨乔木到帝豪酒店三楼会议室出席广西中药材种植技术暨中药材产业富民产业扶贫培训班。

18日至19日 全市2018年扶贫干部全员培训专题培训班电视电话会议在市直机关小礼堂召开。黄洪斌、黄钦、唐庆林等县四套班子部分领导，各乡镇、县直各单位负责人在兴安县分会场收听收看会议。

20日 县领导黄洪斌、黄钦、张永军、唐庆林、黄小桂、唐社林、余桂兰、赵代林、吕忠荣到深圳市出席2018年兴安（深圳）招商引资推介会。

同日 自治区召开中央第五环境保护督察组向广西反馈“回头看”及专项督查情况电视电话会议，县领导经友新、蒋世语、刘先锋、庄慧琼、吴勋、徐建强、文新祥以及县直各单位、各乡镇相关负责人在县委二楼会议厅分会场收听收看会议。

22日 县政协主席唐庆林，副主席韦辉、唐树斌、伍发进在政协会议室出席脱贫攻坚捐款仪式。

同日 县政协副主席韦辉与县医务人员到兴安镇石坑村为行动不便的贫困户做评残鉴定。

22日至23日 自治区人民政府主席率自治区有关部门负责人到兴安县调研，先后考察滨江公园、三米驿站及三大水库项目斧子口水库等项目建设，市委书记赵乐秦，县委书记黄洪斌、县长黄钦等陪同调研。

同日 中国关工委主任顾秀莲到兴安县湘江战役纪念馆会议室出席全区“传承红色基因，争做时代新人”工作经验交流会暨全区关心下一代党史国史教育基地授牌仪式，自治区关工委副主任杨伟嘉，县领导黄洪斌、经友新、吴勋陪同。

23日 县委书记黄洪斌到湘漓镇督促指导桂林市第四批新型城镇化示范乡镇（书记工程）项目建设工作。

同日 县委书记黄洪斌在县委四楼会议室主持召开中共兴安县第十四届委员会第71次常委会。黄钦、经友新、于洋、黄小桂、唐社林、余桂兰、蒋世语、刘先锋、吴勋等常委领导参加会议，县领导张永军、唐庆林列席会议。会议审议并原则通过《兴安县隐形债务化解方案》《兴安县溶江镇行政管理体制改革实施方案（讨论稿）》，并就兴安县第三季度群众安全感满意度情况及下步工作措施作了情况通报。

同日 县政协主席唐庆林，副主席韦辉、唐树斌、伍发进到高尚镇灵龙村委出席扶贫捐赠活动。

同日 自治区财政厅调研组到兴安县调研桂北长征文化资源保护情况，自治区财政厅教科文处处长廖志华，县委常委、宣传部长、副县长庄慧琼陪同调研。

24日 自治区党委召开全区机构改革动员部署电视电话会议。自治区党委书记鹿心社在会议上强调，全区上下要深入学习贯彻中共十九大和十九届二中、三中全会精神，深入贯彻学习习近平总书记关于深化党和国家机构改革的重要论述和关于广西工作的重要指示精神，齐心协力高质量抓好机构改革，加快提升自治区治理体系和治理能力现代化水平，为谱写新时代广西发展新篇章提供有力保障。黄洪斌、黄钦等县四套班子部分领导以及各乡镇、县直各单位主要负责人在县委二楼会议厅收听收看会议。

同日 自治区政府在南宁市召开2018年第四季度全区经济运行分析会议，县长黄钦，副县长徐建强、杨乔木以及县直各单位、各乡镇相关负责人在县电信局三楼会议室分会场收听收看会议。

同日 自治区人民政府重大动物疫病防治指挥部组织召开全区非洲猪瘟防控工作视频会议，副县长吕忠荣及县直各单位、各乡镇相关负责人在县农业局三楼会议室收听收看会议。

同日 县委书记黄洪斌到华江瑶族乡水埠村委和杨雀村委开展脱贫攻坚暨实施乡村振兴战略专题调研。

同日 县长黄钦到严关镇清水村委走访调研贫困村目前经济发展情况。

同日 副县长徐建强到灵渠公园办公楼二楼会议室出席2018年环卫工人节表彰大会。

同日 县政协副主席唐树斌到漠川乡艳林村委出席扶贫捐赠仪式。

25日 县长黄钦到崔家乡崔家村和三义村调研指导脱贫攻坚工作。

同日 副县长吕忠荣到岭南酒店三楼会议室出席兴安县"三大纠纷"调处业务培训会。

同日 在县委二楼会议室召开全县农村集体资产清产核资工作培训会,副县长吕忠荣及县直各单位、各乡镇相关负责人参加会议。

25日至26日 广西旅游发展集团有限公司总经理、副董事长、党委副书记潘鸣到兴安县调研考察旅游发展情况,县领导黄钦、唐庆林、庄慧琼、韦辉陪同调研。

26日 县委书记黄洪斌到兴安镇走访慰问贫困户和脱贫户,实地调研脱贫攻坚、乡村振兴等工作。

同日 在县委二楼会议厅召开专题会议,传达桂林市配合中央第二巡视组开展脱贫攻坚专项巡视工作协调领导小组会议精神,县领导黄洪斌、张永军、唐庆林、经友新、蒋世语出席会议。

同日 县长黄钦到金石片区中洞村走访慰问贫困户。

同日 县人大常委会副主任刘婉秋到兴安中学电教楼四楼会议室出席2018年全国成人高考兴安监考及考务工作人员培训会。

同日 南宁市政协主席杜伟、副主席陈世平率调研组到兴安县就"发展特色产业,壮大集体经济,推动乡村振兴"进行专题调研,市政协副主席罗永东、县政协主席唐庆林陪同调研。

27日 县委书记黄洪斌到溶江镇五甲村委、富江村委开展脱贫攻坚工作调研。

同日 县委书记黄洪斌,县委常委、县委宣传部部长、副县长庄慧琼到灵渠公园出席"辉煌60年·壮大新广西"大型采访活动。

28日 县长黄钦到溶江镇五甲村委和华江瑶族乡水埠村委、杨雀村委开展脱贫攻坚专题调研。

同日 县委常委、政法委书记蒋世语到兴安镇政府一楼会议室出席该镇2018年第四季度群众安全感满意度"双提升"工作布置会。

同日 县委书记黄洪斌到兴安镇东村调研"百千工程"推进情况,就东村如何规划乡村振兴工作进行现场办公。

同日 桂林市人民政府督查组组长刘德华到兴安县开展"三大纠纷"督查工作和规范化建设工作,副县长杨乔木陪同督查。

同日 县委副书记经友新到界首镇四楼会议室出席农民日报社的采访调研会。

同日 县委常委、县委组织部部长吴勋到兴安镇福在村、粉洞村、源江村调研基层党建工作。

30日 县委书记黄洪斌、县长黄钦到桂林参加数字桂林建设大会及生态环境大会。

同日 在县委二楼会议室召开桂林乐满地项目地块控制性详细规划专家评审会,县领导黄洪斌、黄钦、张永军、黄小桂、徐建强,桂林市规划局专家组以及华润兴安文旅康养项目公司负责人参加会议。

同日 在县委三楼会议室召开十四届兴安县委第七轮巡察工作动员部署会,县委常委、纪委书记刘先锋,县委常委、组织部部长吴勋出席会议,县委巡察机构全体干部、被巡察单位党组织主要负责人、派驻被巡察单位纪检组组长参加会议。

同日 在县委二楼会议室召开湘漓镇桂林市第四批新型城镇化示范乡镇(书记工程)项目建设推进会,县领导黄洪斌、黄钦、经友新、徐建强出席会议。

同日 县长黄钦到湘漓镇双河村走访慰问贫困群众。

同日 自治区文明办主任杨征文到兴安县调研群众性精神文明创建工作,桂林市政府、市委宣传部相关负责人,县委副书记经友新陪同调研。

同日 副县长辛爱玖到兴安东风水泥厂采石场出席非法烟花爆竹销毁仪式。

31日 县委书记黄洪斌到高尚镇调研指导脱贫攻坚工作。

同日 县人大常委会副主任刘婉秋到严关镇、溶江镇等乡镇就人大代表履职平台建设工作进行检查指导。

同日 在县委四楼会议室召开中共兴安县第十四届委员会第七十二、七十三次常委会,黄洪斌、黄钦、于洋、黄小桂、唐社林、蒋世语、刘先锋、庄慧琼、吴勋等常委领导参加会议,县领导张永军列席会议。

11月

1日 桂林市委常委、宣传部部长、副市长韦风云，桂林市政协副主席汤桂荔率桂林市脱贫攻坚第七督导组到兴安县开展脱贫攻坚调研督导工作，县领导黄钦、经友新、吕忠荣、辛爱玖、唐树斌陪同调研。

同日 在县委二楼会议厅召开第四季度防范重特大安全生产事故工作会议，县长黄钦，县委常委、宣传部长、副县长庄慧琼以及县直各单位、各乡镇相关负责人参加会议。

同日 县委书记黄洪斌到兴安双胞胎饲料有限公司、桂林欣安电器有限公司、溶江镇白竹铺米粉产业园项目进行实地调研，了解企业在项目建设中遇到的困难和问题以及下一步计划。

同日 县委书记黄洪斌到城建指挥部专题调研棚改项目各项工作推进情况。

同日 县长黄钦到界首镇调研指导脱贫攻坚工作。

同日 县委常委、县委组织部部长吴勋，县政府副调研员邓健君到溶江镇右岸公路松江岭路段施工现场办公。

同日 副县长吕忠荣到兴安镇护城村委斜皮堰自然村出席农村土地承包经营权证书现场颁发仪式。

2日 县委书记黄洪斌到漠川乡3个贫困村调研指导脱贫攻坚工作。

同日 县长黄钦到湘漓镇义和村和江口村调研指导脱贫攻坚工作。

同日 县人大常委会主任张永军，副主任赵代林、刘婉秋、蒋功合、胡琳在县人大三楼会议室出席第十六届人大常委会第二十二次会议。

同日 县委副书记经友新、副县长辛爱玖到白石乡调研指导脱贫攻坚工作。

同日 在县委二楼会议厅召开桂林市2018年“百名法学家百场法治宣讲活动”兴安专场报告会暨“灵渠新风大讲堂”第6讲，县领导唐庆林、刘先锋、蒋功合、胡琳、唐树斌、伍发进、张琴及各乡镇、县直各单位相关负责人参加报告会。

同日 国务院发展研究中心东方文化与城市发展研究所所长、研究员杨晓东率调研组到兴安县就历史文化进行专题调研，市社会科学界联合会书记、主席隆斌，县委常委、县委宣传部部长、副县长庄慧琼陪同调研。

4日 县长黄钦到兴安镇石坑村委调研指导脱贫攻坚工作。

同日 县委常委、政法委书记蒋世语到城区小广场、青龙街督导指挥冬季集中统一惩治传销行动。

5日 自治区召开2018年贫困户和贫困村脱贫摘帽认定工作动员部署电视电话会议，县长黄钦、副县长吕忠荣在县委二楼会议厅分会场收听收看会议。

6日 桂林市委常委、市委组织部部长彭东光到兴安县调研基层党建和工业发展工作，县领导黄洪斌、经友新、吴勋、余桂兰陪同调研。

同日 县委常委、县委宣传部部长、副县长庄慧琼到红军长征突破湘江烈士纪念公园出席“中共广西区委党校、广西行政学院革命传统教育教学基地”揭牌仪式。

同日 县人大常委会副主任胡琳、副县长吕忠荣到界首镇百里垃圾处理中转站就人大常委会提出的“关于添置农村垃圾处理及卫生保洁设备的建议”重点提案进行现场督办。

同日 县政协副主席韦辉到兴安镇石坑村调研指导脱贫攻坚工作。

同日 广西军区河池军分区副司令员赵永安率自治区双拥模范城（县）考评组到兴安县检查指导双拥模范城创建工作，县委常委、县人武部部长于洋，副县长杨乔木陪同检查。

6日至7日 县委常委、县委宣传部部长、副县长庄慧琼到新帝豪酒店三楼会议室出席兴安县2018年残疾人实用技术培训班。

7日 县委书记黄洪斌到三〇九工业园区调研煜亮亮光伏企业生产经营情况。

同日 县委常委、县委宣传部部长、副县长庄慧琼出席以“水墨灵渠　漓湘探幽”为主题的艺术创作活动启动仪式。

同日 副县长辛爱玖到湘漓镇出席“爱心帮扶”活动，为湘漓镇82名贫困户送去总价值12万元的慰问品和慰问金。

同日 桂林市副市长黄加才到兴安县考察调研，县长黄钦陪同调研。

同日 在县委三楼会议室召开落实《兴安县义务教育均衡发展迎国检工作组工作方案》汇报会，县领导黄钦、庄慧琼、伍发进出席会议。

8日 在县委二楼会议室召开华江旅游公路改扩建项目规范设计汇报会，县领导黄洪斌、黄钦出席会议。

同日　县领导黄洪斌、黄钦到乐满地陪同华润集团企业高管现场勘察项目规划设计用地情况，并商讨相关事宜。

同日　县领导黄洪斌、黄小桂到鑫鑫药业等企业调研。

同日　县领导黄钦、黄小桂、徐建强陪同香港铜锣湾集团副总裁韩恒杰就拟在兴安县投资铜锣湾广场项目进行考察。

9日　县委书记黄洪斌到兴安镇粉洞村委调研指导脱贫攻坚工作。

同日　自治区农村土地确权工作成果验收组到兴安县核验土地确权成果，县长黄钦、副县长吕忠荣陪同核验。

同日　县长黄钦到白石乡三友村委和高圩村委调研指导脱贫攻坚工作。

同日　县委副书记经友新到高尚镇实地察看危房改造工程施工进度情况。

同日　副县长申小军到银杏广场出席“全民参与、防治火灾”119消防宣传活动。

10日　县领导张永军、唐庆林、蒋世语、庄慧琼、韦辉、黄光平、邓健君到兴安镇源江村委周家园村出席2018年兴安源江第二届风车文化暨“天上源江”华南马拉松骑行大会。

同日　县委常委、县委统战部部长余桂兰到老广场出席“疝医者行，关注营养”同心助力扶贫慈善活动。

13日　桂林市市长秦春成到兴安县就脱贫攻坚工作和项目建设情况进行调研，县领导黄洪斌、黄钦、余桂兰、庄慧琼陪同调研。

同日　县委书记黄洪斌到界首镇宝峰村委调研脱贫攻坚工作。

同日　县领导黄洪斌、徐建强到湘漓镇调研指导书记工程规划建设情况。

同日　县长黄钦到兴安镇粉洞村委、源江村委调研指导脱贫攻坚工作。

同日　县委常委、政法委书记蒋世语到朝阳社区开展夜访调研工作。

同日　县委常委、组织部部长吴勋到严关镇清水村走访慰问贫困户，开展扶贫结对帮扶工作。

14日　县领导黄洪斌、张永军、唐庆林、唐社林、蒋世语陪同阳朔县委书记蒋春华考察兴安县城市建设、管理和维护等方面工作。

同日　县委书记黄洪斌，县委常委、县委宣传部部长、副县长庄慧琼到县网络公司三楼会议室出席县级融媒体中心建设工作会议。

同日　县长黄钦带队到三一集团湖南长沙总部考察，双方就装备制造产业领域进行交流。

同日　县委常委、县委宣传部部长、副县长庄慧琼，县人大常委会副主任刘婉秋带队先后到兴安镇柘园小学、崔家乡崔家小学、崔家中学，高尚镇尚义小学、堡里小学、高田中心小学，实地检查各校迎国检准备工作情况。

同日　副县长文新祥到县电信局三楼会议室收听收看全国冬春农田水利基本建设电视电话会议。

同日　在县委二楼会议室召开湘漓镇书记工程项目规划设计情况汇报会，县领导黄洪斌、经友新参加。

同日　在县委三楼会议室召开全县2018年度扶贫开发工作成效考核指标布置会，县领导经友新、吕忠荣、杨乔木、韦辉、邓健君出席会议。

15日　桂林市委常委、政法委书记赵志军到兴安县就平安乡村建设和扫黑除恶专项斗争工作情况进行调研，县领导黄洪斌、蒋世语、申小军陪同调研。

同日　县委常委、县委宣传部部长、副县长庄慧琼到严关镇中心小学出席义务教育均衡发展迎国检现场会。

同日　县委常委、县委统战部部长余桂兰到华江瑶族乡千祥村委出席“兴安县民族工艺传承发展交流会”。

16日　桂林市委常委、市警备区政委王致先后到县崔家乡粉山中心小学和县人民医院，分别为学生及党员上爱国教育课和党课。

同日　县委书记黄洪斌到严关镇杉树村委、塘堡村委调研指导脱贫攻坚工作，并实地走访了建档立卡贫困户（预脱贫户），了解帮扶措施和相关政策落实情况。

同日　县委常委、县委宣传部部长、副县长庄慧琼到县电信局三楼会议室收听收看自治区召开的“山水暖你·壮乡等你——冬游广西”联合促销活动动员部署电视电话会议。

同日　在县委二楼会议室召开清欠农民工工资推进会暨2019年春节前保障农民工工资支付工作布置会，县委常委、常务副县长黄小桂及县直相关单位负责人参加会议。

17日　县领导张永军、唐庆林、蒋世语、庄慧琼、赵代林、刘婉秋、伍发进、唐树斌到漠川乡榜上村出席以“走进古韵漠川·放飞金色梦想”为主题的银杏之乡·桂林兴安漠川第二届“金色乡村”体验活动启动仪式。

19日　县委书记黄洪斌到溶江镇调研指导脱贫攻坚工作。

同日　在县委四楼会议室召开中共兴安县第十四届委员会第七十五次常委会，黄洪斌、黄钦、经友新、于洋、唐社林、余桂兰、蒋世语、刘先锋、庄慧琼、吴勋等常委领导参加会议，县领导张永军、唐庆林列席会议。会议听取了关于收回灵渠经营权阶段性工作情况汇报，要求县人民政府及有关部门要继续抓紧依法推进该项工作，并及时向市委、市政府及自治区文化和旅游厅汇报，争取上级部门支持。会议原则通过《兴安县融媒体中心建设实施方案》《兴安县湘江战役85周年纪念活动实施方案》；同意选举成立中共兴安县税务局机关委员会和机关纪律检查委员会；原则同意县委组织部提交的《关于提高村(社区)干部报酬和落实农村党员培训经费的建议》及桂林市第五届人民代表大会候选人选名单。

同日　在县委三楼会议室召开土地承包经营权登记颁证问题整改工作布置会，县长黄钦及县直各单位、各乡镇、技术公司相关负责人参加会议。

同日　在县委四楼常委会议室召开县委中心组(扩大)理论学习会，县委常委、县政府党组部分成员及县人民法院院长、县人民检察院检察长参加会议。

20日　在县委四楼常委会议室召开中共兴安县第十四届委员会第七十六次常委会，黄洪斌、黄钦、经友新、于洋、唐社林、余桂兰、蒋世语、庄慧琼、吴勋等常委领导参加会议，县领导张永军列席会议。会议根据市委考察组反馈意见及全县领导干部会议推荐情况，同意将孙良军作为副处级领导干部考察建议人员予以上报。

同日　在县委二楼会议室召开中华锦绣集团投资项目规划设计汇报会，县领导黄洪斌、黄钦、张永军、文新祥参加会议。

同日　推进全区新时代文明实践中心和新时代讲习所建设专题电视电话会议在南宁召开，县委常委、宣传部部长、副县长庄慧琼及县直各单位、各乡镇相关负责人在县委三楼会议室分会场收听收看会议。

21日　桂林市纪委常委、监察委员王建一行到兴安县督查扫黑除恶专项斗争工作，县委常委、政法委书记蒋世语，县委常委、纪委书记刘先锋陪同督查。

同日　县领导黄钦、蒋世语、徐建强率相关执法部门人员到界首镇对该镇水果市场占道经营、乱停乱放等行为进行专项整治。

同日　县委常委、县委宣传部部长、副县长庄慧琼在县委宣传部会议室出席“中国好声音”全国海选兴安赛区启动仪式工作布置会。

同日　副县长吕忠荣到界首镇出席界首镇2WM光伏扶贫电站暨发展壮大村集体经济光伏项目正式并网发电启动仪式。

22日　县委书记黄洪斌到桂林市参加全市清廉榜样情景报告会和中央巡视组专项巡视广西脱贫攻坚工作问题整改推进会。

同日　县委常委、县委宣传部部长、副县长庄慧琼带队到溶江镇督查市级挂牌“中国民用航空桂林空中交通管理站大溶江导航台高压专线存在重大安全事故隐患”整治落实情况。

同日　县委常委、县委宣传部部长、副县长庄慧琼到溶江镇司门中心小学检查指导义务教育均衡发展及迎国检准备工作，并到位于严关镇的中国石油广西销售仓库分公司桂林油库检查安全生产工作。

23日　县领导张永军、唐庆林、黄小桂、赵代林、刘婉秋、伍发进、邓健君到华江瑶族乡出席以“传瑶族文化精华，展时代文明风采”为主题的华江瑶族乡第四届盘王节暨“多彩瑶乡”新时代文明实践活动。

同日　2018桂林“勤廉榜样”先进事迹主题情景报告会在桂林大剧院举行，会议通过电视和网络直播，县领导经友新、蒋功合、胡琳、徐建强、吕忠荣、文新祥、杨乔木、辛爱玖、韦辉、唐树斌以及县直各单位、各乡镇相关负责人在县委二楼会议厅收听收看会议。

同日　县委常委、政法委书记蒋世语在县委二楼会议厅收听收看全市政法系统全面从严治警“五查五整顿”专项行动、“牢记初心使命　严格公正执法”主题教育活动推进视频会。

同日　县委常委、政法委书记蒋世语到漠川乡四楼会议室出席第十七届人民代表大会第四次会议。

同日　县人大常委会副主任刘婉秋到兴安中学出席桂林市中小学艺术团走进兴安专场演出活动。

同日　副县长吕忠荣到县委三楼会议室出席运行广西突发事件预警信息发布系统工作布置会议和2018年建档立卡贫困

人口生态护林员选聘工作(培训)会议。

同日 副县长杨乔木到体育馆出席2018年“健康中国行——科学健身”主题宣传活动暨“健康八桂行”宣传周活动启动仪式。

26日 桂林市政协副主席汤桂荔率督导组一行到兴安县督导脱贫攻坚工作,县领导辛爱玖、唐树斌陪同督导。

同日 县委书记黄洪斌到工业园区、米粉产业园调研招商引资重点项目建设和重点企业发展情况。

同日 县领导黄洪斌、伍发进到灵渠博物馆调研指导灵渠文化展陈中心项目建设工作。

同日 县领导黄钦、黄小桂、文新祥、韦辉到体育馆出席兴安民兴村镇银行十周年行庆晚会。

同日 县委常委、县委办主任唐社林到兴安镇政府出席自治区脱贫攻坚大督查反馈问题整改工作布置会。

同日 在县委二楼会议室召开专题会议整改解决上级巡视督察脱贫攻坚所反馈的问题,县领导黄钦、经友新、于洋、余桂兰、刘先锋、吴勋、刘婉秋、吕忠荣、韦辉以及县直各单位、各乡镇相关负责人参加会议。

27日 在县委二楼会议室召开扶贫领域住房安全保障专题会议,县领导黄洪斌、经友新、于洋、黄小桂、唐社林、余桂兰、蒋世语、刘先锋、胡琳、吕忠荣、辛爱玖、杨乔木、韦辉出席会议。

同日 县委书记黄洪斌到溶川乡保林村委和艳林村委督查脱贫攻坚基础设施项目建设进度。

同日 桂林市委组织部常务副部长蔡泽军一行到兴安县就发展壮大村级集体经济进行调研,县委书记黄洪斌,县委常委、县委组织部部长吴勋陪同调研。

同日 副县长文新祥在县政府三楼会议室出席兴安县信能公司与湖南正信方大实业公司项目合作签约仪式。

28日 江西省委副书记、赣州市委书记李炳军一行率调研组到兴安县红军长征突破湘江战役烈士纪念公园调研红色历史文化,桂林市委副书记白松涛,桂林市委常委、市委秘书长赵仲华,县委书记黄洪斌陪同调研。

同日 县委书记黄洪斌到界首镇考察光华铺疑似红军烈士残骸集中掩埋遗址。

同日 自治区第八次民族团结进步代表表彰大会在广西人民大会堂举行,表彰在民族团结进步实业中做出突出贡献的200个模范集体和299名模范个人,并对推进新时代全区民族团结进步事业进行安排部署,张永军、余桂兰等县四套班子部分领导,县人民法院院长、县人民检察院检察长,县直各单位、上级驻兴各单位及各乡镇负责人在县委二楼会议厅分会场收听收看会议。

同日 在县委二楼会议厅召开2018年全县公共机构节能工作暨生活垃圾分类培训会,对全县公共机构能耗统计工作及垃圾分类进行专题业务培训,副县长杨乔木以及县直各单位、各乡镇相关负责人参加会议。

同日 自治区农业厅厅长刘俊率调研组到兴安县高尚镇金满田园粮食核心示范区调研,副县长吕忠荣陪同调研。

29日 县委书记黄洪斌到全州县参加湘江战役红军遗骸收殓保护及长征文化资源利用工作座谈会。

同日 县委书记黄洪斌出席全县部分重大项目建设情况进展情况座谈会。

同日 县委书记黄洪斌到县扶贫办调研脱贫攻坚迎检工作,并看望慰问县扶贫办全体工作人员。

同日 县政协主席唐庆林到县城朝阳社区香堤湾开展下访接访活动。

30日 县领导唐庆林、余桂兰、韦辉、伍发进、张琴到灵渠视察开展保护工作情况。

同日 县委常委、县人武部政委于洋到兴安镇兴业大道看望慰问新入伍战士家属并发放“光荣军属”牌匾。

同日 副县长文新祥到县电信局三楼会议室分会场收听收看全区冬春农田水利基本建设暨大石山区农村饮水安全巩固提升工程建设大会战动员会电视电话会议。

同日 县人大常委会主任张永军到县城城西社区开展大走访活动,零距离征求群众对安全感和满意度提升的意见和建议。

同日 县领导蒋世语、申小军到县公安局十楼会议室出席全县禁毒工作推进会。

12月

1日 县领导黄洪斌、黄钦、张永军、唐庆林、唐社林、胡琳、唐树斌到县城银杏广场出席兴安县城乡环卫一体化改革项目启动仪式。

同日　在乐满地酒店会议室召开桂林市年度扶贫工作目标成效核验检查组对接会，县领导黄洪斌、经友新、吕忠荣、辛爱玖出席会议。

3日　县领导黄洪斌、唐社林、蒋世语、徐建强、蒋功合、周剑冰到棚改指挥部调研棚改工作，专题听取各组进展情况汇报。

同日　县长黄钦到兴安镇城中社区了解群众安全感满意度“双提升”工作落实和开展情况。

同日　在县委二楼会议厅召开柑橘销售暨扶贫“爱心果”倡议活动会议，县领导经友新、黄小桂、余桂兰、蒋世语、刘先锋、吴勋、赵代林、刘婉秋、胡琳、徐建强、吕忠荣、唐树斌、伍发进出席会议。

同日　在县委二楼会议室召开政协九届十二次常委会议，县政协主席唐庆林，副主席韦辉、伍发进、张琴和部分政协常委出席会议，副县长文新祥应邀参加会议。

4日　中央政治局委员、中宣部部长黄坤明一行到兴安县调研灵渠、烈士纪念碑园光华铺保护与建设情况，县委书记黄洪斌陪同调研。

同日　县委书记黄洪斌到灵渠社区湘江苑小区开展夜访活动，深入基层群众调研社会治安综合治理、安全感和满意度“双提升”等工作。

同日　黄洪斌、张永军等在家的县四家班子领导到界首镇政府大会议室出席兴安县南丰蜜橘促销扶贫认购会。

同日　县委常委、县人武部政委于洋在人武部出席“为贫困户送温暖、献爱心”活动。

同日　县委常委、常务副县长黄小桂到灵湖社区湘水乐园小区走访调研群众安全感和满意度“双提升”工作。

同日　县委常委、政法委书记蒋世语到县城中心广场出席“12·4”国家宪法日宣传活动。

同日　副县长徐建强带队到喜屋酒店、碧桂园房地产有限公司、乐满地、旭升煤气公司等单位进行安全生产检查。

5日　县委副书记经友新到葆贞社区开展夜访活动，调研群众安全感和满意度“双提升”工作。

同日　在县委二楼会议室召开南丰蜜橘促销专题会议，研究破解南丰蜜橘滞销难题，县领导黄洪斌、经友新、胡琳、吕忠荣、辛爱玖、韦辉出席会议。

同日　在县委二楼会议厅召开兴安县创建国家全域旅游示范区复检问题整改工作布置会，县长黄钦，县委常委、县委宣传部部长、副县长庄慧琼出席会议。

6日　在县委三楼会议室召开2018年县委人民武装委员会暨县国防动员委员会全体(扩大)会议，县领导黄洪斌、经友新、于洋、唐社林出席会议。

同日　县委书记黄洪斌到界首镇调研柑橘销售进展情况，并现场协调解决存在的困难和问题。

同日　县委书记黄洪斌到桂林市参加全市领导干部大会。

同日　县委常委、政法委书记蒋世语到朝阳社区和泰名居小区调研群众安全感和满意度“双提升”工作。

7日　县委书记黄洪斌到桂林市参加桂林市湘江战役红军遗骸收殓保护工作。

同日　县委常委、宣传部部长、副县长庄慧琼到界首镇光华铺指导湘江战役烈士遗骸收殓保护工作。

同日　县委书记黄洪斌在县委四楼会议室主持召开中共兴安县委员会第七十七次会议。黄钦、经友新、于洋、黄小桂、唐社林、蒋世语、刘先锋、庄慧琼、吴勋等常委领导参加会议，县领导张永军列席会议。会议原则通过了县机构改革领导小组提交的《兴安县机构改革方案》及县委组织部提交的《2018年乡镇领导班子及班子成员届中考察方案》；审议并原则通过县委宣传部提交的《关于成立兴安县湘江战役红军遗骸收殓保护工作领导小组》《兴安县湘江战役红军遗骸收殓保护工作实施方案》《兴安县长征文化资源保护利用工作方案》《关于湘江战役光华铺阻击战遗址疑似红军烈士遗骸收殓保护工作方案》《兴安县新时代文明实践中心(站、所)建设实施方案》。

同日　在县委三楼会议室召开迎接自治区2018年市县扶贫成效考核“四合一”实地核查工作布置会，县领导经友新、吕忠荣、辛爱玖、韦辉以及各乡镇、县直相关单位负责人参加会议。

同日　桂林市政协副主席汤桂荔率慰问组到兴安县开展自治区成立60周年走访慰问活动，县政协主席唐庆林、副主席唐树斌陪同慰问。

同日　市委常委、市委宣传部部长、副市长韦风云率慰问组到兴安县兴安镇大湾陡开展自治区成立60周年走访慰问离退休干部活动，县委常委、宣传部部长、副县长庄慧琼陪同走访慰问。

9日至11日　县委书记黄洪斌到南宁市参加自治区成立

60周年庆祝活动及汇报脱贫攻坚等相关工作。

10日 县委常委、县委宣传部部长、副县长庄慧琼，县人大常委会副主任刘婉秋到体育馆出席2019《中国好声音》广西兴安赛区启动仪式暨庆祝中国改革开放40周年和广西壮族自治区成立60周年及兴安首场海选。

12日 在县委四楼会议室召开中共兴安县第十四届委员会第七十八次常委会议(脱贫攻坚专题)。黄洪斌、黄钦、经友新、于洋、黄小桂、唐社林、余桂兰、蒋世语、刘先锋、吴勋等常委领导参加会议，县领导张永军列席会议。研究部署迎接2018年自治区扶贫成效考核“四合一”实地核查相关工作，同意县扶贫开发领导小组提交的《兴安县迎接2018年全区扶贫成效考核“四合一”实地核查工作方案》，要求全力以赴做好自治区核查各项准备工作。

同日 在县委二楼会议室召开农民工工资治欠保支整改工作会议，县长黄钦，县委常委、常务副县长黄小桂出席会议。

13日 县委书记黄洪斌到桂林市参加自治区成立60周年活动中央代表团慰问座谈会。

同日 县领导黄洪斌、刘先锋、胡琳、伍发进到灵渠申遗办专题调研灵渠申遗系列项目实施进展情况。

同日 在县委二楼会议室召开扶贫开发领导小组第十一次(扩大)会议暨迎接自治区2018年扶贫成效考核“四合一”实地核查冲刺会，县领导黄钦、经友新、吕忠荣、辛爱玖、韦辉出席会议。

同日 县领导刘婉秋、伍发进到界首镇政府出席进一步推进兴安县义务教育均衡发展工作座谈会。

14日 县领导黄洪斌、余桂兰、吴勋、文新祥、唐树斌到兴安镇粉洞村督查指导自治区“四合一”实地核查迎检工作，并到三大水库指挥部调研水库移民安置点建设工作。

同日 县长黄钦到县国土局六楼会议室出席第三次国土调查工作推进会。

15日 县委书记黄洪斌到利格莱酒店会议室出席自治区2018年度脱贫攻坚工作“四合一”核验对接会。

同日 国家文物局副局长宋新潮率调研组到兴安县调研红色文化保护工作，县领导黄洪斌、黄钦、唐社林、胡琳陪同调研。

同日 县政协副主席伍发进到县卫计局四楼会议室出席2018年下半年防治艾滋病攻坚工程工作联席会议。

16日 县委书记黄洪斌、县长黄钦，县委常委、县委宣传部部长、副县长庄慧琼到桂林市高新区万达影城出席《北纬25° 天空下》首映式暨新闻发布会。

17日 县委书记黄洪斌在县委二楼会议室参加自治区脱贫攻坚“四合一”核验工作访谈。

同日 县领导黄钦、庄慧琼、刘婉秋、伍发进到乐满地酒店多功能厅出席“国家全域旅游示范区”创建初审首次会议。

18日 县委书记黄洪斌在县委二楼会议室听取华润集团乐满地控制性规划调整情况汇报。

同日 中央庆祝改革开放40周年大会在人民大会堂举行，黄洪斌、张永军等在家的县四家班子领导在县委三楼会议室收听收看大会。

同日 追授蓝标河全国脱贫攻坚模范荣誉称号大会暨蓝标河先进事迹报告会在南宁举行，黄洪斌、经友新等县四套班子部分领导在县委二楼会议厅分会场收听收看会议。

17日至19日 原自治区旅游发展委综合协调处副处长王慧率“国家全域旅游示范区”自治区初审组到兴安县就创建“国家全域旅游示范区”工作进行初审评定，县领导黄钦、庄慧琼、刘婉秋、胡琳、伍发进陪同。

19日 县委书记黄洪斌到桂林市参加漓江流域山水林田湖草生态保护与修复工作调研座谈会。

同日 副县长杨乔木就县妇幼保健院、县中医医院整体搬迁项目建设情况进行调研。

同日 市委常委、常务副市长张晓武到兴安县调研重点项目建设和运营情况，并主持召开座谈会，县委书记黄洪斌，县委常委、常务副县长黄小桂陪同调研。

同日 自治区党委宣传部、自治区发改委、住建厅、文化旅游厅、退役军人事务厅等部门组成的调研组到兴安县开展红军长征湘江战役纪念设施专题调研活动，县长黄钦，县委常委、县委宣传部部长、副县长庄慧琼陪同调研。

20日 自治区副主席李彬率调研组到兴安县调研湘江战役红军烈士遗骸收殓保护工作，副市长谢灵忠，县领导黄洪斌、杨乔木陪同调研。

同日 国家督学、福建教育学院原党委书记、研究员赵素文率国家义务教育均衡发展评估认定小组到兴安县开展评估认定工作，县领导黄钦、庄慧琼、伍发进陪同。

20日 县领导黄洪斌、黄小桂在县委二楼会议室专题听取迎宾路汽贸城项目投资商代表情况汇报。

同日 县政协主席伍发进到兴安镇东村出席2018年灵渠环境综合整治农村污水处理项目开工仪式。

20日至21日 在县人大三楼会议室召开兴安县第十六届人大常委会第三十二次会议，县人大常委会主任张永军、县人大常委会副主任赵代林、刘婉秋、蒋功合、胡琳出席会议，县领导黄小桂、刘先锋、庄慧琼、吕忠荣、文新祥、杨乔木列席会议。

21日 县领导黄洪斌、蒋世语、刘先锋、吴勋在县委二楼会议室出席公安系统新任领导任前集体谈话会议。

同日 县政协副主席、县总工会主席韦辉在县总工会出席第十二届委员会第五次全体会和桂林市总工会"新时代、新气象、新作为"暨中国工会十七大精神劳模宣讲活动。

23日 县领导黄洪斌、徐建强在县委二楼会议室专题听取湘漓镇、高尚镇"书记工程"项目建设推进情况汇报。

23日至25日 县委书记黄洪斌率队赴江西南昌市、九江市考察铜锣湾城市商业综合体招商引资项目。

24日 副县长徐建强到县市容局会议室出席预防非职业性一氧化碳中毒工作布置会。

26日 桂林市副市长谢灵忠到兴安县召开湘江战役红军烈士遗骸收殓工作对接座谈会，县领导黄洪斌、黄小桂参加。

同日 县领导黄洪斌、刘先锋、庄慧琼、刘婉秋、伍发进出席新时代文明实践中心和县融媒体中心揭牌仪式。

27日 县领导张永军、蒋功合、胡琳到县人民检察院考察工作。

同日 县委常委、政法委书记蒋世语到县体育馆出席"兴安县公安局从警20周年、30周年民警荣誉纪念章"颁发仪式。

同日 县领导庄慧琼、刘婉秋到体育馆出席新时代文明实践活动专场兴安县庆祝改革开放40周年2019迎新晚会暨2019《中国好声音》全国海选兴安赛区第3场资格赛。

26日至28日 县委书记黄洪斌到南宁市参加自治区党委全会和全区经济工作会议。

28日 桂林市委常委、宣传部部长、副市长韦凤云到兴安县出席全市宣传思想工作现场会，县委常委、县委宣传部部长、副县长庄慧琼陪同参加。

29日 县委书记黄洪斌到兴安镇开展庆祝自治区成立60周年走访慰问活动。

同日 县委书记黄洪斌，县委常委、常务副县长黄小桂到县消防救援大队出席授衔和换装仪式。

同日 县委常委、县委办主任唐社林，县人大常委会副主任刘婉秋到凤凰坡安置点项目建设现场出席城市棚户区项目开工仪式。

同日 县领导蒋世语、蒋功合、唐树斌到体育馆出席扫黑除恶专项斗争公开宣判大会。

同日 副县长徐建强带队到界首镇、兴安镇和城区燃气设备销售一条街开展预防一氧化碳中毒检查工作。

29日 在县委四楼会议室召开县委理论学习中心组第八次集中学习(扩大)会议，县领导黄洪斌、黄小桂、蒋世语、庄慧琼、吴勋出席会议，张永军、唐庆林等在家的县四家班子领导列席会议。

同日 在县委二楼会议室召开县委党的领导小组2018年第四次会议，县领导黄洪斌、唐社林、刘先锋、庄慧琼、吴勋出席会议。

30日 县委常委、县委宣传部部长、副县长庄慧琼带队到华江乡猫儿山对因道路结冰滞留的游客开展救援。

兴安概况

建置沿革

兴安县历史悠久，秦始皇三十三年(公元前214)秦朝在兴安县境内成功开凿灵渠。灵渠开凿后，兴安便成为南北交通要冲，秦人筑城护渠，派吏治辖，是历史上广西境内最早列入中央政府统一建制的县份之一。

汉元鼎六年(公元前111年)，今县境属始安县地，隶属零陵郡。唐武德四年(621年)，分划始安县地，今县境设置临源县，隶属桂州。大历三年(768年)，改县名为全义。后晋开运三年(946年)，于县境设溥州，并把县名改称德昌，隶属溥州。宋乾德初废除溥州，恢复全义县名，隶属静江府。太平兴国二年(977年)，因与宋太宗赵匡义名相讳，取"兴旺安定"之意把县名改称兴安县。

兴安县元属静江路，明清时期属于桂林府。民国2年(1913)隶属漓江道，民国3年(1914)隶属桂林，民国16年(1927)隶属广西省政府，民国19年(1930)隶属桂林民团区，民国23年(1934)隶属桂林行政监督区，民国29年(1940)隶属桂林行政监察区，民国31年(1942)直属广西省政府，民国33年(1944)隶属第八区，民国36年(1947)直属广西省政，同年4月隶属第八区。

1949年10月1日中华人民共和国成立，11月20日，兴安解放，隶属桂林专区管辖。下辖湘源区、高源区、高尚区、严道区、西安区、两金区6个区，首善镇和界首镇2个镇。

1950年3月，撤乡改为"区村制"。全县有10个区和2个县辖镇，即城关区、湘漓区、湘源区、高源区、高尚区、俸义区、道冠区、西安区、华江区、两金区、界首镇、溶江镇。同年5月，全州县属的兴田、福里(即百里村)、下界首划归兴安县。

1951年4月，土地改革基本结束时，将俸义区撤销，解放前原俸山乡所属的10个村划归城关区，原急义乡所属的14个村划归高尚区；县辖界首镇撤销划归湘源区；县辖溶江镇撤销划归西安区，全县共9个区，即城关区、湘漓区、湘源区、高源区、高尚区、道冠区、西安区、华江区、两金区。

1952年上半年结合土地改革复查工作先后撤销了行政村，建立小乡，实行区、乡建制。7月，资源县的五排区划归兴安县。同年10月，将城关区、湘源区、湘漓区、高源区、高尚区、道冠区、西安区、华江区、两金区、五排区更名为一、二、三、四、五、六、七、八、九、十区。

1953年4月，将十区的塘垌、江口、猴背、冲坪4个乡划归九区成立两金瑶族自治区。6月，将五区所属的东乐乡彩脚片5个村划归临桂县。7月，将十区成立五排苗族自治区。1954年3月，将五排苗族自治区仍划归资源县。7月，又将城关区所属4条街合并为区辖城关镇。

1955年12月，两金瑶族自治区所属的猴背乡仍划归资源县五排苗族自治区。

1956年秋，全州县凤凰区宅福小乡的宅福田、仰田、紫福田、屯川村，畔毗小乡的龙井塘、铁炉塘、水岗头、月亮山、枫木山李家划归兴安。12月，撤区改为乡建制，划为14个大乡，即：护城乡、界首乡、会龙乡、协力乡、力头乡、俸山乡、漠川乡、白石乡、高尚乡、上桂乡、南山乡、严关乡、溶江乡、华江乡；1个城关镇和两金瑶族自治区。

1958年实行人民公社，全县划为7个人民公社，即火箭人民公社、上游人民公社、高峰人民公社、东方红人民公社、东风人民公社、战斗人民公社、八一人民公社。

1959年3月，将火箭人民公社分为护城、高泽两个公社；新建立城关镇城市人民公社；将上游、高峰、东方红、东风、战斗、八一等公社名称改称界首公社、漠川公社、高尚公社、溶江公社、华江公社、两金公社。同年，将两金公社的中禄、大新、寨田、柳田、旧屋生产大队划归龙胜各族自治县。高尚公社的内南5村(包括上马石、新岭脚、宾洞、柘木岩、颜家界上、东山、蒲源、鲤鱼井)和4村(包括绕竹、小北、田厂、大塘田等)划归灵川县管辖。

1960年4月，原灵川县的灯塔、廖家、沿严3个大队划归兴安县，后改称廖家大队。

1961年6月，将原来的9个公社调整为17个公社、2个镇，17个公社即护城、塘市、道冠、崔家、界首、会龙、力头、高尚、上桂、南山、漠川、白石、溶江、司门、严关、华江、两金公社，2个镇即城关镇、界首镇。同年冬将两金的塘垌大队划归资源县，江口、银矿、珠玻、皮帽大队划归龙胜各族自治县。老书大队和新文大队的7个自然村划归灵川县。

1962年6月，实行建区划社。将原公社合并为12个区(镇)，即护城区、界首区、会龙区、崔家区、漠川区、白石区、高尚区、严关区、溶江区、华江区、金石区和城关镇共12个区(镇)。后来又将会龙、崔家2个区合并为湘漓区。

1966年,改区为大公社,成立护城、严关、溶江、界首、湘漓、漠川、白石、高尚、崔家、华江、金石等11个公社及兴安镇。

1984年,实行乡村建制,将原来的12个公社(镇)改称12个乡(镇)。即护城乡、湘漓乡、漠川乡、白石乡、高尚乡、崔家乡、严关乡、华江乡、金石乡、界首镇、溶江镇和兴安镇。

1985年,经广西壮族自治区人民政府批准,将华江乡改为华江瑶族乡。

1995年1月,兴安镇与护城乡合并为兴安镇。

1998年,桂林市和桂林地区合并,兴安县隶属桂林市管辖。

1999年湘漓乡改为湘漓镇,严关乡改为严关镇,高尚乡改为高尚镇。

2005年,溶江镇与金石乡合并为溶江镇。

地理概况

【位置面积】 兴安县位于桂林市北部,地处北纬25° 17′ ~25° 55′,东经110° 14′ ~110° 56′之间。东西距70千米,南北距68千米。北和资源县交界,东与灌阳县接界,南与灵川县接界,西和西北与龙胜各族自治县接界。东北与全州县相连,东南靠灌阳县,西南邻灵川县。县域总面积2332平方千米。

【地质】 兴安地层分布广泛,面积2126平方千米,占全县面积的90.5%。由老到新有震旦系、寒武系、奥陶系、志留系、泥盆系、石炭系、白垩系和第四系。其中泥盆系得天独厚,分布最广,占全县面积的50%。兴安县内岩浆岩分布不多,面积222平方千米。种类单一,主要是加里东期酸性侵入岩,分属猫儿山、越城岭、海洋山三个岩体。兴安区内经过了加里东、印支、燕山三次性质强烈的褶皱断裂运动。三次构造运动,由于不同期构造发育方向的相同性和基底构造的方向和基底构造对盖层构造的控制作用,以及地质构造力学的关系,区内褶皱、断裂的形成主要是受北西、南东方向构造挤压力作用,褶皱和断裂构造均沿着北东方向有规律的展布,形成了猫儿山背斜、兴安复向斜、海洋山穹窿等褶皱构造和溶江、白石等区域性大断裂。

【地形】 兴安县的地形复杂多样,主要以丘陵为主,还有肥沃的河谷平原,属于典型的南国丘山县。兴安地势分为3部分,都盘岭的海洋山系由东南向东北倾斜,越城岭山系由西北向西南倾斜。其间,形成狭长谷地,称“湘西走廊”谷地上有土岭、石山、河谷平原。主要河流湘江发源于海洋山,漓江发源于越城岭山系的猫儿山。古运河灵渠沟通湘江和漓江,连接长江和珠江水系,加之地势的走向,形成湘江北去,漓水南流,从而构成“兴安高万丈,水往两头流”的独特地势。

【地貌】 兴安县的地貌是主要以丘陵为主,地貌类型复杂多样。主要有中山、低山、丘陵、岗地、河谷平原与宽谷底几种类型。

中山分为侵蚀花岗岩中山和侵蚀砂岩中山。侵蚀花岗岩中山,面积为240.42平方千米,占全县总面积的10.24%。主要分布在西北部的华江瑶族乡和金石一带,构成越城岭主体。侵蚀砂岩中山,面积为752.14平方千米,占全县总面积32.03%,分布在华江瑶族乡、溶江镇、漠川乡、白石乡等。低山分为侵蚀砂岩低山、侵蚀溶蚀灰岩低山和溶蚀侵蚀灰岩低山。侵蚀砂岩低山,面积为640.28平方千米,占全县总面积27.27%。主要分布在华江瑶族乡、溶江镇、漠川乡、白石乡等地。侵蚀溶蚀灰岩低山和溶蚀侵蚀灰岩低山,面积为101.63平方千米,占全县总面积4.33%。主要分布在护城、严关、白石等地。丘陵分为高丘、中丘、低丘。低丘占全县总面积的3.08%。主要沿低山边缘分布在高尚、华江、漠川、兴安镇、溶江、界首、湘漓等乡镇。中丘面积为66.17平方千米,占全县总面积的2.82%。主要分布在湘江和大溶江河床两侧,由第四纪早期河流冲积物构成。低丘,占全县总面积4.16%。主要集中在兴安县中部,沿湘江、漠川、大溶江分布。岗地占全县总面积的3.49%,由沙砾质构成。河谷平原与宽谷地可分为:洪积冲积黏砂质河谷平原,面积为252.87平方千米,占全县总面积的10.77%。主要分布在各大河流两侧。冲积洪积黏砂质宽谷地,分布于山区河流两侧,总面积为42.46平方千米,占全县总面积的1.82%。

【山系】 兴安县的山脉分属越城岭山系和都庞岭海洋山系。海拔在500米以上的山峰111个,其中1000米以上的山峰36个。

越城岭山系分布于县境西

北部，主峰猫儿山，海拔2141.5米，相对高度1862米，为华南之巅，地跨兴安、资源两县交界处。以猫儿山为起点连绵延伸，形成3支山脉。

西支由猫儿山往西南经资源县的塘垌，过乌石界、银矿山、才喜界入溶江镇境，沿着溶江镇的西边南下，经狮子岩、九分山、正江岭到松江岭，这条山系为溶江镇的小溶江与灵川县的东江河的分水岭。

中支由猫儿山起西南到戴云山，再往南经莲花山，继续沿溶江镇与华江瑶族乡以西经鬼岩、牛路界直到溶江镇所属的满家山结束。

东南支由猫儿山向东北延伸至老山界，再向东南经戴云山、东岭界、佛子界、直到界首镇苏家村的山叉界、兴安镇东界村的观音山。都庞岭的海洋山系在兴安县的东部和东南部，为兴安县、全州县、灌阳县、灵川县4个县的部分界山。主峰盘皇殿，位于漠川乡保林村，海拔1748.2米。山为土石结构，半山以下为杂木林，上半山是草山，山顶平坦，可降落直升机。由此山延伸分为南北两支。北支又分为两支，一支为兴安县、全州县、灌阳县的部分界山，由盘皇殿向北绵延于漠川乡的东部边界；一支全脉在漠川西岸与前者略成平行。南支自盘皇殿主峰往西伸延，沿漠川乡、白石乡、高尚乡南部直至灵川县海洋乡成为海洋河的水源山。至此再折向西北，经高尚乡的西部延伸到护城乡的摩天岭和溶江镇的东山上。

【水系】 县境内河流分属长江流域的湘江水系和珠江流域的西江水系两大类。全县大小河流59条（包括小溪）。河流的总长度为817.7千米，总流域面积2348平方千米。河网密度0.35千米每平方千米。湘江水系的河流主要是湘江及其支流，在县内有334.3千米，流域面积为1117.3平方千米，占47.6%。其中，湘江干流在县境内全长80千米，平均坡降3.6‰，平均河宽91米，多年平均流量为36.6立方米每秒。水能储量3.29千瓦。湘江自分水塘以下无急滩，水深一般在1.2米以上，可通民船。公元前214年，秦始皇时，监禄凿灵渠，在县城南2千米处南陡口屯旁，于湘江中，筑人字形干砌石拦河坝（即大、小天平坝），将湘江部分河水引入漓江，沟通了湘漓水运。自此，直至1940年湘桂公路通车前，湘江遂成中原通往岭南的水运交通要道。

湘江一级支流深江、海洋河、西波江、东宅河、直义河、茗田河、粉山河、亭子江、邓家河、上塘河、双女井溪、西山河、漠川河、开山河、石门河、古流河、两岔江17条，在县境内181.8千米。湘江二级支流东宅河、大湾江、苦竹源、黄竹源、协兴河、流江源在境内66千米。西江水系的河流主要是漓江干流及其支流，在县内全长483.4千米，流域面积为1230.7平方千米，占52.4%。其中，漓江干流在县境内河长55.7平方千米，平均纵坡4.15%，平均河宽76米。多年平均流量40.96立方米每秒，多年平均径流量20.25亿立方米。漓江流域面积10平方千米以上的一级支流杉木江、杨雀江、黑洞江、龙塘江、大坪江、白岩江、华江、黄柏江、川江河、灵河、月光洞河、小溶江在县境内共长218.2千米。其他小于10平方千米的二级支流24条，共长202.5千米。湘江、漓江及其支流均呈树枝状分布，特点是流程短，落差大、河床陡、流域面积小，属山区性河流，其流量大小均受上游降水影响，每到汛期，各河流沿岸均有不同程度的洪水灾害，严重者河岸崩裂，房屋倒塌，农田被冲毁。此外引湘济漓，沟通湘江与漓江水运的古运河灵渠的南、北渠共长36.4千米。其中，南渠长33.15千米，已计入漓江支流灵河及作为灵河支流的灵渠南渠上段的长度中；北渠长3.25千米，其长度未计入河流总长度。

【气候】 兴安县境内地处北回归线附近，属中亚热带湿润季风气候区。气候特点：气温适宜，雨量充沛，日照时间长，积温多，有霜期短，四季分明。年平均气温为18.2℃，极端最低气温为–5.8℃，极端最高气温为39.1℃。平原地区年平均日照为1297.0小时，无霜期平均293天。年平均降雨量为1942.9毫米，年平均降雨约在180天左右，年平均相对湿度为79%。年风向频率最多为东北风，平均风速为2.1米/秒。

四季特征为：春季，冷暖空气交替频繁，常造成长时间低温阴雨天气，暴雨平均每年出现2.4次；夏季，湿度、温度增加，雨量适中；秋天天气晴朗，少雨，昼夜温差大，寒露风天气最早出现于9月11日，最晚出现于10月12日，平均出现于10月2日；“小雪”之后即进入冬季，西伯利亚高压增强，冬季寒潮开始南下，气温急剧下降，雨量少。主要灾害性天气有暴雨、旱灾、倒春寒、大风、寒露风、冰灾、低温阴雨等。

【自然资源】

土地资源 至2017年，兴安县耕地面积26555.85公顷，园地面积14214.63公顷，林地面积165426.74公顷，草地面积8257.13公顷，城镇村及工矿用地6753.43公顷，交通运输用地2108.33公顷，水域及水利设施用地7212.38公顷，其他土地2717.23公顷。耕地中，水田面积22340.02公顷，旱地面积4212.39公顷，水浇地3.44公顷。园地中，果园地13529.56公顷，茶园地19.26公顷，其他园地665.81公顷。

矿产资源 兴安县矿产资源较丰富，经历年来的勘查开发，境内已发现矿种32个，共有矿床(点)158处，可分为：燃料矿产、黑色金属矿产、有色金属矿产、贵金属矿产、非金属矿产五大类，其中大型矿床2处(羊角山水泥用灰岩、冠山水泥用灰岩)，中型矿床4处，小型矿床113处，矿点39处。矿产资源特点是：矿产种类较多。铁矿有一定储量，质量差，尚难利用；锰矿少，无探明资源储量；有色金属除锑、钨及其伴生的铋、银有资源储量外，其他矿种均为矿点，铅锌矿有一定的发展潜力；金矿有岩金、沙金各1处；石灰岩、饰面用灰岩、页岩矿资源丰富，为优势矿产资源，是兴安县重点开发利用的矿种。至2018年，已开发利用矿种主要有金、银、锡钨、铜、铅、锌、方解石、建筑石料用灰岩、饰面用灰岩、水泥用灰岩，砖瓦用页岩、水泥配料用砂岩、高岭土、黏土、锰等16种矿种。

动植物资源 兴安县内有野生动物112种，其中很多为稀有动物，属国家一类保护动物的有黄腹角雉，属国家二类保护动物的有毛冠鹿、红腹角雉、短尾猴、恒河猴、狗熊、麝、大鲵、水鹿、鬣羚、大灵猫、小灵猫、金猫、白鹇、金鸡、穿山甲等，此外还有娃娃鱼。兴安共有植物800余种，是全国毛竹基地之一。猫儿山的华南铁杉，被称为第四纪冰川“活化石”。兴安县内森林植被主要属落叶阔叶林带与常绿阔叶林的过渡地带，海拔在1800米以上山区以青岗栎、高山杜鹃、野八角和华南铁杉及厚朴、紫檀木等阔叶矮林；海拔1000米至1800米为常绿槠栲、水青岗和椎栎木等；海拔1000米以下为杉木、马尾松、毛竹、油桐、油茶、白果、柑橘等。全县森林总面积201.25万亩，占总面积的57.17%；其中，用材林面积152.1万亩，占总面积的39.8%；经济林面积3.02万亩，占总面积0.9%；竹林面积40万亩，占总面积的5.87%；果林面积2.65万亩，占总面积的0.8%；薪炭林面积3.48万亩，占总面积的9.9%。

水资源与水利 兴安区域内降水量丰富。县境内位于北回归线附近，地处亚热带季风气候区。太阳辐射强，加上地势作用，空气对流旺盛，南北冷暖气团交替频繁。多年平均降雨量为1993毫米，降雨量受地形影响，形成区域差异，总的分布趋势是由东南向西北递增。降雨季节差异较大，汛期雨量集中，汛期3月至8月的降雨量占全年降雨量的75%，秋冬两季的降雨量只占全年总降雨量的25%。

兴安县内石灰岩地层分布很广，占总面积的70%。石灰岩地区内不同程度地发育着溶洞、漏斗，形成暗河，县境内地表水、地下水交替出现。多年平均水资源量35.96亿立方米，人均拥有水量8794立方米。其中，地表径流量31.75亿立方米；地下水储量4021亿立方米。

兴安县境内是湘江、漓江二水的发源地，地势高，雨量充沛，降雨多集中在4月至7月，河床比降大，洪水易涨易消。源地植被好，竹木茂盛。据水质的水化成分资料分析：水质较好，pH值适中，离子总数不高，中等矿化度，是工、农业和人民生活的良好水质。

兴安县境内以山地丘陵为主，河流呈网状分布，特点是流程短、落差大、河床陡、流域面积小。且其流量受降雨量的影响，随季节变化。境内河流理论储藏量

表1　　2018年兴安县旅游资源统计表

单位：个

序号	旅游资源主类名称	型的数量	单体数量	单位占全县比例%
1	地文景观	6	27	15.8
2	水域景观	3	8	4.7
4	自然景观	2	3	1.9
5	遗址遗物	5	65	38.2
6	建筑与设施	21	43	25.3
7	旅游商品	3	8	4.7
8	人文活动	4	10	5.9
合计	8类	44	164	100

表 2　　2018 年兴安县人口及其变动情况统计表

单位：户、人

乡镇	总户数	年末总人口	男	女	出生	死亡
兴安县	124658	390869	201166	189703	7815	7362
湘漓镇	17249	53648	28096	25552	1128	1090
溶江镇	18276	56031	28805	27226	1031	1167
高尚镇	14039	49150	25461	23689	1070	1200
严关镇	6366	21073	10777	10296	457	500
崔家镇	7258	23500	12269	11231	444	424
白石乡	3800	12408	6432	5976	212	346
漠川乡	6953	23302	12104	11198	372	461
华江乡	5940	18287	8932	9355	266	228
兴安镇	32981	93828	47302	46526	2011	1206
界首镇	11796	39642	20988	18654	824	740

38.21 千瓦，可开发量 16.5 万千瓦，可开发量占 80%。已开发 9.24 万千瓦，占开发总量的 56%。

旅游资源　兴安县是国际旅游名城桂林的卫星城和桂林旅游的次中心。旅游资源类型齐全，单位数量多，景点级别高，历史文化内涵丰富，生态旅游价值突出。按国际“游资源分类，调查与评价”中的分类系统（即类—亚类—型）进行旅游调查汇总，兴安县境内共有 8 大类、25 亚类、44 型和 164 个旅游单位。

人　口

2018 年，兴安县户籍常住人口 124658 户，390869 人，其中男性 201166 人，女性 189703 人。全年出生 7815 人，死亡 7326 人。

行政区划

2018 年，兴安县下设兴安镇、湘漓镇、溶江镇、界首镇、高尚镇、严关镇 6 个镇，漠川乡、白石乡、崔家乡 3 个乡，1 个华江瑶族自治乡。共 10 个乡（镇）。下辖 115 行政村，9 个社区，204 个自然村。

兴安镇　7 个社区（城西社区、朝阳社区、灵渠社区、葆贞社区、灵潮社区、双灵社区、城中社区），行政村 15 个（护城、自治、塘市、红卫、南源、东界、冠山、董田、粉洞、源江、石坑、柘园、福在、三桂、道冠）。

湘漓镇　14 个行政村（花桥、灵源、渔江、义和、龙禾、双河、沿河、麦源、力头、邓家、阳安、普头、江口、洲上）。

界首镇　1 个社区（界首社区），11 个行政村（宝峰、合家、和平、五一、界首、兴田、百里、大洞、城东、石门、苏家）。

高尚镇　1 个居委员会（高尚田居委员会），16 个行政村（尚义、茗田、直义、金山、江东、高田、堡里、济衷、东源、龙田、西河、乐群、东河、灵龙、凤凰、仁和）。

严关镇　6 个行政村（灵坛、同志、仙桥、杉树、塘堡、清水）。

溶江镇　1 个社区（溶江社区），17 个行政村（廖家、一甲、莲塘、车田、千家、五甲、半圩、富江、司门、龙源、茶源、永安、新文、中洞、佑安、塔边、坪寨）。

漠川乡　13 个行政村（福岭、白面、庄子、保和、榜上、桥头、长洲、显里、艳林、保林、协兴、久中、财金）。

白石乡　6 个行政村（三友、塘口、鳌头、门家、高圩、白竹）。

崔家乡　8 行政村（长冲、上塘、崔家、三义、田心、长田、粉山、高泽）。

华江乡　9 个行政村（千祥、同仁、杨雀、高寨、水埠、升坪、锐伟、垌上、小河）。

经济与社会发展

2018 年，全县完成地区生产总值同比增长 9.2%，规模以上工业总产值同比增长 9.6%，固定资产投资同比增长 18.4%，财政收入按实际可比口径计算同比增长 22.0%，社会消费品零售总额同比增长8.7%,城镇居民人均可支配收入同比增长6.0%,农村居民人均可支配收入同比增长10.0%。

灵渠荣膺广西首个"世界灌溉工程遗产";兴安连续9次荣获"自治区双拥模范县",荣获"自治区级生态县",被列为"广西第一批工业重点县",成为广西唯一"第四批全国旅游标准化试点县创建单位",国家全域旅游示范区创建工作通过初审,义务教育均衡发展通过国家评估认定;溶江镇入选"广西经济发达镇";华江瑶族乡荣获"广西养生养老小镇"和"自治区民族团结进步模范集体"。

【重大项目建设取得新成就】 2018年,全县统筹推进重大项目44个,总投资179亿元,累计完成年度投资39.5亿元。共实施了14条城市道路新改(扩)建工程,里程总长25.7千米,其中总投资2.1亿元的西绕城路竣工通车,灵渠大道(一、二期)完工并投入使用,西环路和迎宾路完成提升改造;风电项目完成年度投资12.3亿元,界首(一、二期)风电项目完成整套工程启动验收,严关(二期)风电项目如期推进;灵渠南渠修缮(一、二期)工程推进顺利,灵渠南渠恢复通航(一期)工程成功试航;滨江公园实现开园;双女井溪提升改造(一期)工程全面完工;白云亭、攀桂桥完成主体工程;兴安博物馆完成主体封顶;妇幼保健院完成主体建设;城南新区移民安置区加快推进;碧桂园房产项目开盘营销;湘漓佛保山生态旅游田园综合体、凤凰坡和城南棚改安置点、双女井溪提升改造(二期)等一批项目顺利开工。

【工业经济持续向好】 一是主导产业结构基本形成。全县基本形成以综合建材、新能源、健康食品、生物医药、装备制造、通用航空为支柱产业的工业产业结构,每个支柱产业都培育和形成了2~3个龙头企业带动的良好发展格局。海螺水泥产销两旺,全年实现税收2.18亿元;风电并网装机容量60万千瓦,年度发电量9.86亿度,全年实现税收3042万元;光伏企业完成改造升级,恢复生产;日盛食品、云峰食品加快提质升级;展卓通用航空1800米跑道获得批复,成功通过民航商业运输资质运行和61部飞行员培训审定,完成白竹铺机场验收取证,实现年产值2000万元。二是加快推进园区建设。大力开展"园区建设年"活动,切实加强园区管理,入园企业53家,园区工业增加值同比增长18%,税收同比增长25%。认真落实工业发展奖励政策,实现"四上"企业入库10家,其中规上企业入库4家。全长7.1千米的西绕城路撑起园区主干路网骨架。探索运用PPP模式,完成标准厂房建设3.4万平方米。占地102亩的米粉产业园开工建设;矿粉产业园完成规划,500亩土地基本完成征收和平整,其中已取得145亩用地指标,入园主干道路建设基本完成。三是全力以赴招商引资。投资5000万元以上的招商引资落地项目有14家企业。这14家企业投资总额近10亿元,全部建成投产后可形成30~35亿元的新增工业产值。四是积极帮扶原有企业。全力促动原有企业扩能提质,已启动并实施扩能提质的企业有海螺水泥协同窑处理城市生活垃圾、恒韵居家俱等7家企业。这些企业每家扩能提质投资均在2000万元以上,投资总额近4亿元,扩能提质完成后预计每年可新增工业产值3亿元以上。五是助推企业自主创新。"国家知识产权强县工程试点县"工作有序推进,大管家获得区级"星创天地"创业平台。鸿翼生物、日盛食品、茗兴生物通过"高新企业"认定。

【营商环境不断优化】 一是持续深化"放管服"。拟取消县级各类证明192项,保留225项。全面贯彻落实营商环境政策,在自治区推行"354560"的基础上,进一步落实"353848"要求,其中企业开办手续办理时限提速85%,其它承诺办结事项在法定时限上提速62.6%。二是大力推进"最多跑一次"改革。已有37个单位进驻政务服务中心开展"一站式服务",其中"最多跑一次"事项734项,占总事项的92.9%;深入推进"互联网+政务服务",745个政务服务事项可实现网上办事指南查询、表格下载、网上预审等功能,网上办事率达94.3%。兴安网上政务服务中心荣获"广西第一届十大最受关注政府网站优秀创新案例"。

【乡村振兴全面实施】 2018年,兴安县出台《关于推进乡村振兴战略的实施意见》等文件,以"百村示范、千村整治"工程为抓手,推动农村现代化和农业产业化发展。一是粮食生产再获丰收。全县种植粮食51.5万亩,总产量达19.21万吨。二是农业产业化步伐加快。编制完成《2018—2020

年兴安县现代特色农业示范区建设行动方案》，灵渠葡萄、红色湘江蜜桔现代农业（核心）示范区建设工程不断提升，金满田园粮食产业示范区被认定为广西第七批四星级核心示范区，大管家生态农业休闲示范区、翠珠红裳温克葡萄示范区被认定为县级示范区。三是生态农业发展迅速。“三品一标”认证工作取得阶段性成效，南丰蜜桔地理标志申请前期工作、高尚甜玉米绿色食品认证有序推进，水果绿色防控面积达10万亩。兴安县连续8年荣获“全国生猪调出大县”，89家养殖场完成“生态养殖场”认证。四是新型经营主体培育取得新成绩。全县有市级以上农业产业化重点龙头企业14家、县级以上示范专业合作社58家、县级以上示范家庭农场26家。五是农村基础工作不断优化。农村土地承包经营权确权登记颁证率95.38%，超额完成目标任务；全面完成农村集体资产清产核资数据上报，并在兴安镇启动桂林市产权制度改革试点镇工作；国有林场改革通过了自治区验收。县电子商务产业中心及375个乡村益农信息服务站全面完成。大力推进“宜居乡村”建设，完成改厨改厕9531户。新建防洪堤及护岸2.99千米，维修改造山塘堰坝4处，防渗加固渠道10千米。

【旅游发展活力释放】 2018年，兴安县国家全域旅游示范区、全国旅游标准化试点县创建工作稳步推进。一是灵渠申遗扎实推进。成功举办灵渠保护与申遗暨水利遗产保护利用学术论坛，灵渠成功列入世界灌溉工程遗产名录。二是旅游项目加快推进。灵渠复航、红军长征文化资源保护与开发利用、灵渠周边环境综合整治、魁星楼—白云驿历史人文景观区等项目建设强力推进。红军长征突破湘江烈士纪念公园创建AAAA景区通过区、市专家评审。三是文旅互促亮点纷呈。全面开展“旅游营销年”活动，成功举办历史最高水平的米粉文化节，获得“中国米粉美食之乡”称号；牵头阳朔、湖南新宁等县组建旅游发展联盟，联合桂北五县成立桂北红色旅游联合体；《新闻联播》《新闻直播间》等央视新闻栏目十余次聚焦兴安，兴安的知名度和美誉度不断提高。全年全县旅游总人数795.56万人次，同比增长16.81%；旅游总消费89.07亿元，同比增长20.63%。四是旅游康养招商项目取得重大突破。引进华润置地收购乐满地，拟投资120亿元打造“大旅游+大健康+大文化”的旅游康养综合体项目；引进中铁锦绣集团，拟投资118亿元打造云影风车山地康养旅游度假区项目；引进上海九翌集团，拟投资约10亿元打造阳雀国际温泉旅游度假区项目。

【脱贫攻坚扎实推进】 一是出台《兴安县关于进一步打好打赢精准脱贫攻坚战的实施意见》，县四家班子率先垂范，县乡村组四级联动，聚焦“六大行动”，聚力贫困群众增收，完成了600户2034人脱贫、10个贫困村摘帽的工作任务。桂林市村级集体经济发展现场会在兴安召开。二是扶贫政策全面落实。整合投入扶贫资金5801万元。加快产业扶贫，选准和培育县“5+2”、村“3+1”特色产业。新（续）建村级光伏电站18个。全面落实“雨露计划”；建档立卡贫困户医疗保障参保率、家庭医生签约率、健康扶贫大病救治专项进度救治率均为100%，住院医疗费用经政府兜底机制个人实际报销比例达90%；完成贫困户危房改造453户。三是压实各级扶贫工作责任。整合全县104个定点帮扶单位3300多名干部驻村帮扶，全力推进责任、政策、工作三落实。四是严格落实问题整改。针对扶贫领域中央、自治区、桂林市巡视巡察检查反馈问题，全力开展整改工作，2018年反馈的168个具体问题已整改到位并全部销号。

【民生福祉持续改善】 2018年，兴安县扎实推进教育、卫生健康、交通、社保等十项为民办实事工程。一是实施振兴兴安教育三年行动计划，义务教育均衡发展通过国家评估认定。二是医疗体制改革稳步推进，医联体建设乡镇卫生院参与率100%。三是一批民生工程顺利推进。总投资220万元的白石高圩天桥、总投资730万元的湘漓普头大桥均已完工；总投资710万元的溶江庄家大桥已基本完成下部结构施工；湘漓新渡大桥、界首下宅桥、华江一号危桥改造启动建设；漠川保林公路竣工通车，兴安至严关大修项目顺利开工，兴安至庄子公路改扩建前期工作基本完成。115个行政村村级综合服务中心完成建设，10座村级公共文化服务中心完成主体建设。投入413万元完成白石山背村等11处农村饮水安全工程，受益人口4173人。投入8700多万元完成电网建设项目

194个。上桂峡水库扩容项目前期工作积极推进。广西主要支流湘江治理工程在艰难中持续推进。四是社会保障体制不断完善。全县新增城镇就业人数4557人，城镇失业人员再就业人数1188人，全区失业保险工作业务推进培训会在兴安召开。社会保障水平持续提升，保障城市低保对象698户、农村低保对象6323户。

【平安建设深入推进】 2018年，县人民政府紧扣社会治安大局持续稳定目标，深入开展“扫黑除恶”专项斗争，法治兴安、平安兴安建设取得重大进展，2018年第四季度群众安全感在全区111个县（市、区）中位列第45位。全面开展“双提升”工作，把提升群众安全感和政法队伍满意度工作纳入绩效考评。进一步加强“天网”工程和“雪亮”工程建设，新增“千里眼”高清探头2100个。深入开展“三大纠纷”调处，对突出的社会矛盾和信访问题实施精准排查、精细化解。狠抓安全生产，全年无重特大安全事故发生。全区水库水电站防洪抢险应急演练、全区测震应急流动观测演练分别在兴安举行。县食药监局荣立全区食药监管系统集体二等功。

【加强工作作风建设】 2018年，县人民政府严格落实中央八项规定和区、市、县各项要求，“三公”经费逐年下降。落实党风廉政建设责任制，抓好政府系统廉政风险点防控。履行全面从严治党主体责任，县政府党组党内政治生活不断规范和加强。

同时，工青妇、供销、人防、物价、史志、档案、气象、机关事务、残联、民族宗教、国防动员等工作取得新进展、新成效。

2018年兴安县党政机关、直属事业单位、党派团体和部分直属单位领导名录

【中共兴安县委员会】

黄洪斌　县委书记（2016年7月任）

黄　钦　县委副书记、县长（2016年11月任副书记、2017年2月任县长）

经友新　县委副书记（2016年5月任）

汪清平　县委常委、人武部部长

黄小桂　县委常委、县人民政府党组副书记、副县长（2014年4月任常委，2016年5月任党组副书记，2016年8月任副县长）

唐社林　县委常委、县委办主任、市防洪及漓江补水枢纽工程建设管委会副主任（2011年10月任常委、2016年5月任县委办主任、2011年11月任漓江补水工程管委会副主任）

余桂兰　县委常委、县委统战部部长（2017年3月任）

蒋世语　县委常委、政法委书记（2010年9月任常委、2011年7月任政法委书记）

刘先锋　县委常委、纪委书记、监察委主任（2016年5月任常委、2016年7月任纪委书记、2018年2月任监察委主任）

庄慧琼　县委常委、县委宣传部部长、副县长（2016年5月县委常委及宣传部长、2016年8月任副县长）

莫家晶　县委常委、组织部长（2016年5月任，2018年6月离任）

吴　勋　县委常委、组织部长（2018年7月任）

【兴安县人大常委会】

张永军　县人大常委会主任、党组书记（2017年5月任党组书记、2017年6月任主任）

赵代林　县人大常委会副主任、党组副书记（2016年10月任党组副书记、2013年任副书记）

刘婉秋　县人大常委会副主任（2016年8月任）

蒋功合　县人大常委会副主任、党组成员（2013年8月任党组成员，2014年2月任副主任）

胡　琳　县人大常委会副主任、党组成员（2017年4月任党组成员，2017年6月任副主任）

林班财　县人大常委会党组成员（2016年12月任）

周剑冰　县人大常委会党组成员（2017年4月任）

【兴安县人民政府】

黄　钦　县委副书记、县长（2016年11月任副书记、2017年2月任县长）

黄小桂　县委常委、县人民政府党组副书记、副县长（2014年4月任常委，2016年5月任党组副书记，2016年8月任副县长）

庄慧琼　县委常委、县委宣传部部长、副县长（2016年5月县委常委及宣传部长、2016年8月任副县长）

徐建强　县政府党组成员、副县长（2009年8月任）

申小军　县政府党组成员、副县长（2016年5月任党组成员，2016年8月任副县长）

吕忠荣　县政府党组成员、副县长(2016年5月任党组成员、2016年8月任副县长)

文新祥　县政府党组成员、副县长(2017年5月任)

杨乔木　县政府副县长(挂职)

辛爱玖　县政府副县长(挂职)

【中国人民政治协商会议兴安县委员会】

唐庆林　县政协党组书记、主席(2016年5月任党组书记、2016年8月任主席)

韦　辉　县政协党组副书记、副主席(2016年10月任党组副书记、2016年8月任副主席)

唐树斌　县政协副主席、党组成员(2016年6月任党组成员、2016年8月任副主席)

伍发进　县政协副主席(2011年8月任)

张　琴　县政协副主席(2016年8月任)

【县人民武装部】

部长　汪清平

政委　于　洋

【三桂部队】

徐光彩　76153业务处处长(负责军事行政工作)(2013年3月任)

黄海桥　76153政治处主任(负责部队政治工作)(2013年3月任)

【雷家部队】

韩奇才　主任

王　剑　政委

胡　杰　政治处主任

【武警兴安中队】

扈海桥　中队长(2015年3月任)

吴长昆　指导员(2017年6月任)

资英杰　排　长(2018年9月任)

党群部门

【县委办】

唐社林　县委常委、县委办主任

区广安　副主任(2015年9月任)

张　飙　副主任(2017年2月任)

陈雄生　副主任(2017年11月任)

秦　涛　副主任(2017年11月任)

文发亮　副主任(2018年2月任)

陈红玉　副主任(2016年2月任)

彭　利　副主任(2015年9月任)

【县委督查室】

区广安　主任(2015年9月任)

罗昌盛　副主任(2016年12月任)

【国家保密局】

文丽蓉　局长(2006年5月任)

【人大常委会办公室】

蒋　涛　县人大常委会办公室主任、党组成员(2015年10月任党组成员,2015年11月任主任)

刘　杰　县人大常委会办公室副主任(2017年9月任)

【县人大法制与内务司法委员会】

蒋德灿　主任委员(2017年2月任)

李　娜　副主任委员(2017年6月任)

【县人大财政经济委员会】

邹迎春　主任委员(2017年2月任)

李雪梅　副主任委员(2017年6月任)

【县人大选举联络工作委员会】

唐晓春　主任(2017年2月任)

唐　明　副主任(2017年2月任)

【县人大教科文卫与民族工作委员会】

罗斌荣　主任(2017年9月任)

何　群　副主任(2017年2月任)

【县人大农业农村与环资城建工作委员会】

林　云　主任(2017年9月任)

唐发忠　副主任(2017年2月任)

【县政协办】

蒋治权　党组成员、秘书长(2015年10月任党组成员,2015年11月任秘书长)

周克斌　副主任(2014年2月任)

【政协提案法制委】

陈　仁　主任(2016年2月任)

张　莉　副主任(2016年5月任)

【政协文教卫体民族委】

谭梦澜　主任(2017年7月任)

李晓菊　副主任(2015年11月任)

【政协经济科技联谊委】

陈　贤　主任(2016年8月任)

尹　冬　主任(2018年6月任)

唐艳华　副主任(2017年7月任)

【中共兴安县纪律检查委员会/兴安县监察委员会】

刘先锋　县委常委、纪委书记、县监委主任(2016年5月任常委、2016年7月任纪委书记、2018年2月任监察委主任)

赵　勤　县纪委副书记、县监委副主任(2017年5月任副书记,2018年2月任副主任)

李　冰　县纪委副书记、县监委副主任 (2016年2月任副书记,2018年2月任副主任)

唐贤凯　县纪委常委(2011年4月任,2018年1月离职)

唐汉荣　县纪委常委、监委委员(2018年1月任常委,2018年2月任委员)

宿桂平　县纪委常委、监委委员(2016年5月任常委,2018年2月任委员)

李　哲　县纪委常委(2016年5月任)

刘懿敏　县纪委常委(2016年5月任)

彭政钦　县监委委员(2018年2月任)

蒋建平　县监委委员(2018年2月任)

【县委组织部】

莫家晶　县委常委、县委组织部部长(2016年5月任,2018年6月离任)

吴　勋　县委常委、县委组织部部长(2018年6月任)

唐中华　副部长(2016年5月任)

李忠生　副部长(2017年6月任)

陈宗辉　副部长县人力资源和社会保障局党组书记、局长,县社会保险事业局局长(兼)(2010年8月任)

蒋忠桂　副部长、县委老干部局局长(2015年9月任)

【远程办】

文发亮　副主任(2016年12月任,2018年2月免)

【县非公党工委】

胡荣辉　专职副书记(2015年9月任)

【县委统战部】

余桂兰　部长(2017年4月任)

董方东　副部长(2017年7月任)

孙玉海　副部长(2017年2月任,2018年5月免)

何立松　副部长(2018年5月任)

【县信访局】

彭　利　局长(2017年1月任)

秦庆佐　副局长(2012年6月任)

【县总工会】

韦　辉　主席(兼)

秦发川　党组书记、常务副主席(2013年12月任党组书记,2014年1月任常务副主席)

文杰勇　党组成员、副主席(2012年7月任党组成员,2017年9月任副主席)

杨　永　副主席(2014年1月任)

【县老干局】

蒋忠桂　局长(2015年9月任)

刘建斌　副局长(2013年12月任,2018年6月免)

唐　涛　副局长(2018年6月任)

【县妇联】

韦桂华　主席(2013年12月任,2018年7月免)

吴　双　主席(2018年9月任)

周冬梅　副主席(2013年12月任)

陈　艳　副主席(2016年5月任)

【县民宗局】

孙玉海　局长(2017年2月任,2018年5月免)

何立松　局长(2018年5月任)

梁定有　副局长(2017年2月任)

【县科学技术协会】

孙工海　党组书记、土席(2018年5月任)

李　芳　党组书记、主席(2018年5月免)

宿军民　党组成员、副主席(2015年9月任)

刘　捷　党组成员、副主席(2017年10月任)

【县党史办】

顾云晖　主任(2016年5月任)

唐秀琼　副主任(2011年4月任)

【共青团兴安县委员会】

方　向　书记(2016年12月任)

唐晓红　副书记(2013年12月任)

杨麟角　副书记(2017年7月任)

【县工商联】

潘　敏　主席(2016年12月任,2018年5月调离)

董方东　党组书记、常务副主席(2017年7月任,2018年3月任常务副主席)

黄福泉　党组成员、副主席(2017年7月任党组成员,2018年3月任副主席)

【县直属机关工委】

周顺国　书记(2015年7月任)

唐日星　副书记(2013年12月任)

张文星　工委委员、武装部部长(2016年5月任委员,2016年7月任部长)

李凤娟　工委委员(2016年5月任)

【中共兴安县委党校】

经友新　校长

赵国志　常务副校长(2015年9月任)

王相琼　副校长(2013年12月任)

季艳萍　副校长(2013年12月任)

【县绩效办】

陈红玉　主任(2016年2月任)

唐　玮　副主任(2012年6月任)

【县档案局】

赵兴梅　局长(2013年12月任)

文舒恩　副局长(2011年4月任)

陈　思　副局长(2016年5月任)

【县残联】

李明善　党组书记、理事长(2015年10月任)

彭　春　党组成员、副理事长(2010年10月任副理事长,2011年11月任党组成员)

陶　勇　纪检组长、班子成员(2017年6月任,2018年1月免)

政府部门

【县政府办】

杨　义　党组成员、主任(2011年1月任党组成员,2011年2月任主任)

陈建安　副主任(2015年9月任)

邓　毅　副主任(2017年8月任)

廖志坚　副主任(2013年12月任)

俸　勇　副主任(2015年9月任)

刘袁华　副主任(2017年2月任)

莫小英　副主任(2017年7月任)

周俊兴　副主任(2016年5月任)

【县民政局】

张　旎　局长(2016年2月任)

秦建军　副局长(2016年5月任,2018年6月免)

韦俞全　副局长(2017年2月任)

【湘江战役纪念公园管理处】

唐海燕　副主任(2016年5月任)

吴光林　副主任(2013年12月任)

【县机关事务后勤服务中心】

石程丽　党组书记、局长(2012年6月任)

陈矫健　党组成员、副局长(2012年6月任,2018年5月免)

王　萍　副局长(2017年2月任)

【县法制办】

莫小英　县委巡察组组长,法制办主任(兼)(2017年7月任)

周竹兰　副主任科员

【县人社局】

陈宗辉　县委组织部副部长,县人社局党组书记、县人社局局长,县社保局局长(兼)(2012年7月任)

胡连荣　党组副书记、副局长(2016年5月任)

雷　振　党组成员、副局长(2015年9月任)

伍美宽　党组成员、纪检组

长(2017 年 7 月任)

罗祖荣　副局长(2013 年 12 月任)

【县科技局】

刘筱红　局长(2016 年 5 月任)

聂建军　副局长(2013 年 12 月任)

文　琼　副局长(2008 年 2 月任)

【县审计局】

唐修桂　党组书记、局长(2015 年 7 月任)

张伟明　党组成员、副局长(2012 年 8 月任)

荣子萍　党组成员、副局长(2015 年 9 月任)

赵孝德　县经济责任审计联席办主任(2012 年 6 月任)

【县编委办】

黄学红　主任(2016 年 5 月任)

刘　梅　副主任(2016 年 5 月任)

赵纤郦　副主任(2017 年 10 月任)

【县志办】

阳　旭　主任(2016 年 5 月任)

刘绍良　副主任(2011 年 4 月任)

【县地震局】

李　波　局长(2013 年 12 月任)

文　辉　副局长(2011 年 4 月任)

谢永能　副局长(2016 年 5 月任)

【县市场开发服务中心】

李自强　主任(2012 年 6 月任)

阳定雄　副主任

艾少江　副主任

邓　勇　副主任

【县政务服务中心】

邓　毅　主任(2011 年 1 月任)

蒋建林　副主任(2016 年 5 月任)

黄育艳　副主任(2016 年 5 月任,2018 年 5 月免)

经贸部门

【县工信局】

莫付林　党组书记、局长(2018 年 5 月任)

吴华雁　副局长(2017 年 2 月任)

赵春光　党组成员、副局长(2011 年 4 月任)

佘定富　党组成员、副局长(2013 年 12 月任)

【县招商局】

潘　敏　局长(2018 年 5 月任)

邓兴海　党组书记(2015 年 9 月任)

王飞燕　副局长(2017 年 02 月任)

【县电信公司】

唐晓勇　总经理(2015 年 8 月任)

高　敏　副总经理(2016 年 6 月任)

【移动公司】

张　彦　总经理(2016 年 1 月任)

【联通公司】

沈文斌　总经理(2018 年 1 月—11 月任)

【兴安县邮政分公司主要领导】

康建军　总经理(2017 年 8 月任)

李秋华　副总经理(2018 年 4 月任)

【桂林兴安供电局】

袁　飞　党委书记、局长(2014 年 3 月 31 日至 2018 年 10 月 21 日任局长,2018 年 10 月 22 日任党委书记、局长)

欧阳向上　党委副书记、副局长[2014 年 3 月 31 日至 2018 年 10 月 21 日任党委书记、副局长、工会主席,2018 年 10 月 22 日任党委副书记、副局长、工会主席(正科级)]

蒋　清　副局长(2016 年 4 月 21 日任)

秦广识　副局长(2016 年 4 月 21 日任)

罗　磊　副局长(2018 年 10 月 22 日任)

郭章庆　纪委书记(2018 年 12 月 29 日任)

【县交通运输局】

蒋志勇　党组书记、局长(2017 年 5 月任书记,2017 年 6 月任局长)

王艺忠　党组成员、副局长(2012 年 6 月任)

唐海军　党组成员、副局长(2013 年 12 月任)

龙志忠　党组成员、交站办主任(2009 年 4 月任)

李蔚萍　党组成员、执法大队大队长(2017 年 7 月任)

丁群松　党组成员、纪检组长(2017年7月任)

【县烟草专卖局】

廖　潘　副局长

【县工商行政管理和质量技术监督局】

邓红成　党组书记、局长(2016年12月任)

秦靖辉　党组副书记、副局长(2015年9月任)

唐炳军　党组成员、副局长(2015年9月任)

王永雄　党组成员、副局长(2015年9月任)

陆冬荣　党组成员、副局长(2015年9月任)

侯林生　党组成员、纪检组长(2017年7月任)

【兴安公路管理局】

陆吉林　局长(2018年1月任)

廖铭颖　书记(2018年1月任)

莫益才　路政大队长(2018年1月任)

唐明旺　路政大队书记(2018年1月任)

周陆军　副局长(2018年1月任)

何年生　副局长(2018年1月任)

刘　明　副局长(2018年1月任)

唐家飞　工会主席(2018年1月任)

【石油公司】

周　捷　经理(2016年5月任)

刘　涛　副经理(2016年5月任)

【盐业公司】

周　捷　经理(2017年9月任)

【县安监局】

赵　晖　局党组书记、局长(2015年9月任,2018年5月免)

唐春和　局党组书记、局长(2018年7月任书记,2018年8月任局长)

罗顺兮　党组成员,副局长(2012年6月任党组成员,2013年12月任副局长)

唐显成　党组成员、副局长(2017年7月任)

政法部门

【县委政法委】

蒋世语　县委常委、政法委书记

王富强　副书记、县国安办主任

唐春和　副书记、县委维稳办主任、县综治办主任(2018年7月调离)

张　珂　副书记(2018年7月任)

尹霄鲁　专职委员

庄荣培　县综治办副主任

漆　军　国安办副主任

【兴安县人民法院】

张云艳　党组书记、院长

张有明　党组成员、副院长(2003年7月任党组成员,2003年8月任副院长)

李岷志　党组成员、副院长(2007年1月任)

杨迪勇　党组成员、副院长(2010年9月任)

杨迪宏　党组成员、纪检组长(2017年7月任)

陆正胜　党组成员、执行局局长(2008年7月任执行局局长,2012年6月任党组成员)

邓新颜　党组成员、政工科科长(2012年6月任任党组成员,2011年10月任政工科科长)

丁文华　专职审委会委员、审管办主任(2008年6月任)

【兴安县人民检察院】

秦奕明　党组书记、检察长(2016年5月任)

唐春燕　党组成员、副检察长(2007年1月任党组成员,2010年9月任副检察长)

张　勇　党组成员、副检察长(2010年9月任)

李　红　党组成员、政工科长(2017年7月任)

陶　沿　专职委员(2013年6月任)

【县公安局】

申小军　党委书记、局长(2016年8月任,2018年12月调出)

朱建华　党委副书记、政委(2014年2月任,2018年3月调出)

张初有　党委副书记、政委(2018年10月任)

邱润强　党委委员、副局长(2011年11月任)

唐显维　党委委员、副局长(2015年11月任)

文洪平　党委委员、副局长(2015年11月任)

陈　锋　党委委员、纪委书记、县纪委驻公安局纪检组组长(2015年11月任)

秦　华　党委委员、副政委(2015年11月任)

梁祥杰　党委委员、交通管理大队大队长(2015年11月任)

欧　俊　挂职副局长(2018年6月任)

【县司法局】

陆光雄　党组书记、局长(2016 年 11 月任)

唐重金　党组成员、副局长(2017 年 7 月任)

吴文婷　副局长、挂职检察院副检察长(2017 年 7 月任)

【县公安局交警大队】

梁祥杰　局党委委员、大队长(2015 年 11 月任)

赵国平　教导员(2018 年 12 月任)

陈志鸿　副大队长(2005 年 10 月任)

张　斌　副大队长(2009 年 4 月任)

黄志学　副大队长(2018 年 12 月任)

唐　卿　副教导员(2008 年 2 月任)

【县调处办】

周俊兴　县政府办副主任(兼)、县调处办主任(2016 年 5 月任)

宣教部门

【县委宣传部】

庄慧琼　部长

李春荣　副部长(2013 年 12 月任)

赵时斌　副部长(2012 年 7 月任)

李传亮　副部长(2017 年 2 月任)

【县精神文明办】

李传亮　主任

张　寒　副主任(2016 年 5 月任)

【外宣办】

赵时斌　主任

秦泽秋　副主任(2017 年 7 月任)

【兴安报社】

赵时斌　主编(2018 年 9 月任)

李春荣　主编(2018 年 9 月离职)

蒋跃民　副主编、编辑部主任

秦　维　副主编、广告部主任

【社科联】

赵时斌　主席

李秀媛　副主席(2010 年 12 月任)

【网信办】

赵时斌　主任

刘春仙　副主任(2013 年 12 月任)

【兴安县文学艺术界联合会】

彭书华　主席(兼)(2012 年 5 月任)

彭维标　副主席(兼)(2012 年 5 月任)

雷俊忠　副主席(兼)(2016 年 12 月任)

秦昌荣　副主席(兼)(2016 年 12 月任)

刘建新　副主席(兼)(2016 年 12 月任)

王国楚　县文联秘书长(2018 年 3 月任)

【县文旅广体局】

高　峰　党组书记、局长(2015 年 9 月任)

蒋甲济　党组成员、副局长(2015 年 9 月任)

聂　忠　党组成员、副局长(2016 年 5 月任)

蒋东成　党组成员、副局长(2015 年 9 月任)

罗修永　党组成员、副局长(2015 年 9 月任)

何革灵　党组成员、副局长(2015 年 10 月任)

蒋安明　党组成员、执法大队大队长(2016 年 5 月任)

余肇辉　党组成员、纪检组组长(2017 年 8 月任)

【县教育局】

赵　晖　党组书记、局长(2018 年 5 月任)

韩宏勇　党组成员、副局长(2007 年 1 月任)

彭祥国　党组成员、副局长(2016 年 5 月任)

李谋辉　党组成员、县纪委驻教育局纪检组组长(2017 年 7 月任)

【县卫计局】

伍影中　党组书记、局长(2015 年 9 月任)

何香凌　党组成员、副局长(2016 年 5 月任)

彭祥旺　党组成员、副局长、计生协会专职副会长(2015 年 9 月任)

鲁国兴　党组成员、副局长(2015 年 9 月任)

唐卫红　党组成员、副局长(2017 年 7 月任)

文泽华　党组成员(2017 年 2 月任)

【县食品药品监督管理局】

刘志谋　党组书记、局长(2015 年 9 月任)

赵海军　党组成员、副局长(2012 年 6 月任)

唐书杰　党组成员、副局长(2015年9月任)

邹喜明　党组成员、稽查大队长(2016年5月任)

易麟一　副局长(2017年2月任)

【县网络公司】

梁　勇　总经理

钱　鹏　副总经理

崔　荣　副总经理

【兴安师范】

孙良军　校长

欧阳永荣　副校长(2004年9月任)

杨红军　党总支书记、副校长(2005年7月任)

蒋安瑞　副校长(2012年6月任)

农业部门

【县农业局】

吕瑞云　党组书记、局长(2017年5月任)

郭小军　党组成员、副书记(2013年12月任)

郭　楠　党组成员、副局长(2012年6月任)

文　德　党组成员、驻农业局纪检组长(2017年7月任)

李红松　副局长(2007年10月任)

【县林业局】

黄本谊　党组书记、局长(2015年9月任)

张　琼　党组副书记(2013年1月任)

阳　平　党组成员、副局长(2011年4月任)

曾庆斌　党组成员、副局长(2012年6月任)

毛跃辉　党组成员、纪检组长(2017年8月任)

【县水产畜牧兽医局】

江元科　局长(2013年12月任)

班富成　副局长(2015年9月任)

李　格　副局长(2015年9月任)

【县农机局】

胡学军　党组书记、局长(2015年9月任)

蒋　波　党组成员、副局长(2013年8月任)

黄　斌　党组成员、副局长(2013年12月任)

【县水利局】

陈　林　党组书记、局长(2015年9月任)

陈春梅　党组成员、副局长(2011年4月任)

王　鹏　党组成员(2016年5月任)

唐昌华　副局长(2017年7月任)

【县水库移民管理局】

史永林　党组书记、局长(2016年5月任)

陆新华　副局长(2011年3月任)

唐文周　副局长(2017年2月任)

陈高峰　副局长(2012年6月任)

【县气象局】

梁钦川　党支部书记、局长(2014年10月任)

文冬平　副局长(1996年5月任)

王方日　副局长(2016年3月任)

【县扶贫办】

何立松　主任(2017年2月任,2018年5月离职)

张征华　主任(2018年5月任)

周和元　副主任(2012年6月任)

蔡余明　副主任(2013年12月任)

刘懿敏　县纪委常委、挂职副主任

【县供销合作联社】

戴文戈　党组书记、主任(2015年9月任)

尹振中　党组副书记、主任(2018年1月任)

尹垂友　党组成员、副主任(2015年9月任)

陶　勇　党组成员、副主任(2018年1月任)

计划部门

【县发展改革局】

谭海文　党组书记、局长(2016年10月任)

刘桂标　党组副书记(2013年12月任)

邓先云　党组成员、副局长(2012年6月任)

张征杰　党组成员、副局长(2013年12月任)

李自强　党组成员、副局长(2012年6月任)

【县国土资源局】

卢宇春　党组书记、局长(2018年3月任)

李广彩　党组成员、副局长（2016年3月任）

王柱彬　党组成员、副局长（2011年12月任）

蒋小萍　党组成员、副局长（2016年5月任）

【县物价局】

陈来生　副局长(2012年6月任）

【县统计局】

邓永忠　局长(2016年12月任）

廖业异　党组书记(2017年2月任）

郭太红　副局长(2011年4月任）

鲁成国　副局长(2013年12月任）

【县环保局】

文善华　党组书记、局长（2018年5月任）

秦建文　党组成员、副局长（2012年12月任）

刘朝晖　副局长(2018年5月任）

【县住房和城乡建设局】

丁贵明　党组书记、局长（2017年5月任）

季　勇　局党组副书记（2013年12月任）

蒋祥斌　党组成员、副局长（2013年12月任）

杜德强　副局长(2017年2月任）

王继贤　党组成员、纪检组长(2017年7月任）

【兴安县城乡市容管理局】

彭　平　党组书记、局长（2017年5月任）

杨国际　党组成员、副局长（2016年5月任）

蒋兴朝　党组成员、副局长（2017年10月任）

【兴安县粮食局】

赵福生　局　长(2017年5月任）

蒋媛丽　副局长(2013年12月任）

【国家统计局兴安县调查队】

胡黎明　队长

蒋平侠　副队长

财金部门

【兴安县财政局】

李　芳　党组书记、局长（2018年5月任）

朱志辉　党组成员、副局长（2011年3月任）

杨桂阳　党组成员、副局长（2012年6月任）

徐恩雄　党组成员、副局长（2017年7月任）

唐文军　党组成员、国库支付局局长(2017年2月任）

郭晓艳　党组成员、纪检组长(2017年7月任）

【县税务局】

张礼贵　党委书记、局长（2018年10月任，2018年1月—7月任原广西兴安县国家税务局党组书记、局长；2018年7月—10月任国家税务总局兴安县税务局联合党委书记、局长）

康平勇　党委副书记、副局长(2018年10月任，2018年1月—7月任原广西兴安县地方税务局党组书记、局长；2018年7月—10月任国家税务总局兴安县税务局联合党委副书记、副局长）

潘克诚　党委委员、副局长（2018年10月任，2018年1月—7月任原广西兴安县地方税务局党组成员、副局长；2018年7月—10月任国家税务总局兴安县税务局联合党委委员、副局长）

覃宇鹏　党委委员、副局长（2018年10月任，2018年1月—7月任原广西兴安县国家税务局、副局长；2018年7月—10月任国家税务总局兴安县税务局联合党委委员、副局长）

成利勇　党委委员、副局长（2018年10月任，2018年—7月任原广西兴安县地方税务局党组成员、副局长；2018年7月—10月任国家税务总局兴安县税务局联合党委委员、副局长）

蒋天富　党委委员、副局长（2018年10月任，2018年1月—7月任原广西兴安县国家税务局党组成员、副局长；2018年7月—10月任国家税务总局兴安县税务局联合党委委员、副局长）

谭家德　党委委员、副局长（2018年10月任，2018年1月—7月任原广西兴安县国家税务局党组成员、副局长；2018年7月—10月任国家税务总局兴安县税务局联合党委委员、副局长）

蒋义成　党委委员、副局长（2018年10月任，2018年1月—7月任原广西兴安县地方税务局党组成员、副局长；2018年7月—10月任国家税务总局兴安县税务局　联合党委委员、副局长）

文月生　党委委员、纪检组长(2018年10月任，2018年1月—7月任原广西兴安县地方税务局党组成员、纪检组组长；2018

年7月—10月任国家税务总局兴安县税务局联合党委委员)

蒋贵茗　党委委员、副局长(2018年10月任,2018年1月—7月任原广西兴安县国家税务局党组成员、副局长;2018年7月—10月任国家税务总局兴安县税务局联合党委委员、副局长)

唐　圆　党委委员、副局长(2018年10月任,2018年1月—7月任原广西兴安县国家税务局党组成员,纪检组长;2018年7月—10月任国家税务总局兴安县税务局联合党委委员、副局长)

【中国人民银行兴安县支行】

姚邕桂　党组书记、行长(2017年5月任)

侯　克　党组成员、副行长(2011年12月任)

李向常　党组成员、副行长、纪检组长(2014年8月任)

【中国工商银行兴安县支行】

文　博　行长(2016年8月18日—2018年9月任)

褚浩宇　副行长(主持工作,2018年9月任)

徐运就　副行长(2013年8月任)

袁颖凌　副行长(2018年2月任)

【广西兴安农村合作银行】

莫训武　董事长(2018年2月6日任)

阳勇军　行长(2018年4月11日任)

唐顺清　监事长(2014年2月27日任)

苏月宽　副行长(2018年4月11日任)

【中国农业银行股份有限公司兴安县支行】

文　华　党委书记、行长(2013年1月任)

徐光辉　党委副书记、纪委书记、副行长(2015年1月任)

黄战生　副行长(2015年1月任)

邓　鑫　副行长(2016年12月任)

【中国农业发展银行兴安县支行】

周贡斌　行长(2017年6月22日—2018年12月31日任)

杨　燕　副行长(2015年4月27日—2018年12月31日任)

郑晓阳　副行长(2017年3月16日—2018年8月7日任)

【广西兴安民兴村镇银行】

贾　军　董事长(2017年6月1日任)

刘海燕　行长(2019年1月10日任)

何娅姗　副行长(2016年6月12日任)

【中国人寿保险股份有限公司兴安支公司】

陈盛礼　经理(2014年8月任)

唐建红　副经理(2010年11月任)

雷正国　副经理(2016年7月任)

【中国人财保险股份有限公司兴安支公司】

刘玉好　经理(2015年1月任)

刘燕飞　副经理(2016年8月任)

唐　俊　副经理(2016年8月任)

【住房公积金管理中心】

阳艳妮　主任(2017年5月任)

乡　镇

【兴安镇】

汤建国　镇党委书记(2016年5月任)

王　杰　镇党委副书记、镇长(2016年5月任)

马文华　镇党委副书记、镇人大主席(2016年5月任,2018年11月离职)

闭　梅　挂职副书记

崔晓东　挂职副书记

黄　鹏　镇党委委员、纪委书记(2016年5月任)

秦月华　镇党委委员(2014年3月任)

郭端荣　镇党委委员(2016年5月任)

何　力　镇党委委员、副镇长(2016年5月任)

唐　云　镇党委委员、副镇长(2017年2月任)

杨福鹏　镇党委委员、武装部部长(2016年5月任)

佘晓辉　副镇长(2014年3月任)

阳东风　副镇长(2016年7月任)

涂清华　镇人大副主席(2016年7月任)

【界首镇】

陈　健　镇党委书记(2013年11月任)

张凌明　党委副书记、镇长(2016年4月任)

彭　建　镇党委副书记、人大主席(2016年4月任)

蒋　波　镇党委挂职副书记

张燕程　镇党委委员、纪委书记(2016年5月任)

韦林兵　镇党委组织委员(2016年5月任)

侯冬梅　镇党委宣传委员(2016年5月任)

王远德　镇党委委员、武装部长(2014年3月任)

蒋维丽　镇党委委员、副镇长(2016年5月任)

苏晓辉　镇党委委员、副镇长(2016年5月任)

唐和平　副镇长(2017年2月任)

王远东　副镇长(2016年7月任)

伍阳葵　镇人大副主席(2016年7月任)

【严关镇】

欧阳勇　镇党委书记(2016年5月任)

蒋艳琼　镇党委副书记、镇长(2016年5月任)

周　勇　镇党委副书记、人大主席(2016年5月任)

鲁成国　镇党委挂职副书记

骆生华　镇党委挂职副书记

蒋周智　镇党委委员、纪委书记(2016年5月任)

赵德文　镇党委委员(2016年5月任)

王梦语　镇党委委员(2016年5月任)

莫丰华　镇党委委员、副镇长(2014年3月任)

唐　军　镇党委委员、副镇长(2016年5月任)

颜大荣　镇党委委员、武装部长(2014年3月任)

张志红　副镇长(2016年7月任)

谢文婷　副镇长(2016年7月任)

杨　芳　镇人大副主席(2016年7月任)

【溶江镇】

谭　炜　党委书记(2015年10月任)

彭　博　党委副书记、镇长(2016年5月任)

文　伟　党委副书记、人大主席(2016年5月任,2018年5月离任)

毛茂荣　党委副书记、人大主席(2018年5月任,2014年1月至2018年5月任党委委员、副镇长、金石办事处主任)

刘晓丽　党委委员、纪委书记(2016年5月任)

陈传双　党委委员(2018年5月任)

周　涛　党委委员(2016年5月任)

黄仲良　党委委员、武装部部长(2016年5月任)

周凌峰　党委委员、副镇长(2016年5月任)

文单丹　党委委员、副镇长(2016年7月任)

蒋章友　副镇长(2016年7月任)

顾晓辉　副镇长(2018年5月)

易艳秀　人大副主席(2016年7月任)

【湘漓镇】

孙良军　镇党委书记(2017年6月任)

张　峰　镇党委副书记、镇长(2016年3月任)

艾志盛　镇党委副书记、人大主席(2016年5月任)

张忠友　镇党委挂职副书记;(2016年3月任)

易周宁　镇党委委员、纪委书记(2016年5月任)

唐　冲　镇党委委员(2016年5月任)

罗美萍　镇党委委员(2016年5月任)

张建华　镇党委委员、副镇长(2016年5月任)

陈汝明　镇党委委员、副镇长(2016年5月任)

罗中华　镇党委委员、武装部长(2016年5月任)

唐基华　副镇长(2016年7月任)

廖建国　副镇长(2016年7月任)

何成南　镇人大副主席(2014年3月任)

【高尚镇】

伍平安　镇党委书记(2016年6月任)

唐　泓　镇党委副书记、镇长(2016年3月任)

张　珂　镇党委副书记,镇人大主席(2016年5月任,2018年10月离职)

文玲丽　镇党委副书记、镇人大主席(2018年10月任,2016年5月至2018年10月任镇党委委员)

杨麟角　挂职副书记

周晓辉　镇党委委员、副镇长(2016年5月任)

蒋　跃　镇党委委员、副镇长(2016年5月任)

经军辉　镇党委委员、纪委书记(2016年5月任)

鲁旭辉　镇党委委员(2016年5月任)

顾海全　镇党委委员、武装部部长(2016年5月任)

蒋勇飞　副镇长(2014年3月任)

韦云鸥　副镇长(2016年7月任)

李明艳　镇人大副主席(2016年7月任)

【崔家乡】

杨　涛　乡党委书记(2011年3月任)

胡祖江　乡党委副书记、乡长(2016年6月任)

唐庆荣　乡党委副书记、乡人大主席(2016年6月任)

顾昌冕　乡党委挂职副书记(2018年6月任)

刘林峰　乡党委委员、纪委书记(2016年6月任)

陈文杰　乡党委委员(2016年6月任)

唐　秋　乡党委委员(2016年6月任)

季正元　乡党委委员、武装部长(2016年6月任)

张玫丽　乡党委委员、副乡长(2016年6月任)

刘　权　乡党委委员、副乡长(2016年6月任)

谭丽芳　副乡长(2013年12月任)

马海洋　副乡长提名候选人(2018年8月任)

袁　捷　乡人大副主席(2016年6月任)

【白石乡】

蒋　勇　乡党委书记(2015年7月任)

吕　芳　乡党委副书记、乡长(2015年7月任)

唐智军　乡党委副书记、乡人大主席(2016年5月任)

易　德　乡党委挂职副书记(2018年1月—3月任)

高伟熙　乡党委挂职副书记　(2018年3月—12月任)

廖志东　乡党委委员、纪委书记(2016年5月任)

廖燕琼　乡党委组织委员(2016年5月任)

唐振兴　乡党委宣传委员(2016年5月任)

张玉珍　乡党委委员　副乡长(2016年5月任)

唐辉丞　乡党委委员　副乡长(2016年5月任)

唐海生　乡党委委员　武装部长(2016年5月任)

文　明　副乡长(2014年3月任)

廖冬梅　乡人大副主席(2016年7月任)

【溴川乡】

石峰志　乡党委书记(2015年9月任)

郭俊林　乡党委副书记、乡长(2015年7月任,2018年11月任离职)

马文华　乡党委副书记、乡长(2018年11月任)

张征华　乡党委副书记、乡人大主席(2016年5月任,2018年11月离职)

余　毅　乡党委副书记、乡人大主席(2018年11月任)

漆　军　挂职副书记

胡　梅　乡党委委员、纪委书记(2016年5月任)

蔡立鹏　乡党委委员(2016年5月任)

唐海燕　乡党委委员(2016年5月任)

唐朝俐　乡党委委员、副乡长(2016年5月任)

阳志华　乡党委委员、副乡长(2014年3月任)

彭　建　乡党委委员、武装部部长(2016年5月任)

李盛灵　副乡长(2016年7月任)

张顺荣　乡人大副主席(2016年7月任)

【华江瑶族乡】

文万年　乡党委书记(2017年5月任)

潘荣利　乡党委副书记、乡长(2016年5月任)

吴　双　乡人大主席(2009年4月任,2018年8月离职)

李　萍　乡人大主席(2011年4月任)

陈高峰　乡党委挂职副书记(2018年4月任)

周　云　乡党委委员、纪委书记(2016年5月任)

张紫明　乡党委专职委员(2018年9月任)

马海洋　乡党委组织委员(2016年5月任,2018年8月离职)

黄　磊　乡党委委员、副乡长(2016年5月任)

蒋　辉　乡党委委员、副乡长(2016年5月任)

唐海波　副乡长(2018年9月任)

张　军　乡党委委员、武装部部长(2016年5月)

李春梅　副乡长(2014年3月任)

李继远　乡人大副主席(2016年5月任)

顾晓辉　副乡长(2016年6月任,2018年5月离职)

中国共产党兴安县委员会

综　述

2018年，是全面贯彻落实中共十九大精神的开局之年，是改革开放40周年、自治区成立60周年。一年来，在自治区、市党委、政府的正确领导下，县委常委会团结带领全县各级党组织、广大党员和干部群众，坚持以中共十九大精神和习近平新时代中国特色社会主义思想为指导，紧紧围绕建设“生态兴安、文化兴安、富裕兴安”、实现“七大目标”（即把兴安建设成为广西新能源的重要基地；“美丽广西”生态文明建设桂北新样本；桂林国际旅游胜地的重要一极；广西历史文化、红色文化、山水文化、民俗文化交相辉映的文化名县；巩固提升广西卫生城市；创建广西文明城市；迈入广西县域经济发展第一方阵）和创建“三大生态”（是指创建自治区风清气正的政治生态、团结和谐的社会生态和山清水秀的自然生态“先进县”）先进县战略，深化“六个年”（是指县委2018年提出的招商引资年、园区建设年、农村电商建设年、旅游营销年、改革推进年、依法治理年活动）活动，撸起袖子加油干，全县经济社会发展和党的建设各项事业呈现出新气象。全年完成地区生产总值同比增长8.7%，创2014年以来最好水平；规模工业总产值增长9.6%，固定资产投资增长12.0%；财政收入下降9.58%（按可比口径增长22.0%）；城镇居民人均可支配收入增长6.0%，农村居民人均可支配收入增长10.0%。

重要会议

【中国共产党兴安县第十四届代表大会第三次会议】 2018年1月16日上午8时30分，中国共产党兴安县第十四届代表大会第三次会议在县委二楼会议厅召开。

大会应到代表263人，实到代表246人，符合规定人数。

会上，县委书记黄洪斌代表县委常委会向大会作题为《坚定信心　凝心聚力　谱写兴安发展新篇章》工作报告。

黄洪斌在报告中，从5个方面全面回顾总结了2017年工作。报告指出，2017年，面对经济下行和调整的巨大压力、结构性财政收支严峻形势、社会投资萎缩的艰难局面，县委充分发挥总揽全局、协调各方的领导核心作用，沉着应对，迎难而上，团结带领全县各级党组织、广大党员和干部群众，认真学习贯彻中共十八届六中全会、十九大精神和习近平总书记视察广西重要讲话精神，以及市委书记赵乐秦到兴安调研时所作的重要指示精神，在党风廉政建设、干部队伍和作风建设、经济社会发展战略目标重点和政策措施、社会和谐稳定、依法行政等事关全局的工作上，充分调查研究，听取各方意见，保持政治高度，科学审慎决策，模范带头抓落实，实现了四套班子和干部群众思想的高度统一，形成了合力。全县经济建设、政治建设、文化建设、社会建设、生态文明建设和党的建设均取得了新成绩新进展。

黄洪斌在报告中指出，在总结成绩的同时，还要清醒地认识到存在的问题，主要表现在经济下行压力较大，财政收支矛盾异常尖锐，民间投资活力较弱，主导产业支撑力不强；全面深化改革任务艰巨，体制机制不活，创新动力不足，改革推进缓慢等。

针对2018年的工作任务，黄洪斌在报告中强调，2018年是深入贯彻落实党的十九大精神开局之年，是改革开放第40周年、自治区成立60周年，也是实施“十三五”规划的关键之年，做好2018年的各项工作尤为重要。报告指出，要深刻把握“四个全面”战略布局，牢固树立“五大发展理念”，坚持打基础、利长远，补短板、强优势，推改革、增动能，推动经济转型提质增效、社会事业更多惠及人民、党的建设全面加强，为建设“三个兴安”、实现“七大目标”、创建“三大生态”先进县而努力奋斗。

黄洪斌在报告中要求，全县各级党组织和广大党员干部要着眼兴安实际，围绕总体思路和预期目标，创造性地开展工作。

会上，与会人员分组讨论了县委工作报告和县纪委工作报告，组织代表提出提案。

会议审议通过了中共兴安县第十四届委员会县委工作报告和县纪委工作报告；县委常委、县委组织部部长莫家晶通报提案审查委员会《关于中国共产党兴安县第十四届代表大会第二次会议代表提案、意见建议办理情况及第三次会议代表提案、意见建议审查情况报告》。

会上，就如何贯彻落实本次会议精神和做好当前有关工作，县委书记黄洪斌要求，全县各级党组织和广大党员干部要把传达学习本次党代会精神同学习宣传贯彻党的十九大精神结合起来，作为当前和今后一个时期的重大政治任务，将党代会精神贯穿于工作始终，形成推进工作的强大合力；各级领导干部要率先垂范、以上率下，坚持一竿子插到底狠抓工作落实。广大党员特别是党代表的要充分发挥先锋模范作用，以党代会精神引领群众、团结群众、武装群众，汇聚加快兴安发展的强大动力，认真贯彻落实党代会精神，确保目标任务全面实现；围绕重大项目推进、重点问题解决、民生实事落实、全面从严治党，抓好当前各项工作，推动各项事业不断取得新突破。

【2017年度乡镇党委书记和县直有关党委（党组）书记落实主体责任述职评议会议】 2018年1月19日上午，兴安县2017年度乡镇党委书记和县直有关党委（党组）书记落实主体责任述职评议会议在县委二楼大会议厅召开，市纪委信访室主任唐咸林、市委党建办主任梁锦到会指导并讲话，县委书记黄洪斌主持会议。

全县10位乡镇党委书记和6位县直单位党委（党组）书记分别述职，结合实际并紧紧围绕抓基层党建工作、履行党风廉政建设主体责任、扶贫领域监督执纪问责、履行意识形态工作等方面，既讲面上工作情况又讲个人履职情况，既实事求是总结成绩又直面存在问题，深刻剖析原因，有针对性地提出了改进工作的想法和思路。县委书记黄洪斌逐一进行点评，肯定经验做法，重点指出存在的突出问题和下一步努力的方向。

会上，参会的县委常委，县委党的建设工作领导小组成员，县纪委、监察局班子成员，县委组织部、宣传部的部务会成员，县委巡察组组长、巡察办主任、“两代表一委员”和基层党员干部群众代表，对述职评议人员进行了民主评议。

县领导黄钦、经友新、唐社林、余桂兰、蒋世语、刘先锋、莫家晶，县委党的建设工作领导小组成员，县纪委、监察局班子成员，县委组织部、宣传部的部务会成员，县委巡察组组长、巡察办主任，各乡镇党委书记、纪委书记、分管组织和宣传工作的党委委员，县直各单位党工委（党组）书记，部分“两代表一委员”和基层党员干部群众代表共计100多人参加会议。

【中国共产党兴安县第十四届纪律检查委员会第三次全体会议召开】 2018年2月12日上午，中国共产党兴安县第十四届纪律检查委员会第三次全体会议在县委二楼会议厅召开。县委书记黄洪斌出席并做讲话。

县长黄钦主持会议。张永军、唐庆林等县四套班子部分领导出席会议。县委常委、纪委书记、监察委主任刘先锋代表县纪委常委会作《坚决贯彻落实党的十九大精神，努力开创兴安党风廉政建设和反腐败工作新局面》工作报告。

会议深入学习贯彻习近平新时代中国特色社会主义思想，全面贯彻落实中共十九大、十九届中央纪委二次全会、自治区纪委十一届四次全会和桂林市纪委五届三次全会精神，回顾总结2017年工作，安排部署2018年纪检监察工作。

会上，县委书记、县纪委书记分别与乡镇、县直单位代表签订落实党风廉政建设主体责任状、监督责任状。

县人民法院、人民检察院负责人；县纪委委员；各乡镇党政主要领导；县直单位主要领导；不是县纪委委员的全县纪检监察干部参加会议。

【2018年全县农村工作会议】 2018年2月28日上午，全县农村工作会议在县政府大礼堂召开，贯彻落实中央、自治区、桂林市农业农村工作会议及县党代会、人代会精神，总结2017年以来全县农业和农村工作取得的成绩和经验，安排部署下阶段工作，推动乡村振兴战略加快实施。县委书记黄洪斌在会上强调，要坚持以习近平“三农”工作新理念新思想新战略为统领，突出重点，把握关键，切实增强做好农业和农村工作的责任感和使命感，以实施乡村振兴战略为统领，进一步做好新时代“三农”工作。

黄钦、张永军、唐庆林等县四套班子部分领导出席会议。县委副书记经友新主持会议。

会上，县委常委、常务副县长黄小桂宣读了《兴安县人民政府关于给予兴安县灵渠葡萄产业核心示范区等现代农业生产经营组织奖补的决定》。会议对核心示范区、农业产业化龙头企业、农业产业化单位、农民专业合作社示范社、示范家庭农场进行了表彰。

县人民法院、人民县检察院负责人；县委办、县政府办分管副主任，县人大、县政协相关委室负责人；县直各单位主要领导;农口各单位股、站、所长;各乡镇党委、政府主要领导及分管领导,农业服务中心主任,农机、兽医、水保、林业站长、粮所所长;各村级党支部书记、主任及贫困村第一书记;受表扬的先进单位代表参加会议。

【2018年脱贫攻坚推进大会】 2018年5月7日,兴安县在县政府大礼堂召开2018年脱贫攻坚推进大会,深入学习贯彻习近平总书记关于打好精准脱贫攻坚战的系列重要讲话精神,传达自治区、市脱贫攻坚工作会议精神,分析当前形势,部署推进2018年脱贫攻坚工作。县委书记黄洪斌强调,要提高政治站位,增强使命担当,坚定决胜信心,坚持目标导向,突出精准施策,强化机制保障,发扬务实作风,全力攻克重点难点问题,确保脱贫攻坚各项措施落地生根。县长黄钦主持会议。张永军、唐庆林等县套家班子部分领导出席会议。

会上,县委副书记经友新宣读表扬通报。兴安镇、县人大办、华江瑶族乡水埠村委、县公安局派驻粉洞村委第一书记刘志高依次上台作经验交流。兴安镇粉洞村委作脱贫摘帽工作表态发言。各乡镇向县委递交脱贫摘帽承诺书。

县人民法院院长、县人民检察院检察长;各乡镇党委、政府主要领导、分管领导、扶贫工作站站长;县定点帮扶单位主要负责人;美丽广西乡村建设(扶贫)工作队长、各乡镇分队长,贫困村党组织第一书记、驻村工作队员;县扶贫办班子成员;各村级党支部书记、主任;受表扬的先进单位、先进个人代表参加会议。

【兴安县召开深入开展“转变工作作风、提升工作效能、优化发展环境”专项活动动员会】 2018年6月1日下午,兴安县深入开展“转变工作作风、提升工作效能、优化发展环境”专项活动动员会在县委二楼大会议厅召开。会议贯彻落实中共十九大精神,对全县干部队伍作风建设进行再动员、再部署,着力营造齐心协力抓工作、合力合拍干事业的浓厚氛围,推进兴安加快发展的新征程。

县委书记黄洪斌作动员讲话,县长黄钦主持会议。

会上,黄钦传达全区深化改革优化营商环境大会精神;县委副书记经友新宣读《中共兴安县委员会关于深入开展“转作风、提效能、优环境”专项活动的实施方案》;县委常委、纪委书记、监察委主任刘先锋通报10起近年来兴安县查处的群众身边腐败和作风问题典型案例;县国土资源局、住建局、财政局、政务服务管理办公室、兴安镇等单位依次作表态发言。

张永军、唐庆林等县四套班子部分领导;县人民法院院长、县人民检察院检察长;全县副科级以上领导干部;上级驻兴各单位主要负责人参加会议。

【2018年全县重大项目工作推进会】 为切实加快推进重大项目建设进度,确保完成全年目标任务,2018年6月15日下午,兴安县在县委二楼大会议厅召开2018年全县重大项目工作推进会,通报上半年重大项目工作总体推进情况,深入分析项目推进过程中面临的问题和困难,研究部署下一步工作。县委书记黄洪斌出席会议并讲话,他强调,各级各部门要转变干部作风,优化发展环境,狠抓工作落实,加强组织领导,全力以赴加快项目推进,确保完成全年目标任务。

会上,县委副书记经友新宣读了2018年重大项目第一季度先进个人表彰决定;县委常委、常务副县长黄小桂通报了上半年重大项目总体进展情况;棚改指挥部、绕城西路指挥部等7个单位,汇报了项目具体进展情况。

2018年,全县上下统筹推进43个重大项目,试行重中之中重大项目指挥部制和专项工作领导小组制,其中新建项目9个,续建项目28个,前期项目6个,总投资179亿元,年度计划投资46.5亿元。截止5月底,2018年重大项目完成投资11.7亿元,各重大项目推进情况皆取得了一定成效。

会上,县长黄钦对下步工作作了安排部署。

张永军、唐庆林等县四套班子部分领导成员(含二员);各乡镇党委书记、乡镇长;县直各单位主要负责人;2018年全县重大项目建设指挥部副组长以上成员;县融资办主任、融资平台公司董事长和总经理,以及县灵渠文化旅游投资开发有限公司筹备处主任参加会议。

【庆祝建党97周年“七一”表彰暨党员突击队成立授旗大会】 2018年6月29日下午,兴安县在县政府大礼堂召开庆祝建党97周年“七一”表彰暨党员突击队成立授旗大会,回顾历史,总结经验,牢记初心使命,提振发展信心,动员和激励广大党员充分发挥先锋模范作用,以奋发有为、昂扬向上的精神状态和工作热情，团结带领全县广大人民群众，进一步解放思想，务实拼搏，为开创兴安县经济社会建设新局面而努力奋斗。

黄洪斌、黄钦、张永军、唐庆林等县四套班子部分领导出席会议。黄钦主持会议。

会上，县委副书记经友新宣读县委关于表彰先进基层党组织、优秀共产党员和优秀党务工作者的决定。

会议举行党员突击队授旗仪式，黄洪斌为20支党员突击队逐一授旗，要求他们要落实新时代党的建设总要求，充分发挥兴安县广大党员干部的先锋模范作用，团结带领人民群众积极投身经济社会建设，在全县脱贫攻坚、乡村振兴、重大项目等急、难、险、重工作中攻坚突击、奋勇争先，树立新时代党员干部的良好形象，为全县经济社会发展做出更大贡献。

县人民法院院长、县人民检察院检察长、全县科级领导干部，受表彰的先进集体负责人和先进个人、党员突击队队长等参加会议。

【兴安县乡村振兴战略推进大会】 2018年6月29日下午，兴安县在县政府大礼堂召开实施乡村振兴战略推进大会。会议深入贯彻习近平新时代中国特色社会主义思想和中共十九大精神，全面贯彻落实自治区党委《关于实施乡村振兴战略的决定》、自治区人民政府关于《乡村振兴产业发展基础设施公共服务能力提升三年行动计划》，以及桂林市乡村振兴大会精神，全面部署推进全县乡村振兴工作。黄洪斌、黄钦、张永军、唐庆林等县四套班子部分领导出席会议。县长黄钦主持会议。

县委书记黄洪斌作讲话。他指出，实施乡村振兴战略是党中央站在中华民族伟大复兴的高度，从国际国内大局出发，着眼于实现“两个一百年”奋斗目标，在深刻研判世情国情农情的基础上，顺应亿万农民对美好生活的向往作出的重大决策，是必须完成的重大历史任务。我们一定要提高政治站位，深刻认识实施乡村振兴战略的重大意义，自觉把思想和行动统一到中央和自治区党委、桂林市委的决策部署上来，立足兴安实际，全力推进乡村振兴。

根据中央和自治区、市提出的乡村振兴三个阶段目标，结合兴安县实施乡村振兴战略的总体目标，围绕实施乡村振兴战略的重点任务，黄洪斌强调，乡村振兴，摆脱贫困是前提，产业兴旺是基础，生态宜居是关键，乡风文明是标志，治理有效是保障，生活富裕是根本，要全面把握乡村振兴要求，明确乡村振兴战略目标任务；紧紧抓住推动乡村振兴关键环节，制定好目标规划，发挥农民的主体作用，找准切入点和突破口，破除资金瓶颈，增强乡村振兴的动力和活力；狠抓乡村振兴工作落实，推动乡村振兴取得决定性成效。

县长黄钦对会议的贯彻落实作了强调。他要求，各级各部门要吃透和把握好上级精神，把乡村振兴战略的实施作为重点，贯彻好落实好会议精神，结合本地实际，探索可复制、可推广的乡村振兴经验，推动乡村振兴战略深入实施。

会上，兴安镇、溶江镇莲塘村、农业局、兴安海螺水泥股份有限公司，分别围绕实施乡村振兴战略作表态发言。

【全县年中工作会议暨优化营商环境、工业高质量发展、生态环境保护工作推进大会召开】 2018年7月30日上午，兴安县在县委二楼大会议厅召开全县年中工作会议暨优化营商环境、工业高质量发展、生态环境保护工作推进大会。会议深入贯彻落实中共十九大和十九届二中、三中全会精神，以及全区、全市年中工作会议和优化营商环境、工业高质量发展、生态环境保护会议精神，认真总结全县上半年工作，分析当前经济形势，研究部署全县下半年工作和今后一个时期的优化营商环境、工业高质量发展、生态环境保护工作。县委书记黄洪斌、县长黄钦在会上讲话，张永军、唐庆林等县四套班子部分领导参加会议。县委副书记经友新主持会议。

会上，县委常委、常务副县长黄小桂传达全区、全市优化营商环境、工业高质量发展会议精神；县领导为2017年度纳税增长企业、优秀企业家代表颁奖；县长黄钦与县直各单位代表签订生态环境保护工作责任状。

会议期间，与会人员到湖北嘉达机电设备有限公司广西兴安分公司、兴安县利用水泥窑协同处置城市生活垃圾项目、桂林兴昊科技有限责任公司、矿粉产业园项目等处实地参观。

各乡镇党委书记、乡镇长，县直单位、上级驻兴各单位，2017年度纳税增长企业负责人、优秀企业家等参加会议。

【全县组织工作暨基层党建重点任务推进和基层党组织规范建设年活动经验交流会召开】 2018年10月12日下午，兴安县召开组织工作暨基层党建重点任务推进和基层党组织规范建设年活动经验交流会。会议以习近平新时代中国特色社会主义思想为指导，全面贯彻落实全国、全区和全市组织工作会议精神，围绕落实新时代党的建设总要求，研究部署兴安县当前和今后一段时期党的建设和组织工作。

县委书记黄洪斌指出，党的十九大以来，全县党的建设和组织工作以习近平新时代中国特色社会主义思想为指引，坚持党要管党，全面从严治党，抓实思想政治建设，营造良好政治生态，严格按照新时期好干部标准科学选人用人，从严从实抓好干部队伍建设，进一步加强基层党组织规范化建设力度，为建设“三个兴安”、实现“七大目标”、创建“三大生态”先进县提供了坚强的组织保证。

会上，县委常委、县委组织部部长吴勋传达了全市组织工作会议精神。兴安镇、华江乡、县人社局、海螺公司负责人作了基层党组织建设典型发言。

会议由县委副书记经友新主持。县领导黄钦、张永军、经友新、黄小桂、唐社林、余桂兰、吴勋、庄慧琼，县委党的建设工作领导小组成员，各乡镇、县直各单位相关负责人参加会议。

【柑橘销售暨扶贫“爱心果”倡议活动会】 2018年12月3日下午，兴安县在县委二楼大会议厅召开柑橘销售暨扶贫“爱心果“倡议活动会。会议号召全县干部职工通过购买“爱心果”，采购滞销的柑橘，用自己的实际行动，化解果农的燃眉之急。

县领导经友新、黄小桂、蒋世语、刘先锋、吴勋、余桂兰、赵代林、刘婉秋、胡琳、徐建强、吕忠荣、唐树斌、伍发进出席会议。

会上，县委副书记经友新作动员讲话，并提出具体要求。副县长吕忠荣宣读了《柑橘销售暨扶贫”爱心果“倡议书》，并就下一步工作进行部署安排。

2018年兴安县的南丰蜜橘喜获大丰收，总产达16万吨左右。该产业作为部分贫困户主要增收渠道，已在一定程度上影响到贫困户脱贫成效。因受柑橘整体丰产等多重因素影响，兴安县柑橘销售趋缓，价格下滑，出现了滞销问题，果农也遭遇了“卖果难”问题。为抢抓时节，促进蜜橘销售，齐心协力帮助果农共渡难关，兴安县组织召开此次会议，旨在于号召全县干部职工，要争做消费扶贫达人，积极购买扶贫柑橘；争做爱心帮扶先锋，踊跃帮扶贫困群众；争做爱心扶贫代言人，传播消费扶贫正能量。

重要决策

【实行国家机关“谁执法谁普法”普法责任制】 中共兴安县委办公室于2018年2月13日印发了《中共兴安县委办公室、兴安县人民政府办公室关于印发〈关于实行国家机关“谁执法谁普法”普法责任制的实施意见〉的通知》。《意见》提出进一步健全普法宣传教育机制，落实国家机关普法责任，做好全县各级国家机关普法工作。内容包括：指导思想：以习近平新时代中国特色社会主义思想为指导，全面贯彻落实中央、自治区、桂林市关于“谁执法谁普法”法治宣传教育的决策部署，大力推进“法治兴安”建设进程。工作原则：坚持普法工作与法治实践相结合，坚持部门管理与属地管理相结合，坚持普法工作形式效果有机统一。职责任务：建立普法责任制；明确普法内容，做好本系统、本行业普法，在地方性法规、政府规章及其解释起草制定过程中向社会开展普法；围绕热点难点问题向社会开展普法；建立法官、检察官、行政执法人员、律师等以案释法制度；创新普法工作方式方法。工作机制：管理备案机制，督导推进机制，考核评价机制，工作要求：加强领导，明确责任；强化指导，增强实效；定期检查，严格考核。

【进一步打好打赢精准脱贫攻坚战的实施意见】 为全面贯彻落实中央、自治区和桂林市关于精准扶贫工作要求，为圆满完成兴安县2018—2020三年脱贫攻坚工作任务，确保兴安县贫困地区、贫困人口与全国同步实现全面小康，中共兴安县委办公室于2018年6月15日印发了《中共兴安县委员会、兴安县人民政府关于进一步打好打赢精准脱贫攻坚战的实施意见》（以下简称《实施意见》）。《实施意见》内容包括：以习近平新时代中国特色社会主义为指导，围绕“贫困户增收、贫困村发展、实现脱贫致富”的目标，通过做大做强扶贫产业、推进基础设施建设、抓好教育扶贫、抓好就业扶贫、抓好金融扶贫、抓好社会扶贫、抓好低保政策兜底扶贫、抓好健康扶贫、发展壮大贫困村集体经济和强化脱贫质量建设等十项措施，构建全县上下协同推进的大扶贫格局，举全县之力，坚决打好兴安县精准脱贫攻坚战，确保脱真贫、真脱贫。为明确全县脱贫工作思路，制定了：兴安县脱贫攻坚组织架构示意图；兴安县定点帮扶单位帮扶对象分布一览表；兴安县进一步打好打赢精准脱贫攻坚战任务清单。

【兴安县加强基层党组织党课标准化建设实施方案】 中共兴安县委办公室于2018年6月28日印发了《中共兴安县委员会关于印发〈兴安县加强基层党组织党课标准化建设实施方案〉的通知》，为规范兴安县“三会一课”，全面加强党员教育，解决党课制度执行不严、党课形式不活、党课质量不高等突出问题，建设基层学习型党组织，进一步加强兴安县基层党组织建设。兴安县加强基层党组织党课标准化建设实施方案主要内容包括：以习近平新时代中国特色社会主义思想为指导，扎实推进党课标准化建设，通过严格执行党课制度、严格党课计划管理、突出党课主题、加强党课师资队伍建设和创新党课教学方式等方式方法促使党课制度长效化、党性教育突出、形式灵活多样、教学成效显著，真正实现党组织力不断增强、党员素质得到全面提高、作用得到充分发挥。

【履行全面从严治党主体责任】 为强化兴安县全面从严治党主体责任，中共兴安县委员会于2018年7月19日印发的《中共兴安县委员会关于印发〈中共兴安县委员会履行全面从严治党主体责任清单〉的通知》（以下简称《责任清单》）。《责任清单》共分为三个部分。

第一部分：县委领导班子集体责任。明确兴安县履行全面从严治党主体责任，县委领导班子是全县全面从严治党的领导者、执行者、推动者，承担全县全面从严治党主体责任。

第二部分：县委主要责任人责任。明确兴安县履行全面从严治党主体责任，县委书记是全面从严治党的第一责任人工作职责。

第三部分：县委领导班子其他成员责任。明确兴安县履行全面从严治党主体责任，县委领导班子其他成员根据工作分工，认真履行“一岗双责”，对职责范围内全面从严治党主体责任落实负主要领导责任。

【中共兴安县委员会巡察成果运用实施办法（试行）】 为落实兴安县巡察成果运用，中共兴安县委办公室于2018年8月20日印发了《中共兴安县委办公室关于印发〈中共兴安县委员会巡察成果运用实施办法（试行）〉的通知》。《实施办法（试行）》共分七章。

第一章：总则。明确了制定《实施办法（试行）》的依据和目的意义，巡察成果和巡察成果运用的定义及范围，巡察成果运用坚持的领导体制、工作机制和原则。

第二章：巡察成果的形成。指出了巡察成果的形成过程和主要环节，包括巡察报告的形成，县委巡察工作领导小组、“五人小组”会议和县委常委会会议对巡察发现的重要情况、领导干部问题线索，以及向被巡察党组织反馈的重要意见、向县委和县政府有关领导及相关职能部门通报的重要情况等进行研究和处理。

第三章：巡察成果的综合运用。提出要围绕巡察成果运用重点环节，健全巡察报告、巡察反馈、巡察移交、巡察督办、巡察整改完整链条，充分发挥巡察监督政治作用。对巡察反馈、巡察整改、巡察发现问题和线索的移交、巡察移交事项的办理以及有关情况的通报提出了具体要求，作了详细规定。要求在处置巡察发现问题线索的过程中，巡察发现的所有问题线索与监督执纪“四种形态”相对应、相结合。健全全方位、多层次巡察成果运用机制，推动实现巡察成果充分运用。

第四章：巡察成果运用的检查与评估。提出巡察成果运用必须到位，要健全巡察成果运用清单管理制度，健全巡察整改阶段管理制度，健全巡察整改分类处置制度，健全巡察整改月报制度，健全巡察整改长效机制，实行分级评价制度。

第五章：巡察成果运用的公开与宣传。强调坚持以公开促进巡察成果运用。加强巡察成果运用宣传，增强政治效果、社会效果和法纪效果。本章与区、市的内容相一致。

第六章：巡察成果运用的责任追究。明确了县委、县委巡察工作领导小组、各级纪律检查机关、组织人事部门及有关职能部门、被巡察党组织、有关纪委或者派驻机构、县委巡察办等部门、单位，在巡察成果运用和巡察整改中各负的职责，对失职追责作了相关规定。

第七章：附则。明确本实施办法具体解释工作由县委巡察办承担，自印发之日起施行。

【实施推进乡村振兴战略】 为贯彻落实桂林市的安排部署，推进兴安县乡村振兴战略工作，中共兴安县委办公室于2018年8月17日印发了《中共兴安县委员会、兴安县人民政府关于推进乡村振兴战略的实施意见》。《实施意见》共分为八个部分。

第一部分：总体要求。明确指出了兴安县实施乡村振兴战略的指导思想、基本原则和目标任务。

第二部分：着力抓好现代农业产业培育工程建设，推进乡村产业兴旺。提出了调优农业产业结构，聚力打造农业品牌，全面提升产业化水平，积极发展乡村旅游业，着力发展农村电子商务，扎实推进现代特色农业示范区建设，培育发展新型农业经营主体，提升农业科技创新能力八个方面的措施。

第三部分：着力抓好“百村示范、千村整治”工程建设，打造生态宜居乡村。提出了加大农村基础设施建设力度，大力实施农村人居环境整治行动，巩固和扩大新型城镇化示范乡镇建设，集中治理农业环境突出问题，深入开展宜居宜游的景区村庄建设，全面发展乡村生态文化经济六个方面的措施。

第四部分：着力抓好农村思想道德建设工程建设，焕发乡风文明新气象。提出了加强社会主义核心价值观宣传教育，深入开展农村精神文明创建，大力弘扬优秀传统文化，开展移风易俗行动四个方面的措施。

第五部分：着力抓好乡村治理工程建设，实现乡村有效治理。提出了加强农村基层党组织建设，深化村民自治实践，建设法治乡村，提升乡村德治水平，推进平安乡村创建五个方面的措施。

第六部分：着力抓好脱贫惠民富民工程，全面推进生活富裕。提出了全面完成脱贫攻坚任务，多渠道增加农民收入，实现城乡公共服务均等化三个方面的措施。

第七部分：着力抓好农村改革工程建设，增强农业农村发展新动能。提出了完善承包地“三权分置”制度，深化农村集体产权制度改革，深化农村土地制度改革，统筹推进农村各项改革四个方面的措施。

第八部分：严格落实保障措施，奋力推进乡村振兴走在全市前列。提出了完善党领导“三农”工作体制机制，培养造就一支懂农业、爱农村、爱农民的“三农”工作队伍，强化乡村振兴人才支撑，加大对“三农”的投入力度，建立农业农村发展用地保障机制，强化农民主体作用六个方面的措施。

【兴安县落实党风廉政建设“一岗双责”制度】 为坚定不移推进全面从严治党，进一步推进兴安县党风廉政建设工作向纵深发展，制定具体落实党风廉政建设责任制工作制度，中共兴安县委办公室于2018年9月30日印发了《中共兴安县委办公室关于印发〈兴安县落实党风廉政建设“一岗双责”制度〉的通知》。《通知》共分为四个部分。第一部分：明确兴安县落实党风廉政建设“一岗双责”制度的定义。第二部分：明确兴安县落实党风廉政建设“一岗双责”制度要履行部署落实、监督检查、经常性教育、严肃党内政治生活、谈心谈话、主动汇报等方面的工作职责。第三部分：明确兴安县落实党风廉政建设“一岗双责”制度不到位的七种情况及追责方式。第四部分：明确本制度自印发之日起实施。

【兴安县乡村振兴“百村示范、千村整治”工程建设实施方案】 为贯彻落实自治区的安排部署，推进兴安县农村人居环境整治工作，中共兴安县委办公室、兴安县人民政府办公室于2018年9月30日印发了《中共兴安县委办公室、兴安县人民政府办公室关于印发〈兴安县乡村振兴“百村示范、千村整治”工程建设实施方案〉的通知》。《实施方案》共分为八个部分。

第一部分：指导思想。明确兴安县兴安县乡村振兴“百村示范、千村整治”工程要全面贯彻党的十九大和十九届二中、三中全会精神，以习近平新时代中国特色社会主义思想为指导。

第二部分：基本原则。明确兴安县兴安县乡村振兴“百村示范、千村整治”工程要采取坚持以文化人，文化惠民；坚持示范先行，有序推进；坚持因地制宜，突出特色；坚持村民主体，多方参与和坚持城乡一体，抓好统筹协调等措施。

第三部分：目标任务。明确兴安县兴安县乡村振兴“百村示范、千村整治”工程到2020年底，在全县打造101个示范村，1017个整治村，并明确每年的建设任务。

第四部分：建设标准。明确兴安县兴安县乡村振兴“百村示范、千村整治”工程示范村和整治村建设标准。

第五部分:工作重点。明确兴安县兴安县乡村振兴“百村示范、千村整治”工程主要实施产业强村富民行动、开展村庄环境综合整治行动、开展实用性村庄规划编制行动、推动村庄特色风貌改造行动、扎实推进社会主义核心价值观宣传教育和农村治理行动和切实加强农村移风易俗行动。

第六部分:资金筹措。明确兴安县兴安县乡村振兴“百村示范、千村整治”工程要采取整合各部门项目和奖补资金、社会资本及通过政府平台公司融资等方式融资。

第七部分:实施步骤。明确兴安县兴安县乡村振兴“百村示范、千村整治”工程分准备阶段、推进阶段和考评阶段并明确每个阶段的任务。

第八部分:保障措施。明确兴安县兴安县乡村振兴“百村示范、千村整治”工程主要采取强化组织领导、注重协调配合、动员全民参与和严格督查考评等措施。

【兴安县加强基层党组织党课标准化建设实施方案】 为贯彻落实桂林市的安排部署,推进兴安县形式主义、官僚主义突出问题专项整治行动开展,中共兴安县委办公室于2018年10月10日印发了《中共兴安县委办公室印发〈关于开展形式主义、官僚主义突出问题专项整治行动工作方案〉的通知》,《通知》共分为四个部分,其主要内容分为四个部分。

第一部分:目标任务。明确兴安县开展形式主义、官僚主义突出问题专项整治行动,要着力解决人民群众反映强烈的形式主义、官僚主义突出问题,有效增强人民群众对作风建设的获得到,为营造良好的政治生态,加快实现兴安县建设“三个兴安”、实现“七大目标”,创建“三大生态”先进县提供保障。

第二部分:整治重点。明确兴安县开展形式主义、官僚主义突出问题专项整治行动,要围绕管党治党、贯彻落实、精准脱贫、服务群众、污染防治、营商环境、政绩工程等八个方面。

第三部分:工作步骤。明确兴安县开展形式主义、官僚主义突出问题专项整治行动,分动员部署、全面自查、建立清单并整改落实3个阶段及每个阶段的工作要求。

第四部分:工作要求。明确兴安县开展形式主义、官僚主义突出问题专项整治行动要采取提高政治站位、突出工作重点、从实从严抓好落实等工作措施。

【实施法律顾问制度和公职律师公司律师制度建设】 为积极推进兴安县法律顾问制度和公职律师公司律师制度建设,中共兴安县委办公室于2018年11月12日印发了《中共兴安县委办公室、兴安县人民政府办公室关于印发〈关于推行法律顾问制度和公职律师公司律师制度的实施办法〉的通知》。《实施办法》共分为两个部分。

第一部分:指导思想和目标任务。明确兴安县推行法律顾问制度和公职律师公司律师制度要以习近平新时代中国特色社会主义思想为指导,遵循法治建设规律和法律顾问、律师工作特点,积极推进兴安县法律顾问制度和公职律师、公司律师制度,形成更加崇法、善法、公正的社会环境。并明确具体工作任务和完成时限。

第二部分:主要措施。明确兴安县推行法律顾问制度和公职律师公司律师制度要采取建立健全党政机关法律顾问制度、建立健全党政机关公职律师制度、建立健全国有企业法律顾问制度、建立健全国有企业公司律师制度、完善管理体制和加强组织领导等措施。

【推动工业高质量发展的决定】 为推进兴安县工业高质量发展,中共兴安县委办公室于2018年11月28日印发了《中共兴安县委员会、兴安县人民政府关于推动工业高质量发展的决定》。《决定》共分为六个部分。

第一部分:指导思想。明确兴安县推动工业高质量发展要以习近平新时代中国特色社会主义思想为指导,全面贯彻区市关于工业高质量发展的要求。

第二部分:基本原则。明确兴安县推动工业高质量发展要坚持市场主导、政府引导,科技引领、创新驱动,深化改革、扩大开放,环境友好、绿色发展和融合推进、协调发展的原则。

第三部分:发展目标。明确兴安县推动工业高质量发展要突出工业经济的主导地位,举全县之力推进实现工业高质量发展,全面提高工业经济效益,以工业高质量发展推动经济社会大发展。

第四部分:重点产业。明确兴安县推动工业高质量发展要重点发展生物科技、新能源利用、综合建材、农产品深加工、装备制造和通用航空等六大产业。

第五部分:重点任务。明确兴安县推动工业高质量发展要实施产业壮大提升工程、招大引强提升工程、园区拓展提升工程、创新能力提升工程、专业人才提升工程和质量品牌提升工程等六大提升工程。

第六部分:保障措施。明确兴安县推动工业高质量发展要采取加强组织领导、优化发展环境、完善园区功能、优化土地供给、创新金融保障和建立考核机制等措施。

【兴安县关于进一步激励广大干部新时代新担当新作为集聚发展核心动力的若干意见】 中共兴安县委办公室于2018年12月3日印发了《中共兴安县委员会印发〈兴安县关于进一步激励广大干部新时代新担当新作为集聚发展核心动力的若干意见〉的通知》。《意见》共分为七个部分。

第一部分:旗帜鲜明讲政治,增强干部担当作为的责任感使命感。明确兴安县进一步激励广大干部新时代新担当新作为集聚发展核心动力要结合"两学一做""不忘初心、牢记使命"等学习教育活动增强干部担当作为的主动性和自觉性。

第二部分:引导干部积极成长,进一步树立德才兼备、突出实绩的用人导向。明确兴安县进一步激励广大干部新时代新担当新作为集聚发展核心动力要深化"在一线用干部、凭实绩论英雄"选人用人导向以及考察选用干部的原则。

第三部分:探索推行优秀积分制度,建立完善干部考核评价机制。明确兴安县进一步激励广大干部新时代新担当新作为集聚发展核心动力要采取探索推行机关工作人员优秀积分激励机制、改进干部年度考核方式和坚持绩效二次分配等措施。

第四部分:深入落实"三个区分开来",为担当作为的干部撑腰鼓劲。明确兴安县进一步激励广大干部新时代新担当新作为集聚发展核心动力要落实改革创新容错纠错的相关办法和机制以及"三个区分开来"。

第五部分:培养干部履职能力,加强高素质专业化干部队伍建设。明确兴安县进一步激励广大干部新时代新担当新作为集聚发展核心动力要制定干部教育培训计划,提高干部履职能力。

第六部分:加大干部激励力度,增强干部荣誉感归属感获得感。明确兴安县进一步激励广大干部新时代新担当新作为集聚发展核心动力要采取建立完善干部激励机制以及完善和落实谈心谈话制度等措施。

第七部分:压实党委(党组)主体责任,形成新时代担当作为强大合力。明确兴安县进一步激励广大干部新时代新担当新作为集聚发展核心动力的各相关单位职责。

【推进安全生产领域改革发展】 为积极稳步推进兴安县安全生产领域改革发展,中共兴安县委办公室于2018年12月14日印发《中共兴安县委员会、兴安县人民政府关于推进安全生产领域改革发展的实施意见》。《实施意见》共分七个部分:

第一部分:原则和目标。明确兴安县推进安全生产领域改革发展的指导思想和总体目标。

第二部分:健全和落实安全生产责任制。明确兴安县推进安全生产领域改革发展要采取严格履行地方党委和政府领导责任、进一步完善安全生产制度体系、明确部门监管责任、严格落实企业主体责任、落实属地监管责任、健全责任考核机制以及严格责任追究制度等措施。

第三部分:深化安全监管监察体制改革。明确兴安县推进安全生产领域改革发展要采取强化安全生产委员会职能作用、改革重点行业领域安全监管监察体制、进一步完善地方监管执法体制、健全应急救援管理体制以及建立完善职业病防治体系等措施。

第四部分:建立安全预防控制体系。明确兴安县推进安全生产领域改革发展要采取全面加强源头管控和安全准入、强化企业预防措施、建立健全隐患治理责任追究制度、强化城市运行安全保障以及加强重点领域工程治理等措施。

第五部分:大力推进依法治理。明确兴安县推进安全生产领域改革发展要采取严格执行安全生产法律法规、推进标准化建设、建立高危行业退出机制、规范监管执法行为、完善执法监督机制以及完善事故调查处理机制等措施。

第六部分:加强安全基础保障能力建设。明确兴安县推进安全生产领域改革发展要采取完善安全投入长效机制、建立安全科技支撑体系、发挥市场机制推动作用以及健全安全宣传教育体系等措施。

第七部分:强化组织保障。明确兴安县推进安全生产领域改革发展要采取加强组织领导、加强宣传引导、任务分解以及监督考核等措施。

【稳步推进农村集体产权制度改革】 中共兴安县委办公室于2018年12月14日印发了《中共兴安县委员会、兴安县人民政府关于印发〈兴安县稳步推进农村集体产权制度改革的实施方案〉的通知》,《实施方案》共分三个部分。

第一部分:目标任务。明确兴安县稳步推进农村集体产权制度改革的对象、范围、完成时限以及目标要求。

第二部分:改革内容及方法步骤。明确兴安县稳步推进农村集体产权制度改革分准备工作阶段、组织实施阶段和全面完成验收阶段三大阶段并明确每个阶段的目标任务。

第三部分:保障措施。明确兴安县稳步推进农村集体产权制度改革要采取明确责任分工、建立定期报告制度、加强矛盾纠纷调处、加强档案管理和加强督查指导等措施。

中共兴安县委办公室工作

县委办公室作为县委综合办事机构,一直担负着上情下达、下情上报、对外交往和后勤服务等工作,处于协调县委和乡镇部门、连接领导和基层的枢纽地位,是县委的信息中心、服务中心、参谋中心、运转中心和保障中心。2018年,县委办公室有人员26人(含机要局4人,兼职副主任2人),在职在编人员16人,借调人员10人(其中参公人员3人,事业编制人员7人)。办公室设行政股、综合文秘股、信息调研股。2018年,县委办公室紧紧围绕各级党委决策部署,做好“三服务”工作,推动各级决策部署落实到位。

【以忠诚为首要,固本强基,做讲政治的模范部门】 2018年,县委办始终坚持把对党忠诚放在首位,把思想政治建设摆在突出位置。每月坚持选准专题,开展集中学习,如习总书记“5·8”重要讲话精神、中共十九大、庆祝改革开放40周年重要讲话等,加强理论武装,牢固树立党办干部的政治意识、大局意识、核心意识和看齐意识,从思想上、政治上、行动上时刻同以习近平同志为核心的党中央保持高度一致。以“两学一做”学习教育为契机,将理论学习与兴安县红色文化教育相结合,注重理论与实际相结合,不断坚定党办干部理想信念,增强政治定力。

【以落实为根本,强化服务,做讲大局的模范部门】 工作中,县委办始终坚持围绕中心、服务大局,善于从全局和整体的高度把握形势、分析问题,为领导决策提供参考。一方面,紧扣县域发展实际,围绕全县经济社会发展重大问题开展大走访大调研。2018年,撰写《兴安县深化教育改革、实施教育振兴存在的问题与对策研究》《兴安县城乡生活垃圾无害化处理存在的问题与对策研究》《关于创建老山界干部学院的可行性研究报告》等高质量的调研报告6篇;协助撰写领导会议讲话及相关材料110余篇、60万余字,为领导决策部署,提供参考,有效起到以文辅政的作用。另一方面,以党委信息工作为统揽,聚力打造“坚强前哨”。连续五年超额完成区、市党委信息报送工作任务,仅2018年撰写《兴安县加强湘江战役红军遗骸收敛保护存在问题及意见建议》等问题类调研信息48条,其中被区党委信息采用10条,被《今日桂林》采用3条,为领导决策、掌握实情提供了第一手资料,获“2016—2017年度全区党委信息先进单位”称号。

【以作风为标尺,爱岗敬业,做讲奉献的模范部门】 县委办始终主动服务,严谨细致、爱岗敬业,于认真之间见风格、于细微之处显水平。在办文方面,印发《常用公文印制格式标准》《综合文稿报送规定》《文件起草和办理制度》等制度性文件,确保每份文件来有出处,去向明确;对待领导的批示意见,坚持不过夜、不留存,及时收发、及时呈送,确保了上级各种精神及时传达,政策落实到位。在办会方面,坚持做到严谨、细致。严格践行中央和区、市相关要求,制定完善了《兴安县委办公室会务工作制度》《兴安县党政机关国内公务接待管理实施细则》等制度文件,不断增强自身会务接待质量。2018年,县委办圆满完成中宣部主要领导到兴安县调研红军遗骸收殓保护、国家关工委主席顾秀莲到兴安县考察、自治区党委和政府主要领导到兴安县调研等大型接待工作,并得到上级领导高度肯定。在服务群众方面,坚持做到热情、周到,强化“心中有民,一心为民”的工作理念，积极融入全县脱贫攻坚、新“三同”等活动中，着力帮助群众解决实际困难和问题，当好全县机关表率。

【以担当为使命，狠抓落实，做讲实效的模范部门】 2018年，县委办作为“首脑”机关始终坚持抓好督查、保密等职能工作，着力当好各项工作前置“审核官”。牢固树立大督查意识，从相关单位抽调了5名经验丰富、能力突出的精干人员成立了督查专员办公室，紧紧围绕区、市、县党委的重大决策以及区、市、县领导批示交办事项，扎实开展重点督查、专项督查等，并及时向县委和上级党委反馈决策落实情况。针对县委制定的每月主要工作计划，建立了“计划+督办+评议+反馈”督查机制。2018年编发《督查专报》及《督查通报》88期，提出督查建议216多条；督查县委工作计划落实485条，有效促进了各项决策部署的落地生根，督查室区广安获“2016—2017年度全区党委督查工作先进个人位”称号。着力强化保密工作，加强保密教育培训，全面提升全县广大干部和涉密人员的保密意识；切实加强重点区域、重点领域、重点行业、重点单位的保密管理，县国家保密局获得“全区2012—2016年度保密工作”集体二等功。

【以自省为常态，廉洁自律，做守纪律的模范部门】 县委办始终坚持把严守党的政治纪律、政治规矩作为思想和行动的基本准则，着力强化廉洁自律。结合党员活动日，积极深入开展廉政警示教育，筑牢反腐倡廉思想道德防线；大力开展廉政承诺，全县党办系统各级党员干部全部签订了《廉洁自律、移风易俗承诺书》，进一步强化行为约束；加强日常管理，开展多形式、深层次党性党风党纪教育，持续深入推进作风建设，实现党办干部队伍形象不断提升。严格财经纪律，规范资金审批程序，完善接待管理制度，着力营造勤政廉政良好氛围。

组织工作

【概况】 县委组织部是县委主管组织、干部、人才工作的重要职能部门，内设办公室、干部股、组织股、干教股、干监股、组织员办、人才股、调查研究股，下设兴安县党员干部现代远程教育管理办公室。

2018年，兴安县委组织部在县委的正确领导下，在桂林市委组织部的直接指导下，以习近平新时代中国特色社会主义思想为指导，学习贯彻全区、全市组织工作会议和组织部长会议精神，树牢“四个意识”、坚定“四个自信”、坚决做到“两个维护”，坚持和加强党的全面领导，坚持党要管党、全面从严治党，坚持稳中求进工作总基调，以党的政治建设为统领，扎实推进党的组织体系建设，着力培养忠诚干净担当的高素质干部，着力规范党组织建设落实基层党建重点任务，着力集聚爱国奉献的各方面优秀人才，强化担当作为、锐意改革创新、提升工作质量，为建设“生态兴安、文化兴安、富裕兴安”、实现“七大目标”、创建“三大生态”先进县提供坚强组织保证。2018年，获县委颁发的兴安县先进基层党组织称号，获县委、县政府颁发的兴安县创建自治区县级文明城市工作先进单位称号。

2018年，兴安县共有党的基层组织1117个，党员17352名，其中农村党支部748个，党员9362名，年内发展新党员123名，登记在册入党积极分子289名。

【干部人事制度改革】 2018年，兴安县委组织部立足全县经济社会发展需要，深入贯彻习近平总书记选人用人重要思想，坚持“好干部标准”，不断优化干部选任工作。凸显县委提出的“在一线用干部、凭实绩论英雄”用人导向，综合运用项目建设积分、绩效考核、平时考核、年度考核等方式，近距离有原则地接触干部，掌握干部政治思想、考实干部工作实绩，做到“知人、知事、知岗、知情”，不断探索差异化评价考核机制，考准考严考实干部工作实绩。拓宽选人用人视野，通过县领导初始提名、基层党委(党组)提名推荐和组织部门日常摸底了解等方式，在基层一线发掘使用了一批忠诚干净担当、德才兼备、做出实绩的优秀干部。贯彻落实《关于进一步激励广大干部新时代新担当新作为的意见》，出台《兴安县关于进一步激励广大干部新时代新担当新作为集聚发展核心动力的若干意见》，推行个人优秀积分制，关爱激励各类别干部，提振干部干事创业精气神。落实《兴安县关于进一步加强科级非领导干部使用和管理的意见(试行)》，积极调动科级非领导干部积极性，营造了“二线”干部亦有干事创业热情的良好氛围。落实《兴安县关于进一步加强年轻干部培养的实施意见(试行)》,有目的培养、储备了一支涵盖处级、正科级、副科级的优秀后备干部队伍。

【干部监督】 2018年,兴安县委组织部严格落实个人有关事项“两项法规”,全县338名正科级干部填报了《领导干部个人有关事项报告》,填报工作进入常态化,对党忠诚的政治纪律意识得到增强。适时采取提醒、函询和诫勉等组织处理,对13名科级干部进行了提醒谈话。开展党政领导干部和国有企业领导人员承包经营农村土地问题专项清理,科级以上干部自查全覆盖,按规定进行整改6人。加大信访调查力度,对2018年收到的18件来信来访,全部查核并答复解释。认真贯彻落实党委(党组)书记、纪委书记(纪检组长)“双签字”制度、《兴安县关于进一步加强和规范科级干部因私出国(境)审批和管理工作的通知》、干部选拔任用预审报告等规定,对三个单位的党政正职实行了任中经济责任审计和自然资源资产管理责任审计。审批了71名科级干部因私出国(境)申请,统一保管329名科级以上干部的因私出国(境)证件。

【干部教育培训】 2018年,兴安县委组织部持续推进大规模干部培训、大幅提升干部素质的战略任务。依托党校主阵地有序推进主体班次培训,举办兴安县2018年年轻干部培训班、乡村振兴专题培训班、改革与创新发展专题培训班、依法治理能力建设培训班、党性教育专题培训班,培训学员325人。开展任前培训考试,大力提升领导干部法律意识,4次共15人参加了培训和考试。以作风效能为切入点,以“大讲堂”为平台,灵活地开展治国理政、全面从严治党、先进典型报告会等学习专题,成功举办了7讲,培训干部达1500多人次,取得了良好效果,“灵渠新风大讲堂”已成为兴安县干部教育重要的平台和新名片。认真做好服务跟踪工作,处级干部网络全员培训和干部调训工作都及时完成。充分发挥兴安县丰富的红色文化资源优势,完成广西干部学院现场教学基地建设,成功打造桂林市现场教学精品课程。制定下发了《兴安县干部外出培训管理办法(试行)》,进一步规范我县干部外出培训工作,严格干部外出培训审核备案程序,提高培训效率和质量,加强培训经费管理,从源头上制止借学习培训等名义搞变相公款旅游等不正之风。

【干部队伍建设】 2018年,兴安县委组织部坚持严管和厚爱结合、激励和约束并重,严格执行干部调整预审制度,落实职数配备相关政策,扎实推进干部队伍规范化建设。2018年,共调整干部171人,其中提拔(进一步使用)27人、交流68人、改任非领导1人、免职24人、退休49人、转正定级(含军转安置)2人。统筹完成全县公务员信息采集和统计工作,2018年,全县1781名公务员及参公人员的信息经过审核,更新完善了公务员信息库。继续推进县以下机关公务员职务与职级并行制度工作,2018年组织完成了两个批次共22人的职级晋升工作。规范有序推进公务员录用、登记、退休、辞职等工作。认真落实选调生政策,坚持让其在基层一线“墩苗”,特殊岗位历练,畅通上派下挂渠道,加大培养任用力度,提拔选调生1名;调动到区、市直单位1名;选派到区、市直单位跟班学习5名。落实《干部人事档案材料收集归档有关规定》《关于进一步规范干部人事档案查借阅工作的通知》,确保日常管理规范化,基本完成干部档案审核工作。

【党员队伍建设】 2018年,兴安县委组织部认真执行发展党员相关政策,2018年共发展新党员123名。实施党员素质提升工程,规范落实“三会一课”,培训党员53223人次。继续做好党员关爱工作,共拨付党员关爱基金46.76万元对全县874名80岁及以上老党员和40名生活困难党员进行了慰问,并拨付党费225025元用于县领导慰问和各党(工)委自行慰问困难党员。定期维护全国党员信息系统中党组织和党员基本信息,初步实现党员组织关系在地方内部网上转接。

【人才工作】 2018年,兴安县委组织部大力实施人才强县战略,不断完善人才制度,出台《兴安县“灵渠人才”选拔管理实施办法》,激励人才队伍勇于争先、奋力创优,营造尊重人才氛围。进一步引进人才,组织企业招录技能人员1050人,增强了专业技术人才发展后劲。培育本土人才,精准打造了界首镇大管家市级农村实用人才培养示范点,组织高技能人才参加“技能大比武”,获市级一等奖1个,二等奖1个,三等奖3个。

【调研信息宣传】 2018年，兴安县委组织部在《中国组织人事报》刊发文章1篇，《广西组工信息》刊发文章6篇，《桂林组工通讯》刊发文章18篇，桂林党建网登载文章182篇，及时、准确、全面地反映了全县选干部配班子、建队伍聚人才、抓基层打基础各项工作动态、先进经验及特色做法，为领导把握全局、科学决策提供优质准确的信息服务。《建立干部作风长效机制的研究》《发展壮大兴安县村级集体经济的探索与思考》分别获桂林党建研究会二等奖和三等奖。

【党员远程教育】 2018年，兴安县委组织部精心拍摄制作了先进个人类题材《上阵父子兵》《铭记》两部"百部系列"党员教育电视片，其中《上阵父子兵》获自治区优秀奖项。创作的微电影《村官爱情故事》获"中国梦·扶贫攻坚影像盛典"剧情类三等奖。扎实开展远程教育学用工作，联合广电网络公司打造提升"智慧城乡"智慧党建平台，推进兴安县党员干部远程教育终端站点学用工作的有效开展。管理运营兴安县党建宣传微信公众号——"灵渠先锋"，做好自治区党委组织部"八桂先锋"智慧党建系列新平台的宣传推广和学用工作，推动党员教育深入各基层党组织，兴安县4名党员在"八桂先锋"十九大精神知识竞赛中获自治区"八桂学习标兵"称号。认真做好党员远教设备维护工作，全年共协调处理全县132个电信模式远教终端站点126次的故障问题。

【基层组织建设】 2018年，兴安县委组织部健全县委常委联系指导党建品牌建设制度，推进高标准示范点建设。突出新能源产业优势，创新"红基因·兴企业"载体，以县工业园区党群服务中心为轴心，辐射带动并建成了兴安海螺公司等一批工业党建品牌。扎实推进基层党建嵌入国家全域旅游示范区建设，全力打造"老山界下守初心·瑶乡处处党旗红"的市级高标准党建示范点，建成了高寨旅游协会等一批旅游党建品牌。以实施乡村振兴战略为契机，通过"百村示范、千村整治"工程，因地制宜、因势利导，建成源江、粉洞、石坑、福在、冠山、双河、花桥等一批主题鲜明、各具特色的农村党建品牌。农村基层党组织规范化建设成效明显，成功申报自治区五星级2个、四星级5个、三星级6个；桂林市"基层党建高标准示范点"五星级1个，四星级1个，三星级3个。建立抓基层党建量化考体系，继续推行"联述联评联考"制度，组织全县13个党工委(党组)书记就2018年度抓基层党建工作情况向县委进行专项述职。切实抓好党代会常任制试点工作，全年受理县党代表提案、意见建议84件。下拨财政资金200万元、县管党费15万元，新建7个，扩建6个村级组织活动场所，对19个村级组织活动场所进行修缮和配备新办公设施。对村干部报酬标准进行调整，村支书、主任一肩挑的每月津补贴2000元，单任的1850元，其他全额补贴干部每月津补贴1700元，年终绩效奖金最高10000元。举办村支书、主任集中培训班一次，组织2名农村党员到四川省委党校参加第2期全区农村党员骨干培训示范班；1名村民合作社社长到贵州省组干学院参加全区村民合作社社长培训示范班；3名乡镇党委书记到浙江省委党校参加全区农村基层党建工作专题培训班；3名新任村"两委"干部到中山大学参加全区新任村"两委"干部培训示范班；5名村党组织书记参加中组部举办的边疆民族地区村党支部书记培训班培训。完成13个软弱涣散村党组织整顿提升任务。举办兴安县村级党组织组织委员定额选聘任职能力综合测试，有97名人选成功入围。举办2018年兴安县村党组织书记任职能力综合测试，110名村党组织书记考试合格。

【两新组织党建工作】 2018年，全县列入非公有制经济组织党建基数107家，党员287人，单独成立党组织24个，联合成立党组织23个，覆盖企业94家，覆盖率87.9%，比2017年提高了1个百分点。全县列入社会组织党建基数39家，党员283人，单独成立党组织20个，联合成立党组织4个，覆盖社会组织35家，覆盖率为89.7%，比2017年提高0.3个百分点。共发展党员8名。一年来，投入资金80余万元，选树了工业园区党群服务中心、华江旅游协会党支部等示范点。推荐2名支部书记两次参加广西非公企业"双强"大讲堂、2名支部书记参加"党旗领航·品质旅游"主题活动。组织100多名从事电商和扶贫工作的普通党员、支部书记、公司出资人等参加了县级2天的"党旗领航·电商扶贫"培训班。

【"两学一做"学习教育常态化制度化】 2018年，兴安县委组织部深化"锤炼党员党性·锻造灵渠先锋"活动，创新"党旗领航、党徽闪亮、党员发光"工作载体，持续推进"两学一做"学习教育常态化制度化。实施党员先锋工程，推行优秀积分制度，从各乡镇、重大项目指挥部和专项工作小组中遴选146名党员骨干，组建"脱贫攻坚""乡村振兴""工业振兴"等20支党员突击队，全力推进脱贫攻坚、乡村振兴中心工作和风力发电、三大水库、棚户区改造等重大项目建设。结合农村党员积分管理，广泛开展党员结对帮扶贫困户活动，让农村党员在脱贫攻坚中有舞台有作为，全县帮扶结对3860人。实施党课标准化工程，抓实"三会一课"，建成多元化党课平台12个、实训基地21个，培训党员干部1.63万人次。抓好全县领导干部新"三同"活动，收集群众意见建议1905条，办理实事670件，解决问题1200余件。持续开展"夜学夜访"活动，10个乡镇干部职工累计走访群众达8500人次，解决群众实际问题1200余件，化解纠纷积案79件。

【脱贫攻坚(乡村振兴)工作队选派管理】 2018年，经过个人申请、单位推荐、组织审定等程序，按照精准选派、人岗相适要求，共从自治区、桂林市、县、乡四级优秀干部中，选派工作队员289人，其中，自治区派工作队长1名，桂林市派工作队员13名(工作分队长2名，第一书记11名)，县派工作队员178名(工作分队长8名，第一书记17名，驻村工作队员153名)，乡派工作队员97名。制订《兴安县扶贫开发领导小组组织保障专责小组成员督导乡镇工作方案》，开展5次督查工作，组织全县新选派的脱贫攻坚(乡村振兴)工作队员进行岗前培训和专题培训各1次。严格落实"八有两安"制度和乡镇工作补贴、公共交通费用、通信补贴，提高驻村伙食补助标准，保障工作队员必要生活条件和安全保障，实施新标准后发放驻村工作补助共1659142.5元。创新施行弹性绩效考评，弹性绩效考评奖励资金按全县基础性绩效奖励资金的1.3倍执行，并严格结果运用。为第一书记按照不低于1.5万元安排了驻村专项工作经费，每人安排5万元以上的驻村帮扶资金，助力脱贫攻坚取得良好成效。

【发展壮大村级集体经济】 2018年，兴安县秉持绿色发展理念，依托兴安县太阳能光伏和风力发电的产业链基础，通过下放项目、村企共建、股份合作等方式，探索村级集体经济绿色发展的路径，多模式多渠道发展集体经济。将总投资1300万元的45个扶贫基础设施建设项目的经营管理权限下放到28个贫困村，由村民合作社组织实施，通过项目管理、劳务服务等实现创收74万元。为76个村集体经济薄弱的村(社区)投入发展资金1520万元，每村安排20万元投资中国电力投资集团兴安公司的风电项目，实现村集体每年分红超2万元。积极引导各村依托支柱产业、特色农业和旅游资源优势，做好农旅联合文章，打造村级集体经济绿色发展共同体。2018年全县125个行政村(社区)集体经济收入均实现目标，其中28个贫困村收入均达到3万元以上，非贫困村达到2万元。因成绩突出，桂林市的村级集体经济绿色发展大会现场会把兴安作为现场观摩点之一，很好地宣传了兴安经济社会发展成果。

宣传工作

【概况】 中共兴安县委宣传部(以下简称县宣传部)加挂精神文明建设委员会办公室、对外宣传工作办公室、互联网信息办公室牌子，2018年，在编人员13人。

2018年，县委宣传部紧紧围绕兴安县"三县"建设和实现"七大目标"中心工作，各项工作取得新的重大进展。2018年，中央、自治区、桂林市内外媒体持续给力，兴安县十余次亮相央视；自治区县级文明城市创建常态化，测评结果居全市第一；兴安县作为全区新时代文明实践中心建设重点县和县级融媒体中心建设试点县，形成县级融媒体中心的兴安模式，在全区新时代文明实践中心和新时代讲习所建设专题电视电话会议上作典型发言，先后两次在桂林市宣传思想及意识形态工作会议上作典型发言；全市宣传思想工作现场会在兴安县召开。2018年，县委宣传部获得多项荣誉：文明办获评全区宣传思想文化工作先进集体；县委宣传部荣获全市宣传思想战线先进集体、宣传思想工作创新一等奖、全市宣传思想工作目标责任制考评一等奖；外宣工作获得全市第二名；庄慧琼被评为全市优秀宣传部长。

【政策宣讲工作】 2018年，兴安县成立了以县委书记任组长的宣讲团，以“党组织、党员、企事业单位、乡村屯”四个全覆盖为目标，主要领导和县委常委带头，结合在全县开展的机关干部和群众一同过、一同苦、一同干的“新三同”活动，深入机关、乡镇、企业、村屯、社区宣讲党的十九大精神等16个重大主题宣讲活动3400多场；宣讲队伍从原来以理论宣讲为主向理论+政策+技术等多元化迈进；宣讲队伍由10余人的小团队变成超300人的大队伍。2018年，全县举办了5期“灵渠新风大讲坛”，135个“新时代讲习所”根植基层。

【创城工作】 2018年，县委宣传部制定完善创城责任体系，建立健全联席会议制度、督查、考核、问责等制度，以兴安市民文明素质提升“八大行动”为抓手，深入开展移风易俗淳化民风工作，全县1万多名党员干部签订移风易俗承诺书。同时，在乡村实施“一约四会”制度，在县城开展“礼让斑马线”“志愿者服务”及电动车、行人闯红灯专项整治行动。实行创城网格化管理，划分28个网格责任区，由县领导任街长，责任区内的县直单位主要领导任副街长，对网格责任区内创城工作中存在的问题进行排查和督促整改；对老百姓反映强烈的问题，推出《向人民承诺——电视问政》创城专栏8期，主办了第二届“感动兴安”十大人物颁奖晚会，评选出2017年度“感动兴安”十大人物和7名提名奖获得者，共有7.2万余名网友参与投票，总访问量近31万人次。举办“讲好兴安好故事、传播兴安好声音、弘扬兴安好风尚，立足岗位争创百佳”典型人物表彰大会，评选出十佳共产党员等114名百佳先进人物，120万名网友参与投票。2018年，在自治区测评组实地考察和问卷调查测评中，兴安县在全区51个创建(市)县中总分排名13名，在桂林市6个县区中排名第一，群众满意度达到93.3%。

【文化工作】 2018年，兴安县成功举办“灵渠保护与申遗”暨水利遗产保护利用学术讨会，灵渠成功入选世界灌溉工程遗产；投资8000万元在建灵渠展示中心暨兴安博物馆；重版道光年间《兴安县志》；完成了56个传统村落的村史采写出版；编印了《桂北老家——一个让人记住乡愁的地方》；编写《红军长征过兴安》等系列图书6册，免费赠送给全县3万多中小学生；开展“红色文化进校园”“戏曲进校园”等活动；举办红领巾讲解员培训班以及彩调、龙船歌、贺郎歌等当地特色培训班30多期。

【新闻宣传工作】 2018年，兴安县在清明期间连续3天5次在央视《朝闻天下》《新闻直播间》直播亮相，3度登上《新闻联播》；端午、国庆期间5度亮相央视。《春耕——全新农业发展合作社万亩水稻全程机械化耕种》的新闻报道，生动地展示了“生态兴安、文化兴安、富裕兴安”发展成果。端午节期间，央视推出的《立潮头　勇争先》亮相端午特别报道“端午时节”；《广西猫儿山：林海翠如水　生态惠瑶乡》在央视《新闻直播间》两场直播。国庆节期间，央视推出的《新闻直播间》“我爱你中国——江山如此多娇”大型直播系列报道中，兴安又以《灵渠绵延流淌　惠泽福万家》《千古灵渠　润泽桂北鱼米乡》2次亮相央视；由央视新闻移动网推出的《中国此时此刻·2018国庆》直播特别节目，灵渠作为《中国此时此刻·2018国庆》“精彩中国”篇在央视新闻移动网、客户端、微博、合作矩阵号中同步直播，成为同一天时间内3次亮相央视的单一条目，全网点击量累计超过千万人次。

【新时代文明实践中心创建工作】 2018年，兴安县以创建全区新时代文明实践中心重点县为契机，紧紧围绕学习宣传贯彻习近平新时代中国特色社会主义思想这一主线，以“五讲五树”（讲新思想、树坚定信念；讲新政策、树坚定信心；讲核心价值、树优良品行；讲优秀文化、树文化自信；讲移风易俗、树时代新风。）为载体；搭建理论宣讲、教育服务、文化服务、科技与科普服务、健身体育服务五大平台；成立由县委书记任队长的兴安县新时代文明实践活动志愿服务总队和“文明乡风”“党旗领航”等21支志愿服务分队，全县登记注册的志愿服务人员已达1万多名。打造了由各级党组织书记任队长的志愿服务队伍，设立了兴安县新时代文明实践中心、乡(镇)新时代文明实践所、村新时代文明实践站、屯新时代文明实践岗四级联动的新时代文明实践工作体系。相继完成兴安县新时代文明实践中心、华江瑶族乡新时代文明实践所、溶江镇莲塘村新时代文明实践站、漠川乡榜上村新时代文明实践岗“县—乡—村—屯”四级试点工作。全县135个新时代讲习所、300多名讲习员，开展讲习活动1000多场次；组织20多名文化志愿者开展历史文化、红色文化、山水文化、民俗文化专题讲习100余场。

【桂北长征文化资源开发利用工作】 2018年，兴安县成立兴安县长征红色文化资源保护与开发利用工作领导小组、兴安县红军烈士遗骸收殓工作领导小组，并制订工作方案。同时，以当年红军长征途经的乡镇、村为重点，在全县以乡镇为单位，集中力量对红军烈士遗骸和红军后代信息开展了收集整理及统计工作。2018年，兴安县共搜寻到疑似红军烈士墓11处94座150人，并对界首镇境内的光华铺、溶江镇境内的新文村文家洞、华江瑶族乡境内的锐炜和大风坳、漠川乡境内的保合5处红军烈士遗骸进行收殓、认定工作，在红军墓上设置标识，并划定墓群保护区域。

【电影《北纬25度天空下》举行首映式】 电影《北纬25度天空下》由北京神州飞歌文化发展有限公司和兴安县委、县政府联合出品，该影片2018年7月开机后全程在兴安取景拍摄。期间，剧组分别在灵渠、水街、猫儿山自然保护区、源江风电场、滨江公园、白石乡秦家大院、华江瑶族乡等地取景拍摄，历时近1个月。《北纬25° 天空下》作为改革开放40周年和广西壮族自治区60周年庆典献礼电影，是一部融入浓郁广西民族文化、民俗文化和美丽风光的电影。12月16日下午，《北纬25° 天空下》在桂林举行首映式暨新闻发布会，在桂林和兴安影院后，在CCTV-6和网络平台播出。

【兴安县融媒体中心成立】 2018年12月26日，兴安县融媒体中心举行了成立暨揭牌仪式，整合了兴安电视台、兴安人民广播电台、兴安县政府门户网和中国灵渠网、兴安发布和灵渠资讯微信公众号等“台、网、微、端”宣传资源，建成了新闻传播、舆论引导、政务发布、智慧城市、网络电商等功能为一体的宣传思想平台。

【灵渠申遗成功】 2018年，兴安县委、县政府高度重视灵渠申报世界灌溉工程遗产工作，成立申报世界灌溉工程遗产领导小组，举办全国“灵渠保护与申遗暨水利遗产保护利用学术论坛”，并先后接受中国国家灌排委、国际灌排委的现场考核和综合评估。8月14日上午，在加拿大萨斯卡通召开的国际灌排委员会第69届国际执行理事会上，灵渠成功列入世界灌溉工程遗产名录，成为广西首个“世界灌溉工程遗产”工程。

统一战线工作

【概况】 2018年，兴安县委统战部在职在编10人（含民宗局3人），设有办公室、工商经济股、台湾事务办公室、侨办办公室、民族宗教办公室5个职能股室，县民族宗教事务管理局在统战部挂牌。2018年，县委统战部坚定正确的政治方向，发挥优势，主动作为，不断巩固统一战线政治基础，促进兴安县统一战线工作创新发展和经济建设。

【非公经济工作】 2018年，兴安县委统战部继续落实县四家班子领导联系非公有制经济代表人士和非公有制企业工作制度，联系了64家非公有制企业及64名非公有制经济人士。期间，每位县领导每年到自己所联系企业走访调研在2次以上，全年共为企业协调解决各类问题38个。全年完成广西非公经济服务平台注册认证企业2840家，得到桂林市委统战部表扬，并在全市统战工作会议上做了典型交流发言。推荐粟浩频、崔嵩两位非公经济代表人士参加了由桂林市委统战部举办的桂林市非公经济人士管理能力提升培训班。

【脱贫攻坚工作】 2018年，兴安县委统战部制订印发《兴安县统一战线助力脱贫攻坚行动实施方案》，召开了兴安县统一战线助力脱贫攻坚行动推进大会，选取16家企业与全县16个尚未脱贫摘帽的贫困村签订帮扶协议。非公企业采取捐资助学、访贫问苦、提供就业、订单回收和帮扶基础设施建设等方式，共为各贫困村捐助款物60多万元，实现贫困户就业250余人。此外，桂林兴松林化有限公司、兴安县佛教协会还各自捐款3万元，帮助河池、百色等大石山贫困地区建设爱心水柜2个，得到桂林市委统战部领导的一致肯定。此外，集中力量做好白石乡三友村委的脱贫摘帽工作，在迎接自治区、桂林市检查及核验中，三友村委脱贫摘帽工作顺利通过检查验收。

【民族宗教工作】 2018年，兴安县委统战部认真贯彻《新宗教事务条例》，建立健全宗教工作县、乡（镇）、村三级网络，落实了宗教工作责任制,形成了上下联动、相互配合、协调有力的管理工作机制,兴安县辖区内全年没有发生涉及宗教因素的事件。民族团结进步工作成效显著。2018年,华江瑶族乡人民政府获得自治区民族团结进步先进集体,漠川乡显里村委妇女主任郑桂姣获得自治区民族团结进步先进个人。2018年,全县共投入资金130万元,实施少数民族地区基础设施项目6个,惠及群众1500余人。

【党外知识分子和新的社会阶层人士工作】 2018年,兴安县委统战部完成了全县党外知识分子和新的社会阶层人士(代表人士)共550多人摸底登记,工作,建成了会员资料数据库。在民政部门注册了兴安县新的社会阶层人士联谊会及兴安县党外知识分子联谊会,健全了各项规章制度。多方筹资10余万元,为两个联谊会解决了办公场所142平方米,并配备了相应的办公设备。2018年,两个联谊会在扶贫帮困、捐资助学、救灾救急等方面,共筹集发放资金和物资40余万元,社会反响良好。

【港澳侨台海外统战工作】 2018年,兴安县委统战部继续落实县领导联系台资企业制度,加强《关于促进桂台经济文化交流合作的若干措施》的宣传。帮助台胞处理居住证办理和社保缴纳问题6起,建立了兴安籍台湾大陆新娘微信群(群内人员达60多人)。全年慰问台胞台属30多人次,接待了大陆新娘回家探亲15人次。先后两次接待自治区侨办组织的全区华侨农场系统干部职工,到兴安考察乡村振兴和核心农业示范区建设。协助桂林市委统战部接待了日本星火株式会社考察团来兴安考察红色文化。

【党外代表人士工作】 2018年,兴安县委统战部建立了党外科级领导干部数据库,召开了全县党外科级领导干部座谈会两次,推荐部分党外干部到重大项目一线锻炼,选派一名党外干部到桂林市发改委挂职,推荐3名党外科级干部参加了由桂林市委统战部、桂林市委党校举办为期两个月的干部能力素质提升春季主体班。

【统战信息工作】 2018年,全市统战宣传及理论调研培训班在兴安举行。县委统战部被评为2018年度中国统一战线宣传先进单位,获得自治区统战信息工作三等奖。余桂兰被评为2018年度中国统一战线宣传先进个人,其撰写的《信仰与秩序:乡村振兴战略中民间信仰的引导与规范——以桂林市为例》获得了2018年度全区统战理论政策研究创新成果一等奖。

【重大项目工作】 2018年,兴安县委统战部在人员很少的情况下,抽调4人参加斧子口水库攻坚战。部长余桂兰担任三大水库常务副指挥长,通过精心组织,倒排工期,靠前指挥,克难攻坚,斧子口水库于2018年1月17日成功下闸蓄水。

【先进单位与先进个人名录】 2018年,兴安县委统战部获中国统一战线宣传先进单位,获自治区统战信息工作三等奖,桂林市统战信息工作三等奖。余桂兰获得2018年度中国统一战线宣传先进个人,其撰写的《信仰与秩序:乡村振兴战略中民间信仰的引导与规范——以桂林市为例》获得2018年度全区统战理论政策研究创新成果一等奖,罗爱军被评为2018年自治区台办系统优秀信息员;李晓平被评为2018年度全市统战信息工作优秀信息员。

县委党校

【概况】 2018年,中共兴安县委党校(简称县委党校)核定编制19人,在编在岗教职员工19人,其中中级职称14人。内设机构有办公室、教研室、总务室、培训部、科研室。党校是在党委领导下培养党员领导干部和理论干部的学校,是党委的重要部门,是培训轮训党员领导干部的主渠道,是党的哲学社会科学研究机构。

【干部培训】 2018年,县委党校认真落实上级党校及县委关于干部培训工作的要求,教学工作坚持"党校姓党"、从严治校、实事求是、与时俱进的办学方针,不断提高党校办学的政治水平和业务水平,充分发挥党校培训轮训领导干部的主渠道作用,适应干部培训的要求,促进教学改革,完善教学方法,加强教学管理,有针对性地根据不同班次,不同培训对象,认真做好每期培训班的教学计划,突出党校教学特点,力争办出特色、办出成效。2018年,县委党校举办各类培训班12期。其中,县委组织部安排的主体班6期;承办县委、县政府安排的计划外培训班6期，共培训学员1025人次。

同时，县委党校依托湘江战役红色文化教学资源，大力开展红色文化教育培训工作，承办县外党员干部到兴安参加学习的培训班。2018年，县委党校举办区内各市、县以及福建、湖南等区外党员干部培训班126期，共培训人数达5754人次。通过开展社会培训，不仅党校的工作有了新的起色，让红军长征精神得到了有效传承，也为宣传兴安的红色文化、历史文化、生态文化等方面做出了积极贡献。

【教学科研】 2018年，县委党校派2位老师参加桂林市党校系统青年教师教学比赛，获得一个二等奖；1名老师参加桂林市委宣传部宣讲比赛获得二等奖。3位老师参加县委宣传部组织的新时代讲习所金牌讲习员比赛，分别获得2个一等奖和1个二等奖。

2018年，在桂林市委党校系统“改革开放40周年桂林科学发展”理论研讨会上，县委党校教师提交了9篇论文，其中，5篇论文获得三等奖。兴安县老山界征文活动中，县委党校教师共提交9篇论文，其中，获得1篇一等奖，3篇获得二等奖，3篇获得三等奖，2篇获得优秀奖。完成2017—2018年度桂林市党校系统调研课题《县乡基层组织精准扶贫工作研究——以兴安县为例》和市委党校品牌课程《灵渠的保护与开发》。

【理论宣讲】 2018年，县委党校1—2月派出骨干老师到乡镇和县直单位开展理论宣讲30场，参加听讲人数达1600人次，主要进行“两学一做”、中共十九大精神等内容的宣讲。

【队伍建设】 2018年，县委党校积极采取各种措施，注重教师的党性教育，加强师资队伍建设，着力提高教师素质及业务水平。积极安排教师外出培训、到基层调研，派人参加扶贫工作、新农村建设工作。平时上课教师互相观摩、点评。2018年，县委党校安排7名教师到桂林市委党校学习，4名教师到东北林业大学学习，4名教师到贵州遵义学习红色教育。

【集体荣誉】 2018年，在桂林市委党校举办“改革开放40周年桂林科学发展”理论研讨会征文活动中，县委党校被评为组织工作先进单位；县委党校组织骨干教师参加桂林市党校系统青年教师教学比赛，获得组织奖；2018年桂林市委党校对各县委党校办学情况进行考核，县委党校被评为2018年度干部教育培训工作先进单位。

（刘玉玲）

党史工作

【概况】 中国共产党兴安县委员会党史资料征集小组办公室（简称党史办），有在职在编人员3名，其中，主任1名，副主任1名，副主任科员1名（参照原职务层次管理），工作人员2名。3人中1人为大学本科学历，2人为大专学历。2018年，全县党史工作紧紧抓住党史基本著作编纂工作重点，切实履行党史“存史、资政、育人”职能，圆满完成了各项工作任务。

【党史工作的组织领导】 2018年，党史办建立健全了学习、党务、政务、财务等各项制度。深入学习、贯彻、落实区、市党史工作会议精神，结合该办实际，根据年初制定的目标任务，扎实开展了各项业务工作，在新的起点上开创了全县党史工作新局面，全面提升了党史工作科学化水平。

【党史资料征研】 2018年，党史办紧紧抓住党史基本著作编纂工作重点，投入主要的人力、物力，保证了编纂工作的顺利推进。《中国共产党兴安历史》（第二卷）从2008年组织人员纂写、搜集、挖掘、已整理大量历史文献、资料，历时9年，9易其稿，于2017年5月底顺利完成了《中国共产党兴安历史》第二卷评审后的修改工作。已报送给县委、市委党史研究室审核完毕。2018年3月，按照桂林市委党史研究室提出的修改意见修改完毕。

【党史宣传教育】 2018年，党史办采取责任到人，分片包干，逐级审核的办法，不折不扣地做好每月一期的《兴安县大事记》的资料征集、编撰、出版发行工作。全年按时、按质、按量出版发行《兴安县大事记》10期，及时为县四家班子领导及各乡镇、各部委办局提供和反馈了各种信息，起到了一定的资政作用。新民主主义革命时期广西党史资料抢救工程兴安县征集工作顺利开展，并取得了一定成果。接待桂林市委党史研究室、自治区党史研究室、韶阳市、钦州市委党史研究室等到兴安，开展关于红军过兴安的专题调研等各种有关兴安党史的考察调研活动。

【队伍建设】 2018年，党史办深入学习贯彻习近平总书记系列讲话精神和中共十九届二中、三中全会及中共十九大精神，提高党政领导干部廉洁自律和自觉接受监督的意识。强化政治业务学习。制定了详细的学习计划，坚持每月进行一次工作汇报和业务学习。围绕惩防制度建设，狠抓廉政警示教育工作，努力提高干部职工抗腐防变的能力。按照县委有关部署要求开展学习活动，并结合党史工作业务，继续做好向党员干部推荐学习书目和学习资料工作，丰富学习内容；创新学习形式，采取集中学习和自学、开展调查研究等多种方式，提高学习的针对性和实效性。高度重视绩效管理与考评工作，自觉把绩效管理与考评作为加强机关内部管理、实现工作目标的内在动力，狠抓目标责任分解和工作落实，有效推动了年度工作目标任务的实现。

【“两学一做”学习教育活动】 2018年，党史办将“两学一做”的核心要义具体化为规定动作，融入日常，落到实处。一是诵读党章强党性。在开展主题党日活动中，始终把党章学习放在首位，采取支部成员领诵，全体党员齐诵的方式进行，通过反复诵读，将党章内容刻印于心，党性观念固化于脑。二是缴纳党费明义务。党史办要求每月主题党日活动当天，所有党员按规定向支部缴纳党费，不准从工资中代扣，不准一次性缴纳，没有特殊情况不得请人代缴，时刻唤醒党员的身份意识。三是学习党规党情跟党走。2018年，党史办将习近平总书记系列重要讲话、《中国共产党纪律处分条例》、《中国共产党廉洁自律准则》等中央、自治区重要精神、重大部署和党规党纪作为必学内容，确保总书记讲话精神和上级政策要求贯彻执行到最基层。四是把真学实做融入日常，把严管严教抓在经常。2018年，党史办党支部强化制度刚性，细化制度执行，充分发挥党支部在教育管理党员中的主体作用，使“两学一做”成为支部建设的主旋律。严格落实“三会一课”制度，持续开展党员民主评议工作，强化书记第一责任人职责和班子成员“一岗双责”，做到党建责任落实到位。党支部书记带头完成支部各项学习任务，务求先学一步、学深一步，发挥示范引领作用。五是结合“两学一做”学习教育活动，进一步深化了对“三同”活动的思想认识，强化为民服务理念，坚持工作重心下移，把联系群众、服务基层作为一项经常性工作任务，认真执行，勇于实践。把联系服务作为落实群众工作、转变工作作风的重要举措，结合开展“转作风、提效能、优环境”专项活动，狠抓作风建设，切实为群众解难事、办实事、做好事，进一步密切与群众的广泛联系。

【“不忘初心、牢记使命”主题教育活动】 2018年，党史办根据中共兴安县委员会办公室《关于集中开展新“三同”活动的通知》文件精神，及时组织党员干部、退休老干部、老党员、联系点干部、群众等人员召开座谈会，围绕“不忘初心、牢记使命”主题进行讨论，并征求大家的意见建议。组织开展了“不忘初心、牢记使命”主题活动，对全办党员做了“如何做一名合格的共产党员”的党课辅导学习。结合实际，从“新时期优秀共产党员应具备哪些素养”“怎样做一名优秀的共产党员”等方面作了深入浅出的讲解，加强了党员对怎样做合格党员的认识，进一步坚定了理想信念和做好各项工作的信心。开展了“重走红军路，传承红色基因”活动，大家沿着红军曾经走过的足迹，重温革命先烈的光辉历史，学习革命精神。

【联系点精准扶贫工作】 2018年，党史办按照县委、县政府的安排，在精准扶贫工作中，联系兴安镇道冠村。为切实加强对精准扶贫工作的组织领导，党史办成立了由主任顾云晖任组长，副主任唐秀琼任副组长，办公室其他人员为成员的精准扶贫工作领导小组。制定了扶贫工作方案，建立健全了办帮扶工作机制，确保该办每名干部帮扶1户贫困户，全面开展帮扶活动。积极组织村、组干部、党员、贫困户召开多次会议，传达学习上级相关文件精神，商谈脱贫措施。积极引导群众转变等、靠、要观念，要求主动融入精准脱贫工作中，结合自身实际调整好产业结构。认真开展脱贫攻坚“六大行动”。坚持驻村人员每月到乡村工作的时间要求。按照县里的要求，本办专门抽调罗崇禄为驻村工作队员，专职负责驻村工作，并且要求每月驻村20天以上。坚持主要领导每季度到联系村工作指导的要求，开展与贫困户结亲帮扶活动。

【“转变工作作风、提升工作效能、优化发展环境”专项活动】 2018年，党史办组织开展了一系列“转作风、提效能、优环境”专项活动，成立了以主任顾云晖为组长，副主任唐秀琼为副组长，其他成员为组员的领导小组，制订了活动方案。严格按照县委、县政府的安排部署和工作要求，做好每个阶段的工作。

【“美丽兴安 清洁城乡”活动】 2018年，党史办及时成立了活动领导小组，结合该办实际制订活动方案，落实了负责人员。每周星期四全办人员一起到教育路责任区打扫卫生。

【红色旅游、水库移民搬迁等中心工作】 2018年，党史办认真协助县委宣传部开展了湘江战役红军烈士遗骸收敛保护工作，收集整理出湘江战役三大阻击战之一的光华铺阻击战资料汇编，负责收集整理并撰写兴安县革命遗址（遗存）保护历程，采写和收集了光华阻击战旧址周边自然村知情群众的口述资料。积极协助科技局开展了水库移民搬迁的各项工作。

（唐秀琼）

信访工作

【概况】 2018年12月，兴安县群众信访服务中心于正式建成投入使用。中心建设投入70多万元，严格按照自治区“六个统一”（即统一名称、统一标识、统一标准、统一功能设置、统一工作机制、统一工作流程）要求建设。县群众信访服务中心与县信访局实行“一个机构，两块牌子”，使信访部门由原来以“接待、协调”为主调整为“接待受理、直接调处、协调指导、监督查处”为一体的综合型办事机构。同时，全县10个乡镇全部完成群众信访服务站建设，104个村委完成了信访群众服务室建设。

【“一岗双责”工作】 2018年，兴安县信访局认真履行“一岗双责”制度，切实强化责任落实，在全县形成了党政主要领导亲自抓、分管领导具体抓，一级抓一级、层层抓落实的工作格局，进一步统一思想，凝心聚力，形成了齐抓共管的良好局面。

【信访处置】 2018年，兴安县信访局以积极预防和妥善处置群体性事件工作为重点，坚持创新信访工作理念，认真接待处理来信来访，及时反映社情民意，妥善解决人民内部矛盾。全年共受理群众来信170件（含网上信访），接待群众来访118批1213人次，全县信访量稳中有降。

【信访源头治理】 2018年，兴安县信访局积极组织开展各级领导干部下访约访活动，面对面听取信访群众的诉求，千方百计帮助群众排忧解难，减少了越级上访的发生。严格落实每周星期二县领导信访接待日制度，副处级以上领导定期接待来访群众，一些重点、热点信访突出问题得到了有效解决或缓解。成立兴安县法律援助中心信访局工作站，定期为信访群众提供法律服务。对信访案件的办理全程把关，做到及时规范，全面提升信访件办理质量。加大了网上信访宣传力度，全年开展大型宣传活动两次，发放宣传资料2万余份。2018年，开展了信访突出问题化解攻坚活动，排查出16个信访个案及17个群体案件，落实了包案县领导、责任单位，明确化解责任。全年成功化解个案4件，上级交办的5件积案全部程序性办结，各信访群体较为稳定。

（兴安县信访局）

老干部工作

【概况】 兴安县委老干部局是负责全县离退休干部管理服务的工作机构。2018年，全县老干部局管理的离退休干部共106人，其中：离休干部29人（含行政11人、事业9人、企业9人）、副县级及以上实职四套班子退休干部34人、非县四套班子副团（副处）级退休干部23人、镇南关人员20人，其中，2人同时具备非县四套班子副团（副处）级退休干部和镇南关人员双重身份。2018年老年大学任课教师11名，公益课老师3名，招收学员529人次，开设11门课程，4个公益课讲座。

【老干部政治待遇】 2018年，兴安县委老干部局加强思想政治建设，认真落实离退休干部阅读文件、听报告、参加重要会议和重大活动，向离退休干部通报情况、组织离退休干部就近就地参观学习，走访慰问离退休干部等制度，使离退休干部及时了解党的路线方针政策、国际国内形势以及本地本部门的重要情况。2月8日，县委在喜屋大酒店召开2018年离退休干部迎新春座谈会。县委书记黄洪斌，县委副书记、县长黄钦，县人大常委会主任张永军，县政协主席唐庆林，以及县四套班子部分领导等出席座谈会。2018年5月15日，县委常委、宣传部部长、副县长庄慧琼组织全县部分离退休老干部、老党员，召开了“党的十九大精神”学习会，引导老同志为全县经济社会发展贡献智慧和力量。12月下旬，以庆祝自治区成立60周年为契机，由相关县领导带队对兴安县29名离休干部进行走访慰问活动，褒扬他们为社会主义革命、建设和改革事业做出的贡献。

【老干部生活待遇】 2018年，兴安县委老干部局继续健全完善离休干部离休费保障机制、医药费保障机制和财政支持机制，坚持以人为本，全面落实离休干部的“生活待遇”。2018年春节期间，县四套班子领导分别走访慰问离退休干部代表36人，给老干部送去新春祝福。

【关心下一代工作】 2018年，兴安县委老干部局扎实推进全县关心下一代工作健康、有效和平衡发展，取得显著成效。2月4日，兴安县关心下一代工作委员会联合有关部门举办第四届青少年挥春书画赛暨“五老”携幼赠写春联活动，100余名青少年儿童及10名老干部老同志参加活动，共赠写春联500多副，取得了很好的社会效果。5月29日，县关工委联合县图书馆到高尚镇西河小学开展助学活动，并捐献了价值4000元的书籍和体育用品。6月1日，县关工委联合地税局、兴安镇福在村委等相关部门到育才小学开展“欢庆六一节”活动，并捐献了价值6000元的书籍和体育用品。10月23日，自治区关工委“传承红色基因，争做时代新人”工作经验交流暨关心下一代党史国史教育基地授牌仪式在兴安县举行，中国关工委主任、第十届全国人大常委会副委员长顾秀莲为“全国关心下一代党史国史教育基地—百色起义纪念馆”授牌，并为“广西关心下一代党史国史教育基地——红军长征突破湘江烈士纪念碑园”揭牌。各设区市关工委、区直有关厅局、高校关工委、五老代表、中小学生共300多人参加关心下一代党史国史授牌和挂牌仪式。

【老年大学工作】 2018年，兴安县老年大学积极组织离退休老干部举办专场文艺演出，开展宣讲党的优良传统、中华优秀传统文化，弘扬主旋律，传递正能量。组织老干部开展了丰富多彩的文体活动达20场次。3月5日，老年大学代表队的《戏曲服装才艺秀》在参加兴安县委、县政府主办，县妇联承办的庆三八“‘留园杯’展兴安魅力，扬巾帼风采”旅游推介服装秀比赛中，获优秀奖。6月26日，兴安县老年大学庆“七一”文艺汇报演出精彩上演。文艺演出以纪念建党97周年，全面贯彻习近平新时代中国特色社会主义思想和中共十九大精神为主题，讴歌十八大以来取得的新成就。2018年6月28日，由桂林市委组织部、市委老干部局主办的全市离退休干部纪念建党97周年文艺汇演活动在漓江剧院举行。老年大学代表队的《风情万般猫儿山》以歌伴舞的形式热情讴歌了祖国的大好河山，展示了兴安红色文化和民族风情，赢得了全场最热烈的掌声，并作为优秀节目选送自治区委老干部局汇报表演。

【老干部活动中心】 老干部活动中心是全县老干部政治学习的课堂、文化娱乐的场所。2018年，老干部活动中心阅览室、棋牌室、舞厅、学习室等经常开放，全县老干部可以每天在这里学习、娱乐、休闲、活动，活动中心经常开展丰富多彩的文化娱乐活动，为离退

10月23日，中国关工委主任、第十届全国人大常委会副委员长顾秀莲(右二)为“广西关心下一代党史国史教育基地——红军长征突破湘江烈士纪念碑园”揭牌 （陈 宇 摄）

休老干部文化养老创造良好的条件，使更多的老年人走出来、动起来、学起来、乐起来。

【获得荣誉】 2018年，兴安县红军长征突破湘江烈士纪念碑园“荣获广西关心下一代党史国史教育基地”称号；获桂林市第六届“多彩金秋　乐为桂林”文化活动月第二十届离退休干部门球赛第一名；获桂林市离退休干部第六届“多彩金秋　乐为桂林”庆祝自治区成立60周年暨第三届正能量山歌擂台赛第二名；退休干部唐运益、张秀莲获桂林市离退休干部第六届“多彩金秋　乐为桂林”卡拉OK赛优秀奖；退休干部吴海星获桂林市离退休干部第六届“多彩金秋　乐为桂林”讲故事比赛优秀奖。

（县老干部局）

机构编制

【概况】 兴安县机构编制委员会办公室（简称县编委办）既是党委部门，又属政府工作机构，现有行政编制7名。设有主任1名，副主任2名，下设副科级别的事业单位登记管理局（参公单位），设局长1名，2016年因工作需要重新核定编制4名。2018年，县编委办以推进“放管服”改革、机构改革、精准脱贫等为重点，紧紧围绕全县经济社会发展大局，认真落实全区、全市机构编制工作会议精神，求真务实，扎实工作，较好完成了各项工作任务。

【机构改革工作】 2018年，县编委办根据中央、自治区、桂林市相关文件精神，统筹推进县级纪检监察机构改革和县委巡察机构建设。理顺县纪委主要职责、优化机构设置和人员配置。完成了县纪委监委“三定”方案的印发；优化了机构设置，撤销兴安县监察局，撤销兴安县人民检察院内设的反贪污贿赂局、反渎职侵权局、职务犯罪预防局，组建兴安县监察委员会；整合了人员编制，有效地完成了转隶人员的划转工作，顺利完成纪检监察体制改革工作。

2018年，县编委办根据中共中央办公厅《关于市县党委建立巡察制度的意见》（中办发〔2017〕43号）、自治区党委办公厅《关于市县党委建立巡察制度的实施意见》（桂办发〔2018〕5号）和自治区纪委、组织部、编办、巡视办《关于规范市县党委巡察机构建设的指导意见》（桂纪发〔2018〕3号）文件精神，结合兴安县实际，设立4个县委巡察组，明确了巡察组工作职责和人员编制，完成县委巡察组的设置。

认真拟写《兴安县机构改革方案》。2018年，县编委办根据中央及自治区相关部署要求，结合兴安县实际，修改形成《兴安县机构改革方案（草案）》。9月10日、26日，县人民政府县长黄钦主持召开两次编委会，对机构改革方案进行了讨论，对《兴安县机构改革方案（草案）》进行进一步修改，并形成初步意见。11月下旬，根据市县机构改革推进会和培训会会议精神，结合兴安县实际，县委常委会再次对《兴安县机构改革方案（草案）》进行了修改完善，并于12月初形成送审稿上报桂林市机构编制委员会办公室。

【行政审批制度改革工作】 2018年，县编委办根据自治区、桂林市取消、下放、调整行政审批事项的工作要求，兴安县共取消、下放和调整行政许可事项161项，其中取消行政审批事项8项（其中含取消中央指定地方实施行政许可事项1项），承接委托下放的行政许可事项2项，调整行政许可事项142项，依据法律法规设定为行政许可事项9项。县编委办严格按照要求做好落实工作，督促县直相关部门对取消、下放和调整的行政许可事项，按照《广西

10月17日，兴安县事业单位登记管理局到县城乡居民最低生活保障管理所实地核查法人公示信息　（县委编办　供图）

壮族自治区行政许可事项目录管理办法》的规定，及时贯彻落实和制定配套措施。

2018年，县编委办根据自治区文件精神，及时印发了《兴安县保留为行政审批必要条件的中介服务事项目录》，兴安县保留为行政审批必要条件的中介服务事项49项，并向社会公开。县编委办严格按照要求做好落实工作，除保留为行政审批必要条件的中介服务事项外，各审批部门不得以任何形式要求申请人委托中介服务机构开展服务，不得要求申请人提供相关中介服务材料，不得以任何名义擅自新增或变相新增行政审批中介服务事项。确需新增的，必须进行必要性、合理性、合法性审查论证，依照法定程序设定并纳入清单管理。督促各相关部门及时调整本部门行政审批中介服务事项目录，并依法及时向社会公开，主动接受社会监督。

【乡镇"四所合一"权责清单和服务清单工作】 2018年，县编委办为解决乡镇"四所合一"机构功能定位不准确，职责履行不到位、工作运行不规范等问题，加强对乡镇工作的指导，按照自治区编办的要求，于3月31日前制订出台各乡镇的"四所合一"机构编制方案，并在县人民政府网站上公布该机构的权责清单和服务清单。同时，相应调整县级相关部门及乡镇政府的权责清单，并于4月30日前依法依规完善赋权方式，进一步理顺县乡之间权责关系。

【规范事业单位登记管理】 2018年，县编委办根据国务院《事业单位登记管理服务标准化规范（试行）》及其上级有关文件要求，县事业单位登记管理局开展了在国家事业单位登记网上进行事业单位法人登记、变更、年检工作。3月底已完成了245个事业单位年检公示。截至2018年12月底，县编委办共办理登记事项72家，其中，事业单位设立13家，事业单位变更41家，注销18家。

（农　乔）

县直机关工委

【概况】 2018年，兴安县直属机关工委（简称机关工委）共有基层组织190个，其中机关党委2个，党总支26个，党支部162个，共有党员4013名。

【思想政治工作】 2018年，直属机关工委实行党员领导干部双重组织生活和带头讲党课备案制度，强化日常督查，推动"三会一课"、民主生活会、组织生活会、民主评议党员等制度落实落地。坚持把学习宣传党的十九大精神和学习贯彻维护党章纳入"三会一课"和主题党日的重要内容，结合推进"两学一做"学习教育常态化制度化，组织开展"不忘初心、牢记使命"主题教育，深入推进"锤炼党员党性·锻造灵渠先锋"主题活动，教育引导机关党员树牢"四个意识"，坚定"四个自信"，做到"四个服从"。

【基层组织建设】 2018年，县直机关工委加强对基层党组织的设置和指导。严格按照《中国共产党章程》《中国共产党基层组织选举工作暂行条例》《中共广西壮族自治区委员会贯彻〈中国共产党党和国家机关基层组织工作条例〉实施办法》，指导县直各单位做好党组织换届工作，督促有人事变动的53个党组织做好补（改）选工作。7月，地税局党总支部与国税局党委合并成兴安县税务局联合党委；9月，兴安海螺水泥有限责任公司撤销党委转为党总支部隶属工委；11月，工商质监局党委、县税务局联合党委调整为机关党委隶属工委。干部培训教育管理工作，县直机关工委重点抓好了积极分子、发展对象、党务工作者培训工作。2018年，县直机关工委开展入党积极分子培训班2期共培训74人次，发展对象培训5期30人次，党务工作者培训2期500人次，为各党组织征订十九大学习资料、党务知识及"三会一课"学习资料共计2600本。2018年，县直机关工委累计收缴党费85万元，上解组织部党费81.2万元，全年返还及下拨党费6.9万元。全年完成党员组织关系接转达400人次。

【发展党员工作】 2018年，县直机关工委严格按照发展党员"控制总量、优化结构、提高质量、发挥作用"的十六字方针和兴安县实行的"双推双评公示票决"制度，严把党员"入口"关。2018年，共发展党员25名，转正党员24名。

【武装工作】 2018年，县直武装部坚决贯彻市警备区和县人武部的指示要求，4月份组织新成立的直升机救援连40人参加了广西军区、市警备区、县人武部三级点验，圆满完成上级布置的工作任务。

（李凤娟）

兴安县人民代表大会

综　述

2018年，县人大常委会坚持以习近平新时代中国特色社会主义思想为指导，全面贯彻落实中央、自治区党委、市委和县委决策部署，始终坚持党的领导、人民当家做主和依法治国有机统一，认真履行宪法和法律赋予的职责，紧紧围绕县委提出的建设“三个兴安”、实现“七大目标”和创建“三大生态”先进县战略，依法履职，主动作为，为推进兴安民主法治建设，促进全县经济社会发展做出积极的贡献。

2018年，兴安县人大常委会共召开常委会会议10次、主任会议11次，听取和审议“一府两院”专项工作报告9项，开展执法检查2次，作出决议、决定和审议意见10项，组织专题调研2次，视察3次，跟踪督查审议意见落实情况10项。县第十六届人大常委会紧紧围绕县委发展稳定大局，聚焦民声民情，开拓创新，履职路上呈现出多个亮点。

重要会议

【十六届人民代表大会第四次会议】 2018年2月1日至2月3日，在县政府大礼堂召开兴安县第十六届人民代表大会第四次会议。县十六届人大常委会领导，人大代表等出席大会。大会听取和审议兴安县人民代表大会常务委员会工作报告、县长黄钦做政府工作报告、兴安县人民法院工作报告、兴安县人民检察院工作报告。审议兴安县2017年预算执行情况和2018年预算（草案）的报告、兴安县第十六届人民代表大会第四次会议选举办法（草案）。审议和批准兴安县2017年国民经济和社会发展计划执行情况及2018年国民经济和社会发展计划。大会表决通过关于县人民政府报告等6个决议。

【十六届人大常委会第十四次会议】 1月23日，召开兴安县第十六届人大常委会第十四次会议。会议听取和审议了兴安县2017年国民经济和社会发展计划执行情况与2018年国民经济和社会发展计划（草案）的报告、兴安县2017年财政预算执行情况和2018年预算（草案）的报告，并审议了兴安县第十六届人民代表大会第四次会议有关材料。

【十六届人大常委会第十五次会议】 2月6日，召开兴安县第十六届人大常委会第十五次会议。会议审议兴安县人大常委会2018年工作要点，通过了相关人事任免。任命赵勤、李冰为兴安县监察委员会副主任；唐汉荣、宿桂平、彭政钦、蒋建平等4人为兴安县监察委员会委员。免去赵勤的兴安县人民政府监察局局长职务，唐汉荣的兴安县人民检察院副检察长、检察委员会委员、检察员职务，蒋建平的兴安县人民检察院检察委员会委员、检察员职务。

【十六届人大常委会第十六次会议】 3月26日，召开兴安县第十六届人大常委会第十六次会议。会议听取和审议兴安县人民政府关于提请兴安县人大常委会审议发行旅游扶贫债券的请示。

【十六届人大常委会第十七次会议】 4月17日，召开兴安县十六届人大常委会第十七次会议。会议听取和审议了县人民政府关于精准扶贫的专项工作报告、县人大常委会执法检查组关于《中华人民共和国安全生产法》执法检查情况的报告。

【十六届人大常委会第十八次会议】 5月18日，召开兴安县十六届人大常委会第十八次会议。会议通过相关人事任免。决定任命辛爱玖为兴安县人民政府副县长、卢宇春为兴安县国土资源局局长、莫付林为兴安县工业和信息化商贸局局长、赵晖为兴安县教育局局长、李芳为兴安县财政局局长、文善华为兴安县环境保护局局长。决定免去莫勇的兴安县国土资源局局长职务、莫付林的兴安县环境保护局局长职务、赵晖的兴安县安全生产管理局局长职务、唐超权的兴安县教育局局长职务。免去文斌的兴安县检察院检察委员会专职委员、兴安县人民检察院检察员职务，免去康平有、易忠文、张卫东3人的兴安县人民检察院检察员职务。

【十六届人大常委会第十九次会议】 6月28日，召开兴安县人大常委会第十九会议。会议听取和审议了县人民政府棚户区改造项目建设及资金使用情况等专项报告；县人大常委会执法检查组关于《广西壮族自治区林木种苗管理条例》执法检查情况的报告，并通过了相关人事任免：同意文伟、张征华辞去兴安县第十六届人大常委会委员职务及人大代表职务，免去唐复军的兴安县人民法院陪审员职务。

【十六届人大常委会第二十次会议】 7月25日，召开兴安县人大常委会第二十次会议。会议通过相关人事任免。会上补选韦风云为桂林市第五届人民代表大会代表。

【十六届人大常委会第二十一次会议】 9月14日，召开兴安县人大常委会第二十一次会议。会议听取和审议了兴安县2017年财政决算报告；审查和批准2017年县本级决算；兴安县2017年度县本级财政预算执行和其他财政收支的审计工作报告；兴安县2018年上半年财政预算执行情况报告；兴安县2018年上半年国民经济和社会发展计划执行情况报告；县人大常委会视察组关于兴安县风电项目建成后复绿等环保措施完成情况的视察报告；县人民政府关于提请县人大常委会审议《桂林市兴安县城市总体规划(2017—2035)》的请示；县人大常委会法制与内务司法委员会关于《中华人民共和国治安管理处罚法》专项调研情况的报告；县人民法院院长张云艳关于提请确定选任人民陪审员人数的请示。并表决通过了人事任免：任命黄立富、唐仁权、佘明、袁齐甲、罗明、高丽梅、陈张、陈艳、唐春娥、李承丰、陈巍、唐海霞、蔡文玲、兰永贵、杨贞莲、蒋晓媛、何思燕、陈娟、李莲花为兴安县人民法院人民陪审员；免去陈建明兴安县人民检察院检察员职务；决定任命唐春和为兴安县安全生产监督管理局局长。

【十六届人大常委会第二十二次会议】 11月2日，召开兴安县人大常委会第二十二次会议。会议听取和审议兴安县人民法院关于执行工作的报告，表决通过有关人事任免。接受张珂因工作变动辞去兴安县第十六届人大常委会委员和兴安县第十六届人大代表职务，韦桂华因工作变动辞去兴安县第十六届人大常委会委员和兴安县第十六届人大代表职务，唐超权因工作变动辞去兴安县第十六届人大代表职务，周华因工作变动辞去兴安县第十六届人大代表职务，郭俊林因工作变动辞去兴安县第十六届人大代表职务，唐晓成因工作变动辞去兴安县第十六届人大代表职务。任命朱回香为兴安县人民法院行政审判庭庭长、张睿为兴安县人民法院溶江人民法庭庭长、赵忠杭为兴安县人民法院审判监督庭庭长、李夷平为安县人民法院审判员、执行局执行一庭副庭长，黄侣松为兴安县人民法院执行局执行二庭庭长、欧阳婷为兴安县人民法院审判员、执行局执行三庭副庭长，王华为兴安县人民法院审判员、民事审判第二庭副庭长，王佳颖、宾艳芳、唐玉香、唐美玲、张羽、石燕飞、唐红刚、饶芳、侯科为兴安县人民法院审判员。免去朱回香的兴安县人民法院行政审判庭副庭长职务、张睿的兴安县人民法院溶江人民法庭副庭长职务、黄侣松的兴安县人民法院城关人民法庭副庭长职务、韦芳的兴安县人民法院审判监督庭庭长职务。

【十六届人大常委会第二十三次会议】 2018年12月20日至21日，召开兴安县人大常委会第二十三次会议。会议听取和审议了县人民政府关于提请审议兴安县本级2018年财政预算调整方案(草案)的议案；县人大常委会任命的政府职能局局长、办公室主任履职情况的报告；县人民政府关于兴安县全域旅游工作情况的报告；兴安人大常委会调研组关于兴安县医改工作专项调研情况的报告；县人民政府关于落实《政府工作报告》情况的报告；县人民政府关于兴安县2017年度审计查出突出问题的整改情况报告；县人民政府和县人大选举联络工委关于县十六届四次会议及闭会期间代表建议批评和意见办理情况的报告、县监察委员会组建以来的情况报告；县人民政府2018年环境状况和环保目标完成情况报告；县人大常委会调研组关于农村环境综合整治工作专题调研情况的报告。会议还表决通过了有关人事任免：任命王欢欢为兴安县人民检察院检察员。

重要工作

【监督工作】

关注经济运行和预算决算监督工作 面对经济下行压力加大的形势。2018年，县人大常委会重点加强了对宏观经济运行、经济结构调整、预算决算等工作的监督。听取审议了2018年上半年国民经济和社会发展计划执行情况报告、预算执行情况报告，2017年县本级财政决算报告和审计工作报告，2018年财政预算调整方案，2018年政府工作报告落实情况报告，2018年环保状况和环保目标完成情况报告。审查批准

8月24日，兴安县人大常委会调研组就贯彻落实《治安管理处罚法》到县公安局调研 （县人大办 供图）

2017年县本级财政决算报告，2018年财政预算调整方案。审议中，常委会组成人员认真分析我县经济运行情况，强调要高度重视经济运行中存在的突出问题，并形成审议意见交县人民政府研究处理。

关注民生持续改善工作 常委会高度重视民生问题，认真履行人大职能，切实为民办实事、办好事。一是听取审议了县人民政府关于兴安县精准扶贫、棚户区改造项目建设及资金使用情况、创建国家全域旅游示范区工作等专项报告；二是开展“风电”复绿工作考察和兴安县医改工作专题调研，考察、调研组深入实地了解情况，仔细分析存在的困难和问题。特别是医改工作调研组召开各类座谈会10多场次，针对公立医疗机构空编率高，导致人才匮乏等问题，提出适当放宽报考人员条件，加大医疗机构招录医务人才的力度，减少空编率。

【代表工作】 常委会始终把做好代表工作、发挥代表作用放在重要位置，引导、支持和保障代表依法履职，充分发挥代表的主体作用。一是邀请代表参与执法检查、专题调研、重大项目、常委会等活动，为代表参政议政、发挥监督作用搭建了平台。二是建设人大代表履职平台，召开推进会，创建11个网络平台和30个实体平台，支持代表利用网络平台反映社情民意，表达群众诉求，于2018年11月顺利通过市人大组织的交叉检查验收并获得好评。再利用乡镇履职活动中心，逐步推行代表向选民述职制度，不断提高人大代表为人民服务的思想。三是通过十六届人大四次会议，共收到代表建议84件，通过推行重点建议县政府领导领办、常委会领导重点督办、代表建议办理列入年度绩效考评、代表对建议办理满意度测评等机制，充分调动承办单位办理代表建议的积极性和主动性，推动代表建议工作取得新成绩，代表“建议”答复率100%，A类件35件，占总数的41.67%，代表满意度逐年提升。

【讨论重大事项】 为推进兴安县城镇化建设，县第十六届人大常委会第二十一次会议听取和审议了县人民政府的《兴安城市总体规划(2017—2035)》，形成审议意见，并对总规提出合理化建设性意见建议，交县人民政府研究处理。

【人事任免】 常委会坚持党管干部原则与人大依法任免的有机统一，充分发扬民主、严格任免程序，确保党委的人事安排，通过法定程序，变成人民意志。一年来共依法任免国家机关工作人员43人次，接受辞职10人次，补选市五届人大代表2人，任命县人民法院人民陪审员19人。严格执行常委会任命国家机关工作人员向宪法宣誓制度，增强国家机关工作人员责任感和使命感。

【机关自身建设】 常委会顺应时代发展的新要求和人民群众的新期盼，切实加强常委会机关自身建设，不断提高履职能力和工作水平。一是经县人大十六届常委会第二十一次主任会议研究，在县人大机关设立两个调研室，充分发挥人大机关非领导职务同志的优势，对一些热点问题、工作情况和民生事项，有针对性地开展调研，为全县工作提出了更多更好的意见和建议。二是于每月第一周下午开展干部轮流讲课，建设学习型人大机关。采取党组学习、集中学习等方式，着力加强机关干部的政治、业务学习和廉洁从政教育，增强了干部队伍的党性观念、法治观念、廉政意识和责任意识，履职能力明显提升。

兴安县人民政府

【综述】 2018年,桂林在市委、桂林市政府和县委的正确领导下,在县人大、县政协的监督支持下,全县上下紧紧围绕建设“生态兴安、文化兴安、富裕兴安”、实现“七大目标”、创建“三大生态”先进县战略,扎实推进“六个年”活动,致力和谐,聚力发展,较好地完成了县十六届人民代表大会第四次会议确定的目标任务。

2018年,全县完成地区生产总值同比增长9.2%,规模以上工业总产值同比增长9.6%,固定资产投资同比增长18.4%,财政收入按实际可比口径计算同比增长22.0%,社会消费品零售总额同比增长8.7%,城镇居民人均可支配收入同比增长6.0%,农村居民人均可支配收入同比增长10.0%。

灵渠被评为广西首个“世界灌溉工程遗产”;兴安连续9次获“自治区双拥模范县”称号,被评为“自治区级生态县”,被列为“广西第一批工业重点县”,成为广西唯一的“第四批全国旅游标准化试点县创建单位”,国家全域旅游示范区创建工作通过初审,义务教育均衡发展通过国家评估认定;溶江镇入选“广西经济发达镇”;华江瑶族乡获“广西养生养老小镇”和“自治区民族团结进步模范集体”称号。

【重大项目建设取得新成就】 2018年,全县统筹推进重大项目44个,总投资179亿元,累计完成年度投资39.5亿元。共实施了14条城市道路新改(扩)建工程,里程总长25.7千米,其中总投资2.1亿元的西绕城路竣工通车,灵渠大道(一、二期)完工并投入使用,西环路和迎宾路完成提升改造;风电项目完成年度投资12.3亿元,界首(一、二期)风电项目整套工程完成验收,严关(二期)风电项目如期推进;灵渠南渠修缮(一、二期)工程推进顺利,灵渠南渠恢复通航(一期)工程试航成功;滨江公园实现开园;双女井溪提升改造(一期)工程全面完工;白云亭、攀桂桥完成主体工程;兴安博物馆完成主体封顶;妇幼保健院完成主体建设;城南新区移民安置区建设加快推进;碧桂园房产项目开盘营销;湘漓佛保山生态旅游田园综合体、凤凰坡和城南棚改安置点、双女井溪提升改造(二期)等一批项目顺利开工。

【工业经济持续向好】 一是主导产业结构基本形成。全县基本形成以综合建材、新能源、健康食品、生物医药、装备制造、通用航空为支柱产业的工业产业结构,每个支柱产业都培育和形成了2~3个龙头企业带动的良好发展格局。海螺水泥产销两旺,全年实现税收2.18亿元;风电并网装机容量60万千瓦,年度发电量9.86亿千瓦时,全年实现税收3042万元;光伏企业完成改造升级,恢复生产;日盛食品、云峰食品加快提质升级;展卓通用航空1800米跑道获得批复,成功通过民航商业运输资质运行和61部飞行员培训审定,完成白竹铺机场验收取证,实现年产值2000万元。二是加快推进园区建设。大力开展“园区建设年”活动,切实加强园区管理,入园企业53家,园区工业增加值同比增长18%,税收同比增长25%。认真落实工业发展奖励政策,实现“四上”企业入库10家,其中规上企业入库4家。全长7.1千米的西绕城路撑起园区主干路网骨架。探索运用PPP模式,完成标准厂房建设3.4万平方米。占地102亩的米粉产业园开工建设;矿粉产业园完成规划,500亩土地基本完成征收和平整,其中已取得145亩用地指标,入园主干道路建设基本完成。三是全力以赴招商引资。投资5000万元以上的招商引资落地项目有双胞胎饲料、嘉达机电、中储能设备、天翔硅业、乾昭新型金属材料、兴昊科技、鑫鑫药业、欣安电器、东莞刘福记米粉、溶江干混砂浆、茂兴新能源、天宝石材、旸谷矿业、安进矿业等14个,投资总额近10亿元,全部建成投产后可形成30亿~35亿元的新增工业产值。四是积极帮扶原有企业。全力促动原有企业扩能提质,已启动并实施扩能提质的企业有煜亮亮光伏、海螺水泥协同窑处理城市生活垃圾、恒韵居家具、云峰食品、日盛食品、艺唯思皮具、顺泰金属等7家企业。这些企业每家扩能提质投资均在2000万元以上,投资总额近4亿元,扩能提质完成后预计每年可新增工业产值3亿元以上。五是助推企业自主创新。国家知识产权强县工程试点县工作有序推进,大管家获得区级“星创天地”创业平台。鸿翼生物、日盛食品、茗兴生物通过“高新企业”认定。

【营商环境不断优化】 一是持续深化“放管服”。拟取消县级各类证明192项,保留225项。全面贯彻落实营商环境政策,在自治区推行“354560”的基础上,进一步落实“353848”要求,其中企业开办手续办理时限提速85%,其他承诺办结事项在法定时限上提速62.6%。二是大力推进“最多跑一次”改革。已有37个单位进驻政务服务中心开展“一站式服务”,其中“最多跑一次”事项734项,占总事项的92.9%;深入推进“互联网+政务服务”,745个政务服务事项可实现网上办事指南查询、表格下载、网上预审等功能,网上办事率达94.3%。兴安网上政务服务中心被评为“广西第一届十大最受关注政府网站优秀创新案例”。

【乡村振兴全面实施】 2018年,兴安县出台《关于推进乡村振兴战略的实施意见》等文件,以“百村示范、千村整治”工程为抓手,推动农村现代化和农业产业化发展。一是粮食生产再获丰收。全县种植粮食51.5万亩,总产量达19.21万吨。崔家乡全新农机合作社、兴安镇雄力农机合作社有力带动农业生产机械化水平,服务面积不断扩大。二是农业产业化步伐加快。积极开展农作物病虫害、有害生物和禽畜疫病综合防治工作,葡萄根瘤蚜、柑橘黄龙病和松材线虫病得到有效控制。编制完成《2018—2020年兴安县现代特色农业示范区建设行动方案》,灵渠葡萄、红色湘江蜜橘现代农业(核心)示范区建设工程不断提升,金满田园粮食产业示范区被认定为广西第七批四星级核心示范区,大管家生态农业休闲示范区、翠珠红裳温克葡萄示范区被认定为县级示范区。三是生态农业发展迅速。“三品一标”认证工作取得阶段性成效,南丰蜜橘申请地理标志前期工作、高尚甜玉米绿色食品认证有序推进,水果绿色防控面积达10万亩。兴安县连续8年获“全国生猪调出大县”称号,89家养殖场完成“生态养殖场”认证。四是新型经营主体培育取得新成绩。全县有市级以上农业产业化重点龙头企业14家、县级以上示范专业合作社58家、县级以上示范家庭农场26家。五是农村基础工作不断优化。农村土地承包经营权确权登记颁证率95.38%,超额完成目标任务;全面完成农村集体资产清产核资数据上报,并在兴安镇启动桂林市产权制度改革试点镇工作;国有林场改革通过了自治区验收。着力破解南丰蜜橘滞销等问题。县电子商务产业中心及375个乡村益农信息服务站全面完成。大力推进“宜居乡村”建设,完成改厨改厕9531户。新建防洪堤及护岸2.99千米,维修改造山塘堰坝4处,防渗加固渠道10千米。

【旅游发展活力释放】 2018年,兴安县国家全域旅游示范区、全国旅游标准化试点县创建工作稳步推进。一是灵渠申遗扎实推进。启动了依法解除“灵渠经营权合作协议”工作,成功举办灵渠保护与申遗暨水利遗产保护利用学术论坛,灵渠成功列入世界灌溉工程遗产名录。二是旅游项目加快推进。灵渠复航、红军长征文化资源保护与开发利用、灵渠周边环境综合整治、魁星楼—白云驿历史人文景观区等项目建设强力推进。继续培优“灵渠人家”“桂北老家”乡村旅游品牌,溶江乡里乐、黄茅坝旅游咨询中心正式运营,白石石柱、高尚江村、漠川榜上古村等旅游停车场完成建设,新建A级旅游厕所8座。红军长征突破湘江烈士纪念公园创建国家AAAA级旅游景区通过区、市专家评审。三是文旅互促亮点纷呈。全面开展“旅游营销年”活动,成功举办历史最高水平的米粉文化节,获得“中国米粉美食之乡”称号;牵头阳朔、湖南新宁等县组建旅游发展联盟,联合桂北五县成立桂北红色旅游联合体;漠川红石山庄、华江猫儿山生态园、兴安镇老山界农庄和周家园分别获评自治区级四星级农家乐和四星级乡村旅游区。以兴安风土人情为背景题材的自治区成立60周年献礼电影《北纬25° 天空下》正式首映;《新闻联播》《新闻直播间》等央视新闻栏目十余次聚焦兴安,兴安的知名度和美誉度不断提高。全年全县旅游总人数795.56万人次,同比增长16.81%;旅游总消费89.07亿元,同比增长20.63%。四是旅游康养招商项目取得重大突破。引进华润置地收购乐满地,拟投资120亿元打造“大旅游+大健康+大文化”的旅游康养综合体项目;引进中铁锦绣集团,拟投资118亿元打造云影风车山地康养旅游度假区项目;引进上海九翌集团,拟投资约10亿元打造阳雀国际温泉旅游度假区项目。

【财政解困持续推进】 2018年,县人民政府紧紧围绕“保工资、保运转、保基本民生”工作思路,开源节流,基本保证了财政工作的有序运行。一是积极组织财政收入。抓好现有税源及非税的征缴,全县组织财政收入完成11.49亿元,按可比口径同比增加1.62亿元。二是积极向上争取项目补助。全年争取中央、自治区项目补助资金15.68亿元,同比增加1000万元;重点生态功能区等转移支付收入同比增加2128万元；均衡性转移支付同比增加4268万元，同比增长161.17%。三是全力保障民生资金投入。全年财政专项扶贫资金投入5801万元，实际支出5671万元，支出进度为97.75%，位居全市第二名、全区第四名，其中县财政安排1812万元、债券资金安排1014万元。全面落实各项教育政策，义均教育迎国检项目建设、贫困寄宿生生活补助等共支出3.69亿元，同比增加4045万元，同比增长12.33%。社会保障和就业共支出3.56亿元。发放农村危房改造、改厨改厕等各类补贴3582万元。整合融资资金1.36亿元，为重点项目的有序实施提供了有力资金保障。四是严格预算管理和资金审批。全面落实县四套班子带头厉行节约的要求，压缩一般性支出5%以上。五是深化投融资体制改革。积极争取地方政府债券额度3.64亿元，同比净增加1.1亿元，同比增长43%。

【国土工作取得新突破】 一是狠抓土地报批工作，完成建设用地报批项目13个共57.8公顷。二是完成土地收储326.3亩，盘活存量土地2300多亩，供地率86.25%。三是完成挂牌出让国有土地21宗共388亩，实现收入9101.5万元，创下2014年以来历史新高。四是出让采矿权5宗，实现收入1亿元，收益明显增加。五是严厉惩治土地矿产违法行为，将2017年卫片图斑61.7%的违法初始比例降至2.54%。六是整县推进土地整治项目顺利完工，旱改水指标任务完成167.2公顷，梳理出城乡建设用地增减挂钩潜力面积938.6公顷。

【脱贫攻坚扎实推进】 一是始终坚持把脱贫攻坚作为最重大政治任务、第一民生工程，出台《兴安县关于进一步打好打赢精准脱贫攻坚战的实施意见》，县四套班子率先垂范，县乡村组四级联动，聚焦"六大行动"，聚力贫困群众增收，完成了600户共2034人脱贫、10个贫困村摘帽的工作任务。桂林市村级集体经济发展现场会在兴安召开。二是扶贫政策全面落实。整合投入扶贫资金5801万元。加快产业扶贫，选准和培育县"5+2"、村"3+1"特色产业。新(续)建村级光伏电站18个。全面落实"雨露计划"；建档立卡贫困户医疗保障参保率、家庭医生签约率、健康扶贫大病救治专项进度救治率均为100%，住院医疗费用经政府兜底机制个人实际报销比例达90%；完成贫困户危房改造453户。三是压实各级扶贫工作责任。整合全县104个定点帮扶单位3300多名干部驻村帮扶，全力推进责任、政策、工作三落实。四是严格落实问题整改。针对扶贫领域中央、自治区、桂林市巡视巡察检查反馈的问题，全力开展整改工作，2018年反馈的168个具体问题已整改到位并全部销号。

【城乡建设协同推进】 一是规划编制日趋完善。编制完成《兴安县城市总体规划(2016—2035)》。城南新区的土规和城规基本实现两规合一。二是城乡建设强力推进。按照疏解提升老城、加快建设城南新城的战略，全面实施投资18.75亿元、涉及14个片区的城市棚户区改造，完成房屋征收2000户，拆迁面积8.1万平方米；争取资金1.86亿元、专项债券6000万元；凤凰坡片区安置点已全面完成房屋征收，原财政局和蒋家村片区征收补偿协议签约率分别达99%、97.1%。渡头江巷完成立面改造和水系景观建设，魁星楼—白云驿历史人文景观区项目启动建设。湘漓、高尚新型城镇化示范乡镇建设项目顺利推进；华江获桂林市第三批新型城镇化示范乡镇建设一等奖；溶江与聚光科技签订了漓江三花小镇建设战略合作框架协议；白石、漠川依托桂北老家、银杏古村，打造乡村旅游示范带；狮子山、江西田等12个乡土特色示范村加快建设。三是城乡管理更加精细。长期以来困扰市民的双女井溪马路市场"脏乱差"得到根本性整治。城区亮灯率95%，设施完好率96%。持续开展惩治"两违"，拆除违建面积1.16万平方米，查处违法用地14.19万平方米。通过公开招标，成功引入上市企业侨银环保公司，完成城乡环卫一体化改革。界首、严关、高尚、溶江污水处理项目及湘漓污水管网工程投入试运行，碧清源污水处理厂提标改造工程启动建设，城北污水处理厂投入运营，为工业园区发展提供了环境承载力，实现了全县污水垃圾处理全覆盖，走在全市前列。

【生态环境不断优化】 一是全面落实"党政同责，一岗双责"，加强猫儿山和漓江、湘江水源保护。严格落实河长制，编制完成23册"一河一策"方案。着力开展清水行动，县城饮用水源实现实时监控。强化自然保护区监管，依法拆除竹坪江、城岭、漕江河下王家三个水电站拦河坝。二是污染防治扎实有效。启动实施了严关矿粉、米石企业的环保整治工作。关停小散乱石灰窑26孔，搬迁、关闭霞云桥4个猪场，拆除塘堡纸厂，关停漓江流域16家采石场和19家采砂场。完成99个自然村屯的生活污水处理站及村屯垃圾收集设施建设。全年全县空气优良天数330天，同比增加7.5%，PM2.5年均浓度每立方米28微克，同比下降15.2%。三是生态建设稳步实施。继续实施“绿满八桂”造林绿化工程，推进风电场和山林生态修复，全县森林覆盖率76.48%，自治区级生态乡镇创建率90%，市级生态村创建率100%。已完成海洋山自然保护区确界、全县生态红线划定上报工作。全面落实中央环保督察问题整改及“回头看”反馈意见整改工作。

【“三大水库”建设扎实推进】2018年，“三大水库”建设工作完成24千米的库周道路建设；斧子口水库移民宅基地全部交付使用，移民建房率60%以上，川江、小溶江水库移民建房率90%以上，A、B区永久性供电完成，内部道路硬化春节前完工。

【改革动能不断增强】2018年，兴安县确立了7个专题27类、76小项重点改革工作任务。一是县城道路及公共场所推行限时停车收费市场化管理改革有序推进，已进行停车位画线和设备安装调试，部分区域试运行。二是实行学区制和中心校管理体制改革，推进义务教育城乡一体化发展。三是城乡公交运营管理体制改革积极推进。四是投融资体制改革、农村集体产权制度改革、集体林权制度改革、司法体制改革等加快推进。五是统计方法制度改革和基层统计规范化建设深入推进，全县经济运行和普查数据质量进一步提高。

【民生福祉持续改善】2018年，兴安县扎实推进教育、卫生健康、交通、社保等十项为民办实事工程。一是实施振兴兴安教育三年行动计划，义务教育均衡发展通过国家评估认定。二是医疗体制改革稳步推进，医联体建设乡镇卫生院参与率100%。三是一批民生工程顺利推进。总投资220万元的白石高圩天桥、总投资730万元的湘漓普头大桥均已完工；总投资710万元的溶江庄家大桥已基本完成下部结构施工；湘漓新渡大桥、界首下宅桥、华江一号危桥改造启动建设；漠川保林公路竣工通车，兴安至严关大修项目顺利开工，兴安至庄子公路改扩建前期工作基本完成。115个行政村村级综合服务中心完成建设，10座村级公共文化服务中心完成主体建设。投入413万元完成白石山背村等11处农村饮水安全工程，受益人口4173人。投入8700多万元完成电网建设项目194个。上桂峡水库扩容项目前期工作积极推进。广西主要支流湘江治理工程在艰难中持续推进。四是社会保障体制不断完善。全县新增城镇就业人数4557人，城镇失业人员再就业人数1188人，全区失业保险工作业务推进培训会在兴安召开。社会保障水平持续提升，保障城市低保对象698户、农村低保对象6323户。

【依法治县水平不断提升】2018年，兴安县积极开展“依法治理年”活动，全面落实区、市、县法治政府建设实施方案和行政执法“三项制度”。坚持依法行政，按照服务型、法治型、创新型、学习型、务实清廉型“五型政府”要求，实现了效率提高、服务提优、办事提速的政务服务目标。自觉接受人大法律监督、政协民主监督、社会公众监督，共办理人大代表议案和建议84件、政协提案60件，回复率100%。

【平安建设深入推进】2018年，县人民政府紧扣社会治安大局持续稳定目标，深入开展“扫黑除恶”专项斗争，法治兴安、平安兴安建设取得重大进展，2018年第四季度群众安全感在全区111个县（市、区）中位列第45位。全面开展“双提升”工作，把提升群众安全感和政法队伍满意度工作纳入绩效考评。进一步加强“天网”工程和“雪亮”工程建设，新增“千里眼”高清探头2100个。深入开展“三大纠纷”调处，对突出的社会矛盾和信访问题实施精准排查、精细化解。狠抓安全生产，全年无重特大安全事故发生。全区水库水电站防洪抢险应急演练、全区测震应急流动观测演练分别在兴安举行。县食药监局立全区食药监管系统集体二等功。

【加强工作作风建设】2018年，县人民政府严格落实中央八项规定和区、市、县各项要求，“三公”经费逐年下降。落实党风廉政建设责任制，抓好政府系统廉政风险点防控。履行全面从严治党主体责任，县政府党组党内政治生活不断规范和加强。

同时，工青妇、供销、人防、物价、史志、档案、气象、机关事务、残联、民族宗教、国防动员等工作取得新进展、新成效。

兴安县人民政府办公室工作

【综述】 2018年,在县委、县政府的正确领导下,县政府办领导班子团结带领全办干部职工,紧紧围绕全县大局和重点工作,狠抓各项工作协调、督查和落实,有效促进了县政府各项工作协调推进、有序运转。

【政治理论学习】 2018年,县政府办始终抓好政治理论学习,坚决贯彻中共路线、方针和政策,努力提高理论素养和政治素养。在政治理论和业务学习上,领导班子始终把学习好、领会好、贯彻好中共十九大精神及习近平总书记系列重要讲话精神作为一项重要政治任务来抓,通过定期学习与随机教育相结合,不断增强学习的针对性和实效性,进一步坚定了理想信念、政治定力和党性修养,强化了政治意识、大局意识、核心意识和看齐意识。

【政务工作实现新突破】 2018年,县政府办坚持把参谋辅政贯穿办公室工作全过程,及时为县领导决策想办法、出思路、提建议,较好发挥了以谋辅政的作用。一是文稿起草频现新精品。在完善信息撰写报送制度的基础上,严把审核、报送关,减少廉价信息,消灭失真信息,杜绝了负效应和副作用信息的产生,信息增值转化率得到提高。2018年,政府办组稿上报自治区政务信息3933条、桂林市政务信息382条,被区政府采稿56篇。二是调研参谋取得新成绩。多次组织开展涉及全县经济发展大局的战略性、决策性的调研及围绕工业高质量发展、乡村振兴等重大课题的专题调研,撰写了一批高质量的调查报告、调研文章,分别在《广西经济》《桂林经济》等刊物上刊发。三是办文办会实现新提升。一方面,坚持每月刊报“政府政务信息”为县领导决策提供参考信息。全年共组织撰写县领导讲话、经济运行分析及各类工作汇报、工作总结等综合性材料60余篇、36万余字。另一方面,严格执行会议审批制度,精简会议数量、控制会议规模、节约办会经费、提高办会质量。四是信访调处得到新成效。2018年,政府办通过协调各乡镇、各有关部门,妥善接待群众来电1000余人次,接待来访群众近2000人次,处理群众来信250余件次,信访协调处理力度不断增强,确保了全县社会大局和谐稳定。五是贫困帮扶取得新进展。2018年,政府办积极为挂点帮扶贫困村——溶江镇茶源村争取基础设施项目建设资金,截至年底,共争取资金达70万元,捐资捐物达1.5万元,于2017年启动建设的茶源头自然村活动室已投入使用,新建产业路0.65千米,加快了贫困村脱贫摘帽步伐。

【督查工作取得新成绩】 一是抓好政务督查工作。2018年,政府办围绕全县发展和政府决策的落实,创新督查工作思路,扎实开展重点督查、专项督查和督办检查工作。共开展为民办实事、重大项目建设等专项督查100余次,内容涉及脱贫攻坚、乡村振兴、工业发展、城市建设、为民办实事等各个方面,有效促进了各项工作的顺利推进落实。全年共办理人大代表议案和建议84件、政协提案59件,回复率100%。二是抓好应急管理工作。坚持领导在岗带班制度、重大情况报告制度及首问责任制度,坚持24小时值班和无缝交接班,做到了值班电话“随响随接、随接随办、随办随记”,确保了24小时政令畅通。三是抓好服务保障工作。一方面,公务接待规范有序。办公室担负着为县领导和县政府大院提供后勤保障的工作任务,支出大、任务重。政府办始终坚持“后勤不后、管理科学、服务靠前、保障有力”的原则,加强了财务管理,严格控制、规范各类开支,确保资金的合理使用,切实提高后勤保障能力。严格按照中央“八项规定”要求,持续完善接待流程及标准,真正实现“厉行勤俭节约、反对铺张浪费”的目标。另一方面,安全保卫切实加强。加强了防盗、防火、防水、防电、防止上访人员冲击机关办公等“五防”工作,维护了县政府大院正常的办公秩序。

【队伍建设开创新局面】 一是狠抓领导班子建设。2018年,政府办始终坚持民主集中制原则,在原则问题上讲党性、顾大局,努力营造民主、团结、协作、信任的良好氛围。二是狠抓干部队伍建设。坚持定期召开集中学习会议,强化干部队伍政治理论和业务知识的学习。通过学习,办公室不少人员由“专才”变“通才”,成了懂得较多业务知识的“行家”,较快适应了新时期办公室工作,提高了为经济建设服务的本领。

【廉政建设不断加强】 全办严格贯彻落实中央"八项规定"及《党政机关厉行节约反对浪费条例》等文件精神,同时以全县开展的"转提优"专项活动为契机,健全完善了规章制度,促进了办公室干部作风大转变,服务效能大提升,营造了勤奋、高效和务实的良好工作氛围。严格执行党风廉政建设和反腐败的各项规定,严格按照党风廉政责任制的各项要求,把党风廉政建设和业务工作有机结合起来,认真履行"一岗双责"。加大了对干部职工操办宴席、请客送礼等方面的监督管理力度,进一步提高了干部职工廉洁自律意识,提升了政府执行力。

政务服务

【概况】 兴安县政务服务管理办公室(简称政管办)主要职责,负责本辖区政务服务、政务公开的组织协调、监督和指导,行政效能投诉等工作及完成县人民政府交办的其他工作。2018年,县政务服务中心共办理业务33536件,承诺提速62.78%,办结率99.53%,满意率99%。

【深入开展"转提优"活动】 2018年,县政管办深入开展"转提优"专项活动。建立政务服务绩效考核评价制度,奖勤罚懒,奖优罚劣。针对群众关心的企业开办、不动产登记、投资项目审批等事项拟出了全过程流程图并进行了公示,贯彻自治区"354560"政策精神,推动实施兴安县"353848"行动,即企业开办手续3个工作日内完成,不动产登记5个工作日内完成、园区建设项目施工许38个工作日内完成、其他建设项目施工许可48个工作日内完成。

【推进"一事通办"改革,优化营商环境】 2018年,县政管办依托政务服务"一张网",创新服务模式,逐步实现面向企业和群众的政务服务事项"一窗受理、协同办理、一次办成",达到利企便民目标。2018年,为解决群众办事"多头跑"问题,公安局户政业务、出入境业务,国土局不动产登记业务先后进驻县政务服务中心。不动产登记窗口由两个增加到6个,同时将税务局不动产登记涉税业务进驻县政务服务中心,实现不动产登记"一窗办理"。公章刻制业务进驻县政务服务中心,政管办与工商质监局企业设立登记窗口联合办公,3个工作日既可以领取营业执照又可以同时领到公章。进驻县政务中心的政务服务事项达到790项,实行"窗口受理,内部流转,限时办结,窗口出件"。

【优化流程,精简材料,办事效率得到提高】 2018年,县政管办组织县直单位、各乡镇进一步优化流程,精简材料,编制了"一次性告知(限时办结)""只需跑一次""一次不用跑"三张清单,不断提高办事效率。承诺办理政务服务事项在法定时间上提速62.6%以上,在申请材料齐全的情况下,实现"最多跑一次"的事项共达到734项,占政务服务事项总数的93%,其中实现"一次不用跑"事项48项,占6%,超额完成上级下达的指标任务,名列全市前三。

【推进"互联网+政务服务"建设】 2018年,县政管办依托广西一体化网上政务服务平台,推进"互联网+政务服务"建设。网上办事率达到94%。4月28日,兴安县网上政务服务中心在全区"2017年全区政府网站优秀创新案例"评选中获第一届"十大最受关注政府网站优秀创新案例",并获全区第一届"三大最受关注县(市、区)政府门户网站优秀创新案例"。

【开展"减证便民"、建立容缺受理制度】 2018年,县政管办开展"减证便民"、建立容缺受理制度。2018年,兴安县共有220项政务服务事项列入"容缺受理"目录,占比达27.8%,容缺材料470个,极大地方便企业及群众办事。

机关事务管理

【概况】 2018年,兴安县机关事务管理工作以"落实中央八项规定"回头看及开展"转作风、提效能、优环境"学习教育实践为载体,紧紧围绕县委、县政府的中心工作,按照"加强管理、优化服务、强化保障"的要求,切实转变服务理念,不断加强队伍建设,扎实推进各项后勤服务保障工作高效开展,较好完成了各项工作任务。

【后勤队伍建设】 2018年,兴安县机关事务管理局一是以民主生活为抓手,狠抓机关党建工作,将广泛征集意见整理和建议落实到工作当中。同时，严格党的组织生活，规范党员管理，抓好党员教育，落实“党员活动日”工作要求。二是深入开展“落实中央八项规定”回头看学习教育活动、“转作风、提效能、优环境”专项活动。认真开展专题学习讨论，集中交流学习心得。三是加强理论学习，定期开展专题学习，召开民主生活会、党组生活会及“三会一课”。采用集中学习和自学相结合的方式，每周一上午组织全体干部职工进行政治和法律相关内容学习，平时按照学习计划进行自学，并按规定做好学习笔记。

【机关后勤保障】 2018年，兴安县机关事务管理局狠抓后勤管理工作。保洁工作：开展办公楼环境卫生集中整治，加强了日常保洁，确保了良好的卫生环境。加大对保洁工作的督导检查力度，每周都对责任区卫生进行检查，发现问题及时通报。实行保洁人员轮岗制度。水电维修工作：全年后勤维修共完成大、小型维修150余次，确保了水、电的安全、正常运转。基建工程：完成了政府大礼堂主席台及公厕的维修改造，做好了大院人行步道改造工程、政府会议室改造工程、人大楼补漏等工程，进行了食堂、组织部屋顶、老信访局等几处领导住房的零星维修工程。做好对涉及工程资金较大的几个项目进行了审计，确保财政资金的安全使用。优化接待服务工作。在日常接待中，严格执行公务接待制度和标准，圆满完成了“第十一届桂林米粉节”开幕式车辆保障工作。完成政府食堂招标工作，做好食堂新老承包商的交接工作，督促“牛来香”承包商做好政府食堂服务工作。

【公共机构节能工作】 2018年，兴安县机关事务管理局一是强化公共机构日常节能监督管理工作，做好了全年公共机构能耗统计。二是积极开展节能宣传、培训等工作。三是完成了垃圾分类宣传工作，做好了为民办实事工程5万元分类垃圾桶投入使用工作。四是进一步加强新能源汽车推广使用宣传活动，在大院原有3台充电桩的基础上，新安装2台充电桩。

【机关大院安保工作】 2018年，兴安县机关事务管理局一是严格执行门卫登记制度、巡查制度和社会治安综合治理责任制等工作，清理老居民楼消防通道，联合交警等相关部门对大院长期滞留车辆进行拖车处理。二是安保人员积极配合信访、公安等有关部门做好上访接访和秩序维护，保障党政机关正常工作秩序。三是完善了“6+1”消防工作手册，有利于大院的消防安全管理。

【公务车辆管理】 2018年，兴安县机关事务管理局二层机构兴安县公务车辆管理中心，将89台公务用车统一过户到机关事务局；严格执行一车一档制度、一车一卡燃油管理办法，完善了公务用车管理中心子平台建设，建立了4个用车子平台和公务用车租赁平台；完成了公务用车车辆ETC的办理及公务用车车辆北斗定位系统的安装；定点采购3家车辆维修厂家，3家保险公司。全年派出公务用车1325台次，其中派出四套班子领导用车908台次，县直单位用车2004台次，行政综合执法用车1413台次。

法治工作

【概况】 兴安县法制办公室是隶属于兴安县人民政府的办事机构，属副科级单位，2018年，有行政编制4名，在岗工作人员4名。2018年，兴安县法制办公室根据机构调整和人事变动，全面推进依法行政工作领导小组更名为县法治政府建设工作领导小组，小组成员做相应变更。并结合年度工作法治政府建设工作要点，制定法治政府专项考核办法。

【法治政府建设】 2018年，兴安县法制办公室一是科学制订工作计划，推进法治政府建设。按照桂林市《2018年全市法治政府建设工作任务（要点）》文件精神，根据《兴安县法治政府建设实施方案(2017—2020)年》总体目标要求，制定了《2018年全县法治政府建设工作任务（要点）》，对兴安县法治政府建设的总体目标、主要任务作出具体安排部署，并将各项工作任务分解到以乡（镇）、县直各部门，层层推进，狠抓落实。积极参与“最多跑一次”改革等政府自身建设重点工作，充分发挥政府法制部门职能优势，会同其他部门共同推进行政行为法定化、规范化、便民化服务。2018年，兴安县法制办公室为进一步推动兴安县领导干部学法、用法，提高领导干部依法决策、依法行政的能力和水平，按照中共中央、国务院《法治政府建设实施纲要(2015—2020年)》和自治区、桂林市及县法治政府建设实施方案要求，开展全年县领导干部和县政府领导班子法治专题培训，围绕全县中心工作重点学习了《中华人民共和国行政诉讼法》《中华人民共和国公务员法》等法律法规。全年组织专题法治学习培训2次。

【县政府参谋、助手、顾问作用得到发挥】 2018年，兴安县法制办公室积极参与县人民政府各项目合同的审查签订、规范文件的审查等，充分发挥政府法制机构在法治政府建设工作中的统筹规划、综合协调，督促指导、考核评价作用。全年共审查县政府办公室及部门送审规范性文件13件，行政合同、法律性事务审查125份，受理行政复议案件6件，代表县政府办理重大行政诉讼案件36件。

【建立联席会议制度】 2018年，兴安县法制办公室按照自治区人民政府法制办文件要求，下发与人民法院、人民检察院的联席会议工作规则和联席会议制度，并召开了联席会议。

【规范性文件的相关工作】 2018年，兴安县法制办公室按照区、市要求，及时转发了《广西壮族自治区规范性文件制定程序》，进一步明确了规范性文件的制定程序，特别是涉及民生的规范性文件的制定，要求严格按调研起草、广泛征求意见及听证等程序制定。按照“谁起草、谁实施、谁清理”的原则，按时完成了涉及产权保护、生态环境保护、著名商标保护等行政规范性文件及证明事项的自查清理。其中产权保护、著名商标保护规范性文件清理为零，生态环境保护规范性文件废止4件、拟修改4件，行政规范性文件及证明事项的自查清理，拟保留的行政规范性文件3件，拟废止5件，拟修改15件，证明事项清理为零。并将清理结果按程序报请县人民政府常务会审议议定，于2018年11月2日在政府门户网进行统一公布。

【重大行政决策的相关工作】 2018年，兴安县法制办公室一是按照《广西壮族自治区重大行政决策程序规定》《广西壮族自治区全面推行重大执法决定法制审核制度的实施意见》等相关文件要求，进一步规范行政机关重大行政决策程序，要求县人民政府及各部门建立公众参与、专家论证和行政机关决定相结合的决策机制，完善决策规则。同时，要求10个乡(镇)人民政府及行政执法机关，按照相关文件要求，加强法制机构建设，配备法制审核人员，研究建立法律顾问参与重大执法决定法制审核工作制度和责任追究机制；编制重大执法决定法制审核工作流程，明确法制审核送审材料；界定重大执法决定具体范围，建立本机关重大执法决定目录清单，并报县法制办备案。二是根据《广西壮族自治区重大行政决策程序规定》《广西壮族自治区人民政府办公厅关于印发广西壮族自治区重大行政决策合法性审查办法的通知》《广西壮族自治区行政规范性文件制定程序规定》《广西壮族自治区行政规范性文件备案审查规定》的有关规定，撰写了《兴安县人民政府办公室关于规范报送县人民政府审议生态环境保护》政府办公室通过收发文系统下发到各乡(镇)及县直各单位，规范了重大行政决策及规范性文件报送审查工作程序。三是加大重大行政决策合法性审查。按照重大行政决策程序，县法制办对县政府常务会议审议的重大行政决策事项进行合法性审查。

【立项计划申报工作】 2018年，兴安县法制办公室根据桂林市法制办要求，通过收发文系统转发桂林市《关于申报2019年桂林市人民政府行政规范性文件立项计划的通知》文件，要求有立项计划单位及时提出申报计划，并草拟兴安县2019年立项计划初稿报县政府审定。兴安县灵渠立法2019年计划项目经县政府审定已报送桂林市法制办备案。2019年规范性文件计划项目也按时报送。

【行政执法人员考试报名材料审核工作】 2018年，兴安县法制办公室为规范行政执法，认真做好2018年行政执法人员资格(续职)培训考试的审核工作。第一、二次考试共审核报考执法资格人员350人次，在规定时间内完成了全县报名审核工作。

【行政机关负责人出庭应诉工作】 2018年，兴安县法制办公室为贯彻落实《中华人民共和国行政诉讼法》和《广西壮族自治区行政机关负责人出庭应诉工作规则》的相关规定，增强领导干部的法治意识，9月12日，县人民政府副县长吕忠荣、县法制办主任莫小英、崔家乡乡长胡祖江代表县、乡两级政府出庭应诉，对促进官民关系和谐发展起到了积极的作用，落实了行政机关负责人出庭应诉制度。

【坚持依法科学民主决策】 2018年，兴安县法制办公室认真执行《兴安县人民政府重大行政决策程序规定》，强烈要求各部门按照重大行政决策公众参与、专家论证、风险评估、合法性审查和集体讨论决定等程序办理，其中涉及民生和社会稳定等事项的，相关部门召开了听证会、座谈会听取社会各界的意见。全县各级各部门科学决策、民主决策的意识不断提高。

【履行行政规范性文件审查、备案及行政合同、法律性事务审查职能】 2018年，兴安县法制办公室共审查县政府办公室及部门送审规范性文件13件，行政合同、法律性事务审查125份，均在规定期限内审结并针对具体问题提出了相应的法律意见。

【建立落实政府法律顾问制度】 2018年，兴安县法制办公室根据自治区、桂林市《关于推行法律顾问制度和公职律师公司律师制度的实施意见》，结合《兴安县法治政府建设实施方案(2017—2020年)》总体目标要求，草拟了《关于关于推行法律顾问制度和公职律师公司律师制度的实施意见》征求意见稿，并通过公文交流平台(118系统)发到各单位，征求了各乡(镇)、县直各单位的意见，经汇总所有反馈意见，报请县委县政府会议审定发布。进一步规范了政府法律顾问工作规则和工作机制。为县政府讨论重大项目实施法律咨询、疑难案件办理、范性文件的起草与论证、政府信访事项的预防与调处等工作提供了法治保障。

【落实行政执法责任制】 2018年，兴安县法制办公室认真贯彻执行自治区政府办公厅《关于建立行政执法公示制度的实施意见》和《广西全面推行重大执法决定法制审核制度的实施意见》文件精神，并将贯彻执行情况纳入2018年法治政府建设绩效考评指标，进一步明确了执法权限，落实执法责任，健全执法规范，完善监督措施，推动全县各执法机关严格规范、公正文明执法。

【坚持严格规范公正文明执法】 2018年，兴安县法制办公室全面推行行政执法公示制度。继续贯彻落实《兴安县人民政府办公室关于转发广西壮族自治区人民政府办公厅关于全面建立行政裁量权基准制度的实施意见的通知》，实施意见要求建立健全行政裁量权基准制度，细化、量化行政裁量标准，规范裁量范围、种类、幅度，提高行政执法效率和质量，促进严格、规范、公正、文明执法。

【农村基层依法行政检查】 2018年，兴安县法制办公室按照桂林市全面推进依法行政工作领导小组办公室《关于开展县区农村基层依法行政检查的通知》要求，推动兴安县领导及时召开会议，研究工作部署，并结合全县实际下发《关于做县区农村基层依法行政检查的通知》，组织成立了检查小组，对全县10个乡(镇)开展依法行政工作进行检查。

【案卷评查工作】 2018年，兴安县法制办公室根据桂林市《关于开展2018年度行政执法案卷评查的通知》《兴安县法治政府建设实施方案(2017—2020年)》的有关要求，下发了《关于开展2018年度行政执法案卷评查的通知》，积极开展案卷评查活动，对该县范围内的执法案卷按程序进行自查，抽查，对评查中发现的问题进行及时整改。完成重大行政处罚案卷评查129卷。

【积极发挥行政复议主渠道作用】 2018年，兴安县法制办公室依法受理行政复议申请，多措并举推动复议办案，化解社会矛盾。2018年共受理6件，已全部办结。在办案过程中，始终坚持从保护当事人切实利益和解决纠纷的角度出发，把好案件事实关、证据关、法律适用关，切实做到依法审查、公正裁决。

【行政应诉】 2018年，兴安县法制办公室共代表县政府办理重大行政诉讼案件36件，其中胜诉30件，还有6件案件正在审理中。为县人民政府挽回经济损失5000多万元。在办案过程中，坚持对每一件案件都做到高度重视，要求对每个案件必须及时、全面、规范地整理、收集证据、依据和其他有关材料，分析、研究争议焦点，认真起草答辩状等法律文书，按照法律规定的时限和要求提交法院，参加法院庭审，依法维护政府自身权益。

【政府信息公开答复】 2018年，兴安县法制办公室针对公众对政府相关信息的申请诉求，按照“分级负责、归口办理、依法有据、严谨规范、慎重稳妥”的原则，一是按时高效办理。收到申请后，第一时间确认依申请公开的办理主体，并将受理单位和依申请公开相关材料登记在册，办理过程实时跟踪，办理结果限时反馈。二是主动依法办理。积极完善申请办理方式，主动加强与申请人沟通，做好解疑释惑工作，引导公众正确行使申请权和救济权。

【法治政府建设及宣传信息报道】 2018年，兴安县法制办公室利用三八妇女节、政务公开日、“6·26”“12·4”等重大节日，组织相关部门进行法律法规知识宣传，发放各种宣传资料近万份。同时，加强法治政府信息报道，完成法治信息宣传报道8条，超额完成全年任务。

档案工作

【概况】 2018年，兴安县档案局(馆)总建筑面积1431平方米，其中库房面积504平方米，馆藏档案133个全宗，收藏各门类档案30373卷(册)，档案全文数字化55万多页。兴安县档案局(馆)主管全县档案管理事业，设有秘书股、档案管理股、业务指导股、法规宣教股4个股室，建有档案寄存中心和政府公开信息查阅中心，在职在编人员10人。

2018年，档案工作首次纳入兴安县乡镇和县直单位年度绩效考评范围。

【档案接收利用】 2018年，兴安县档案局积极做好档案接收保管、查阅利用工作。2018年，兴安县档案馆接收档案39盒、573件，接待346人次，提供利用档案资料495卷。为兴安县经济建设、编史修志、工作参考、社会稳定、群众利益等发挥了重要作用，实现了档案存凭、留史、资政、育人的价值。

【档案馆藏及信息化建设】 2018年，兴安县档案馆馆藏档案133个全宗，收藏各门类档案30373卷(册)、图书资料3465册、人物卡16800张、音像档案16盘、照片档案807张、实物档案13件。

2018年，兴安县档案馆增配大图扫描仪1台，扫描大纸张档案的效率和质量得以提高。2018年，完成档案数字化工作55万页；按照民国档案著录标准，修改录入国家重点档案民国档案目录13689条。

【档案业务指导】 2018年，兴安县档案局积极配合精准扶贫、农村土地确权颁证、棚户区改造、水库移民、机构体制改革、城市建设等全县重点中心工作提供档案指导。2018年，兴安县农村土地确权颁证档案、水库移民工作档案顺利通过上级验收，县体制改革办档案、县城建办档案按照档案整理规范整理完成。同时，兴安县档案局积极派出业务骨干指导县人大办、县委办、县政府办、县人社局、县文旅广体局、县粮食局、县政管办等全县各单位档案的收集整理，为全县档案工作规范管理提供技术支撑。

【档案宣传工作】 2018年，兴安县档案局开展了“6·9”国际档案日、“12·4”国家法治宣传日档案宣传活动，向社会宣传档案法律法规、档案利用流程、家庭档案建立等人们息息相关的档案知识，发放宣传手册1700余册，接待群众咨询上百人次。2018年，兴安县档案局积极向《中国档案报》《广西档案网》《桂林档案信息网》等档案媒体平台投稿，有18篇稿件被采用发布，向外界展现了兴安档案工作成绩。

地方志编纂

【概况】 兴安县地方志办公室(简称县志办)是县财政全额拨款的参照公务员法管理的正科级单位，主要负责收集、研究兴安县史志资料，为党政领导决策提供参考依据；编纂《兴安县志》《兴安年鉴》；为上级业务部门提供资料。2018年，核定编制4名，实有人数5名。内设3个职能机构，分别为政秘股、年鉴股和县志股。

【《兴安县志(1991—2005)》编修】 2018年，县志办根据年初修志计划，通过7个多月的努力，将修改后的出版报备稿报送桂林市志办，根据市志办关于出版报备稿的审核意见，于10月完成志书总纂工作。10月底，由县人民政府印发《兴安县人民政府办公室关于做好兴安县志(1991—2005)审稿工作的通知》文件，要求全县102个乡科级单位(含上级驻兴单位)校对和补充资料，明确一名分管领导和校对责任人认真审稿，然后将校对意见建议反馈到县志办。同时，聘请县内熟悉情况并有较强文字功底的老领导组成审稿小组进行审稿。最后由老领导对全县102家单位的校对意见和审稿意见进行逐条核实、修改,于12月底形成新的修改稿进行排版。同时,《兴安县志(1991—2005)》进行了县志出版招标程序。

【清道光十四年(1834)版《兴安县志》重刊】 2018年,县志办完成清道光十四年(1834)版《兴安县志》首批500册的重刊工作。该县志是兴安县历史上的第二部县志,由清朝道光年间兴安知县张运昭主修、兴安籍翰林院庶吉士蒋方正总纂,分为卷首、舆地、建置、经政、职官、选举、胜迹、艺文、宦绩、人物、烈女11项内容,是兴安历史上质量较高、信息量较大的一部县志。重刊后的道光版《兴安县志》采用非常珍稀的清代著名刻书坊桂林蒋存远堂刻本,高清扫描精修,共8册,内容18卷,约20万字,562筒页,规格185×260毫米。该套县志装帧考究,内文用手工单宣单色印刷,封面用瓷青纸,蓝布函套,仿古洒金宣签条,四眼线装,包角印书根,每函塑封,贴不干胶条码,极具学术和收藏价值。它的重刊,对传承兴安县历史文化,推动灵渠申报世界文化遗产,具有重要意义。

【年鉴编纂】 2018年,《兴安年鉴(2018)》编纂工作从年初制订方案、落实分工、收集资料、编写初稿到形成初稿报送出版社,完成了当年收集资料当年出版的目标任务,实现了年初定下的"一年一鉴"目标。全书共设28个类目,129个分目,记载反映了兴安县2018年自然、政治、经济、文化、社会等各方面的基本情况,为各级领导机构决策、指导工作提供县情依据,为社会各界人士了解研究兴安、投资建设兴安提供了信息服务。

完成《广西年鉴》兴安部分、《桂林年鉴》兴安部分的撰写供稿;完成"志说桂林"地情资料的供稿。

【地方志书利用】 2018年,县志办为兴安县政府办、政协办、工信局等单位提供志书查询服务,接待社会各界人士查阅资料、咨询县情100余人次,充分发挥了地方志"存史、资政、育人"功能。为切实做好地方志书交流,将新出版的年鉴及时报送自治区、市地方志办,并与桂林市其他县区志办进行交流学习。

(廖晓梅)

调处办工作

【概况】 2018年,兴安县调解处理土地山林水利纠纷领导小组办公室(简称调处办或处纠办),全县累计"三大纠纷"发案46件,其中土地纠纷21件、山林纠纷各20件,水利纠纷5件,调结42件,调结率为91%。全年因"三大纠纷"案件出庭桂林市中级人民法院应诉10次,自治区高级人民法院应诉8次,最高人民法院第一巡回法庭应诉1次。

2018年,兴安县调处办被评为2018年度全区"三大纠纷"调处工作先进集体。桂林市防洪及漓江补水枢纽工程建设工作先进集体。周俊兴被评为2018年度全区"三大纠纷"调处工作先进个人。唐昌尧被评为桂林市防洪及漓江补水枢纽工程建设工作先进个人。

【调处工作】 2018年4月15日,由县委政法委书记主持召开了全县重大矛盾纠纷化解工作协调会。会议决定从县人民检察院、司法局、国土局、水利局抽调6人脱产从事全县重大土地、山林、水利纠纷化解工作,成立高尚镇和溶江镇两个调处工作组。7月22日,县调处办专门举办了一期全县领导干部调处业务培训班。10月25日、26日,举办了为期两天的全县调处干部业务培训班,全面提升全县调处战线干部依法办事意识及调处业务水平。12月13日、14日,自治区调处办、自治区林业厅组成调处工作调研组对兴安县国有林场、自然保护区与周边群众的山林纠纷情况进行调研。调研组对兴安县"三大纠纷"调处工作给予充分肯定和赞扬。

中国人民政治协商会议
兴安县委员会

重要会议

【政协兴安县第九届委员会第三次会议】 1月30日至2月1日，中国人民政治协商会议兴安县九届委员会第三次会议在县委二楼会议厅召开，大会应到县政协委员201人，实到委员183人。黄洪斌、张永军、黄钦等县四套班子部分领导出席会议，县四套班子离退休老领导和县直单位有关领导应邀列席会议。

1月31日上午举行开幕大会，大会由县政协副主席伍发进主持。会上，县委书记黄洪斌作讲话。会议听取了县政协副主席韦辉向大会作的政协兴安县第九届委员会常务委员会工作报告，县政协副主席唐树斌向大会作的《政协兴安县第九届委员会二次会议以来提案工作情况报告》。县政协委员蒋雪梅、文桂良、胡韬分别向大会作专题发言。大会书面发言材料有《妥善处理遗留问题　助推兴安经济社会持续健康发展——兴安县城市建设、工业园区、三大水库建设等遗留问题专题调研报告》、《未雨绸缪谋长远　居安思危早当先——关于兴安县学前教育发展状况的调研报告》《关于湘江流域灵渠景区段水质变异的专题调研报告》《新时代引领新发展　全力推动兴安毛竹产业可持续发展——关于兴安县竹产业发展专题调研报告》。

会前，1月30日下午召开的预备会，对2017年度政协委员提案承办先进单位、优秀政协委员和优秀提案进行了表彰。

【县政协第九届委员会第七次常委会议】 1月15日，在县政协会议室召开县政协第九届委员会第七次常委会议，县领导唐庆林、韦辉、唐树斌、伍发进、张琴出席会议，县政协常委及部分委员代表参加，会议听取了县人民政府副县长吕忠荣关于2017年度全县经济社会发展情况通报。会议还协商讨论了其他事项。

【提案交办会】 3月27日，在县政府大会议室，召开兴安县2018年人大建议和政协提案交办会，县委常委、常务副县长黄小桂，县人大常委会副主任刘婉秋，县政协副主席唐树斌及各承办单位负责人参加会议。

【县政协第九届委员会第十次常委会议】 6月20日，在兴安县溶江镇三花酒厂会议室召开县政协第九届委员会第十次常委会议，县领导唐庆林、韦辉、唐树斌、伍发进、张琴出席会议，县政协常委及部分委员代表参加。会议协商讨论了推动旅游发展和河长制落实两个专题调研报告；讨论研究关于增补九届政协委员、政协特邀委员事项。会议还决定任尹冬为政协经济科技联谊和委员联络委员会主任，决定免去万敏政协兴安县第九届委员会委员职务。

【县政协第九届委员会第十一次常委会议】 9月27日，在兴安县委二楼会议室召开县政协第九届委员会第十一次常委会议，县领导唐庆林、韦辉、唐树斌、伍发进、张琴出席会议，县政协常委及部分委员代表参加，会议听取了县人民政府党组成员邓健君关于《绿水青山就是金山银山——兴安县河长制落实现状调研报告》、县文旅广体局副局长聂忠关于《破解全县旅游发展瓶颈　让兴安旅游尽快火起来——兴安县旅游业发展现状调研报告》、县人民政府副县长吕忠荣《新时代引领新发展　全力推动兴安毛竹产业可持续发展——兴安县竹产业发

3月1日，县政协主席唐庆林（右一）带领班子及相关部门负责人就灵渠水质变异进行视察调研　（县政协办　供图）

展专题调研报告》三个专题调研报告落实办理情况通报。会议还协商讨论了其他事项。

【县政协第九届委员会第十二次常委会议】 12月4日，在兴安县委二楼小会议室召开县政协第九届委员会第十二次常委会议，会议分两个阶段进行。第一阶段会议听取了县人民法院院长张云艳、县人民检察院检察长秦奕明2018年工作情况通报；听取了县人民政府副县长关于2018年全县经济社会发展情况和提案办理工作情况通报。第二阶段会议协商讨论了养老课题调研报告，通报了政协委员助力全县脱贫攻坚捐赠情况。

重要工作

【加强理论学习研究】 积极引导政协委员撰写理论文章，2018年共向桂林市政协、自治区政协上报理论文章16篇。其中伍发进委员撰写的《发挥协商式监督特色优势　切实增强人民政协民主监督实效》、秦月华委员撰写的《发挥政协委员优势　服务乡村振兴战略》被收录进《桂林市政协论文集》。兴安县政协获得2018年度桂林市人民政协理论研究工作一等奖。

【狠抓提案办理落实】 政协九届三次会议以来，政协委员共提交提案68件，经审查立案60件，其中会议期间提交提案59件，闭会期间提交提案9件。县人民政府及时召开了委员提案交办会，先后跟踪督办5次，召开政协提案办理汇报会2次。承办单位采纳委员建议26件，部分采纳25件，由于条件限制，当年度无法采纳9件。提案者反馈意见60份，反馈率100%，反馈满意的58份，基本满意2份。一年来，共组织委员开展15次民主监督活动。

【深入开展视察和课题调研】 2018年，县政协组织政协委员、住兴桂林市政协委员对全县重大项目建设、乡村振兴工作、河长制落实工作、灵渠清淤疏浚工作、乡村旅游工作、灵渠申遗工作、义务教育均衡发展、双女井溪整治、养老一体化建设等方面调研视察11次。精选"破解全县旅游发展瓶颈、让兴安旅游尽快火起来""全面推进河长制的落实，保护全县的绿水青山""不容忽视的社会养老问题"等重点课题进行调研，形成3个专题调研报告上报县委、县政府。

【积极开展协商活动】 县政协全年共召开了2次专题议政性常委会；通过专题协商会、对口协商会、界别协商会等，组织政协委员就全县"三改"工作、白果树的管护、义务教育均衡发展、全域旅游工作、漠川艳林道路修建、提案办理情况等问题开展协商活动12次。通过各种协商形式，广集智慧，向县委、县政府建诤言、献良策。

【积极参与脱贫攻坚工作】 县政协常委会按照习近平总书记"要动员全社会力量，广泛参与扶贫事业"的要求，及时向全县政协委员发出倡议。在委员们的积极带动和引领下，短短一周共募集到资金46.3万元。县政协积极牵线各种公益行动走进兴安。

10月23日，县政协引导委员企业助力脱贫攻坚现场捐赠　（县政协办　供图）

12月8日，县政协副主席唐树斌（右三）到溁川乡指导工作
（县政协办　供图）

先后有明日教育基金会“班班通——同心助学助力教育信息化公益活动”到兴安捐赠了价值30万元的教育信息化设备；桂林市仁济慈善基金会为兴安30名贫困大学新生提供帮扶资金4.8万元；由桂林市九三学社牵头组织医疗机构到兴安县为8名贫困户免费进行了疝气手术治疗。

【积极参与重大项目建设】 县政协班子每人至少承担着一项以上专项工作或重大项目。县政协主席唐庆林负责的“三改”项目，两年累计完成改厨20753户，改厕20886户，涉及100多个自然村。由于建设标准高，成效明显，该项工作走在广西前列。政协原主席唐卫平负责的风电项目2018年实现风电装机60万千瓦并网发电，完成风电项目投资12.3亿元，全年累计发电量9.86亿千瓦时，实现工业产值6.01亿元，增加县财政收入合计3042万元。政协副主席伍发进负责的灵渠展示中心（兴安博物馆）项目建设于2018年底完成了主体工程封顶。政协副主席唐树斌负责的川江水库项目的遗留问题正在逐步解决，左岸公路二标段验收、一标段矛盾纠纷以及毛岭脚至老草岭的库周公路的矛盾纠纷等问题都得到了解决。政协副主席韦辉负责的湘漓普头大桥顺利建成。政协副主席张琴负责的鑫鑫中药饮片有限公司二期扩建项目已竣工投产，溶江米粉产业园项目已完成土地招拍挂。

【助力“文化兴安”建设】 一是成功邀请到知名导演陈维亚到兴安，为打造灵渠文化，策划实景演出做前期考察。积极引进广西南宁卓星文化传播有限公司为兴安量身打造一台红色话剧《湘江1934》，夯实红色文化基础。协助拍摄了一部反映兴安山水文化的电影《北纬25° 天空下》。编撰了《桂北老家》和《灵渠人家》——“兴安，一个让人记住乡愁的地方系列丛书”。

【对外宣传工作】 2018年，利用兴安政协网报道政协履职情况，并积极向其他媒体投稿60多篇，一些特色工作、亮点工作引起了各级媒体竞相报道。2018年，兴安县政协获广西区政协办公厅“2018年度全区政协报刊宣传工作先进单位一等奖”。

纪检·监察

【概况】 中共兴安县纪律检查委员会与兴安县监察委合署办公，实行一套工作机构，两个机关名称的体制，主管全县党的纪律检查和全县国家监察工作。中共兴安县纪律检查委员会、兴安县监察委员会机关设9个内设机构：办公室、预防宣教室、党风政风监督室、信访室、案件监督管理室、第一纪检监察室、第二纪检监察室、第三纪检监察室、案件审理室（案件申诉复查工作办公室）。中共兴安县纪律检查委员会、兴安县监察委员会机关核定行政编制79名，机关后勤聘用服务人员控制数1名。领导职数：县纪委书记（兼县监委主任）1名，纪委副书记（兼监委副主任）2名，纪委常委4名，监察委委员4名（其中2名由纪委常委兼任），纪委副书记（监委副主任）由正科长级领导干部配备，纪委常委及监委委员由副科长级以上领导干部配备，内设机构正职领导9名按副科长级领导干部配备。

7月20日，兴安县委常委、纪委书记、监委主任刘先锋在县委党校为执法干部上廉政党课 （县纪监委 供图）

【夯实全面从严治党责任】 2018年，兴安县纪委监察委完善《中共兴安县委员会履行全面从严治党主体责任清单》，全县各级党组织对主体责任清单细化，县委与10个乡（镇）、59个县直部门党委（党组）签订了落实党风廉政建设主体责任状，县纪委与10个乡（镇）纪委、14个派驻纪检组签订落实党风廉政建设监督责任责任状，政治建设主体责任得到层层压实。2018年，全县共对“两个责任”落实不力问题处理32人，其中给予党纪政务处分30人，诫勉谈话2人。制订下发了《兴安县纪委关于开展“政治建设六项重点任务”专项监督检查工作方案》，对各级党组织开展全年常态化“政治体检”，全年共发现问题12个，落实问题整改12个。同时，将“政治建设六项重点任务”纳入县委巡察的重点巡察内容。严肃政治纪律，对干部提拔任用、评优评先表彰、干部出国出境以及其他有必要听取纪委意见的鉴定情形，从鉴定函件接收、审签、核实、研判、报批、回复等各环节明确了责任分工，分步签字确认，并指定专人建档留存，鉴定回复工作全过程留痕，全年共出具廉政鉴定138批次、1870人次。

7月4日，兴安县纪委监委组织开展“不忘初心，砥砺前行”七一党日拓展活动 （县纪监委 供图）

【严肃党内政治生活】 2018年，兴安县纪委监察委通过下发文件、发送廉洁短信、通报曝光违纪案件等方式，教育提醒广大党员干部坚守廉洁自律。组织15个检查组对10个乡镇、18个县直单位及18个二层机构，开展明察暗访，2018年查处违反中央八项规定精神问题34个，给予党纪政务处分25人，诫勉谈话4人，批评教育1人。重新修订《中共兴安县委员会关于进一步贯彻落实中央八项规定精神的实施办法》《关于支持改革创新建立容错纠错机制的实施办法(试行)》，召开农村移风易俗完善村民红白理事会推进会，印发《关于开展移风易俗推进完善村民红白理事会责任分解表》，共有121个行政村(社区)建立了村(居)民红白理事会。深入开展“转变工作作风、提升工作效能、优化发展环境”专项活动，共征集意见建议281条，谈心谈话856次，督促整改问题36个，移交问题线索立案3人，发出通报3次，下发简报5期。录播《向人民承诺——电视问政》节目3期，问政内容涉及幼儿教育、脱贫攻坚、交通执法等问题，对工作落实不力的11人进行立案审查，提醒谈话5人，其中第七期的交通执法问题在全县产生了强烈反响，县委组织全县副科级以上领导干部进行专场集体观看。集中整治形式主义、官僚主义，纠正一些基层干部不作为、乱作为问题，全县共处理28人，其中给予党纪政务处分24人，诫勉谈话3人，通报批评1人。

【突出问题整改落实】 2018年，兴安县纪委监察委修改完善《巡察工作五年工作规划》，将县委巡察办列入县委工作机构序列，并组建4个县委常设巡察组。突出政治巡察，2018年共开展四轮巡察，覆盖乡镇6个、县直行政单位13个、事业单位10个、国有企业2个、贫困村19个。在前三轮巡察中，共发现问题330个，提出整改建议意见182条，整改问题181个。及时向被巡察单位反馈巡察情况和意见，建立问题清单，明确整改措施和时限，边巡边改问题63条，整改率达100%。开展专项督查2次，推动被巡察单位建立各项管理制度120个，移交问题线索115条，约谈9人，初核41件，立案29件，16名党员干部受到党纪政务处分。制定《中共兴安县委员会巡察成果运用实施办法(试行)》，督促建立健全相关制度，如针对部分单位门面租金不上缴县财政的共性问题，对全县178个行政事业单位、10个国有企业、4个平台公司的基本情况、账务清理、财产清查、损溢认定、资产核实和制度是否完善等进行了全面清查。

【持之以恒正风肃纪】 2018年，兴安县纪委监察委在10个乡镇选取11个行政村试点建设村级信访接访点，选配11名村级纪检委员开展业务培训，共收集问题线索13条，及时曝光典型案例23起。全面加强党的纪律建设，全县提醒谈话357人次，函询33人次，运用监督执纪“四种形态”处理干部338人，其中第一种形态154人，第二种形态156人，第三种形态17人，第四种形态11人。强化追责问责，实行“纪检监察室+派驻纪检组+乡镇纪委”协作办案机制，全年共立案194起，结案188件，180人受到党纪政务处分，其中涉及科级干部31人，留置2人，移送司法4人。率先在全市县区使用留置措施，重点查办了兴安农村合作银行、县住建局、县财政局公职人员挪用公款的“2·15”专案，11名领导干部被问责，挽回经济损失6700万元，向相关部门提出监察建议2份，并在全县开展清理大整顿。

【聚焦脱贫攻坚工作】 2018年，兴安县纪委监察委围绕脱贫攻

6月8日，兴安县委常委、纪委书记、监委主任刘先锋(右四)到兴安中学督查高考考场情况
(县纪监委　供图)

坚工作，深入推进扶贫领域腐败和作风问题专项治理工作。县、乡两级纪委共组织开展大接访活动11场次，现场解答群众1050人次，收到信访举报52件。县纪委监委班子成员带队，组成10个“挂图蹲点”工作小组，对全县少数民族发展资金、职业技能培训补贴等12个资金项目进行核查并走访贫困户131户，共发现问题线索57条，整改问题44个，立案审查13人。全县共查处扶贫领域腐败和作风问题92件，给予党纪政务处分81人，诫勉谈话11人，提醒谈话28人，通报批评3人。与此同时，结合专项治理工作，扎实开展在扫黑除恶专项斗争中强化监督执纪问责工作，共收到涉黑涉恶腐败问题35条，其中市级流转26条，县扫黑办移交2条，县政法机关移送4条，共立案审查1人。

【纪检监察宣教】 2018年，兴安县纪委监察委充分利用网站、微信、短信、报纸、电视台等多媒体平台，加大外宣力度，共发表文章776篇，其中在国家级媒体发表文章1篇，在区级媒体发表文章28篇，在市级媒体发表文章334篇，在人民网强国论坛、新华网发展论坛等主流媒体发表网评文章134篇。印制发放深化扶贫领域腐败和作风问题专项治理监督卡13.2万张、《致全县党员干部一封信》4000份，发送廉政短信40000余条，更新33块固定廉政宣传牌，新建15块。在深化扶贫领域腐败和作风问题专项治理中加强警示教育，集中开展“十个一”活动。完成“2·15”案警示教育片素材收集和“柔情为民铁面执纪”“巡察利剑持续发力，贪腐违纪无处遁形”等《爱莲说》节目的拍摄。开展经常性的纪律教育，县纪委监委有关领导到乡镇或县直部门上廉政党课20多场次。组织20批次、820名党员干部参观桂林廉政教育基地。加大通报曝光力度，在主流媒体上通报曝光23批次、79起典型案例。选取江西坪和莲塘村等旅游热点地区，以“廉洁传家·世德作求”“以孝促廉·以廉践孝”为主题打造有感染力、渗透力的廉洁文化精品点，完成前期设计并开始施工建设。

【纪检监察机关履职能建设】 2018年2月，县监察委员会挂牌成立。为做好各项衔接工作，县纪委监委制定兴安县“纪法衔接”制度，出台《关于印发〈兴安县纪委监委机关执纪监督监察工作办法(试行)〉等四项制度的通知》，严格规范监察工作流程，建立联席会议制度，加强监察与公安、检察、审判等机关的沟通协调并对审查调查全过程进行监督管理。充分考虑转隶干部的专业特长和个人性格特点，结合职能室工作职责，将转隶过来的8名干部交叉安排到纪检监察室、案件审理室和县委巡察办，推进转隶干部与纪检干部人员融合、感情融合、工作融合。建立纪检系统新时代讲习所，坚持每周五下午集中学习，组织参加井冈山培训学院、西南政法大学的学习培训，进一步提升纪检监察干部的业务水平和综合素质。加强内部监督管理，制定完善机关内部《工作纪律管理制度》等5部制度。

绩效考评

【概况】 2018年，兴安县绩效考评领导小组办公室(简称绩效办)紧紧围绕年度重点工作部署，按照建设“生态兴安、文化兴安、富裕兴安”的目标要求，推动经济社会加快发展的主线，牢牢抓住绩效考评关键环节，按照自治区党委副书记孙大伟提出的“谁加快发展谁就得高分、谁注重实干谁就排前列、谁多承担重点任务谁就多加分”的考评新导向新要求，做好自评迎考工作并积极开展县本级的绩效管理工作。全面实行个人绩效，为转变机关作风，推动工作落实，提高政府执行力和公信力，促进兴安县经济社会和谐发展。2018年，县绩效办在桂林市绩效办召开的全市绩效管理与考评工作会议上，在三年来亮点展示评比活动中获得了第一名的好成绩。

【自评迎考工作】 2018年，县绩效办为了提高兴安县自评迎考成绩，根据上级文件精神及时分解上级各项指标任务，做到不漏项，不降低标准，全面细致地开展自评迎考工作。

县委、县政府高度重视绩效管理与考评工作，充分发挥绩效“指挥棒”作用，以绩效统领全局，形成了县委、县政府领导亲自抓绩效、各单位主要领导全力抓绩效的良好局面。同时，在机构设置、人员配备、经费上全力保障，成立了绩效考评中心，增加了3个事业编制；在运行经费管理中，县财政专门设立了“绩效考核”专项预算经费，把督查经费列入财政预算，专门增设了零余额账户，在资金方面优先安排，优先拨付。

针对桂林市下发的绩效考评文件，县绩效办经过认真研究学习，明确文件要求，将文件中各项指标的目标任务及时分解，编制《绩效管理目标》，下发给各牵头责任单位，要求各责任单位要认真组织学习并贯彻落实到位。同时，县绩效办及时汇总梳理各单位的指标进展情况报绩效考评领导小组，针对涉及进展缓慢指标的相关单位，召开了全县2018年度自评迎考工作推进会，详细听取各单位在工作推进中出现的问题和困难情况汇报，现场办公，制定有效措施，积极推进指标落实。

同时，在绩效工作推进中，注重几个层面的工作衔接。一是各有关单位尤其是指标牵头单位加强与区、市主管部门的沟通，全面、深刻了解上级部门的要求，避免出现任务漏项、工作错位等失误。二是部门与部门之间、部门与乡镇之间相互支持、相互配合，严格按照全县自评迎考工作的部署和要求，抓好各项指标的落实。特别是经济指标在考核分值中占比大幅度增加，而兴安县面临复杂严峻的国内外经济环境和持续增大的经济下行压力，完成难度十分大，各部门之间相互配合，共同努力，责任部门和乡镇要做好统计工作，主管部门及时跟踪，实现数据共享。三是县绩效办与统计部门、牵头单位与配合单位、具体项目和业主之间的衔接，及时跟踪指标的实施情况和进度，及时做好协调、指导和服务工作。

县委、县政府高度重视社会公众提出的意见和建议，针对这些意见和建议，县绩效办及时梳理，制订整改方案，明确整改措施、整改责任人和整改时限等。2017年度自治区绩效考评社会评价及桂林市群众评议对兴安县提出的意见建议共232条，经整理后有139条，涉及全县整改责任单位42个。针对这些意见和建议，县绩效办组织相关单位的主要领导召开了公众评议整改工作会议，并下发了《关于做好2017年度绩效考评公众意见建议整改方案的通知》文件。同时，加大宣传力度，在县电视台、政府门户网站和报纸等媒介多角度、多层次的宣传全县经济社会的发展以及整改成效。此外，利用兴安县“转提优”活动之大评议工作，制定发放绩效工作宣传册共计3万份，制作发放宣传袋1万个。在微信公众号“兴安绩效”上及时发布相关工作动态及整改效果，加强与干部群众的互动，及时回应群众诉求。兴安电视台大力推出一档民生类新节目——《向人民承诺——电视问政》，对涉及民生的热点问题、群众反映强烈的突出问题进行现场问政，节目播出后受到了广大干部群众的深切关注。2018年，兴安县已经成功举办两期该节目，对多个单位进行问政，问政麻辣、尖锐，席卷环保、交通等各大问题。节目开办以来，县纪委跟踪督办、问责问效，确保问题整改落实到位。通过电视主动跟进、群众积极监督、官员与群众面对面交流的方式，促进领导干部履职尽责，转变工作作风，提高行政效能，密切党群干群关系，从而树立了党和政府的良好形象。

2018年，县绩效办联合两办督查室、县重大办以及从科级非领导干部中聘请的绩效专员组成督查考评小组，对各单位自评迎考指标进行跟踪检查督促并进行考评打分，督查考评结果在全县范围内进行通报，对提前完成任务并报相关部门验收合格的，给予绩效加分；对因履职不力、推诿扯皮、协调不到位等主观因素导致项目推进较慢或者未按时完成任务的，扣除相应绩效分数，督查考评分值列入单位年度绩效考核总分，真正使各项工作任务有部署、有落实、有奖惩。10月以来，已对照迎考指标开展了2次督查考评，对存在问题进行了全面梳理和整改完善。

【县本级绩效考评工作】 2018年，为了充分调动全县广大干部工作积极性，县委、县政府将县本级10个乡镇和67个县直单位纳入绩效考评范畴。

聚焦工作主业，实行差异化考评。继续突出乡镇的重点及特色工作，重点考核重大项目、扶贫攻坚、禁毒工作等7项工作，增加了“乡村振兴战略”指标，占总分值的40%，分值由各乡镇根据工作的侧重点自行分配分值，力求最大限度地突出各乡镇的特色与亮点。另外，县直部门根据职责不同，划分为七大类别进行考评，将直管单位融入县直单位类别中进行统一考评，注重“四个全面”，即全面衔接自治区和桂林市考评指标，全面覆盖县委、县政府重点工作，全面包含该单位“三定方案”内容，全面引领创先争优工作导向，为了避免被考评单位避重就轻，县委、县政府督查室根据“四个全面”的要求，对指标设置进行“三上三下”的严格把关，最大限度发挥机关单位的职能作用。

总结经验，进一步细化个人考核内容。县绩效办通过召开座谈会、实地调研等方式，听取各单位意见，集思广益，对个人考核内容进行了调整，使之更具合理性和可操作性。一是调整工作纪律的分值，提高至20分，同时，将个人绩效考评扣分内容放入工作纪律中。二是岗位目标任务具体化。增加共性常态化工作，并明确材料报送、领导交办的临时性工作、扶贫工作等几类情形的，须予以扣分，实现分值的差异化。三是规范评议评价。根据各单位反映的民主测评和领导测评重复打分等问题，规范了民主测评，领导干部进行互相测评，统称评议评价。分值调整为20分，要求必须从“德、能、勤、绩”四个方面进行测评，同时，考虑到测评的公平公正性，实行季度测评打分，年底取平均值。

用好“绩效专员”，发挥转非领导干部余热。2018年，县绩效办从年初绩效工作方案的制订，到自评迎考及县本级考核指标的督查等工作，绩效专员们均全面参与。当年，绩效专员到各乡镇及县直单位参与座谈调研10余次，参加督查工作2次，为县本级指标设置的科学性及合理性提出了很好的建议，很好地督促了各牵头责任单位落实好区、市绩效考评工作任务。

严督细考，助推重大项目建设。2018年，全县统筹推进的重点项目43个，试行专项工作领导小组负责制和重中之重项目指挥部工作负责制两种办法，涉及9个重大项目建设指挥部和4个专项工作领导小组，总投资179.15亿元，年度计划投资46.05亿元。其中专项工作领导小组共有4个，推进的重大项目24个，总投资约44.4亿元，年度计划投资约9.5亿元；重中之重项目指挥部共有9个，推进的重大项目共推进的重大项目20个，总投资约134.7亿元，年度计划投资约36.6亿元。根据重大项目绩效考评工作方案，严考细核、奖惩分明，对成绩突出的单位及个人予以表彰，全年对5人记三等功、15人进行嘉奖，17人进行表彰，全面提振了干部信心。

突出奖优罚劣，建立健全机制。一是全县的绩效奖励与桂林市对兴安县当年度的绩效考评相结合。如果当年度被评为一等奖，则奖励基数增加10%，如果当年度被评为二等奖，则奖励基数减少10%。二是与奖励性绩效奖相结合。增加集体与个人奖励性绩效奖。含牵头单位奖励、创先争优加分奖励、先进集体奖励；个人荣获荣誉、评先评优、优秀积分奖励。三是与年度考核相结合。当年度被评为一等奖的单位，增加评优比例为5%，当年度被评为三等奖的单位，减少评优比例为3%，当年度被评为不合格或连续评定为三等奖的单位，减少评优比例为5%。四是与个人绩效相结合。单位一定要开展单位内部考核，实行二次分配，二次分配的方案要报绩效考评领导小组审定，不进行二次分配的单位，直接降为三等奖。

（县绩效办）

社会团体

兴安县总工会

【概况】 2018年，兴安县总工会在职干部职工共16人，其中有行政编制6人；所属二层机构兴安县工人文化宫，编制6个，在编在岗5人，借调出1人，退休人员共12人。内设组织宣教部、权益保障部、综合办公室、财务资产部4个职能股室。2018年，兴安县总工会在桂林市工会重点工作考评中获一等奖。

【组建工作】 2018年，兴安县总工会巩固会员发展和工会组建工作，为兴安县工运事业夯实基础提供重要保障。截至2018年底，全县基层工会组织数达752个(其中26个联合基层工会)，涵盖法人单位1536个，工会会员43756人，新增会员9036人，工会组建率和职工入会率都取得突破性进展。2018年，为桂林川源水力发电有限公司、工商质监局、交通局、工商联、招商局、中共兴安县纪律检查委员会、严关镇工会联合会、五里峡水库工程管理处、兴安县汽车总站、国海证券股份有限公司桂林兴安县三台路证券营业部、兴安中学、公路局、文旅广体局、兴安师范学校、环境卫生管理站15个基层工会的换届选举进行跟踪与指导，圆满地完成工会换届工作。

【职工帮扶】 2018年，兴安县总工会进一步健全和完善困难职工档案。全县精准识别建档困难职工24户，其中下岗职工9人，农民工6人，单亲职工5人。深入开展“四季送温暖”活动，着力打造工会特色帮扶救助品牌。一是“春送岗位”。2月28日上午，由县人民政府主办、县人力资源和社会保障局、县扶贫办、县总工会、团县委、县妇联联合承办的兴安县2018年“春风行动”首场招聘会，在县中心广场古戏台举行，参加本次招聘会的企业共67家，提供就业岗位4300个。当天，有近3200人进场求职，802人达成就业意向。二是“夏送清凉”。7月30日，县总工会领导班子深入到环卫站、供电公司、海螺水泥厂、斧子口项目部、自来水公司、县城管大队等企业单位，为坚守高温岗位的农民工、一线职工、环卫工人发放毛巾、矿泉水、凉茶等防暑降温物品折价共计2万余元，并指导他们做好职工劳动保护工作。三是“金秋助学”。共资助困难职工子女9人，发放慰问金4.1万元。四是“冬送温暖”。春节前夕，走访慰问兴安镇石坑村委干部和保洁员，以及奋战在一线的企业职工，为他们送去慰问，提供服务。

5月30日，兴安县总工会领导到联系点石坑村委小学开展“六一”活动
（县总工会 供图）

【职工维权】 2018年，兴安县总工会通过广播电视、专栏、板报、“三下乡”和重大节日宣传活动等形式加强对工会相关法律法规的宣传。全年共发放《中华人民共和国工会法》《中华人民共和国劳动合同法》、职工(农民工)维权卡等宣传资料3000余份，职工(农民工)维权意识明显增强。充分利用集体合同载体，使维权工作落到实处。2018年，全县签订集体合同、工资集体协议1385家，覆盖职工34628人，签订率达90.58%。其中25人以上企业签订222家，区域性工资集体协议3份，覆盖企业187家；行业性工资集体协议46份，覆盖企业1162家。做好职工信访接待调处工作。兴安县总工会帮扶中心全年接待职工来信来访16人次，基本做到职工反映的问题件件有着落、事事有回音。进一步完善兴安县职工法律援助站和溶江镇职工法律援助点的建设，全年共投入专项资金1.8万元，为职工提供法律咨询38人次，职工维权

意识得到了加强。

【劳动竞赛】2018年，兴安县总工会以“安康杯”竞赛活动为载体，全面促进企业建立和完善安全生产长效机制，组织120多家企事业单位，开展群众性安全生产活动，提高职工安全健康意识和技术素质，促进企业安全文化建设，提高企业安全管理水平。2018年，在全县劳动竞赛活动中开展技能竞赛3场，参赛企业58家，竞赛人数2800多人，职工提出合理化建议102条，被采纳18条，开展技术革新、技术攻关3项。开展技能比武工种6项，参加工种比赛职工50多人，表彰操作能手10人。7月2日，由县人社局、县总工会承办的广西第四届农民工技能大赛兴安县选拔赛中，来自各行各业的236名农民工能手报名参赛，在育婴师、养老护理员、电焊工、钳工、砌筑工、钢筋工6个比赛项目中大显身手。活动从每个工种中甄选出一等奖1名、二等奖2名、三等奖3名、优秀组织奖4个，每个工种的前三名代表兴安县参加桂林市农民工技能大赛复赛。此次技能比拼促进了全县农民工技术技能的提高，为进一步拓宽兴安县农民工就业渠道发挥了积极的作用。

【职工保障】2018年，兴安县总工会开展职工重大疾病保障工作，为广大职工的抵御风险提供重要保障。2018年，重疾保障完成参保（续保）人数5640人，共缴纳互助保障费39.48万元，与2017年相比增长17.98%，完成保障赔付共29人，赔付金共12.2万元。赔付率增长17.94%。

【劳模管理】2018年，兴安县总工会弘扬劳模精神，引领职工学习先进争当劳模。切实做好劳动模范的评选推荐、管理工作；在不断推进劳模规范化管理工作的同时，推进劳模档案工作的信息化、网络化建设；做好劳模来信来访和劳模身份确认、劳模待遇以及病逝劳模家属的慰问工作，为16名区劳模提供免费体检。积极参加桂林市总工会举办的“弘扬工匠精神，成就出彩人生——我为最美桂林做贡献”主题征文比赛，大力弘扬劳模精神、劳动精神、大国工匠精神和工人阶级伟大品格。积极组织申报推荐“桂林工匠”评选工作，兴安供电公司作业师乔军获首批“广西工匠”称号。

【女职工工作】2018年，兴安县总工会女职工工作再上新台阶，全县建立女职工委员会253个，有女职工委员306人。全县工会会员43155人，女工会员达19959人。2018年，县女工委积极开展关爱行动，为女职工提供贴心服务。一是把困难帮扶、职业健康、就业服务、子女助学、心理关怀、婚恋服务作为主要内容，按照精准帮扶、精准脱困的要求，把单亲困难女职工、困难女性农民工作为重点帮扶群体，有针对性地开展服务。县总女工部配合保障部门和困难职工帮扶中心，深入调查摸底，为困难女职工建档立卡27人。年底，将全部进行困难帮扶补助，扶持资金5万余元。二是认真落实关于继续开展女职工“关爱行动”，以职业培训、生活救助、医疗救助进行帮扶。深入开展“春送岗位、夏送清凉、金秋助学、冬送温暖”活动，全年为高温作业的农民工、一线女职工发放防暑降温物品5万余元；“金秋助学”资助困难女职工家庭12人；暖流行动免费为广大旅客、农民工提供取暖、姜糖水等服务共计600多人次。三是开展了农民工暑期亲子活动。7月5日下午，县总工会广西联星卫视设备有限责任公司开展农民工子女暑期亲情活动。县政协党组副书记、副主席，县总工会主席韦辉主持了启动仪式，并为20多名该企业农民工子女赠送了书包等学习用品。

【农民工工作】2018年，兴安县总工会关注农民工，加大服务农民工力度。一是进一步加强对农民工和下岗失业人员的职业技能培训。2018年开展职工技能培训200余人。二是加强关心关爱农民工工作。2月23日，在兴安北站候车室开展关爱农民工的“暖流行动”，让返城人员感受到工会大家庭的温暖。三是服务农民工，帮助他们就业创业，开展“春风行动”企业现场招聘会。2月底，县总会同县人社局、县妇联在县中心广场，开展了兴安县2018年“春风行动”现场招聘活动，参会企业涉及机械制造、电子软件设计、餐饮服务、酒店管理、物流管理等各行各业的40余个工种，吸引了5000多求职者前来咨询、应聘，同时发放《未成年人保护法手册》《女职工劳动保护特别规定》等各类宣传资料1000余份。

【财务经审】2018年，兴安县总工会依法收缴管理审查工会经费，为兴安县工会事业健康发展提供重要保障。一是做好工会经费收缴。2018年，兴安县总工会经费财政划拨649.14万元，地税代收240.15万元。二是管好工会经费。为提高财务标准化管理工作水平，使审计工作更加规范化，县级工会设置了经审办并配备了具有审计、财会及相关专业知识的人员，对工会经费管理使用进行一年一审。三是用好工会经费。2018年，兴安县总工会经费支出结构合理，主要用于基层工会组建、维护职工权益、文化宣传、职工教育、劳动保护、补助下级、扶贫解困和送温暖工程等重点工作的开支。四是开展经费审查工作。依照《中华人民共和国工会法》，兴安县总工会始终做到工会经费应收尽收，使用不走样。2018年，对下属12家企业工会、10个乡镇工会联合会进行了工会经费专项审计。

【外宣工作】 2018年，兴安县总工会外宣工作进一步加强，工会影响力不断提升。为进一步提高工会组织的影响力，兴安县总工会重视宣传工作，下发了《关于进一步加强工作信息宣传工作的通知》，建立了工会信息员队伍。2018年，在《广西日报》刊登信息2篇，《广西工人报》刊登信息8篇，《广西工运》刊登信息10篇，桂林党建网刊登信息1篇，《桂林工运》刊登信息12篇，在自治区、桂林市报刊及网站刊登信息100多篇，上报调研报告5篇。

【职工文体活动】 2018年，兴安县总工会在“五一”前夕，联合县体育局承办“兴安县第七届职工运动会”。在为期两天的比赛中，来自兴安县各乡镇、八大口、企事业单位的20个代表队、300多名职工群众参加了气排球、拔河两个项目的激烈角逐。

【工会自身建设】 2018年，兴安县总工会结合“两学一做”实践活动，加强了政治理论和业务知识学习，用科学的理论武装工会干部的头脑。年初，实行年度目标责任制，落实了工作任务，使人人有目标、工作有重点、任务有时限。建立完善了内部各项制度和长效机制。建立健全了向县委汇报工作制度、机关学习制度、财务管理制度、工会资产管理制度，完善了工作纪律、会议纪律，规范了工作流程。建立了机关人员联系基层制度和来信来访登记制度，有力地促进机关内部管理逐步走上制度化，规范化轨道。

4月26日，兴安县总工会举办兴安县第七届职工运动会

（县总工会　供图）

【服务县委、县政府中心工作】 2018年，兴安县总工会紧紧围绕县委、县政府的中心工作开展工作。一是参与城乡清洁工作。每周四坚持组织全体干部职工到责任区进行义务大扫除，并购买扫帚和垃圾桶送给责任区商铺，加大对“门前三包”的监督。清洁区义务监督员安排落实到个人，安排表和出勤交班登记表记录清楚。加大联系村“生态文明、清洁家园、田园、水源”的宣传，于每月第一个星期四组织干部职工到兴安镇石坑村与该村村民一起整治环境卫生。二是继续做好小溶江水库移民搬迁。小溶江水库移民搬迁包村工作共17户后靠移民户，住房均已建设完工，其中10户已迁入新房居住。外迁到双拥路移民新区的34户基本已建房，并搬进新居。三是深入开展精准扶贫工作。制订一对一精准帮扶实施方案，落实责任到人。帮扶人员每月定期和不定期进村入户调查了解帮扶对象的家庭经济、劳动力、存在困难等详细情况，并根据调查结果研究制定有针对性的帮扶措施。通过为帮扶对象送去日常生活用品、节日慰问、联系就业、协助办理低保等措施，帮助帮扶对象早日脱贫，并对2017年顺利脱贫的5户帮扶对象进行跟踪，防止其脱贫后再度

返贫。同时,结合新“三同”(同吃、同住、同劳动)为老百姓做实事,县总工会副科以上领导到石坑村与村民同吃同住同劳动,其间,征求到村民包括村委办公楼建设、修复水毁村道、农户饮水问题的意见建议3条,办理完成3条。

(文雪婷)

共青团兴安县委员会

3月22日,团县委协办开展桂林市12355青少年安全自护公益活动

(刘祥云 摄)

【概况】 中国共产主义青年团兴安县委员会(以下简称团县委)是中国共产党兴安县委员会领导下的先进青年的群众组织,其根本职责是不断巩固和扩大党执政的青年群众基础,团结带领青年为实现中华民族伟大复兴而奋斗;基本职能为组织青年、引导青年、服务青年、维护青少年合法权益。2018年,团县委有专职团干3人,预防专干1人,西部计划志愿者1人;全县共有14个团委,308个团支部(总支),共4018名团员。2018年,获得了广西优秀共青团干部1人;获得桂林市优秀共青团员5人、桂林市优秀共青团干部4人、桂林市五四红旗团委1个、桂林市五四红旗团支部(总支)2个。

【青年工作】 2018年,团县委组织全县共开展“缅怀革命先烈、争当建功先锋”“研读十九大报告 八桂青年话使命”主题团、队日活动58场,使更多的青少年深入学习中共十九大报告的精神内涵和接受爱国主义教育。深化了“永远跟党走”“我的中国梦”“红领巾相约中国梦”等一系列的主题教育实践活动,引导广大青少年树立积极向上的成长观、世界观、人生观、价值观。7月31日,八一建军节来临之际,团县委、全兴高速团工委到武警兴安中队开展慰问活动,为官兵们送去了凉茶、绿豆、牛奶、面条等慰问品,向他们表达了节日问候和祝福。深入推进农村青年创业致富“领头雁”培训计划,持续开展好农村青年电商创业工作,引领、鼓励兴安县青年创新创业。2018年5月,正式成立桂北农副产品电商平台及线下体验店,主要整合微小型独立电商资源,打造桂北老家特色农副产品连锁品牌效应,开展电商平台服务活动。

【共青团项目】 2018年7月25日,团县委启动2018年大、中学生“1+1”基层培养计划。活动时间为7月26日至8月3日,活动主题为“志在家与国·奋斗新时代”。团县委组织了12名大、中学生参加了“1+1”基层培养计划活动。该批大、中学生被分派到兴安镇、溶江镇、湘漓镇等乡镇团组织挂职锻炼,结合自身实际,因地制宜地开展实践活动。

2018年,团县委“青年之家”建设项目实现全县10个乡镇全覆盖。标准化“青年之家”综合服务平台是共青团联系服务青年的桥头堡,向所有的青少年免费开放,能够根据青少年的实际需求提供各具特色的服务内容。2018年,全县参与线上线下学习青年累计两万多人次。

【共青团活动】 2018年,团县委创新活动载体,组织开展了“向国旗敬礼、红领巾相约中国梦”“争当中国好网民”“宝宝故事秀”等活动,引导青少年自觉培养和践行社会主义核心价值观。积极与人民法院、政法委、司法局、禁毒办等有关部门联合深入学校、街道等开展“模拟法庭活动”“法制课堂进校园”“珍爱生命 远离毒品”禁毒宣传等活动。

【青春扶贫、爱心助学工作】 春节期间,团县委组织青年团干、爱心志愿者开展走访慰问活动,为50多户困难群众、孤寡老人送

12月7日，团县委组织中国青基会、安踏广西分公司开展“2018希望工程·安踏茁壮成长公益项目”发放仪式 （易 翠 摄）

去了米面、食用油、牛奶等生活用品。4月25日，团县委在湘漓镇花桥中心小学举行2017—2018年度平安希望奖学金、平安希望助学金发放仪式。为花桥中心小学的48名学生发放了奖学金、助学金，其中小学生45名，初中生2名，高中生1名，合计发放金额36500元。5月31日，六一国际儿童节到来之际，团县委组织桂林兴安供电局团委和全兴高速团工委，开展了兴安县青春扶贫关爱贫困儿童“六一”慰问活动，为崔家三义、高尚仁和、白石门家三所小学的158位小朋友送上节日祝福，向师生们致以亲切问候，并送去学习用品、书籍、玩具等节日礼物。12月7日，团县委联系并组织中国青基会、安踏广西分公司开展“2018希望工程·安踏茁壮成长公益项目”发放仪式，资助兴安县6000名小学生价值300万元运动装备，其中溶江镇2608名小学生实现了全覆盖。

【青年志愿服务】 2018年3月学雷锋活动期间，团县委组织全县各级团委、团总支，开展了慰问孤寡老人、城乡清洁等志愿服务活动。4月，团县委从兴安同心志愿者协会、桂林仁人社工服务中心、青年文明号、巾帼文明岗等单位，选拔70多名业务素质好、责任心强、服务水平高的青年志愿者进行业务培训，为当年举办的米粉节开幕式晚会、品鉴会、招商推介会、民俗摄影大赛、水墨灵渠书画展等活动提供优质的志愿者服务。6月14日，为保护漓江源头良好的生态环境，筑牢桂林国际旅游胜地的生态屏障，团县委组织青年团干开展以“保护母亲河 青年在行动 社会同参与”为主题的2018年禁渔暨增殖放流活动，在漓江源头——兴安县华江瑶族乡高寨村和杨雀村，向漓江源投放鲤鱼、草鱼、黄颡鱼等经济鱼类共7万余尾。8月22日，由兴安县灵渠申遗办和团县委联合组织开展的“清洁灵渠 助推申遗”志愿服务活动，在灵渠万里桥旁启动，来自全县各行各业志愿者共500多人参加了活动。6月、9月、12月，团县委组织500多人次青年志愿者参加全县的法治、禁毒、防艾、国家网络安全、食品安全宣传周等宣传活动。

【团干培训活动】 11月6日，团县委在兴安喜屋酒店一楼会议厅举办为期一天的兴安县2018年“青春引擎”团干部培训班。通过这次培训，提高了村团干部的思想政治素质和工作能力，明确了村团支书的工作任务、工作职责、工作要求，加强了村团队干部队伍建设，让村团队伍凝聚力更强。 （易 翠）

兴安县妇女联合会

【概况】 兴安县妇女联合会(简称县妇联)是在县委、县政府领导下的社会群众团体，基本职能是：团结、动员广大妇女参与经济建设和社会发展，代表和维护妇女权益，促进男女平等。2018年，有行政编制5个，机关后勤控制数1个，实有人员8人，内设办公室、组织部、宣传部、权益部、发展部、家儿部、联络部7个职能部门，县妇儿工委办公室设在妇联。全县共有乡(镇)妇联10个，行政村委妇联115个，社区妇联10个，县直妇委会10个。

【妇联组织建设】 9月初，10个乡(镇)妇联全部顺利完成换届工作，共选举产生乡镇妇联执委159名，其中妇联主席10名，副主席10名，兼职副主席20名，常务委员 50 名,新一届乡镇妇联班子成员平均年龄为 37 岁。9 月 29 日,召开兴安县妇女第十三次代表大会,选举产生兴安县妇联第十三届执委委员 25 名,常务委员 6 名。吴双当选主席,周冬梅、陈艳当选副主席,杨卫红当选兼职副主席。

【城乡妇女发展】 2018 年,县妇联联合县人寿保险公司推进"巾帼健康脱贫"两癌保险"行动。通过县、乡、村三级妇联干部和县人寿保险公司相关人员的共同努力,兴安县超额完成 10955 人、15193 份投保,走在全自治区前列。组织乡镇妇联逐一调查了解农村贫困妇女患"两癌"情况,为 69 名患"两癌"农村贫困妇女向中国妇女网申报救助项目,17 名患"两癌"农村贫困妇女争取中央彩票专项公益基金每人 1 万元的救助。

【家庭文明建设】 2018 年,县妇联成功举办了"感恩父亲的书信或照片"活动。活动以"父爱如山,晒出你镜头下的幸福父爱"为主题,孩子们通过书信或照片表达了自己对父亲的爱与感恩。征集活动于 5 月 29 日启动,6 月 11 日晚上 11:59 投稿结束,共收到书信 182 封,照片 268 幅,经过公平、公正的遴选,入围优秀书信作品 30 封,优秀照片 30 幅。为鼓励积极参与此次活动年幼的孩子们,还增设了佳作书信奖 30 名。

【妇女维权工作】 2018 年,县妇联积极发挥妇联干部人民陪审员参与妇女儿童刑事和民事案件,全年参与陪审 24 次,有效维护妇女儿童权益。通过微信公众号广泛宣传《中华人民共和国反家庭暴力法》《婚姻法》等法律法规通过案例宣传,提高广大妇女的维权意识。全年接待来访来信 43 件,调解率 100%。

【三八妇女节】 3 月 5 日至 3 月 6 日,县妇联成功举办了 2018 年庆"三八""留园杯""展兴安魅力・扬巾帼风采"旅游推介服装秀比赛活动。比赛以"展兴安魅力・扬巾帼风采"为主题,组织广大城乡妇女通过特色服装秀,将新时代女性风采与兴安旅游推介融合在一起,宣传兴安旅游资源和地方文化,宣传兴安女性内强素质、外树形象、积极向上、开拓进取、爱国爱家的风采。4 月 16 日,以县委办、县政府办联合下文表彰了一批"三八"红旗手、"巾帼建功"标兵、优秀妇女工作者、维权先进个人共 40 名。

【"六一"慰问活动】 5 月 31 日,县妇联组织科级女干部在白石乡中心小学开展了以"让爱留守・庆六一"为主题的慰问活动,为中心小学的 73 名贫困留守儿童送去了科级女干部及爱心人士的节日礼物。县妇联为学校其他儿童送去了牛奶、糖饼等礼物,为学校捐赠了乒乓球拍、气排球等体育用品,携手兴安县珍妮特书城为学校送去了益智类书籍。

兴安县科学技术协会

【概况】 兴安县科学技术协会(简称县科协)是全县科技工作者的群团组织,是中共兴安县委、县人民政府领导下的人民团体,是联系广大科技工作者的桥梁和纽带,是全县发展科学技术事业的重要社会力量,是中国科学技术协会的地方组织。兴安县科协内设机构有办公室、科普部、学会部、青少部,编制 4 人,实有工作人员 5 名,其中 1 名为公益性岗位人员。拥有乡镇科协 10 个,企业(园区)科协 4 个,大型户外 LED 电子显示屏 1 个,科普中国 e 站 2 个,2018 年新建农技协 1 个。兴安县学术交流、科研协作和科学技术普及、新技术推广的网络日臻完善。

2018 年,兴安县科协按照中国科协提出的"三服务一加强"工作定位开展工作,竭诚为科技工作者服务,积极为经济社会全面协调可持续发展服务,努力为提高全民族科学文化素质服务,切实加强科协自身建设。兴安县科学技术协会获评 2018 年桂林市"八桂科普大行动"先进单位,获 2017—2018 年度信息工作先进单位二等奖。

【贯彻《全民科学素质行动计划纲要》】 2018 年,兴安县科协全面贯彻《全民科学素质行动计划纲要》,积极推动全民科学素质工作顺利实施。一是提高城乡居民科学素质。2 月 6 日,县科协在兴安镇朝阳社区开展了"弘扬科学精神,传播科学思想、普及科普知识,倡导科学方法"主题活动。通过发放科普书籍,关注兴安科普微信公众号,传授与老百姓日常生活息息相关的应急科普知识,进一步提高居民"学科学、讲科学、爱科学、用科学"的意识。二是提升农民科学素质。3—4 月,县科协组织干部职工到兴安镇源江村委周家园村、界首镇宝

3月21日，县科协到兴安镇栢园小学开展党日活动暨赠送图书活动

（县科协　供图）

峰村委和高尚镇茗田村委开展科普下乡送图书活动，赠送种养殖方面书籍近1000册。三是不断深入基层乡镇学校，提高青少年科学素质。4月，兴安县科学技术协会分别在兴安镇栢园小学、兴安镇道冠中心小学、严关镇中心小学及兴安镇初级中学开展赠送图书活动，发放科普手册1000多份，赠送图书800多册。11月12日上午，中国流动科技馆广西巡展兴安站在兴安中学正式启动，开展为期一个月的巡展，受益学生近9000人次。

【科普示范体系建设】 2018年，兴安县科学技术协会围绕科普惠农兴村计划，努力开展各项惠民工作，一是提升兴安镇诺农柑橘协会为协会争取项目资金10万元，新修建了近10米的科普宣传专栏，按照“一牌一室一标识”标准完善建设，建设1个乡村科普中国e站，以便更好地开展线上线下科普活动。二是在单位扶贫联系点溶川乡显里村委，新成立海洋山优质茶叶种植技术协会，争取上级补助经费1万元，积极引导带动村民扩大茶业生产，提高村民收入。

【农民实用技术培训】 5月2日，兴安县科学技术协会联合兴安镇诺农柑橘协会，在兴安县帝豪大酒店三楼会议室举办2018年农村实用技术培训班，特邀县农业局植保站站长彭浩民、桂林市诺农绿色联盟技术专家授课。来自全县的110多名柑橘种植大户参加了该次培训。6月22日，兴安县科学技术协会邀请广西植物研究所研究员、国家现代农业产业技术体系广西猕猴桃创新团队首席专家李洁维，在边远的溶川乡举办“科普服务乡村振兴助力精准扶贫工程”技术培训、“国家现代农业产业技术体系广西落叶果树水果创新团队（猕猴桃）栽培技术”培训班，来自全乡包括贫困户约150人参加了培训。

【强化科协联谊功能】 5月10日上午，兴安县科协联合老科协在科协会议室召开2018年科普工作座谈会。5月24日，县科协主要领导带领干部职工先后走访慰问了部分工作在一线的科技工作者。5月25日，在县城中心广场举行兴安县社会科学普及活动周启动仪式，县科协以此次活动为契机，开展第二个“全国科技工作者日”系列宣传活动，通过制作科普展板，设立咨

2月6日，县科协在朝阳社区开展“科普知识进社区”活动

（县科协　供图）

6月22日，县科协邀请广西植物研究所研究员、国家现代农业产业技术体系广西猕猴桃创新团队首席专家李洁维(右五)，在溇川乡开展“科普服务乡村振兴助力精准扶贫工程”技术培训　（县科协　供图）

询台，免费向活动现场的学生及市民发放科普读物，让广大群众进一步了解“全国科技工作者日”的意义，扩大活动的受益面和影响力。同时在科普LED屏播放庆祝科技者工作日标语及宣传视频，在微信公众号中报道科技者工作日的相关新闻，进一步营造了崇尚科学、尊重人才、关心科技工作者的良好社会氛围。7月6日，与县老科协、市老科协开展科普下乡暨柑橘种植技术宣讲，实地走访了江口村、长田村两处柑橘种植基地。对柑橘种植技术方面进行了科普宣讲，同时推广了“以螨治螨”等生物防治在柑橘上的应用技术。

（易秋云）

兴安县工商业联合会

【概况】 兴安县工商业联合会属财政全额拨款的正科级单位，设工商联党组，额定编制2人，实有在职人员9人，内设机构办公室。主要工作是加强和改进非公有制经济人士思想政治工作；参与政治协商，发挥民主监督作用，积极参政议政；协助政府管理和服务非公有制经济；促进行业协会商会改革发展；参与协调劳动关系，协同社会管理，促进社会和谐稳定；反映非公有制企业和非公有制经济人士利益诉求，维护其合法权益，参与经济纠纷的调解、仲裁。

2018年，县工商联班子构成：主席1名，党组书记1名(兼任常务副主席)，副主席1名，兼职副主席、副会长16人，执委49人。

【重要会议】 3月26日，县工商联召开了“兴安县工商业联合会第十三届二次执委会”，主席潘敏受县工商联主席会委托，向大会作了题为“抢抓机遇，团结进取　努力推进工商联工作再上新台阶”的工作报告。会上选举了董方东为常务副主席、黄福泉为副主席，补选了陈运龙、周姣、唐显军3人为执行委员，同意方城辞去兴安县工商联第十二届委员会副主席职务。

【会员管理工作】 2018年，兴安县工商联在进一步发展壮大工商联队伍过程中，注重质量发展会员，全年发展新会员75人，年增长率7%左右。其中企业会员30人，专业合作社1个，较好地完成了市工商联下达的工作任务。2018年，全县共有基层商会10个，行业商(协)会8个，异地商会1个，会员共1148人。

积极开展会员走访工作，2018年共走访会员企业72家，收集到意见及建议19条，完成执委企业入库25家，要求入库执委企业完成了全国工商联及自治区工商联的4次问卷调研任务。加强会员信息管理工作，完善了会员个人资料，将500多个会员个人资料按要求全部录入全国工商联网站数据库，便于会员的信息管理。抓好会员思想政治教育，提高非公有制经济人士综合素质。2018年，举办2次中共十九大宣讲活动，积极组织会员企业和经济人士认真学习贯彻中共十九大和十九届一中、二中、三中全会精神及习近平总书记重要讲话精神，并及时把中央、自治区、市有关促进非公经济发展的方针、政策传达给非公经济人士。

【搭建兴安光彩事业服务平台】 2018年，兴安县工商联积极引导会员企业主动担当社会责任，推动“千企扶千村”工作迈上新台阶。一是动员引导50余家企业参与到扶贫工作中，其中16家企业与16个尚未脱贫的贫困村签订了帮扶协议,制订了可行的帮扶计划,共筹集100多万元用于慰问贫困老人、儿童及贫困村部分基础设施建设。全年帮扶企业累计走访贫困人员245人,送去物资共计20余万元;累计帮扶贫困学生123人,帮扶资金近10万元;基础设施建设及帮扶项目投入70余万元。二是对非公企业需用工情况进行摸底,协助相关部门打造扶贫车间四家,安排了100多名贫困户在企业打工,为兴安县的脱贫攻坚工作做出了贡献。

【参政议政】 2018年,兴安县工商联执委共有政协委员41人,分布在兴安经济领域的各行各业。政协委员执委们把参政议政发挥民主监督放到县委、县政府的中心工作中去全面思考,创新工作模式,聚焦各方力量,为非公经济"两个健康"发展出谋划策。在2018年的两会中,工商联政协委员参政议政积极性非常高,提出建议、意见16条,形成政协提案共10件,其中1件被列为重点提案,为县委、县政府的决策提供了参考。

【营商环境调研】 3月29日上午,兴安县工商联组织了20名工业、农业、旅游行业领域的民营企业家(工商联执委)参加桂林市营商环境调研组召开的座谈会。会上,企业家们发言积极,为调研组提出了12条意见和建议。会后,陪同调研组走访了桂林艺唯思皮具有限公司和桂林兴松林化有限公司,调研组认真听取企业反映的问题及建议,为推动改善营商环境起到了积极作用。

【服务企业】 2018年,兴安县工商联协助解决非公企业反映的诉求有2件。一是在广西非公经济平台上接到市工商联转下来兴安县马头山庄反映的诉求。要求兑现获得2016年全区"金绣球"农家乐示范点后支持10万元扶持资金的事。工商联接到诉求后,及时组织人员调查情况,了解情况后及时向县委统战部汇报,得到了领导的高度重视,统战部部长召开了相关3个部门的协调会,要求3个部门按文件规定由县妇联牵头办理此事。二是兴安县农村小水电协会所交材料,反映区物价局(桂价格〔2017〕4号)文件将水电上网电价从96%调至90%不合理,工商联了解文件依据后,帮助水电协会写好上报区人民政府的请示,协助水电协会向区人民政府反映问题,得到了区人民政府的支持,要求区物价局暂缓执行该文件,同时要求广西电网有限责任公司将370余万元损失补给兴安县的70多家小水电企业。

【参与劳动关系协调】 2018年,兴安县工商联、县人社局、总工会、工信局,联合对企业开展了兴安县劳动关系和谐单位认定工作。经过评比,有5家企业获评兴安县劳动关系和谐单位,其中,兴安自来水公司、兴安农村合作银行、兴安供电局获"AAA兴安县劳动关系和谐单位"称号;桂林日盛食品有限公司、广西联星卫视设备有限公司获"AA兴安县劳动关系和谐单位"称号。通过劳动关系和谐创建活动,谋求人企双赢,在企业与员工之间构建和谐稳定的劳动关系,充分调动了广大员工的积极性、主动性和创造性,较好地实现了企业与员工的和谐发展。

【协办农民工技能大赛活动】 7月25日,兴安县工商联、县人社局、妇联、工会共同在兴安县职业技术学校承办了"广西第五届农民工技能大赛兴安县选拔赛"。选拔赛分家政服务员、养老护理员、砌筑工、钢筋工、汽车维修工、电工6个比赛工种,共吸引兴安县240名农民工报名参赛。经过激烈角逐,评出6个工种的一、二、三等奖,其中每个工种的第一名将代表兴安参加桂林市复赛。通过比赛,激发了兴安县农民工重视技术、勤练技能的热情,有效的推进企业选拔优秀人才工作。

【参与"春风招聘活动"】 2月至3月,兴安县工商联、县人社局、妇联、工会、扶贫办共同承办了兴安县"春风行动"就业服务专项活动,活动以"促进转移就业,支持返乡创业,助力增收脱贫"为主题,"春风行动"活动期间,在县城及各乡镇举办规格不同的招聘会4场次,进场招聘企业累计120家,其中县工商联的会员企业16家。"春风行动"共提供就业岗位10000多个,进场应聘人员累计13000多人次,现场进行就业登记4669人,达成用工意向2463人,现场达成意向1682人。整个活动共免费发放岗位信息宣传单、各类政策法规宣传资料35000多份,有力地宣传了兴安县农民工就业创业相关政策法规,大力促进广大进城务工农村劳动力就近就业、创业。

【脱贫攻坚工作】 2018年,兴安县工商联负责兴安镇董田村7户建档立卡贫困户,驻村工作队员

8月27日，县统战部副部长、工商联党组书记董方东（正面左二）与工商联兼职副主席、农村小水电协会会长庾忠（正面左三）到水电协会帮扶村漠川乡艳林村慰问贫困户　　（县工商联　供图）

和帮扶联系人能按自治区、桂林市、县的要求，深入挂点帮扶村及贫困户家中宣传扶贫政策，了解村及贫困户的生活、生产状况，并及时解决他们提出的问题。2018年，每名驻村工作队员联系贫困户10多次，并开展“春节慰问”活动及“乡村振兴大调研”活动，助力脱贫攻坚战。

【非公经济党建工作】 2018年，兴安县工商联积极组织会员企业和经济人士认真学习贯彻中共十九大及十九届一中、二中、三中全会精神及习近平总书记重要讲话精神。2018年举办2期中共十九大精神宣讲活动，并及时把中央、自治区、市有关促进非公经济发展的方针、政策传达给非公经济人士，紧紧围绕“两个健康”工作主题。以党员为榜样，调动会员企业党员及积极分子的生产积极性；深入会员企业党组织、党员广泛征求职工的意见和建议；春节期间组织慰问老工商业者、困难企业党员，不断增强了党的凝聚力和向心力。

（黄福泉）

兴安县残疾人联合会

【概况】 兴安县残疾人联合会（简称县残联）是中国残疾人联合会的地方组织，是将残疾人自身代表组织社会福利团体，其职能是：履行“代表、服务、管理”，代表残疾人共同利益，维护残疾人合法权益；开展各项业务活动，直接为残疾人服务；承担政府委托的部分行政职能，发展和管理残疾人事业。2018年，在职干部职工12人，其中兴安县残疾人联合会编制5人，实有7人，下设兴安县残疾人康复医院编制2人，实有2人；兴安县聋哑儿童语训部编制2人，实有1人；兴安县残疾人就业服务所编制2人，实有2人。全县共有乡（镇）残联10个，行政村委（街）残疾人专职委员115个，社区残疾人专职委员10个。

【残疾人就业创业技能培训】 2018年，县残联坚持“以培训促创业，以创业促增收”的工作思路，加大培训力度。先后开展了葡萄、柑橘种植等农技培训，特色短平快种养项目培训，全年共培训残疾人400余人次。培训活动中，残疾人创业典型“现身说法”，讲述他们的种养经验和励志传奇，受到残疾学员的一致好评。同时，借助企业力量，助推残疾人创业就业。加强与企业合作，对残疾人培训和就业实行“一条龙”服务，引导残疾人培训后及时就业，安排8名长期工，20多名季节工。

【残疾人按比例就业安排】 2018年，县残联与地税局共同开展按比例安排残疾人就业，鼓励企业单位安置残疾人就业，全年为9家录用残疾人企业，就申请核减税收的情况进行了公平、公正、公开的审核。9家企业共安置了17名残疾人从事适宜的工作，从业残疾人的工资都达到了最低工资标准以上，并按规定缴纳了“五险”。

【残疾人养老保险补贴政策】 2018年，县残联开展贫困残疾人个体户和灵活就业人员参加基本养老保险补贴，全年共为59名城填个体工商户和灵活就业人员参加养老保险发放补贴资金7.08万元，推进了兴安县残疾人就业保障体系。

【残疾人康复服务】 2018年，县残联紧紧围绕“到2020年底，有需求的残疾儿童和持证残疾人接受基本康复服务的比例达80%以上”的目标，开展精准康复服务工作。加大了与兴安县乡（镇）卫生院和兴安县卫计局的联系沟通，制订《兴安县残疾人精准康复服务行动实施方案》，细化了康复实施细则，落实兴安县乡（镇）医院、村卫生室等医疗机构为康复评估和服务机构主体，为五类残疾人量体裁衣式地推出了个性化的康复服务包。整合阳光家园项目，将中央资金购买服务的名额，全部定向给精神残疾人，向兴安县医院及桂林市康复医院购买服务，其中1100元用于在县医院体检和购买护肝护肾的药物，另400元用于在桂林市康复医院购买精神病药，加大康复服务的力度。2018年，全县完成残疾人基本康复服务任务3997人，基本辅具适配任务1027人，免费为38名残疾人安装助听器，为21名肢体残疾人（其中大腿假肢7名，小腿11名，上肢3名）、38名0~6岁残疾儿童进入机构进行康复训练办理了入学手续。完成自治区残联下达三年总任务的128%，居全广西前列，并在2018年广西壮族自治区残疾人康复工作会上作典型发言。

【残疾人社会保障工作】 2018年，县残联积极配合兴安县民政部门做好残疾人两项补贴的审核工作。全年共3763名重度残疾人享受重度护理补贴政策，2277名残疾人享受困难生活补贴。同时，对没有及时申请两项补贴的残疾人，通过乡镇残联和村社区残协调查，及时通知他们申请，对个别申请有困难的残疾人，采取上门服务的办法，为他们办理了相关手续。

【阳光助残扶贫基地工作】 2018年，县残联在大力推进阳光助残扶贫基地项目的同时，依托兴安农业龙头企业大管家的包销平台，引导当地鹅苗供应商免费提供鹅苗给残疾人，养殖成功后由大管家回收肉鹅，残疾人再还鹅苗款，开启残疾人养殖肉鹅“全程无忧”的新养殖合作模式。下一步，将带动10余户贫困残疾人养殖肉鹅，预计户均增收3000元。

【残疾人文化体育工作】 2018年，县残联努力引导更多有特长的残疾人走上专业化道路，界首镇残疾人周海群获得“最美广西”剪纸艺术比赛铜奖。充分挖掘、推荐和培养残疾人运动员，并各级各类体育竞赛中取得不俗的成绩。在广西壮族自治区第九届残疾人运动会暨第四届特殊奥林匹克运动会上，兴安县残联派出的参赛运动员李红梅获女子T35/38级100米、200米、400米3个比赛项目第一名；李暑林获男子60级标枪第一名并破全区纪录、铅球第三名、铁饼第三名；王实武获200米混合泳第一名、100米自由泳第二名、200米自由泳第三名，获得100米蝶泳、50米蝶泳、50米自由泳、100米仰泳、100蛙泳第四名、50米蛙泳第五名；刘艺获100米蛙泳第二名、100米蝶泳第六名；廖义和获男子飞镖第五名。

【扶贫帮困工作】 2018年，县残联扩大扶助面，所有惠及残疾人的民生项目全部向建档立卡贫困户倾斜，其中党员扶残温暖同行、阳光助残扶贫基地、残疾人无障碍改造、阳光家园等重要项目全部对象为建档立卡户残疾人。全年对所有的建档户残疾人给予了扶助项目，有的还多次享受项目实惠。2018年，共实施无障碍改造140户和落实“党员扶残温暖同行”119户等项目。

【扶贫攻坚工作】 2018年，县残联共有11户帮扶联系贫困户，帮扶干部10人，分布于兴安镇和界首镇。帮扶干部积极开展了富有成效的扶贫工作，共为贫困户送生产、生活扶助资金（物资）上万元，人均送扶助资金（物资）800元以上。通过赠送鹅苗等办法，引导贫困户养殖致富，通过种植生态有机蔬菜和优质稻等经济作物增加收入，为贫困户找到了一条适宜的发展路子。

兴安县文学艺术界联合会

【概况】 兴安县文学艺术界联合会（以下简称县文联）在编人员两名，下辖作家协会、书法家协会、摄影协会、美术协会、音乐协会、舞蹈协会、兴安诗词学会及青少年书画协会等9个民间团体。2018年，县文联认真履行文联新职能，强化职能转变、作风转变，充分发挥文联对文艺界协调、联络、服务的职能，加强文艺界意识形态引导，圆满完成下属各协会学会换届工作，会员们积极创作作品，文艺成果丰硕。

【意识形态引导】 2018年，县文联始终把推动该地文艺界学习贯彻习近平新时代中国特色社会主义思想和自治区、市、县的决策部署作为重大政治任务，精心组织学习贯彻，引导广大文艺工作者不断提高思想理论素养，不断强化政治意识、大局意识、核心意识、看齐意识，坚定不移地走中国特色社会主义文艺发展道路。4月、5月，在县文联活动中心分别举办了3期作家、摄影、书法协会专题培训及主题读书会、作品研讨会。

【《红军长征过湘江》系列连环画结集出版】 2018年，由兴安县乡土教材编纂领导小组、兴安县老山界干部学院、兴安县教育局组织编绘的《红军长征过湘江》系列连环画，由广西美术出版社正式出版。2017年，兴安县组织编写了《红军长征过湘江》一书和编绘了连环画《红军中央纵队过兴安》和《光华铺阻击战》两本连环画，并于10月免费发放给全县中小学生，受到全县师生的欢迎和喜爱。2018年，编纂领导小组又组织人员编绘了《新圩阻击战》和《脚山铺阻击战》两本连环画，经过协调，2017年的《红军中央纵队过兴安》《光华铺阻击战》和2018年新编绘的《新圩阻击战》《脚山铺阻击战》共四本连环画交广西美术出版社公开出版发行。出版后，除免费发放给全县中小学生外，另有1万套作为老山界干部学院学员的红色教材。

【文艺活动】 2018年1月，县书协共选出30名高水平会员，分成5个组，赴全县10个乡镇及部分社区，义务送春联下乡，为市民群众送春联近万幅。兴安县青少年书画学会与兴安县关心下一代工作委员会、县书法家协会在县老干部局院内举办了兴安县第四届青少年挥春暨“五老携幼”赠春联活动，参加人数含家长近400人，送出对联作品400多副。2018年3月—6月，县文联青少年书画学会联合县教育局、县文明办、共青团兴安县委、桂林生态诗书画摄影研究院等单位举办了“贤达城杯”第七届全县青少年生态文明主题书画大赛。其间，共收到全县各中小学生书画作品4600多件，评出获奖作品400多件。4月28日—30日，县书法家协会、美术协会在兴安中学体育馆成功举办了“第二届水墨灵渠·兴安书画作品展”。参展书画作品共110幅，其中书法作品60幅。4月，美术协会与县图书馆联合举办了兴安图书馆八人小品绘画邀请展，展出时长近一个月，不少家长利用周末带小孩前去观摩学习。

【文艺成果】 文艺繁荣发展最根本的是创作生产优秀作品。县文联明文要求各个会员团体多到基层采风创作，原则上要求各个会员团体做到每年开展一到两次以上集体采风或学习活动。各个协会均保证每年有采风或集体学习活动，有专题和作品。县文联主办的内部刊物《灵渠》杂志为会员们提供作品展示平台并向上级刊物推荐优秀作品，极大地激发了其创作热情。2018年，各协会创作文艺成果丰硕。

作家协会 2018年，蒋忠民在市级以上报刊发表散文30余篇，诗歌20首；蒋跃民在省级刊物发表诗歌多首。刘建新在灵渠文化研究中，文史类成果丰硕，与教授郑连第合著的《灵渠》走进北大，受到好评。杨迪忠在《桂林晚报》上发表文史推介性散文10余篇；彭春的童话故事《转移地震》被收入《广西儿童文学60周年精品选》一书，《昆虫冒险队》系列丛书（三本）由意林传媒集团有限公司出版发行；周墨耘的《小画眉的歌》被评为广西壮族自治区六十年儿童文学精品。作家协会开通了“灵渠作家”微信公众号，在其中开设作家栏目，首期推出以“雪”为名的同题创作，宣传兴安本土文化，扩大兴安作家的文化影响力。

书法家协会 组织会员参加市以上展赛活动30余次，入展63人次，获奖32人次。廖红兵入展全国性书法展览20次，获奖11次，并获2018年广西艺术作品展优秀奖（最高奖）；唐果、廖德宝入展2018广西艺术作品展；彭维标入展“翰墨初心　漓水象山·当代中国百名书画名家邀请展”，彭维标、唐果获桂林市2018年庆五一职工书法比赛二等奖；罗美福、蒋宗斌、庞明杏、蔡昕辰、张联勇等会员也在市以上书法比赛中获奖。10名会员为兴安县城滨江公园创作书法作品12幅（石刻作品）。

摄影协会 蒋俊作品《南方绿色新能源——风车之乡》在“巨变中国：1978—2018”第二届中国图片大赛获“典藏铜奖”，并入选第十一届中国西南六省区市摄影联展和庆祝自治区成立60周年·2018年广西艺术作品展。吴辉作品《紫气东来》《暮归》分别获《南国早报》致敬广西壮族自治区成立60周年“美在广西”摄影大赛一、二奖。

美术协会 周荣、廖国强、张新源的连环画作品《湘江战役》

入选广西壮族自治区成立60周年作品展；周荣、张建明、肖雪鸣、刘炳森等人的作品在市总工会书画展和市廉政书画展中获奖；黄惠玲的剪纸作品《醉美桂林》获2018广西工美作品旅游产品暨大师精品展精品金奖及八桂天工金奖。

青少年书画学会 组织会员参加桂林市第六届花坪银杉杯中小学生生态文明主题书画大赛，取得了很好的成绩，并获得组织奖。

（兴安县文联）

兴安县社会科学界联合会

【概况】 兴安县社会科学界联合会（简称兴安社科联），是兴安县社会科学界学术性社会团体（学会、协会等）的联合组织，是中国共产党兴安县委员会领导下的人民团体，是兴安县繁荣发展哲学社会科学的重要社会力量。兴安社科联现有在编人员2人。2018年，兴安县社科联严格按照县委、县政府提出的建设“生态兴安、文化兴安、富裕兴安”的工作目标和市社科联下发的《2018年桂林市社科联工作要点》狠抓理论学习、社科学术研究、社会科学普及、传统村落文化调研和社科队伍建设以及精准扶贫等工作，各项工作都取得了较好的成绩，荣获全市社科工作先进单位称号。

【开展学术研究】 2018年，兴安县社科联组织兴安社科专家开展了《中央红军长征第一个少数民族政策发展的影响研究》社科课题研究活动，已完成一篇阶段性论文《不忘初心　团结奋进　共同实现中国梦——新时代下重温中央红军长征湘江战役期间的民族政策与工作实践》。社科联委员陈兴华撰写的《湘江战役与我国民族政策最初的制定与践行》在当代广西网发表、《文甲洞与红军故事》在微信公众号“桂林志说”上发表，《灵渠是海上丝绸之路的重要纽带》《灵渠周边的农耕文化》《浅谈粟家桥年代考》《廖家村探秘》等文章分别在《中国水利史》《桂林晚报》等刊物上发表。灵渠历史文化研究会会长刘建新撰写的论文《论灵渠最早奠定了中国崛起为世界强国的基础》在全国水利史研究会年会暨灵渠申遗与水利遗产保护利用论坛发表；《论世界古代水利建筑明珠焕发活力》在《广西日报》上发表，与中国水利史专家郑连第教授合作的《灵渠》一书，由广西科技出版社出版，并作为纪念广西壮族自治区成立60周年献礼书籍，由自治区党委常委、宣传部部长范晓丽带队送进北大、清华等10所北京一流高校。兴安县社科联2018年上报《社科文萃》征文4篇，其中有《灵渠生态效应探讨》《浅谈湘江战役——学习习近平总书记讲话，结合湘江战役浅谈长征精神》《湘桂古道与古严关》等文章入选《社科文萃》。

【社科宣传普及】 2018年5月下旬，兴安县社科联在县城中心广场举办了以“贯彻社会科学普及条例　践行核心价值观　共建美丽兴安”为主题的社会科学普及活动周启动仪式，参加活动人数达1000人以上，参加活动的所有单位都结合实际精心制作了社科知识展板并按时展出，发放了大量的法律法规、农业科学种养技术、扶贫政策、红色文化、灵渠历史文化、《广西壮族自治区社科普及条例》等宣传资料。邀请了县交警大队干警和县医院急诊科医生现场演示了交通法规指挥手势和心肺复苏急救等知识，开展中共十九大、灵渠历史文化、兴安红色文化等社科知识有奖问答，让广大党员干部、学校师生和人民群众亲身感受了学习社会科学的开心与快乐，展现了兴安社科风采。兴安县社科联与书法协会、美术协会、兴安中学等单位联合举办“第二届水墨灵渠·兴安书画作品展”，参展作品内容以描写兴安灵渠的诗、词、联、赋和优美风景为主，展出作品达100多幅，免费对外开放5天，让广大师生和人民群众进一步学习和了解了灵渠文化。邀请杨迪忠和陈兴华两位本土社科专家，分别在兴安镇城中社区和华江瑶族乡政府开展了“兴安社科大讲坛”，学习“湘江战役与长征精神”和“湘江战役中的红军与华江瑶民军民团结一家亲”等社科知识，让社区和瑶乡的党员干部了解了更多的红色文化知识。

【挖掘保护传统村落历史文化】 2018年，兴安县社科联围绕兴安建设“广西历史文化、红色文化、山水文化、民俗文化交相辉映的文化强县”目标，多次召开会议，组织社科专家们对“桂北老家”“灵渠人家”两条旅游精品线路沿线的30个传统村落的村史材料认真修改完善，年底上报桂学研究会专家进行最后审稿，预计2019年定稿，并印刷出版。

法　治

政法委及综治

【概况】 兴安县委政法委内设办公室、政工、执法监督室。县综治办、县防范和处理邪教办公室、县委维稳办、县国安办与县委政法委合署办公。2018年，兴安县委政法委编制11人，在职人员13人，退休人员7人。兴安县委政法委为财政全额预算管理行政单位。

【为全县经济发展保驾护航】 2018年，县委政法部门全力做好政法综治工作，为全县经济发展保驾护航。一是全力配合风电场、三大水库等重点工程建设，妥善化解处置各种矛盾纠纷和阻工事件，确保重点工程顺利推进。二是县人民法院积极配合国家房地产政策，审结建设工程施工合同、商品房买卖合同、物业纠纷等案件58件，规范房地产市场秩序；平等保护中小微企业、民营企业的合法权益，审结民间借贷、买卖、租赁、金融借款合同等案件615件，维护诚实守信的合同原则。

【扫黑除恶专项斗争】 2018年，兴安县委政法委共收集举报线索55条，已办理45条。55条举报线索中，认定为涉黑涉恶的6条，刑事拘留25人，行政拘留2人，依法逮捕18人，取保候审9人。全县共立9类、52起涉黑恶案件，破9类、36起涉黑涉恶案件，抓获犯罪嫌疑人83人，逮捕（直诉）9类涉黑恶嫌疑人70人，破获涉黑恶势力团伙7个，破获涉恶犯罪集团1个，抓获自治区公安厅督捕逃犯4名。

【全力维护社会稳定】 2018年，县委政法部门做好重大节日活动及敏感节点期间稳控工作。通过一系列有效的维稳措施，对县内重点人群加强疏导稳控，特别是涉军等重点群体及对象，稳控责任落实到人，确保了全国"两会"、清明节、中国—东盟"两会"、第十一届桂林米粉文化节等重要节点社会稳定。做好"三个敏感"问题排查化解工作。全年开展了6次"三敏感"问题排查工作，排查出较大矛盾问题16件，其中敏感人员11人，敏感群体4个，敏感案（事）件1件。针对排查出来的"三敏感"问题，积极开展化解工作，化解"三敏感"问题4件。切实加大严惩工作力度，实现了全县社会治安大局的持续稳定。开展"打黑·神剑系列"等专项行动，排查各类安全隐患，整治各类违法犯罪。立刑事案件709起，破案315起，破案率44.4%；逮捕、直诉各类违法犯罪嫌疑人260人（不含毒捕），较2017年同期逮捕、直诉人数(245人）上升6.1%，抓获区厅督捕逃犯4名，在侦犯罪集团1个；查处治安案件515起，行政拘留411人，罚款、警告236人；9类涉黑恶逮捕、直诉65人，较2017年同期逮捕、直诉人数(44人）上升47.7%，其中破获黑恶势力团伙7个，特别是打掉"唐某等人强迫交易案"，刑事拘留13人，逮捕7人；在惩治涉毒犯罪行动中，共查处吸毒案件186起，查处吸毒人员306人（行政拘留232人、罚款74人），强制隔离戒毒40人，社区戒毒106人；破获刑事毒品案件45起，逮捕、直诉45人、起诉47人；缴获各类毒品470余克，铲除毒品原植物（罂粟）150余株。检察机关突出惩治重点，加强批捕、起诉工作。批准逮捕各类刑事犯罪案件176件、234人，提起公诉211件、284人。批准逮捕涉恶案件3件、8人，向法院提起公诉涉恶案件4件、15人。对应当起诉而

11月15日，县委常委、政法委书记蒋世语（正中）主持召开兴安县银行保险系统、医疗单位"双提升"工作座谈会，征求提高群众安全感的意见建议（县政法委　供图）

未移送审查起诉的犯罪嫌疑人，追加起诉24人，纠正遗漏起诉罪行16人。强化刑事审判监督，对认为确有错误的裁判，提请市人民检察院抗诉2件、2人，均获改判。审判机关大幅提高审判工作水平。受理刑事案件242件（含旧存10件），审结206件，结案率85.12%，判处罪犯263人。审结“两抢一盗”案件51件、65人；严厉惩治毒品犯罪，审结毒品犯罪案件36件、37人；审结涉枪类案件7件、8人；受理涉黑恶势力案件3件、14人。司法机关深入开展人民内部矛盾纠纷排查调处工作。全县各级人民调解组织共排查各类矛盾纠纷1912次，预防纠纷158件；全县各级人民调解组织共调处各类矛盾纠纷10382件，调解成功10146件，调解率和调解成功率分别达100%和97.7%，防止民间纠纷转化刑事案例9件，防止群体性械斗4起，为维护社会和谐稳定做出了积极贡献。

10月20日，县委常委、政法委书记蒋世语（左三）到漠川乡财金村调研隧道安全隐患问题　（县政法委　供图）

【平安兴安建设】 2018年，县委政法委一是加大宣传工作力度。在全县范围开展政法综治大宣传活动，向群众发放宣传资料4.8万份，宣传品（环保袋）4.2万个；各单位的对外宣传电子屏幕，滚动播放一至两条群众安全感和扫黑除恶宣传标语；兴安电视台每晚在《兴安新闻》后播放有关群众安全感和扫黑除恶的内容；“兴安政法”“平安兴安”和“兴安资讯”以及各政法部门、乡镇的公众微信平台，对该县或该辖区开展提升群众安全感和扫黑除恶相关工作进行宣传报道；通过移动公司每月向手机用户发送宣传短信2.5万条。二是压实基层基础工作。强力推进“三项建设”（综治中心建设、综治信息化建设、网格化管理建设）。2018年，投入45.6万元开通县、乡（镇）、村（社区）三级视频会议及视频监控系统，实现三级“三网”合一。全县完成网格事件录入2966件，其中，已办理2872件，待办94件，及时处理率96.8%，超额完成全年目标任务。三是做好特殊人群服务管理工作。落实了118名严重肇事肇祸精神病人的以奖代补政策。县财政追加预算15万元，对严重肇事肇祸精神障碍患者进行救治、救助，加大管控力度，减少社会危害。四是加强视频监控系统建设。进一步加强“天网”工程建设，新建5个智能卡口和2000个“千里眼”高清视频监控探头，覆盖了县城的大街小巷及乡镇政府所在地的街道、农村集市、村屯主干道路口，对震慑惩治违法犯罪分子，保障群众安全提供了可靠保障。五是持续开展“问计于民”活动。11月12日，县委政法委印发《兴安县集中开展政法干警和党政机关干部夜访下访活动实施方案》，全县政法干警和兴安镇党政机关干部共358人集中两个月的时间，下到7个社区摸民情、解民困，采取走访商铺、深入居民家中访谈和召开座谈会的形式，宣传“双提升”和扫黑除恶工作；11月26日至12月底，县处级领导到社区开展夜访下访活动。通过这一活动的开展，全面了解群众对政法综治等方面的意见和建议，共收集交办涉及治安、民生、教育、环保、涉法涉诉等意见和建议246条。

【严厉惩治非法传销】 2018年，县政法部门开展惩治传销专项行动31次，出动执法人员900余人次，出动执法车辆155台次，查处出租屋103户次，捣毁传销窝点83个，取缔传销窝点16个，教育遣散传销人员533人，劝返传销人员28人，解救受骗群众22人。工商行政立案查处传销案件16件，罚没24万余元；公安刑事立案6件，破案6件，刑拘6人，逮捕4人，取保候审2人，移送公诉机关起诉1件。严厉惩处了一批传销组织骨干，相继教育劝返了一批传销人员，取得了良好的社会效果。

【“三敏感”问题排查化解工作】 2018年，县政法部门开展了6次“三敏感”（敏感人员、敏感群体、敏感案事件）问题排查工作，排查出较大矛盾问题16件，其中敏感人员11人，敏感群体4个，敏感案（事）件1件。积极化解“三敏感”问题，化解“三敏感”问题4件。

【司法救助工作】 2018年，县政法部门发放司法救助金25.44万元，救助案件60件、86人。

【铁路治安稳定和安全畅通工作】 2018年，县政法部门印制散发各类宣传资料2万余份，其中散发宣传图册2000余册，发放宣传手提袋1500个，悬挂横幅28条，挂图20条，举办图片展18场次，入校宣传18场次，法制授课18节，广场集镇宣传4场次，张贴安全通告300份，出版宣传栏8期。化解涉路矛盾纠纷4起。较好地处理了溶江镇一甲村委五架车村私设过道问题。投入涵洞治理资金8000元，较好处理了兴安镇南源赵家岭村涵洞积水影响群众出行问题。投入19万元在高铁沿线安装视频探头14个，为高铁运营提供了坚实的保障。

【反邪教工作】 2018年，县委政法部门继续同“法轮功”邪教组织斗争的同时，把防范惩治、教育转化、巩固转化成果作为工作重点，确保重大节日和敏感节点期间没有发生一起邪教分子滋扰破坏事件。顺利完成1个乡镇、8个村（社区）无邪教创建工作。加大反邪教线上线下宣传教育力度。利用春节、“国家安全日”、“新三同”活动、“6·26”国际禁毒日，向全县干部群众宣传反邪教有关知识，不断增强群众防邪反邪的意识和能力。积极参加全国反邪教系统微电影微视频微动漫征集评选活动。利用反邪教微信平台，转发反邪教宣传文章50多篇。

【全面加强政法队伍建设】 2018年，兴安县委政法委组织政法各部门继续开展“五查五整顿”专项行动、开展“牢记初心使命 严格公正执法”主题教育活动。政法系统领导班子带头学习，层层落实责任。一是丰富载体，创新形式，营造氛围。政法各部门通过重温入党入警誓词、组织观看《榜样3》等教育片、立足浓厚红色文化底蕴，在红军作战旧址现场开展上党课等活动，促使广大政法干警不断夯实开展此专项行动自觉性的思想根基。二是坚持重点，内外结合，深刻查摆。政法各部门认真梳理在理想信念、纪律作风、工作作风、担当管理方面存在的问题，共查摆问题34个。三是剖析原因，细化责任，着力整改。县委政法委主要领导多次到政法各部门调研督查各部门开展“五查五整顿”专项活动和业务工作。开展巡查暗访2次。政法各部门按照巡查制度对相关民警进行教育提醒谈话、任前谈话、诫勉谈话。

（县政法委）

法　院

【概况】 2018年，兴安县人民法院共有在编干警76人，其中员额法官31人，法官助理21人，书记员4人，司法行政人员20人。现有内设机构16个，设立2个派出法庭。2018年，兴安县人民法院全年共受理各类案件4004件（含旧存336件），审结3658件，结案率91.36%；受理刑事案件273件，

7月11日，自治区高级人民法院领导巡查兴安“基本解决执行难”工作

（县法院　供图）

12 月 29 日，县法院在县体育馆公开宣判唐星景等七人涉恶势力犯罪一案　　（县法院　供图）

审结 259 件，结案率 94.87%；受理民事案件 2260 件，审结 2042 件，结案率 90.35%；受理行政诉讼案件 33 件，审结 26 件，审查非诉执行案件 12 件；受理各类执行案件 1388 件，结案 1281 件，结案率为 92.29%。

【刑事审判】 2018 年，兴安县人民法院共受理刑事案 273 件，审结 259 件，判处罪犯 319 人，结案率 94.87%。深入推进反腐败斗争，审结贪污、受贿等职务犯罪案 8 件、10 人。全力保障人民群众生命财产安全，审结杀人、抢劫、绑架等严重刑事犯罪 4 件、7 人。依法深入开展禁毒斗争，严厉惩治毒品犯罪，审结毒品犯罪案 45 件、54 人。审结破坏环境资源犯罪案 11 件、12 人，为保护好兴安的蓝天、绿水、青山提供司法保障。加强未成年人司法保护，贯彻“教育、感化、挽救”方针，审理未成年人刑事案 5 件、7 人。

【扫黑除恶专项斗争】 2018 年，兴安县人民法院切实提高政治站位，认真贯彻落实中央、自治区、市、县委和上级法院工作部署，加强组织领导和力量配备，成立扫黑除恶工作领导小组，制订实施方案和相关制度。统一裁判尺度，重点惩治涉黑恶势力犯罪，努力实现政治效果、法律效果和社会效果的统一。审结涉恶势力案 1 件、7 人，于 12 月 29 日在县体育馆公开宣判唐某某等 7 人犯敲诈勒索罪、强迫交易罪、寻衅滋事罪等涉恶势力一案，判处唐某某等人有期徒刑 15 年至 7 年 6 个月不等。

【民事审判】 2018 年，县人民法院共受理各类民商事案件 2260，审结 2042 件，结案率为 90.35%。贯彻“调解优先、调判结合”原则，平等保护双方权益，最大限度化解社会矛盾，调解结案 634 件、撤诉结案 309 件，调撤率达 46.38%。审结婚姻家庭纠纷案 306 件，着力修复家庭伦理关系。审结追索劳动报酬、工伤保险待遇等劳资纠纷案 51 件，保护劳动者的正当权益。审结交通事故纠纷、生命权、健康权等侵权责任纠纷案 374 件，保障群众生命健康权益。审结民间借贷、金融借款合同纠纷案 723 件，有效化解和防范金融风险。受理广西桂果食品有限公司等破产案 3 件，裁定宣告破产 1 件，服务保障供给侧结构性改革。妥善审结涉军停偿案 9 件，涉案标的 79.2 万元，保障国防建设和军队改革。

【行政审判】 2018 年，兴安县人民法院共受理行政诉讼案 33 件，审结 26 件，审查非诉执行案 12 件。加强行政合法性审查，撤销行政行为 4 件。进一步强化大局意识，确保政令畅通，判决维持和裁定执行行政行为案 24 件，大力支持依法行政。加强行政纠纷多元化解处理，坚持依法裁判和协调化解相结合，和解撤诉案 4 件。持续推进行政首长出庭应诉，共有行政首长出庭应诉案 13 件。指导公安干警开展模拟行政审判，提高行政执法水平。充分发挥司法建议和提前介入功能，主动为党委政府在重大决策上提供司法建议，积极为重大工程项目提供司法帮助，保障重大决策顺利实施和重大项目顺利推进。

【执行工作】 2018 年，是最高法提出“两到三年基本解决执行难”的攻坚决胜之年。兴安县人民法院举全院之力，完成了最高法提出的“三个 90%、一个 80%”核心指标任务。三年来共执结案件 2698 件，执行到位金额 4.23 亿元；其中 2018 年执结案件 1319 件，同比增长 61.25%，执行到位金额 2.72 亿元。有财产可供执行案件法定期限内实际执结率 96.62%、无财产可供执行案件终本合格率98.37%、执行信访案件化解率100%，三年执结率96.19%。接受了最高法委托的第三方评估，基本解决执行难取得阶段性成效。

内外发力，多方联动构建“大格局”。兴安县人民法院紧紧依靠党委领导破解执行难，县人大常委会专题审议法院执行工作，县政法委多次调研指导法院执行工作，帮助法院解决执行过程中的困难与问题。按照“三个90%、一个80%”的目标，院领导和执行局干警层层签订“军令状”，组成了3个执行团队，持续“5+2”“白+黑”的工作模式，实行倒排日期、挂图作战，明确执行攻坚的时间表、路线图。加强与公安、检察机关的协调配合，进一步明确拒执罪案件的受案标准、流转程序，细化协调配合机制。形成了“党委领导、法院主办、部门联动、社会参与”的综合治理执行难工作大格局。

雷霆出击，高压带电织密“防赖网”。2018年，兴安县人民法院运用网上执行查控系统，解决“查人找物难”，网络查询被执行人的银行存款2319次，查封不动产102处，强制腾空房屋85处，腾退土地3处，将663名失信被执行人纳入“失信黑名单”，限制高消费1438人次。全面推行司法网络拍卖，解决“财产变现难”，共推送案件标的物106件至网上拍卖，拍卖成交41件，总成交价869.95万元。常态化开展集中拘留被执行人的“春雷行动”“冬季风暴”等专项行动3次，拘传38人，拘留27人。以涉嫌拒执罪移送公安机关1案、1人，2012年，文某某与黄某某提供劳务者受害责任纠纷一案，该案判决后进入执行程序，在执行过程中多次通过网络查控系统及赴福建现场调查，均未发现被执行人有可供执行的财产，也未找到被执行人下落，依法终结本次执行程序；因申请人文某某受伤严重，需要后续治疗费用，其家庭生活困难，法院为其争取司法救助资金共13.7万元。2018年1月，县人民法院执行干警再次到当地车管所调查，发现黄某某有宝马车交易记录，据此以黄某某涉嫌拒执罪移送公安机关立案侦查，公安机关在福建将黄某某抓获；后经公检法联合协调，促使双方达成执行和解协议，被执行人黄某某已按协议履行22万元，剩余款项将分期履行，化解了申请人母亲多年的上访。强化执行宣传，通过电视、报纸、网络等媒介宣传报道典型案例、曝光失信被执行人，彰显了执行效果，引导群众理性认识“执行不能”，增强了群众的认同感。

规范执行，提升质效打好“持久战”。2018年，兴安县人民法院实行阳光执行，保障当事人知情权。对重大典型案件，邀请人大代表、政协委员、新闻媒体现场监督执行，提升执行工作透明度。启用执行案款“一案一账号”管理系统，加大对财产查控、财产处置、标的款发放、执行和解等重点环节的监督管理，提高执行工作效率。规范终本执行案件标准和管理，在7—9月举全院之力加班加点按照民事诉讼法和有关司法解释对2016年以来的所有案件逐一进行了检查整改，并将212件不合规终本案件恢复执行。大力整治消极执行、选择性执行、乱执行行为，群众对执行工作的满意度、获得感明显提升。

【司法公开】 2018年，兴安县人民法院围绕增强司法透明度，在完善审判流程公开、裁判文书公开、执行信息公开三大公开平台建设基础上，推进庭审公开平台建设，扩大群众知情权。建立了庭审全程录音录像机制，5个科技法庭实现了与中国庭审公开网的互联互通，共在中国庭审公开网直播案456件，全年在中国

8月30日，自治区高院副院长梁梅（左三）在兴安县人民法院督导执行工作（县法院　供图）

裁判文书网公布各类裁判文书2305份，举办法院公众开放日3次，邀请人大代表、政协委员和社会各界人士视察法院、旁听庭审、评议案件、现场监督执行9次。

【司法为民】 2018年，兴安县人民法院妥善审执劳动、社保、医疗等民生案件。加强弱势群体司法保护，对追索劳动报酬、抚养费、赡养费等民生案件优先立案、优先受理、优先执行。积极开展司法救助工作，为经济确有困难的当事人缓、减、免交诉讼费71.25万元，办理救助案38件、46人，通过市、县两级政法委争取司法救助金41万元，彰显司法人文关怀。同时，大力推进诉讼服务中心升级版建设，按照验收标准对工作场所进行合理规划布局，分别建成安检区、导诉区、候访区等服务区，每个服务区做到办公相对独立，功能有效。推进安检区域外移，已办好安检区域外移的相关手续。更新完善诉讼服务中心设备配置，加强网上诉讼服务平台建设，畅通微信公众服务平台、网上在线咨询平台、网上预立案平台、“12368”诉讼服务热线，为当事人提供多方位的诉讼服务。不断加强以案释法工作，以巡回审判、上门调解等形式，开展普法教育，达到“审理一案、教育一片”的目的，不断提升群众对法院工作的认识。

【法治宣传】 2018年，兴安县人民法院积极参与社会治理和平安兴安建设。充分利用节假日、圩日等特殊时点，开展送法下乡、送法进校园等法治宣传活动，充分发挥“网站+微博+微信”三位一体宣传平台作用，多角度、多

12月25日，白石中学学生在县人民法院青少年法治教育基地参观
（县法院　供图）

渠道宣传法院工作。利用晚上、节假日集中开展夜访下访活动，宣传扫黑除恶专项斗争和“双提升”两项工作，推进平安兴安建设。2018年，在官网上发布信息74篇，在微信上发布信息67篇，在微博上发布信息113篇，被中国法院网、人民法治网等国家级媒体采用12篇，被广西电视台、《法制日报》等自治区级媒体采用13篇，被桂林电视台、《桂林日报》等市级媒体采用61篇。

【妇女儿童维权工作】 2018年，兴安县人民法院构建妇联、工会、共青团等多方参与的联动机制，积极邀请妇联等基层组织成员参与调解、担任人民陪审员。认真开展青少年法治教育，邀请高尚中学、白石中学、栖园小学的学生参观青少年法治教育基地，选派资深法官到兴安镇初级中学开展法治讲座，预防青少年犯罪和吸毒。

【涉诉信访工作】 2018年，兴安县人民法院建立诉访分离制度，涉诉事项及时转交业务庭依法办理；涉访事项认真做好来访接待和教育疏导工作。畅通信访渠道，坚持落实“院领导接访”、涉诉信访案件“一案一档”等制度，对信访工作中的问题排查、责任落实、调处化解等各项工作进行常态化管理。

【参与全县重点工作】 2018年，县人民法院继续大力支持“三大水库”、兴资高速公路、风力发电等重点工程建设，运用法治思维为企业解困出谋划策，并积极参与漠川乡桥头村、高尚镇灵龙村、溶江镇新文村等联系村的美丽乡村建设和扶贫攻坚工作。

【司法改革】 2018年，兴安县人民法院按照岗位职责、办案数量，科学确定法官、司法辅助人员、司法行政人员比例，有序推进法官、法官助理、书记员单独职务序列等级确认及晋升工作；开展第二批法官入额工作，新增员额法官6名，员额法官总数为31人；明

确各类审判主体办案机制和办案责任，实现院长、庭长办案常态化，入额院领导办案532件，结案491件，庭长、副庭长办案2090件，结案1951件，院长庭长结案占比66.76%。认真落实司法责任制，“让审理者裁判、由裁判者负责”的改革目标基本实现。法院各类人员职责权限更加明确，结构更加优化。

推进审判方式改革。建立以员额法官为核心、以辅助人员为支撑的5个新型审判团队和4个执行团队。召开专业法官会议6次，优化司法资源配置，完善组织运行模式。大力推进案件繁简分流，做到“繁案精审、简案快审”，共从程序上分流案件1090件，结案1058件，结案率97.06%。

改革内部监督机制。健全完善审判管理，改革院、庭长监管案件方式，推动院、庭长从微观的个案审批、文书签发到宏观的全院、全员、全过程的案件质量效率监管转变；实施发改案件季度通报制度，建立重大敏感案件台账。

加快智慧法院建设。全面推进法院信息化3.0版建设，升级完善审判管理系统、网上办案系统和科技法庭建设，信息化建设和应用水平明显提升，实现了科技法庭使用常态化、办公办案网络化、互联互通视频化、安保监控实时化。

有序推进档案数字化建设。按照上级法院档案数字化工作标准建设档案室，建设库藏档案目录数据库、库藏诉讼档案数据库，多方筹措资金，已完成2015年前库藏诉讼档案3.5万册的档案数字化建设，已启动电子卷宗随案生成。

【队伍建设】 2018年，兴安县人民法院推进“两学一做”学习教育常态化、制度化，不断增强干警“四个意识”，坚定“四个自信”。形成党组中心组（扩大）学习和全院干警每周四集中学习例会制度。坚持全面从严治党，严格落实党风廉政建设“两个责任”，逐级签订责任状，层层传导压力、压实责任。深入开展“五查五整顿”专项行动、“牢记初心使命，严格公正司法”专题教育活动和“双提升”工作，常态化开展作风纪律检查，持之以恒纠正“四风”。积极开展中央八项规定“回头看”活动，认真查摆车辆管理、公车使用、财务报账、办公住房等存在的问题，对是否存在对当事人吃拿要卡、违规操办婚丧喜庆、收送礼品礼金等情况进行自查自纠。安排部署政治业务学习、教育培训等各项任务，不断提升法官队伍的法律适用能力、庭审驾驭能力、诉讼调解能力、文书说理能力、判后答疑能力和案件执行能力。以法官讲堂、庭审观摩、案件评查为载体，增强干警业务能力，提高司法水平，加强司法调研和理论研讨，着力打造一支“忠诚、干净、担当”的职业化法官队伍。

（欧阳婷）

检　察

【概况】 2018年，兴安县人民检察院实有在职检察人员34名，其中主办检察官12名、检察辅助人员18名，司法警察4名。现有内设机构精简为6个，设立3个乡镇检察室。

2018年，兴安县人民检察院充分履行检察职能，全力推进司法体制改革，积极支持配合国家监察体制改革，各项工作取得新的进展。共批准逮捕各类刑事犯罪案件199件、286人，提起公诉255件、339人。共批准逮捕涉恶案件5件、13人，向法院提起公诉涉恶案件6件、15人。认真做好检察环节信访稳定工作，办理人民群众控告、申诉和举报63件。司法救助16件、16人，救助金额8.3万元。立案监督公安机关应当立案而不立案16件16人，侦查活动监督7件，适时介入侦查8件，开展“诉讼式审查”2件、2人。审查民事行政和执行监督案件12件，对认为确有错误的民事、行政判决、裁定，提请桂林市检察院抗诉1件，提出检察建议2件。加强监管场所检察监督，发现安全隐患和监管活动违法违规并提出纠正意见59件次，纠正率达100%，确保监管场所零事故。开展社区矫正脱管、漏管等专项检察活动，对监外执行工作进行全面检察监督，纠正脱管罪犯2人，漏管罪犯2人，书面监督纠正监外执行履行职责不当36、件36人。8名检察干警转隶到县监察委员会。加强与县监察委员会衔接配合，提前介入监察委留置案件，做到无缝衔接，快速审查，对县监察委员会移送起诉的职务犯罪案件3件、4人，及时快速作出了逮捕决定，审查终结后全部向法院提起公诉。

【依法打击各类刑事犯罪】 2018年，兴安县人民检察院认真履行审查逮捕和公诉职责，与公安、法院等密切配合，依法惩治各类刑事犯罪，保障人民安居乐业。共批准逮捕各类刑事犯罪案件199

件、286人，提起公诉255件、339人。批准逮捕一起非法生产制毒物品麻黄碱3300多公斤涉案犯罪嫌疑人24人。

【推进扫黑除恶专项斗争】 2018年，兴安县人民检察院坚决贯彻习近平总书记的重要指示和全国、全区、全市电视电话会议精神，积极投入扫黑除恶专项斗争，加强与法院、公安等单位的沟通联系，充分运用提前介入引导侦查、审查逮捕、审查起诉等工作措施，提前介入并成功办理界首镇农贸市场欺行霸市的恶势力团伙案。共批准逮捕涉恶案件5件、13人，向法院提起公诉涉恶案件6件、15人。

【深入开展社会矛盾化解】 2018年，兴安县人民检察院认真落实新修改刑事诉讼法的规定，探索建立适用认罪认罚从宽制度、建议适用速裁程序等工作机制，全年因无逮捕必要决定不捕7人，对情节轻微、已退赃赔偿、取得谅解的不诉26人，如兴安镇城郊护城村委贺家塘村村民唐某某等12人阻碍广西富林景观建设有限公司承包的兴安县湘江环境综合整治一期工程在该村进行施工，涉嫌聚众扰乱社会秩序一案，承办检察官分析案情后，认为该案事出有因，且在阻工过程中没有出现毁坏财物、伤害等行为，犯罪情节轻微，具备刑事和解的条件，经耐心、细致地做工作，多次听取被害人以及该村村民的意见，组织双方当事人进行调解，促成双方握手言和，有效地化解了矛盾，保障湘江环境综合整治二期工程顺利推进。兴安镇城郊护城村委贺家塘村为此送来一面“执法为民，情暖人心”的锦旗。

【参与社会综合治理】 2018年，兴安县人民检察院认真学习新时代“枫桥经验”，加强检察环节预防和化解社会矛盾机制建设，积极防范、妥善处置由利益诉求引发的群体性事件，引导公民既依法维护合法权益，又自觉履行法定义务。认真做好检察环节信访稳定工作，办理人民群众控告、申诉和举报63件。建成场所相对独立、职能相对集中、空间相对分离的“12309”检察服务中心，在“12309”检务服务中心成立法律援助工作站，积极推进律师参与化解和代理涉法涉诉信访案件工作，引导和支持当事人在法治轨道上表达诉求、解决纠纷。司法救助16件、16人，救助金额8.3万元。回应社会对整治校园暴力的呼声，认真落实“谁执法谁普法”的责任制，积极参与“七五”普法“法律六进”“平安社区”“平安校园”活动，以案释法宣讲法制16场次。积极开展政法机关干警夜访下访活动，组织26名干警分成13个小组利用工作之余、晚上休息时间，深入城中社区走访各家各户、临街店铺，真实了解当前县城社会治安与平安建设情况，掌握群众所需所思所盼，助力我县群众安全感满意度“双提升”。

【刑事立案、侦查和审判活动的监督】 2018年，兴安县人民检察院开展“危害食品药品安全犯罪专项立案监督”“破坏环境资源犯罪专项立案监督”等专项工作，立案监督公安机关应当立案而不立案16件、16人，侦查活动监督7件，适时介入侦查8件，开展“诉讼式审查”2件、2人。对应当起诉而未移送审查起诉的犯罪嫌疑人，追诉漏犯19人，纠正遗漏起诉罪行16件。强化刑事审判监督，对认为确有错误的裁判，提请市检察院抗诉2件并获改判，提出抗诉2件正在审理中。在加强监督的同时，注重维护法院正确裁判的权威，耐心做好息诉罢访工作。

【民事行政诉讼活动监督】 2018

10月16日，县检察院在县一小开展“以案释法”进校园法制讲座活动
（县检察院 供图）

年,兴安县人民检察院不断完善多元化民事行政诉讼监督格局,对裁判结果、审判程序及执行活动实行全面监督,共审查民事行政和执行监督案件12件,对认为确有错误的民事、行政判决、裁定,提请桂林市人民检察院抗诉1件,提出检察建议2件。开展探索行政非诉执行活动的监督,成功办理了1件行政执行监督案件,敦促兴安县仙人桥矿业公司拆除了其10年前非法占地建设的1万多平方米厂房,退出非法占用的土地。坚持服务全县经济社会发展大局,紧紧围绕生态环境和资源保护、食品药品安全、国有财产保护、国有土地使用权出让等领域,积极开展提起公益诉讼工作,办理公益诉讼案件8件,向行政机关发出检察建议7件并获采纳。

【刑事执行活动监督】 2018年,兴安县人民检察院开展清理判处实刑罪犯未执行刑罚监督活动,发现并纠正被判实刑但未被收监罪犯3人交付执行,蒋建生判实刑收监执行监督案被评为全区检察机关"精品案件"。加强监管场所检察监督,发现安全隐患和监管活动违法违规并提出纠正意见59件次,纠正率达100%,确保监管场所零事故。开展社区矫正脱管、漏管等专项检察活动,对监外执行工作进行全面检察监督,纠正脱管罪犯2人,漏管罪犯2人,书面监督纠正监外执行履行职责不当36件、36人。加大财产刑执行监督力度,成功办理财产刑执行监督案件4件、4人,监督执行金额41.5万元,岳良伦财产刑执行监督案件被评为全区检察机关"精品案件"。全面开展羁押必要性审查,向办案单位发出检察建议,办案单位已对30名在押人员变更强制措施,其中陈姣姣羁押必要性审查案件被评为全区检察机关"精品案件"。

【司法责任制改革】 2018年,兴安县人民检察院认真做好第二批员额检察官遴选工作,新增入额检察官2名。合理构建办案组织,根据员额检察官的专业特长和办案经历,采取专业化分工,实行检察官办案组和独任检察官两种办案组织模式。细化员额检察官"权力清单",建立检察官联席会议制度,完善案件承办确定机制,推动落实"谁办案谁负责、谁决定谁负责"原则。扎实推进入额院领导直接办案工作,3名入额院领导带头办理重大疑难复杂、有较大社会影响的案件,共办理各类案件165件,均超额完成办案任务。以司法档案和绩效考评为重点,完善司法责任体系。落实与检察官职务序列相配套的职业保障,提高职业尊荣感。

8月10日,县人民检察院干警慰问、帮扶贫困群众
(县检察院　供图)

【配合国家监察体制改革】 2018年,兴安县人民检察院坚决贯彻落实党中央关于深化国家监察体制改革的重大决策部署,全力配合做好职能划转和机构人员转隶等工作,确保机构、职能顺利划转,改革平稳过渡,8名检察干警转隶到县监察委员会。加强与县监察委员会衔接配合,提前介入监察委留置案件,做到无缝链接,快速审查,对县监察委员会移送起诉的职务犯罪案件3件、4人,及时快速作出了逮捕决定,审查终结后全部向法院提起公诉,确保案件有序推进,促进了全县反腐败斗争深入开展。

【聚力脱贫攻坚】 2018年,兴安县人民检察院按照"真扶贫、扶真贫"的工作要求,切实抓好县委、县政府交付的精准扶贫工作的任务,明确了25名干警分别结对帮扶白石乡门家村、鳌头村25户扶贫对象。多次上门走访慰问,了解家庭情况,分析致贫原因,制定脱贫对策，给予资金帮扶，实现7户贫困户脱贫，得到了相关扶贫对象和乡村的肯定。

【党风廉政建设】 2018年，兴安县人民检察院抓实全面从严治党主体责任、监督责任，不断加强党的政治建设，把党风廉政建设同检察业务同研究、同部署、同落实，扎实做好责任分解、责任考核、责任追究工作，坚持层层签订责任状，实行检察人员廉洁自律承诺制，举全院合力齐抓共管党风廉政建设。深入开展“两学一做”“五查五整顿”教育活动，组织全体干警到资源县共同体验重走长征路，追寻革命先烈足迹，举办庆祝中国共产党成立97周年诗歌朗诵比赛，引导干警继承和发扬革命先烈的优良传统，坚定政治信念。

【履职能力建设】 2018年，兴安县人民检察院围绕检察官、检察辅助人员、司法行政人员三支队伍，广泛开展专题培训、岗位练兵和业务竞赛等分层分类教育培训，1名干警获“第一届桂林市未检业务竞赛业务标兵”称号，1名干警获“第二届桂林市检察机关刑事执行检察业务能手”称号，1名干警获“第二届全区未检业务竞赛能手”称号。积极开展“牢记初心使命 严格公正执法”及“转变工作作风、提升工作效能、优化发展环境”专项活动，组织12人参加了市人民检察院与中共延安市委党校联合举办的“不忘初心、牢记使命”加强党性修养专题培训班学习。与县法院、司法局联合召开公益诉讼证据标准研讨会，在公益诉讼证据标准等方面达成了共识。与县公安局、法院召开联席会议开展研讨，形成《刑事案件逮捕证据标准指引》，针对16个常见罪名案件逮捕证据标准进行了明确的归纳、总结，为案件的审判打下了坚实的基础。1篇论文获第十八届广西检察理论研究优秀成果三等奖，2篇论文获2018年广西法学会研究年会优秀论文三等奖。

【主动接受社会各界监督】 自觉接受人大和政协监督，认真落实县十六届人大四次会议的决议，加强与人大代表、政协委员的日常联系，邀请县人大代表、县政协委员视察检察工作、出席检察开放日活动，开展以“关爱祖国未来，擦亮未检品牌”为主题的检察开放日活动，听取代表、委员意见，零距离接受代表、委员的监督。积极接受社会和舆论监督，深入推进以案件信息公开为核心的阳光检察进程，发布案件程序性信息356件、重要案件信息39条、公开终结性法律文书263份。发挥媒体效用，敞开信息通道，以检察门户网站、检察微博、微信公众号为载体，及时发布检务资讯，编发微博1728条、微信400条，在桂林电视台《法治与平安》栏目播放4期阳光检务，在广西法治日报发表30篇。

（蒋世明）

公 安

【概况】 2018年，兴安县公安局共有33个职能机构，其中19个内设机构，13个派出机构，1个事业单位；共有民警251人。2018年，兴安县公安局在着力在维护国家安全和社会稳定上下功夫，在平安兴安建设上使劲，大力推进公安改革和“四项建设”，全力推进“扫黑除恶”等专项斗争，主动作为，各项工作取得新发展、新进步和新成效。

【国保反恐工作】 2018年，兴安县公安局强化情报信息研判引领，搜集涉稳信息578条，25条被公安部采用，成功预警各类上

6月27日，县检察院干警开展主题党日活动

（县检察院 供图）

访情况95起;依法惩治扰乱秩序违法犯罪行为,成功处置有关群体性案事件16起,协办部督案件2起,完成反邪、反恐类专项行动8个,全年进京非访人数下降至3人5次。2月13日,高尚镇大田头村与路西村因饮水、道路发生纠纷到政府上访,县公安局果断处置,刑拘11人,取保8人,逮捕3人;5月22日,国家督导组到兴安实地督导义务教育城乡一体化改革情况,桂林市部分民办代课老师群体人员到教育局和三小拦访,3名挑头人员被依法行政拘留;6月12日,数百名来自全国各地的退伍老兵赴全州声援二次入伍人员蒋正阳,兴安县13名退伍老兵参与,13名退伍老兵被顺利劝返;12月9日,正值自治区60周年大庆,兴安县6名边防一师退伍老兵自驾车辆欲赴邕参加集访,在市公安局协调指挥下成功劝返6名上访老兵。

【刑侦工作】 2018年,兴安县公安局深入开展"扫黑除恶""神剑系列"专项行动,全年共立刑事案件780起,比2017年上升了10.2%,侦破333起,比2017年下降了10.7%,抓获犯罪嫌疑人345人(其中抓获网上逃犯4人)(抓获犯罪嫌疑人数量比2017年上升5.8%),刑事拘留340人,比2017年上升6.4%,逮捕311人(比2017年上升5.8%),移送起诉298人(比2017年上升4.9%);9类涉黑恶逮捕、直诉65人,较上年同期逮捕、直诉(44人)上升47.7%,其中破获犯罪团伙7个、成员40人(其中恶势力犯罪团伙1个、成员13人)。其中,立命案5起,侦破5起,破案率100%;侦破历年命案积案1起;立"两抢一盗"(抢劫、抢夺、盗窃)等侵财犯罪案件503起,比2017年上升了7.4%,侦破172起,抓获犯罪嫌疑人138名,缴获被盗抢汽车5辆、摩托车11辆及其他赃款赃物一批。全年共采集指纹信息806份,送检DNA2291份,全力开展男性家族排查系统建设工作,采集社会信息671份。信息采集与整合应用为刑侦破案工作提供了有力支撑。

12月15日,兴安县副县长、公安局局长申小军(左一)带队开展消防宣传活动
(县公安局　供图)

其中,破获在界首镇市场进行多次强迫交易、敲诈勒索、寻衅滋事、非法持有枪支弹药的唐星景等涉恶势力犯罪集团,抓获犯罪嫌疑人13人,其中3名为区厅督捕逃犯,该案被桂林市政法书记、市扫黑除恶专项领导小组组长赵志军负责督办。破获"卿某某等人开设赌场案",逮捕8人。破获"胡某某等人寻衅滋事案",逮捕3人。破获"陈某某等人涉嫌开设赌场案"抓获23人,行政拘留11人,逮捕3人。破获"蒋某某等人寻衅滋事案"逮捕3人。破获"蒋某某等人聚众斗殴案",逮捕7人。破获"蒋某某等人寻衅滋事案"团伙,逮捕4人。侦破"2018-1-16唐某某系列盗窃电动车、电瓶等串案"。侦破"2018-1-26王某某系列入室盗窃等串案"。侦破"2018-2-12周某某系列盗窃柳微车、电瓶车等串案"。侦破"廖某等人系列入室攀爬盗窃等串案"。侦破"2018-5-18李某、蒋某系列盗窃等串案"。侦破"2008-3-15秦某某等人系列诈骗等串案"。侦破"2018-4-5陈某某系列盗窃手机等串案"。侦破"杨某系列跨国婚姻诈骗等串案"。其中,跨国婚姻诈骗案件共抓获犯罪嫌疑人13人(其中越南女性10人),刑事拘留12人。

【禁毒工作】 有针对性地开展了"两打两控""神剑3号""大排查、大收戒、大管控""天目—18"等禁毒攻坚战等专项行动。充分利用电视、报纸、网络等大众传媒资源和广场宣传、警营开放日、禁毒法治课等平台,积极开展了禁毒宣传进校园、进家庭、进农村、进单位、进场所等各类禁毒宣传活动。张贴禁毒警示语1000条，组织50个单位进行LED屏幕的禁毒宣传；组织观看了禁毒影片《缉毒警》及“6·26”国际禁毒日大型宣传活动，受教育干部群众3万余人；到11所学校上了禁毒知识法治课，受教育师生及群众达3万余人。检查娱乐场所20余家次，查破吸食新型毒品案件5起51人，责令娱乐场所停业整顿3家。检查易制毒化学品单位110家(次)，从未发生易制毒化学品流入非法渠道事件。2018年，该局共侦破毒品刑事案件48起，其中特大案件1起、重大案件4起、一般案件43起；查处毒品治安案件206起；缴获各类毒品0.4773千克[其中海洛因0.00235千克、冰毒0.47065千克、氯胺酮(K粉)4.29千克]；铲除毒品原植物(罂粟)155株；抓获毒品犯罪嫌疑人77人，逮捕、直诉73人；抓获吸毒人员348人，强制隔离戒毒53人，社区戒毒106人，社区康复3人，吸毒人员管控率100%。2018年末，该局辖区有禁毒帮教队20支、100人。开展社区戒毒、社区康复“启航工程”建设，2018年末，共建有社区戒毒、社区康复人员安置就业基地和安置点1个；集中安置、分散安置、公益性岗位安置社区戒毒、社区康复人员就业3人，自主创业23人。

7月17日，县公安局开展治安大清查行动　（县公安局　供图）

典型案例：1. 破获沈某某、赵某某贩卖毒品案件1起、刑事拘留2人，缴获毒品冰毒368.78克；2. 破获唐某某贩卖毒品案件1起、刑事拘留1人、缴获冰毒2.19克、海洛因2.35克；3. 破获李某某非法持有毒品案件1起、刑事拘留1人、缴获冰毒15.3克；4. 破获王某某贩卖毒品案件1起、刑事拘留1人、缴获冰毒4克；5. 破获莫某某贩卖毒品案件1起、刑事拘留1人、缴获冰毒2.89克；6. 破获王某、蒋某某贩卖毒品案件1起、刑事拘留1人、取保候审1人，缴获冰毒27.45克 7. 破获黄某贩卖毒品案件1起、刑事拘留1人，缴获毒品冰毒2.25克；8. 破获赵某某贩卖毒品案件1起、刑事拘留1人，缴获毒品冰毒28.44克；9. 破获袁某贩卖毒品案件1起、刑事拘留1人，缴获毒品冰毒11.95克；10. 破获蒋某某、蒋某某贩卖毒品案件1起、刑事拘留1人，监视居住1人，缴获冰毒19.45克；11. 破获陈某某非法持有毒品案件1起、刑事拘留1人，缴获毒品冰毒11.67克；12. 破获曾某贩卖毒品案件1起、刑事拘留1人，缴获冰毒8.24克。

【经侦工作】 2018年，兴安县公安局共受理经济犯罪案件27起(比2017年18起上升50%)，立案24起(比2017年16起上升50%)，涉案金额8766.87万元，(比2017年1344.36万元上升552%)；侦破经济犯罪案件9起(比2017年10起下降10%)；抓获犯罪嫌疑人11人，破获犯罪团伙1个、成员5人，刑事拘留11人，逮捕5人，移送起诉4人，追缴涉案款、物折合700余万元，挽回经济损失700余万元。缴获假币6.03万元；立银行卡犯罪案件10起，侦破1起，抓获犯罪嫌疑人1人，涉案金额9.47万元；开展集中惩治传销犯罪专项行动6次，立传销犯罪案件8起，侦破6起，抓获犯罪嫌疑人7人，破获团伙1个、捣毁窝点59个，解救18人，教育遣返传销人员500余人。成功抓获网络传销组织、领导者蒋某彪和阳某，配合市局经侦支队成功摧毁涉及桂林市、兴安县的两个网络传销组织“云联惠”、“茵曼金”，在兴安县涉及传销人员数百人，涉案价值达数百万元。成功侦破河南籍陈辉、郝华桥等人组织、领导传销活动案，抓获传销A级头目5人，破获了这一从2012年起便盘踞兴安多年、成员众多、活动隐蔽的传销组织。

【治安管理】 2018年，兴安县公安局共查处539起，处理违法嫌疑人673人，其中治安拘留437人，分别比2017年下降17.7%、下降15.7%、下降22.8%。侦办管辖刑事案件6起，抓获犯罪嫌疑人26人，刑事拘留15人，逮捕15人，移送起诉11人。其中，查处赌博案件63起，处理违法犯罪嫌疑人192人；查处卖淫嫖娼等涉黄案件42起，处理违法犯罪嫌疑人44人。调解案件139起。

兴安县公安局辖区共有社会管理视频监控系统摄像头753个（其中公安机关建设的共有160个，社会力量建设的共有593个）。其中，2018年新增建设社会管理视频监控系统摄像头97个（其中公安机关2018年新增建设的46个，社会力量2018年新增建设的51个）。

2018年，兴安县公安局深入推进“一村(社区)一警务助理”工作，在全县118个行政村配备125名警务助理，实现服务群众零距离、警务触角全覆盖、治安管理无漏洞、化解矛盾全方位，辖区发案率明显下降，社会治安形势持续良好的目标。

【维护重大项目发展】 2018年，兴安县公安局立足公安机关职能，做到经济发展到哪里，服务就跟进到哪里，努力为重点工程项目提供优质服务、创造安全环境，发挥公安机关为县域经济发展保驾护航的主力军作用。全年为三大水库建设、移民安置搬迁、风电建设、县城西绕路、湘江环境整治工程、灵渠南渠恢复通航、灵渠入选世界灌溉工程遗产等重大建设项目担任安保维稳任务百余次，出动警力1600余人次，出动车辆260余台次。

【枪爆专项整治行动】 2018年，兴安县公安局按照“查得实、管得住、控得严”的要求，全力推进“神剑系列”缉枪治爆专项行动深入开展，确保了“不打响、不炸响”。全年共立涉枪涉爆案件6起，破案6起，抓获违法犯罪嫌疑人13人，缴获各种枪支59支、子弹345发、管制刀具111把，弩2把；共排查涉爆单位82家，排查爆破作业点82个，排查涉爆人员800人，排查做到3个百分百，即排查爆破作业单位100%、排查作业现场100%、排查人员100%。

5月4日，公安干警在街道开展日常巡逻工作 （县公安局 供图）

【警卫工作】 2018年，兴安县公安局圆满地完成了重大赛事及各级领导到兴安调研检查等安全保卫任务76次，警卫任务4次，共出动警力3000人次，车辆360台次，确保了警卫对象、警卫目标的绝对安全和各项安保工作万无一失、安全无事故。

【巡逻防控】 2018年，兴安县公安局主推接处警快速反应联动警务工作新机制，打破原有巡警单巡逻格局，交、巡骑警联合巡逻，提升快速综合处置能力。将县城划分为东南西北4个警区，每个片区设置若干必巡线、必到点和车辆经常性停靠点，布置交、巡骑警4人，实现城区巡逻防控全覆盖，确保时时见警灯，将警力最大限度摆到街面。骑警出警到达现场对现场先期处置，维护现场秩序，对简易警情现场处置，有效避免群众等待处置时间，打通简易警情现场处置瓶颈，实现快出、快处。推行后，接出警200余次，帮助群众80余次，惩治违法犯罪10起，如三月三假期期间，指挥中心派警称秦皇路一家珠宝店被一男子抢走珠宝项链若干。接到报警信息后，骑警迅速反应，一边骑车沿街边寻找，一边在路旁设卡。10分钟后，男子在中心广场被骑警控制。落实清查常态化机制，围绕工作中的重点难点、易涉赌涉黄及传销、寄递物流等，每周开展两次社会面清查及设卡行动，主动提高见警率、管事率和打击率。

【网安工作】 2018年，兴安县公

安局建成县级网安电子取证实验室，培养专职网络侦查、电子取证人才，软硬件设施顺利通过区厅网安总队验收。落实该辖区网站的摸底和备案工作，对涉及兴安辖区的250个政府、企业和个人网站进行了信息安全排查，加大对网络发布有害信息和极端言论的处置力度，依托"兴安网警巡查执法"微博账号和"平安兴安"官方微信号进行主动辟谣，发布辟谣信息11条，通过执法账号留言警示30余人次，消除了群众恐慌情绪，净化了网络环境。同时，加大对网络发布有害信息和极端言论的处置力度，核实查处、教育训诫12人，接收悔过书9份。

5月3日，兴安县副县长、公安局长申小军(左一)"五一"期间检查民警安保工作
（县公安局　供图）

【合成作战工作】 2018年，兴安县公安局大力推广应用县局优势警务创新项目"慧警APP"，相继研发了"本地警情分析"和"重点人员采集"模块，已实现每日警情实时流转和研判。共采购并配发华为警务通双模手机共183台，全局民警手机或警务通手机上均安装有"慧警"APP客户端。平台应用至年底，全局情报联查921次，人员核查19403次，车辆核查15337次，民警执勤146条；导入重点人员信息8613条，重点人员采集更新187条；出租房登记340间，租客登记641人次；家庭旅馆登记45间，旅客登记2536人次；社区戒毒登记193人，走访涉毒人员记录425条；登记涉稳人员370人，记查涉稳人员录443条；微信实名关注1534人，为一线民警提供了有力的情报支撑。大力推行"情指行"一体化合成作战模式，融合情报、网安、视侦等手段，使大数据应用平台与办案所队联动贯通，打通警种间壁垒，通过合成作战模式，成功侦破"4·1"福慈坊命案、"322国道村庄系列入室盗窃案"、"3·11"抢夺手机案等有较大影响的刑事案件134起。

【接处警工作】 2018年，兴安县公安局110报警服务台共接到报警36760次，比2017年下降7.77%（其中抢劫案件1起，盗窃案件316起，火警事故41起，交通事故2311起；受理求助2798次、提供咨询903次、骚扰电话9066次、其他无效报警17624次，无效报警率为30%）；接警后，处警36760次，出动警力30210人次，比2017年分别下降7.77%、下降18.19%。

【户口管理】 2018年，兴安县公安局辖区常住人口总户数124316户，比2017年减少301户，增长率为负2.4%；该局辖区常住总人口392583人，比2017年增加1714人，人口自然增长率4.37%，其中壮族等少数民族人口22143人。全年辖区登记流动人口16696人，比2017年861人，增长率5.15%；户政部门审批各类户口准迁手续587人；办理及补领居民户口簿7040本，办理户口准迁证318张、户口迁移证995张；办理第二代居民身份证24186张、临时居民身份证5130张，异地办理身份证181张；办理流动人口居住证74张；办理出生登记5414人、死亡注销登记2541人；户口清理整顿漏报补录126人，重人重户多报删除50人。登记出租房屋1886户、1986间。狠抓"放管服"改革措施落地，将户政办证统一入驻政务服务中心，户政窗口服务都实现证件收费刷POS机及微信、支付宝缴费方式。户政购买了身份证快速打印设备、自动办证机，实现了办理临时身份证立等可取和自助办理身份证，解决了群众的现实需求。

【出入境管理】 2018年，兴安县公安局共受理出入境业务13800人，其中办理普通公民护照4931

本,内地居民往来港澳通行证及签注 8355 人,往来台湾通行证及签注 509 人,受理审核赴香港澳门定居 5 人。同比 2017 年业务量 12500 人增长了 13%。登记境外人员临时住宿信息 5157 条。查处 9 起“三非”外国人案件,遣返“三非”外国妇女 5 名。2018 年,兴安县公安局建立猫儿山景区外国人服务管理站;积极推行国家移民局办理出入境证件“只跑一次”新政,落实公安部各项利民便民措施。出入境大队提供免费照相服务,共为大约 10000 名群众提供免费照相,仅此一项便民利民措施,就为办证群众节约成本 20 余万元。

【监所管理】 2018 年,兴安县公安局继续以打造忠诚、平安、法治、文明、智慧、有为的“六个监管”为目标,把兴安县公安监管场所建设成羁押被监管人员安全的场所、教育感化被监管人员的主阵地、深挖犯罪的主战场。抓好《广西监所被监管人员一日生活规范》、桂林市公安局监管支队制定的《桂林市公安局看守所岗位职责》等各项监管安全制度的落实,加强公安监管场所基础设施建设,积极争取当地党委政府的重视支持,加强与有关部门的协调,加大医疗卫生专业化建设投入,夯实医疗卫生专业化各项工作基础,全面规范监所诊疗工作。2018 年圆满完成各项监管任务,实现监所 25 年零违法零违纪,15 年安全无事故,连续四年被评为二级看守所,2018 年评为三级看守所。2018 年,看守所新收押 384 人,共关押 574 人,释放 380 人。年底羁押人数为 168 人,重刑犯 1 人,留所服刑 9 人;深挖犯罪线索 20 条,破获案件 20 起。

【法制信访工作】 2018 年,兴安县公安局主推案件回访工作新机制,及时发现解决案件侦办中存在问题。深化执法规范化建设工作,严格落实受立案改革制度,组织开展案件评查活动,完善落实执法质量考评制度,通过各项制度的颁布实施,从源头上提升民警对规范化执法必要性的认识,从制度上约束民警在执法过程中的具体行为,确保民警严格依照法律程序规范执法。2018 年,共组织各类培训班 25 余次,执法培训民警人数 800 人次;同时积极开展法律宣传,集中宣讲 20 场次,散发宣传资料 3 万余份,增强了广大群众的法治观念,预防和震慑了各类违法犯罪。受理通过公安信访信息系统交办信访案件 15 起,全部办结;接待信访人员、咨询群众 700 人次。

交通管理

【概况】 兴安县公安局交通警察大队(简称县交警大队)共有 36 名在编民警,共设有 7 个中队,分别为办公室、秩序中队、电子中队、车管中队、事故中队。其中,设有两个乡镇中队,分别为马口岭中队、百里中队。

2018 年,县交警大队获兴安县优秀政务窗口、县公安局 2018 年度气排球比赛第二名;赵国平获桂林市委优秀共产党员称号、三等功;阳著恒获桂林市公安局个人三等功;赵国平获县委办公室个人三等功;崔晓东获县委办公室个人表彰、十佳政法标兵称号;陈璐、彭红鑫获县局个人嘉奖;赵国平、陈志鸿、侯建军、廖国政获县优秀公务员荣誉。

【交通安全社会化管理】 2018 年,县交警大队争取县有关领导高度重视和关注道路交通安全管理工作,年内组织召开全县道路交通安全工作联席会议 4 次,召开所属车辆违法突出的客运企业约谈会 2 次。开展了一系列交通安全集中整治行动,全面排查治理安全隐患和薄弱环节,有力地保障春运、清明、“五一”、国庆等重点时期和雨雾、低温等恶劣天气下道路交通安全。

【县城交通治理】 2018 年,县交警大队以创自治区文明城市为契机,认真开展县城交通疏堵保畅行动,采取“高峰站点、平峰巡线”动态勤务模式,早上班晚下班,在 22 个易堵重点路口加强高峰期的指挥疏导;坚持开展护学行动,每天上、放学高峰期安排警力到县城 5 所重点学校路段护学。县公安局组织交警、治安、刑侦、禁毒、处突等多警种每星期开展 1~2 次联合武装设卡,查处酒驾、毒驾违法。强化各有关部门的相互协调沟通,完善交通设施、加大科技设备建设,不断提高县城交通管理水平。对县城的交通设施进行完善增补,多措施全面优化县城各重要交叉路口的交通组织。2018 年,县城共新增了禁鸣、禁行等标志牌 190 余块,施划交通标线 9000 余平方米,安装中央隔离护栏 4000 余米,增设更新红绿灯 4 套、改造 3 套,完善交通指挥中心 1 个、新建闯红灯及违停违法电子抓拍设备 22 套,对规范路口交通秩序、提高通行能力发挥了重要作用。

【农村地区道路交通安全管理】2018年,县交警大队积极多次向县委政府汇报农村道路交通管理工作,县委、县政府非常重视,将完善农村道路交通管理工作机制这一重任列入《政府工作报告》,经县十六届人大四次会议审议通过,并指定县交警大队为牵头单位。为使《政府工作报告》目标有效落实,按照《兴安县人民政府关于落实2018年县政府主要工作目标任务的通知》文件要求,结合兴安县农村道路交通管理工作实际,县交警大队牵头,以县道路交通安全联席会议名义,制定《兴安县农村道路交通管理工作考评细则》,并在3月全县道路交通安全联席会议下发,要求各乡镇道路交通安全联席会议要按照考评细则逐一对照做好相关工作,县道路交通安全联席会议办公室组织考评通报。同时,完善了县联席会议办公室牵头成立的“联席会议信息报送微信群”管理工作,极大提高了日常信息收集报送和业务指导。建成界首、白石两个“两站两员”示范乡镇,并经过市联席会议检查验收。

【道路安全隐患清零工作】2018年,县交警大队不断夯实道路交通安全管理基础。一是加强道路安全隐患排查治理。县联席办组织各乡镇道路交通联席会议,对县、乡、村公路进行安全大检查2次,积极排查危险点段、事故多发路段2处并及时上报,积极协调、督促有关部门落实整改措施;二是集中约谈重点运输企业。县公安、交通、安监等三部门联合,对交通违法突出的2家公路客运、1家旅游客运和1家危化品运输企业进行了集中约谈。三是加强应急建设,结合季节特点,健全道路交通安全气象信息发布制度,尽量降低恶劣天气下交通安全事故的发生概率,适时修订相关应急预案,开展应急演练2次。

【交通违法集中整治】2018年,县交警大队按照上级部署,县联席会议组织各相关部门,围绕源头隐患、农村道路,坚持源头治理与路面严管相结合,开展了预防重特大道路交通事故攻坚战、暑期交通安全、农村交通安全隐患排查大整治;开展校车及接送学生车辆、危险化学品运输车辆、营运客车、旅游包车、酒驾醉驾毒驾等系列专项整治行动。2018年,县交警大队针对重点车辆和驾驶人、严重交通违法行为先后开展专项整治,全力保持全县辖区交通违法严管高压态势,取得了明显成效。2018年,全县查处各类交通违法3.1万起,行政拘留82人,查处酒驾、毒驾123人次,暂扣机动车2300余辆,教育违章行人、非机动车15000余人次,及时消除了一批严重交通安全隐患。

【扎实提高群众满意度】2018年,县交警大队在工作中扎实开展“转提优”及夜访下访活动,竭力实现人民群众安全感满意度“双提升”。一是热情服务,强化机动车及驾驶人管理。做好源头管理,扎实做好车驾管各项工作,严把驾驶员审验关、考试关,严把机动车检验关、入户关;大队车管所通过“全区一等县级车辆管理所”验收。筹资800万元新建车管所业务大楼、机动车查验棚、机动车驾驶员教育考试中心并启用,设置了自助服务区,为群众提供优质车驾管服务。积极推行便民服务措施,拓宽服务渠道,通过采取延伸服务窗口、延长服务时间、推迟下班、上门服务等人性化做法,提高群众的满意度。5月警邮携手在溶江镇建立市首家县级“警邮服务中心”,延伸车管服务半径到乡镇,代办驾驶证期满换证、行驶证补证、机动车6年免检盖章等业务,办好的证照邮递上门。多渠道多措施积极推行“网上车管所”APP业务,让广大驾驶员足不出户就可享受掌上办理相关业务的便捷服务。5月,推出微信支付功能,节省到窗口排队找零时间,提高了业务办理效率。指导建设完成桂通、万华机动车检测站,兴安车主在家门口即可办理检车业务。指导完善兴安易捷机动车培训服务中心建设,形成具备全区一流驾考水平的摩托车、小车、客货车全科目考试点,年驾考生5000多人。二是严格执法,规范事故调处工作。坚持以事实为依据、以法律为准绳,严格执行法律法规,规范办案程序和法律文书的使用,严把执法办案质量关,道路交通事故结案率达到90%以上。坚持以人为本,切实保护事故当事人的合法权益,没有因工作过失而引发涉诉涉访案件。

【巩固“文明交通行动计划”成果】2018年,县联席会议充分整合部门资源,继续深入开展形式多样贯穿全年的大型交通安全宣传主题活动。各成员单位通力协作,和有关交通运输企业围绕重点时间节点和中心工作持续深入开展“冬日暖阳”“斑马线上的文明”“110”“122”主题系列交通安全公益宣传活动，受教育人数达3万余人次。公安交警扎实开展文明交通志愿服务行动，组织参加劝导活动13000余人次；深入开展文明交通进机关单位、企业、社区、学校、村屯等“五进”宣传教育行动，发放文明交通宣传资料1万余份；与县各新闻媒体联合推出文明交通系列专题报道，每月发送文明交通提示短信5000余条；通过“兴安交警”公众号每月发表原创文章六篇，加强交通法规宣传教育；广泛开展文明交通宣传活动，设置文明交通宣传横幅、道路护栏宣传牌、宣传板报500余块，利用办公场所和路边LED屏不间断滚动文明交通标语。共向支队报送信息简报和调研文章共100余篇，回复人大、政协提案及群众咨询投诉信件10多件，为上级领导及时掌握情况和研判工作发挥了重大作用。

司法行政

【概况】 兴安县司法局内设行政办公室、法制宣传股、基层工作股、公证律师管理股、社区矫正股、计财股、县法律援助中心、下辖10个乡镇司法所，为司法局派出机构。司法行政系统共有干部职工47人。全县律师事务所3所，即广西灵渠律师事务所、灵湖律师事务所和磊诚律师事务所，共有执业律师15人。公证处1个，共有执业公证员2人。2018年，兴安县司法局交调委获全区人民调解委员会；易祖铁被评为全国人民调解工作先进个人；赵凌志、胡杰伟、唐志刚3位同志被评为全区优秀人民调解员。

【社区矫正】 2018年，兴安县司法局为全面规范社区矫正工作，牢牢把握社区矫正的非监禁特征，切实做好社区矫正人员的监督管理和教育改造工作。与县人民检察院联合执法检查，对全县10个司法所开展社区矫正工作情况进行了执法检查，狠抓社区矫正执行档案和日常工作档案的规范化建设，对违反社区矫正监督管理的社区服刑人员进行警告或建议收监执行，切实做好社区服刑人员的监督管理和教育改造工作。2018年，共开展调查评估工作88件，每件调查评估工作都能做到按规定要求进行，保证了调查评估的质量，为委托单位及时提供了调查评估意见。全年累计接收社区服刑人员898名，累计解除矫正人员652名，在册246名。其中缓刑234人，假释5人，暂予监外执行7人。

【法治宣传】 2018年，兴安县司法局普法工作按照《桂林市2018年普法依法治理工作要点》及桂林市普法依法治理工作要求，结合兴安县工作实际，积极开展“七五”普法宣传教育活动，大力推进依法治理，深入开展法治宣传教育，增强全民法治观念。一是研究制订年度普法工作计划，全面部署全年普法工作。根据县“七五”普法规划要求，结合本县实际，先后制订印发了《2018年兴安县普法依法治理工作要点》《关于开展深入学习宣传贯彻〈中华人民共和国宪法〉专项行动的通知》，对2018年全县法治宣传教育工作作出具体的安排部署，科学推进。二是加强农村法治宣传，深入推进依法治理年活动。制订并印发《兴安县农村法治宣传教育工作实施方案》，着重加强对农村和农民的法治宣传教育工作。结合“法律进乡村”活动，通过广播、宣传车、法治宣传栏、法治宣传节日等多种形式，深入开展农村法治宣传教育，把法律知识送到农村和群众手中，不断增强农村及群众法治意识。三是加强主题宣传活动，深入推进法治宣传教育。组织开展了三八妇女维权周、“3·15”国际消费者权益日、“6·26”禁毒日、“12·4”宪法日等法治宣传活动。活动以举办法治讲座、散发宣传资料、普法广播宣传、送法进社区（村屯）等多种形式宣传相关法律法规。四是以学习贯彻落实中共十九大精神为着力点，深入贯彻落实中共十九大会议精神，引导村民把握十九大“三农”政策新部署。五是全面落实“谁执法谁普法”责任制。建立健全重点单位法治宣传教育责任清单，广泛开展以案释法活动，构建分工明确、各司其职、齐抓共管的社会化法治宣传教育工作格局。继续开展生态文明和环保法治专项宣传，紧紧围绕生态保护、大气污染、水污染和土壤污染防治，强化提升社会公众环境保护意识，全面提高生态文明建设的法治素养和实践能力。六是扎实推进法治文化阵地建设。因地制宜建设法治广场、法治公园、法治街道等阵地，充分利用户外电子显示屏、广告牌、公共交通工具、便民服务大厅、服务窗口等阵地开展环境整治等综合法治宣传，扩大法治文化建设覆盖面、增强渗透力。

【人民调解】 2018年，兴安县司

法局加强调解组织规范化建设，按照“六落实六统一”的标准，对全县村级调解组织进行调整整顿，促进各调委会向规范化发展，专业性行业性调解组织建设也取得新的进展。坚持开展矛盾纠纷排查、调处，做到抓早抓小，力争将矛盾纠纷化解在基层，引导群众通过仲裁、行政裁决和复议、诉讼等渠道解决问题。2018年，全县共有各类调解委员会141个（其中交调委1个、医调委1个、土地资源纠纷调委会1个、劳动人事纠纷调委会1个、旅游纠纷调委会1个），人民调解员603人。全县各级人民调解组织共排查调处各类矛盾纠纷10121件，调解成功9845件，调解率和调解成功率分别达100%和97.3%，排查纠纷1903件，预防矛盾纠纷151件；防止民间纠纷转化刑事案例10件，防止群体性械斗5起，为维护社会和谐稳定做出了贡献。

【安置帮教】 2018年，兴安县司法局一直将安置帮教工作作为维护基层社会稳定的一项重要内容，摆上议事日程，做到了与其他工作一样年初同步部署。2018年，加强各项制度的落实力度，实行“一人一档案”“一帮一结对”等管理制度，坚持以就业防脱管这一工作主线，积极为刑释解教人员自食其力创造条件。积极联系劳动社保部门，给符合政策的安置对象落实养老保险，申请最低生活保障待遇。鼓励刑释解教人员通过灵活多样的形式实现就业，包括非全日制、临时性、季节性工作。到年底，兴安县共接收刑释人员231人.通过帮教措施，有效地降低了刑释解教人员的重新犯罪率，据统计兴安县目前刑释解教人员重新犯罪率控制在3%以下。

【法律服务】 2018年，兴安县司法局加强基层法律服务所服务工作，提升服务能力。全县11个法律服务所及11名执业法律服务工作者，通过了该年度的年检注册。全县基层法律服务所担任法律顾问37家，代理诉讼案件21件，代理非诉讼事务411件，调解纠纷441件，协办公证6件，代写法律文书377份，办理法律援助案件53件，挽回经济损失46万元；正确引导律师、公证员牢记职业的使命感和社会责任感，最大限度的发挥他们在服务民生和维护社会稳定中的作用。2018年1到12月，律师事务所代理各类诉讼案件141件，其中民事诉讼案件123件、刑事案件8件；行政诉讼案件10件；咨询1000人次；担任法律顾问51家。

2018年，公证处共承办各类公证602件，其中国内公证463件，港澳台公证38件，涉外公证101件；兴安县法律援助中心切实做好法律援助工作，做到应援尽援。1—12月，县法律援助中心共办理法律援助案件216件。其中民事191件、刑事案件25件，解答来信来电咨询600人次。受援人达815人，其中老年人110人，残疾人8人，未成年人123人，妇女368人，农民工206人，为受援人避免或挽回经济损失500多万元（其中办理中央彩票公益金法律援助项目案件65件）。

2018年，兴安县司法局按标准已建立兴安县公共法律服务中心，在各乡镇、村委建立了村级公共法律服务工作站、工作室。组织律师、基层法律服务工作者开展“一村一法律顾问”工作，全县律师事务所、基层法律服务所担任法律顾问125家，为群众提供快捷高效的法律服务。2018年8月底，“一村（社区）一法律顾问”已实现全覆盖，其中严关马头山、溶江莲塘“一村（社区）一法律顾问”建成区级示范点。继续加大基层法律服务工作者的培训力度，强化法律知识，业务技能的学习。全县11个法律服务所及11名执业法律服务工作者，通过了年度的年检注册。强化法律援助惠民职能，充分发挥法律援助在化解矛盾纠纷、保障人民群众合法权益中的积极作用。全县法律援助中心围绕服务经济发展、保障和改善民生工作，完善便民服务措施和工作机制，积极开展法律援助。2018年，县法律援助中心共办理法律援助案件216件。其中，民事案件191件、刑事案件25件，解答来信来电咨询600人/次。正确引导律师、公证员牢记职业的使命感和社会责任感，最大限度的发挥他们在服务民生和维护社会稳定中的作用。大力推进法律服务向社区、乡村延伸，组织律师、公证员、基层法律服务工作者围绕解决涉及人民群众切身利益的问题，积极做好涉及拆迁、就业、医疗卫生、社会保障、劳动争议、安全生产等方面的法律服务工作。2018年，公证处共承办各类公证602件，其中，国内公证463件，港澳台公证38件，涉外公证101件。律师事务所代理各类诉讼案件141件，其中，民事诉讼案件123件、刑事案件8件；行政诉讼案件10件；咨询1000人次；担任法律顾问51家。

【助力“精准扶贫”】 2018年,兴安县司法局切实助力“精准扶贫”工作。一是成立脱贫攻坚工作领导小组,各成员按照职责分工,认真落实相关工作任务。二是重点核实贫困户基本情况,做到精准识别,逐户制定脱贫规划,做到有的放矢真正扶贫。三是高度重视扶贫工作,严格按照县委组织部要求,选派2名工作人员长期驻村,千家村委及坪寨村委各1人,驻村工作人员实现全脱产,专司扶贫工作。安排24名干部到溶江千家村委与26户扶贫户结对子,按时按量按质完成扶贫任务。四是结合司法行政职能,组织法律工作者、机关干部到扶贫村开展送法律活动。通过现场讲座、展板宣传、发放法律知识读本、现场法律咨询等,为群众提供法律服务,取得了良好的社会效果。

【推进扫黑除恶工作】 2018年,兴安县司法局将“扫黑除恶”专项斗争与社区矫正、法治宣传、人民调解、律师代理等司法行政工作紧密相连,严格对照专项斗争工作要求,扎实有序推进扫黑除恶工作深入开展。一是强化领导,提高政治站位。始终把扫黑除恶工作作为一项重大政治任务来抓,局党组每季度召开一次扫黑除恶专项工作会议,对扫黑除恶专项斗争工作进行研究部署,并纳入重要工作日程。二是充分履职,深入推进扫黑除恶专项斗争。充分利用LED屏及法治兴安等公众平台,营造扫黑除恶的浓厚氛围。全年共开展“扫黑除恶”宣传20次,悬挂标语35幅,发放宣传资料2000余份。三是加强社区服刑人员谈话教育和帮扶,全面掌握社区服刑人员的思想、生活、工作动态,及时对他们开展针对性教育疏导,使其了解黑恶势力的社会危害,认清参与黑恶势力的行为后果,督促他们遵纪守法,顺利回归社会。四是开展矛盾纠纷扫黑除恶“大排查、大调处”活动,加大对社会面涉黑涉恶高危人群、事项的摸排力度,及时发现并报告黑恶势力犯罪案件线索,进一步维护基层社会和谐稳定的大环境。五是引导公证、律师、基层法律服务机构增强政治意识、大局意识和纪律意识,要求律师从维护社会稳定的高度,依法履行代理、辩护等职能,积极参与扫黑除恶专项斗争。

【信息化建设】 2018年1月,兴安县司法局正式启用投入70万元的社区矫正中心,与10个司法所视频联网。3月,自筹15万元安装变压器1台;12月,自筹资金30万元,建成县乡公共法律中心、站4个。

（兴安县司法局）

国防事务

人民武装

【概述】 2018年,兴安县人武部深入推进政治建军、改革强军、科技兴军、依法治军,按照“听党指挥、能打胜仗、作风优良”的要求,坚持固本强基、主动作为、安全发展,不断推动人武部全面建设科学发展。

【武装理论体系建设】 2018年,兴安县人武部坚持把握根本,抓好党的创新理论体系武装。一是深入开展“牢记强军使命、担当强军重任”主题教育活动。及时成立领导小组,认真制订实施方案,严密组织学习教育。组织全体干部职工集中学习相关文件精神。部党委正副书记为全体党员授课,统一了干部职工的思想认识。主题教育中,兴安县人武部结合红军突破湘江战役纪念公园等驻地红色资源,开展配合活动,使广大干部职工在缅怀先烈、追忆历史中激发斗志、振奋精神。此外,人武部干部职工人人添加“学习小组”微信公众号;制作了“一个党员就是一面旗帜”的“党员风采录”;在“七一”期间开展了“五好党员”(思想觉悟好、模范带头好、履职尽责好、团结协作好、遵规守纪好)评比活动,有效促进了主题教育活动的开展。活动期间,警备区工作组到人武部检查指导并全程参加,给予了较好的评价。二是深入抓好党委中心组带机关理论学习。根据上级统一安排制订学习计划,对每名干部的自学计划进行了审查备案。结合政治工作调研和年终总结,对每名干部、职工的“三本一册”进行了检查,促进了干部职工学习的自觉性。三是着力抓好党委班子和干部队伍建设。坚持把党委班子和干部队伍作为部队建设发展的关键环节来抓。党委专题民主生活会筹备充分,保证了会议的顺利召开。2018年,党委讨论推荐干部定岗落编和其他敏感事项,坚持集体领导、公平公正,干部群众反映比较好。四是深入抓好党风廉政建设。坚决贯彻落实“两个责任”,把党风廉政建设作为重要工作,尤其是结合征兵工作抓紧抓实。2018年,县人武部党风廉政工作和征兵工作中未有任何不良状况发生。

12月12日,兴安县召开县委常委议军会议 (县人武部 供图)

【应急应战训练】 2018年,兴安县人武部坚持“编组是第一战斗力”理念,按上级要求建好各支应急储备队伍。第一、二季度组织各乡镇民兵应急排、县民兵应急连编组,确保组织结构、人员名册、联系方式编全编实。坚持按纲施训。10月,组织民兵应急队员开展军事训练,强化战术基础、警棍盾牌术、投弹、卫生与救护、民兵处突演练等课目训练,通过桂林警备区检查验收,成绩名列全市前茅。

【征兵工作】 2018年,兴安县夏秋季征兵工作立足于早筹划、早着手,从年初就开始对辖区高中、中专学校应届毕业生展开广泛宣传发动,并在6月1日组织召开了征兵工作会议,为年度征兵工作打下良好基础。征兵过程中,各级认真落实征兵优待政策,兴安县在按桂林市、警备区《关于进一步做好士兵优待工作的意见》,对入伍大学生给予4000(大专生)、6000(本科生)元的一次性鼓励金标准基础上给予大学本科毕业生3000元、大专毕生2000元的一次性鼓励金;县人武部落实好为返乡参加体检的应征大学生报销路费及发放误工补助;各乡镇也广泛采取乡镇领导与入伍新兵集体见面合影、谈话鼓励、奖励先进村干部、给入伍新兵赠送纪念品等方式,充分激发应征青年参军热情。

9月3日,桂林市委常委、警备区政委王致(正中左)、县长黄钦(正中右)到兴安县检查指导新兵役前训练工作　　（县人武部　供图）

【抢险救灾】 2018年5月,县人武部与县水利局一起完善预案、培训人员。参加了自治区水库防洪演练,赢得地方党委政府和人民群众好评。

【高中学生军训】 2018年,是县人武部承接军训工作的第一年。为切实做好高中学生的军训工作,县人武部联合县教育局积极筹划,圆满完成4所高中(中职)学校共2764名学生的军训工作。与往年相比,2018年的学生军训工作训练时间充足、训练科目多、训练质量更好。

【单位正规化建设】 2018年,兴安县人武部认真落实国防动员部"三个一线"建设要求和广西军区"来宾会议"精神,在经费有限的情况下积极筹划。2018年,民兵训练基地大楼已建成,基础设施完善,营区"军味、兵味、战味"氛围日渐浓厚。作战动员指挥室、器械场等建设工作,已协调议军会研究,逐步完善。

【安全稳定工作】 2018年,兴安县人武部认真排查隐患,高度重视安全稳定工作。结合国防动员部安全大检查及实际情况,研究制订兴安县人武部开展安全大检查实施方案,明确各科任务和责任区分。依照清查细则,各科重点对人员思想、各类库室、武器库、车辆、办公秩序、营院和保密工作逐项逐条进行排查,共查找出人员思想波动大、车辆出入检查落实不好、办公楼监控设施不完善、全面停止有偿服务工作存在矛盾隐患等18个问题。针对查找出来的问题,县人武部党委专门召开会议研究制定整改措施,各科依照责任区分狠抓整改落实,投入2万余元增添完善各类设施。

2018年,县人武部狠抓政治安全问题的过程中,利用工作日每日交班、平时交流谈心等时机,加强对干部职工的思想教育引导,经常督促干部职工要在政治纪律、防间保密、网络安全等方面始终保持高度警惕。同时,狠抓"两外"管控。针对部机关营院、仓库距离较远,机关营院外来人员出入较多,实行封闭式管理难度较大,干部职工"八小时以外"、"营区以外"管控难度大。对此,人武部要求人员离开营区必须向值班室报告,离开县城驻地要向部领导请假,干部职工手机必须保持24小时开机,要做到随叫随到。狠抓重要场所防范。针对营院封闭式不完善、监控不到位等问题,2018年,对营门岗亭进行了改造,对营区监控进行了完善,建设了营门车辆自动识别系统,一定程度提高了安全防范能力。狠抓车辆事故预防。加强两名驾驶员的教育管理,强化驾驶技能和心理素质,坚决杜绝超速行驶、酒后驾驶、私自出车等问题;严格落实车辆的安全检测和经常性维护保养,避免带故障出车;严格控制车辆派遣使用,尽量减少长途用车和不良天候用车。2018年全年未出任何安全问题。

【后勤保障】 2018年,兴安县人武部严格执行财务规定,坚持部党委集体理财制度,广泛开展节流增收活动,合理用好每一分钱。保障科在年初完成了2017年经费结算和2018年经费预算工作,制定完善了有关规定并严格落实。同时,立足自家自建的思想,营造拴心留人的营区环境。2018年,县人武部完善了营区设施,营区面貌焕然一新,丰富了干部职工的文化生活。圆满完成了全面停止有偿服务工作。2017年起县财政拿出专门经费拨付乡镇用于国防动员工作,保证了基层武装部国防动员工作的质量。自军队全面停止有偿服务工作以来,兴安县任务重,困难

12月28日，春节前夕，县人武部官兵慰问军属、困难群众

（县人武部　供图）

次以上，3次为他们送去了粮油等慰问品，建立了良好的感情。2018年，东源村共有13户成功脱贫。同时，县人武部牵头在驻军和民兵中开展扶贫送温暖活动，捐赠衣物1500余件。中秋节期间，在全县武装系统开展敬老爱老孝老活动，投入人力50多人次、经费近万元到全县敬老院看望慰问老人，帮助做好清洁卫生工作。下一步，县人武部将按照警备区和县委、县政府的部署要求，继续开展好扶贫帮困工作，并积极协调驻军单位参与脱贫攻坚工作。

大。县委、县政府召开专题会议，分别拿出378万元和89万元解决老帝豪酒店和三台路门面停偿回收问题，为军队全面停止有偿服务在财力物力上给予了大力支持。积极抓好装备管理与完善配套工作。加强车辆的经常性维护与保养，确保车辆性能始终处于良好状态，严格车辆派遣使用等相关制度，严格按上级要求封存2辆车辆；根据县抢险救灾及应急处突实际需求，投入资金采购了橡皮艇、风力灭火机、油锯，更换了部分老化破旧的警棍盾牌，相关装备器材及设施进一步完善配套。

【参与脱贫攻坚】 2018年，兴安县人武部党委高度重视扶贫帮困工作，做到工作有计划、任务有目标、责任有措施。县人武部联系高尚镇东源村。东源村有12个自然村，全村399户、1699人中有27户贫困户，贫困人口77人。东源村属偏远山村，12个自然村中6个尚未通公路，村中小学学生只有10人左右，教育设施陈旧。为尽快帮助群众脱贫，县人武部结对帮扶20户贫困户，并力所能及地开展了一些支助扶持工作。投入5万元用于村委篮球场修建；到小学开展扶贫助学活动，送去了3000元的慰问金和价值3000元的学习用品；协调县扶贫办和农业局开展产业扶贫工作；根据结对子计划安排，部里所有干部职工都入户6

【拥军优属工作】 2018年，有2名转业干部在兴安县安置工作，县人社局结合其个人特长，合理安排工作部门和岗位，尽最大努力满足转业干部的意愿。将符合政府安排工作条件的8名转业士官，全部安排在财政拨款的事业单位。积极协调驻军部队做好随军家属安置工作。2018年，3名随军家属就业和7名军人子女入学问题，全都得到妥善安排。同时，及时按照要求提高了义务兵

5月30日，县人武部官兵开展捐资助学活动　（县人武部　供图）

7月26日，兴安县举行“军民联欢”双拥晚会　　（县人武部　供图）

优待金标准。

2018年，县委、县政府在春节、“八一”均到驻军走访慰问，县直机关平时也经常与驻军开展交流走访活动，军政、军民关系非常融洽。2018年，兴安县实现“双拥模范县”九连冠，还被推荐评选全国双拥模范县称号。

【国防教育】　2018年，兴安县人武部充分利用湘江战役纪念馆等红色资源，广泛开展了一系列主题鲜明、内容丰富的国防教育活动。县委宣传部和县人武部在湘江战役纪念馆内设置了国防教育长廊；县委、县政府修缮三官堂、红军标语楼等红色旅游景点，打造红色精品旅游线路，组织各级干部群众、学生代表、入伍新兵等参加纪念英烈活动，全民国防意识得到进一步提升。在民兵整组、征兵、民兵军事训练等集中军事活动时期，充分利用电视台、报纸、网络、短信、广播、标语等媒体，广泛开展民兵职责、参军报国等内容的国防教育。2018年，兴安县民兵军政素质、参军入伍以及参与民兵军事训练积极性均明显增强。县委宣传部和县人武部利用征兵宣传和4月、9月国防教育日等时机，联合开展国防教育进校园活动，在县城4所高中、中职学校开通长期宣传墙报、走进校园宣讲国防知识、宣讲参军入伍政策，对青少年学生广泛开展随机国防教育。县人武部投入3万元，联合县委宣传部和县教育局在崔家乡粉山小学开展了“国防教育七个起来”（国旗升起来，军歌唱起来，国防教育课上起来，英雄故事讲起来，国防活动开展起来，国防标语挂起来，国防墙建起来）活动。

（兴安县人武部）

武警兴安中队

【概况】　2018年，武警广西总队桂林支队兴安中队（简称武警兴安中队）以中共十九大精神和习近平强军思想为指导，以“继承红军传统，赓续红色血脉，争当红军传人”为牵引，坚持“按纲要建、照大纲训、依条令管”思路理念，着眼举旗铸魂，聚焦备战打仗，不断提升中队建设内涵，扎实有效履行使命，圆满完成各项工作。2018年，武警兴安中队多次出动兵力，圆满完成临时武装押解、抢险救援等任务。2018年，武警兴安中队被武警广西总队评为“基层建设先进中队”，1人荣立个人三等功，多人被上级表彰嘉奖。

【组织建设】　2018年，武警兴安中队党支部坚持党的绝对领导，在编制体制调整改革的大势下，重新组建新班子，着眼“听党指挥”引领看齐追随。严格落实组织生活制度，严肃党内政治生活，通过批评和自我批评、党课教育、举行主题党日活动等形式强化党员政治意识，激发党员模范带头作用。

【军事训练】　2018年，武警兴安中队牢固树立“把备仗打仗摆在中心位置”的理念，用实际行动响应主席训令训词练兵备战号召，按照新大纲要求，坚持以军事训练“八落实”为抓手，深入开展实战化军事训练，从难从严从实战出发锤炼打赢本领。先后多次派出官兵参加桂林支队“勤训轮换”大比武、应急班反恐技能大比武、后勤岗位大练兵、共同科目大比武等活动，成绩优良、表现突出。

【部队管理】 2018年，武警兴安中队对照新条令，结合“条令年”活动，正规“五个秩序”，从激扬“三声”、培养“四个样子”入手，使官兵养成队列集合比形象、训练出操比作风、站岗执勤比正规的良好习惯，做到口令声铿锵有力，番号声、歌声嘹亮激昂，使活动真正进思想、见实效。始终坚持树立安全发展理念，正确理解和把握“稳中求进”总基调，严格落实每周一分析、每半月一排查、每月一讲评制度，并以“安全隐患大排查”“暑期百日安全竞赛”等活动为契机，通过撰写保证书、板报宣传、安全讲评等形式，有效增强官兵抓安全工作的责任意识。2018年，武警兴安中队实现连续22年安全无事故，3次被总队评为“百日安全竞赛活动”优胜单位。

【后勤保障】 2018年，武警兴安中队坚持以“保中心、保生活、保战斗力”为重点，实施后勤“建设有质量、管理有效益、应急有准备、生活水平有提高”的目标。全年投入基础设施建设资金180万元，先后完成训练场地的完善和执勤设施配套、红色文化建设、智慧磐石暨科技强勤等工程建设，基础设施配套率100%。农副业生产效益8万余元。

【拥政爱民】 2018年，武警兴安中队继承和发扬部队光荣传统，把驻地当故乡，视人民为父母，开展一系列拥政爱民工作，积极为驻地排忧解难。节假日参加慰问驻地贫困老人及烈士遗属，多次组织官兵捐资助学，共帮助3名家庭贫困学子解决生活困难，多次组织官兵送温暖、献爱心、义务献血，帮助驻地打扫公共卫生等活动，得到了驻地人民的普遍称赞。

【思想政治建设】 2018年，武警兴安中队采取参观见学、邀请老红军讲红军故事、讲身边好人好事和谈家乡变化等形式，开展经常性思想政治教育。同时，充分利用每周教育授课时间，精心组织开展法制教育、管装爱装教育、时事政策教育、心理健康教育、执勤教育等主题教育。培育当代革命军人核心价值观，夯实官兵的思想基础。共青团支部利用节假日与共建单位开展篮球赛、羽毛球赛、美化环境等活动，既愉悦了身心又密切了内部关系。2018年，武警兴安中队订购报纸杂志33种，常态化组织官兵学习军内外知识，提高官兵综合素质，拓宽官兵眼界、思维，促进官兵全面发展。

（资英杰）

工业·供电

工　业

【概况】 兴安县工业和信息化商贸局为县人民政府工作部门的工业管理机构，行政编制22名，后勤服务聘用人员3名，其中，局长1名，副局长3名，正副股室领导职数10名。内设行政办公室、经济运行股、投资和规划股、综合股、商务服务管理股5个股室。2018年，兴安县工业和信息化商贸局按照工业高质量发展要求，真抓实干，全县工业经济平稳运行，态势良好。

【经济指标完成情况】 2018年，兴安县工业总产值完成96.2亿元，同比增长9.2%；工业增加值完成33亿元，同比增长7.4%；规模工业总产值完成73.55亿元，同比增长9.62%；规模工业增加值完成24.4亿元，同比增长8.8%；工业投入同比增长6.3%，技改投入同比增长553.8%。2018年，全县批发零售住宿餐饮业方面得到进一步增长。其中，批发业"限上"企业销售额25020万元，同比增长16.47%；零售业"限上"企业销售额6895.8万元，同比增长15.15%；住宿业"限上"企业销售额4064.1万元，同比增长15.05%；餐饮业"限上"企业销售额3584.7万元，同比增长17.4%。全年完成外贸进出口总额的目标任务为7000万元，截止到2018年12月，全县进出口总额7316万元，同比增长4.5%，超额完成全年目标任务。截至2018年12月，新进"规上企业"4家，分别是：鑫富建材公司、磊鑫材料公司、晟和矿粉公司、桥头片和鑫采石厂。新进"限上企业"5家，分别是：宝路通汽车，维也纳酒店、恒源加油站、味十七饭店、桂北液化气公司。单位工业增加值方面，2018年综合能源消费量512813吨标煤，比上年同期增长4.43%，单位工业增加值能耗下降4.0%，超额完成全年目标任务。

【效能建设】 2018年，兴安县工业和信息化商贸局共组织干部职工集中学习习近平总书记系列讲话精神、习近平新时代中国特色社会主义思想等内容15次。同时，狠抓班子建设和党建工作，进一步强化组织领导。2018年补选支部委员会成员，开展专题党课学习4次，建党节期间到灌阳开展党员活动1次。切实转变作风，提高工作效率。根据"转提优"活动要求，制订实施方案并积极开展活动。8月，兴安县工业和信息化商贸局牵头组织开展经贸口以"服务发展"为主题的征文活动，并取得了良好的效果。开展形式主义、官僚主义突出问题专项整治行动，发现问题、整治问题，确保专项整治行动取得实效。

【服务企业情况】 2018年，兴安县工业和信息化商贸局按照"千名干部入千企"工作要求，成立了三个企业调查组，由局领导亲自带队，分赴各乡镇企业走访调研，收集各企业在生产中遇到的困难和问题，有针对性地做到主动跟踪、主动服务、积极协调相关部门及乡镇，尽全力予以解决，提振企业发展信心。积极开展限额以上批零住餐企业调研，做好培育新增入库相关工作，新进企业1家，另有4家企业意向预入库。组织多家企业参加广西"三月三"电商节、第十五届广西名特优农产品（桂林）交易会等活动进行展会促销，指导协助企业开展2018年的广西百店大促销活动，并进行项目申报。充分利用国家外贸政策，为企业争取资金支持。2018年，组织3家企业申报中央外经贸发展专项资金，为促进外贸企业走出去开拓国际市场、调整产品结构、降低成本、稳增长等方面创造了有利条件。依法开展商务执法工作，做好2018年度成品油经营企业经营资格的年度审查，对合法的社会成品油加油站检查监管工作逐渐形成制度化、常态化，规定每个季度检查一次，重大节假日例行检查，有举报随时检查。

【安全生产】 2018年，兴安县工业和信息化商贸局严格按照上级工信部门及县政府、县安委办的要求，把相关文件印发至各企业。坚持深入企业开展安全生产宣传和检查工作，提高企业法人和职工的安全生产意识，对存在的安全隐患进行排查和治理，指导、帮助企业建立健全安全生产规章制度。及时调整了局安全生产管理领导小组成员，并与有关企业及乡镇国土规划交通环保安监站签订了安全生产责任书，切实做到领导到位、责任到位、人员到位、措施到位。6月20日，在海螺水泥公司召开了全市安全生产工作会议。全年未出现重大安全生产事故。

【罐头厂改制情况】 2018年，兴安县工业和信息化商贸局加大了兴安县罐头厂依法申请破产改制工作力度。协助企业完成了《广西兴安县罐头厂依法破产职工安

6月5日，桂林兴安供电局工作人员到兴安中学考场走访，提前检查用电设施，勘察发电机接入点情况，并与校方相关人员协调解决学校稳定用电问题　　（县供电局　供图）

置预算方案》的制订，于2018年10月11至20日在厂里进行了公示，职工自愿签名按手印表决，表决率达到了91.4%。协助企业于11月26日召开了全厂在职职工大会，以不记名投票方式对《职工安置预算方案》进行了票决，同意票决率达到了94%，已向县人民政府请示批准《兴安县罐头厂破产职工安置预案的请示》。做好了兴安县罐头厂申请破产改制工作过程中的信访维稳工作，2018年未出现群访现象。

【扶贫工作】 2018年，兴安县工业和信息化商贸局成立扶贫工作领导小组，完善了《兴安县工信商贸局精准扶贫、脱贫攻坚、结对帮扶实施方案》，并以科级干部开展乡村振兴大调研活动为契机，积极加强脱贫攻坚工作，做到真正为民办实事。局主要领导到溶江司门村委31户贫困户全部走访到位，掌握了全局的帮扶进度情况。2018年1月，组织全体干部职工对帮扶联系的贫困户进行春节前的关爱慰问活动。2018年5月，局主要领导亲自带队组织科级干部到司门村委开展“新三同”活动。协助司门村委落实以奖代补特色产业扶贫政策。兴安县工业和信息化商贸局科级干部与司门村委一起组织全村130多名党员，开展了“七一”建党“新时代，讲习所”的讲习活动。组织司门村委部分党员群众进行了技能培训，并邀请县人社局同志讲解了就业创业政策。协助群众安装家庭太阳能路灯。

【拆除石灰土立窑情况】 2018年，兴安县工业和信息化商贸局根据《兴安县人民政府关于限期关停淘汰落后产能的通知》和《兴安县人民政府办公室关于依法开展强制拆除石灰土立窑行动的通知》，以及中央环保督察组“回头看”交办的环保问题等通知精神，在县政府组织下与县其他部门密切配合，于7月17日—21日、8月21日—22日，对全县23口石灰土立窑进行了两次为期五天的依法强制关停拆除行动，切断了电源，并对石灰土立窑窑内的耐火砖、窑口钢圈进行了损毁，对窑内进行了土石方填埋平整，树立了永久性不锈钢安全告示牌。

供　　电

【概况】 兴安供电有限公司（原名兴安县供电局），成立于1988年4月，1999年6月由广西电网公司代管，2007年2月兴安公司整体划转广西电网公司，成为广西电网公司的全资子公司，2009年7月更名为兴安供电公司；2017年11月8日更名为兴安供电有限公司。2018年4月9日兴安供电有限公司更名为广西电网有限责任公司桂林兴安供电局。桂林兴安供电局设5个职能部门和7个业务支撑机构。

桂林兴安供电局管辖35千伏变电站10座，变电容量11.225万千伏安；35千伏线路14回，线路总长159.22千米，10千伏线路68回，线路总长1508.2千米；10千伏配电变压器1548台，容量18.249万千伏安。

【主要指标完成情况】 2018年，桂林兴安供电局安全生产，没有发生人身事故（事件）；没有发生设备事故（事件）；未发生电力安全事件，没有发生五级及以上电力事件，该年累计安全生产记录365天。全年完成售电量7.075亿千瓦时，同比增长4.82%；主营业务收入3.56亿元，同比增长2.91%。2018年，电网建设固定资产投资总额为8801.58万元，投资完成率101.12%。

【安全生产】 2018年，桂林兴安供电局构建本质安全型企业。严格落实各级人员到位标准，强化现场作业风险管控，加大作业现场安全管控力度。全年共出动监督人员2024人次，监督作业现场1153个，下发违章扣分通知单122份。共计扣除人员286分。6次获得桂林网区县级企业违章查处情况“红榜”，网区排名第一。以局长、书记项目为载体，突出抓好配网线路隐患综合整治精益化管理，以实施“所主任+班组长”项目（每人挂到高故障线路，作为降故障率的第一责任人）为引领，累计应急砍青132次，全年完成漠庄子线等13条线路的联合运维及综合整治工作，更换一批老旧设备，清除树障68644棵，有效提升了配网线路的运行健康度。全力做好电力供应，圆满完成改革开放40周年、自治区成立60周年等重大保供电任务；在抗击岁末年初的两次冰冻灾害过程中，通过开展特巡特维，提前识别并及时清理配电线路走廊，所辖区域10千伏及以上线路累计覆冰25条，仅1条10千伏线路出现因覆冰跳闸情况，对比2018年1月份28次故障跳闸实现线路因覆冰故障率断崖式下降，巩固了当前配网运行向好局面，获得上级通报表扬。

【营销与服务】 2018年，桂林兴安供电局优化办电流程和服务环节，让客户“获得电力”更便捷、更优质，工业企业新装用户现场申请材料精简到4项，居民用电从报装到送电只需4天，让客户实现早接电，减少了近一半时间。全年累计业扩报装工单为4037户，报装容量为11.25万千伏安。积极拓展网上营业厅、南方电网APP、微信、支付宝等服务渠道，实现客户在线办理业务，客户通过远程服务渠道办理业务2908件，远程业务办理比例为66.67%。全方位管控服务风险，开展“春风行动”，不断提升问题的解决能力，对高风险客户诉求及“95598'投诉，严格履行一把手接单制，按照“五个亲自”的要求（即一把手亲自督办、亲自协调、亲自跟踪、亲自反馈、亲自回访），落实专业协同紧密配合，快速解决客户问题。

12月12日，桂林兴安供电局白石供电所工作人员冒着风雪登杆抢修接线 （县供电局 供图）

【电网规划与建设】 2018年，桂林兴安供电局主动与县住建局、国土局、发改委及各乡镇政府积极沟通，配合县住建局、各乡镇政府开展县乡总体规划，将电网项目有机融入总体规划中，力争将各项电网规划项目落地建设，为兴安县重大项目、县域经济发展提供了强有力的电力支撑。完成流江园新建台区、漠协兴新建线路、高尚义、上三义线路改造等一批重点、难点工程建设。2018年，电网建设项目194个，总投资8704.515万元（其中兴安县辖区电网扶贫项目37个，总投资1504.33万元），投资完成率100%。政企合作助推小型基建项目顺利落地，供电所技术业务用房小型基建项目如期取得项目建设用地、规划设计、风貌批复。扎实推进新一轮农网改造升级工作，加大低电压台区整改力度，开展重过载低电压拉网式排查，结合客户投诉、诉求以及片区经理传递渠道，滚动更新台区清单，全年累计梳理出566个低电压台区，已完成237个，完成率41.87%，列入改造计划在建的共66个，已进规划库的253个，将按照轻重缓急倒排整改计划表，

12月29日，桂林兴安供电局主动承担社会责任，义无反顾地奔向了备战冰冻灾害战场　　（县供电局　供图）

全面实施改造升级有效解决落实群众反映强烈的低电压问题。

【经营管理】 2018年，桂林兴安供电局坚决落实降低用电成本政策，让广大企业充分享受改革红利，全年累计帮助客户降低用电成本2520.868万元，让企业客户真正享受改革红利。积极扩大市场化交易电量，组织全县符合条件的18家企业参加广西电力市场化交易，全年交易电量3.33亿千瓦时，为企业减少成本1696.0463万元，特别是组织全县工业园区内10千伏工业用电大户，通过市场化交易实现到户电价0.54元/千瓦时，进入全国最低电价的前十名。

【人力资源管理】 2018年，桂林兴安供电局严格遵循“人人有事干、事事有人干”的原则，将原来的9部室调整为5部室，顺利完成组织机构改革工作。严格干部队伍管理，坚持把政治标准放在第一位，多领域、多层次、多岗位培养锻炼干部，组织党务干部开展专题培训以及参加网局党群干部培训，参与培训31人次。坚持培养高技术技能人才，持续深化员工能力提升工程，实现专业技术岗位能力评价全覆盖。全年全局内部举办培训班30期，培训人员1523人次；组织员工参加外培105期，培训人员438人次；组织各专业员工参加区公司2018年技术技能专家“电力开讲”5期，参加人员30人次。

【科技创新】 2018年，桂林兴安供电局劳模创新工作室获得广西电力行业协会企业技术创新类二等奖、企业“五小”成果优秀奖各一项。创新成果“避雷器计数器组架的研究”作为桂林供电局唯一县级供电局工作室的项目，参加了广西电网公司职工创新成果展示活动；劳模工作室带头人乔军获得了“广西工匠”“广西电网创客”等称号。

【党建和精神文明建设】 2018年，桂林兴安供电局深入学习贯彻习近平新时代中国特色社会主义思想和中共十九大精神，牢固树立“四个意识”，坚定“四个自信”，坚决做到“两个维护”，共开展十九大精神宣讲10场次，参会党员182人。完成党政“一肩挑”和“一部室一支部”设置，消除无党员班组；承接并编制“三个计划”，形成195项落实措施，开展“党建引领·先锋耀八桂”基层党支部建设年活动，推动从严管党治党责任落地。加强党建融入中心工作能力，推动党的建设与发展、生产经营深度融合，党委、党支部、党员三级联动，组织开展配网运维工作，有效地降低了客户投诉，故障次数同2017去年下降了19.72%。开展服务景区“十百千”党团大行动、“一学二讲三反”党员带头讲安全、查违章、排隐患，有效杜绝了安全事故的发生。落实“两个责任”，对照新一轮巡视自查发现问题，累计整改43条，整改销号率100%。宣传思想工作不断深入，注重在主流媒体正面发声，2018年在重点媒体共发布新闻通讯稿1122篇。综合运用案例教育、明察暗访、突击检查和业务部门自查的方式，抓好重大节日前的廉洁教育和监督工作，发送了廉洁提醒短信2000余条，组织1300余人次接受学习教育。桂林兴安供电局“廉洁直通车”行动监督检查工作得到上级部门肯定，全年聘请17名兼职监督员，出动33人次进行监督检查，提出整改建议14条。2018年，桂林兴安供电局先后获桂林市优秀巾帼志愿服务组织（队伍）、桂林市“青年文明号”、桂林市“安康杯”竞赛优胜

8月16日，桂林兴安供电局领导冒着烈日，赴生产一线工作现场，亲切慰问高温下忙碌在施工现场的一线员工　　（县供电局　供图）

单位、桂林供电局新闻宣传先进集体、桂林市电力行业职业技能竞赛团体三等奖、桂林供电网区“传承劳模精神　电亮青春使命”微视频展示大赛三等奖等称号。

【先进单位与先进个人名录】

2018年1月，唐林峰获得度广西电网公司2017年劳动模范称号。

2018年1月，经中共南方电网有限公司党组授权，中国南方电网公司给予唐林峰通报表扬一次。

2018年2月12日，劳模创新工作室获得广西电力行业协会企业技术创新类二等奖、企业“五小”成果优秀奖各一项。

2018年4月5日，文洪灵获得广西电网公司2017年度新闻宣传工作先进个人。

2018年4月16日，张丽获得广西电网公司2015—2017年公文处理工作先进个人。

2018年5月，乔军获得广西电网公司“广西电网创客”称号。

2018年6月28日，乔军获得南方电网公司2017—2018年优秀工程党员。

2018年4月16日，张丽获评广西电网公司2015—2017年公文处理工作先进个人。

2018年6月，苏履军获评广西电网公司2017—2018年优秀共产党员。

2018年6月，唐林峰获评2017—2018年广西电网公司党员示范岗。

2018年9月，唐林峰获评2018年度区直机关“身边好人”。

2018年12月，文洪灵获评南方电网公司纪念改革开放40周年职工文学作品征集活动，纪实文学类铜奖。

2018年12月28日，乔军获评广西壮族自治区“广西工匠”称号。

（张　丽）

信息产业

中国电信兴安分公司

【概况】 中国电信股份有限公司兴安分公司(简称兴安分公司),内设市场拓展部、客户服务支撑中心和办公室;下设县城、溶江、高尚等4个支局所。2018年用工总量88人。

【市场经营】 2018年,中国电信兴安分公司坚持人民邮电为人民的工作宗旨,加大“提速降费”,推动“服务升级”。同时,加大装维服务,全面推进宽带“当日装,当日修,慢必赔”服务,确保装维及时率、持续跟踪测速达标,确保接入速率达标。加强光宽带和4G网络覆盖,投资578万用于贫困边远山区光宽带的补点工作,截至2018年底,兴安县99%的行政村均能提供光宽带的需求。投资180万元,建设了170个微型基站,提升行政村4G网络覆盖比例。积极配合政府各项通信保障工作,圆满完成了中央电视台兴安直播、兴安米粉节、自治区水库抗洪防灾演练的宽带信号以及手机信号的保障。

【市场监管】 2018年,中国电信兴安分公司进一步强化实名制管理。落实新入网用户实名制登记制度,提升入网环节人证一致性,严格落实违规整改,切实提升实名登记信息准确率,防范惩治通信信息诈骗。进一步加强用户个人信息保护各项规章制度落实力度,强化用户个人信息保护,规范用户个人信息批量导出、复制、删除和销毁等行为,督促落实执行用户个人信息保护工作规范。持续加强互联网网络接入服务市场清理规范工作,持续开展电信入网客户资质管理,网站备案率持续保持在99.5%以上,网站备案主体信息准确率不低于95%,网站备案接入信息准确率不低于90%。

【精准扶贫】 2018年,中国电信兴安分公司运用现代信息技术助力实现精准扶贫,积极落实国家《网络扶贫行动计划》,打造“互联网+精准扶贫”,支撑地方政府实行精确扶贫,严格按照帮扶对接人“每两月入户一次”的要求落实,全年共入户调查、登记、宣传扶贫政策168人次,遍访所有贫困户。捐赠贫困户春耕物资、节日慰问等10400余元,捐赠村委修缮办公楼、通村水泥路8000余元。2018年,对接的乐群村委贫困户16户65人,已脱贫7户、32人。东河村委贫困户10户、33人,已脱贫4户、19人。

兴安移动公司

【概况】 中国移动通信集团广西有限公司兴安分公司(简称兴安移动公司),负责经营兴安县所有中国移动通信业务。内设综合部、销售部、集团客户中心、工程维护中心四个部门;设有营业服务网点50多家,其中,自营服务厅3个,自建他营厅8个,指定专营店37个,特约代理点4个。

【市场经营】 2018年,兴安移动公司围绕提价值和可持续发展战略目标,深化“大连接”战略落地,以“家宽规模提升、4G客户发展、流量规模提升”为主线,优化产品、渠道布局,统筹资源投放,加快改革创新,加速转型步伐。细分客户特性,整合方案多元化深耕市场,全年累计开展促销活动616场,不断提升客户对移动业务应用感知;以小区客户需求优

3月15日,兴安移动公司开展维护消费者权益宣传活动

(兴安移动公司　供图)

先排序建设，加快建设速度，实现快速覆盖。从提升客户满意度角度出发，细分各类目标客户，精准培育客户流量使用，全年免费APP流量包领取使用客户2.5万户，累计赠送2G流量6.65万户，手机上网流量到达56.4亿兆，同比增幅295.4%。同时，全面贯彻落实党中央、国务院关于推进网络提速降费的要求，持续提升手机无线上网的速率，打造“百兆能力、千兆示范”的有线宽带网络，全面取消通话长途、漫游费，不断推出“流量不清零”“流量共享”“全国不限量”等一系列优惠资费政策，加快对家庭宽带资费体系进行优化和调整，宽带产品价格平均下调幅度超过50%。紧跟国家“平安城市、智慧城市”等政策，持续关注民生工程，做好集团客户全价值经营和重大项目拓展，聚焦连接规模、连接服务和连接应用，推动连接从管道接入型向平台级连接与端到端基础设施服务拓展，实现连接服务向数字城市、政务办公、智慧交通、民生服务、生态保护等领域的应用，结合企业宽带、千里眼、云视讯、集团专线、固话等业务，与崔家政府合力打造“平安乡村、智慧党政”的信息化建设；与兴安县政法委签订雪亮工程一期项目战略协议等等，有效创造数字化服务的持续价值，为兴安数字经济、信息社会、人工智能的高速发展注入新活力。

4月27日，兴安移动公司开展岗区队树创活动

（兴安移动公司　供图）

【网络运营】 2018年，兴安移动公司以提升客户感知为中心，以优化4G网络为重点，全面开展LTE运维工作，加强LTE基站故障监控，完成各类应急通信保障任务。同时，加强有线业务建设，全年新增11772个端口，完成142个新建小区，使用建设成本978.89万，完成111个行政村的宽带覆盖，网络覆盖能力得到了进一步的加强。顺利完成了OLP优化项目及乡镇OTN组环等工作，为公司全业务发展及未来5G建设打下了坚实的基础。

（张　洁）

4月28日，兴安移动公司网络保障党员突击队为兴安米粉节主会场保驾护航

（兴安移动公司　供图）

中国联通兴安县分公司

【概况】 2018年，中国联通兴安县分公司坚决贯彻落实党中央、国务院重大决策部署，坚持以高

质量党建引领高质量发展，深入实施聚焦创新合作战略，全面推进“五新”联通建设，实现了党建质量与发展质量的双提升，各项工作取得新成效。

【市场经营】 2018年，兴安县联通公司扎实推进基站及宽带网络建设。全年全县共投入通信基础设施建设资金730万元，完成光纤建设投资250万元；新增光纤覆盖用户能力2万户，累计达到3万户；新增4G基站49座，2018年年底前再建设29个4G建设，逐步清退2G，3G\4G基站总数250座。全县家庭宽带用户数累计达0.4万户，手机上网用户数达4万户。完成17个宽带光网工程项目，新增H端口2048个；引入民营投资168.32万元，新建民营项目52个，新建H端端4208个。新建管道7.23千米，新增主干光缆123.7千米，各乡镇具备大数据接入能力。

【价格规范】 2018年，兴安县联通公司认真落实提速降费工作部署要求，在网络速率大幅提升的同时，全面取消了移动业务上网流量全国漫游费，移动流量资费平均单价相比2017年底下降57.4%，家庭宽带资费下降41%，互联网专线资费下降10%，国际语音及数据漫游资费分别下降44%、75%。

兴安县邮政分公司

【概况】 中国邮政集团公司广西壮族自治区兴安县分公司（简称兴安县邮政分公司）原名兴安县邮政局，隶属于世界500强企业中国邮政集团公司。经过120年的发展，公司已成为集金融、快递物流、电子商务、文化传媒、综合便民服务等产业为一体的多元化社会公用服务企业。兴安县邮政分公司下辖12个邮政支局、所，6个代理金融网点，有从业人员110人，总资产超过1765万元。

【邮政业务】 兴安县邮政分公司依法经营各项邮政业务，承担邮政普遍服务义务，受政府委托提供邮政特殊服务，对竞争性邮政业务实行商业化运营。主要经营业务有:邮政储蓄银行业务，提供存取款、基金、理财及保险等各类金融服务；国内和国际包裹快递等物流业务，提供仓储、理货、配送、通关、代收货款等服务；农村电商业务，致力于推进“工业品下乡、农产品进城”，打造邮政农村电子商务生态链；国内和国际信函寄递业务，报刊、图书等出版物发行业务，集邮业务，邮政汇兑业务，机要通信业务；代缴电费、通信费等综合便民服务；武装押运、保安服务；国家规定开办的其他业务。

【公司更名】 2018年，兴安县邮政分公司根据财政部《财政部关于中国邮政集团公司实施法人体制调整有关问题的复函》和国家工商行政管理总局办公厅《工商总局办公厅关于做好中国邮政集团公司和中国邮政速递物流股份有限公司管理体制改革登记有关工作的通知》文件精神，2015年4月份正式启动由原来的兴安县邮政局变更为中国邮政集团公司广西壮族自治区兴安县分公司，2015年4月14日完成工商部门注册登记工作，2015年5月1日正式揭幕挂牌。

【业务收入】 2018年，兴安县邮政分公司实现业务收入2037.5万元，同比增幅0.2%，其中，邮务类业务收入440.58万元，代理速递结算收入21.77万元，代理金融业务收入1203.07万元，分销与配送业务收入268.86万元，其他业务收入151.89万元。

（唐　源）

农业 · 水利

农　业

【概况】 兴安县农业局下辖二层机构17个，干部职工共94人，其中，高级农艺师10人，农艺师17人。2018年，兴安县农业局以实施乡村振兴战略为契机，以促进农业农村经济发展为目标，大力推广农业新技术和新模式，努力提高农业综合生产力和现代特色农业整体发展水平，认真贯彻落实强农惠农政策，全县农林牧渔业总产值同比增长5.2%，农业增加值同比增长5.1%，农民人均可支配收入同比增长10%。农村土地承包经营权确权登记颁证工作基本完成，全县10个乡镇116个行政村（居）委会，1815个发包方已完成了农村土地确权工作，为全县80738户农户颁发农村土地承包经营权证，颁证率达到96.40%，颁证面积达33.95万亩。现代特色农业核心示范区建设成效显著，获批自治区级四星级现代特色农业核心示范区1个（兴安县金满田园粮食产业核心示范区）、桂林市级现代特色农业示范区1个（兴安县大管家生态休闲农业示范区）、县级示范区1个、乡级示范园15个、村级示范点41个。“农村电商建设年活动”取得突破性进展，初步建成县电子商务产业中心、品牌策划中心、培训孵化中心、电子商务仓储物流批零展销中心、电商人才培训孵化中心。建成乡村益农信息服务站375个，其中，标准站125个、简易站125个、专业站125个，服务站建设村委覆盖率达100%。

2018年，兴安县金满田园粮食产业示范区被自治区人民政府认定为广西现代特色农业核心示范区（四星级）（桂政发〔2019〕2号）。

【水稻生产】 水稻是兴安粮食生产的主导作物，种植面积和总产量分别占粮食播种总面积和总产量的71.0%和78.5%。2018年，全县水稻播种面积36.2万亩，总产量15.0万吨。其中，早稻14.0万亩，总产5.2万吨，平均亩产372.1公斤；中稻8.6万亩，总产4.4万吨，平均亩产512.6公斤；晚稻13.6万亩，总产5.4万吨，平均亩产394.8公斤。继续抓好“超级稻+免耕鲜食玉米+菜（白菜花）+花（观赏花）”“水稻综合种养（稻田养鱼、泥鳅）”等水旱轮作，种地与养地、农业与旅游结合，钱粮双增的绿色高产高效种植模式，实施集成配套高产栽培技术措施，提高粮食单产。以推广水稻机耕、机插、机防、机收、机烘干的全程机械化社会化服务为重点，促进水稻生产朝绿色高效方向转变。

【玉米生产】 玉米是最主要的旱粮作物，以推广稀植大穗品种，开展间套红薯和辣椒等方式生产，品种以正大999、正大719、新中玉801、迪卡007为主。2018年，全县种植面积6.8万亩，总产3.0万吨，平均亩产435.4公斤。大力推广玉米免耕栽培技术、“一增三改”技术（增密度，改种、改肥、改土），提高玉米单产。在发展粮用玉米的同时，大力发展秋种鲜食玉米10万亩，品种以先甜90、特优602等大棒高产型品种为主，推广“稻—米—菜—花—肥”绿色循环高效种植模式。

【薯类生产】 2018年，全县薯类种植面积5.3万亩，总产量5.4万吨，折粮食产量1.35万吨。其中，崔家、湘漓、界首、白石、兴安镇等乡镇完成种植马铃薯0.79万亩，亩产量1199.3公斤，试验推广马铃薯水肥一体化和机械化生产，进一步提高了马铃薯单产和种植效益，种植品种以费乌瑞它为主，种植模式有“超级稻+秋马铃薯”等。

【豆类生产】 2018年，全县豆类播种面积1.86万亩，总产量0.29万吨。生产的豆类包括大豆、绿豆和杂豆，各品种均有春季旱地种植的春豆和收完早稻后在水田种植的秋豆（冬种春收的蚕豆、豌豆除外），县内各乡镇均有种植。

【油料生产】 2018年，全县油料作物播种面积3.26万亩，总产量6878.84吨，其中，花生3.15万亩、产量6605.72吨，其他品种有油菜、芝麻，各乡镇均有种植，以湘漓镇、界首镇、高尚镇、溶江镇居多。

【水果生产】 2018年，全县水果种植总面积29.36万亩，总产量45.95万吨。其中，葡萄总面积10.77万亩，总产量23.3万吨；柑橘达到15.41万亩的种植规模，比上年增加0.47万亩，总产量20.65万吨，比上年增加1.82万吨。桃、梨、杨梅、枇杷等夏熟水果3.08万亩，产量2万吨。

【蔬菜生产】 2018年，继续狠抓菜篮子工程，重点抓好以番茄、辣椒、茄子、莴笋、黄瓜、芥菜、萝卜、芹菜为主的蔬菜种植，全县蔬菜种植总面积24万亩，总产35.35

万吨，主要分布在兴安镇、高尚镇、湘漓镇、界首镇、溶江镇等。

【食用菌生产】 2018年，全县食用菌种植总面积560万平方米，每平方米单产8.9公斤，总产4984万公斤，产值3.9亿元。继续做好香菇、黑木耳、毛木耳、秀珍菇、灵芝等品种的推广种植。重点开展标准园建设，推进食用菌生产朝规模化、现代化、标准化方向发展。

【农业技术推广】 2018年，兴安县农业科技推广应用进一步加强，全年完成免耕栽培任务8万亩，其中，免耕栽培玉米6.5万亩；推广应用“三避”（避雨、避寒、避晒）技术24万亩，发展间套种植8.2万亩；全年完成测土配方施肥技术推广应用面积77.5万亩，其中，水稻35万亩，玉米7.2万亩，大豆0.8万亩，果树11.5万亩，蔬菜13万亩，葡萄10万亩。农机农艺融合的全程机械化生产，水气平衡栽培，三定栽培技术，病虫绿色防控，再生稻栽培技术、水稻综合种养等农业先进实用技术的应用，为兴安现代农业发展提供有力支撑。

【示范基地建设】 2018年，全县新建和续建各类示范基地20个，示范总面积1.8万亩。其中，粮食示范基地3个，示范面积0.6万亩，分别是高尚镇金满田园粮食生产示范基地、崔家乡高泽水稻全程机械化示范基地、兴安镇冠山粮食生产示范基地。水果示范基地11个，示范面积1.1万亩，分别是兴安县灵渠葡萄产业核心示范区、兴安县红色湘江蜜橘核心示范区、兴安县盛隆柑橘种植示范基地、兴安县树元沙糖橘种植专业示范基地、溶江镇莲塘村夏黑葡萄促成栽培示范基地、兴安镇道冠夏黑葡萄两代不同堂一年两收示范基地、溶江镇上百家巨峰葡萄延后栽培示范基地、溶江镇莲塘村巨峰老果园架式改造示范基地、严关镇马头山阳光玫瑰葡萄种植示范基地、崔家乡万盛园猕猴桃种植示范基地、漠川乡富佳园猕猴桃种植示范基地等。经济作物示范基地6个，示范面积0.1万亩，分别是兴安镇源江高山蔬菜种植示范基地、湘漓镇反季节秀珍菇示范基地，严关镇杉树村委香菇示范基地、高尚镇济中村委毛木耳示范基地、高尚镇铭辉食用菌种植示范基地、严关镇马头山草莓种植示范基地。

【病虫害防治】 2018年，兴安县农业局积极开展农作物病虫害防治工作，全年各类作物病虫草害发生面积506.68万亩次，防治面积527.19万亩次，挽回粮食损失4996.84万公斤。全年发布农作物病虫预测预报27期，长、中、短期预报准确率分别达到85%、90%、95%以上，每期发出病虫测报280余份，病虫信息入村率达到100%。以绿色防控为抓手，重点抓好水稻病虫害综合治理（IPM）技术应用试验示范、葡萄病虫害绿色防控示范、以柑橘黄龙病防控为主的病虫害综合治理示范，示范面积1.52万亩，带动面积10万亩；采购频振杀虫灯、新型太阳能杀虫灯、害虫诱捕器、黄板赤眼蜂、捕食螨等绿色防控物资合计32.5万元，全部无偿发放给农民。其中，柑橘病虫害绿色防控与统防统治融合示范，示范面积0.2万亩，带动面积为2万亩，水稻病虫害绿色防控与统防统治融合示范，示范面积0.52万亩，带动面积为5万亩；使用直升机喷药防治柑橘木虱示范，年示范面积达4.71万亩次，提高了防治效果；砍除柑橘黄龙病病树4.4545万株，补助金额近60余万元，有效遏制柑橘黄龙病的蔓延势头；购买植保无人机11架扶持组建了3支植保无人机队伍。

【植物检疫】 2018年，兴安县农业局积极开展植物检疫法律法规的宣传工作，加大植检执法宣传力度，提高植检执法水平。在抓好农作物一般性病虫害的田间调查、监测预测预报的同时，抓好检疫性有害生物的普查、监测工作。加强对市场上的种子种苗检疫执法检查，共检查种子6批次、6.8万公斤，有证率达到98%；依法签发调运检疫证书4份；检疫要求函7份。此外，对红火蚁、番石榴果实蝇、葡萄花翅小卷蛾进行了监测和普查，至年底，尚未发现有该类病虫害。

【农产品质量安全检测】 2018年，兴安县农业局农产品质量安全监督检测中心继续加大力度宣传《中华人民共和国农产品质量安全法》，加强农产品“从农田到餐桌”的全程监控。农产品质量安全监督检测中心对县内较大的蔬菜生产基地、县城菜市场的蔬菜安全，执行质量安全监督和例行检测，对各蔬菜生产基地主要品种或主销品种进行全年跟踪监测。全年共例行检测抽取蔬菜样品9968个，卡片法快速检测25009个，合格率100%，抽检样品包括瓜果类、叶菜类、豆类、根茎类、葱蒜类、食用菌类等，基本涵盖全县当前生产或上市的时令蔬菜品种，确保了“放心菜”工程建设。

【耕地土壤污染监测与农田生态环境保护】 2018年，兴安县农业局完成第二次全国污染源普查种植业源入户调查，共采集样本178个，记录了肥料、农药、地膜等农业生产投入品使用情况和秸秆等废弃物收集处理方法及去向。进行耕地土壤污染预警监测点位复核，定位采集送检土壤样品37个、农产品样品42个，监测土壤及农产品受污染状况。建立生态农产品生产示范点4个，示范面积1100亩，全部采用绿色防控集成技术，减少化肥、农药使用量，降低对农田的污染，提升农产品品质。

【农业行政执法】 2018年，兴安县农业局农业行政综合执法大队深入基层，以多种形式宣传《中华人民共和国种子法》《广西果树种苗管理条例》《中华人民共和国农产品质量安全法》《中华人民共和国食品安全法》《农药管理条例》等农业法律法规，向农民群众传授辩真识假知识，提高维权意识，打击各种坑农、害农违法行为，维护农资市场正常经营秩序。全年共出动执法宣传车356台次，768人次，发放宣传资料3.5万份，举办《农药管理条例》培训班4期，培训358人。开展食品安全专项检查、农产品质量安全整治、种子农药市场监管、农资打假等多种执法行动。检查各类农资生产经营单位和门市部368家，发放农药经营许可证265张，查处种子、农药、肥料等违法违规行为68起，其中，立案查处31起，共调处农资纠纷事件10起，有效f保护了农民合法权益。

【新型职业农民培育】 2018年，新型职业农民培育工作严格按照《兴安县新型职业农民培育实施方案》的要求，全年共举办培训班5期，共培育新型职业农民400人，其中，生产经营型学员150人，专业技能型学员250人。

【支农惠农】 2018年，县财政局、农业局继续合力做好农业三项补贴改革政策的宣传和耕地地力保护补贴项目的组织实施工作，发挥国家支农惠农政策作用，稳定粮食播种面积，促进农民主动保护耕地地力，加强农业生态资源保护意识。全县全年耕地地力保护补贴面积为29.1万亩，共发放补贴金额3818万元。

林　业

2018年，全县土地总面积350.1万亩，其中，林业用地面积268.3万亩，森林面积267.8万亩，森林覆盖率76.48%。全县建办各种大中型竹木加工厂128家，年加工毛竹2100万根、木材5万余立方米，林业总产值近69亿元。2018年，兴安县林业局获2017年度政务服务公开政府信息公开工作先进单位。

【造林绿化】 2018年，兴安县植树造林的任务为0.6万亩，完成各类植树造林1.1万亩，占下达计划任务的183.3%，其中，精品旅游路线种植银杏树共535株；灵渠通航溶江河道两岸种植景观绿化树660株；全民义务植树67万株，占下达计划任务的100%。

【森林资源限额采伐管理】 2018年，兴安县林业局严格执行“十三五”期间森林资源限额采伐管理，指导全县竹木生产，坚持木材采伐实行伐前设计、伐中监督、伐后验收原则，核发林木采伐许可证790份，发证蓄积量6.9614万立方米。初审上报已批复占用征收林地项目6宗，已审批占用征收林地面积59.0842公顷，依法收取植被恢复费691.3198万元。

【退耕还林】 2018年，全县退耕还林工程总任务4万亩，其中，生态林2.45万亩，经济林0.35万亩，荒山造林1.2万亩。全年完成1.5259万亩退耕还林保存情况核查。2018年度完善退耕还林政策补助兑现190.73万元，县财政未拨付到退耕还林专户，无法兑付。耐心细致解答退耕还林农户来访50余次。

【森林防火】 2018年，兴安县林业局狠抓森林防火工作，坚持24小时防火值班制度和领导带班制度。在重大节假日期间下发森林防火通知9次，深入重点林区、火灾易发区、旅游景点等进行巡回宣传60车次，出动宣传120人次，发放防火宣传资料手提袋2800余个\宣传围裙2600余条，张贴宣传标语4150余条，出黑板报10期，移动、联通公司发森林防火宣传公益信息112000余条。2018年未发生较大森林火灾。

【林业有害生物监测、防治】 2018年，全县森林面积207.52万亩，监测覆盖率100%，监测准确率91%，发生面积12.83万亩，防治面积9.66万亩，无公害防治率100%；成灾面积8560亩，其中：松材线虫7780亩，毛竹780亩，成灾率4.1249‰；投入资金195万元。调运木材13259.07立方米，实施调运木材检疫13259.07，调运毛竹1023139根，实施调运毛竹检疫1023139根，调运苗木7794150株，实施调运苗木检疫7794150株，检疫率100%。10月底已完成松材线虫病疫木除木招标180万元。

【生态公益林管护】 2018年，兴安县纳入中央财政森林生态公益林补偿面积共计118.22万亩，其中，国有林面积11.42万亩、集体林面积106.8万亩，森林生态效益管护资金共计1706.75万元，其中，发放补偿1686.65万元，检查验收资金20.1万元；完成上级领导要求90%的资金发放任务。

【林下经济项目】 2017—2018年度，兴安县林业局利用自治区林下经济扶持项目，重点帮扶桂林大管家农业发展有限公司养殖基地。2017年，该企业共有两个农场养殖基地，1号农场位于兴安镇石坑村委上西岭自然村，占地面积200亩，鸡舍面积1000平方米，养殖土鸡23000羽，产蛋200万枚；2号农场位于界首镇兴田村委屯川自然村，占地面积1200亩，鸡舍面积2000平方米，养殖土鸡40000羽，产蛋300万枚。2017年，实现养殖出栏量10万羽，产蛋量500万枚，销售额突破1200万元，净利润100万元。该项目共带动农场周边农户52户（含贫困户23户），安排就业160人，农户增收1万元以上。2017年，兴安县林业局帮该企业申报自治区林下经济扶持项目，获得自治区林下经济扶持资金50万元，并获得自治区“产业富民”示范基地。

2018年，该企业对项目进行提升，创建了3号、4号基地，项目扩展至兴安县严关镇、漠川乡、华江乡、溶江镇。该项目林下养猪2000头，建设猪舍3000平方米；林下养鸡8万羽，建设鸡舍4000平方米。该项目申报2018年度林下经济扶持项目，并获得自治区林下经济扶持资金100万元。桂林大管家农业发展有限公司项目建设期为2013年10月至2018年10月，2017—2018年度项目总投资2000万元。该项目带动农户总计230户，带动农户人均增收1万元以上。

2016年度以来，兴安县林业局利用自治区林下经济扶持项目，已帮扶两家企业和两家合作社申报自治区林下经济扶持项目，共获得自治区扶持资金350万元。这些林下经济项目带动、辐射兴安县兴安镇、界首镇等6个乡镇，使广大林农获得了切实的利益，并带动、帮扶周边贫困户共同致富。

【资源保护执法】 2018年，兴安县林业局加强森林资源源头管理，加大惩治各种破坏森林资源违法行为力度，森林公安、林政稽查大队共破获森林资源刑事案件25起，共查处违法运输、收购木材，非法改变林地用途，滥伐林木，非法收购、贩卖野生动物等林业行政案件170余起。没收违法运输银杏树7株、杉锯材6.1立方米，没收放生野生动物蛇类、鸟类、蛙类及其他野生动物一批，罚款38766.2元，有效地维护了森林资源、生态环境和兴安县的林

9月2日，兴安县溶江镇白竹铺展卓通用机场举行大型直升机航空应急救援展示和综合飞行演练。国家森林与草原防火办、北方航空护林总站、南方航空护林总站、桂林市、兴安县领导，国家应急管理部和辽宁、黑龙江、河南、福建、浙江、山东、重庆、湖北、湖南等部分省（区市）森林防火指挥部领导实地观摩 （王海峰 摄）

材经营管理秩序。

【山林纠纷调处】 2018年，兴安县林业局积极做好山林纠纷调处工作，全年共排查各类山林权属纠纷82起，立案受理15起，调解2起，报县人民政府裁决13起。指导各乡镇调处山林纠纷案件28起，接待来访群众400余人。涉及山林纠纷的信访事项明显减少，当年全县没有因山林权属纠纷调处不当而引发集体进京赴邕赴市上访事件。

【林权制度改革】 兴安县林权制度改革在2011年完成主体改革后，进入完善巩固阶段。2018年，兴安县林业局发放林权证面积5525.2亩，以解决群众需要，而全年兴安县查缺补漏纠错的任务10万亩，虽然最近林业厅允许可以调减50%，但任务依然过重。查缺补漏纠错发放不动产证需由国土部门牵头先行解决发证的技术问题，林业厅与国土厅联合制定的技术规程9月才出台，导致工作任务难以按时完成。

【林业法律法规宣传】 2018年，兴安县林业局充分利用各种保护森林资源及野生动物的法规性宣传活动机会，开展林业法律法规宣传活动。积极开展“爱鸟周”宣传活动，发送手机短信1.9万余条，发放宣传资料0.2万多份，并在各类报刊、电视台宣传保护森林资源及候鸟等野生动物新闻报道10余篇。在“安全生产宣传月”活动中积极参加政府组织的宣传活动，发放林业安全生产宣传资料0.2万份，接待群众咨询80余次。按照县委部署，积极开展禁毒、扫黄打非宣传工作，森林公安局组织参加了禁毒、扫黄打非宣传活动，发放宣传资料0.52万份，发送手机短信0.5万余条，深入林区巡查20多人次。2018年，兴安县林业局没有发生职工参与黄赌毒及非法传教活动现象。

【政务公开】 2018年，兴安县林业局自觉接受群众监督，始终坚持依法管理林业票证、依法收取林业许可性费用，做到执证上岗，收费公开，待人文明礼貌，热情周到，办事坚持原则，杜绝了“门难进、脸难看、话难听、事难办”的现象。全年办理木材运输证7750份，签发木材12404立方米，签发活立木841200株，办结率100%；检疫证12958份，其中，苗木7947950株，木材13259立方米，毛竹1023139根，杂竹85000根，做到了认真工作、文明执法，无一例投诉事件。

【党风廉政建设】 2018年，兴安县林业局抓好林业干部队伍建设和党风廉政建设，注重提高干部队伍的思想素质，深入学习科学发展观，增强职工工作的紧迫感、责任感和使命感，树立团结向上、敢于作为的精神风貌，营造合心、活力、和谐的氛围。开展林业系统体育运动会，增强了林业干部职工的身体素质和林业人得凝聚力。加强职工业务培训，制定培训方案，有计划、有目的地组织职工进行业务学习。在加强党风廉政、政风行风建设，依法行政，执行县直单位岗位责任制工作中，建立健全管理机制，严格实行制度管人，制度管事。继续与县纪委、检察院建立联席制度，定期组织干部职工学习法律法规，有效地预防职务犯罪。

畜牧水产

【概况】 2018年，兴安县水产畜牧兽医局紧紧围绕工作重心，认真贯彻“三农”决策部署，以农民增收、农业增效为目标，狠抓重大动物疫病防控、畜产品质量安全监管、畜牧产业扶贫、畜禽污染整治等重点工作，各项任务指标及重点工作完成情况较好，全县畜牧业经济发展总体呈现稳步发展态势。全县肉类总产量49290吨，同比增长6.3%，水产品总产量为9698吨，同比增长6.03%。2018年，兴安县连续八年获得“全国生猪调出大县”奖励，兴安县水产畜牧兽医局获得桂林市2018年度水产畜牧兽医工作先进单位二等奖、2018年桂林市先进基层党组织等荣誉称号。

【畜牧生产】 2018年，兴安县全年肉类总产量49290吨，同比增长6.3%。其中，生猪出栏51.75万头，同比增长6.1%;牛出栏2.21万头，同比增长8%；羊出栏2.52万只，同比增长7.2%；家禽出栏423.02万羽，同比增长5.6%。生猪存栏40.98万头；牛存栏4.05万头；羊存栏1.86万只；家禽存栏203.5万羽。

【水产生产】 2018年，全县渔业总产量9698吨，同比增6.03%；渔业总产值17941万元，增长6.06%。其中，捕捞产量671吨，同比增长3.23%；养殖产量9027吨，同比增长6.25%；稻田养鱼面积5094公顷，同比持平。

【动物疫病防控】 2018年，全县共免疫猪瘟50.0179万头，猪口蹄疫43.2164万头，高致病性猪蓝耳病39.0813万头，牛口蹄疫2.65万头，羊口蹄疫2.61万只，小反刍兽疫免疫1.21万只，高致病性禽流感315.42万羽(其中鸡239.79万羽、鸭66.39万羽、鹅9.23万羽)，应免疫畜禽密度均达到了100%。根据免疫抗体监测结果分析，2018年，全县高致病性禽流感、口蹄疫、猪瘟、猪蓝耳病的免疫抗体合格率均在70%以上，达到免疫保护水平。全年未发生区域性重大动物疫情。

【动物卫生监督执法】 2018年，兴安县水产畜牧兽医局着重加大了对经营病死动物及产品、逃避检疫、销售假劣兽药饲料及违禁品等违法行为的立案查处力度。全年共监督检查养殖场116场次，饲料和饲料添加剂经营企业52家次，屠宰场24场次，对辖区内12家兽药经营企业监督检查48家次。对在检查中发现的问题提出整改意见，对违法行为进行查处，共查处假劣兽药5起，查处假劣兽药42盒，罚款1319元，立案办结率100%。在执法过程中坚持有法必依，违法必究，公平公正，不徇私情，结案率达100%。全县未发生重大动物食品安全事故。

【渔政监管】 2018年，在县委、县政府和县委政法委的领导下，全县各部门联合执法行动机制初步建立，联合执法行动取得了较好的成效，全年除开展常规性执法巡逻外，还开展多部门、多市县联合执法8次，出动执法船只20艘次，出动执法车辆60台次，出动人员300余人次，清理地笼网具15000米，抓获电鱼船一艘、收缴电鱼机具25台。发放打击非法捕捞和保护渔业资源相关宣传资料10000余份，悬挂宣传横幅110余条，覆盖全县各乡镇80%主要水域。在渔业资源保护上，大力推进民间禁渔点建设，以村规民约的形式保护渔业资源，全县共建立村级禁渔点16个，通过村民自治管理，在村禁渔水域杜绝了电、炸、毒等非法捕捞行为，渔业资源得到恢复，民间禁渔取得了良好的效果。

11月28日—30日，兴安县联合桂林市渔政支队组织永福县、灵川县、全州县、资源县的渔政执法人员，开展县际交界水域联合整治非法捕捞专项行动 （县畜牧局 供图）

【现代生态养殖】 2018年，兴安县水产畜牧兽医局采取政策引导、专项资金激励并举的方法，鼓励规模养殖场建设雨污分流、沼气池、粪污微生物发酵处理和在养殖环节广泛使用益生菌等现代生态养殖技术。全县有20余家规模养殖场采用网床+微生物养殖模式，90余家规模养殖场采用干清粪+微生物养殖模式，大部分规模养殖场达到了雨污分离，粪污微生物发酵处理等生态养殖要求，实现了养殖污染少排放或者零排放。全县规模养殖粪污处理利用率达76.7%；养殖粪污处理设施配建率达67%。全县共有89家养殖场完成生态养殖场认证，其中5家获得五星级，21家获得四星级，63家获得三星级，生态养殖认证率达90.81%，超额完成自治区的考核任务。

【动物检疫】 2018年，全县产地检疫全年检疫生猪50.2704万头，牛羊3.5219万头，家禽392.3026万羽，检疫不合格动物及动物产品26.01吨，规模养殖动物检疫率达到100%以上，散养动物检疫率达到85%以上。全年屠宰检疫猪9.7498万头，牛羊1.0551万头(只)，屠宰检疫率达100%。监督养殖场户无害化处理病死生猪6118头，无害化处理率达100%。

【水生生物增殖放流】 2018年，

兴安县水产畜牧兽医局投入5万元，先后开展了3次较大规模的渔业资源人工增殖放流活动，共投放各类鱼苗鱼种30余万尾，有效修复了水域生态环境。

【非洲猪瘟疫防控】 2018年，兴安县水产畜牧兽医局全面安排部署防控工作，印发了《关于做好非洲猪瘟防治工作的紧急通知》《兴安县非洲猪瘟疫情应急预案》等文件，将防控工作任务落实到各成员单位，确保防控工作到位。多次召开非洲猪瘟防控会议，安排部署非洲猪瘟防控工作。扎实做好检疫监管。兴安县水产畜牧兽医局深入推进畜产品质量安全监管执法年活动，不断规范产地检疫和屠宰检疫。切实加强检疫监管，严格落实跨省调运用于继续饲养动物的落地报告制度。自8月8日起严禁来自疫区的生猪和生猪产品输入兴安县。认真抓好疫情监测。兴安县水产畜牧兽医局充分发挥好疫情测报网络的作用，发动乡镇兽医、村防疫员，密切关注疫情动态。充分做好应急准备。根据《兴安县非洲猪瘟疫情应急预案》，兴安县强化应急值守，切实做好储备物资、应急队伍等应急准备工作，县政府及时拨付30000元，购买动物防疫应急储备物资。加强防治排查力度。兴安县水产畜牧兽医局积极组织各乡（镇）水产畜牧兽医站对全县所有养猪场（户）、生猪交易市场、屠宰场、无害化处理场、生猪产品贮存场点开展现场排查，发现生猪、野猪异常死亡及病死猪无害化处理数量异常变化等及时上报。全年排查生猪养殖场2236个次，排查生猪460683头次，生猪散养村1851个、散养户23731户，散养猪58638头，排查生猪屠宰场9个，屠宰生猪28678头，排查生猪交易市场3个，交易生猪834头，无害化处理场点22个，排查生猪513头，出动排查人员2132人次。2018年，兴安县没有发生一例非洲猪瘟疫情。

【畜禽养殖废弃物资源化利用】 2018年，兴安县水产畜牧兽医局严格按照《广西畜禽养殖废弃物资源化利用工作方案(2017—2020)》，开展畜禽养殖废弃物资源化利用工作，积极向上争取2018年畜禽粪污资源化利用试点县，争取项目资金。草拟《兴安县畜禽养殖废弃物资源化利用工作方案》，从畜禽养殖废弃物资源化利用工作的总体要求、主要路径、监督管理、保障措施等方面进行了全面规范。集中技术力量对全县规模养殖场的畜禽粪污利用工作进行了全面技术指导，建立了“一场一策、一户一档、限期完成、验收销账”的长效管理机制，确保全县规模养殖场的养殖废弃物均实现资源化利用。

4月27日，县水产畜牧兽医局开展2018年兴安县增殖放流活动暨禁渔活动　（县畜牧局　供图）

【精准扶贫】 2018年，兴安县水产畜牧兽医局在精准扶贫工作中强化技术支撑，组建专业队伍，成立了兴安县水产畜牧业技术攻关小组，下设生态养殖技术攻关小组、稻田综合种养技术攻关小组、农作物秸秆加工贮存利用技术攻关小组，重点对生态养殖技术、稻田综合种养技术、农作物秸秆加工贮存利用技术进行攻关，为扶贫产业发展提供技术支撑。实施贫困村培训计划，提高贫困户种养殖能力和水平。制订《兴安县水产畜牧兽医局2018年产业扶贫工作计划》，已在溶川乡庄子村委、兴安镇源江村委、溶江镇茶源村委、富江村委、崔家乡三义村委、崔家村委开展了7期产业扶贫培训班，培训贫困户260人。积极为贫困户申请“5+2”特色产业发展资金。共为44户贫困户申请了产业扶持补助，补助金额达8.8万元。

【机关党建工作】 2018年，兴安县水产畜牧兽医局以支部为单位，定期按时开展“三会一

5月31日，县水产畜牧兽医局局长江元科（左一）深入联系点湘漓镇力头村委和界首合家村委开展精准扶贫活动，为40余户贫困户送鸡苗1000多羽、饲料100多公斤　　（县畜牧局　供图）

课”活动，局领导班子成员，都以普通党员的身份参加各自支部的组织活动。严格党费收缴管理。按照县委组织部、机关党工委的要求，财务室对全局党员党费收缴基数全部按照当前工资进行了测算，严格按照最新标准核定、收缴并公示。党费收缴实行一月一收，上交到县机关党工委。扎实推进“两学一做”学习教育常态化、制度化。2018年，兴安县水产畜牧兽医局把推进“两学一做”学习教育常态化、制度化作为加强自身建设、切实改进作风的战略性、基础性工程，认真抓好落实。全年组织专题学习15次，专题党课8课时，组织观看专题教育片4次。

（张　华）

农业机械化

【概况】 兴安县农业机械化管理局（简称兴安县农机局），内设政秘股、管理股、财务股，下辖兴安县农机安全监理站、兴安县农业机械化技术推广站、兴安县农业机械化技术学校，在职在编31人。

2018年，全县农机总动力53.3万千瓦，比上年增加4.1%；农机总作业值预计达6.87亿元，比上年增加3.3%；耕种收综合机械化水平预计达61.6%，比上年增加7.13%，其中，水稻耕种收综合机械化水平达75.68%，比上年增加1.89%，其中，水稻机耕面积达24500公顷，机械化作业水平达98%，保持上年同等水平；水稻机插面积达8700公顷，机插水平达33.51%，保持上年同等水平，水稻机收面积达24000公顷，机收作业水平达92.44%，比上年增加1.26%。

2018年，兴安县农机局承办了全市水稻生产全程机械化技术现场培训会、全市水稻生产全程机械化现场演示会，被桂林市农机局评为农机质量监督管理工作先进单位、培育发展农机合作社工作先进单位。

【水稻生产全程机械化示范推广技术】 2018年，兴安县农机局继续实施并完成了农业部农业技术示范与服务项目，在全县范围内完成2万亩水稻生产全程机械化示范推广任务。两个示范基地为本合作社社员周边农户的2万余亩水稻提供了机耕、工厂化育秧、机插等机械化服务，取得了良好的经济效益和示范推广效果。同时，兴安县农机局分别在兴安镇、崔家乡组织兴安县雄力、全新农机专业合作社举办机耕机插现场培训演示会，培训各类人员160人。2018年4月，中央电视台在兴安县崔家乡高泽村全新农机专业合作社，举行春耕生产机械化插秧直播活动。

【“千名队员下基层·万台农机助农忙”春季大行动】 2018年，兴安县农机局组织开展了兴安县“千名队员下基层·万台农机助农忙”春季大行动。组织农机系统干部职工及农机专管员225人次，结合农机新机具、新技术的推广应用，大力开展农机化产业扶贫宣传工作，共发放各种宣传资料5000多份，制作宣传横幅5条。组织农机义务维修服务队，到各乡镇义务帮助农户维修农机具，共检修128台（套）。2018年春季，全县共检修、维修各类农机具2800多台（套）；全县共投入春耕作业机械2万多台（套），完成机耕作业面积18万亩。2018年“3·15”活动期间，兴安县农机局对全县农机产品经营网点和维修网点开展了打假专项整治行动。

【农机购置补贴】 2018年，兴安县农机局制定并出台了《兴安县2018年农业机械购置补贴实施方案》，6月15日召开“2018年农机购置补贴工作会议”，全面启动2018年农机购置补贴工作。县、乡、村三级农机系统干部及县、乡两级财政部门相关同志共180多人参加会议，会议特邀县纪委驻农业局纪检组长，对农机购置补贴工作进行廉政警示教育讲话。2018年，兴安县农机局共完成补贴资金215万元，补贴机具1123台，受益农户1035户，占绩效任务的716.67%。

【农机安全生产】 2018年，兴安县农机局持续狠抓农机安全宣传教育工作，全年共发放安全宣传资料1.5万余份，发送安全生产手机短信3万余条。同时，进一步加强了拖拉机的年检审工作力度，全年共检验拖拉机691台，签订农机安全责任状1671份，办理农机入户(转入)15台。加大农机安全执法力度，兴安县农机局全年共出动检查车辆226台次，出动检查人员885人次，检查拖拉机1451台次，查处拖拉机违法行为462人次，其中，拖拉机违法载人87人次、无证驾驶28人次、无牌行驶5人次、酒后驾驶3人次、其他类型农机违法行为143人次。

【农机教育培训】 2018年，兴安县农机局充分发挥县农机校农机培训主阵地作用，加大农机新机具、新技术的培训力度，积极开展多种形式的农机培训工作。分别在雄力、全新农机专业合作社举办农机化产业扶贫现场会，现场培训农机技术人员及周边群众，切实让农民掌握农机技能，增加就业本领，实现脱贫致富。2018年，共培训各类人员612人，其中农机操作员316人，党员农机手116人，农机技术人员150人，管理人员培训30人。

【农机技术推广暨农机质量监督】 2018年，兴安县农机局组织县、乡农机技术人员、农机合作社骨干在兴安镇、崔家举办的机耕机插现场培训演示会及农机化产业扶贫现场会，大大提高了农机新技术、新机具在兴安县的推广应用程度。同时，与农业局农业推广站合作，圆满完成了当年的农机农艺融合项目；对全县农机销售点进行质量监督检查，积极开展农机质量投诉活动，全年处理农机质量投诉案件2件，为农户挽回经济损失16万元。

（农　萱）

扶贫攻坚

【概况】 兴安县扶贫开发办公室于2019年3月，由县政府办公室挂牌调整为县政府工作部门，挂牌事业单位革命老区建设办公室，核定行政编制6名，设主任1人，副主任2人。现有5人，其中，在职在编4人，挂职副主任1人。办公室内设兴安县扶贫开发综合服务中心1个，核定编制10人，设主任1人，信息管理员9人，在职在编10人。兴安县扶贫开发办室与兴安县扶贫开发领导小组办公室、兴安县脱贫攻坚指挥部办公室合署办公，包括各专责小组驻组人共有工作人员28人。

兴安县是“十三五”期间非贫困县，有贫困村28个，经过动态调整，全县建档立卡贫困户5286户、17942人。在全县扶贫干部、群众的共同努力下，2014年完成715户、2597人脱贫；2015年完成733户、2566人脱贫；2016年完成835户、2906人脱贫，7个贫困村摘帽；2017年完成624户、2196人脱贫，5个贫困村摘帽；2018年完成600户、2034人脱贫，10个贫困村摘帽。截至2018年，全县未脱贫1844户、5998人，贫困发生率从2014年5.53%下降至1.83%。

【扶贫资金】 2018年，县财政配套安排扶贫资金1821万元，与上年同比增长20.12%，符合政策及考核要求。全年扶贫资金投入为5573.21万元，其中，中央资金1202万元，自治区资金918万元，桂林市财政资金463.21万元，债券资金1014万元，县配套1821万元，上年结转155万元，年终支出比例为97.75%。全年实施基础设施项目78个，集体经济项目35个，发放产业奖补资金600万元2961户，“雨露计划”185万元，小额贷款贴息901户，共贴息178.98万元等。

【扶贫机制】 2018年，兴安县扶贫工作建立了县、乡(镇)、村三级书记抓扶贫的工作责任机制，把脱贫攻坚作为最大的“书记工程”来抓，书记、县长亲自研究部署、亲自指导检查。成立了县脱贫攻坚指挥部，县委分管领导任指挥长；10个乡镇组建脱贫攻坚分指挥部，乡镇党委、政府主要领导任指挥长；115个行政村组建脱贫攻坚工作组，村党组织书记和村委主任任组长；28个贫困村的所有村民小组成立脱贫攻坚工作组，村民小组长担任组长，从而构建起人员机构“横向到边、纵向到底”，党政主导、干部主帮、基层主推、社会主扶，上下贯通、左右联动的扶贫工作责任体系。

优化攻坚工作责任机制。县委、县政府建立定期研究脱贫攻坚工作制度，每月至少专题研究一次脱贫攻坚工作。建立指导组工作制度，成立10个脱贫攻坚指导组，由县领导担任组长，对各乡镇脱贫攻坚工作实行精准指导，及时总结经验和解决脱贫攻坚存在的问题。建立各单位脱贫攻坚工作年中和年终述职制度，扶贫开发领导小组实行月例会、专责小组实行双周例会制度。优化指挥部综合协调机制，专责小组实行集中驻组办公，指挥部办公室、综合协调专责小组办公室与县扶贫办联合办公，从而形成强大的落实工作队伍，并在脱贫攻坚指挥部和驻村工作队员中试行弹性绩效考评机制，有效激发了扶贫干部的攻坚动力。

压实各级行业部门责任。制定印发了《兴安县联乡联村工作实施方案》和《关于进一步打好打赢精准脱贫攻坚战的实施意见》等文件，按照“领导挂点、部门包村、干部帮户”要求，县四家班子领导挂点联系1个乡镇、1个贫困村、3户贫困户；104个县直单位、企事业单位及上级驻兴单位结对联系帮扶1个村（社区），289名队员驻村指导帮扶工作，3300多名干部具体开展“一帮一联”工作。

【扶贫对象动态调整】 2018年，兴安县根据《关于做好2018年度扶贫对象动态管理工作的通知》，严格按照规定的步骤、程序和要求开展2018年扶贫对象动态调整，做到“应纳尽纳、应返尽返、应剔尽剔”。2018年对“错退”的117名脱贫人口进行“回退”，对“错评”的41户、164人进行剔除，有57户、218人按程序新纳入建档立卡贫困户。

【中国社会扶贫网】 2018年，兴安县实现中国社会扶贫网县、乡、村三级管理员全覆盖。全县积极发动各级党政机关、企事业单位，群团组织、学校等组织干部职工、老师、青年团员、社会志愿者等注册爱心人士，动员管理员、驻村工作队员、村“两委”干部、帮扶干部指导帮助贫困户注册。2018年，全县注册管理人员132人，注册爱心人士3302人，贫困户注册3751人。

【为民办实事基础设施项目建设】 2018年，兴安县为民办实事共安排资金3931.95万元。其中，2017年第二批中央财政资金175万元安排屯级道路4条4.38千米。2017年自治区预留机动资金36万元全部用于贫困村水毁路段维修，其中，安排了高尚东源村委、华江水埠进村道路、艳林进村道路塌方清理、湘漓义和流江源道路维修。2017年，政府新增债券资金3328万元安排屯级砂石路8条、6.17千米，屯级道路64条57.427千米，通村道路2条、23.3千米，安全饮水提升工程2处、独立桥梁2座，村级文化中心5处，贫困村太阳能路灯513盏，道路安全护栏1处、1.8千米。2018年，第一批财政专项扶贫资金392.95万元，安排新建项目10个。

【扶贫产业开发】 2018年，兴安县通过各乡镇检查验收得到产业扶持的有2961户，发放产业奖补资金600万元，报账率达100%。主要种植了柑橘、优质稻、甜糯玉米、杂粮杂豆、叶菜类等，共计5330亩；养殖了地方特色品种鸡6.58万羽和猪1820头等，促使部分贫困户有1~2项可持续稳增长的产业发展项目。按照“八有一超”标准，为了鼓励达到“八有一超”标准的贫困户早日脱贫，消除贫困户不想脱贫、懒脱贫的思想。2018年5月，对2017年已脱贫的621户贫困户，发放了脱贫奖励资金2000元，共计124.2万元，牢固树立贫困户“脱贫光荣”的思想。

【村集体经济项目扶持】 2018年，兴安县安排了自治区脱贫奖励资金50万元、市本级财政专项扶贫资金280万元和县财政配套资金840万元，总计1170万元，全部用于发展壮大村集体经济项目。县扶贫办组织人员深入28个贫困村进行调查摸底，掌握实情，同时了解贫困村干部对发展集体经济的想法和思路。根据各贫困村发展村集体经济的申请，实施新（续）建太阳能光伏发电项目18个，投入资金579.34万元；发展入股项目投入资金590.66万元。

【雨露计划】 2018年，春季中高职学历教育学生219人，2017年新纳入贫困户符合申请“雨露计划”学生10人，补发2015年退出户24人。2018年7月，自治区下发学籍号名单核对，兴安县自查出漏补学生57人，合计310人，发放资金71.8万元。2018年秋季本科学历教育学生52人，职业教育学历学生279人，合计人数为331人，发放资金67.85万元。

【农民实用技术培训】 2018年，兴安县完成农民实用技术培训475人，发放资金3.454万元；申请短期技能以奖代补为540人，发放资金为43.2万元；合计已发放技术培训资金46.654万元。

【金融扶贫】 2018年，全县累计发放扶贫小额信用贷款900户，贷款余额3821.22万元，第一季度贴息42.39万元，第二季度贴息43.77万元，第三季度贴息46.57万元，第四季度贴息46.27万元，总贴息资金179万元。其中，参与界首镇集中式光伏扶贫项目206户，金额1030万元。

水利水电

【概况】 兴安县水利局是县人民政府的职能部门，局机关内设5个职能股室，行政编制13人。所属事业单位15个，即兴安县水利工程管理站、水土保持委员会办公室、水政监察大队、水利水电工程质量与安全监督站、农村饮水安全工程水质检测中心、水利电力局设计室、水电局物资站、五里峡水库工程管理处、上桂峡水库工程管理所、灵渠水利工程管理所、引湘水利工程管理所、灵湖公园管理所、五里峡电站、冠山电站、太和铺电站。共有在编干部职工381人。

2018年，全县境内蓄水工程42座，总库容18616.11万立方米的山塘451座，总引水流量15.82立方米每秒的引水工程1112处，泵站80座，有效灌溉面积19.47千公顷的水利工程，总装机9.25万千瓦的水电站72座，接受兴安县水利局的业务指导和运行管理。全年完成水利水电固定资产投资1.20亿元，争取国家水利建设资金8745.25万元。

2018年，国际灌排委员会第69届国际执理会会议上，灵渠成功入选世界灌溉工程遗产；县水利局连续五年被评为实行最严格水资源管理制度考核全市第一名。

【防汛抗旱】 2018年，全县各类水库防汛严格执行行政责任制。修订《兴安县县城防洪应急预案》《兴安县山洪灾害应急预案》《兴安县抗旱应急预案》、小(2)型以上水库及电站防汛预案。组建防汛专家组1个，专业抢险队1支，各乡镇成立防汛应急抢险队伍10支，共150人。储备抢险编织袋4.7万条，救生衣81件，冲锋舟2艘，橡皮艇6艘，柴油机33台等防汛抢险物资，价值283万元。42座水库安全运行。全年扶持水泥2154吨，群众投工投劳修复水毁工程39处；投入防汛抗旱补助经费及水利维修资金496.76万元，实施水毁应急修复工程11处，防汛减灾工作直接挽回群众经济损失1300万元。完善各类预案及山洪灾害预警预报系统，汛期共发布预警预报信息11402条，防汛预警预报、群测群防建设得到进一步加强。2018年，全年降雨量分布较均匀，水利设施运行正常，未出现农作物重度受旱情况。

【水利工程管理】 2018年，兴安县水利局投资214万元实施南弄水库除险加固工程建设，完成了水库主坝、副坝和溢洪道加固，并对放水设施进行了改建。投资64.2万元实施高峰塘水库进库公路建设，硬化3米宽道路1.45千米。投入中央和自治区财政补助资金32万元，实施完成公益性水利工程维修养护项目13处。对全县42座水库、72座水电站进行安全大检查，确保全县水利工程安全运行。深化小型水利工程

5月18日，2018年全区水库水电站防洪抢险应急演练在兴安县斧子口水库成功举行，水利厅厅长杨焱（前排右四）到现场指导演练

（李　丽　摄）

管理体制改革工作有序推进，全年完成1399处小型农田水利工程的权属调查和1399处小型水利工程的责任书签订工作；完成确权发证1376处，出台相关配套制度11个，11月28日通过县级自验收，建立完善了小型水利工程管护模式。

【农田水利建设】 2018年，兴安县水利局投资319万元实施完成2017年度中央财政小农水项目界首镇片区节水灌溉工程建设，维修改造山塘、堰坝4处，防渗加固渠道10千米；计划投资1572.39万元实施2018年兴安县高效节水灌溉工程23处，项目已完成招投标工作，正进入施工阶段。

【农村饮水安全工程】 2018年，兴安县水利局投资413.81万元建设完成农村饮水安全巩固提升工程11处，涉及兴安镇、溶江镇、白石乡等7个乡镇，解决了4173人饮水不安全问题。围绕扶贫开发基础设施建设内容，投入债券资金286.48万元，实施贫困村农村饮水安全工程20处，设计受益人口5087人，已建成13处，其余7处已完成主体工程建设的95%。

【河流治理工程】 2018年，兴安县投资1021.41万元，继续实施广西主要支流湘江治理项目3处（即兴安县城段、高尚镇及崔家乡段和界首镇段），新建防洪堤及护岸1.49千米。投资451万元，新开工建设中小河流治理项目1处（即漠川河莫家园及李家湾段防洪治理工程），新建防洪堤及护岸1.5千米。

【水利冬修】 2018年，在县人民政府实施“一事一议”“以奖代补”和“民办公助”等政策的激励下，全县2018—2019年冬春水利建设共完成投资6300.55万元，占计划的100%，其中，中央及自治区资金投入5360万元，市、县资金投入777.35万元，群众投工投劳折资163.2万元。群众投工0.46万个，新建加固堤防1.2千米、疏浚河道5.78千米，建设村镇供水工程11处，新增高效节水灌溉面积和节水灌溉面积共1.18万亩，改善灌溉面积0.01万亩，新增供水受益人口5.19万人，群众受益明显。

【水电生产】 2018年，全县72座小水电站，总装机容量为9.25万千瓦，全年发电量21158万千瓦时，售电量20150万千瓦时，实现销售收入5239万元。其中，国有电站完成发电量2153万千瓦时，售电量2050万千瓦时，实现销售收入533万元。农村小水电站增效扩容项目稳步推进。平头、茶源2座水电站增效扩容项目共下达投资计划798.94万元，其中，中央资金280万元，自治区资金140万元，自筹资金378.94万元。项目均已进入施工阶段，完成投资691万元，占下达投资的86.49%，其中，平头电站已完成设备安装，茶源电站完成了设备采购工作。

【水法规宣传和水政执法】 2018年，兴安县水利局加强水法律法规宣传，利用“世界水日”“中国水周”“防灾减灾日”“世界环境日”和“普法宣传日”等大型活动，共发放宣传资料2000余张，出版宣传板报2期，张贴标语60余份，在全县范围营造了良好的水事宣传氛围。深入开展水行政执法，全年共开展河道巡查101次，出动执法人员585人次，车辆195台次，调处水事纠纷3起，收取水利规费100万元。严格落实最严格水资源管理制度，完成兴安县第三次水资源调查评价、全县河道生态基流量、电站最小下泄流

8月22日，由县灵渠申遗办、团县委和县河长办等部门联合举行的“清洁灵渠·助推申遗”青年志愿者服务活动在灵渠万里桥旁启动，县水利局局长陈林（前排中）参加活动　　（龚冠中　摄）

量调查、全国第二次污染源普查我县10个入河排污口普查、5个重要水功能区设立永久性标志牌等工作，全面核实"三条红线"基础，掌握了县域"水资源"家底。

【水土保持】 2018年，兴安县水利局加强对《中华人民共和国水土保持法》等法律法规的宣传，规范工程项目水土保持方案的编制和评审，严格监管工程项目水土保持措施的实施，按照《中华人民共和国水土保持法》的规定对项目进行审批后开工建设，对施工中的重点工程进行水土保持专项整治，有效遏制了施工单位擅自减少或更改水土保持措施等违法行为。加强水土保持费的收取，全年共收取水土保持费20.6万元。

【全面推行河长制】 2018年，兴安县水利局完成全县各级河长公示牌安装210块。委托第三方全面完成全县23处"一河一策"方案编制工作，设立县、乡、村三级专职河道保洁员272名，分级分段加强河道保洁。全年先后开展河道巡查16485人次，多部门联合执法行动5次，出动各部门执法人员558人次，车辆221台次。同时，开展江河湖库清"四乱"专项"清河"行动5次，对河湖岸线、水环境隐患问题进行整治，妥善处理群众举报12次。

【农业水价综合改革】 2018年，兴安县农业水价综合改革工作稳步推进，已完成界首宝峰、兴田村委农业水价改革试点区域小型农田水利工程权属的调查、登记，颁发了工程权属证书，签订管护主体责任书，明确了管护责任主体，并成立农民用水户协会，核发农业灌溉用水水权证。试点区根据工程管理实际制定执行水价和相关管理制度，落实工程管护人员及经费，11月30日通过农业水价综合改革年度验收。

（唐衍开）

水库移民

【概况】 兴安县水库移民工作管理局是直属县人民政府的正科级全额拨款事业单位，成立于2008年10月18日。移民局核定编制15人，年底有工作人员15人（其中聘请3人，在政府办跟班学习1人），设有办公室、法规股、后扶股、财务股4个股室。主要职责是贯彻执行国家和自治区水利水电工程移民工作的方针、政策和法律、法规；负责编制全县水库移民后期扶持项目规划，编制与实施水库移民年度投资计划；指导、协调全县水库移民遗留问题；负责全县水库移民后期扶持项目的实施、管理、监督工作；负责全县水库移民资金的使用管理，移民培训等工作。

全县现有水库42座，其中，有移民搬迁的水库31座（大型水库1座、中型水库1座、小型水库29座）。现有水库移民13250人，其中，农村移民11585人（五里峡水库移民6945人，上桂峡水库移民1287人，小型水库移民3353人），非农移民1680人，这些移民遍布在兴安县10个乡镇、86个村委、760个村民小组。

【移民村屯道路硬化】 2018年，兴安县水库移民工作管理局实施项目共17个，覆盖了8个乡镇，涵盖了道路硬化、企业增收、渠道防渗加固、排洪沟防护堤建设、桥梁建设等多个基础便民设施工程。2018年，13个项目已经完工，其余4个项目正在抓紧落实。

【移民建房及后期扶持补助】 2018年，兴安县水库移民工作管理局共支付困难移民散户建房64座共76.8万元，拨付移民1~4季度的后扶资金493.92万元。2018年，对符合条件的水库移民给予贷款贴息扶持共7万多元，扶持困难移民临时生活补助及修路水泥款共60万元。

【移民培训】 2018年，兴安县水库移民工作管理局共组织移民培训3期，120多个移民参加了培训学习，进一步提高了他们的创业就业技能。

商贸业

供销合作商业

11 月 2 日，县供销社科级干部在长冲村委开展“三同”活动

（县供销社　供图）

【概况】 兴安县供销社是兴安县人民政府领导下的全县供销合作社的联合组织，主要职责是对全县基层供销合作社指导、协调、监督和服务职责，并受政府委托管理全县农民专业合作社和合作经济组织协会。下辖 5 个中心社，联社机关现有在职在编干部 13 人，内设机关行政办公室、综合业务股、财务审计股和社有资产管理股 4 个职能股（室）。2018 年，兴安县供销合作社以创新服务“三农”核心，以继续深化供销合作社综合改革为重点，以基层社改造和体制、机制创新为抓手，加快推进供销合作社综合改革，不断夯实为农服务基础。全力抓好精准扶贫工作，着力于优化组织体系、改善经营服务、加强项目建设、完善管理制度，确保社有资产高效运营，综合改革工作稳步有序推进，并取得成效。2018 年度，兴安县供销合作社获桂林市供销社系统综合考评二等奖。

5 月 15 日，县供销社在中心广场发放安全生产资料

（县供销社　供图）

【主要业务经营指标】 2018 年，兴安县供销社系统全面完成上级社下达的各项经济指标。供销社系统实现销售总额 16.40 亿元，比上年同期增长 14.69%；实现总购进 14.07 亿元，比上年同期增长 13.47%；日用消费品零售总额 3.6 亿元，比上年同期增长 20%；农业生产资料销售总额 4.55 亿元，比上年同期增长 10.98%；农副产品购进总额 4.30 亿元，比上年同期增长 18.78%；实现利润 182 万元，比上年增长 15.92%。

【建立健全组织机构】 9 月 26 日，兴安县供销合作社召开全县供销合作社第二次社员代表大会，会上选举了新的理事会、监事会领导组织机构，戴文戈担任新一届理事会主任，尹垂友任理事会副主任；尹振中担任新一届监事会主任，陶勇任监事会副主任。会议通过了新的社员代表大会章程，建立和完善了各项规章管理制度。

【农民专业合作社建设】 2018 年，兴安县供销社积极领办、引办农民专业合作社。以兴安县农民专业合作社为载体，大力创办各类农民专业合作社，与农民结成经济利益共同体，引领农民进入

5月9日，县供销社全体党员干部职工在湘江战役纪念馆开展党日活动
（县供销社　供图）

市场。2018年，全县新领办农民专业合作社10个和农民专业合作社联合社1个。积极探索“联合社+专业合作社+基地+农户”的产业化模式，推动专业化、规模化和组织化生产，促进兴安县农民专业合作社和农村合作经济组织健康发展。

市场开发服务中心

【概况】 兴安县市场开发服务中心最初于1999年成立，时属兴安县工商行政管理局二层机构，后因国务院工商体制改革有关“市场管办脱钩”要求，于2001年12月与县工商局分离，移交至兴安县人民政府管理，成为全县国有资产市场管理、经营、开发、建设的职能部门，单位性质为具有独立法人资格的自收自支事业单位，级别为副科级。2018年，在职职工62人，退休职工27人。宗旨是为市场经营提供服务保障，市场物业经营管理及市场维修改造、开发和建设等。

【市场建设及商业网点】 2018年，兴安县市场开发服务中心共管辖全县各类市场20个，除县城灵渠商场为工业品市场外，其他均为综合性农贸市场，分布于县城及各乡镇，是全县农副产品集中上市交易的重要场所。中心所辖市场均为国有资产，普遍始建于二十世纪七八十年代，由于受资金、土地等条件限制，近年未开办或兴建新型市场。

市场开发中心下设城区市场物业管理所、界首市场物业管理所、高尚市场物业管理所、华江市场物业管理所、白石市场物业管理所、漠川市场物业管理所、城郊市场物业管理所，负责管理经营各乡镇农贸市场。

【市场服务管理】 2018年，兴安县市场开发服务中心不断地完善市场设施，改善市场硬件设施，主要对漠川市场、界首镇的百里市场进行了升级改造。漠川市场是农贸市场，经营多种农副产品；百里市场主要经营生猪上市交易。这两个市场原来的钢架棚经历多年风雨已严重老化，2018年中心出资40多万元，将原有的钢架棚拆除，新建加粗加厚钢架棚，用热镀管替换了原来了冷镀管，市场顶棚使用塑胶瓦，并改造了市场的排水系统。通过对市场改造升级，进一步提升了市场整体水平，为广大市民群众和市场经营户营造一个整洁、舒适、安全的市场环境。

【其他工作】 2018年，兴安县市场开发服务中心按照县委、县人民政府的要求，在“三大水库”移民搬迁和新农村建设、精准扶贫等工作上，组织和抽调精干力量成立工作小组开展工作，较圆满地完成上级下达的各项工作任务。

（周新梅）

粮油贸易

【概况】 2018年，全县粮食（贸易粮，下同）总购进107600吨，其中，稻谷72528吨，豆粕8057吨，玉米27015吨，销售97080吨。

【粮食直补与储备粮订单收购】 2018年，自治区下达兴安县储备粮直补订单收购计划26500吨（原粮，下同），其中早稻17000吨，晚稻4000吨，优质稻5500吨。直补资金安排629万元，普通稻补贴标准为0.20元/公斤，优质稻补贴标准为0.38元/公斤，直补资金通过农补网“一折通”形式兑付。2018年,全县累计完成直补订单粮食收购26500吨,兑付直补资金629万元,全面完成了粮食直补订单收购计划。

【粮食清仓查库】 2018年,全县国有粮食企业5个,共有存粮库点8个,存粮总数41830.1吨。其中,自治区储25130.1吨,县储3600吨,订单粮13100吨。经查,库存粮食实物数量与保管账、统计账、会计账核对,账实相符,没有虚库短粮现象。仓储各项规章制度落实良好,储粮无发热、霉变、结块、严重虫粮等安全问题,达到"四无"要求,全县粮食质量均达到国家中等以上,储存安全。

【粮食宏观调控】 2018年,针对国际市场粮油价格高,粮油市场波动性比较大的情况,在县人民政府的总体宏观调控部署下,县粮食局采取了相应的应对措施。一是地方储备粮足额落实到位,数量真实,质量合格,随时可以调得动,用得上。二是粮食应急网点建设不断完善,按照上级粮食主管部门的布置,初步构建了放心粮油工程网络和服务体系。三是应急救灾物资落实到位,确保抗洪救灾专用麻袋、编织袋等应急救灾物资落到实处。四是加强对粮油市场的分析和监测,开展2018年度社会粮油供需平衡调查,为全县粮食综合平衡和宏观调控提供切实可靠的决策依据。

【粮食流通监督检查】 2018年,县粮食局对《粮食流通管理条例》及相关法律法规的宣传扎实有效。县粮食局利用"3·15"、食品安全周、粮食日并结合"六五"普法规划安排,组织粮食系统以悬挂宣传横幅、印发宣传资料、出版宣传专栏等形式,在粮食行政机关办公地、粮食企业经营点、个体粮油经营户、超市等场所向全社会广泛进行宣传,以增强大众的粮食法规意识,营造守法经营、有序竞争的粮食流通市场氛围。认真开展粮食流通监督检查活动。依法开展粮食收购资格许可和证核查,对全县4家粮食收购企业进行了审核,对8家符合条件的企业和个体工商户粮食收购许可证进行了重新核发。并对兴安县粮食收购活动、粮食收购政策执行情况、粮食质量及各相关企业统计制度执行情况进行严格检查。开展了粮食流通市场综合监管随机抽查,同时对粮食安全隐患进行了清理,整顿粮食行业作风,查处违法违规行为,确保全县库存粮食数量和质量安全,守住管好"天下粮仓"。印发《兴安县粮食质量安全检验检测体系建设》文件,开展粮食经营最低、最高库存量核定工作。2018年,共组织开展粮食流通监督检查工作9次,出动人员166人次,检查企业44个次。认真抓好食品安全监管,结合粮食库存检查,重点对兴安县粮食(油)收购、储存质量和原粮卫生情况进行了检查,全县粮食经营企业没有发生食品安全事件。

【粮食质量检测中心建设】 兴安县粮食质量检验监测中心位于兴安县粮食储备库,2017年经申请自治区财政拨付150万元、地方财政配套80万元,共计230万元。该检验监测中心属国家自治区重点项目建设,于2018年8月建成投入使用。2018年,检验监测粮食质量达4万多吨,确保了全县的粮食出入库的质量安全。 (刘　巧)

烟草专卖

【概况】 2018年,兴安县烟草专卖局(营销部),设有专卖股、综合股、内管股,稽查大队、营销部、城区专卖管理所(站)、溶江专卖管理所(站)、高尚专卖管理所(站),在岗职工39人,其中,大科以上学历32人,平均年龄41岁。其中,管理人员9人,一线专卖员13人,客户经理10人,配送员7人,现有党员16人。营销部通过高级营销员考试有8人,通过初级营销员考试有3人,现营销部持证比例达到100%,其中,高级以上持证率为73%。专卖方面:3人通过高级考试,14人通过中级考试,专卖员持证率为100%。

2018年,兴安县烟草专卖局(营销部)累计实现总量13349箱,同比增加89箱,增幅为0.7%,完成年度目标13420箱的99.5%。2018年,累计实现单箱金额26136元/箱,同比减少119元,减幅0.5%。2018年,兴安县烟草专卖局获得2018年度终端建设工作先进单位、先进稽查队奖。

【内部监管】 2018年,县烟草局坚持内部监管日常检查和定期检查,确保内管工作的制度化、规范化、日常化落实到位。通过采取查阅、核对有关工作记录、底稿、资料、数据,实地走访抽查零售户,询问有关人员具体工作情况等检查方式，对卷烟促销、新品上市、超量供货、退库、货款回笼、罚没卷烟管理、卷烟价格、代存代送、核实“三量”情况、卷烟销售波及重点品牌监督、零售户信息管理、电访录音等监管环节进行日常监管，确保卷烟100%落地销售、100%入网销售、100%落户销售。同时，要求内管员做到每个环节、每个步骤都有详细的检查记录和工作底稿，按时做好常规性资料的分类归档、装订等工作，定期做好内管工作的材料上报工作，实现内管工作痕迹化。

【市场监管】 2018年，县烟草局共查办立案案件65起，其中，1万~5万元案件15起；无证经营案件46起，查获涉烟卷烟118.65件，其中，查获假烟29.09件，查获非渠道卷烟88.67件，市场净化率得到了有效提升，有效地维护了市场的稳定，确保零售经营户的合法权益不受侵害。

【重点骨干品牌培育】 2018年，县烟草局按照市局(公司)品牌培育规划，重点加强真龙系列卷烟的品牌培育力度，扎实做好红白喜宴事件、三大主体、节庆促销等真龙品牌营销活动。针对三大主题，借组“三月三”歌圩节，与辖区3家最高档的KTV建立了合作渠道，开展了品牌宣传推广和促销活动。针对节庆促销，借势“三月三”歌圩节，“兴安米粉节”，分别组织开展了主题为“点燃刘三姐，你就是歌王”和“嗦米粉、抽真龙、更有味”的促销活动，通过制作针对性的海报、横幅，按照目标消费者人流动线选点驻点促销，终端个性化布展，线上线下联合宣传等方式宣传品牌拉动消费，营造氛围。

（孙　瑛）

盐　业

【概况】 2018年，广西盐业集团有限公司兴安支公司面对盐业体制改革造成的经营和市场环境的巨大变化，主动作为，坚定履行监管职责，大力强化盐品销售，着重落实食盐配送，切实加强企业管理，积极寻求创新发展，确保食盐市场稳定。2018年，购进盐品2034吨；销售盐品1964吨，其中，直接食用盐销售1512吨，加工用盐销售397吨；工业用盐销售55吨。实现主营业务收入368万元。

【盐业市场管理】 2018年，因盐业体制改革，全国上百家有资质的生产企业进入销售环节，他们有的无视国家相关的改革法规，违规销售盐品，对市场造成极大的负面影响。广西盐业兴安支公司在执法人员严重不足，客户对改制认识不够，生产企业销售人员造谣煽动的不利环境下，与相关职能部门联合执法，查处盐业违法分子，纠正违规销售企业，为销售正规食盐保驾护航。

【盐业品牌宣传及配送服务】 2018年，广西盐业兴安支公司通过媒体、报纸、宣传车、发放宣传资料等多总种形式，大力宣传广西盐业公司自己的桂山牌、桂盐牌食盐。同时，加强了对配送服务的硬件配备，配发了小货车，面包车，电瓶车等多种配送交通工具，有力地保障了中小客户得到及时的配送服务，为公司的销售及客情服务提供有力保障。

【履行食盐专营责任】 2018年，广西盐业兴安支公司继续巩固和加强网络建设，完善供应保障措施，提高配送服务质量。规范网络体系，提高服务水平和食盐供应保障能力，继续加强食盐营销网络规范化管理，进一步完善网络的整体功能，充分发挥各级网点的优势作用，巩固网络基础，全面推行配送到零售点的要求，对食盐配送实行一包起送，全面实施终端配送服务，坚持周期配送与相约配送相结合的方式及时满足客户的需求。对销售其他品牌盐品的客户，实行亲情化服务，做好思想工作，积极寻找与他们的利益共同点，与之形成利益共同体，推进全县零售网络优化和市场供应保障。

【党建工作】 2018年，广西盐业兴安支公司重点围绕“净化政治生态　建设清风桂盐”专题教育，严格贯彻落实中央八项规定精神，坚决防止“四风”反弹。全面落实从严治党责任，积极适应党建新常态，以新形势下从严治党八项要求为主线，突出抓好经营任务，进一步转变工作作风，为盐业改革发展提供坚强保障。

（陶　维）

石　油

【概况】 兴安石油分公司隶属中国石化广西桂林石油分公司，现有在营加油站13座(8座委托管理加油站、5座自营站)，其中，农网1座、城区2座、国道7座、省道1座、高速2座，2018年已完成部分油气回收改造并加大双层罐改造进度。在职员工89人，其中，办公室人员7人。

2018年，中石化兴安石油分公司完成轻油销售6.94万吨，同比增长18.0%；非油销售1263万元，同比增长41.2%。在2018年度广西石油分公司县（区）公司综合竞争能力排名中获得第3名。

【石油业务】 2018年，中石化兴安石油分公司牢固树立“质量是企业生命”的理念，将油品质量、非油品质量和服务质量纳入质量管理的职责范围，严格管控油品质量，严把“进货关”“检查关”“管理关”，确保所售油品质优量足，做到“质优量足、顾客满意”。同时，强化非油品精细管理把进货质量关，严禁擅自进货，并经常性开展检查，对不合格商品一律下架。全面完成油气罐回收改造，持续开展加油站双层罐改造，预计2020年低全面完成。网点建设稳步推进，湘漓白塘加油站计划于2019年正式运营。

【安全生产落到实处】 2018年，中石化兴安石油分公司经理、加油站站长、员工逐级签订《安全生产承诺书》，进一步明确和落实安全生产责任制。加强安全生产宣传教育和培训，深入宣传贯彻国家安全生产法律法规，举办安全生产知识竞赛。积极开展安全生产自查自纠、查改隐患保安全等活动，将监督检查与落实预防措施、整改安全隐患有机结合，有效保证了生产安全。

【社会责任履行到位】 2018年，中石化兴安石油分公司始终把“发展自我，回馈和服务社会”作为企业宗旨，积极履行社会责任，树立良好社会形象。春耕、夏种、秋收时节，成立服务队，开展送油下乡活动，解决农户燃眉之急。同时，积极做好精准扶贫点溶江镇金石乡的帮扶工作，帮助该村发展农业生产，帮扶贫困户改善生产生活条件。

【党的建设成效显著】 2018年，中石化兴安石油分公司认真学习贯彻中共十九大精神，通过理论中心组学习、自学、撰写心得体会等形式，推动十九大精神在公司落地生根。坚持“三会一课”制度，开展“党员讲党课”“为党员过政治生日”等活动，丰富支部生活。设立党员先锋岗和党员责任区，有效发挥党员干部的先锋模范作用。狠抓党风廉政建设，深入贯彻落实中央八项规定和实施细则，强化红线意识，促进廉洁从业。

财税·金融

财　政

【概况】 兴安县财政局是县政府的一个综合经济部门，是县政府主管全县财政收支、财税政策、实施财政监督、参与全县国民经济宏观调控与管理的职能部门。内设局办公室、预算股、国库股、文教行政股、经济建设股、社会保障股、财政监督办、会计股、综合股、农业股、农村财政财务管理股、农业综合开发管理办公室、投资评审中心、债务办、总工会等股室，下属国库支付局、采购办、行政事业单位国有资产中心及10个乡镇财政所。

【财政收支平稳运行】 2018年，全县一般公共财政预算收入完成79390万元，完成年初任务的84.9%，同比增长-9.58%。其中，国税部门完成45962万元，完成年初预算45000万元的102.14%，同比增加6912万元，同比增幅17.70%；地税部门完成16442万元，完成年初预算27200万元的60.45%，同比减少8758万元，同比增幅-34.75%；财政部门完成52486万元，完成年初预算61219万元的85.73%，同比减少10328万元，同比增幅-16.44%。

2018年，全县完成一般公共预算支出263718万元，占调整预算的91%，同比减少2747万元，同比增幅-1.03%。在保工资、保运转、保稳定、促发展的同时，按要求有针对性地安排了各种项目支出，有力地支持了全县各项事业的发展。

【规范财政预算编制】 2018年，兴安县财政局按照新《中华人民共和国预算法》的要求，细化预算支出项目，明确支出类型和支付方式；严格遵循了《中华人民共和国预算法》“未列入预算不得支出”的规定，保证了财政预算的精准性，财政预算管理水平日益提升。推行部门预决算和“三公”经费预决算信息公开制度，促进单位预算执行规范管理。

【积极申报政府债券资金】 2018年，兴安县财政局向上争取政府一般债券资金3.28亿元，专项置换债券3600万元，所有资金全部投入到县城基础设施建设，扶贫攻坚及农村基础设施建设项目，有力地支持全县经济的长远发展。积极开展整合投融资资金。2018年，全县共协议融资资金41.65亿元，实际到位27.03亿元，为全县重点项目、重点工程的有序实施提供了资金保障，有力地推动了全县棚户区改造、西绕城公路、灵渠大道等项目的顺利实施。

【民生投入持续加力】 2018年，兴安县财政局全面梳理民生提标政策，精细编制财政预算，把财力配置向民生领域倾斜。2018年财政民生投入达197677万元，占一般公共预算支出的74.96%。

加大精准扶贫投入。2018年，兴安县财政投入专项扶贫资金5,671万元，主要支持78个项目基础设施项目建设、18个集体经济光伏发电项目、2961户贫困户发展生产，并为901户贫困户提供了小额扶贫贷款贴息，完成建档立卡贫困户危房改造452户。全年安排脱贫攻坚专项资金1812万元，其中，扶贫专项资金1190万元、驻村工作队工作经费42万元、金融扶贫贷款风险补偿金602万元。

坚持教育优先发展，足额落实各项教育民生政策。2018年，兴安县财政局安排教育项目建设资金3194万元，累计拨付教育民生支出4114.48万元，其中，学前教育、义务教育和高中教育生均公用经费3260.70万元；高中、中职学生免学费补助资金327.57万元；贫困学生生活救助616.21万元。健全了从学前教育到职业教育的生均公用经费补助和贫困生资助体系，受益学生达4.85万人次。

加快社会保障体系建设。2018年，兴安县财政局拨付5.9万名城乡居民养老金7997.36万元；城乡居民最低生活保障资金共发放3451.21万元，受益人数13125人；五保人员供养资金共发放1204.68万元，受益人数2118人；高龄补贴资金发放540.61万元，受益人数39792人；优抚补助资金共发放2,896.48万元，受益人数3313人；孤儿基本生活保障资金共发放91.19万元；兑现公共卫生项目、药品“三统一”综合补偿、村医补助和县级公立医院改革补贴资金983.12万元、累计为16.8万城乡居民报销医药费2.1亿元，切实缓解城乡居民“看病难、看病贵”的问题。

继续做好农村公益事业“一事一议”工作。兴安县2018年农村公益事业一事一议项目财政投资2005万元，其中，中央财政384万元、自治区财政1013万元、县财政配套608万元。根据兴安县人民政府兴政发〔2018〕1号、兴政发〔2018〕33号文件下达各乡镇一事一议项目155个，涉及全县82个行政村，156个自然村，行政村覆盖面为90%，自然村覆盖面20%。兴安县美丽乡村项目1个财政投资150万元。集体经济项目1个财政投资200万元，完成项目156个，占任务的100%，共建成道路（含桥梁）项目95个，里程70千米，小型水利设施20个，水渠12千米，人饮工程8个，安装自来水管道15千米，文化设施23个，面积10447平方米，亮化工程及其他项目9个，共安装太阳能路灯112盏。已完成财政奖补710万元，其中实物水泥16098吨，群众自筹388.06万元，集体筹资62.51万元，专项资金整合237万元，群众投工投劳10.57万个。

继续加大农业综合开发财政资金的支持力度。一是兴安县湘漓镇高标准农田建设项目（存量），总投资600万元，其中，中央财政资400万元，自治区财政200万元。该项目已完工50%，各项工作正在有序推进。二是兴安县同运养殖场年出栏6800头生猪生态养殖基地扩建项目，该项目建设地点在界首镇马路桥大坡岭，总投资81万元，其中，中央财政资54万元，自治区财政27万元，已拨付工程款81万元，占项目投资的100%；三是继续加大对桂林市本级农业综合开发财政资金的支付力度，分别支持鑫橘果蔬种植专业合作社、崔家乡春桃蔬菜种植示范基地、盛隆柑桔种植专业合作社、山之泉水稻种植专业合作社共计50万元。

继续加强农村危房造及改厕改厨工作，及时做好各项补贴资金的发放。2018年，兴安县财政局发放农村危房改造补助资金2966.58万元；发放种粮农民直接补贴资金572万元，稻谷生产补贴627万元；大中型水库移民后期扶持资金651.3万元。

【驻村帮扶】 2018年，兴安县财政局按照全县脱贫攻坚工作统一部署，县财政局按照精准识别要求，严把识别标准和程序，严格对照标准入户核实信息，认真填写相关表册，按照程序经村委会表决、村公示，共联系扶贫联系户93户。兴安县财政局党员干部作为帮扶责任人与贫困户一对一签订了帮扶责任书，填写了《贫困户精准脱贫明白卡》《贫困户精准帮扶纪实资料簿》等工作。投资108万元为杨回崎、马园、长洲等三个村修建约400多亩的灌溉水渠；通过一事一议安排23万元资金逐步完善了长洲自然村村屯道路约800米、村内小桥2座；投资5万元为长洲村委修建村委会门面3间，为夯实村集体经济创造效好的条件。争取约600万元的新农村建设项目，打造江西田旅游新农村；为村委征订党报党刊3000多元，切实增强党的学习教育。

【财政监管】 2018年，兴安县财政局根据上级相关文件要求，经县委、县政府有关会议研究决定，全额拨款行政事业单位公用经费实行定员定额管理，全年压减一般性支出460万元，压减率为8.2%。严格控制预算单位“三公”经费支出，实行了部门预算和“三公”经费预决算公开，并且建立长效的管理机制，“三公”经费支出1514万元，与上年同期相比减少156万元，减幅9.34%。深化预算绩效管理。科学制定绩效目标，健全绩效评价组织体系，对81个部门预算项目支出开展绩效自评，评价金额总计5.68亿元；对10个重点项目支出开展重点绩效评价，评价金额达3.04亿元，组织20个一级预算单位开展整体支出评价工作，及时公开评价结果，对突出问题进行督促整改，强化结果应用，推动形成“花钱必问效、无效必问责”的理念。强化预决算公开，按上级文件规定，及时对2017年财决算，2018年部门预算在政府网站及全县“三公”经费的公开，公开率100%。强化财政投资评审。做好政府性投资项目投资评审工作，强化评审中介机构库管理，规范和完善评审工作程序，进一步提高评审质量和效率。评审中心2018年累计评审项目234个，送审金额7.02亿元，核减金额0.4亿元，核减率为5.7%。评审的项目包括建筑物、交通、水利、市政及其他等项目，取得了较好的成效。扩大政府采购监管范围。不断拓展政府采购规模，完善网上商城建设，完成全年采购预算为30,664.33万元，共采购金额29,331.54万元，节约资金1,332.78万元，节约率为4.34%。加快推进预算单位存量资金清理工作，加强资金监管与盘活，按照县人民政府的文件要求，2018年加强单位银行帐户清理工作，累计82个单位，共上报了开立的银行账号457个，涉及9个商业及专业银行，资金78196.9万元。经甄别有320个账户需保留，有137个账户需撤销，现已撤销账户68个，纳入支付局资金7683.19万元，缴入国库145万元，共计7828.19万元。加强会计教育培训工作，2018年3月9日举办了

2018 年行政事业单位财会人员业务培训班，培训人数达 240 多人次。9 月 27 日、28 日两天，举办了《政府会计制度》培训，培训人数达 180 多人次。

（赵国怀）

国家税务

【概况】 国家税务总局兴安县税务局于 2018 年 7 月合并成立，全系统人员编制、机构及经费实行中央垂直和地方双重管理。现有在职干部职工 142 人，助征员 12 人，离退休人员 96 人。内设机构 11 个（正股级）：办公室、法制股、税政股、社会保险费和非税收入股、收入核算股、纳税服务股、征收管理股、税收风险管理股、税源管理股、财务管理股、人事教育股；另设机构 1 个（正股级）：机关党委（党建工作股）；党和纪检监察机构 1 个（正股级）：纪检组；派出机构 6 个（副科级）：第一税务分局（办税服务厅）、第二税务分局、兴安税务分局、溶江税务分局、湘漓税务分局、严关税务分局；事业单位 1 个（正股级）：信息中心。

2018 年，兴安县税务局深入落实组织收入原则，坚持依法征税，应收尽收，坚决不收过头税，坚决防止和制止越权减免税，坚决落实各项税收优惠政策的组织收入原则，切实做到依法征收，努力提高税收收入质量，确保税款及时足额入库。2018 年，共组织总局口径收入 6.44 亿元，组织地方财政口径收入 6.24 亿元。2018 年，兴安县税务局落实税收减免 2.23 亿元。

【机构改革】 2018 年，兴安县税务局坚决贯彻税务总局“四个确保”，建立机构改革联络机制，实行 24 小时值班和局领导带班制度，严格按照时间节点抓好挂牌、落实“三定”等各项工作落实；及时向桂林市局党委和兴安县委政府主动汇报，在全局深入开展谈心谈话活动，营造从“人合事合”到“人和力合”转变的改革氛围；完善各项改革制度，按照区局和市局部署要求和时间节点推进机构改革工作，制订各项符合兴安县税务局改革工作实际的制度及方案，为改革工作顺利推进奠定了坚实的基础；加强与全局干部职工的交流，主动与干部职工交流谈心，做到谈心谈话“三个全覆盖”“三个重点谈”，充分了解干部职工的思想动态，做好思想政治工作。在人员配备、岗位调整时，做到严守纪律、人尽其才的同时又尽量顾全干部职工的诉求，营造良好的工作氛围。

7 月 20 日，国家税务总局兴安县税务局举行挂牌成立仪式中的升旗仪式

（县税务局 供图）

【个税改革】 2018 年，兴安县税务局为确保个人所得税改革工作顺利推，成立了个人所得税集中工作组，重点围绕征管、纳税服务、信息化等工作实行集中办公，确保日常工作在相对固定的集中办公场所开展。加强政策宣传、培训。对内，加强管理人员的业务培训；对外，加强自然人税收管理系统及新个税法过渡期税收政策的宣传、解读、辅导，有针对性地组织从未使用过扣缴客户端的扣缴义务人，进行扣缴客户端的操作培训学习。全年组织了 2 场共计 140 多户扣缴义务人操作培训，对扣缴客户端使用过程中出现的各种问题进行及时答疑解难，对极个别不能解决的难点问题积极上报上级部门进行后台解决。加强数据维护。根据市局下发的需要清理的身份证信息数据，通知并指导扣缴义务人对问题信息的核实比对，核实后确实有误的进行更正操作，从而确保扣缴客户端个人信息的完整正确。

【社保费征管职责划转工作】 2018 年，兴安县税务局积极落实社会保险费和非税收入征管职责划转的决策部署，成立社会保险费和非税收入征管职责划转工作领导小组。主动加强与兴安县政府、兴安县财政局、兴安县人社局等部门间的沟通协商与协调配合，做到衔接有序。在兴安县政府的主导下，召开了全县有关部门参加的动员布置会，形成了政府主导，有关部门积极参加的协调工作机制。积极与有关部门沟通对接，做好数据分析评估和清洗迁移，按时完成信息系统升级对接和联调测试；加强业务调研、学习培训。对社保工作政策、征收情况、岗位设置等情况进行深入调研，为后续工作打好基础；组织社会保险费政策和业务学习，结合兴安县工作实际，与兴安县人社局开展交流和学习培训，提升干部职工的业务能力，确保社会保险费各项政策和管理措施有效落地。

【纳税服务】 2018年，兴安县税务局组织全体大厅工作人员学习《国家税务总局关于进一步优化办理企业税务注销程序的通知》（税总发〔2018〕149号）文件、税总纳便函〔2018〕196号文件），熟知优化办理企业税务注销资料和程序，做好优化企业税务注销流程纳税服务相关工作。坚持开展便民春风行动，从2018年10月1日起对申请简易注销、符合条件的纳税人实行清税证明提供快速办理服务；对申请一般注销的纳税人采取“承诺制”容缺办理，符合条件的即时出具清税文书；办税服务厅已设置“清税注销业务专窗”，并摆放标示牌；纳税人申请办理注销业务已做到“首问责任制”和“一次性告知”。加强税企沟通联系，坚持开展企业调研走访、税企座谈会、税收政策宣传、纳税人大课堂等活动。特别是在社会保险费和非税收入征管划转工作调研、个税指导宣传方面，让纳税人拥有获得感。

【税收优惠】 2018年，兴安县税务部门不折不扣地执行国务院下发的税收优惠政策，采取多种宣传措施、多样化的纳税服务方式及清晰便捷的税收优惠事项办税流程，使得符合条件、愿意享受税收优惠政策的纳税人真正得到了国家政策的实惠。组织召开税企座谈会。以“优化税收营商环境，助力经济高质量发展”为主题，邀请全县的部分人大代表、政协委员以及重点单位的财务人员会聚一堂，共同商议优化发展税收环境，纳税服务、税收宣传等方面的问题。扎实做好了2018年税法宣传月活动。落实税收宣传进企业、进社区等活动，此次税收宣传月以宣传税收政策、解答税收疑难问题为出发点，先后深入各类企业177户，走访企业法定代表人、财务总监、财务人员245人，在活动中现场累计发放200余份宣传资料，解答涉税咨询50余条，吸引了许多居民群众参与。举办各类新政策解读培训，为保证2018年内实行的各项优惠政策顺利落地，兴安县税务部门针对纳税人的需求和内部税务管理的需要，举办多期针对纳税人的税收新政策解读培训班。内容涉及增值税申报比对，税率调整及一般纳税人认定标准、所得税汇算清缴培训，解读相关企业所得税的优惠政策。广泛利用新媒体和社会资源开展政策宣传。利用电视、报纸等社会资源，积极向社会宣传优惠政策，在本局大厅显示屏和公告栏滚动播放、张贴优惠政策的文件、宣传片，同时利用QQ群和微信等形式对企业进行一对一告知。

（杨梅慧）

中国人民银行兴安县支行

【概况】 兴安县银行业金融机构较为健全，有中国农业发展银行兴安县支行、中国工行银行股份有限公司兴安县支行、中国农业银行股份有限公司兴安县支行、中国银行股份有限公司兴安支行、中国建设银行股份有限公司兴安县支行、中国邮政储蓄银行股份有限公司兴安县支行、桂林国民村镇银行有限责任公司兴安支行、广西兴安农村合作银行、广西兴安民兴村镇银行等9家金融机构，网点数56个，从业人员740人。2018年，兴安银行业金融机构共发放银行卡140.47万张，人均持有银行卡3.74张；自动取款机数量147台，每万人拥有3.9台；POS机（包括电话POS）2111台，每万人拥有56.2台；建有助农取款服务点114个，已挂牌“惠农支付服务点”114个，农村金融综合服务站4个；共开通网上银行25.54万户，电话银行5.63万户，手机银行25.51万户。

【存款业务】 2018年末，兴安银行业金融机构本外币各项存款余额为1558522万元，比2018年初增加73760万元，增长4.97%。住户存款余额1315056万元，比2018年初增加114662万元，增长9.55%。非金融企业存款余额为109453万元，比2018年初减少38519万元，下降26.03%。广义政府存款余额133356万元，比2018年初减少2488万元，下降1.83%。

【贷款业务】 2018年末，兴安县银行业金融机构本外币各项贷款余额为1407574万元(不包括小贷公司)，比2018年初增加33440万元，增长2.32%。短期贷款余额347365万元，比2018年初减少21506万元。中长期贷款余额为1024883万元，比2018年初增加25592万元。非金融企业及机关团体贷款余额795633万元，比2018年初新增4212万元，增长0.53%。个人消费贷款余额为215368万元，比年2018初增长44149万元，增长25.78%。单位经营贷款余额为284249万元，比2018年初减少71133万元，负增长20.02%。单位固定资产贷款余额为476062万元，比2018年初新增47545万元，增长11.1%。住户贷款余额611941万元，比2018年初新增27673万元，增长4.74%。涉农贷款余额1116550万元，比2018年初减少51209万元，下降4.39%。

【经营利润】 2018年，兴安县银行业金融机构实现该年利润(税前利润)18481万元，同比下降17.86%。其中，除工行、中行、邮储行该年利润同比上升外，其余各行均有不同幅度下降。受不良贷款、市场不景气影响，2018年，银行业金融机构利润增势整体微弱，利润下滑，经营压力较大。

【保险业务】 2018年，兴安县共有15家保险机构，分别是中国人民财产保险股份有限公司兴安支公司、中国人民人寿保险股份有限公司兴安支公司、中国人寿保险股份有限公司兴安支公司、中国人寿财产保险股份有限公司兴安县支公司、中国太平洋财产保险股份有限公司兴安支公司、中国太平洋人寿保险股份有限公司兴安支公司、新华人寿保险股份有限公司兴安支公司、民生人寿保险股份有限公司兴安支公司、泰康人寿保险股份有限公司桂林中心支公司兴安营销服务部、中国平安财产保险股份有限公司兴安支公司、安邦财产保险股份有限公司桂林中心支公司兴安营销服务部、阳光人寿保险股份有限公司兴安支公司、北部湾财产保险股份有限公司兴安支公司、中国平安人寿保险股份有限公司兴安支公司、华安财产保险股份有限公司兴安支公司，从业人员1070人，实现保费收入32989.05万元。

【证券业务】 2018年，兴安县有1家国海证券营业部，从业人员11人，实现营业收入276.68万元。

【精准扶贫】 2018年，兴安县支行落实扶持政策，做好民生、扶贫金融工作。用好信贷“窗口”指导，及时转发有关文件和传达上级会议精神，引导金融机构开展扶贫小额信贷、创业担保贷款、小额担保贷款、妇女创业贷款、助学贷款等业务，确保对扶持主体持续有效的信贷支持。加强扶贫小额贷款和创业扶持性贷款监测，规范信贷资金用途。积极建议地方扩大民生贷款风险补偿金和担保基金，建立健全融资风险分担和补偿机制。积极开展金融精准扶贫示范区建设，深入实地调研，创建了溶江(金石)中洞罗汉果金融扶贫示范点。扎实开展金融扶贫领域作风问题专项治理，集中解决金融扶贫领域存在的认识不够到位、工作不够务实、措施不够扎实、管理不够规范等问题，构建金融扶贫领域作风建设长效机制。

【征信管理】 2018年，兴安县支行大力加强征信信息安全管理，组织召开辖区征信信息安全管理工作会议，强化安全主体责任，严防信息泄露风险；强化征信系统用户管理，树立合规意识，根据“谁主管、谁负责”的原则，兴安县支行与各接入机构签订《征信信息安全管理责任书》。为建设规范、便民的征信查询服务场所，提升服务质量，兴安县支行将两间门面房改造为征信查询服务厅，并专门布放了征信自助查询机，使征信服务在硬件上有了质的飞跃。积极受理企业、个人信用信息查询，做好个人信用报告异常查询监测、核查工作，提高征信服务水平。2018年，依法受理企业信用信息查询126次，个人信用报告查询5709次。

【金融服务与管理】 2018年，兴安县支行开展“普及金融知识，守住‘钱袋子’”宣传。6月20日，兴安县支行联合兴安民兴村镇银行到县老年大学进行讲课，利用PPT形式，为老年人讲解反假币、防范电信诈骗、防范非法集资等金融知识，当天参加活动的老年人达60余人，银行工作人员10余人,现场发放宣传资料和宣传袋60余份。6月22日,兴安县支行组织全辖区10家银行业金融机构30余人,在县城中心广场开展“普及金融知识,守住‘钱袋子’”大型宣传。开展短信宣传,通过与联通兴安分公司合作,群发金融消保宣传短信每次2万条,受众群众2万人。6月27日,短信主要内容是“莫信天上掉馅饼,守住你的钱袋子,抑制盲目投资,远离非法金融,识别防伪特征,维护持币利益,珍爱信用记录,享受幸福人生”。9月14日,短信主要内容是“普及反洗钱、反恐怖融资、反逃税知识,防范洗钱风险;反假货币,人人有责;普及金融知识,提升金融素养,争做金融好网民”。开展“云闪付”、支付清算知识宣传。7月13日,组织辖区银行业金融机构在县中心广场开展“云闪付”知识宣传。11月10日,组织辖内银行机构开展以“央行支付,中流砥柱”为主题的2018年支付清算知识宣传,通过才艺表演、有奖知识竞答等方式开展宣传活动。

(李　锋)

中国银行兴安县支行

【概况】 中国银行股份有限公司兴安支行(以下简称“中国银行兴安支行”)位于兴安县兴桂路21号,在职员工28人,下属兴安支行营业部和秦皇路支行2个网点,设有自动柜员机(ATM)5台,智能柜台4台,另设“95566”电话银行、网上银行、手机银行为客户提供24小时优质服务。

【存款业务】 2018年末,中国银行兴安支行本外币各项存款余额为67619万元,本外币各项贷款余额为57900万元。

【贷款业务】 2018年,中国银行兴安支行持续致力于改善兴安县人民的居住条件,不断壮大发展贷款业务规模,累计投放住房贷款7632万元,零售贷款余额为51900万元,是兴安县个人住房贷款余额最多的银行。为了确保资产质量,中国银行兴安支行加强贷前、贷中、贷后管理,制定详细而有效的贷款管理制度。

【经营理念】 2018年,中国银行兴安支行始终坚持“担当、诚信专业、创新、稳健、绩效”的价值观,扎根服务县域经济发展,以客户为导向,不断扩展服务广度与深度,依托全球服务网络,为广大客户提供全面而又精细的金融服务。中国银行兴安支行以城区经营网点为依托,服务广大市民以及企事业单位,大力支持兴安县的重大项目建设,配合上级行的战略布局。

【创新改革】 2018年,中国银行兴安支行不断创新业务模式,推出主办账户、跨行资金归集业务等创新业务,方便客户更好地管理资金,维持存款的稳步增长。中国银行兴安支行继续完善外汇业务,简化客户办理流程,引导客户使用手机银行、智能柜台等电子渠道办理业务。签约定期转账功能,可以实现客户资金按时转入还款账户,避免因忘记存入足额资金产生违约。同时,可以实现定期转存定期,使客户保持良好地储蓄习惯。推出跨行资金归集业务,使客户能够更好地管理资金,实现资金集中化管理与使用。新推出“桂建通”农民工专属联名卡,保护建筑领域农民工切身利益,为建筑领域农民工提供移动柜台上门开卡、短信服务费用减免等专属服务。

【金融服务】 2018年,中国银行兴安支行在做大做强金融业务发展的同时,认真履行社会责任,推出服务农村地区新举措,设立惠农服务点,积极贯彻落实送金融知识下乡活动要求,开展农村金融知识宣传教育活动,向人民群众发放宣传资料,普及反假币、反洗钱、非法集资等金融知识,提升人民群众的金融意识,促进普惠金融工作。中国银行兴安支行坚持发扬担当精神,积极响应兴安县委、政府发出的扶贫“爱心果”认购倡议,组织广大员工参加兴安县扶贫爱心活动,促进蜜橘销售,助力贫困户共渡难关,打赢脱贫攻坚战。

中国工商银行兴安县支行

【概况】 中国工商银行股份有限公司兴安县支行,内设客户经理部、综合办公室,辖营业部、志玲路支行两个二级支行。2018年,中国工商银行兴安县志玲路支行由志玲路搬迁到兴安镇双灵路188号,新建兴安县桂林乐满地度假酒店离行式自助银行。中国工商银行兴县支行在职员工32人,其中,本科学历14人、大专学历11人、中专3人、高中4人;中共党员14人、占总人数的43.75%;初级职称4人、中级

表3　2018年工商银行兴安县支行存款余额统计表

项目	年末余额（万元）	比上年增加额（万元）	余额增幅（%）
储蓄存款	45789	10054	28.13
对公存款	10708	−136	−1.25
合计	56497	9918	21.29

表4　2018年工商银行兴安县支行存款日均余额统计表

项目	年末余额（万元）	比上年增加额（万元）	余额增幅（%）
储蓄存款	43164	8229	23.56
对公存款	11786	3957	50.54
合计	54950	12186	28.49

职称6人。主要业务品种有：储蓄存款、对公存款业务；现金管理、支付结算、汇兑业务；公司贷款、房地产开发贷款、贸易融资业务、小企业普惠金融贷款；个人住房按揭贷款、个人综合消费贷款业务；理财产品业务；第三方存管业务；代发工资、代理基金、保险、国债业务；银行卡业务；网络金融业务等。

2018年，工商银行兴安县支行各项存款余额56497万元，比上年增加9918万元，增幅21.29%；各项存款日均余额54950万元，比上年增加12186万元，增幅28.49%；各项贷款余额140320万元，比上年减少6725万元，下降4.57%。

【存款业务】 2018年，工商银行兴安县支行拓宽营销渠道、公私联动，加强低效网点改造，改善服务环境，推动“新客户、新资产、新存款”业务的发展。2018年，兴安支行储蓄存款余额45789万元，比上年增加10054万元，增幅28.13%，目标任务完成率279.25%，完成率在辖区系统一级支行排名第二位；储蓄存款日均余额43164万元，比上年增加8229万元，增幅23.56%，目标任务完成率391.82%，完成率在辖区系统一级支行排名第二位；个人金融资产时点增量8080万元，目标任务完成率149.62%，完成率在辖区系统一级支行排名第二位；全量客户增长7685户，目标任务完成率137.22%，完成率在辖区系统一级支行排名第二位。

2018年，工商银行兴安县支行对公存款余额10708万元，比上年减少136万元，下降1.25%；对公存款日均余额11786万元，比上年增加3957万元，增幅50.54%。

【贷款业务】 2018年，中国工商银行兴安县支行持续支持当地新能源项目发展，发放风力发电项目贷款24570万元，风电项目贷款余额99449万元，占贷款总量的70.87%；公司贷款余额110554万元，比上年减少8151万元，下降6.86%。

2018年，工商银行兴安县支行加强个人住房按揭贷款发展，推进个人信贷业务发展。2018年，发放个人住房按揭贷款8807万元，个人住房按揭贷款余额24961万元，比上年增加6547万，增幅35.55%，个人住房按揭贷款目标完成率163.69%；2018年，个人贷款(个人住房贷款+个人消费贷款）增加1426万元，增幅5.03%。

2018年，工商银行兴安支行各项贷款余额140320万元，比上年减少6725万元，下降4.57%。

【中间业务】 2018年，兴安支行积极开展金融产品营销活动，推动银行卡业务、网络金融业务、个人金融产品业务发展，提升中间业务创收增收水平。

银行卡业务发展情况。信用卡发卡2342张，目标任务完

表5　2018年工商银行兴安县支行贷款余额统计表

项目	年末余额（万元）	比上年增加额（万元）	余额增幅%
公司贷款	110554	−8151	−6.86
个人贷款	29766	1426	5.03
合计	140320	−6725	−4.57

表6　2018年工商银行兴安县支行中间业务收入统计表

项目	年末收入（万元）	比上年增加额（万元）	增幅%
中间业务收入	459.18	124.03	38.6%
合计	459.18	124.03	38.6%

成率 180.71%，完成率在辖区系统一级支行排名第一位；营销分期付款业务 2558 万元，目标任务完成率 225.37%；E 生活注册量新增 1221 户，目标任务完成率 134.47%。

网络金融业务发展情况。融 e 联净增 29718 户，目标任务完成率 994.25%，完成率在辖区系统一级支行排名第一位；一键支付净增 3280 户，目标任务完成率 113.81%；融 e 行净增 2716 户，目标任务完成率 113.12%。

中间业务发展情况。2018 年，实现中间业务收入 459.18 万元，比上年增加 124.03 万元，增幅 38.6%，增量在辖区系统一级支行排名第三位，增幅在辖区系统一级支行排名第一位；中间业务收入完成率 99.8%，完成率在辖区系统一级支行排名第三位。

净利润情况。2018 年，实现净利润 1624 万元，目标任务完成率 102.59%。

【内部管理】 2018 年，中国工商银行兴安县支行每季度开展一次案件风险排查工作，对从业人员处罚信息情况、案件风险情况、员工行为情况进行排查，排查各类业务 217 笔、金额 3273.7 万元，无案件风险事件。组织开展资产管理及私人银行、代理投资领域，托管存管业务领域，同业业务领域，违规担保领域，实物票据和押品管理领域，基础核算和介质管理领域，代理销售领域，飞单领域，非法集资和民间借贷领域进行专项治理工作。在治理工作中，检查理财产品 51 笔、金额 817 万元，检查保险业务 10 笔、金额 3.78 万元。通过治理，加强薄弱环节的管理。同时，每季度开展一次员工异常行为排查和员工违规投资经商办企业排查工作，年中开展深化员工行为排查，对员工参与非法集资、非法放贷和金融诈骗等非法金融活动进行排查，排查方式有日常观察、交心谈心、业务检查、家访、科技排查、综合分析等，应排查人数 32 人次，实际排查人数 32 人，无异常行为。开展个人客户经理操作风险检查。重点检查飞单业务、代理销售、客户信息管理，产品风险提示、双录、客户回访等内容，规范个人客户经理操作行为。

【职工队伍建设】 2018 年，中国工商银行兴安县支行深入贯彻学习习近平新时代中国特色社会主义思想，通过“三会一课”等形式，专题学习《党的十九大报告学习辅导百问》6 次，以中共十九大精神为内容给行内党员上党课 3 次。开展“学规定、守纪律、防风险、保安全、促发展”再学习再教育活动，对《中国共产党纪律处分条例》《员工行为禁止规定(2016 年版)》《员工违规行为处理规定(2017 年版)》再学习，并举办再学习再教育活动考试，巩固学习成果。开展“以案说纪　以案说规”警示教育活动。组织员工学习“以案说纪　以案说规”警示教育案例剖析系列案例，以及案件通报，业务风险提示等，从中吸取教训，以案为戒，防微杜渐；组织员工观看“以案示警”微电影，开展“预防职务犯罪”讲课，筑牢员工思想道德防线。开展内控合规“固本强化年”主题活动。在活动中，开展“履职担当　践行责任　促进业务健康发展”合规讲课，开展“学习监管规则　强化制度执行”大讨论活动，营造“人人守规矩　处处讲合规”的良好环境氛围。

2018 年，中国工商银行兴安县支行 1 人获桂林分行“中国梦·劳动美——学习贯彻习近平新时代中国特色社会主义思想和党的十九大精神”职工演讲比赛第二名、征文比赛第一名；1 人荣获桂林分行智能设备维护技能竞赛荣获第一名；中国工商银行兴安县支行荣获兴安县财税金融系统 2018 年“农合行”杯气排球比赛第二名。兴安支行营业部个人客户经理钟佩伶，分别荣获广西分行“2018 年度中国工商银行广西分行青年岗位明星”称号、广西分行“2018 年度优质服务明星”称号。

中国农业发展银行兴安县支行

【概况】 2018 年，中国农业发展银行兴安县支行(以下简称“农发行兴安县支行”)在职员工 11 人，大专学历以上 11 人，内设办公室、信贷业务部、会计结算部。农发行兴安县支行秉承“执行国家意志、服务三农需求、遵循银行规律”的办行理念，以“家国情怀、专业素养”的职业精神为抓手，通过“抓项目、抓基建、抓党建”，在严控风险、合规经营的基础上，按照年初既定工作目标稳中求进，各项业务得到有效发展。

2018 年，农发行兴安县支行先后获“广西区分行先进职工之家”、“2017—2018 年度桂林分行先进单位”、“先进基层党组织”等称号；财会坐班主任左蓓被评为广西区分行“2017—2018 年度青年岗位能手”；行长周贡斌被评为桂林分行“优秀党务工作者”；信贷业务部客户经理车如川被评为桂林分行“先进工作者”；业务副经理李辉全和财会坐班主任左蓓被评为桂林分行“优秀共产党员”。

【业务情况】 2018年，农发行兴安县支行各项存款余额26850万元，比年初增加7337万元，增幅37.6%。各项贷款余额99988万元，比年初增加11117万元，增幅12.5%。经营利润略有回落。全年实现利润969万元，同比减少260万元，降幅21%。全年累计发放各项贷款21242万元，累计收回各项贷款10125万元。信贷资产质量良好，不良贷款继续保持为零。

【服务当地项目建设】 2018年，农发行兴安县支行根据县内发展需要，积极沟通努力做好服务工作，在兴安县政府的支持下，投放棚户区改造贷款7000万元用于灵渠大道、兴北大道、兴西路及城南安置点等区域的建设，有力地推进了全县棚改项目建设。同时，农发行兴安县支行在宏观政策变化的形式下努力寻找新的业务发力点，通过创新服务方式、撰写服务方案、积极做好营销，与县政府及相关部门初步对接兴安县旱改水、华江基础设施建设项目，意向投资金额约5亿元。

【推进金融知识普及】 2018年，农发行兴安县支行成立金融知识宣传小组，累计开展5次“金融知识进万家”现场宣传活动，宣传内容包括普及金融知识，守住钱袋子、金融助推乡村振兴及打击非法集资等，参与活动员工达12人次，共发放370余份宣传资料，接受群众现场询问、解答100余人次。同时，通过在营业场所及柜台显眼处摆放宣传资料，利用营业场所电子滚动屏不间断播放金融知识，有效提升了全县人民群众在保护个人账户信息、防范网络金融诈骗、维护账户资金安全等方面的安全防范意识。

（陈　萍）

中国建设银行兴安支行

【概况】 2018年，中国建设银行股份有限公司兴安支行在职员工28人，大专学历以上24人，党员15人（含两名预备党员）。设有支行营业部、北大街支行2个网点；设附行式自助银行2个，离行式自助银行3个，设自动柜员机11台；其中，存取款一体机8台、自助取款柜员机3台。智慧柜员机3台，另设“95533”电话银行、网上银行、手机银行为客户提供24小时高效快捷服务。

【业务发展】 2018年，建行兴安支行依托全球网络和金融科技，为广大客户提供全面而又精细的金融服务，围绕“建设最具价值创造力的国际一流银行集团”愿景，秉承“不断创新，追求卓越”的企业文化，积极践行“三大战略”，运用金融科技获客活客。全年一般性存款13.86亿元，其中，储蓄存款时点余额10.84亿元，比年初新增1.3亿元，完成全年任务的117.25%，县域四行排第一；储蓄存款日均余额106767万元，比年初新增10890万元，完成全年任务的118.37%；对公存款时点余额3.02亿元。非贴贷款余额14.06亿元；实现中收超1100万元，县域四行排名第一；个人贷款余额4.17亿元，个贷投放3701.3万元，普惠金融支持小微企业101户、金额1724万元，支持县人民医院投放4000万元；增户工作也取得重大突破，新增开户223户，完成任务计划的120%。

【工作亮点】 2018年，建行兴安支行针对金融同业竞争激烈的状态，先人一步，快人一拍，按照广西区分行的要求，及时传达分行和支行考核方案，积极传导学习区分行“美好生活”心积分促存款政策，做到人人皆知，人人会用。同时，支行配足桂林分行旺季营销配置资源，对于定期到期客户做好积分回馈，确保定期存款稳定稳增。支行定期新增8559万元，名列桂林网点第一。支行通过每周小微快贷沙龙，梳理并拜访存量个人中高端客户，以小微快贷，裕农通等拳头产品切入，在拓展行外大户、存款方面取得较好效果，2018年度获得桂林分行“先进集体”荣誉称号。

【创新服务营销】 2018年，建行兴安支行积极推进“三大战略”落地，运用金融科技成功实现兴安县第一、第二幼儿园近1500名幼儿学费通过手机银行缴交，兴安中学近2000名学生通过“校园卡”缴费充值饭卡。成立由党员担纲主力的年轻员工外呼团队，利用周一到周五下午下班后半小时进行信用卡、分期通、手机银行激活、快贷、理财定期到期客户的外呼营销工作，最大限度提高营销效果。

【普惠金融见成效】 2018年，建行兴安支行积极践行“普惠金融”举措，通过小微信贷产品白名单和新一代系统建模筛选，逐一沟通营销，实现精准支持；通过与税务局、工信局、园区管委会等搭建政府小微企业营销平台，采取举办大型推介会、小微沙龙实现批量获客。2018年，建行兴安支行通过以上举措，实现小微企业账户新增200户，授信近4000万元，实现普惠金融投放101户，小微企业贷款累计投放超3000万元。

【重点支持服务民生工程】 2018年，建行兴安支行通过投入30多万元，为兴安中学开展校园信息化建设改造，帮助解决2000多师生高效率饭卡充值，得到广大师生及家长的好评。同时，积极持续开展与县人民医院、县妇幼保健院、县中医医院在医院信息化建设和病患便捷结算方面的支持改造，极大的提高了医院管理效能，给群众就医结算带来便利。

【高度重视扶贫工作】 2018年，建行兴安支行高度重视扶贫工作，严格落实帮扶责任，以党建为引领，专门安排扶贫专干驻村开展扶贫帮扶工作；将支行帮扶贫困对象逐一落实帮扶人员，制定脱贫计划并进行指导。同时，加强与援建单位湘漓源河村联系沟通，提升帮扶成效。2018年，建行兴安支行扶贫人员深入贫困户家中累计近200人次，动员产业扶持补助20人次，实现脱贫2户，累计脱贫17户，彰显了大行扶贫风范。

【加强风险管理促合规经营】 2018年，建行兴安支行秉持“在风险可控的前提下加快发展”的工作主基调，不断强化员工风险防范意识，加强合规教育和案件通报学习，筑牢合规操作、规范经营基础，全年没有出现安全责任事故。在不良贷款清收方面实行“一户一策”清收策略，加大风险贷款的清收力度和诉讼。2018年，个贷不良率下降0.39个百分点。 （陈旭苹）

中国农业银行股份有限公司兴安县支行

【概况】 中国农业银行股份有限公司兴安县支行（以下简称农行兴安县支行）共有6个对外营业网点，其中，县城营业网点3个、乡镇营业网点3个。支行内设综合管理部、风险管理部、财会运营部、公司业务部、个人金融部5个部室，全行在职员工91人。2018年，兴县农行坚持“稳中求进”的工作总基调和高质量发展要求，紧密围绕“强党建，稳改革；固基础，提份额；创效益、争进位；控风险、保平安”的经营策略，一手抓党建、一手抓经营，扎实推进各项业务经营工作。密切与地方经济发展协同，倾力服务实体经济，积极履行服务“三农”的政治使命，支持脱贫攻坚，努力为城乡广大客户提供优质、高效、便捷的金融服务。

【存款业务】 2018年末，全行各项存款余额19亿元，比年初增长0.18亿元。其中，个人存款余额17.43亿元，比年初增长0.54亿元；对公存款余额1.57亿元，比年初减少0.36亿元，各项存款年末市场份额在县域四大国有商业银行中排名第一。

【贷款业务】 2018年末，全行人民币各项贷款余额12.42亿元，比年初减少2.81亿元。其中，发放碧桂园房地产项目个人住房贷款近2000万元，解决群众购房资金需求；发放国电投集团广西兴安风电有限公司贷款2.08亿元，用于兴安风电项目建设。兴安县农行信贷支持的G322兴安县绕城公路（西环路）2018年建成通车。

【内部管理】 2018年，兴安县农行风险防范、内控合规管理、党风廉政建设工作进一步加强。全年实现安全营运，全行无重大差错、责任事故及经济、刑事案件发生。扎实开展专题学习教育，推进基层党建工作，认真落实“两个从严”主体责任，推动党风廉政建设。

广西兴安农村合作银行

【概况】 广西兴安农村合作银行于2008年7月11日正式挂牌营业，是在原兴安县农村信用合作联社的基础上，经中国银监会批准，吸收中小企业、自然人作为发起人，依法发起设立的股份合作制地方金融机构。截至2018年末，总行内设12个职能部室，在职员工266人，下设22个营业网点，是兴安县内营业网点和从业人员最多、资产规模最大、资金实力最强、服务网络最广、对“三农”和地方经济支持力度最大、纳税最多的金融机构。2018年，兴安农合行获兴安县人力资源和社会保障局、兴安县总工会、兴安县工业和信息化商贸局、兴安县工商业联合会“AAA级兴安县劳动关系和谐单位”，双灵路支行、高尚支行分别荣获桂林市银行业协会“文明优质服务网点”称号、“支农支小”金融服务工作先进单位称号。

【业务发展情况】 2018年，广西兴安农村合作银行各项存款余额72.7亿元，比上年增加5.29亿元，增幅7.86%，完成广西区联社分配全年任务的101.85%。存款存量市场占有率为46.71%，增量市场占有率为73.12%，均居全县金融同业第一位。各项贷款余额62.93亿元，比上年增加4亿元，增幅6.8%；全年累计发放各项贷款39.2亿元，涉农贷款余额53.04亿元，占各项贷款的84.29%。贷款存量市场占有率为44.71%，增量市场占有率为125.74%，均居全县金融同业第一位。手机银行有效户60038户，比年初新增26418户；信用卡存量19724张，比年初新增15386张；全年累计上缴税额3408万元，为兴安县第二纳税大户。2018年，兴安农合行全辖各项总收入为30239万元，总支出24320万元，收支相抵，实现利润总额5919万元，净利润4512万元。

【普惠金融工作】 2018年，广西兴安农村合作银行坚持“立足三农，服务三农”的宗旨不动摇，着力打造全县最大的普惠金融体系。在全县共设立10个离行式自助服务点，共布设自助设备67台，设立惠农支付便民点104个，农村金融综合服务站10个，为全辖便民点配备点钞机86台，保险柜83个，存折打印机90台，档案柜50组，简易装修54户。截至2018年12月末，全辖便民服务点全年累计办理业务21.7万笔，存取款金额达2.54亿元，实现了全辖“金融服务足不出村，田间地头能转账”，助力农村普惠金融体系建设趋于完善。

【电子银行业务】 2018年，广西兴安农村合作银行手机银行有效户60038户，比年初新增有效用户26418户，完成广西区联社下达任务的240%；信用卡存量19724张，比年初新增15386张，信用卡各项收入1373.57万元，完成广西区联社下达任务的275%；信用卡不良率0.18%，保持较低水平；POS自主收单有效户803户，比年初新增有效用户72户；现金类自助设备开机率94%，比广西区联社任务要求高出2个百分点；电子银行交易替代率90.12%；便民点活动比率100%，商户回访率100%，完成区联社下达任务的100%。

【扶贫工作】 2018年，广西兴安农村合作银行按照“能贷尽贷”原则，持续加大对信用良好，有贷款意愿和有一定还款能力的建档立卡贫困户的信贷投放，全力满足贫困户发展生产的资金需求。全年累计发放小额扶贫贷款140户，金额587万元，年末共有贫困户贷款902户，贷款余额3961万元，贫困户授信面达100%。积极参加“党旗领航·电商扶贫”，全年共组织8家农产品商家入驻利农商城，销售扶贫爱心柑橘2万千克，扶农支小农产品销售额达31.46万元，扶贫后盾单位作用进一步显现，全年直接投入帮扶资金5万元，水泥40吨，安排脱产驻村队员1人，结对帮扶43户，已有8户达到“八有一超”，经验收达到脱贫标准。

【“存贷同比”工作】 2018年，广西兴安农村合作银行继续发挥优势，主动协调好各单位的关系，积极配合地方政府各方面工作，做好财政、人社、卫计、教育、国土、住建、林业等行政事业单位的营销和维护。进一步提升优质文明服务工作。持续开展优质文明服务检查工作，每月组织优服督导员对全辖所有网点环境卫生、服务规范流程进行全覆盖现场检查，按月通报检查结果。9月份聘请了深圳思达公司对全行员工开展了为期十天的优服培训，全面提升了员工的业务素质、业务能力、工作效率及金融服务水平。全年全社会财政总存款12.97亿元，其中7.79亿元存该行，占比60.10%。财政性存款份额比贷款份额(43.63%)多16.47个百分点，超出金额1.87亿元，达到“存贷同比”要求。

【整村(社区)推进工作】 2018年，广西兴安农村合作银行在下半年全行存款任务完成广西区联社下达全年任务130%的同时，制定了《广西兴安农村合作银行乡村振兴整村(社区)服务工作实施方案》，做到全面、精细化营销，对全县所有自然村(社区)进行上门宣传营销。

【业务宣传工作】 2018年，广西兴安农村合作银行以十年行庆为契机，推出了五年期年化收益率达5.225%定存产品，并限期发行，社会反响很好，产品竞争力不断加强。全年共与人民银行、各网点上下联动开展户外宣传15场，发放宣传折页10000余份，大力宣传该行的“免费让利”及服务优势。

【基础管理】 2018年，广西兴安

农村合作银行认真落实新发展理念，坚持稳中求进，确保稳健经营，不断改正经营管理模式，做好提质增效工作。一是统筹兼顾财务管理，规范财务行为，努力增收节支，创造最大效益。加强成本控制，完善费用支出管理制度及流程，从严审核各项费用开支的真实性和合法性，严格执行财务审批制度，全年总费用比去年减少了1780万元。加强检查力度，防范案件发生。全年共组织了4次会计会审，开展一次帐户专项排查，按规定对所有网点库存进行了查库。加强资金收益管理，实行专人负责实时监控清算资金及央行准备金留存情况，及时将闲置资金上存区联社融资中心，提高资金使用效益，全年金融机构往来收入4208万元，实现了资金收益与风险管理平衡的资金管理目标。二是持续优化信贷结构。年内将“空壳公司”、借名贷款进行了归位整合，开办了个人二手房按揭贷款，个人消费贷款余额28502万元，比年初增加了34.8%、个人信用卡透支余额34038万元，比年初增加了699%。三是创新发展中间业务。实现手续费中间业务收入1525万元，比2017年同期增加1035万元。四是信息科技管理再上新台阶。增订和修订了信息科技日常维护和管理的规章制度，加大机房设备投入和建设，中心机房获区联社“精品机房”称号。

【业务拓展】 2018年，广西兴安农村合作银行根据“公司治理年”的要求，不断加强法人治理，坚持依法合规拓展业务。一是加强合规文化建设。编制了《广西兴安农村合作银行合规手册》，签订案防责任书266份，对全行266名员工行为进行排查，将2名员工纳入教育关注类，16名员工纳入重点关注类管理。二是根据《商业银行公司治理指引》修订了章程，将主要股东、股权管理、数据治理纳入章程，对董事监事进行了培训。完善了董事会下设各专门委员会，并制订了相应的议事规则。三是履行好主发起行的职责，加强对田阳兴阳村镇银行的管理，促进其合规稳健发展。四是大力创新银行卡及电银业务。自2017年12月取得信用卡发卡资格以来，立即成立成信用卡中心，制定切实可行的工作措施。全年累计发行各类信用卡15386张，新增卡量居全区农合机构第二位，存量卡上升到第6位，其中易农宝6718张。ETC存量2004户，POS自主收单有效户803户，新增手机银行有效户26418户，其中新增V盾手机银行有效户1225户，拓展云闪付4260户，扫码支付商户1223户，月均交易额170万元。

【风险防控】 2018年，广西兴安农村合作银行认真落实打好重大风险防范战要求，坚决守住不发生区域性金融风险底线，促进稳健发展。一是大力推进依法治行建设。规范聘请中介法律顾问，代理事项委托工作逐步制度化、规范化，维权法律风险得到了有效防范。全年共审查合同或协议103份，金额106万多元，指导各网点债权诉讼124件，实现执行回收140.79万元。深化整治市场乱象检查存在问题的整改，对存在的问题建立整改台账，年内共整改问题32个，完善制度20项。二是强化信贷风险管理。按照监管部门和区联社贷款新规的要求，制定和完善了信贷业务限时办结制等多个信贷管理制度，从严把审贷关口，严格执行国家信贷政策，加大检查力度，强化培训，提高信贷队伍素质几个方面着手，从源头上防范新增贷款风险。三是加大稽核审计力度，重点是对内控制度执行力、操作风险13条及案防措施落实情况突(抽)查。全年对城台支行等8个网点开展了稽核检查，发现问题97个，提出稽核建议12条。强化专项稽核，全年开展了非信贷资产、消费者权益保护、不良贷款、反洗钱、薪酬管理、信息科技、五级分类等7个方面的专项稽核，共发现问题68个，提出稽核建议114条，有效防范了风险。五是加强各类风险防控的监督。风险管理部与电子银行部共同加强了信息科技风险的评估。加强业务连续性管理，成立业务连续性委员会，制定业务连续性计划。抓好流动性风险指标监测和预警，全年流动性充足。做好声誉风险监测防范工作，与有关中介机构签订舆情监测服务合同。继续做好“远程监控、异地值守”工作，全年无抢劫、盗窃、诈骗、涉枪四类恶性案件和安全生产重大责任事故。

【党建工作】 2018年，广西兴安农村合作银行结合县委、县政府开展“转作风、提效能、优环境”专项活动实施方案，结合本行实际，开展“转提谋”专项活动。牢固树立“四个意识”，强化主体责任，发挥党的领导核心和政治作用。一是组织多种形式的学习，全面宣传贯彻落实习近平新时代中国特色社会主义思想和中共十九大精神，树牢“四个意识”、增强“四个自信”、践行“两个维护”，开展了“重温入党誓词，不忘初心永远跟党走”主题党日活动，举办了“不忘初心、砥砺前进”演讲比赛。强化意识形态责任制落实，全年没有发生意识形态风险事件。加强信息宣传报道，8条被区联社OA动态采用，3条被《桂林日报》采用，1条被《中国农村信用合作报》采用。二是着力推进基层党建规范化科学化建设。5月，成立党群工作部，具体负责指导基层党组织思想政治、组织建设，优化了基层党支部设置，召开了党建工作会议暨“一先两优”表彰会，组织各党支部签订了《党建工作责任书》，制订党建工作要点、理论学习方案、全面从严治党责任清单，组织了两次党员培训，完成“共产党员之家”建设。三是从严加强干部员工队伍建设。按照党管人才的要求，党委指导人事部门按程序提拔中层正职7人，副职12人，主管会计1人，激发了员工干事创业的热情。做好新招员工的教育培训工作，对在岗员工进行了业务知识、思想教育、法律法规培训，提升了员工的业务素质，于8月对员工养老保险进行了补缴，切实维护了员工权益，被县人社局、总工会、工商联、工信局联合评为“AAA兴安县劳动关系和谐”单位。四是认真履行“一岗双责”，强化落实“两个责任”，把党风廉政建设情况纳入年度综合考评。贯彻执行中央八项规定精神，对扶贫领域和作风问题进行专项检查，认真开展市场乱象廉洁从业方面的监督检查工作，对新提拔及岗位轮换中层干部进行集体廉政谈话，组织员工参观桂林廉政教育基地和桂林监狱，组织全行干部职工签订党风廉政建设责任书和廉洁从业承诺书252份。（兴安农合行）

中国邮政储蓄银行兴安县支行

【概况】 中国邮政储蓄银行兴安县支行位于兴安县双灵路146号，有员工35人，大专以上学历人数达95%。下辖8个储蓄网点，遍布各乡镇，与全国4万个网点互联互通。

2018年，中国邮政储蓄银行兴安县支行充分依托覆盖城乡的网络优势，坚持以服务“三农”、服务中小企业、服务社区的定位，走差异化特色经营之路，切实加强风险管理，促进资产、负债和中间业务的集约式发展，将邮储银行建成网络强大、客户众多、资产优良、特色鲜明、竞争力强的现代化商业银行。

【业务发展】 截至2018年末，邮储兴安县支行存款余额11.10亿元，其中，居民储蓄存款10.99亿元，公司存款1094万元。各项贷款余额8.96亿元，其中，涉农贷款0.89亿元，小微企业贷款5920万元，风电项目贷款6.71亿元。

【经营亮点】 2018年，邮储兴安县支行牢牢围绕“两小一大”即三农、小微企业和县内大型项目开展工作。全年发放农民工创业贷款691万元。助力精准扶贫，全年发放精准扶贫贷款1120万元。此外，邮储兴安县支行对兴安各风电项目已授信24.2亿元，贷款余额6.71亿元，有力地支持了兴安地方经济建设。

（蒋翠兰）

广西兴安民兴村镇银行

【概况】 广西兴安民兴村镇银行是桂林银行发起设立的第一家村镇银行，注册资本1亿元，于2008年11月26日开业。行内设立6部1室，11个营业网点（含营业部）、3个金融服务站，有正式员工139人。广西兴安民兴村镇银行秉承发起行桂林银行的“1234”发展战略，按照桂林银行党委打造社区金融、旅游金融、小微金融和“三农”金融特色品牌要求，围绕“一体两翼”，回归本源，深耕农村市场，加快实施“农村金融”发展战略，推进转型发展，全面完成了各项业务目标任务。在发展规模、质量上保持了稳健的增长速度，在品牌建设、知名度打造上有了新高度。2018年，广西兴安民兴村镇银行获得“青年文明号”、“广西第五轮金融行业机构安全评估安全防范优秀单位”、自治区“守合同重信用”企业等称号。

【经营理念】 2018年11月26日，广西兴安民兴村镇银行成立十周年。自成立以来，兴安民兴村镇银行一直秉承主发起行“好山水，好银行”的愿景，弘扬“上善若水，厚责如山”的核心价值观，紧紧围绕产业和客户做银行的发展思路，情系兴安发展，心系兴安百姓。求真务实，开拓进取，坚持立足三农，服务中小企业的市场定位，践行“滴水春风”服务理念，不断提升服务质量，为每一位客户提供最真诚、最专业的金融服务，树立了兴安县银行业服务标杆和品牌。

【存贷业务】 截至2018年12月末，广西兴安民兴村镇银行各项资产总额24.69亿元，较年初增加1.52亿元，增幅6.55%；各项存款余额22.15亿元，较年初增加1.77亿元，增幅8.66%。各项贷款余额18.57亿元，较年初增加1.21亿元，增幅6.97%。

【加强党的建设】 2018年，广西兴安民兴村镇银行深入贯彻学习习近平新时代中国特色社会主义思想和中共十九大精神，推动党支部的"两学一做"学习教育常态化制度开展，推进"党旗领航、六德桂银"党建品牌创建工作，自觉提高党性修养，不断提高自身理论水平，树立正确的权力观、地位观、利益观和政绩观，贯彻以人为本、执政为民理念，努力为全行员工排忧解难。同时，适时关注国内外经济金融形势变化，努力克服经济下行带来的影响，主动调整经营思路，认真思考、分析和解决发展中存在的问题。

【创新金融产品】 2018年，广西兴安民兴村镇银行引进智能柜台设备五台，通过设备的分流，有效缓解柜面压力，"释放"柜员，从而加大厅堂面对面营销，提升综合服务水平。引入小能人E缴费功能，积极拓展学费代收代缴业务。2018年，部分学校已正式启用该项功能，为下一步拓展银校合作开辟了新的途径。推进轻型化、智能化网点建设渠道布局。

【强化公司治理】 2018年，广西兴安民兴村镇银行全面落实监管要求，开展经营管理自查自纠工作，认真贯彻银行业金融机构"市场乱象"排查工作，针对发现的问题，一对一地制定了整改措施，逐项落实到了责任部门，对内控薄弱环节、管理漏洞和风险隐患采取有效措施，不断完善机制，加强员工培训及廉洁教育，建立健全风险管理体系。落实"三大发展理念"，优化服务质量。2018年，该行加强落实发起行桂林银行提出的"三大发展理念"，同时对现有营业网点进行服务礼仪检查。通过检查，各营业网点的规范化优质服务水平都有了很大的提升。修订完善公司章程。8月30日，广西兴安民兴村镇银行为进一步规范和加强公司治理，根据《商业银行公司治理指引》等相关文件要求，成功召开了2018年临时股东大会，大会审议通过了《广西兴安民兴村镇银行股份有限公司关于修改公司章程有关条款的议案》，完善了现行《章程》中关于股东大会、董事会及监事会等的相关条款，强化了公司治理。

【彰显服务质量】 坚持以"服务"铸就品牌的理念，着力打造兴安县服务对标银行。2018年，广西兴安民兴村镇银行不断加强网点环境管理，根据新的"神秘人"合作机构，配合漓水春风服务的定期考核及现场检查，不断强化落实。实施常态化的服务质量检查，强化问责制度，并进行"八小时外"礼仪培训，高强度、高标准、高质量地提升服务水平；继续推行"6S精益化管理项目"，网点在厅堂环境，主题沙龙、电话营销、晨会流程、服务礼仪规范等方面不断推进。

【业务拓展】 2018年8月20日，广西兴安民兴村镇银行志玲路支行对外试业，下辖营业网点增至11个(含营业部)。2018年末，漠川乡、白石乡自助银行门面已装修完成，准备开业工作。下一步，广西兴安民兴村镇银行将通过开设轻型网点的方式，实现县域乡镇网点的全覆盖，进一步做好普惠金融工作。 （蒋茂贵）

中国人民财产保险公司兴安支公司

【概况】 中国人民财产保险公司兴安县支公司于1981年3月18日，经中国人民银行批准恢复开办国内保险业务，是兴安县成立最早、历史最悠久、规模最大、实力最雄厚的专业财产保险公司。公司2018年有从业人员30人，下设本部，兴桂路营销服务部，高尚镇、界首镇、华江乡3个服务站，以及全县108个村服务点，分别负责全县12个乡镇及县城的保险业务，机构网点和服务人员覆盖了全县境内。

2018年，中国人民财产保险股份有限公司(简称"中国人保财险"或PICC，下同)兴安支公司完成车辆险、财产险、责任信用险、货运险、意外健康险、农业险等各险种保费收入3571万元，同比下降6%。2018年，中国人保财险兴安支公司荣获桂林市"文明单位"和中国人保财险广西分公司"先进基层党组织"称号。

【市场份额】 2018年，兴安县地域挂牌的财产保险公司有：中国人保财险、太平洋财险、平安财险、华安财险、中国国寿财险、安邦财险、阳光财险、北部湾财险等18家，中国人保财险兴安支公司凭借雄厚的品牌、人才、产品、专业等优势、依靠全方位的服务实力和综合竞争能力，一直发挥着兴安财产保险市场的主渠道作用，占有市场份额38.6%。2018年，中国人保财险兴安支公司在保险客户服务质量调查中满意率达100%，无一例投诉。

【优质理赔】 2018年，中国人保财险兴安支公司专职理赔人员9人，专用查勘定损车辆4辆，共处理车辆保险案件2976件，处理非车非农案件698件，处理农业保险案件6124件，全年直接赔款2726万元，其中，全县农村房屋保险赔款87万元，森林、养殖等农险赔款480万元，为受灾群众恢复生产和经营，支持地方政府的经济建设做出了积极贡献。

【经营亮点】 2018年，中国人保财险兴安支公司作为辖区最大的财产保险公司，在确保传统团险业务稳中求进的前提下，全面建立和完善“三农”保险基层服务体系，开展了全县农房统保、森林保险、水稻保险、葡萄保险、柑橘保险、养猪保险、养牛保险等政策性涉农保险工作，积极把党和政府的“强农、惠农、富农”政策送到全县广大农户手中。

【服务民生】 2018年，中国人保财险兴安支公司在做大做强本公司业务的同时，认真履行社会责任，全力配合地方党政的各项工作，开展诸如“驻村帮扶队员”“一对一帮扶”“精准扶贫”“民生资金调查”“三大水库搬迁工作”“美丽城乡，生态乡镇”，健康扶贫等工作。2017年、2018年，兴安支公司为地方财政缴纳各种税金320多万元，帮当地政府代收车船税及所得税650多万元，为建档立卡贫困户农提供帮扶资金1万多元、其他各种集资和救灾捐款2万多元，切实为服务“三农”做出了应有的贡献。（刘玉好）

中国人寿保险股份有限公司兴安支公司

【概况】 2018年，中国人寿保险股份有限公司兴安支公司继续坚持以市场为导向，以客户为中心，真诚的服务，永恒的付出，持续推进各类特色服务，为广大人民群众送去最贴心的呵护和最全面的保障。公司内设有综合服务部、个险销售部、银行保险部、团体业务部、教育培训部及客户服务中心共6个部门；下设有兴桂、高尚、溶江、华江、湘漓、界首、白石、兴安镇8个乡镇营销服务部。有管理人员3人，销售人员近400人。

【业务拓展】 2018年，中国人寿保险股份有限公司兴安支公司积极响应中央服务“三农”的号召，推进人身保险行业服务最广大人民群众的普惠性目标，帮助贫困群体摆脱“因病、因灾致贫、返贫”的恶性循环，积极开展小额人身保险、计划生育爱心保险、计生关爱保险等普惠民生保险业务，不断深化民生保险创新实践，扩大小额保险覆盖面，缓解意外事故和疾病等风险对低收入家庭造成的冲击。把承担社会和行业责任为己任，充分发挥保险的经济“助推器”和社会“稳定器”作用，真正起到了促进改革、服务经济、稳定社会、造福人民的保障作用。2018年，中国人寿保险股份有限公司兴安支公司实现保费收入13687万元，较上年同期增长9%，其中，长期险首年保费3869万元，10年期以上期交726万元，同比减少58%，短期险保费1006万元，业务结构进一步优化。2018年，公司总保费市场份额达到了46.22%，继续占据兴安寿险市场主导地位。

【客服理赔】 2018年，中国人寿保险股份有限公司兴安支公司坚持“快速、主动、优质”理赔，为兴安当地持续推进保险保障工作，有效服务“三农”，持续开展一系列客户服务活动，大力组织开展“少儿艺术节”“牵手国寿健康同行”、健步走活动、各种VIP主题、关注广西分公司微信平台“关注有礼”等客户服务活动。全年共处理各种赔款给付金额847.76万元，寿险死伤给付（含医疗）金额318.81万元，短期健康险（含意外）赔款499.90万元。

【风险管控】 2018年，兴安支公司继续遵循各项监管要求，严守风险底线，努力实现资本、规模、风险、收益之间的平衡，对各主要业务流程进行深入梳理，全面排查公司日常经营管理环节中存在的风险隐患，针对存在的突出问题积极追踪整改，保持公司持续健康发展。

【社会担当】 2018年，中国人寿保险股份有限公司兴安支公司辖内管理干部职工及代理营销人员共计400人左右，长期以来保持稳健发展态势，为当地人才就业提供了稳定的发展平台。2018年，上缴税款合计1664934元，纳税额及同比增长比例在当地寿险公司中均名列前茅，为推动兴安的经济发展和社会稳定做出应有贡献。（蒋靓靓）

城乡建设·环境保护

城乡建设

【概况】 兴安县住房和城乡建设局是县人民政府对城乡规划、住房和城乡建设及管理的行政主管部门。履职城乡建设、规划、管理及执法、建筑业管理、城市供水、墙改、人防、房屋征收拆迁管理、房改等常规性工作及危房改造、新型城镇化建设、廉租房建设、清房工作等县委、县政府及上级部门安排的重大工作。局机关内设办公室、财务股、规划股、建管股、村建股,定编10名,在编人员21人。下属12个二层单位,在职人员共246人。2018年,副局长杜德强获得兴安县中共十九大期间信访维稳工作先进个人表彰。(《关于表扬中共十九大期间信访维稳工作先进集体和个人的决定》兴发〔2018〕13号)

【城市规划与建设】 兴安县城总规面积26.8平方千米,建成区14.12平方千米;县城常住人口6.79万人。2018年,兴安县住房和城乡建设局组织进行《兴安县总体规划(2017—2035)》修编工作,并报人大常委会通过,在编制充分与土地利用、环境保护、文物保护、林地保护、综合交通、水资源、文化旅游、社会事业等各类规划衔接,做到多规合一,对旧城区部分区域、重点路段进行了控制性详细规划的编制,使控制性详细规划覆盖率达到了90%。编制完成审批了《兴安县行政文化新区控制性详细规划》(2.67平方千米),《兴安县城北新区控制性详细规划》(3.5平方千米),编制了《兴安县老城区西环路片区控制性详细规划》(1.86平方千米),《兴安县老城区秦皇路片区控制性详细规划》(2.24平方千米),《兴安乐满地项目地块控制性详细规划》(1.47平方千米),正在报批当中。正在编制《工业集中区光伏产业园二控制性详细规划》(2.94平方千米),《兴安县湘漓镇北渠片区控制性详细规划》(1.06平方千米),《城北新区二期(工业园区和高铁站区)控制性详细规划》(3.16平方千米),《兴安县日月湖片区控制性详细规划》(4.8平方千米),《城南新区二期控制性详细规划》。按照《城市设计管理办法》在编制各片区控制性详细规划时,对重点地段编制城市设计。定期召开规划评审会议,对重要规划、核心范围、典型案例进行集体评审,将审批权力公开化,集思广益、民主决策,维护规划权威性及公平性。

2018年9月,灵渠大道投入使用　　(县住建局　供图)

保障性住房工作 2018年保障性住房共建2724套,基本建成共2183套,其中政府投资项目已分配住入住1950套,2018年累计分配入住公租房2468套;2018年新分配入住288套;2018年累计发放租赁补贴300户;保障性住房相关信息按要求录入系统,信息及时更新、台账齐全。

灵渠大道建设 灵渠大道建设分三期实施,其中一期:体育馆—兴安二中段,全长450米,道路宽45米;二期:二中—兴西路口,全长1252米,宽45米,双向六车道,市政道路;三期:兴西路口—桂兴村路口,长3042米,宽45米,双向六车道市政道路,包含长68.94米的跨灵渠桥梁和长300米的跨湘桂铁路的桥梁。该项目一期、二期已经达到基本通车条件,三期正在进行项目前期工作。

棚户区改造 兴安县棚户区改造涉及改造总户数3000户,国家任务1000户已于9月底前全部开工,新增任务2000户已于12月底前全部开工。

双女井溪整治 双女井溪整治作为棚户区改造的项目之一,将做好双女井溪引水工程,保持双女井溪常年有水流动,做好两岸景观绿化提升,拆除两岸部分危房、旧房、转换空间做景观节

2018年10月，兴安县城双女井溪改造后的景观　　（县住建局　供图）

点，打造“水在城中，景在城中”的生态宜居环境。该项目（一期）部分楼层已完成披檐龙骨安装、瓦面拆除、披檐钢立柱安装、龙骨安装等工程；（二期）立面改造工程已完成搭架部分。

西环路改造　该项目改造总长度约2130米，其中西环路口至铁路立交桥路口段，长约1600米，道路红线宽60米；立交桥路口往海螺水泥方向段，长约280米，道路红线宽45米；立交桥路口往桂黄公路段，长约250米，道路红线宽32米。改造内容为：建设双向6行车道，双向2非机动车道，双向2人行道，3条绿化隔离带及行道绿化树、路灯。双向雨水、污水、燃气及电信综合管道，单向电力、供水管道。2018年，西环路改造项目已全面完成机非分隔带绿化工作；已完成给水管安装工程；完成人行道级配水稳除征地拆迁问题段；完成燃气管安装；完成主路上面层沥青摊铺工程；完成60%主车道标志、标线、交通信号灯施工工程；完成55%人行道混凝土工程；完成40%人行道绿化工程。

城北主路网建设（兴北大道）　该项目位于兴安县兴安镇朝阳路至城北安置区至国道322线。兴北大道改扩建朝阳路至城北安置区道路宽40米，长约824米，城北安置区至国道322线道路宽32米，长约436米。解决湘漓片区30户、湘江左岸片区57户、三台路片区棚户区191户的交通问题。主要建设内容：道路工程、绿化工程、给排水工程、交通工程及照明工程等附属设施建设。目前该项目已完成BK0+200-BK0+380段雨水管道安装工作。

【村镇规划与建设】第四批新型城镇化示范乡镇基础设施建设

高尚镇新型城镇化建设　项目总投资10875万元，完成投资2785.21万元，投资完成率25.61%，项目共26个。2018年，完成了基础设施、公共基础设施项目的建设工程设计合同的签订；完成了兴阳公路、北街、广告牌的施工图和预算；镇中心卫生院综合楼正在进行内部房屋改造，已完成60%的工程；农贸市场改扩建项目，征地组正式开展农贸市场的征地工作。

湘漓镇新型镇化建设　湘漓镇新型城镇化示范乡镇建设项目共43个，总投入资金8202万元。其中，规划编制投入100万元；产业培育项目9个共投入540万元，房屋建设项目3个共投入640万元，市政公用设施建设项目9个共投入2150万元，生态环境建设项目2个共投入200万元，公共服务设施建设项目3个共投入280万元，长效管理项目3个共投入50万元，乡村振兴工程项目9个共投入2772万元，自加压力项目4个共投入1470万元。

2018年，湘漓镇示范乡镇建设已开工项目32个（含完工项目），占总项目的74.4%，完成项目投资额达到4235万元，占总投资额的51.6%。

打造桂北老家　为了打造建设广西桂北老家、银杏古村旅游示范带，兴安县实施了银杏之乡高尚镇、漠川乡、白石乡、崔家乡等4个乡（镇）的12个（高尚镇狮子山村、待漏村、路西村、山湾村，漠川乡江西田村、张家崎村、榜上村，白石乡水源头村、石柱村、浪上村，崔家乡高泽圩村、下田村）乡土特色示范村建设项目。

2018年，已完成了狮子山村、路西村、山湾村，张家崎村、榜上村、高泽圩村、石柱村、浪上村等9个乡土特色示范村建设，共计完成投资1500余万元。通过示范村建设，兴安县农村人居环境得到了极大的改善，加强了传统村落民居和历史文化名村的保护，为乡村旅游硬件设施创造了更好的条件，加快改善了农村生

2018 年 11 月，溶江镇莲塘村一角　　（县住建局　供图）

产生活条件，推进了兴安县生态乡村、宜居乡村、幸福乡村建设。

改厨改厕改圈项目　2018 年，兴安县共完成农村改厕改厨共计 9586 户（其中漠川完成 550 户、湘漓完成 1329 户、华江完成 520 户、严关完成 634 户、界首完成 1312 户、高尚完成 1329 户、兴安镇完成 1361 户、溶江完成 1431 户、崔家完成 597 户、白石完成 523 户）。

农村危房改造　2018 年，自治区第一批下达给兴安县的农村危改任务 256 户（均为建档立卡贫困户任务 256 户），实际实施竣工 573 户，竣工率 223.8%，其中建档立卡贫困户竣工 453 户，竣工率 176.95%，核发危房改造补助资金 573 户，合计 1239.9 万元。解决和改善了兴安县部分建档立卡贫困户和农村贫困群众的住房不安全问题。

【工程质量和安全生产管理】 2018 年，兴安县住房和城乡建设局对施工工地质量安全检查 6 次，在建工程质量安全检查 25 个，扬尘治理督查项目 25 个，下发质量、安全、扬尘整改通知书共 25 份，下发停工整改通知书 6 份。受监工程质量合格率达 100%，均无重大及较大质量安全事故发生，全县工程质量均处于受控状态。规范文明施工管理，各类建筑工程质量达标，没有出现建筑质量安全生产事故。

【工程招投标管理】 2018 年，兴安县住房和城乡建设局加强招标投标管理工作，规范评标活动。认真贯彻执行《中华人民共和国招标投标法》，切实加大监管力度，加强对立项审批、招标核准、用地许可、规划许可等招标工程前期资料的审查。2018 年，严格依法完成 55 项工程招标投标，中标合计为 19933.44 万元，其中，公开招标项目 10 项，中标价 12684.25 万元；直接发包 45 项，中标价 7249.19 万元。凡经核准达到公开招标的项目，其设计、施工、监理均进入建设工程交易中心进行公开招标，没有规避招标的行为，应招标的工程招标率和公开招标率均为 100%。

【房地产市场基本情况】 2018 年，兴安县住房和城乡建设局以规范房地产市场、保障消费者合法权益为工作目标，大力加强房地产市场监管力度，对房地产开发企业实行跟踪管理，严把房屋预售许可审批关，严格禁止囤积土地、捂盘惜售、违规贷款、内部认购、预收定金等违规行为。2018 年，全县共有 19 家房地产开发企业（新引进了碧桂园进驻兴安），商品房预售 364 套，面积为 42053.9 平方米；商品房销售备案 401 套，面积 5.6435 万平方米；全县新建开发商品房住宅销售均价为 3571 元 / 平方米。

【优化营商环境】 2018 年，兴安县住房和城乡建设局推行“3848”改革，提升服务企业效能，将“园区企业投资项目审批流程”压缩到 38 个工作日，比自治区要求的 45 个工作日提速 15.6%；“企业投资项目审批流程”压缩至 48 个工作日，比自治区要求的 60 个工作日提速 20%。

环境保护

【概况】 2018 年，兴安县环境质量显著提升。兴安县城环境空气优良天数为 330 天，环境空气优良率 92%，比 2017 年增长 2.1 个百分点；PM10：年平均浓度为 57 毫克 / 立方米，PM2.5：年平均浓度为 28 毫克 / 立方米，同比 2017 年均有所下降；饮用水源地水质均达地表水 II、III 类标准，出境断面水质达标率 100%。全年累计接访率、转办率和办结率均达100%，全县没有发生较大以上突发环境事件。建设项目环评执行率100%；排污许可证核发执行率100%。2018年，兴安县环境保护局根据上级有关部门的要求，主动开展权力清单、两单融合工作，行政权力运行事项完成率达85.3%。2018年12月22日，兴安县获得自治区级生态县称号。

【行政处罚】 2018年，兴安县环境保护局立案处罚案件8件，罚款金额73.16万元，处罚金额超过2017年全年处罚金额数5倍。

【中央环保督察回头看】 中央环保督察“回头看”期间，兴安县环境保护局共接到交办件34件，其中，属实5件、基本属实4件、部分属实20件、不属实5件。其中，涉及环境监管的15件案件，兴安县环境保护局接件后第一时间进行调查核实，对群众举报属实的，涉及环境违法的行为进行立案查处。

【行政审批】 2018年，兴安县环境保护局共完成环评审批项目25个，建设项目环评执行率100%。项目竣工(噪声和固体废物)环保验收受理3件，办结3件，办结率100%。

【排污许可证核发】 2018年，兴安县环境保护局严格按照《固定污染源排污许可分类管理名录》要求，认真做好排污许可证的发放工作。采取通过电视、报刊等多种渠道的宣传，提高了各企业的环保意识。为规范企业水、大气排污许可证的核发，有效地把各排污单位纳入正常管理。2018年共核发《排污许可证》企业2家。

【行政权力运行】 2018年，兴安县环境保护局根据《关于开展深化“放管服”改革转变政府职能工作专项督查的通知》(市审改办〔2018〕17号)要求，对进驻政务服务中窗口的所有行政权力事项进行梳理，核实法定时限及承诺时限，审批时间完成提速70%。行政权力责任事项92项，其中，行政许可8项、行政处罚58项、行政强制3项、行政征收6项、行政检查4项及其他行政权力13项。

【生态创建】 2018年6月，兴安县人民政府向自治区环保厅对兴安县创建自治区级生态县工作进行技术评估和核查验收。2018年9月20日—21日，接受自治区专家组人员实地考核，考核顺利通过。12月22日，兴安县获得自治区级生态县称号。

【环境监测】 2018年，兴安县空气质量四个季度监测均达到和优于Ⅱ类，轻度污染较少，主要污染物均为可吸入颗粒物；县区降水PH值5.53~7.88之间，降水PH值均值6.54。地表水市控断面：溶江大埠头、界首镇红军堂。分析结果断面水质分别达到Ⅱ、Ⅲ类，满足兴安县水质控制目标要求。

饮用水源环境监测：集中式饮用水源地湘漓石板断面水顺均达到和优于Ⅱ类，满足兴安县水质控制目标。

声环境监测：兴安县区内一类区、二类区、三类区共107个区域环境噪声监测点、按照监测方案，第四季度昼间监测一次。2018年，区域环境噪声一类、二类、三类区昼、夜间年均值分为53.3分贝、49.8分贝，昼夜间环境噪声符合GB3096-2008《声环境质量标准》。兴安县城区内交通干线噪声监测点位分布全县各个交通要道共20个点位，全年监测一次，第四季度昼夜间监测，全县监测路段总长度为3850米。2018年，兴安县昼夜间平均交通噪声分别为66.9分贝、59.9分贝。符合GB3096-2008《声环境质量标准》4类a标准，兴安县交通噪声达标。

重点污染源监督性监测：2018年，兴安县重点工业企业28家，其中，废水污染源3个、废气污染源23家、重金属企业3家。2018年，除部分因停产等客观原因无法开展监测的企业外，兴安县环境保护局按照桂林市环境保护局、桂林市环境监测中心站的要求，按时完成监测任务，并及时上报相关材料，监测任务完成率达到100%。

【环境监察稽查】 2018年，兴安县环境保护局积极对猫儿山国家级自然保护区、海洋山自治区级自然保护区开展环境监察，查处自然保护区内破坏生态功能和生态环境的项目和活动。兴安县在猫儿山国家自然保护区范围内的违规开发水电站共4座，分别是竹坪江水电站、正丰水电站、城岭水电站和漕江河下王家水电站。因该问题涉及面较广、影响较大，兴安县政府高度重视，由兴安县环保局牵头组织相关部门制订整改方案，并依照方案责令业主自行拆除兴安县竹坪江水电站位于猫儿山国家级自然保护区缓冲区的拦水坝，依法强制实施兴安县城岭水电站、兴安县漕江河下王家水电站的取水拦河坝爆破拆除工作，全面拆除3个水电站在猫儿山国家级自然保护区内的违规建设项目，恢复河道自然径流，完成整改工作。

积极开展农村环境监察，对农村环境连片整治项目运行情况进行检查，督查乡镇开展农村禁止秸秆焚烧宣传，及时制止违法行为。

【饮用水源地保护】 2018年，兴安县环境保护局深入实施“水十条”，着力开展清水行动，保障全县水环境安全。加强饮用水水源保护，对兴安县湘江、五里峡两个饮用水水源地保护区环境进行排查，针对存在的问题分别制订整改方案实施整改，确保饮用水水源地环境安全；成功建设县城饮用水水源地自动监控站，实时监控饮用水质安全。

【环境宣传】 2018年，兴安县环境保护局以“6·5”世界环境日、“7·5”普法日为基点，大力推进各类环保宣传工作。组织各单位在县中心广场开展宣传活动，利用悬挂横幅、设置展板，发放“6·5”环境日宣传册、第二次污染源普查、“7·5”普法日宣传手册等宣传资料等方式，向群众宣传生态文明建设理念、污染源普查意义、环保法律法规等，积极动员引导社会各界着力践行“人与自然和谐共生”和绿色发展理念，从身边小事做起，共同履行环保责任，呵护环境质量，共建美丽兴安。号召群众积极参与垃圾处理，实现垃圾资源化，在电视上滚动播出环保宣传标语，通过开展宣传活动，大力宣传环保法律法规，唤起社会公众对环境与发展关系的清醒认识和自觉行动，强调生态文明、绿色发展理念和公众参与。

【政务信息公开】 2018年，是兴安县环保机构改革第二年，兴安县环境保护局紧紧围绕全县环保重点工作和群众关心的环保热点、难点问题，以兴安县人民政府门户网站、环保微信公众号为主要渠道，切实推进兴安县环保政府信息公开工作。2018年，兴安县环境保护局累计主动公开政府信息数152条，其中，制发规范性文件19条，行政处罚9条，其他信息133条。

城市管理

【概况】 兴安县城乡市容管理局（简称县市容局）于2008年2月份正式挂牌成立，为县人民政府直属正科级单位，2013年11月经区人事厅批准为参照公务员法管理单位（市人社公发〔2013〕125号文件）。局机关内设办公室、法规股、财务股、清洁办和项目办5个行政股室。下辖兴安县路灯管理所、兴安县园林管理所、兴安县城管监察大队、兴安县环境卫生管理站和兴安县市政工程管理处。2018年，局机关在岗人员14人，其中，局长1名，副局长2名，工作人员11名（其中从下属单位借调4人）。

2018年，县市容局大力推进污垃项目建设、市容市貌整治、县城提升改造等各项工作，着力解决群众反映的热点难点问题，各项工作任务完成较好。在2018年重大项目建设中，县市容局1人次获三等功，3人次获嘉奖，4人次获表彰；海螺水泥窑协同处置城市生活垃圾项目、城乡环卫一体化改革项目两项工作，被评为影响兴安发展的十大事件；获得了兴安县2018年度兴安县创建自治区县级文明城市工作先进单位、兴安县2018年度提案承办先进单位等称号。

12月25日，兴安籍在外成功人士参观城北污水处理厂
（县市容局　供图）

【项目建设取得新突破】 2018年，面对污水垃圾项目建设严重滞后的形势，县市容局团结拼搏，苦干实干，克难攻坚，污水垃圾处理项目建设得以迅速推进。按照区市绩效考核的要求，界首、严关、高尚3个镇级污水处理厂及湘漓污水管网工程于2018年全部完成建设任务，并实现污水处理试运行；溶江、高尚镇部分污水支管网开工建设；霞云桥泵站实现动工建设。海螺水泥窑协同处置城市生活垃圾项目在全市率先竣工投产，实现城乡生活垃圾“村收镇运县处理”模式全覆盖；灵湖大道和志玲路2个垃圾中转站完成建设并投入使用；城台路2个中央预算内投资项目(百货公司段和罐头厂片区路段)完成了主体通车。

【创新改革机制取得新成效】 2018年，县市容局创新改革机制，一是真抓实干，实现城乡环卫一体化体制改革，激发市场活力。城乡环卫化改革是县委2018年深化“三大”改革之一，2017年8月启动，2018年10月完成招标，12月1日正式运营，成效明显。二是下定决心，完成沿溪路马路市场综合整治。在县委、县政府的坚强领导下，各部门通力协作，市容局举全局之力，顺利完成双女井溪马路市场整治搬迁工作，彻底解决多年来沿溪路环境脏乱差的问题。投入500万元，实施了金山城菜市和润发农贸市场(原桂剧院)两处市场改造提升，项目于2018年7月启动建设，8月底全部完成改造，9月20日市场进驻试业运行，得到群众的广泛认可。

【市容整治取得新成绩】 2018年，县市容局作为创城工作的主力军，围绕创城的目标任务，加强城市精细化管理，结合米粉节、桂林市环境整治等各项重点工作，从环境卫生、城市管理、园林绿化、亮化、市政基础设施等方面持续开展市容市貌整治和提升行动，保障了各类重大活动的顺利开展。服务大局，听从指挥，组织城管执法队伍，多次参与移民新区建设、严关矿粉整治、斧子口水库企业搬迁、华江书记工程拆违等行动，以及界首桂北水果交易市场秩序维护和环境整治工作。投资200万元完成了水街、迎宾路、朝阳路等路段绿化改造提升；投资600万元完成了教育路、秦人街、兴龙购物城、香堤湾4条城市道路的改造提升；完成了兴桂路、三台路、秦皇路等6条主街道的树围改造；投入150万完成水街、秦人街、兴龙购物城等街区的亮化工程，切实解决了一批群众反映强烈的出行难等热点难点问题，以实际行动回应了县人大代表和政协委员的监督和关注。

2018年，县城乡市容局购置的环卫作业标准示范车

(县市容局　供图)

【(桂林市首个)兴安县利用水泥窑协同处置城市生活垃圾项目建成投产】 2018年9月8日上午，兴安县利用水泥窑协同处置城市生活垃圾项目竣工仪式在兴安海螺公司举行。项目建成投产，将为全县每年无害化处理10万吨的城市生活垃圾和4.95万吨的生活污泥，真正实现生活垃圾“村收、镇运、县处理模式”全覆盖，成为桂林市首个利用水泥窑协同处置城市生活垃圾项目，又一次创造了“兴安模式”，将解决“垃圾围城”的难题。

【兴安县城乡环卫一体化改革项目启动】 2018年12月1日，兴安县城乡环卫一体化改革项目启动仪式在银杏广场举行。县委书记黄洪斌、县人民政府县长黄钦、县人大常委会主任张永军、县政协主席唐庆林、县人大常委会副主任胡琳、县政协副主席唐树斌、广州侨银公司环境事业部总经理丁玖林、广州侨银公司云桂黔大区总经理谭强出席启动仪式。城乡环卫一体化改革领导小组成员单位、10个乡镇、兴安县城7个社区负责同志、部分人大代表和政协委员、市容系统代表、侨银公司一线环卫工人代表参加启动仪式。城乡环卫一体化改革工作作为兴安县“三大改革”之一，是兴安县在城市管理方面做出的积极探索，城乡环卫一体化改革项目运营的正式启动，标志着兴安县深化改革工作取得了新的成效，城乡环卫一体化体制机制实现新的转变，进一步推动城乡市容工作迈上新台阶。

（肖育荣）

4月7日，正式投入使用的海螺水泥窑协同处理项目控制室

（县市容局　供图）

住房公积金管理

【概况】 桂林市住房公积金管理中心兴安县管理部是桂林市住房公积金管理中心的派出机构，负责兴安县干部职工公积金的归集、支取和个人住房抵押贷款业务，核定机关编制3名，实有人数3名；办公地址在桂林市兴安县银杏广场政务中心六楼。2018年，兴安县全面落实国家住房公积金政策，强化服务机制，住房公积金运行情况良好，资金管理高效安全，各项业务持续增长，业务指标完成情况良好。

【公积金归集】 2018年，兴安县归集住房公积金1.65亿元，同比增长8.4%，完成年计划的130.62%，历年累计归集12.15亿元。2018年，新增缴存单位10个，新增缴存职工598人，全县共有523个单位、11738人缴存住房公积金，缴存覆盖率74.43%；住房公积金余额为5.38亿元。

【公积金支取】 2018年，兴安县住房公积金支取3064笔，支取额10741.01万元，同比增长16.18%。支取额：购建房支取507人次计2553.06万元，占支取总额的26.69%；还贷支取2386人计4302.28万元，占支取总额的41.40%；退休支取300人计3463.8万元，占支取总额的23.12%；失业支取192人次计88.88万元，占支取总额0.03%；历年累计支取6.68亿元。

【公积金个人贷款】 2018年，兴安县发放住房公积金贷款215户，贷款金额6011万元；完成年计划的205.97%；同比下降25.34%。历年累计发放贷款户数3421户，累计发放贷款金额6.50亿元，全年回收贷款本金4327.51万元，历年累计回收2.73亿元，个贷余额3.77亿元。个贷率为70.16%，资金使用率86.05%。

【强化资金安全】 2018年，桂林市住房公积金管理中心优化稽核模式，实行事中与事后稽核相结合，在年度内对稽核中发现的问题，全部督促整改到位，资金安全得到强化。加强与业务受托银行、不动产局等相关部门联系，增强逾期贷款催收力度，控制和降低贷款逾期率。

【优化为民服务】 2018年，桂林市住房公积金管理中心通过开展岗位业务培训，增强职工的对外服务意识，提升服务水平及工作效能，完善多元服务，推行公积金政务公开及政府信息公开，广泛征集群众意见建议。

（阳艳妮）

交通运输

交通运输

【概况】 兴安县交通运输系统设交通运输局和道路运输管理所、公路管理所、航务管理所、交通运输执法大队5个行政、事业单位，干部职工95人。

【交通基础设施建设】 2018年，兴安县农村公路建设新建、续建项目12个，建设里程68.472千米，桥梁672.51延米，总投资36189万元。其中，地方路网干线项目1个全长7.122千米，县乡联网路项目1个全长25.747千米；建制村通水泥路项目2个全长16.35千米；渡改桥工程2个303.03延米；危桥改造项目3个369.48延米；建制村“畅返不畅”项目3个全长19.253千米。

地方路网建设项目1个：G322线兴安县绕城公路(西环路)项目全长7.122千米，计划总投资约2.1亿元，该项目于2017年2月14日正式动工建设，于2018年9月底完工，完成年度投资1亿，自开工以来累计完成投资2.1亿元。

县乡联网公路建设项目1个：兴安至桩子三级公路项目全长25.747千米，计划总投资9133万元。

建制村通水泥路项目2个：漠川至保林公路第一标段全长4.2千米，计划总投资918万元，于2018年5月开工建设，年底新建路段已全部完工，改扩建路段正在施工，累计完成投资800万元；兴安至严关专用道，全长12.15千米，计划总投资1037万元，累计完成投资300万元。

渡改桥项目2个：新渡桥全长166.04延米，总投资597万元，目前已完成便道施工及8个桩基，累计完成投资150万元；下宅桥全长136.99延米，总投资736万元。年底已完成便道施工及2个桩基，累计完成投资100万元。

危桥改造项目3个：普头大桥全长146.54米，总投资730万元，已全部完工；尖山脚桥全长36.4米，计划总投资216万元，项目已完成；庄家大桥全长186.54延米，计划总投资710万元，项目已完成12个桩基及预制梁片4片，完成投资100万元。

建制村“畅返不畅”项目3个：田心至砖厂至自治3.4千米、塘市至西山7.8千米已完工，完成投资302万元；粉洞至源江8.053千米计划投资810万元，项目已完工。

【公路、水路运输】 2018年，兴安县努力培育和建设运输市场，促进了客货运输的健康发展。截止2018年底全县共有客运企业5家，出租车企业2家，货运企业20家(新增1家)，汽车维修企业173家，客运服务站8个，客运班线72条，真正形成了省际、市际、县际、县内4级客运网络，全县拥有出租车98辆，公交车54辆，货运车辆1220辆，拖拉机723辆，与2017年同期相比，基本持

12月20日，普头大桥建成通车 （文 勇 摄）

平。2018年,全县客运量737.16万人,负增长7.2%,客运周转量49850万人千米,负增长6%;货运量615.21万吨,增长6%,货运周转量92578.65万吨千米,增长13.12%;全县10个乡镇通客车率已经达到100%,115个建制行政村已有113个通了客车,通车率96%。

【交通执法】

道路运输执法 2018年,兴安县交通运输局结合文明县城创建活动的开展,按照"疏堵结合、标本兼治、综合治理、依法监督"的原则,在县城深入开展了"打非治违"专项整治活动。共依法查处违法案件124起,其中,非法营运32起,专项整治活动取得阶段性成效,有效地规范和维护了道路运输市场秩序。

路政执法 2018年,兴安县交通运输局重点查处在公路、公路用地及公路控制区内摆摊设点、倾倒垃圾等行为,共清理公路两侧堆积物82处,约680立方米;出动宣传车辆至各乡镇巡回宣传公路法律法规83台次,粘贴、发放宣传图册及资料3000余份,制作安装路政宣传牌52块,水毁路段设置警示标志牌46块。同时,以畅通为目标,对辖区内的道路进行巡查,并做好巡查日志,对发现的问题做到了及时汇报及时处理。

水路运输执法 2018年,兴安县交通运输局在元旦、春运、清明、"十一"等节假日前或期间,深入到辖区各渡口、库区和旅游景点开展了水路交通运输安全大检查和执法。累计出动检查车辆20次,下发安全隐患整改通知书8份。

12月29日,兴安县交通局开展行业管理与检查工作

(县交通局　供图)

治超工作 2018年,兴安县交通运输局牵头组织交警、公路等部门开展联合治超行动12次,按规定组织治超成员单位,定期对货运源头重点监管单位进行检查。

【交通安全】 2018年,兴安县交通运输局坚持以深入开展"安全生产年"活动为载体,以强化预防、落实责任、依法治理为措施,以进一步减少事故总量、有效防范和坚决遏制重特大事故为工作目标,切实把各项责任落实到位,把各项政策措施落到实处,全力以赴做好交通运输安全生产各项工作。着重开展了"打非治违"和安全隐患排查专项行动,督促有关客运企业严格落实长途客运车辆凌晨2时至5时禁止运行相关规定。由于安全监管措施落实到位,全年全县交通运输行业无重大安全生产事故发生,无死亡人数。

(文　勇)

公路管理

【概况】 兴安公路管理局是广西壮族自治区公路管理局下属的正科级事业单位,原名兴安公路段、兴安公路局。局机关下设职能科室5个:办公室、财务科、养护与工程管理科、安全与国有资产管理科、政工科;下辖兴安路政执法大队1个职能部门;公路沿线设大型养护站2个、养护组4个、交通量观测站1个,分别为:上塘养护站、永兴养护站、百里养护组、兴安养护组、溶江养护组、江头养护组、永兴交通量观测站。全局现有职工总人数170人,其中,在职人员80人、退休人员90人。

兴安公路管理局是主要行使兴安县公路行政管理、路政管理职责的管理机构(不含高速公路),主要职责是负责对兴安县辖区内管养公路的日常

2018 年冰冻期间，干群上路除冰 （县交通局 供图）

养护、公路改建、路产路权的维护等，保障公路畅通，为群众提供良好交通环境。2018 年，兴安公路管理局管养兴安境内国道及省道共计 170.511 千米，其中，瑞安至友谊关(G322 线）K1555+000-K1603+000 共 48 千米；呼和浩特—北海(G241）共 6 千米；资源至平乐(S202 线）共 74.92 千米；双牌—灵川(S501 线）共 41.591 千米。

【公路养护】 2018 年，兴安公路管理局管养公路里程 170.511 千米，其中，完成优等路 5 千米，良等路 92 千米，中等路 15 千米，次等路 38.511 千米，差等路 18 千米。优良路率 57.56%，差路率 10.56%，完成了市局下达的全年路况指标任务。2018 年，兴安公路管理局高度重视路面病害修补，完成路面病害修补 4.98 万平方米，车辙病害铣刨处理 1.193 万平方米，折算修复面积 10.827 万平方米，沥青路面与水泥路面灌缝完成 7650 米，超额完成市局下达的路面修补指标任务的 5.83%。大力加强路容路貌整治，加大了对国道 322 线公路路容路貌整治工作，铲除、整平堆积物 106 米 19 处，修整 G322 线 K1555+000-K1603+000 段路树共 24.5 千米，对 G322 线及 S202 线遮挡交通标志的 8 处路树进行修整。及时修复沿线设施，全年安装损坏的 G322 线中间隔离墙诱行等标志标牌 21 块，更换损坏的警示桶 20 多个。

【路政管理】 2018 年，兴安公路管理局重视执法队伍建设，兴安路政执法大队根据《交通运输部办公厅关于进一步规范公路治超执法行为的紧急通知》文件精神和 2018 年桂林公路管理局路政管理工作会议部署，开展路政执法队伍“执法作风建设年”活动。加强路容路貌整治，打造文明样板路。2018 年，兴安路政执法大队多次开展辖区内的国、省干线公路两侧路容路貌专项整治行动。5 月初，兴安县人民政府举办一年一度的“兴安米粉节”，兴安路政大队对 G322 国道两侧的路容路貌进行了大力整治，对辖区公路占道兜售瓜果、占道堆放物品、擅自设置非标及道口、人为堵塞水沟等违法行为进行查处清理。6 月中旬，为配合好环保部的环保督查环境整治，兴安路政执法大队积极开展路域环境整治行动，通过边巡查边整治、边整治边巩固的方式，对辖区内的 G322 国道等主要路段两侧的违法占道经营加水、堆放垃圾箱废弃品等行为，进行了查处和责令整改，维护了国家路产路权的完整。认真处理各类路损案件索赔。2018 年加强与公安交警、事故施救队联系，做到大小路损案件均查不漏，对损路行为给予严厉打击，严格按自治区物价局、财政厅《广西公路路产补偿费收费标准》进行路产损失索赔。2018 年，共发生车辆损毁路产案件 30 起，查处

30起,追缴公路路产损失赔偿费174090元。促进“政府主导、部门联动”治超工作开展,打击公路超限超载违法行为,兴安路政大队继续按照桂林公路管理局党委及支队的“政府主导、部门联动”治超理念,大力开展联合治超工作。2018年,兴安路政执法大队与兴安交警、运管等部门联合在国道322线K1576—K1582段开展流动治超工作,同时联合了支队直属大队、全州大队、高速路政执法大队进行联合稽查,其中,交警、运管对存在安全隐患的车辆进行了现场处理。2018年,兴安路政执法大队全年检查车辆数2610台、查处超限车辆108台,卸货累计2734吨,有力地打击了违法超限超载运输行为,保护路产路权,确保国省干线公路的安全畅通。

【安全生产】 2018年,兴安公路管理局加大安全生产监督力度,认真落实安全生产责任制,做到标本兼治、防治结合,认真排查治理安全生产隐患,检查管辖道路范围安全隐患路段、沿线管养路段、桥涵、桥梁、急弯、长大陡坡、地质灾害点、危险路段等标志标牌、警示桩、警示墩、道口标柱和路侧防护措施的完整性,对残缺进行修补。加大安全生产教育培训力度,组织职工学习新《中华人民共和国安全生产法》《公路安全保护条例》等法规,举办安全管理人员培训班,普及安全生产知识。2018年,共组织干部、职工业务学习12次,召开安全生产例会12次,专题安全会议1次,观看安全月专题教育片1部,参加人员共218人。认真开展“安全生产大检查”、“安全生产月”等活动,组织检查督查组12个,出动车辆12台、参加检查督查人员56人次。其中,检查督查人员密集场所2起,道路安全隐患3起,整改3起,整改率100%,建筑施工隐患1起,完全整改100%。

【国有资产管理】 2018年,兴安公路管理局严格加强国有资产管理和债权债务清理,严格履行资产处置、出租出借和政府采购审批手续,加大对经营出租出借资产和债权债务的清理,确保资产管理合法合规。完成兴安大溶江收费站土地房屋权属变更到兴安公路管理局固定资产相关工作。规范、有序地开展事业单位公务用车改革工作,完成了公务用车制度改革实施方案的上报工作。

【信息宣传】 2018年,兴安公路管理局围绕公路工作中心,把握年度信息宣传工作的重点和主题,积极参与了桂林局举办的首届原创微电影比赛,拍摄了《三代情缘》微电影。利用各种宣传阵地,深入宣传公路人在精神文明建设,用特别报道,向各个报纸报刊投稿宣传兴安公路各项活动开展情况。通过在行业内宣传典型,树立榜样,把公路行业的力量凝聚在一起,诠释公路人的职业精神。2018年,在《广西交通报》发表宣传稿件4篇,《广西公路》发表7篇,《桂林公路》发表13篇,《桂林晚报》发表1篇,《广西人民电台》播报1条。同时,加强信息报送工作,针对事关公路工作出台的重大政策、事关人民群众切身利益的公路服务保障、事关百姓安全便捷出行的公路安全等热点问题,认真组织采写报送政务信息,确保应急宣传与应急处置同步启动、同步进行,遇有重大舆情发生时,及时收集第一手资料,第一时间发布准确信息,全年在《广西公路信息》发表A类信息5篇,B类信息3篇,《桂林公路信息》发表A类信息20篇,B类信息23篇,C类调研信息1篇。

【工会工作】 2018年,兴安公路管理局工会坚持统筹兼顾、以人为本、开拓创新的原则,增强服务意识,把服务工作做到每一人、每一家。一是组织全局在职职工进行体检。二是充分发挥工会广泛联系职工群众的优势,切实做好本单位困难职工、联系帮扶工作,认真抓好职工互助解困基金会和区职工医疗互助保障活动的入会、缴费、补助申报等工作。2018年,桂林公路管理局职工互助解困基金会兴安点新入会1人,退会13人,会员死亡3人。截至2018年12月会员共计105人。兴安公路管理局工会全年为基金会会员申报医疗补助1人次,申报生活困难补助3人次,申报会员死亡慰问金3人次,申报会员直系亲属死亡慰问金7人次,及时将各类补助和慰问金发放到相应的账户。三是组织在职职工89人参加了“广西职工医疗互助保障活动”,帮助病患职工有效减轻医疗负担。四是元旦、春节、中秋、国庆期间分别对全体在职职工91人进行了节日慰问,并发放价值96023.8元的节日慰问品。五是“三八”妇女节期间,组织全局女同志前往灌阳县酒海井红军烈士纪念园、新圩阻击战纪念馆等地开展爱国主义教育活动,并组织到大仁梨园开展踏青活动。六是响应自治区总工会号召开展送清凉活动,为基层职工送去王老吉、红豆、绿豆、红糖等消暑物品。七是全局党政工会领导在重阳节期间分片分组走访慰问退休职工 99 人次,投入资金 35640 元为退休职工送去大米、花生油、牛奶等慰问品。八是召开退休人员座谈会,欢送 2018 年度退休的 6 位职工,并对他们进行慰问。九是关心关怀离退职工和困难、生病职工。2018 年度,春节慰问困难职工 5 人,慰问困难党员 4 人,慰问困难职工遗属 2 人;对 80 岁以上老职工生日进行慰问 14 人次;看望生病退休职工 4 人次;看望生病住院的在职职工 5 人次,看望已故职工家庭 3 家。

【精准扶贫工作】 2018 年,兴安公路管理局全面参与精准扶贫的帮扶结对工作,认真做好扶贫村的对口帮扶,按照缺什么帮什么的原则,确定了对崔家乡田心村委的帮扶重点。一是开展种苗帮扶。2018 年度初,投入 5800 元对 13 户贫困户开展养猪、养牛、养鹅、养鸭及种水稻、玉米、西红柿、辣椒等产业都给予一定标准的种苗帮扶。二是开展爱心助学。局党总支、局工会在金秋期间发出“牵手贫困生·圆你大学梦”爱心捐款倡议书,向全局干部职工募集助学善款 4195 元,并获得局行政援助助学款 6000 元,解决精准扶贫家庭子女文竹、唐丽华读书难的问题。三是“八有一超”针对解困帮扶。对“八有一超”未达标的贫困户,少哪一样就想办法解决哪一样。兴安公路管理局自筹资金援助电视机两台,联系兴安广电局拉线布网解决刘中发、秦明生家里不通电视、无电视看问题。四是春节、“五一”、国庆期间,开展慰问贫困户工作,为贫困户送米送油送去节日慰问。2018 年,兴安公路管理局精准扶贫的 13 户贫困户中有 3 户已达到脱贫标准,签署了脱贫脱帽认定书。

（郭剑菊）

综合经营管理

发展和改革

【概况】 兴安县发展和改革局是兴安县人民政府的重要职能部门，负责研究提出全县国民经济和社会发展战略、规划、总量平衡、结构调整及物价调控、管理的综合职能部门。2018年人员编制14名，其中：行政编制12名，事业编制2人。截至年末，实有在职人员15人，内设5个职能股室（办公室、国民经济综合股、项目规划股、固定资产投资管理股、国民经济动员办公室）及兴安县医改办公室（公益一类事业单位）。

【经济与社会发展】 2018年，兴安县发展和改革局认真抓好“十三五”规划组织实施。加强宏观经济监测、预测和预警。加强对稳增长政策的宣传，将政策优势转化为发展优势和项目优势。抓好重大项目建设，确保重大项目数量和质量，继续推行项目建设“五个一”工作制度和领导跟踪制度，完善项目监督机制，及时解决项目建设的困难问题，强化中央预算内投资项目管理，完善招商项目库和民间投资项目库建设，全力抓好中央投资项目开工、续建和竣工。继续加大融资力度，完善PPP项目平台，发挥社会资本对项目建设的支撑作用。大力发展新兴服务业，用好用活服务业发展引导资金；进一步深化投资、医药卫生、公车改革等重点领域改革。2018年，全县地区生产总值增长9.2%；财政收入按实际可比口径增长22%；固定资产投资增长18.4%；社会消费品零售总额增长8.7%；城镇居民人均可支配收入增长6.3%，农村居民人均可支配收入增长9.2%。

【投资管理】 2018年，全县统筹推进重大项目44个，总投资179亿元，年度计划投资46.5亿元，全年累计完成投资39.5亿元。其中：G322线兴安绕城公路（西环路）工程竣工通车；灵渠大道（一、二期）竣工投入使用；滨江公园实现开园；兴安县利用水泥窑协同处理城市生活垃圾项目、桂林恩宇活塞环生产、桂林桂雪PVC管材生产项目、鑫鑫中药饮片有限公司二期扩建等项目竣工陆续投产；茂兴新能源醇基燃料生产项目完成设备安装、试产；严关一期风电场、石板岭风电场竣工正在验收；严关二期风电场、界首一期风电场具备发电条件；高尚高田、华江同仁、溶江永安、界首兴田、崔家长田、漠川协兴6个基本农田土地整治项目完工；兴安双胞胎饲料有限公司产36万吨绿色饲料生产建设项目、桂林兴安老山界红色生态旅游综合开发项目、湘江环境综合整治项目、妇幼保健院搬迁工程、兴安县城第二水厂及配套管网工程等项目正加快实施。

全年完成固定资产投资65.96亿元，增长18.4%，充分发挥了对扩内需、稳增长的支撑作用。

【重点领域改革】 2018年，兴安县发展和改革局推进了全县国有企业和事业单位公务用车制度改革，继续深化行政审批制度改革、投融资体制改革和公立医院综合改革等。

【项目前期与规划工作】 项目前期与规划工作。县发展改革局按照上级发展改革委的安排布置，牵头组织、协调各乡（镇）人民政府、县直各单位完成如下项目规划的基础材料上报工作和县级规划工作：1. 乡村振兴产业发展基础设施公共服务能力提升三年（2018—2020）行动计划；2. 桂林市实施乡村振兴战略规划（2019—2022年）；3. 桂林市兴安县“十三五”规划纲要实施情况中期评估；4. 广西生态保护红线划定方案；5. 广西陆上风电场建设规划修编；6. 广西兴安县光伏发电站实施方案；7.2018年兴安县域分散式风电建设规划报告；8. 桂林漓江生态保护和修复工程项目规范方案。

项目资金争取工作情况。2018年，兴安县共争取获得上级补助资金项目14个，获得上级补助资金51006万元，其中中央预算内资金12955万元，自治区财政补助资金853.3万元。

（发改局）

人力资源和社会保障

【概况】 兴安县人力资源和社会保障局属政府职能部门，财政全额拨款行政单位，履行着工资福利、职称改革、人事劳动争议、劳动监察、公务员与人才管理、就业与再就业工作培训、社会保险等职能。2018年，兴安县人力资源和社会保障局班子设置为1正3副，非党副局长1人。全局内设办公室、公务员和事业单位管理股、工资福利和退休股、专业技术管理股、劳动关系股、仲裁股、人才交流服务中心、监察股、社保股、工伤认定股、职业能力建设股、信访维稳办、法律法规股共13个股室，局下辖社会保险事业局、就业服务中心、劳动监察大队和劳动人事争议仲裁院4个二层机构。整个系统在职在编干部职工108人。2018年，兴安县人社局党组书记、局长陈宗辉获得全区人力资源和社会保障系统个人二等功荣誉（桂人社发〔2018〕50号文件）；兴安县人社局党组书记、局长陈宗辉获得全县十九大期间维稳工作表彰；由县人社局任组长的县公共服务专责小组在全县脱贫攻坚“一口清”知识竞赛中获得一等奖。

【就业与再就业工作】 2018年2月27日，2018年“春风行动”在县城中心广场启动。县委常委、常务副县长黄小桂出席并讲话，县人大常委会副主任韦辉，县委组织部副部长、县人社局党组书记、局长陈宗辉等领导出席了本次活动。“春风行动”期间，举办系列招聘活动，如“春风行动”、“就业援助月”等现场招聘会5场，进场招聘企业累计120家，提供就业岗位10000多个，进场应聘人员累计13000多人次，现场进行就业登记4669人，达成用工意向2463人，现场实际成交1682人，发放政策法规宣传资料35000多份。

【社会保障工作】 2018年，全县城镇企业职工养老保险参保人数达17654人，基金征缴收入21095万元；城镇职工医疗保险参保人数为28676人，基金征缴收入10846万元；工伤保险参保人数16402人，基金征缴收入463万元；生育保险参保人数为18900人，基金征缴收入433万元；失业保险参保人数15010人，基金征缴收入750万元，发放失业保险金243万元，代缴医保费57万元，发放稳岗补贴118万元，受惠人数2828人，各项任务完成率均超过100%。

城乡居民养老保险参保人数161799人，缴费到账99893人，基金征缴收入9506万元，实际发放待遇59820人，养老待遇支出7997万元，发放率达到100%。城乡居民基本医疗保险参保人数332472，任务完成率100%；基金征缴收入25089万元。

机关事业单位参保人数达6702人，基金征缴收入25833万元，其中征收个人部分缴费8494万元，职业年金个人部分2554万元；发放机关事业单位退休待遇人员4400人，发放金额51418万元。

【落实人社扶贫政策工作】 2018年，兴安县人力资源和社会保障局积极落实人社部门有关扶贫政策，切实做好就业扶贫和社保扶贫工作，助力全县扶贫工作。其中，就业扶贫工作中，兴安县人力资源和社会保障局以贫困村屯为重点，全面实施建档立卡贫困户职业技能提升计划，对培训对象精准摸排，采取进村开班、上门指导等方式，开展多内容、多层次、多形式的职业技能培训，全方位提升劳动者就业能力。2018年，全县投入职业培训专项资金168.85万元，开办各类职业技能培训班28期，培训学员1263人，其中培训建档立卡贫困人员共347人，占培训总人数的27.47%。大力推进就业扶贫车间建设，认定就业扶贫车间3家，安置农村劳动力转移就业约180人，其中吸纳建档立卡贫困户44人。社保扶贫工作中，2018年全县建档立卡贫困人口数17943人，符合参加城乡居民养老、医疗保险条件的人员，已全部参加城乡居民养老、医疗保险，参保率为100%。全县贫困人口门诊重大疾病及住院共诊疗11167人次、共计医疗费用支出2253.92万元、基本医疗统筹支出1459.69万元、大病保险支出244.21万元。对2018年10月31日前，经居民基本医疗保险、居民大病保险、民政医疗救助后实际报销比例仍未达到90%的贫困人员进行财政兜底支付，截至2018年12月26日共为2160人次门诊重大疾病及住院患者兜底支付267.1万元。

（人社局）

工商行政管理和质量技术监督

【综述】 兴安县工商行政管理和质量技术监督局位于兴安县双灵路45号，于2015年9月由原兴安县工商行政管理局与原兴安县质量技术监督局合并组建而成，为兴安县人民政府工作部门，承担着本行政辖区的市场监督管理、行政执法、质量技术监督管理等21项职责。2018年，全局设有11个内设机构、19个派出机构及1个所属事业单位；共有在职人员95人（其中行政编制78人，工勤人员8人，所属事业单位9人），平均年龄46.5岁；退休人员61人；党员129人（其中在职党员76人，退休党员53人）。

2018年，兴安县工商行政管

理和质量技术监督局紧紧围绕县委、县政府中心工作，在推动改革发展、优化营商环境、助力脱贫攻坚、推动质量强县，强化市场监管、保障安全生产、维护和谐稳定等重点工作方面依法履职。2018年，全县新发展私营企业347户，新发展个体工商户2459户，新登记农民专业合作社59家。全县累计实有各类市场主体14715户，累计注册资金总额142亿元。

2018年兴安县工商行政管理和质量技术监督局获“兴安县先进基层党组织”称号；桂林市工商系统新闻报道和政务信息工作先进集体称号；兴安县2018年第三季度重大项目建设先进个人1人；全县脱贫攻坚先进个人2人；兴安县创建自治区县级文明城市工作表彰1人；兴安县优秀党务工作者1人；兴安县优秀共产党员2人；兴安县优秀公务员1人；公务员嘉奖9人，记三等功4人等系列荣誉。

【行政审批及改革工作】 2018年，兴安县工商质监局深化“多证合一”、“先照后证”、全程电子化登记等商事制度改革举措落实，优化营商环境，实现“135”工作日承诺（即：企业名称核准、股东变更备案1个工作日完成；企业设立、注销登记3个工作日完成；企业变更5个工作日完成）。投资项目审批在法定时间上提速66.66%；名称核准、股权质押等40多项事项实现了当场办结。2018年，共办理企业、农民专业合作社及个体经营户注册登记3034户；办结特种设备登记210项；帮助企业办理动产抵押登记18份，为企业融资0.6亿元，办理股权质押登记22件，帮助企业融资2.3亿元。

同时，兴安县工商质监局深化“放管服”改革举措落实，积极推进“双随机一公开”监管改革。牵头编制了兴安县“双随机抽查”事项清单，细化了实施细则，成立了两库，组织各部门积极推进“双随机”抽查工作的开展。牵头搭建信息告知共享平台，为税务、人社、公安等19个部门开通了涉企信息归集账号，建立部门间信息互联共享、协同监管机制，推进失信联合惩戒。2018年，全县通过公示系统公示被列入经营异常名录或标注经营异常状态的市场主体信息共16897条，列入严重违法失信名单市场主体信息316条，归集各部门执法信息28条。

3月15日，兴安县工商质监局局长邓红成（右一）在3·15宣传活动现场发放宣传资料，受理投诉　　（县工商质监局　供图）

组织开展旅游标准化制修订工作，完成《兴安县红色旅游景区服务规范》等5项广西地方标准制修订并通过审定获准发布。积极引导、协助桂林兴松林化有限责任公司申报广西名牌产品并获广西名牌产品称号，且成功申报了4项国家级专利。全年受理商标咨询39起，申请商标注册16件。

【标准化建设】 2018年，兴安县工商质监局积极开展旅游标准化制修订工作，会同兴安县文化旅游广播电视体育局组织兴安县红军长征突破湘江烈士纪念碑园管理处、桂林乐满地旅游开发有限公司、兴安县维也纳酒店、兴安县促成米粉店、兴安县老罐米粉店等单位修订了《兴安县红色旅游景区服务通用规范》（DB45/T 856—2018）、《兴安县米粉店服务质量规范》（DB45/T 857—2018）、《兴安县社会旅馆等级划分与评定》（DB45/T 858—2018）3项地方标准并通过审定发布，参与制定《景区安全管理规范》《经济型酒店服务规范》2项地方标准，其中《景区安全管理规范》已经获得立项，《经济型酒店服务规范》（DB45/T 1834—2018）已经获准发布。同时，围绕创建兴安县全国旅游标准化示范县，对餐饮、酒

6 月 15 日，兴安县工商质监局开展特种设备安全生产宣传活动
（县工商质监局　供图）

店、景区、旅游商店等开展“吃、住、行、游、购、娱”6 个方面的服务业标准培训 12 场，每场人数 50 人以上。

【计量工作】 2018 年，兴安县工商质监局组织开展了春节前计量专项监督抽查、520 世界计量日宣传及集贸市场、超市卖场等民生重点领域计量专项检查。重点对与老百姓日常生活息息相关的食品、生鲜、水果等领域在用计量器具及金银饰品行精密计量仪器进行了检查，督促经营者使用检定合格计量器具，定期做好器具检定。完成加油机检定 280 枪次，天平检定 30 余台，数字指示秤检定 60 余台，非自行指示秤检定 40 余台。“5·20” 世界计量日为全县集贸市场 900 多台在用衡器进行免费检定。

【市场监管】 2018 年，兴安县工商质监局开展了农资、建材、虚假广告、网络交易平台虚假宣传、校园周边玩具、日用品等商品专项检查，对涉及民生领域和群众关心的消费热点问题，进一步加大了打击力度，依法查处各类违法经营行为，维护和谐有序的市场秩序。开展了市容市貌整治暨无照经营专项整治行动，参加兴安县沿溪露天市场重大整治项目行动，抽调人员 10 余人，历时 1 个多月，引导城区各露天市场经营户如期搬入新市场合法经营，顺利协助完成农贸市场的搬迁工作。强化网络市场监管，开展虚假广告整治工作。严格执行《中华人民共和国反不正当竞争法》《中华人民共和国广告法》等相关法律法规，走访网络交易平台经营户 21 户次，严厉打击网络虚假宣传、虚假表示违法行为。2018 年，共接到 4 起反映辖区网络交易平台经营者虚假宣传的投诉，兴安县工商质监局都及时地进行了调查处理。此外，兴安县工商质监局集中主要力量对秦皇路、中心广场、三台路、双灵路、志玲路等主要商业区的店面进行检查，对商家利用“促销”、“打折”、“降价”等名义进行虚假宣传，误导消费者，损害消费者权益的行为进行查处，共出动执法人员 26 人次，排查广告 150 余条（块），对发现的 3 条涉嫌违法广告予以立案查处。针对电视问政提到的夜宵摊点、学校小食品、流动山泉水等经营和食品卫生问题与食药部门一起对其进行了快速的整治，针对三轮、四轮电动车交通违法乱象，与交通交警部门一起开展了联合整治；联合安监部门开展查处黑加油站、黑加油点、黑油罐车和制售假劣车用燃油等成品油联合执法行动，查扣非法油罐车 30 辆，抽检油 22 批次，立案查处 10 件，罚款金额 7.3 万元。2018 年立案 45 件，涉及金额 26.99 万元。

【质量监管工作】 2018 年，兴安县工商质监局组织开展电动车市场专项整治行动。对全县城区及湘漓、界首、高尚、溶江等乡镇的电动车经营车主体开展检查，督促经营者在销售过程中要规范经营行为，销售质量合格产品。有效规范了全县电动车行业经营行为，确保销售的电动车进货渠道正规，产品合格。组织重点耗能工业企业兴安海螺水泥有限责任公司开展低碳产品认证工作。对辖区内的 6 家检验检测机构进行了资质认定专项监督检查，督促企业进一步落实好质量安全主体责任，提升质量安全意识和质量管理水平，严格质量控制，严格按照标准开展检验、为车辆检测把好安全关，为广大车主的行车安全提供有力的保障。积极做好生产领域企业质量安全监管工作，协调做好全县产品质量、工程质量、服务质量、生态与环境质量等方面安全监管工作,筹措资金做好全县农资产品、成品油、电动车及其他日常生活用品抽样送检工作,投入抽检经费8.1万元对涉及建材、农资、成品油、日用百货、服装等14家企业20多个品类的产品进行了检测。协调农业、环保、食药监等部门做好各自领域的产品监测和抽检工作。2018年,全县未发生影响恶劣的区域性重大工业品、食品、药品、农产品质量事故,未出现重大环境质量、工程建筑质量、服务质量问题。圆满完成2018年度兴安县"质量强县"绩效考核目标任务,全县"质量强县"绩效考核获满分。

【特种设备安全监管】 2018年,兴安县工商质监局在全县范围内组织开展春节、中秋、国庆、寒暑假及中共十九大、中国—东盟博览会、中国—东盟商务与投资峰会等节假日和重大活动期间特种设备安全大检查,对旅游景点的电梯、大型游乐设施、锅炉、压力容器、电梯开展专项整治。2018年检查特种设备生产、使用单位130家次、检查设备260台(件),现场纠正违规、违章45起,下发《特种设备安全监察指令书》37份。开展燃煤小锅炉专项整治。坚决打击取缔无证制造、安装、修理、使用"土锅炉、土压力容器"等的违法行为,淘汰燃煤小锅炉7台,进行技改9台。组织开展兴安县"6·15"特种设备安全生产现场宣传咨询活动,发放安全宣传资料1500余份,接受咨询200人次;严把新设备登记注册手续,受理、办结行政审批事项50件,新增登记注册特种设备60台件,补发、换发特种设备使用登记证210个。指导帮扶兴安县制氧厂钢瓶检验站及4家气瓶充装单位顺利完成年度审查。

【打击传销】 2018年,兴安县工商质监局组织开展大型打击传销专项行动11次,取缔传销窝点16个,破获盘踞在兴安县的河南传销体系;工商行政立案16件,罚没金额11万余元;开展打击传销大型现场宣传活动6次,设置打击传销宣传长廊1个,设置宣传展板260块,横幅13条,发布打传警示信息2000条,发放宣传资料2万余份,教育遣散传销人员565人,劝返传销人员28人,解救受骗群众22人,收到群众赠送感谢锦旗3面;2018年全县共创建无传销区(村委)125个,创建率达100%。

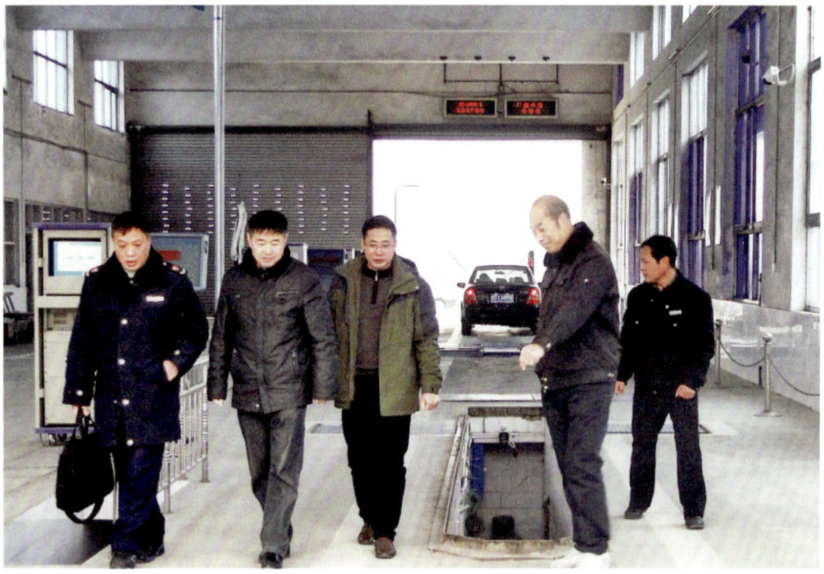

6月13日,县工商质监局局长邓红成(左二)一行查看机动车检验机构检测场地仪器设备 (县工商质监局 供图)

【消费维权】 2018年3月15日,兴安县工商质监局、兴安县消费者协会联合农业、文旅、烟草、食药局等理事成员单位,围绕"品质消费 美好生活"的年主题,成功举办"3·15"消费者权益日大型广场宣传活动,对新《广西消保条例》、消费维权的基本知识、识别不合格成品油、辨别油品质量、识假辨假、识别电信诈骗、金融诈骗的伎俩等方面进行了广泛的宣传。发放宣传资料3万余份,接待咨询群众1000多人次。工商质监、食药监部门对查获的价值近60万元的假冒伪劣商品进行了销毁。全年共受理消费相关问题咨询51件次,对涉及电信、农资、网购、服务等多个领域消费的消费投诉进行处理,为消费者挽回经济损失近8万元。2月13日,及时处理了一起购买装修建材消费纠纷,经过反复调解,有效化解了矛盾,得到了经营者和消费者的赞誉。组织打击以"会销"形式销售净水器侵害消费者权益的行为,对违法经营者作出处以罚款人民币5万元的行政处罚,及时化解群众矛盾,避免了群体性事件发生。

【脱贫攻坚】 2018年,兴安县工商质监局按照扶贫工作要求,完成100多户贫困户的入户帮扶工作任务，帮助38户贫困户申请到产业扶贫奖金共计76000元用于种养产业发展，帮助40户贫困户申请就业创业培训，抓好剩余劳动力培训转移，努力实现稳定就业。2018年按计划完成贫困户脱贫摘帽“双认定”30户，总脱贫户数达到84户。同时，积极筹措资金帮助中洞村做好乡村道路、文化活动室等基础设施建设。引导贫困户种植百香果和罗汉果等经济作物增加收入，形成产业，实现脱贫摘帽，如贫困户中的种植大户李银波、肖辉、李洪发近两年每年种植百香果20多亩，纯收入在1.5万元以上。

审　计

【概况】 2018年，兴安县审计局人员编制15人，在编15人；设有办公室、财政金融审计股、经济责任审计股、综合审计股、兴安县人民政府投资审计中心。2018年，兴安县审计局完成审计项目8个，查出主要问题金额58006万元，其中应上缴财政1万元，应归还原渠道资金95万元，应调账处理金额53952万元；已归还原渠道资金95万元。提交审计工作报告、信息20篇，被采用17篇。

【财政审计】 2018年，兴安县审计局共完成财政审计项目1个，查出主要问题金额54081万元。以摸清财政底数，提高财政资金使用绩效、保障公共资金安全为目标，主要审计了财政部门编制县本级财政预算、具体组织财政预算收支的情况，重点关注财政收支的真实性、专项资金的兑付率、债务以及是否存在无预算安排财政支出的问题。2018年，在地方经济增长下行压力大，企业经营困难增多，房地产市场萎缩、土地交易不活跃及中央和自治区不断出台的再减税降费政策等不利的条件下，兴安县实际组织财政收入89540万元，创历史新高，比2017年同期增加16174万元，增长22.05%。专项资金的兑付率从31.5%提高到76.1%，同时杜绝了无预算安排支出现象发生。

【固定资产投资审计】 2018年，兴安县审计局共完成固定资产投资审计项目321个，送审金额67325.25万元，审定金额60515.05万元，核减金额6810.2万元，核减率10.12%。如兴安镇人民政府至乐满地一号门道路改造提升工程，送审2384万元，审定1841万元，审减543万元，审减率22.76%。针对审计指出部分政府投资项目工程造价的审计核减率较高，工程预算的编制和审核环节存在漏洞，容易滋生腐败行为的问题，兴安县人民政府采纳审计建议出台了《兴安县财政性专项资金投资项目管理暂行办法》（兴政发〔2018〕36号）。以文件的形式从项目审批、计划管理、建设实施、资金拨付及法律责任等五方面来规范项目投资建设。同时，推动投资审计转型升级。不断强化对跟踪审计的统筹管理，规范跟踪审计行为，防范质量风险与廉政风险，稳步推动业务重心由工程价款结算审计向重大项目跟踪审计转移。完成了兴安县妇幼保健院整体搬迁项目（一期）门诊住院综合楼工程跟踪审计项目。

【经济责任审计】 2018年，兴安县审计局共完成经济责任审计项目3个，查出主要问题金额167万元，提交审计报告和审计结果报告6份，提出审计建议8条。以自然资源审计为主线，开展了1个自然资源资产管理责任审计，着重关注生态文明建设工程项目程序规范性和有效性，关注领导干部对自然资源和资产的管理和使用情况。

【专项资金审计(调查)】 2018年，兴安县审计局开展兴安县农民工创业担保贷款发放、管理和使用情况专项审计调查项目。通过审计，促使有关部门加强资金管理，提高民生资金使用效益，保障民生政策落到实处。

【重大政策措施落实跟踪审计】 2018年，兴安县审计局按季度对稳增长等政策措施落实情况开展跟踪审计。主要审计了2017年重大建设项目推进方面和财政资金管理方面情况，2018年实施污染防治措施方面、优化营商环境方面、落实精准脱贫政策方面和防范化解重大风险情况。先后抽查了27个相关部门、10个乡镇政府、21个村委会、51个项目，涉及财政资金2.58亿元。审计对发现的问题提出审计建议，促使重大政策措施落到实处。

【队伍建设】 2018年，兴安县审计局坚持把审计人才队伍建设作为一项战略任务来抓，采取多种途径和方式，储备、培养审计人才，努力打造一支政治强、业务精、作风优、纪律严的审计干部队伍。一是以先进典型为榜样加强廉政教育,提升政治素质。宣传审计系统优秀审计人的事迹,提升审计工作敬业精神;以先进典型为榜样,见贤思齐、对标践行,立足岗位、扎实工作。二是创造良好发展环境,切实强化人才培养。选派审计干部参加审计署、自治区审计厅、桂林市审计局举办的审计业务培训班、计算机审计培训班等,推动审计干部参加高层次的审计业务交流学习,为开展大数据审计培养高素质人才;大胆起用年轻干部担任项目主审,早压担子早成才,在责任和压力中促进快速成长。

【法治建设】 2018年,兴安县审计局主动适应法治建设新常态,积极推进审计法治建设。一是将法治教育作为党员干部日常学习的主要内容,充分利用网络在线学习、党员活动日等平台,抓好审计法、审计法实施条例等各种法律法规的学习,强化法律意识,提高审计干部法治素质和依法办事能力。二是加强审计制度建设,制订《兴安县审计局法治政府建设实施方案》《兴安县审计局落实"谁执法谁普法"工作责任制实施方案》《重大行政执法决定法制审核制度》等,确保审计工作严格依法依规进行。

【精神文明建设】 2018年,兴安县审计局紧紧围绕审计中心工作,不断深化精神文明创建活动。一是开展"道德讲堂"活动,通过"身边的人讲身边的事、身边的人讲自己的事"这种方式,引导审计干部职工讲道德、做好人,树立正确的荣辱观和价值观,不断提高审计人员职业道德素养,提升审计机关的良好形象。二是开展丰富多彩的民俗节日活动。在清明、端午、中秋、重阳、春节、元宵节等传统节日前后,以凭吊先烈、"送温暖、献爱心"志愿服务等形式丰富的活动,弘扬民族精神,传承民族文化。三是开展"文明用餐"活动,培养大家文明用餐习惯,减少餐桌上的浪费,大兴勤俭节约之风,推进节约型机关建设。

【廉政建设】 2018年,兴安县审计局切实履行党风廉政建设主体责任,认真落实"一岗双责"。一是率先垂范、廉洁自律。审计部门处在风口浪尖,兴安县审计局始终把勤政廉洁作为立身之本,认真学习政治理论和廉政法规,筑牢拒腐防变的思想防线。二是抓廉洁教育,加强源头控制。兴安县审计局通过开展各种形式的廉洁教育,做到警钟长鸣,切实提高党员干部廉洁履职的意识,着力打造一支政治强、业务精、作风优、纪律严的审计铁军,做到忠诚、干净、担当。三是整治作风,弘扬正气。按照上级审计机关及兴安县委部署要求,兴安县审计局扎实开展了"纪律作风专项整治月""转作风、提效能、优环境"专项活动。四是政务公开,阳光审计。 （蒋　娟）

统　计

【概况】 2018年,兴安县统计局努力做好全县经济运行预测分析工作,1—12月完成地区生产总值同比增长9.2%。其中,一产同比增长5.4%,二产同比增长7.8%,三产同比增长13.2%。规模工业增加值完成同比增长8.8%。固定资产投资完成同比增长18.4%。社会消费品零售总额完成同比增长8.7%。城镇居民人均可支配收入同比增长6.3%;农村居民人均可支配收入完成同比增长9.2%。

2018年12月31日,兴安县统计局荣获"广西新时代基层统计工作规范化建设示范单位"称号。

【统计职能工作】 2018年,兴安县统计局全面完成上级交代的统计数据收集和上报工作,没有出现一例迟报、不报的现象。2018年全县农业统计数据顺利实现乡镇联网直报,这是继规模以上工业企业联网直报后,基层统计工作的又一革新,既提高了乡镇统计工作效率,又进一步保障了统计数据质量。全年收集了98家企业,10个乡镇的数据,完成了常规报表任务。积极主动做好局内业务调整工作,新接收了调查队移交的限下抽样调查,共7个项目,涉及168个调查对象。完成"四上"企业入库10家,新增大个体1家,投资企业入库11家。为政府及各部门提供数据30批次以上,每月为政府提供统计信息月报1份、经济运行分析1份。

【全国第四次经济普查单位清查工作】 2018年,兴安县统计局做好了全国第四次经济普查的筹备工作,于9月14日召开了全县的经济普查动员部署暨单位清查业务培训会,同时又赴乡镇分批培训,共培训"两员"600余人次,10月至11月做好了全国第四次经济普查单位清查工作,共清查单位5228家,其中正常填表的法人单位3461家;个体户12813家。

【党建和意识形态工作】 2018年,兴安县统计局通过“转提优”专项活动,“形式主义、官僚主义”专项整治,政治建设专项治理等工作,提高了意识、树牢了信念、转变了作风。坚持贯彻落实上级要求,努力抓好党建和意识形态等工作。一是通过加强理论学习强化理想信念,领导班子集中学习13次,全体干部集中学习26次。二是丰富廉政教育方式方法,引导党员干部筑牢思想防线。集体观看影片2次,廉政教育基地实地学习2次。三是完善制度建设,提高管理水平。全年新增内部管理制度3项,完善内部管理制度5项。四是结对共建同发展。在帮扶结对的杉树村宣讲2次,7月1日与杉树村共同举办文艺晚会,同庆建党97周年。

【精准扶贫工作】 2018年,兴安县统计局按照上级部署,积极开展精准扶贫各项工作,做到宣传政策、保障待遇、引导产业脱贫,选调优秀干部脱产住村,保障福利待遇解除后顾之忧。全年扶贫业务培训及布置会共22次,入户人均12次以上,引导11户开展产业脱贫,贫困户共获得超2万元的产业补助,单位投入扶贫资金超6万元。

国土资源管理

【概况】 兴安县国土资源局于2002年由兴安县土地管理局和兴安县矿产资源管理局合并组建而成,主要负责贯彻执行国土资源基本国策、对全县范围内土地、矿产资源采取有效措施,进行全面规划和合理利用,严格管理、保护、开发国土资源,制止非法占用土地矿产资源违法行为的责任。主管本行政区域土地的征用、划拨、出让、转让、出租、抵押和土地登记发证,土地分等定级;矿产资源采矿权出让、转让、矿产资源勘查、开采的监督管理,地质环境保护和地质灾害防治监督管理;依法管理测绘行业等工作。全局内设10个职能股室,下设6个事业单位。

2018年,兴安县国土资源局在职人员120名。其中,局机关行政人员17名,后勤控制人员1名;参照公务员管理单位(执法监察大队)人员7名;全额拨款事业单位人员14名,自收自支事业单位人员24名;临时聘用人员50名;从乡镇借调7名全额拨款事业单位人员。全局领导班子情况:1名局长、3名副局长、1名纪检组长。其中正科2名,副科3名;5人本科学历;平均年龄为48岁(最高50岁,最低47岁)。

【改善农村生活生产环境】 2018年,兴安县国土资源局注重改善农村生活生产环境。一是调整完善土地规划和基本农田划定,最大限度地发挥出土地资源效益。二是开展全区第二期整县推进高标准基本农田土地整治重大工程。在县财政资金困难、环保督查关闭采石场导致石材料紧张的困难局面下,为避免整县项目拖延至今未完工而受绩效问责,兴安县国土资源局多措并举加班加点追赶施工进度,全年总工程量完成已达94.5%。三是立项一批土地整治项目,实现新增耕地面积及改善农村生活生产环境等。2018年立项实施增减挂项目1个,开垦项目4个,实施范围涉及各乡镇。2018年,保障发展的形势非常尴尬。为此,兴安县国土资源局积极向县委、县政府报告,取得支持,发扬“白+黑”“五+二”的精神,并借助无人机找出后备资源,不仅可以完成兑现承诺任务,并且已开发出来的后备资源还可以保障全县2018年后3年的建设用地占补。

【用地保障】 2018年,兴安县国土资源局继续极力缓解耕地占补紧张困局,以增加全县新增耕地数量和质量,4月购买59公顷“旱改水”指标,保障了灵渠大道三期、烈士碑园改扩建工程、兴北大道和中医院搬迁项目建设用地。同时全县2018年还面临要兑现旱改水的占补指标154公顷(含川江水库51.63公顷),年底已完成旱改水指标任务167.171公顷(2507.565亩),

【土地整治】 2018年,兴安县国土资源局克服种种困难,稳步推进整县项目建设,在资金及施工原材料(石料)紧缺的情况下,共完成了8个项目的验收确认工作,8个项目中共调剂出旱改水面积153公顷,新增水田用以偿还历年承诺中央和区厅占补指标为县财政间接创收2.7亿元,也解除了兴安县建设用地停批的风险。剩余10个项目中,已有4个项目基本完工,其他项目也在稳步推进中。

【土地收储】 2018年,兴安县国土资源局报批工作尽管受占补指标平衡影响前期进展缓慢，但仍然完成11宗的建设用地批复，批复用地面积57.8334公顷，为历年来成功报批最多的一年，争取新增建设用地指标中，兴安县排在了全市11县的第2位。兴安县2018年土地收储任务为304亩，年底已完成土地收储22.73公顷；盘活存量土地153.33公顷，全县供地率达到了86.25%，远超桂林市对县66%的绩效考核标准。

【土地批征供】 2018年，兴安县国土资源局首创批征供大会战摸清了土地家底，为县委、县政府决策提供了科学依据，提升了土地采矿权出让效益。首先将2006年以来批而未征、征而未供、供而未用、未批已供等问题土地全部落实到国土“一张图”上，梳理出全县批而未供的土地有972公顷，其中可出让的土地近173.3公顷，为政府决策提供一目了然的判断。初步盘算，如能及时盘活，将为全县带来数亿的土地收入；同时查处了19宗闲置土地，努力激发土地市场活力。

2018年，完成挂牌出让国有土地11宗，面积25.7公顷，出让收入8694.5万元，创下了2014年以来全县全年土地出让价款的新高；出让采矿权5宗，出让收入约1亿元，合计今年收取土地矿产出让收收益近1.9亿元。

【国土资源执法监察】 2018年，兴安县国土资源局紧紧围绕年度管理目标，通过完善制度，规范管理，确保了国土资源执法监察职能的全面落实，顺利完成了全年的工作目标任务，参加区、市业务培训40人次；答复群众信访件2件，答复议案2件；答复环保督察“回头看”信访举报件4个批次。立案查处土地矿产违法案件35宗，证据保存采矿工具8件套，拆除违法建筑4.32万平方米，驱散非法采矿人员140人次，追缴罚没款34.118万元；核查2017年度卫片遥感监测图斑共416个，面积225.402公顷（其中：耕地56.95公顷）；已通过验收拆除图斑数20个，面积为7.98公顷，复耕复绿耕地面积为1.892公顷，核查全天候卫片图斑10个。竭心尽力打击土地矿产违法行为，有力地维护了土地矿产秩序。兴安县国土资源局努力将2017年兴安县卫片图斑61.7%的违法初始比例降至2.54%，创历年来最低，确保了兴安县零约谈零问责。

【不动产工作】 2018年，兴安县国土资源局对不动产登记窗口进行了调整，由原来的2个窗口增加到6个窗口，实行了房产交易、纳税、不动产登记“一窗受理，并联审批”的模式，解决了群众多部门、来回跑等问题，真正方便了办事群众。同时，已做到不动产一般登记10个工作日办结，抵押登记5个工作日办结，抵押撤押、查封、解封登记即时办结。2018年，开展农村宅基地及拆旧新建（批拆旧改建）8个批次（宗）1190户计面积14.0379公顷，有效地改善了村民居住条件，也缓解了农村村民宅基地建房难的压力。通过加强业务培训优化服务质量，建立绿色通道服务制度，切实提高为民服务水平，群众满意率获得感大幅提升。

【地质环境管理】 2018年，兴安县国土资源局根据环境保护目标责任的要求，及时对全县的破损矿山进行排查、共排查出38个破损矿山，请桂林市地环站技术人员在8—9月完成急需修复的破损矿山方案，选几个易修复的点，做出资金预算并向县人民政府申请资金治理修复。7月前已将全县8个地质灾害隐患点（3个地质灾害应急治理项目、5个地质灾害治理项目），需治理的38个破损矿山录入广西壮族自治区地质灾害综合信息管理系统，等待上级分配治理资金。2018年，兴安县国土资源局结合3月的法制宣传月、4月的地球日、5月防灾减灾日、安全生产月、“6·25”全国土地日等进行了地质灾害防治知识宣传，共发放宣传资料16600余份。

物价管理

【概况】 兴安县物价局成立于1984年，局机关设有价格股、综合股，下设二层机构价格监督检查分局、价格成本调查监审分局、价格认证中心。2018年，兴安县物价局共有在职在编人员12人，其中局领导：正局长1人，副局长1人，正副主任科员3人，价格成本调查监审分局2人，价格监督检查分局2人，价格认证中心2人。

【价格管理】 2018年，兴安县物价局积极做好医药价格改革工作，协助上级主管部门及医改主管部门完成医药市场价格改革相关调研工作，积极了解全县公立医院的医药价格情况，切实为医疗机构、看病群众做实事、谋利益。加强对液化气、粮油、肉禽蛋、蔬菜等重要商品和服务价格的监测，并按时按量每月上报重要商品的价格监测报表；完成了对兴安县兴运、兴达、恒通三家客运公司运营的10条城乡公交客运线路的票价的批复。9月，根据《广西壮族自治区物价局关于降低重点国有景区门票价格的紧急通知》（桂价格〔2018〕94号）和《桂林市物价局关于降低我市景区门票价格的通知》（市价格〔2018〕21号）文件精神，抓紧落实辖区内各景区从2018年10月1日起执行门票降价规定。随后转发了《广西壮族自治区物价局关于旅游景区景点老年人门票价格优惠问题的通知》（桂价格〔2018〕97号）文件到个景区，要求各景区严格按照文件给予符合条件的老年人优惠；2017年8月启动调整兴安县城市供水价格工作，9月召开了自来水价格调整听证会。

2018年元旦、春节、清明、"三月三"、"五一"、端午、中秋、国庆节假日期间，兴安县物价局安排工作人员进行市场巡查，严格做好重大节假日期间的值班、市场巡查和监管工作，对检查中不规范的价格行为责令改正。

【审批收费项目】 2018年，兴安县物价局依据申请对全县高中课本教材费进行了审批；调整了兴安县生猪屠宰费收费标准；对24所公立幼儿园教育保育费的成本监审情况拟出了《兴安县学前教育保育教育费调整方案》；制定出台《兴安县城市道路内车辆停放服务收费方案（草案）》。

【"12358"价格举报热线】 2018年，兴安县物价局继续抓好"12358"价格举报热线，24小时开通热线电话。2018年1月—11月，全县共受理价格举报（投诉）、政策咨询共16件。主要涉及车辆检测、停车收费、物业收费等问题，办结率为100%，切实维护了群众价格合法权益。

【价格监管工作】 2018年，兴安县物价局积极开展督促商品房销售明码标价工作。坚决制止各种乱涨价、乱收费行为，保护广大消费者的合法权益。

2018年，兴安县物价局开展涉企收费、殡葬收费、转供电环节等专项整治行动；加强国庆、中秋旅游市场检查；农民减负执法检查；开展公平竞争审查工作，建立了兴安县公平竞争审查工作联席会议制度及相关规则。

【价格认定】 2018年，兴安县物价局加强力量，保证了价格认定工作的顺利开展。2017年12月—2018年11月价格认证中心共完成价格认证案件103件，案值44.34万元，其中103件案件全部属于刑事案件。

【成本调查及监审工作】 2018年，兴安县物价局共完成了上半年生猪、下半年生猪、露地西红柿、柑桔四个品种的生产成本调查；专项调查共完成了农户存粮售粮、2018年农户种植意向2个项目的调查；按照自治区定价目录和定价成本监审目录开展价格成本监审工作，区、市成本分局布置的生猪等副食品应急价格调查监测；完成了兴安县24所公办幼儿园教育保育费的成本监审，核减成本约150万元。

食品药品监督管理

【概况】 2018年，兴安县食品药品监督管理局（以下简称县食品药品监管局）负责全县食品、药品、医疗器械的研制、生产、流通、使用的行政监督和技术监督，负责全县保健品、化妆品安全监督管理工作的县政府工作部门，承担县食品安全委员会日常工作。县食品药品监管局内设办公室、综合协调股、食品安全监管股、药品和医疗器械监管股、保健品与化妆品监管股、稽查股，下设二层机构：兴安县食品药品稽查大队及10个乡镇食品药品监管所，现有干部职工74人。

2018年，辖区共有食品生产企业有39家，食品流通企业4156家，餐饮服务企业1021家，药品经营企业127家，药品医疗器械经营企业117家，医疗机构213家，保健品经营企业123家，化妆品经营使用单位115家，学校以及托幼机构234家，白酒小作坊172家，其他各种食品加工小作坊800余家，农贸市场12个。

2018年，县食品药品监管局获全区食品药品监督管理系统记集体二等功，桂林市保健食品和化妆品监管工作突出单位，桂林市化妆品不良反应监测先进单位，食品安全工作考核结果为A级。

【全力承办美食节】 2018年，县食品药品监管局为更好地传承和发扬兴安美食文化，挖掘本土饮食特色，打造兴安特色餐饮品牌，将文化资源转化为经济效益，使

3月27日上午，由县食品药品监管局等单位承办的“兴安味道”·十大美食评选活动隆重举行　　（县食药监局　供图）

兴安美食文化推向市场，推动文化旅游产业发展，3月27日，由兴安县政府和广西烹饪餐饮业协会联合主办，兴安县食品药品监管局、工信局、社科联、中国人寿兴安公司承办的题为“太平洋建设杯”兴安味道美食大赛圆满落下帷幕。来自全县126个参赛单位、302个品种参加了特色宴席、传统特色小吃、创新特色菜的评比，通过激烈角逐，最终评出特色宴席类金银铜奖三名；特色名菜10名；小吃类10名。

【3·15宣传活动】 2018年3月15日上午，兴安县食品药品监督管理局参加了由消协成员单位联合举办的“3·15”国际消费者权益日主题宣传活动。此次活动，食品药品监督管理局设立咨询台1个，向群众发放了食品药品安全知识宣传手册、宣传单800余份，接待咨询180余人次。当日，兴安县食品药品监督管理局还在县中心广场展示了2017年度罚没的各类违法物资，涉及有酒、饮料、药品、化妆品等70多个品种，共装满4卡车，重约40吨，总价值达到66万元。在展示之后，执法人员在兴安镇红卫垃圾焚烧场对涉案物品进行了集中销毁。

【餐饮业质量安全水平提升工作】 2018年，县食品药品监管局指导创建了一批具有示范作用的学校食堂。如：兴安中学、兴安师范附属幼儿园、兴安三中、县二幼等；指导县一小、县二小、县拘留所、县看守所、漠川中心幼儿园、界首骨科医院等25个餐饮单位进行食堂升级改造，重新规划了流程布局，更换了不锈钢的设备设施，落实了色标管理，以此提高集体用餐的安全，严防群体性食品安全事故。在华江瑶族乡高寨村选取了19家经营户进行农家乐提升改造，严格按照“五有规范”，以餐饮操作流程的设计、亮证经营、制度建设作为提升改造的重点。改造后的餐饮企业，卫生环境极大改善，流程布局更加合理，兴安旅游餐饮形象得到了示范提升。经过一年的努力，兴安县落实色标管理的餐饮单位为232家，比2017年新增178家，其中学校食堂147家，色标率为79%；喜屋、泽霖、帝豪等7家大型酒店色标率为100%。

【食品安全宣传周活动】 2018年7月23日—26日，县食品药品监管局围绕“尚德守法　食品安全让生活更美好”的宣传活动主题，县食安办牵头23个食安委成员单位开展了食品安全宣传

9月12日，县食药监局执法人员走街串巷对“三小”食品经营户进行检查　　（县食药监局　供图）

周活动。宣传周期间共出动300多人次参加宣传活动，悬挂横幅16条、共发放食品安全法和食品安全知识读本600余册，出版宣传版面（板报）15块、设立咨询台12个，接受咨询320人次，发放各类宣传资料2400多份，宣传周期间发送食品安全宣传短信5000条。

【食品药品安全科普宣传站建设】 2018年，县食品药品监管局完成了滨江公园、界首"大管家"、界首长山弓食材改造三个食品药品安全宣传科普站的建设。因该项工作推进有力，10月17日，在兴安县召开了自治区食品药品监管系统新闻宣传培训暨食品药品科普站建设、应急宣传现场会。

【食品药品投诉举报受理】 2018年，县食品药品监管局依托"食品药品监管12331投诉举报平台"，通过网站、电话、来信、来访、上级转交等途径，认真受理消费者食品药品的投诉举报，做到事事有处理、件件有回音。2018年，共受理咨询投诉等181件，食品药品投诉举报102件，为群众挽回经济损失4.5万元，其中食品类81件，药械类13件，保健品类7件，化妆品类1件，依时办结率、回复率均达100%。

【严打重惩食品药品安全违法行为】 2018年，县食品药品监管局坚持以问题为导向，"严"字当头，开展突出问题大整治，严厉打击食品药品安全领域的制假售假违法犯罪行为，集中力量查办大案要案，扎紧食药安全的坚固篱笆。2018年，县食品药品监管局共立案查处食品药品违法行为89件，案件涉案总金额达9.5万元，罚没款合计32.4万元。其中涉及化妆品案14件，食品案53件，药品案18件，医疗器械案4件，并且所有案件行政处罚信息进行了政务公开，促进了行政执法工作规范化，保证行政处罚行为在"阳光下"运行。

【农村"一条龙"聚餐食品安全培训工作】 2018年12月19日上午，县食品药品监管局为进一步加强兴安县农村集体聚餐承办者（俗称一条龙）的规范化管理，在兴安县老山界休闲山庄组织开展"兴安县农村聚餐'一条龙'食品安全培训会暨扶助物资发放仪式"。40家农村集体聚餐"一条龙"的老板、从业人员等200余人参与了培训。

培训会后，举行了兴安县提升农村聚餐"一条龙"物资发放仪式。仪式上，县食品药品监督管理局对筛选出的湘漓镇江口村委江口自然村宋天志等40个农村集体聚餐"一条龙"进行了餐饮物资捐赠。捐赠的物资有：冰箱、保洁箱、菜筐、服装、口罩、制度牌及小件等，约合人民币12万元。 （文长青）

安全生产监督

【概况】 兴安县安全生产监督管理局（简称县安监局）成立于2002年，为县人民政府工作部门，另加挂兴安县安全生产委员会办公室牌子，承担县安委会日常工作。2018年，县安全监管局有行政编制7人，在职人员实有12人；局下设二层事业单位兴安县安全生产监察大队，编制3人，在职人员实有2人；外聘人员5人；局领导班子成员共3人，全局在职人员共有21人。局内设"三股一室"即非煤矿山安全监督管理股，危化品、烟花爆竹安全监督管理股，政策法规综合股，办公室。主要承担兴安县安全生产委员会办公室的日常工作，综合监管、隐患综合管理、安全生产大检查、工贸行业标准化创建、企业职业健康、非煤矿山、危化品和烟花爆竹安全监督管理工作。全年卓

6月15日，县安监局开展安全生产月宣传活动 （县安监局 供图）

有成效地开展落实企业安全生产主体责任专项巡查行动,顺利迎接了区、市安监局的综合督查。

【安全生产大检查】 2018年3月—7月,县安监局根据广西壮族自治区、桂林市人民政府的要求,对全县非煤矿山、危险化学品企业、烟花爆竹批发企业、冶金企业、道路交通运输企业、建筑施工、工商贸等企业行业领域,开展为期3个月的落实企业安全生产主体责任专项巡查行动,重点巡查企业要对安全生产和职业健康工作负全面责任,严格履行安全生产法定责任,建立健全自我约束、持续改进的内生机制。通过为期3个月的落实企业安全生产主体责任专项行动,全县共下达执法文书549份,发现安全隐患1103处,罚款23.3万元,依法关闭取缔石灰土窑9口。下发临时查封决定书6份,责令"三停"单位6家,拘留2人,有效防范和遏制了安全事故发生。

【重点行业领域专项整治行动】 2018年,县安监局大力开展重点行业领域专项整治行动,严厉处治违法违规行为,及时排查整治安全隐患。非煤矿山方面:通过安全检查和治理,下发执法文书28份,其中下发责令限期整改指令书6份,排查并完成整改安全隐患14个;危险化学品方面:全年共排查隐患164项;完成整改153项。责令停业整顿2家。捣毁非法销售柴油窝点38处。道路交通方面:出动警力1800余人次、警车90余次,检查车辆5000余辆,处理酒驾、超载现象50余起,有效遏制了交通事故的发生。烟花爆竹方面:查处违法违规经营户2户,撤销烟花爆竹零售经营许可证3户,查获非法烟花爆竹2400多箱,价值达20万多元,并进行了现场销毁,行政拘留2人;查获走私烟花爆竹8000余件,价值达60多万元。建筑施工方面:共派出督查组50人次,检查15个场所,排查隐患20处,整改19处,整改率95%,行政处罚1起;消防方面:督查整改火灾隐患6345处,下发责令改正通知书1817份,行政处罚22家,"三停"12家,查封10家,罚款32.6万元,拘留4人。

【市、县、乡、村四级隐患整改】 2018年全县各乡镇、行业部门及村委会共排查上报隐患431条,其中:有4个县直行业部门(单位)35条,10乡(镇)50条、115个行政村及1个居委会346条。县政府、乡镇政府、行业部门分别按隐患的分布和可能危害的程度,有针对性地选择分级挂牌督办的隐患项目,行文挂牌重点督促整改,全县挂牌重点监督整改隐患共406条,截至2018年12月31日,整改完成率100%。其中:市级完成整改1项,整改完成率100%;县级完成整改10项(含市级一项),整改完成率100%;乡(镇)级完成50项,整改完成率100%;村级完成346项,整改完成率100%。

【安全生产宣传教育】 2018年6月是全国第17个安全生产月,县安监局以"全国安全生产月"为契机,6月15日集中在中心广场开展了"安全生产咨询日"活动,以及安全生产"进农村、进企业、进学校、进社区、进家庭"活动。此次活动组织全县37个安委会成员单位、兴安镇及3个社区参加,当天共展出展板40余块,发放宣传资料万余份,向社会和从业人员集中宣传安全生产方针政策、法律法规、安全知识和自救互救方法等,回答群众关心的安全生产问题;各乡(镇)、县直各单位选择安全生产典型事故案例,通过警示教育展、专题研讨和媒体展映等形式开展事故警示教育,进行反思大讨论;在全县开展示范乡镇、示范企业创建活动。

【职业病防治】 2018年,县安监局积极做好职业病防治工作。一是开展企业员工职业健康危害身体检查,全县申报职业危害的企业有96家(停产和取缔26家,实际申报70家)。2018年,兴安县职业健康体检单位24家,体检人数369人,占实际申报的34.3%,上级要求存在职业危害的企业申报、体检全覆盖。二是依法关闭取缔石灰土立窑。石灰土窑属国家明令淘汰的落后生产工艺,能耗高、污染大,严重破坏生态,非法开采和生产,工作人员没有穿着劳动防护用品,存在重大安全隐患。2018年,县安监局联合县国土资源局、环保局、工商局、公安局开展联合行动,关停石灰土窑22口。

【危险化学品监管】 2018年,全县危险化学品生产经营单位共41家,其中:生产企业1家;油库经营1家,加油站31家;氧气充装经营2家,其他6家为纸质办公无储存的经营企业。2018年,县安监局进一步摸排了本部门本系统的危险化学品安全风险、

10月24日，县安监局干部在高尚镇检查烟花爆竹经营部的安全工作

（县安监局　供图）

重大危险源。完善了危险化学品安全风险分布档案和危险化学品重大危险源数据库，进行分级分层次高效监管。加强危险化学品罐区的风险控。继续开展了“两重点一重大”企业自动控制系统“回头看”。深化危险化学品罐区专项整治。加强特殊作业安全管控加强化工过程安全管理，开展提升危化品企业安全管理能力专项行动，做好危险化学品安全教育和培训。全年共排查出隐患164项，现已经完成整改153项，完成率95%。责令停业整顿2家。捣毁非法销售柴油38处，收缴非法柴油近200吨，罚款40多万元。

【烟花爆竹监管工作】 2018年，县安监局充分利用新闻媒体加强对烟花爆竹安全管理的宣传报道，引导和教育广大人民群众自觉抵制非法生产经营活动，继续严厉打击烟花爆竹非法生产经营行为。建立非法生产经营烟花爆竹有奖举报制度，充分调动群众在“打非”工作中的积极性和主动性。对全县80余户经营门店进行了全面的检查，日常监管5家烟花爆竹批发企业，杜绝“下店上宅”“前店后宅”等经营行为，查处违法违规经营户2户，撤销烟花爆竹零售经营许可证3户，查获非法烟花爆竹2400多箱，价值达20万多元，并进行了现场销毁，行政拘留2人。

【非煤矿山监管】 2018年，全县共有非煤矿山企业12家。其中地采矿山2家，露天采石场4家，尾矿库2家，试点矿山2家，在建矿山2家。春节后申请生产作业的非煤矿山企业共7家，5家企业因采矿证或安全许可证到期尚未办理好延续，处于停产状态，仅兴安县银剑矿业有限公司和兴安海螺水泥有限公司2家企业正常生产。按照2018年度执法计划，对上述企业每季度均进行一次全面检查；在汛期重点对2家尾矿库进行了全面检查；以上均按计划完成了全年度执法检查任务，共下发执法文书28份，其中下发责令限期整改指令书6份，排查整改安全隐患14个，100%完成整改。指导兴安县银剑矿业有限公司芙蓉华尾矿库完成“头顶库”治理；组织完成无主尾矿库（原兴安县仙人桥矿业有限公司选矿厂尾矿库）注销闭库工作，指导兴安县银剑矿业有限公司和兴安海螺水泥有限公司建立双重预防机制；组织完成金属非金属矿山专项整治。发现隐患9条，整改9条，整改率100%。

招商引资

【概况】 兴安县招商局属财政全额拨款的参照公务员管理的事业单位，内设办公室、项目信息股、综合服务股、项目统计股4个机构，主要负责全县的招商引资工作。2018年，核定事业编制17名，实有工作人员11名。

2018年，兴安县招商局建立健全了《兴安县招商局办公室工作职责》《兴安县招商局财务支出管理制度》《兴安县招商局公务接待管理制度》等内部管理制度，并于12月3日举办了招商局股级干部竞职演讲会，成功选拔出了局办公室主任、副主任和统计股副股长。

2018年，桂林市下达兴安县的任务是：内资到位资金78亿元，实际利用外资2200美元。一年来，全县狠抓招商引资工作，完善政策机制，加强宣传推介，优化投资环境，成立专项工作组，先后引进上海九翌高寨旅游温泉康养度假胜地项目、江苏乾昭新型金属材料生产项目、碧桂园房产开发项目、中储能能源设备生产项目、兴昊科技医药制造项目、湖北嘉达风电塔筒设备制造项目、灵通科技塑料汽车配件研发生产项目等投资千万元以上的项目，延伸了房地产、工业、旅游等产业链条。2018年，兴安县招商引资实施境内市外项目66个，其中新签项目52个，新上项目计划投资90.1亿元。完成市外内资到位资金82.08亿元人民币，占市下达任务的105%，实际利用外资3065万美元，占市下达任务的139%。

【整合资源招商】 2018年，兴安县招商局不断强化招商引资基础，努力整合全县招商资源，精心拍摄制作招商宣传片和宣传资料，先后制作《中国十大魅力名镇—兴安》投资招商推介册、2018年招商引资宣传视频、PPT等宣传资料，全面展示兴安的独特优势，增强宣传效果。认真调研策划包装对外招商项目，建立完善项目库，项目库涵盖了风电设备产业链配套、兴安矿粉产业园、财神庙历史文化街区、北街里历史文化街区、世纪冰川、源江风电场生态旅游康养度假景区、毛竹深加工、灵渠葡萄产业（核心）示范区、华江高寨民族村旅游、摩天岭林场中草药材种植等40余个对外招商项目。

【主动带头招商】 2018年，县领导亲自率队赴“长三角”、“珠三角”、北京等地主动开展企业考察及针对性招商活动。走访了碧桂园集团、华润置地有限公司、三一集团、聚光科技（杭州）股份有限公司、蚂蚁金服集团等名企大家，了解企业投资实力，深入沟通交流，努力促成在谈项目实现新突破。同时鼓励各部门人员采取专题招商、以商招商、精准招商、商会招商等形式走出去开展招商活动，县政府办、县招商局以及各乡镇干部积极主动赴广东、安徽、江西等地考察、洽谈、招商推介，为三一集团、铜锣湾集团、北控水务、中央厨房等名企进驻兴安打下基础。

【“潮起兴安正当时”投资招商推介会】 2018年4月28日，县招商局承办了“潮起兴安正当时”投资招商推介会，近百名成功客商齐聚一堂。会上共签约4个重大项目（碧桂园房产开发项目、中储能能源设备生产项目、风林小镇项目、兴安县信息进村入户项目），计划总投资达12亿元；

9月12日—15日，第十五届中国—东盟博览会在南宁举行，县委书记黄洪斌，县委常委、常务副县长黄小桂率团参加了活动。期间，兴安县共签约3个项目（上海九翌高寨旅游温泉康养度假胜地项目、江苏乾昭新型金属材料生产项目、华润置地乐满地文化旅游康养综合体建设项目），投资总额达70亿元；

10月20日，兴安县成功在深圳举办“潮起兴安正当时”2018兴安（深圳）招商引资推介会，这是兴安县首次走出兴安举办招商推介会。华润置地华南大区投资管理部总经理段军、香港铜锣湾集团董事局主席陈智、中铁锦绣股份有限公司投资总顾问陈谨以及有投资合作意向的企业家、兴安籍在外企业家、珠三角地区企业家近150人参加推介会。会上共签约铜锣湾广场、中铁锦绣旅游、中国健康好乡村等14个项目，获意向投资187亿元，重点投向风力发电、商贸地产、旅游、生态、工业、农贸市场等民生项目，为兴安县域经济发展注入新活力。

（阳新明）

教育·科技

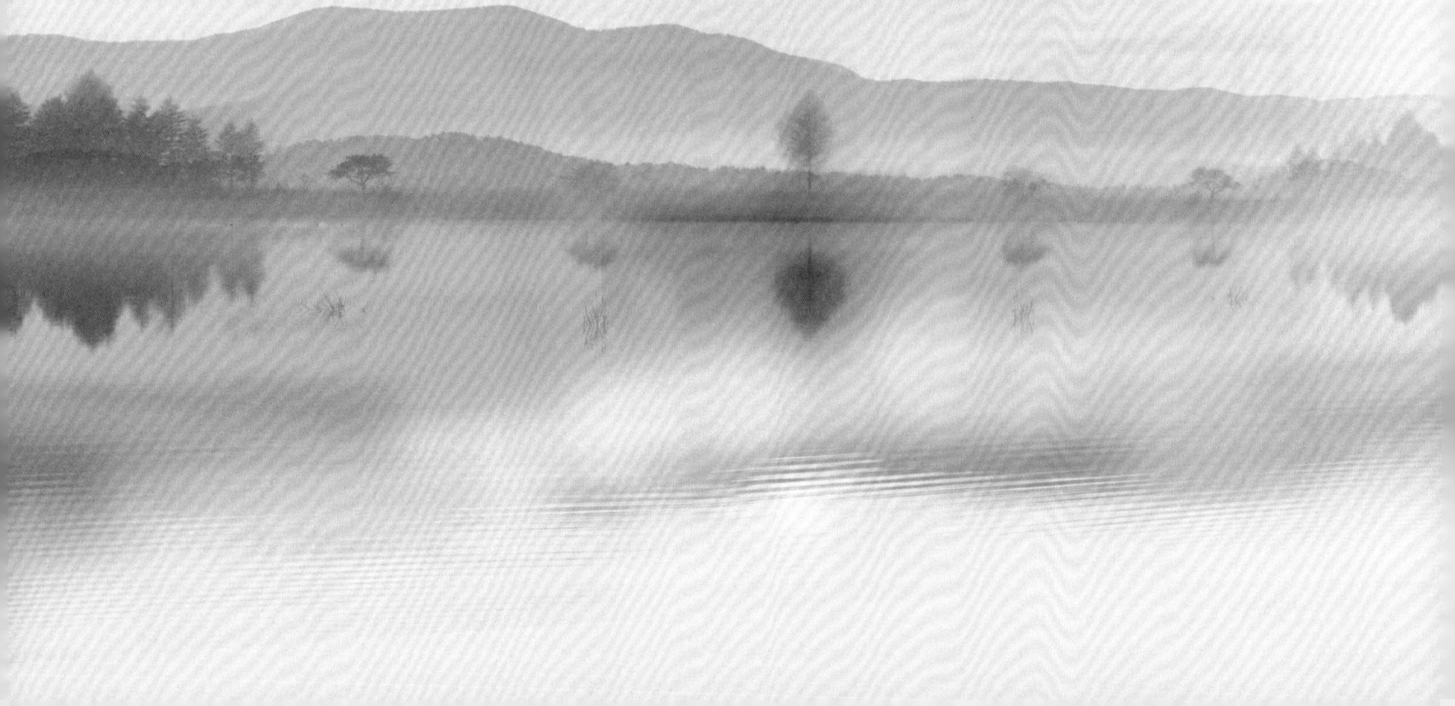

教　育

【概况】2018年，全县共有各级各类中小学134所，在校学生39711人。其中：小学114所，学生25944人；初级中学15所，学生8033人；高中（含职校、幼师各1所）5所，学生5743人。幼儿园173所，其中公办幼儿园69所，民办幼儿园104所，在园（班）幼儿13981人。全县教职员工总编制2575人，其中，小学1300人、幼儿58人、初中523人、高（职）中650人，教育局机关44人。全县基础教育普及程度：学前三年毛入园率99%，义务教育巩固率81.76%，高中阶段教育毛入学率83.38%。

2018年3月，兴安县教育局获评桂林市实验教学先进单位；4月，获全国小学语文前沿课堂观摩研训会优秀组织奖、中共十九大期间信访维稳先进集体；5月，获广西小学英语教学成果评比活动优秀组织奖、广西中学英语教学成果评比活动优秀组织奖、桂林市汉字听写大赛集体二等奖；6月，获桂林市中小学实验教学说课评选活动优秀组织奖、桂林市汉字听写大赛优秀组织奖；9月，获桂林市中小学电脑制作评比活动优秀组织奖、2017—2018年度桂林市初中教育常规管理及教学质量管理先进单位；10月，获2018年秋全国小学数学前沿课堂观摩研训会优秀组织奖、2018年桂林市中华经典诵读大赛集体奖、2016—2018年度桂林教育信息宣传工作先进集体、2018年桂林市中华经典诵读大赛优秀组织奖、桂林市第二十届重点中学学生篮球赛优秀组织奖；11月，获桂林市中小学信息技术与学科教学深度融合观摩评比活动优秀组织奖、桂林市第十一届中小学生合唱节合唱比赛优秀组织奖；12月，获广西第六届中小学生艺术展演活动优秀组织奖、桂林市高中教育教学质量管理先进单位及桂林市初中教育教学质量管理先进单位；2018年12月，兴安县义务教育均衡发展顺利通过国家认定。此外，兴安县第一小学获得全区文明校园称号，界首中心小学获2017年度国际生态学校项目绿旗荣誉，兴安中学教师黄文智在“中国好教育”2018年度同课异构全国冠军总决赛中，获语文学科一等奖，兴安中学学生邓柠桔获得2018年全区经典诵读大赛优秀奖。

12月20日，兴安县义务教育均衡发展通过国家认定

（县教育局　供图）

【教育经费收入与支出】2018年，兴安县教育经费总收入54883万元，比2017年减少86万元，减幅0.15%，其中财政拨款收入50358万元，比2017年增加545万元，增幅1.1%；预算外资金收入4453万元，比2017年减少583万元，减幅11.5%。总支出中，人员经费支出27408万元，公用经费支出10095万元。

【义务教育均衡发展】2018年，兴安县教育局紧紧围绕县域义务教育均衡发展迎接国家认定这一中心任务开展工作。2018年春季学期，挂牌成立了独立的兴安县特殊教育学校，健全了学校机构代码、学校编制和组织机构；完成了农村薄弱学校改造任务，全县公办义务教育学校的教学图书仪器设备已按标准全部配备齐全，农村学校的办学条件得到极大改善，城乡教育差距进一步缩小；2018年秋季学期，全县超大班额全部消除。

2018年12月，国家督导检查组莅临兴安县，对兴安县义务教育均衡发展工作进行了评估认定。抽查了4所小学、3所初中、1所完全中学和2个教学点，共10所学校。同时，详细核查了全县档案资料。经国检组专家核查认定：兴安县迎检学校办学基本条件评分兴安县政府在“入学机会、保障机制、教师队伍、质量与管理”四个方面最高100分，最低92分，均达到了义务教育学校办学基本标准，达标率为100%；经测算，全县小学和初中校际间差异系数分别为0.33和0.35，均达到了国家规定的小于或等于0.65和0.55的指标要求；18项指标得分91分，达到了国家要求，同意通过国家认定。

【学前教育】 2018年，兴安县教育局深入实施学前教育第三期行动计划，2018年，全县有各级各类幼儿园173所，其中，公办幼儿园69所，民办幼儿园104所。全县在园幼儿13981人。学前三年毛入园率87%，学前一年毛入园率99%。实现了学前教育快速发展的良好局面。兴安县第一、第二幼儿园两所自治区示范幼儿园充分发挥示范辐射作用，兴安师范附属幼儿园2018年春节学期投入使用，全县10个乡镇均有1所以上公办中心幼儿园，兴安县第三中心幼儿园综合楼完成主体，计划2019年秋季学期开园招生，学前教育资源进一步扩大。2018年度，全县举办了《幼儿发展指南》研讨会、幼儿教师风采大赛、幼儿园广播操比赛等活动，约480人次参加了研讨会等活动。12月上旬，县教育局组织专家评估小组按照《桂林市幼儿园评估验收标准》对24所幼儿园进行了等级评估；组织学前教育教学科研，全县幼儿教师共撰写论文182篇、教学案例109篇，获得自治区、市级奖260篇。

【义务教育】 2018年，兴安县教育局进一步加大了对“普九”工作的管理力度，强化控辍保学措施，做好学生返校、孤儿爱心工程及留守儿童工作；妥善安置进城经商、务工人员随迁子女以及县城周边失地农民、库区移民子女入学，完成市级下达的义务教育巩固率指标81.76%以上的任务。2018年中考，全县参加中考总人数1907人，6A以上8人，比上年增加6人；一等生140人（含保送生28人），比上年增加22人，成绩稳中有升。

【高中教育】 2018年，全县共有普通高中3所，其中示范性普通高中1所，共1200人参加高考，600分以上的14人（比2017年增加2人），文科最高分623分，理科最高分617分，一本上线113人，一本上线率9.42%；二本上线635人，二本上线率53%。

【职业教育】 2018年，兴安县中等职业教育完成全日制招生665人（县职校308人，兴安师范357人），达任务数(550人)的120.9%；中职非全日制招生207人，达任务数(200人)的128.5%。兴安师范的示范特色专业及实训基地——兴安师范附属幼儿园，2018年春季学期投入使用。

【项目工程】 2018年，兴安县教育局扩大农村学前教育资源项目：2018年，兴安县第三幼儿园综合楼完成主体工程，建筑总面积4556平方米；开工建设崔家乡中心幼儿园综合楼，计划投资530万元，建筑总面积4000平方米，在建主体第二层。

农村义务教育学校建设项目：2018年，兴安县投资1226万元完成了义务教育学校建设项目8个，总建筑面积6550平方米，兴安县高尚镇堡里中心小学综合楼、兴安县兴安镇护城中心小学学生宿舍楼、兴安县漠川乡显里小学教学楼、兴安县漠川乡保林小学教学楼、兴安县高尚镇仁和小学教学楼、兴安县湘漓镇双河小学教学楼、兴安县崔家乡粉山中心小学教学辅助用房及厕所、兴安县崔家乡初级中学综合楼；投资570万元完成了兴安县第二小学综合楼主体建设，建筑面积3169平方米，正在进行装修；兴安县兴安镇柘园学校教学楼完成了主体封顶，建筑面积2200平方米，总投资410万元；2018年底，新开工了湘漓镇初级中学学生宿舍楼、湘漓镇花桥中心小学综合楼、兴安镇护城中心小学综合楼、高尚镇中心小学学生宿舍楼共4个项目，总投资1395万元，总建筑面积7000平方米，年底这4个项目正在建基础。

【学生资助】 2018年，兴安县教育局创新工作举措，狠抓工作落实，智力扶贫精准有效。2018年共减免了贫困家庭儿童保教费46.77万元，受益儿童599人次；发放城乡义务教育阶段家庭经济困难寄宿生生活费补助917.275万元，资助贫困寄宿生16688人次；为在读普高贫困家庭子女减免学杂费42.51万元，受益536人次；为262名在读普高库区移民子女减免了学费，减免金额12.3185万元；发放普高助学金141.7万元，受益1259人次；为中等职业教育学生减免学费190.575万元，受益2541人次；为2215位大学生办理了生源地贷款，授信金额达1651.983万元全；全县共资助了248名贫困大学新生，资助金额达33.568万元，其中争取到社会各界资助达4.8万元；

9月6日，桂林市仁济慈善基金会在兴安县举行捐资助学活动仪式
（县教育局　供图）

为93名在基层工作的大学毕业生办理了学费和生源地信贷款补偿，补偿金额达69.9633万元。进一步促进了教育公平，确保不让一个孩子因家庭贫困而失学。

【德育工作】 2018年，兴安县教育局积极配合县委、县政府，全面开展了“小手拉大手　助力脱贫攻坚”即“六个一”系列主题教育活动；组织参加了以“时刻听党话　永远跟党走”为主题的第二十五届全国青少年爱国主义读书讲故事比赛、演讲、征文比赛，获得一等奖的4名选手代表兴安县参加桂林市的比赛，获得全市中小学生讲故事和演讲大赛二等奖1人，三等奖3人；组织全县中小学参加“做有道德的人”系列主题实践活动。全县中小学推荐评选市级三好生372人、优干187人、先进班集体75个；表彰县级三好生474人、优干216人，先进班集体112个。“六一”儿童节，组织开展了以“祖国发展我成长，高举队旗跟党走”为主题的十佳少年儿童先进事迹报告会暨庆“六·一”活动，近1000名学生、家长现场聆听了赵贵玲、黄奕锟、秦秋萍等8位十佳少年儿童的先进事迹报告。扎实开展语言文字工作，于3月举行兴安县第三届汉字听大赛，兴安镇初级中学在选拔赛中以优异的成绩代表兴安县参加桂林市汉字听写大赛，获得二等奖；积极开展“推普我助力，扶贫心连心”活动，以点带面，由县直四所小学与兴安镇四所中心小学结帮扶对子，积极推进普通话的宣传；举办了第三届“兴安县经典诵读视频大赛”，在市级比赛中，兴安县上送的节目获得一等奖1个、二等奖1个、三等奖2个，其中高中组的节目代表桂林市参加了区级视频比赛，获得区级三等奖。

【教研教改】 2018年，兴安县教育局以科研促课改，积极推进课改实验，努力提高教育教学质量。开展全县小学、初中、高中教学开放周活动，通过特级教师、骨干教师、学科带头人下乡示教，提高课堂教学水平，实现全县高中、初中和中心小学全覆盖，促进各学校教学质量的提高。2018年，共有19项课题获得立项；全县教师撰写论文1886篇；参加教学大比武，获全国一等奖1人；2018全县开展“一师一优课，一课一名师”活动，老师们积极晒课，向市级推荐79节优质课，其中获部优7节，省优11节，市优14节，促进了广大教师业务能力的不断提高。

【校园文体卫工作】 2018年，兴安县教育部门扎实开展“学生阳光体育运动”，确保了学生每天有一小时的体育活动时间。统一使用电子设备，组织全县13个考点1968名考生安全有序地参加了体育测试；组织参加兴安县新春杯篮球赛获第二名，桂林市第十九届重点中学篮球赛获第十名，桂林市第五届特奥会获得2块金牌、五块银牌，桂林市中学生田径运动会男子100米跑获亚军。组织师生参加兴安县“展魅力兴安扬巾帼风采”庆三八“留园杯”服装秀比赛活动荣获一等奖；组织参加“迎接十九大　感恩祖国”兴安县庆祝中华人民共和国成立68周年歌咏大赛获一等奖2个、二等奖2个、三等奖1个；组织参加桂林市第六届中小学生现场书画比赛获一等奖4个、二等奖6个；组织参加2018年“花坪银杉杯”全市中小学幼儿园学生生态文明主题书画摄影征文大赛系列参赛活动，共荣获特等金奖12个、金奖56个、银73个奖、铜奖98个；组织师生开展兴安县2018年十佳少年儿童先进事迹报告会及庆“六一”文艺演出活动及庆祝教师节文艺演出活动受到县领导及广大群众的好评；17所中小学校继续深入开

4月12日，县教育局组织开展的“戏曲进校园”活动走进兴安镇柘园学校　（县教育局　供图）

展“戏曲进校园”活动；组织实验小学代表队参加桂林市第十一届童声合唱节荣获三等奖，县教育局荣获优秀组织奖；在区教育厅主办的“广西第六届中小学生艺术作品展演”活动中，兴安县选送的作品获得一等奖2个、二等奖2个、三等奖3个；组织中学教师参加桂林市学校预防艾滋病教育优秀教学评选活动，获一等奖1人、二等奖1人、三等奖3人；组织全县中学生加桂林市2018年预防艾滋病知识手抄报和征文比赛活动，获得一等奖5人、二等奖10人、三等奖13人，优秀指导老师10人；组织开展了“爱眼日”、食品安全宣传周、艾滋病宣传日等系列活动，与食药局、卫计局联合对全县各校的饮用水、食堂、食品卫生安全、常见传染病等方面进行检查和督促整改，确保了广大师生环境卫生和饮食安全。

【教育信息化】 2018年，兴安县教育部门投资752万元完成图书购置58万多册、多媒体145套、电脑66台、教学点仪器4190件，加强了管理、应用、培训与售后工作；完成信息化建设与应用达标校1所、宽带网络校校通8所、示范性图书馆1所；组织参加上级培训7次、县级培训11次总人数达500人次，评选124个学生电脑制作作品、68件教师信息化各类作品参加区市比赛，7名教师参加区市实验说课比赛，15件自制教（玩）具获奖，30节课参加桂林市信息技术与学科融合评比活动，录制78节课参加全国“一师一优课、一课一名师”活动，组织8所学校进行两项课题研究。2018年，获桂林市实验教学先进单位、桂林市中小学实验教学说课活动优秀组织奖、桂林市中小学电脑制作活动优秀组织奖、桂林市幼儿园优秀自制教玩具团体二等奖、桂林市第十三届中小学信息技术与学科教学深度融合观摩展示评比活动优秀组织奖，“一师一优课”获省级优课11节、部级优课7节，成为桂林市各县（区）获单位组织奖、部级优课最多的县。

【教师队伍建设】 2018年，兴安县教育局为化解师资老化、学科结构不合理的矛盾，保障城乡师资均衡发展，认真实施《乡村教师支持计划(2015—2020年)》，加强教师队伍补充。2018年，全县教育部门公开招聘事业编中小学教师21人，义务教育特岗教师40人，安排毕业的全科教师25人到乡镇学校任教，有效充实了教师队伍。给义务教育学校教学点及边远山区学校教师发放生活补助，享受补助的有22个教学点，36所村小，12所中心小学，4所乡镇中学，共538名教师获得补助，补助资金共58万元。安排一定数量的优秀教师开展走教支教活动，积极开展校长、教师进行交流轮岗，县城教师与乡村教师优势互补。

【教师培训】 2018年，兴安县教育局紧紧围绕“打造名优教师提升队伍素质”主题，以提高教育教学实践能力为根本，以提高教师专业化水平为导向，整合兴安县德育、教科研、电教站的优势力量和资源，积极有效地开展全员性教师培训。2018年，全县教育部门开展培训教师5543人次，其中“国培计划”“区培计划”“市级培训”等高端研修共培训教师419人次，县本级组织新教师、骨干教师、班主任、校长等开展教学技能、教学观摩、课题研究、新教材研究、信息技术等各类培训5124人次。（洪　英）

桂林市兴安师范学校

【概况】 桂林市兴安师范学校（以下简称兴安师范）位于兴安县兴安镇教育路136号，创建于

1958年，1959年秋开始面向桂北的兴安、全州、灵川、灌阳四县招生。1962年因国家经济困难而停办。1971年恢复办学，1982年经自治区人民政府批准(桂政发〔1982〕128号文件)，兴安师范列入广西定点中等师范学校，校名为“桂林地区兴安师范学校”，实行“地、县共管，以地为主”的管理体制，直属于桂林地区教育局。面向桂北兴安、全州、灵川、灌阳、资源、龙胜、临桂、永福8县招生。1998年，经桂林地委、行署批准(桂地编〔1994〕39号文件)，兴安师范定为副处级事业单位。1998年，学校更名为“桂林市兴安师范学校”，直属于桂林市教育局，实行“市、县共管，以市为主”。1971年至1981年以教师在职培训为主。1980年至2000年以普师为主，2000年中师停招，开始招收小教大专班和高中、初中学生，2001年至2008年以招收高中班为主，2009年停招高中，2014年恢复高中办学。2004年开始招幼师班，2007年4月，广西壮族自治区教育厅组织了专家组，对兴安师范的“幼儿园教师培养工作水平”进行了现场评估，评估结果符合“广西小学和幼儿园教师培养工作水平评估指标和等级标准”，经自治区教育厅批准(桂教师范〔2007〕15号、〔2007〕31号文件)，兴安师范学校被确定为广西第一批幼儿园教师教育基地学校，负责承担中师层次的幼儿园教师的培养任务。2008年根据(市办发〔2008〕37号文件)兴安师范学校下放给兴安县，直属于兴安县人民政府管理，保留副处级事业单位级别，2012年所办的学前教育专业被广西教育厅确定为自治区示范性专业，2015年为广西学前教育职业教育集团第一届副理事长单位。

学校实行校长负责制，学校下设政秘科、教务科、学生科、总务科、培训科、招就办、团委7大职能科室，设有语文、数学、英语、教育综合、音乐、美术、体育、教务、政教、后勤、高中综合共11个教研组。学校设立党总支部，下设4个党支部，在职离退休党员66人。

学校具有与办学规模和专业设置相适应的校园、校舍及教育教学实施设备、投资1100多万的兴安师范学校附属幼儿园(实训基地)，校园占地面积5.3357万平方米，建筑土地面积4.0557万平方米。学校以开设学前教育专业为主，与广西师院、广西电大等大专院校联合举办专、本科函授为辅，2018年有幼师、高中共29个教学班，1200多名学生，函授班300多人，兴安师范学校附属幼儿园(实训基地)学生300多人。

【学校安全工作】 2018年，桂林市兴安师范学校认真制定落实“校园安全综合治理实施方案”，成立了以校长为组长，主管副校长为副组长，学生科、总务科领导为组员的学校安全工作领导小组，制定了“兴安师范学校教职工安全工作管理职责”。坚持对校舍、校内设施、设备及周边环境每月排查一次，并及时作好登记。按规定配齐校舍的灭火器材，禁止学生带火种入校。建立健全各类专项安全制度，落实安全工作目标责任，作好各类安全资料的收集整理和档案工作。将学校安全卫生管理工作落到实处，重点加强了车辆出入校园管理综合整治，取得了良好的效果。做好安全教育宣传工作，强化教职员工、门卫、保安及学生的安全意识。通过在校园内开展专题报告会、道德教育安全月活动、主题班会、专题板报等多种活动，增强了学生的法制观念，提高了学生安全意识。建立健全了学校教职工住房档案。对学校教职工出租房进行严格管理，制订《出租房管理条例》，规定了租房人员在校园内的日常行为。对租房人员的姓名、工作单位进行详细登记，确保了无非法人员入住校园。在校园内的主要通道都安装了照明路灯，保证了校园内的亮化。对学校所有的铁门(包括学校东西两条大门、学生三条宿舍门、办公楼大门、教学教电楼大门)进行了全面的检查和维护，保证了师生员工及校产的安全。加强食品卫生安全工作。对小卖部及食堂进行定期检查，重点在食品质量(是否过期、变质)，进货渠道(是否正规)，从业人员证件、操作规范等方面，确保了饮食、食品不出任何问题。

【师资队伍建设】 2018年，桂林市兴安师范学校领导班子树立“团结、求实、进取、创新”的工作作风，严于律己，率先垂范。认真执行学校工作计划，制定部门工作计划。坚持每两周一次行政例会制度，发挥行政会的决策功能；学校领导深入教学一线，了解课堂教学情况，把握方向，研究问题，指导工作，在所任教学科中起到骨干示范作用；推行问责制，学校加强对中层管理人员的监督与管理，狠抓工作执行落实，对执行不力落实不到位的人员实行责任追究。重视对教师的政治思想教育、职业道德教育；强化师德师风建设。2018年，组织全体教师认真学习了《国家中长期教育改革和规划纲要》,积极宣传贯彻实施《中华人民共和国教育法》《桂林市中小学教师师德师风考核暂行办法》《2018年兴安县中小学师德师风建设推进工作方案》,制定了桂林市兴安师范学校2018年优秀教师评选方案,全面开展“师德师风建设”活动。做好教师继续教育培训工作,建立教师继续教育档案,要求专业技术人员必须学习2018年广西公需科目“一带一路”倡议和学习十九大精神,并完成考试,有计划的派教师外出学习听课。其中,黄军、黄红两位老师参加了2018年广西中等职业教育教学课堂优化培训,戴微涔老师参加了2018中等职业学校科研管理培训。此外,学校还组织组部分教师参加中职学校管理培训、科研课题项目、全区学法普法培训、中职学校班主任和科研能力远程等培训,并为其提供必要的支持和帮助。

【教学常规管理】 2018年,桂林市兴安师范学校组织教师学习《中华人民共和国教育法》,严格规范教职工行为。严格执行《课程计划》,开齐课程,开足课时,严格实习实训,保证实习生不实习时间不少于80科时。通过定期抽查教师备课、作业批改情况,不定期地开展听课、检查课堂教学日志、学生评教评学等活动,及时发现存在问题及时的整改。根据学前教育专业教学特点,稳健推进课堂教学改革,建立素质教育新机制。2018年,学校加强对从事幼师班教学骨干教师的培训、调研和交流,注重教学过程的宏观调控和指导,确保课堂教学改革的有效实施。加强课程资源建设,认真做好校本课程开发、必修课和选修课的教学策略研究、学业水平考试、学生综合素质评价等工作,探索建立与幼师课改相适应的课程开设体系、教学管理体系和教学质量评价体系;深入开展新新形势新理念下的课堂教学研究、学生学习策略研究、学生学习潜能和可持续发展研究、不断探索和把握幼师课教改方向。重视学前教育专业专业技能的培养,通过开展在学生中开展手工、绘画、书法、粉笔字、简笔画、讲故事、演讲、英语竞赛、文娱汇报演出等丰富多彩的活动,检查和展示学生基本功,其中,幼师161~167班完成了毕业会演。

【组织师生参加竞赛活动】 2018年,桂林市兴安师范学校认真组织好高中16级、幼师16级师生,参加对口本科招生的同学普通高考报名及材料审核的各项工作,参加桂林市中职学校学生学业水平技能测试,参加人事局组织的保育员培训及考证工作。在2018年全区师范生教学技能比赛中,桂林市兴安师范学校获2018年全区师范生教学技能大赛优秀组织奖,学生李文艳获全区一等奖,学生黄红和教师张海燕获优秀指导教师奖,学生蒋芙蓉获全区二等奖,教师赵玲玲和唐高黎获优秀指导教师奖。教师戴微涔、唐昌艺、潘晓霞、唐艳萍参加桂林市教师教学技能大赛获得殊荣,并代表桂林市参加广西教师教学技能大赛。

【高考工作】 2018年,桂林市兴安师范学校加强对高三工作的领导,切实做好高三学生的思想教育工作和心理健康疏导,营造一个紧张有序、务实高效的高三工作氛围。加强高三复习策略研究,认真组织高三调研考试和高考,切实做好高三复习的反馈调控和高考信息的收集、筛选,进一步提高复习效率,增强学科教学的整体实力。2018年,桂林市兴安师范学校文科本科上线24人,理科本科上线19人。

【学前教育专业学生管理】 2018年,桂林市兴安师范学校进一步理顺学前教育专业教育管理体制,整合优化师资结构。专业指导老师由学校指派,学期至少进行一次专业成绩汇报,教务科、音美组和体育组要加强管理与指导,对专业训练进行巡查,专业指导老师应有专业训练计划及计划执行情况记录。2018年,顺利完成了实训幼儿园基地项目的主体工程建设工作,有效改善了学校幼师专业办学条件,2018年3月学前教育专业实训基地——兴安师范学校附属幼儿园正式开园。

【教育科研】 2018年,桂林市兴安师范学校参与的3个区级科研课题《师生技能竞赛带动技能提高的实践研究》《桂林市兴安县学前教育师资现状分析及对策研究》《培养中职在校师范生专业伦理的实践性研究》均完成了结题,2个市级个人科研也完成了结题,正在研究的课题还有5个。

【德育管理和精神文明建设】 2018年,桂林市兴安师范学校以校团委、学生会工作为核心,班主任工作为重点,全体教职工齐抓共管,加强对学生的教育和管理。

邀请专家开展“感恩教育”专题讲座,要求班级开展感恩主题班会,组织全体学生参加并写心得体会,同时尽量邀请家长一同参加活动,让感恩思想深入人心。加强对学生社团管理和指导,鼓励学生积极参加社团活动,用健康和丰富的社团文化占领学校阵地。

认真实施《学生体质健康标准》,规范体育课教学和“两操”管理;认真开展学生健康教育,加强公共卫生管理,做好传染病和高发病的预防、学生卫生保健和科学营养等工作。在全体教职工中深入开展“树正气、守纪律、讲师德、负责任”的师德系列活动,通过学习教师法,提高教师的职业道德,树立良好的教风。在学生中广泛开展“自塑形象”“文明守纪”之星评选活动,“文明宿舍”“文明教室”评选活动及“感恩教育”等系列活动,全面提高学生的文明素质,形成良好的学风和校风。

【幼师招生工作】 2018年,桂林市兴安师范学校学校成立幼师招生领导小组,制订各种招生宣传彩页和招生简章,积极参加桂林市教育局组织的“中职大篷车宣传活动”,成立学校专职招生管理队伍,让全体教职工参与招生工作。2018年该校幼师招生任务300人,全年完成新生招收人数358人,超额完成58人。

【党的建设和工会、共青团、妇女工作】 2018年,桂林市兴安师范学校加强党支部的建设,组织党员定期学习、讨论,召开民主生活会,积极交纳党费,深入开展“创先争优”活动,充分发挥党员同志的先锋模范作用。认真抓好工会工作,一是定期召开工会小组会议,积极协助学校认真听取教职工对学校管理和校园建设方面的意见和建议,及时将上级有关精神和学校发展的思路传达给全体教职工;二是开展丰富多彩的有益教工发展和身心健康的活动。深入实施“送温暖”工程,加强对教师的人文关怀,邀请退休教师组织开展“重阳节敬老活动”,对生病住院、生小孩的教职工进行关心和慰问;对一些生活困难、行动不便的离退休职工问寒问暖;三是建立健全各项计生工作档案,出版计生宣传专栏,做好学校计划生育工作。四是邀请桂林181医院到兴安为全体教职员工(包括离退休、临时聘请人员)进行了全面的身体检查。积极支持工、青、妇工作,让学校的工、青、妇组织在学校民主管理、维护教职工权益,在构建和谐校园、教书育人等方面发挥应有的作用。完成了教育部门的各种比赛、招生等任务。做好2018年教育部门对口招生考试申报工作、组织好师生参加2018年师范生技能比赛、组织16级学生到一幼、二幼的见习、普通话测试和教学常规管理等工作。做好2017年度教师继续教育证书和各种职称证书的年审工作,并做好了2018年度教师和工人申报职称前的宣传工作,参加桂林市教育局组织的2018年全市大篷车招生宣传活动,分别到兴安、灵川、全州、永福、资源、灌阳等县参加了大篷车招生宣传工作。

【农村精准扶贫】 2018年,桂林市兴安师范学校负责联系兴安县漠川乡榜上村公所农村扶贫工作。学校领导将此事纳入到学校议事日程之中,并参与县组织的扶贫结对活动,派出的驻村指导员经常向主管领导汇报工作,过年、过节关心慰问贫困户,校中层领导每月下乡入户6此以上,走访帮助贫苦家庭脱贫致富,全年预脱贫家庭8户。

【学校节能减排】 2018年,桂林市兴安师范学校重视对学生进行节能减排教育,由于学校措施得力,狠抓制度落实,节能减排工作效果显著。如教育学生节约用电、用水,不用一次性筷子和塑料袋等对环境有污染的物品,珍惜资源,保护校园环境等,将节能减排

9月28日,兴安师范学校举行建校60周年庆祝活动

(兴安师范学校 供图)

工作纳入到“文明班级”、“文明宿舍”、“文明教室”评比活动之中，增强了学生节能意识，使学生养成了节约用电、用水的文明习惯，有效降低了学校水电的浪费。

【校庆工作】 2018年9月28日是桂林市兴安师范学校建校60周年，庆典工作学校在县委、县政府的指导下圆满举行，开展了一系列校庆文化活动，如校庆纪念册、画册、汇报演出、十佳歌手、绘画展示、捐赠、黑板报等，达到了预期的效果。

科　技

【概况】 2018年，兴安县科学技术知识产权局有行政编制6名，下设办公室、业务股、知识产权股，二层机构设立兴安县生产力促进中心，有事业编制6人，其中高级工程师1人，高级农艺师一人，助理工程师1人。主要职能是负责全县科技项目的管理和实施工作，负责知识产权工作。

【科技项目工作】 2018年，兴安县科学技术知识产权局向上级科技部门申报科技项目4项。其中自治区科技项目2项，即《兴安县知识产权优势产业导航应用示范》《广西兴安县农业科技园区建设》；完成市项目申报2项，即《灵渠南渠水系综合治理与生态景观利用技术集成示范》和《兴安县贫困村科技特派员精准扶贫服务与创新示范》科技项目的申报。

【知识产权管理】 2018年，兴安县科学技术知识产权局依托国家知识产权强县工程试点县的建设，参加了西部地区国家知识产权强县工程建设工作培训班，并在培训会上作典型发言。

【科技扶贫】 2018年，兴安县科学技术知识产权局选派贫困村科技特派员到贫困村开展科技服务。按照兴安县委、县政府及扶贫攻坚工作部署和要求，县科技局组织人员，编制完成了《兴安县“十三五”精准扶贫规划》，为全县28个贫困村制订了科技扶贫产业计划，选聘了17名科技特派员，上报自治区科技厅并获得任命。认真组织工作人员到桂林市科技局，参加了2018年全区农村科技特派员政策宣讲与双创经验交流会，并于4月17日组织科技特派员进行岗前培训。

2018年，兴安县科学技术知识产权局派驻各贫困村的科技特派员扎实工作，积极开展科技培训，指导科技扶贫示范基地建设。同时，开展了送肥料活动，给庄子、和平、双河、江口、茶源和宝峰等贫困村的农民送去有机肥30吨，扶贫成效显著。

5月23日，桂林市科技局领导、专家到兴安县溶江镇五甲贫困村错峰葡萄示范基地调研　（县科技局　供图）

【贫困村科技创新能力建设】 2018年，兴安县科学技术知识产权局加强贫困村科技创新能力建设，助推农业增收。贫困村科技特派员多次组织专家，培训农业科技大户和农业科技技术指导员，深受农民好评。通过科技特派员的努力，华江瑶族乡的水埠，湘漓镇的义和，漠川乡的庄子、财金，白石乡的高圩，兴安镇的源江、石坑，溶江镇的五甲、富江，界首镇的宝峰，崔家乡的三义，严关镇的清水等村已实现贫困村脱贫。

【项目实施工作】 2018年，兴安县科学技术知识产权局继续开展《兴安县贫困村科技特派员服务创业基地及科技能力建设示范》（桂科AD17129039）等科技项目的实施，带动了特色产业和企业的创新发展。

【高新技术企业培育】 2018年，兴安县科学技术知识产权局加快传统产业升级改造，积极培育高新技术企业。2018年10月，兴安县的“广西鸿翼生物科技有限公司”和“桂林日盛食品有限责任公司”等两家企业获得自治区高新企业认定。

2018年，全国科技活动周广西活动暨第二十七届广西科技活动周创新驱动发展成就展、第八届广西发明创造成果展览交易会于5月在南宁举行。兴安县高度重视，成立了以县委常委、县委宣传部部长、副县长庄慧琼为组长的参展小组，县科技局领导、有关企业由副县长辛爱玖带队到南宁参展。

5月8日，贺州市八步区科技局一行人到溶江镇黄毛坝小康文明示范村、莲塘农业科技园区参观考察　　（县科技局　供图）

【科技经费】 2018年，兴安县科技部门的县级财政科学技术经费支1074万元，其中科学技术管理事务经费215万元；技术研究与开发经费为739万元；科普经费72万元；应用研究支出14万元；其他科学技术支出34万元。争取自治区、桂林市科技项目3项，获得科技经费87万元。

【知识产权】 2018年，全县专利申请量为89件，其中发明专利申请44件，实用新型30件专利申请，外观设计专利申请15件。授权量45件，其中发明专利权16件，实用新型专利权14件，外观设计专利权15件。发明专利保有量90件，每万人口发明专利拥有量达2.36件。

【科技培训】 2018年，兴安县科学技术知识产权局组织专家服务团，开展科普支农下乡服务，全县科普成员单位通力合作、多渠道齐头并进开展科技培训。针对全县农业十大特色优势产业，邀请自治区柑橘研究所高级农艺师陈爱军、桂林市水果办高级农艺师张建梅等专家教授，分别到界首镇、漠川乡、溶江镇、湘漓镇等乡镇开展葡萄、柑橘、中药材种植、食用菌栽培种植管理等技术培训活动12场次，培训果农568人，发放技术资料1827份。

表7　　**兴安县科技局2018年争取上级科技项目资金一览表**

序号	文件号、合同（任务书）编号立项代码	项目（课题）名称	承担单位	起止年月	课题负责人	总投资（万元）	科技经费（万元）	备注
1	桂科计字〔2018〕294号	广西兴安农业科技园区建设示范	兴安县科学技术知识产权局 兴安县生产力促进中心 桂林日盛食品有限责任公司	2018年1月至2020年12月	康忠武	500	125	科技厅
2	201800101-1	灵渠南渠水系综合治理与生态景观利用技术集成示范	兴安县生产力促进中心 兴安县灵渠管理处 桂林理工大学	2019年1月至2021年12月	代俊峰	450	150	桂林市
3	20180103-1	广西兴安农业科技园区巨峰葡萄成熟期控制技术栽培示范基地建设	兴安县生产力促进中心，兴安县金银山果蔬专业合作社	2018年1月至2020年12月	康忠武	134	30	桂林市
4		科普经费	兴安县生产力促进中心				1	桂林市
合计							306	

表 8　　兴安县科技局 2018 年实施科技项目一览表

序号	文件号、合同(任务书)编号立项代码	项目(课题)名称	承担单位	起止年月	课题负责人	总投资(万元)	科技经费(万元)	备注
1	桂科 AD17129039	兴安县贫困村科技特派员服务创业基地及科技能力建设示范	兴安县科学技术知识产权局	2017 年 1 月至 2019 年 12 月	文　成	80	80 (17 年拨 50,18 年拨 30)	科技厅

气　　象

【概况】 兴安县气象局是兴安县政府主管气象工作的部门,属中直事业单位,实行部门和地方双重领导、双重计划财务体制,属公益性事业单位。2018 年,兴安县气象局设综合办公室和防灾减灾科 2 个内设机构;有兴安县气象台和兴安县气象服务与防雷中心 2 个直属业务机构;兴安县人工影响天气办公室 1 个地方事业机构。主要业务工作包括气象探测、农业气象服务、气象预报与公益服务、人工影响天气、防雷减灾工作的组织管理、气象科技信息服务等。

2018 年,兴安县气象局有职工 21 人,其中在职 15 人(含聘用 4 人),离退休 6 人。在职人员中有工程师 9 人,助理工程师 5 人,大专以上学历占 87%。

2018 年,兴安县气象局紧紧围绕全县经济发展目标,全力做好监测预报预警和气象保障服务,扎实推进气象防灾减灾建设和乡村振兴工作,切实抓好决战脱贫攻坚和上级巡察问题整改工作,取得新的成绩。2018 年,兴安县气象局被评为广西区人工影响天气先进集体、桂林市气象部门目标考核优秀达标单位、兴安县绩效考评一等奖,荣获桂林市总工会授予职工书屋荣誉称号。

【气象服务】 2018 年,兴安县气象局共启动重大气象灾害天气报告 5 次、重大灾害天气应急响应 3 次,发布重大气象信息专报 10 期,发布气象服务信息 119 期,发布气象灾害预警短信 207 次(包括信号解除),提前预警占 95%。发布春耕春播春节气象服务 8 期、特色农业气象服务 17 期。圆满完成兴安第十一届桂林米粉文化节暨"南粉北面"产业发展高峰论坛气象保障服务工作。继续做好新型农业经营主体直通式气象服务,开展了葡萄种植、柑橘种植气象服务调研以及春耕春插等农业气象服务。

3 月 23 日,兴安县气象局开展"3·23"世界气象日宣传活动

(县气象局　供图)

【生态文明建设】 2018 年,兴安县气象局合理开发气候资源,构建"生态城乡、绿色发展"为基础的特色旅游气象服务。1 月 12 日,兴安县首个大气负离子自动监测站在华南之巅——猫儿山旅游景区建成并投入运行。该监测站利用气象条件与负离子浓度的关系,开展空气负离子浓度监测及气象条件预报。

加强与环保部门合作,联合加强污染防治攻坚战气象服务。2018 年,兴安县气象局在人工影响天气标准化作业站共实施了 7 次人工增雨作业,共发射增雨火箭弹 18 枚,作业影响区增雨效果显著,有效地提升了空气质量、缓解旱情、降低森林火险等级和增加水库蓄水。

【气象台站搬迁】 2018 年,兴安县气象局为更好地保护气象探

1月25日，广西气象局副局长姚才（中）实地考察兴安台站新址
（县气象局　供图）

测环境，按照县政府2017年底第二十七次常务会精神，兴安国家气象观测站搬迁项目的前期工作取得了新的进展，获取了城建规划部门审批的《选址意见书》，完成了新址勘察报告的测绘工作，落实了项目建设财政预算经费，土地使用手续已在办理中。

【气象防灾减灾建设】 2018年，兴安县气象局积极做好气象信息发布渠道的运维，扎实推进气象为“三农”服务工作。1月13日，兴安县气象局在马援广场建成首块气象综合服务多媒体超大显示屏，实时发布本地天气实况、天气预报、气象灾害预警等信息。同时，发挥宣传窗口作用，为近20个单位滚动宣传本县旅游资源、地方特产、反腐倡廉、安全生产、节能减排、转提优作风建设、双提升活动、扫黑除恶以及大型活动等工作信息，累计播放时间近3000小时以上。当年，对13套预警信息服务终端、桂林兴安灵渠葡萄产业（核心）示范区马头山小气候监测站进行监管维护，各项设备运行正常，气象预警大喇叭上线率均在86%以上，确保气象灾害预警信息及时传播。

加强广西突发事件预警信息系统推广，实现多部门预警信息接入和统一权威发布。11月23日，县政府组织召开了兴安县广西突发事件预警信息发布系统推广及业务培训会议，县政府分管副县长吕忠荣出席会议，民政、农业、林业等20个单位相关负责人参加了业务培训。会后，相关单位相继进行了系统对接安装工作，并投入业务运行。

【乡村振兴和脱贫攻坚】 2018年，兴安县气象局帮扶联系人定期进村入户开展脱贫攻坚工作，根据国家扶贫政策指导农户发展农业产业。组织开展了脱贫攻坚“六大行动”，提升扶贫成效和质量。加强对贫困户的节前慰问，对有危房改造任务的贫困户给予力所能及的资助。当年，县气象局有1户贫困户通过了脱贫双认定，5户贫困户顺利脱贫。

2018年，兴安县气象局联系部门实际，积极为村委做好事、办实事。加强对三桂村自动气象站设备的维护，为做好防灾减灾工作收集气象数据资料；资助三桂村两委换届选举活动经费5000元，资助修路架桥水泥50吨价值1万多元，强化村委基础设施建设；克服困难，委派1名工作队员驻村开展脱贫工作，协助村委做好各项工作。

同时，兴安县气象局充分发挥行业优势，开展气象特色扶贫工作。3月，联合广西气象减灾研究所调查组，深入湘漓镇力头村种植园，开展寒害及农业气象服务调研。组织农业专家、葡萄种植大户、气象信息员召开了气象为农服务座谈会及业务培训；向广大种植大户推广应用“广西气象微农”微信公众号，继续通过葡萄种植大户气象服务微信群，针对本县特色农业产业开展智慧农业气象服务；适时针对不同季节、农作物生长关键节气，开展专题农业气象服务和直通式气象服务，有效指导群众利用气候资源优势发展生产。

【社会监管职能】 2018年，兴安县气象局按照广西防雷体制改革推进方案，继续深化防雷减灾体制改革重点任务推进措施。依法履行行政审批职责，抓好行政权力事项管维，指定专人负责县投资项目在线审批监管平台运维。继续简政放权，加强事中事后监督，全力优化审批服务软环境。

严格履行防雷安全监管职

责，定期对全县石油、化工、易燃易爆城所等危险环境进行常规的防雷装置安全检测。不定期对全县重点场所进行防雷安全“双随机”抽查。积极配合县安委开展安全生产大检查活动。

通过微信、微博、LED电子显示屏、手机短信、气象预警大喇叭等方式，开展防范一氧化碳中毒宣传活动，广泛普及生活用煤用气安全知识，提高群众防范一氧化碳事故中毒能力。

【气象科普宣传】 2018年，兴安县气象局以“3·23世界气象日”、“5·12全国减灾日”、5·22政务公开宣传日、“6·16安全生产日”及防灾减灾周等各种重要节点为契机，深入到社区、广场、街道等开展气象科普宣传工作，活动中采用设置咨询台、放置展板、微信公众号、微博、发放气象科普宣传手册和资料、发送气象科普短信等方式，对气象法律法规、气象防灾减灾等知识进行宣传。2018年，共发放宣传资料5000册，接受咨询100多人次。

【党建和精神文明建设】 2018年，兴安县气象局按照“三会一课”和党员活动日开展党的学习和教育，组织党员干部深入学习中共十九大和习近平总书记系列重要讲话，学习党章、有关党纪党规和规定学习篇目，开展“不忘初心、牢记使命”主题教育活动和“新三同”活动。开展形式多样的党风廉政宣传教育活动，开展专题学习2次，微课堂学习3次，案例警示教育1次，征集廉政文化书画作品6幅，开展党员活动日4次，参加纪检员培训、党务培训各1次，开展中央八项规定“回头看”1次。

2018年，兴安县气象局积极落实自治区党委第六巡视组关于扶贫领域机动式巡视反馈问题整改和桂林市委第一巡察组专项巡视反馈意见整改，积极落实桂林市气象局党组巡察组专项政治巡察反馈意见整改，积极开展兴安县委关于形式主义、官僚主义突出问题专项整治行动，积极开展“转、提、优”专项活动，推动全面从严治党不断深入，营造和维护风清气正的政治生态。

大力开展反腐倡廉宣传。2018年，兴安县气象局加强部门协作，联合纪委利用气象大喇叭和气象综合信息LED显示屏，每天陆续播出违纪通报、公益廉洁广告、专项治理公告、举报电话等宣传内容，让扶贫反腐宣传工作进村入户，提高干部群众对扶贫领域腐败和作风问题专项治理工作的知晓率和参与度。

【气候概况】 2018年，兴安县年平均气温18.9℃，比历年平均值偏高0.8℃，年极端最高气温为37.1℃，出现在7月17日，年极端最低气温为–2.6℃，出现在2月6日；降水量为1566.8毫米，比历年平均值偏少309.8毫米；全年日照时数1373.7小时，比历年平均值偏多11.1小时。

【主要天气气候事件】 2018年，兴安县主要出现了低温冰冻、霜冻、暴雨、高温、寒露风、雷电、大雾、大风、低温阴雨等重大天气气候事件。

1. 低温冰冻

受强冷空气影响，兴安县1月8日、11日、26—31日、2月1日、6日、12月30日—31日出现结冰、雨凇、雨雪天气。高寒山区出现霜冻、结冰、雨凇和雨雪天气，最低气温为猫儿山1250米自动气象站监测–7.8℃。

2. 霜冻

霜冻天气主要集中在1月、2月、12月，分别为1月8日、9—12日和31日；2月1日—5日；12月16日—18日，共11天。

3. 暴雨

2018年汛期期间(4—9月)总雨量为857.0毫米，与历年同期相比偏少3成。其中前汛期(4—6月)偏少4成，后汛期(7—9月)偏少2成。暴雨天气在5月份和6月份出现较多，年内共出现4场暴雨天气过程。

4. 高温

受弱高压脊、副高控制及台风影响，2018年7月16日—22日、8月20日—23日出现了日最高气温≥37℃高温晴热天气。

5. 寒露风

受低层切变线及地面冷空气影响，2018年10月9日—20日，兴安县出现了12天日平均气温≤22.0℃寒露风天气过程。

6. 雷电

受低空急流等强对流天气系统影响，年内出现雷电强对流天气27天。

7. 大雾

12月3日出现1天能见度小于300米的浓雾，空气质量短时受污染。

8. 大风

出现了9次阵风7级以上大风天气，分别为：2018年1月8日、1月26日、3月5日、3月14日、4月5日、4月13日、4月23日、5月22日、9月16日。

9. 低温阴雨

3月6日—9日出现连续

三天以上日平均气温≤ 12.0℃的低温阴雨天气过程。

防震减灾

【概况】 兴安县地震局为隶属县人民政府管理的正科级事业单位,依法履行防震减灾主管机构的各项职责,负责全县的防震减灾工作。全局有编制5个,设办公室1个职能科室。实有人员5人,设局长1人,副局长2人。2018年,县地震局依法开展防震减灾宣传教育活动、建设工程抗震设防行政许可审批、推进地震烈度速报与预警系统项目建设、修订兴安县应急预案和上报防震减灾信息等几大工作。

2018年,县地震局充分利用全国“防灾减灾日”、唐山大地震纪念日等时间段进机关单位、学校、企业、医院、村屯开展防震减灾宣传;对25项建设工程的抗震设防要求进行确认;完成兴安县3个地震烈度速报与预警系统项目监测台(兴安漠川基本台、兴安千家基本台、兴安永安基本台)的仪器设备安装和后期维护工作。

【防震减灾知识宣传活动】 5月2日,县地震局协助桂林市地震局承办了以“防震减灾 知识先行”为主题的桂林市防震减灾知识大赛。5月5日,兴安中学参赛队代表桂林市,参加自治区防震减灾知识竞赛,分别获高中组二等奖、初中组三等奖。5·12防震减灾日、7·28地震记念日和国际减灾日,县地震局通过开展现场活动,发放《防震减灾知识手册》《农村民居抗震设防读本》《青少年防震减灾知识读本》等宣传资料,接受群众咨询,指导群众如何开展预防、自救、互救;联合兴安县电视台、兴安报社等主流媒体连续一周播放和刊登防震减灾科普知识,引导公众通过正规渠道科学了解地震,提高公众的防震减灾意识和避震逃生技能;建立兴安县地震局微信公众号平台,持续发布地震科普知识,广泛提高人民群众的防震减灾意识。

【测震应急流动观测演练】 6月12日,2018年广西测震应急流动观测演练(第一期)在兴安县举行。南宁、柳州、桂林等13市地震局及广西地震台网中心派员参加,自治区地震局副局长黄国华观摩并指导此次演练。县地震局积极配合自治区地震局,做好各项保障工作,确保了演练圆满举行。

【防震减灾科普示范学校创建】 2018年,县地震局组织兴安县第三小学开展自治区级防震减灾科普示范学校创建工作。11月9日,自治区地震局联合自治区民政厅、教育厅等相关厅局专家,开展了2018年第二批“广西壮族自治区防震减灾科普示范学校”认定工作。经严格审核评议,认定兴安县第三小学为自治区级防震减灾科普示范学校。

【建设工程抗震设防】 2018年,县地震局进一步加强了对建设工程抗震设防管理与服务工作,已对25项建设工程的抗震设防要求进行确认,受理申请和办结及时,办结率保持100%。

【地震群防群测】 2018年,县地震局建立和完善兴怡山庄(养殖鱼类)、辉阳养殖场(养殖猪)、兴安县海旭肉牛养殖公司(养殖牛)、溶江水土保持站、宏发养殖场(养殖野猪、鸡)5个宏观观测点,并组织宏观观测点联络员培训落实专人值守,建立健全了档案、观察日志,落实了值班电话。

【兴安数字测震台运行和维护】 2018年,兴安县数字测震台投入正式观测运行后,县地震局安排专门人员对数字测震台运行进行日常检查,做到发现问题及时反馈、及时解决,确保测震台的正常运行。

【地震烈度速报与预警系统项目台站建设】 2018年,县地震局按照《广西防震减灾“十二五”规划重点项目台站台址勘选工作方案》,5月21日完成千家基本台站、永安基本台站、漠川基本台站3个地震烈度速报与预警系统项目台站的设备安装并投入使用。

(邓承鹏)

文化·旅游·体育·卫计

文 化

【综述】 2018年,兴安县文化旅游广播电视体育局紧紧围绕落实县委、县政府提出的“七大目标”开展工作,着力推进兴安县国家全域旅游示范区、国家旅游标准化试点县的创建工作,努力完善旅游设施配套服务功能,提升文化、广电和体育等公共基础设施建设工作,积极努力参与灵渠“申遗”、灵渠南渠复航、大桂林生态休闲旅游精品线路等重点工作,多轮驱动助推广播电视宣传和体育等事业快速健康发展。2018年,依托高铁枢纽,《兴安旅游》杂志刊发两期,随车宣传兴安,动车“桂林兴安·灵渠号”从兴安北站始发首府南宁,湖南东安至广州动车组在广西境内首站经停兴安,实现与桂林市区动车组出行同城化,兴安完全融入西进云贵、南下广州、北接长沙的桂粤湘黔四省会“三小时”经济圈。成功举办“2018年第十一届桂林米粉节暨中国“南粉北面”产业发展高峰论坛”和成功首映电影《北纬25度天空下》,文化品牌得到进一步提升。成功举办2018年广西青少年跆拳道锦标赛、2018年广西青少年女子篮球锦标赛、2018“奔跑吧广西”生态马拉松系列赛(桂林兴安站)等区级以上大型赛事,推动兴安县体育产业品牌化发展和运动+旅游产业深度融合。电视《向人民承诺——电视问政》节目制度化、常态化,全年刊播3期。村级公共服务中心、镇村级篮球场、旅游厕所、旅游咨询中心、停车场、宿营地、观景亭台、农家乐等一大批农村公共文化、体育、旅游基础设施相继建成,形成多个乡村旅游综合体。户户通广播电视直播卫星设备安装完毕,广播电视转播接收途径进一步扩宽。兴安博物馆(灵渠展示中心)顺利封顶,灵渠南渠复航一期实现通航,二期修缮工程完成80%,秦城遗址考古挖掘和文物整理工作圆满完成,兴安灵渠成功被列入世界灌溉工程遗产名录,灵渠修缮和灵渠价值得到深度挖掘研究。完善“一键游桂林”旅游终端服务,成立湘桂旅游联盟和桂北红色旅游联合体,做大旅游营销理念,培优“桂北老家”“灵渠人家”乡村旅游品牌,聚力“旅游营销年”工作,着力改变旅游营销短板状况。成功打造了华江瑶族乡老山界红色生态旅游区,红色文化资源得到进一步保护与开发利用,文化旅游深度融合发展。创建国家全域旅游示范区、国家旅游标准化试点县顺利通过自治区的初评验收。2018年,兴安县文化旅游广播电视体育局荣获“2018年度全区县级播出机构供片工作先进单位”、自治区2018奔跑吧广西生态马拉松系列赛“最具特色奖”、“自治区‘2018奔跑吧广西’生态马拉松系列赛组织工作先进单位”、“桂林市2018年度“一县(区)一品”赛事创建工作先进单位”、“桂林市2015—2017年度文化产业管理工作先进单位”“桂林市2018年度广播电视安全播出先进集体”“桂林市2015—2017年度文明放映工作先进单位”“桂林市2018年度电影公益放映一等奖”“2018年度桂林市旅游统计工作先进单位”等荣誉。

【完善公共文化服务体系】 2018年,兴安县投入资金475万余元,建成10个村级公共文化服务中心(每个中心包括:一个综合楼、篮球场、戏台、宣传栏、一套音响设备以及一支文艺队伍),全县累计建成100个村级公共文化服务中心。投入资金71.2万元,完成89个农家书屋的出版物补充更新工作,全县累计全部完成119个农家书屋的出版物补充更新工作。同时,投入15万余元,分别为30多个村级服务中心配备文化娱乐设施音响设备各一套。

【全面实施公共文化设施免费开放】 2018年,兴安县全面落实国家惠民政策,投入资金90万余元,推动文化馆、图书馆、乡镇文化站等公共文化设施免费开放和文化惠民活动。持续开展了文化下乡系列演出活动120余场次。其中,开展了“新春文艺调演”“壮族三月三”“漓江之声”“粉约兴安、味道桂林”米粉节开幕仪式等专题文艺演出10余场;开展“戏曲进校园”中、小学巡回演出30余场;开展“灵渠之夜”(每周五、六晚上)广场文艺演出活动60余场;图书馆、文化馆、各乡镇在村级公共服务中心,组织开展春节、中秋、国庆文艺演出、农业科技培训、书画展等系列活动20余场次,受益人群达3万余人次,极大丰富了乡村群众文化生活。持续开办了“三区人才”舞蹈培训班、摄影培训班、舞台化妆培训班等40余期。

【非物质文化遗产保护和传承】 2018年,兴安县列入区级保护名录的有贺郎歌、瑶族反面刺绣两项,列入市级保护名录的的有龙船歌、马仔调、兴安米粉制作工艺、孝哥、采莲船、曾京兰指画、道冠庙会等7项，列入县级的有32项。其中，华江瑶族自治乡的瑶族反面刺绣获得自治区的非物质文化遗产保护名录。为了更好地保护和传承，2018年申报传承人2名，县文化馆每年至少开展瑶族反面刺绣培训班4期。

【文物保护与灵渠申遗】 2018年，兴安县文化旅游广播电视体育局通过整合资金，加大投入，以项目建设统筹推进灵渠申遗。一是实施文化展陈项目，推进灵渠文化展示中心（兴安博物馆）建设。该项目建筑面积12000余平方米，总投资近亿元，年底已完成主体工程建设，预计2019年开馆。二是实施灵渠南渠复航项目。该项目主要是恢复灵渠原有的通航功能。为更清晰地传承和展示灵渠秦汉文化、水利文化的魅力，全县准备用三年的时间，基本恢复灵渠的航运功能。兴安县文化旅游广播电视体育局主要负责的是灵渠南渠复航项目的灵渠修缮工程。2017年，完成了灵渠（南渠）一期修缮和实现了一期（黄埔—黄茅坝）通航。2018年正在进行二期修缮，已完成工程的80%左右。三是深度开展灵渠价值研究。完成了秦城遗址考古挖掘和文物整理工作。四是积极推动灵渠申报世界灌溉工程遗产。举办了全国“灵渠保护与申遗暨水利遗产保护利用学术论坛”，开展专题研讨25场次，收集价值较高的论文77篇。2018年8月14日，灵渠被列入世界灌溉工程遗产名录。五是强化灵渠申遗宣传。举办“灵渠文化论坛”等重大主题活动；拍摄灵渠专题片多部；出版了《灵渠文献萃编》等系列灵渠文化研究成果专著；邀请了中央、自治区、桂林市等媒体对灵渠进行系列报道等。

【节庆活动与电影】 2018年，兴安县在“三月三”期间隆重举办“2018年第十一届桂林米粉节暨中国‘南粉北面’产业发展高峰论坛”活动。开幕式启动时，文艺晚会舞台惊艳亮相，以“粉约兴安、味道桂林”为主题的文艺演出精彩绝伦，众星云集，令人瞩目，桂林电视台公共频道、网络电视等同步直播，吸引了区内外广大观众的眼球。协助完成了全部以兴安文化、风景等为背景的大型电影《北纬25℃天空下》的拍摄工作，12月在桂林首映。

【文化市场监管】 2018年，兴安县文化旅游广播电视体育局加强文化市场监管，持续开展“扫黄打非”、宣传教育工作。通过组织“净网”、“秋风”、“护苗”等“扫黄打非”专项联合督查行动，净化校园周边环境和文化市场，打击卫星地面设施安装接收非法行为。全年出动联合检查20余次，行政警告文化经营场所13家，查处4家；签订各类责任状50余份，发放宣传资料10000余份；集中销毁淫秽光碟（书刊）、盗版等非法出版物1000多本（张）。推进“扫黄打非”进基层活动网状化管理模式和基础设施改造提升工作，完成全县信息管理平台的数据录入和45个“扫黄打非”基层站点的改造提升。2018年，兴安镇冠山村委、灵渠景区两个“扫黄打非”工作站点获得全区“扫黄打非”示范点称号。

【2018年第十一届桂林米粉节暨中国“南粉北面”产业发展高峰论坛】 广西兴安第十一届桂林米粉文化节于4月28日至5月7日举行。期间，举行了“水坝佛保山杯”灵渠民俗风光摄影大赛、全国“灵渠保护与申遗暨水利遗产保护利用学术论坛”“兴安味道”美食品鉴会、“潮起兴安正当时”投资招商推介会、灵渠之声唱响兴安喜屋喜乐会杯歌唱大赛等系列活动。

4月28日的开幕式上，举行了“广西兴安·中国米粉美食之乡”授牌仪式，兴安县与乐满地重组企业签订建设兴安大文化大旅游大健康战略合作框架协议等一系列协议签订仪式。知名主持人欧阳夏丹、汪涵等联袂主持开幕式晚会，赵传、布仁巴雅尔、宋小宝、钟镇涛、陈思思等众多演艺界人士登台献艺。

“水坝佛保山杯”灵渠民俗风光摄影大赛。为了运用影像艺术全面记录古灵渠流域的民俗风情、佛保山及五里峡水库的优美风光，丰富节庆活动内容，广西兴安第十一届桂林米粉文化节暨中国“南粉北面”产业发展高峰论坛组委会决定举办“水坝佛保山杯”灵渠民俗风光摄影大赛，3月25日开始面向全国征稿。4月25日，本次影赛圆满完成作品征集和评选工作。经过专业评委和赞助商评选，从文化价值、真实自然、实用、美感、技巧等角度进行评判，遴选出了41幅（组）优秀作品，于米粉节期间展出。

全国“灵渠保护与申遗暨水利遗产保护利用学术论坛”。全国“灵渠保护与申遗暨水利遗产保护利用学术论坛”经过为时两天的交流、讨论，于4月27日下午在兴安县帝豪大酒店圆满落幕。此次研讨会共收集各种论文77篇，其中，关于灵渠的24篇。大会就这些论文的陈述观点分8个讨论组，就灵渠的历史功绩、伟大意义、保护与利用、申遗意义与方式方法等展开了广泛而深入的讨论。同时，就灌溉遗产、水利史的诸多问题进行交流与探讨。会上，8个讨论组的组长还分别进行了学术总结。

“兴安味道”美食品鉴会。4月28日晚，在乐满地二楼多功能室举办中国米粉美食之乡——“兴安味道”美食品鉴会。“兴安味道”美食品鉴会上，县委常委、宣传部长、副县长庄慧琼代表兴安县与灵川县、全州县、阳朔县、灌阳县、龙胜县、资源县、雁山区代表签订了旅游合作联盟协议。

“潮起兴安正当时”投资招商推介会。4月28日上午，在乐满地酒店二楼多功能厅举办广西兴安第十一届桂林米粉文化节“潮起兴安正当时”投资招商推介会，共谋发展，共商合作。在推介会现场，县委常委、常务副县长黄小桂分别与北京中储能能源设备有限公司、珠海市经纬大杣岛旅游开发有限公司签订《项目投资框架协议》；副县长徐建强与广西盛享碧桂园地产有限公司签订《项目投资框架协议》；县农业局局长吕瑞云与广西乐村淘网络科技有限公司签订《项目投资框架协议》。现场签约投资金额超过80亿元。

灵渠之声唱响兴安喜屋喜乐会杯歌唱大赛。4月29日晚，米粉文化节期间，灵渠之声唱响兴安·“喜屋喜乐会杯”歌唱大赛决赛，在喜屋酒店二楼大厅精彩上演。24位参加决赛的选手上演了一场内容丰富、精彩纷呈的音乐晚会。县领导庄慧琼、刘婉秋、伍发进到场观看比赛，并为获得一、二、三等奖的选手颁发了证书和奖杯。

旅　游

【概况】 2018年，兴安县文化旅游广播电视体育局按照全域旅游示范区、国家旅游标准化试点县创建标准，坚持全域景区化、产业融合化、全民共享化原则，以“打造桂林国际旅游胜地重要一极，创建全域旅游度假区”为目标，以“做特旅游线路、做强旅游产品、做优旅游服务为抓手，全景覆盖、全局联动、全业融合、全民参与，稳步推进创建工作，聚力“旅游营销年”活动。2018年，兴安县共接待游客795.56万人次、同比增长16.81%，其中接待国内游客762.38万人次，同比增长15.6%；接待入境游客31.85万人次，同比增长9.26%；旅游总收入89.07亿元、同比增长20.63%。完成国内游客消费77.94亿元，同比增长14%，旅游外汇消费1.65亿美元，同比增长13.96%。

【旅游联盟营销】 2018年，兴安县制订《兴安县2018年旅游营销年实施方案》并开展工作。与阳朔、龙胜、资源、全州、灵川、灌阳、雁山区、湖南新宁等县区组建湘桂旅游联盟并签订联盟协议，实现资源共享、客源交流、产品互补，抱团营销。成立了桂北红色旅游联合体。联合桂北兴安、全州、灌阳、资源、龙胜五县形成联动，推出多条精品红色旅游路线，形成桂北五县红色旅游圈。以“重走长征路”为主题举行系列体验之旅活动，推动桂北五县红色旅游的全面发展和旅游扶贫工作。

【旅游宣传促销】 2018年，兴安县委、政府采取直接有效的方式邀请央视主流媒体宣传兴安，在央视新闻频道《新闻直播间》《朝闻天下》连续进行5场兴安直播和《新闻联播》连续三天报道兴安，吸引了各大主流媒体纷纷对央视直播兴安点赞，展示了兴安的“青山秀水”，拉升了兴安的知名度和旅游人气。在春节、“三月三”、“五一”、“十一”等假期，旅游景点景区强力推出门票打折、免费等优惠活动和举办特色民俗活动（舞狮、竹竿舞、打糍粑、放风筝等），结合特定旅游市场和对象实行优惠营销策略。充分利用报纸、网络等各种传统媒体和新媒体，灵活多样、生动活泼地开展旅游工作宣传，特别是对兴安县创建旅游标准化和全域旅游示范区进行深入广泛地宣传。参加大型旅游推介会进行推介。组织人员参加广州国际展览会、西安丝绸之路国际展销会、2018连云港之夏旅游节暨全域旅游高质量发展峰会等。在推介会上，播放兴安旅游宣传片，发放宣传资料，宣讲旅游优惠政策，拜访当地名望涉旅企业并建立战略合作伙伴关系，拓展市场。

2018年，兴安县拟定《兴安县加快旅游业发展扶持奖励暂行办法》，给予涉旅企业更多优惠的政策，加强了县内外涉旅企业合作，建立战略合作关系。提升旅游服务终端。举办“一键游桂林”培训会和兴安商家入驻面签会，充分完善和利用好“一部手机游桂林”旅游终端平台。

【“旅游+体育”赛事推介】 2018年，兴安县先后承办2018年广西青少年跆拳道锦标赛、2018年广西青少年女子篮球锦标赛、2018“奔跑吧广西”生态马拉松系列赛(桂林兴安站)3个自治区级以上大型赛事，推动兴安县体育产业发展的同时，为兴安县旅游进行了广泛的宣传，为探索“旅游+体育”融合发展道路开创新局面。

【旅游品牌培育】 2018年，兴安县继续完善旅游基础设施和公共服务体系，强化旅游品牌培育。一是持续推进乡村精品旅游线路建设，培优“桂北老家”“灵渠人家”乡村旅游品牌。在“桂北老家”方面，完成了榜上、江村、石柱、路西等沿线主要旅游节点的旅游咨询中心、旅游厕所、观景平台、露营平台的建设，项目建设已完工。在“灵渠人家”方面，完成了乡里乐、黄茅坝旅游咨询中心建设并交付运营；完成了滨江公园、黄茅坝、乡里乐、六口岩等沿线旅游厕所的改造提升工作。二是信念教育红色旅游强力推进。2018年，兴安县结合党的方针、政策，突出“红色湘江”信念教育红色旅游圈品牌提升。加快推进红军长征文化资源保护与开发利用建设项目，总投资325万着力打造华江瑶族乡老山界红色生态旅游区。在华江瑶族乡境内，红军长征经过的重要节点建设雕像、浮雕、观景平台和恢复大浪村毛泽东住所等，形成集红色旅游、生态旅游、乡村旅游为一体的特色旅游生态区。同时，通过联系区内外老客户或派遣专家前往区内外部队驻地、学校等讲学的方式，加强长征红色文化精神传承和宣传，推动兴安红色文化旅游发展。三是建设灵渠宾馆、华江云顶温泉酒店等一批高档次的旅游集散中心、旅游公厕、民宿酒店等，旅游要素得到丰富完善。灵渠宾馆通过招商引资，成功由澳门恒和集团收购，华江云顶温泉酒店按5星旅游饭店兴建和装修，已完成综合接待楼一楼主体建设；高铁游客集散中心对外开放，功能设施配套完善。2018年，兴安县新建A级旅游厕所8座，其中，AAA级2座，AA级6座；启动红军长征突破湘江烈士纪念公园创建4A景区工作，已通过市级初审，申报材料已提交区级；老山界农庄、漠川红石山庄、猫儿山生态园获得自治区级4星级农家乐，兴安镇源江村获得广西四星级乡村旅游区。四是全县旅游标志标识系统化、标准化，为创建全国旅游标准化试点县夯实基础。以创建国家全域旅游示范区和国家标准化旅游试点县工作为抓手，完善桂林国际旅游胜地旅游公共服务建设体系，制订《兴安县创建全国旅游标准化试点县实施方案》(办发〔2018〕9号)，完成材料编撰及试点企业培训提升。投资120余万元，组织交通、公路、交警等单位规划、选址、设立旅游中英文标识系统，在新建高铁游客集散中心路段、界首红色线路、桂北老家精品线路、猫儿山202省道设立旅游标识牌共35块，更新桂黄公路、县城及通景公路旅游标识牌约150块。推进兴安县旅游中英文标识系统规范化、标准化。五是牵头做好兴安县创建国家全域旅游示范区的复核工作。围绕县委、县政府“创建全域旅游示范区”的工作要求，推动旅游业由“景区旅游”向“全域旅游”发展模式转变，构建新型旅游发展格局，积极完成兴安县创建全域旅游示范区的整改工作及景区景点的建设工作。兴安县已完成了自治区2018年初检，准备迎接国家复检。

12月23日上午，2018“奔跑吧广西”生态马拉松系列赛(桂林兴安站)暨兴安灵渠古运河马拉松赛在银杏广场举行授旗仪式

(县文旅广体局　供图)

【旅游市场监管】 2018年,兴安县文化旅游广播电视体育局按照要求,加强旅游市场监管服务,组织人员对县内各涉旅企业进行安全事故排查整治,落实旅游安全生产责任制、应急预案、旅游服务等工作。每月、每季度、节前定期检查全县涉旅企业。全年检查达到200余人次,结案旅游投诉事件21起。

广播电视

【概况】 2018年,兴安县文化旅游广播电视体育局紧扣上级工作要求,推进广播电视直播卫星户户通工程,坚持新闻“三贴近”原则,围绕中心,服务大局,高歌主旋律,切实抓好广播电视基础设施建设和新闻宣传报道工作。2018年,《兴安新闻》全年播出365期;《城乡关注》全年播出156期;电视台采用并播发稿件2106条,超额完成年度任务。上送中央、自治区、桂林市电(视)台播发300多条,其中,桂林市台采用播出各类稿件245篇,广西电视台采用播出99条,中央电视台播出7条;完成上送刊播区电视台、区人民广播电台扶贫内容题材5篇;获得全区广播电视公益广告优秀创意脚本三等奖等。与央视主流媒体合作,推出具有全国影响力的兴安各类电视新闻报道20多条,为宣传兴安,优化发展环境贡献力量。

【电视专栏报道】 2018年,兴安电视台围绕重大项目、春耕生产、种养、生态旅游、灵渠申遗、平安兴安、“转提优”活动、“六个年”工作、扶贫攻坚等多方面工作。适时开设了《壮族三月三　八桂嘉年华》《粉约兴安,味道桂林》《市容市貌》《晒今年工作》《扶贫攻坚》《重大项目进行时》等10多个专栏进行报道。派出专人协助央视《新闻联播》《可爱的中国》《春耕春景》和《朝闻天下》《焦点访谈》等栏目的拍摄、播出工作。2018年,与媒体合作共同推出兴安各类电视新闻报道25条。

【《向人民承诺——电视问政》节目制度化】 2018年,《向人民承诺——电视问政》作为一档大型民生类“问政”栏目,全年完成3期节目录制播出。节目通过层层组织观看和素材教材收集,受到县委政府和民众的广泛好评,影响力和舆论监督得到充分体现。

【广播电台宣传】 2018年,兴安县广播电台通过改编,全年播出新闻1700多条,制作校园类节目80多期,制作音乐等娱乐性节目120期。其中,尤以自创的《校园联盟》节目,受到家长和学校的好评。

【新媒体宣传】 2018年,兴安县文化旅游广播电视体育局微信公众号《灵渠驿站》全年制作刊发260余期,播出各类新闻2200余条,自行采编文化、旅游、体育类新闻120余条,摘编各类旅游信息和业界动态80多条,刊发各类散文游记等文章40多篇。为进一步实施“旅游营销年”活动,兴安县文化旅游广播电视体育局信息中心,利用新媒体开展了“跟着抖音游兴安”活动,建立了“今日头条”和“抖音”加V公众号,每日播放两条以上旅游方面的信息,聚力全面实施“旅游营销年”工作。

【广播电视直播卫星户户通工程】 2018年,兴安县文化旅游广播电视体育局按照区市任务安排,顺利完成了2018年3492套广播电视户户通直播卫星发射接收终端设备的发放安装、数据录入和开通使用工作,进一步扩宽了农村,特别是贫困地区广播电视的收视(听)途径。兴安县节目套数、播放质量逐年增加和提高。2018年,兴安县开通数字电视22套、广播4套,实现广播电视转播和接受城乡无差异化。

【农村公益电影放映工作】 2018年,兴安县电影公司克服种种困难,运用流动电影院或农家影院,按照全县农村每村每月播放一场免费电影,全年每村播放12场免费电影的标准,圆满完成全年1380场的播放任务。

体　育

【概况】 2018年,兴安县文化旅游广播电视体育局进一步完善全县体育公共服务设施,提升指导服务水平,持续开展青少年、妇女、职工、农民、老年人等五大人群体育活动。2018年,兴安县全面实施国民体质监测,建立国民体质数据库,协同卫生等部门,以乡镇、社区全民健身站点和局域网站为“平台”,实现全县“健康在线管理体系”网络化,形成比较完善的国民体质监测系统。免费向社区、村屯、公园、绿地等公共场所安装健身器材，提供全民健身服务；新增体育+旅游、体育+文化协会3个，使兴安县拥有单项体育协会13个。全年指导、协助各乡镇开展各类体育活动300余场次，全县各乡镇形成全民健身良好氛围，丰富了村民的业余生活；新建了3个村级篮球场，完成了3条健身路径建设；成功举办了县一级各类赛事，营造浓厚的全民健身氛围。特别是成功举办2018年广西青少年跆拳道锦标赛、2018年广西青少年女子篮球锦标赛、2018"奔跑吧广西"生态马拉松系列赛（桂林兴安站）等3个自治区级以上大型赛事，推动了兴安县体育产业品牌化发展。2018年，兴安县摔跤获得自治区级1金4铜、3个第五名的好成绩；跆拳道获得自治区级1金1银的好成绩；为国家运动队输送优秀运动员1名，输送自治区级优秀运动员2名。

【2018"奔跑吧广西"生态马拉松系列赛（桂林兴安站）暨兴安灵渠古运河马拉松赛】 12月23日上午，庆祝自治区成立60周年2018"奔跑吧广西"生态马拉松系列赛（桂林兴安站）暨兴安灵渠古运河马拉松赛比赛在兴安县银杏广场鸣枪开跑！作为庆祝自治区成立60周年而筹划开展的系列体育赛事活动之一，2018"奔跑吧广西"生态马拉松系列赛（桂林兴安站）暨兴安灵渠古运河马拉松赛，由自治区体育局、自治区民族宗教事务委员会、自治区文化厅、自治区旅游发展委员会、自治区扶贫开发办公室和广西电视台共同主办。此次马拉松赛比赛设置了半程马拉松、10千米跑和欢乐健康跑3个项目，共有来自区内外的专业跑者、跑步爱好者及当地广大党员干部及群众近5000人参加比赛。

【2018年广西青少年跆拳道锦标赛】 8月8日，"太平洋建设杯"2018年广西青少年跆拳道锦标赛，在兴安县体育馆开赛。该次比赛从8月8日持续到8月12日，在此期间将进行竞技和品势项目比赛。来自全区各地市28个代表队的700多名运动员依次入场参赛，参赛选手根据年龄段进行角逐。

8月12日，经过五天激烈的比赛，2018年广西青少年跆拳道锦标赛落下帷幕。南宁市队获得团体总分第一名，柳州市队获得团体总分第二名，贵港市队获得团体总分第三名；北海市、柳州市、桂林市获得体育道德风尚奖。

【2018年广西青少年女子篮球锦标赛】 2018年7月20日晚，第十届广西体育节开幕式兴安分会场暨"佛保山杯"2018年广西青少年女子篮球锦标赛，在兴安县体育馆举行。"佛保山杯"2018年广西青少年女子篮球锦标赛由广西壮族自治区体育局主办，广西球类运动发展中心和兴安县人民政府承办，桂林佛保山生态旅游开发有限公司协办，该次比赛于7月20日开始至26日结束，比赛地点分别在县体育馆和县全民健身馆。

此次比赛共有来自南宁、桂林、玉林、来宾、柳州、贵港、百色、钦州等全区各市16支球队，近200名选手参加，比赛历时7天。8月26日晚，"佛保山杯"2018年广西青少年女子篮球锦标赛经过56场激烈的比赛圆满结束。自治区体育局球类中心书记曾庆光，县人大常委会副主任刘婉秋到现场观看球赛并参加颁奖仪式。裁判长李翎宣布了比赛成绩，文旅广体局局长高峰宣布了获得道德风尚奖和最佳组织奖，以及优秀裁判员和运动员名单。柳州业余体校队获得本次女子篮球锦标赛的冠军，来宾市代表队获得亚军，柳州市柳江区业余体校队获得季军。

8月10日，"太平洋建设杯"2018年广西青少年跆拳道锦标赛在兴安县体育馆举行　　（县文旅广体局　供图）

表 9　　兴安县文化旅游广播电视体育局 2018 年先进单位与先进个人名录

序号	项目	颁奖机关	颁奖文号	颁奖时间	证明材料
1	荣获 2018 年度全区县级播出机构供片工作先进单位	自治区广播电视局	桂广发〔2018〕12 号	2018 年 12 月 14 日	1. 颁奖文件(PDF) 2. 荣誉证书(PDF)(证明材料附件 1)
2	2015—2017 年度文明放映工作先进单位	桂林市文新广局		2018 年 8 月 28 日	文件、奖牌(证明材料附件 2)
3	2015—2017 年度文化产业管理工作先进单位	桂林市文新广局		2018 年 8 月 28 日	
4	自治区 4 星级周家园乡村旅游区	广西壮族自治区文化和旅游厅	桂旅发〔2018〕303 号	2018 年 11 月 29 日	表彰文件(PDF)(证明材料附件 3)
5	自治区 4 星级农家乐猫儿山生态园、自治区 4 星级农家乐红石山庄、自治区 4 星级农家乐老山界土菜餐馆	广西壮族自治区文化和旅游厅	桂文旅发〔2018〕182 号	2018 年 12 月 19 日	表彰文件(PDF)(证明材料附件 4)
6	国家 AAA 高尚西河庙脚旅游厕所、国家 AAA 高尚西河江村花卉观赏基地旅游厕所、国家 AAA 兴安镇源江村周家园旅游厕所	桂林市旅游发展委员会	市旅公质评〔2018〕6 号	2018 年 11 月 15 日	表彰文件(PDF)(证明材料附件 5)
7	国家 AA 兴安县溶川榜上村旅游厕所、高泽村高泽圩旅游厕所、溶川张家崎村旅游厕所、猫儿山游客服务中心旅游厕所、猫儿山超然派景区(大峡谷)旅游厕所、漓源瀑布景区旅游厕所、高尚镇山湾村旅游厕所、三桂村灵山庙旅游厕所	桂林市旅游发展委员会	市旅公质评〔2018〕6 号	2018 年 11 月 15 日	表彰文件(PDF)(证明材料附件 6)
8	2017 年度全区广播电视公益广告创作优秀创意脚本三等奖	自治区新闻出版广电局	桂新广发〔2018〕59 号	2018 年 3 月 30 日	表彰文件(复印件)(证明材料附件 7)
9	2017 年度少儿节目精品专项扶持资金评审特别扶持栏目	自治区新闻出版广电局	桂新广发〔2018〕123 号	2018 年 6 月 14 日	表彰文件(PDF)(证明材料附件 8)
10	桂林市第 39 届“漓江声”群众文化活动组织奖、歌伴舞《溶川之恋》获二等奖、群舞《舞韵》获二等奖、《心事》获创作节目比赛三等奖、童声表演唱《少年中国龙》获三等奖	桂林市群众文化工作委员会	市群文字〔2018〕2 号	2018 年 11 月 21 日	文件(PDF)(证明材料附件 9)
11	2018 年度“一县(区)一品”赛事创建工作先进单位	桂林市体育局	市体〔2019〕3 号	2019 年 2 月 28 日	文件(PDF)奖牌(证明材料附件 10)
	2018“奔跑吧广西”生态马拉松系列赛组织工作县景单位	2018“奔跑吧广西”生态马拉松系列赛组织委员会		2019 年 2 月	
	2018“奔跑吧广西”生态马拉松系列赛最具特色奖	2018“奔跑吧广西”生态马拉松系列赛组织委员会、广西电视台		2019 年 1 月	
	2018 年度广播电视安全播出先进集体	桂林市文化新闻出版广电局		2018 年 12 月	

兴安报社

【概况】 兴安报社行政编制4名，后勤控制数4名(2018年10月考走一位)，招聘人员5名，借调人员1名。内设记者部、编辑部、广告部、办公室4个部门。中共兴安县委宣传部副部长赵时斌任总编。

【报纸出版】 2018年，《兴安资讯》报每周出版报纸2期，每期4个版面。1版报道上级领导到兴视察、县领导动态、全县重大项目建设进展等内容，平均每期1版刊登相关报道10篇，全年共报道820篇次。2版为综合新闻及文学副刊版面，每期刊登综合类相关报道10篇，全年共报道800篇次，平均每期刊登文学类稿件1篇，全年共刊登384篇次。4、5版刊登本报记者选题文章。记者选题文章内容来源社会各界，关注民主、倾听百姓声音，全年共刊登相关报道745篇次。

【网络新媒体】 2018年，“灵渠资讯”微信公众号每天推送时政、社会、文化等群众关心的新闻。经过一年多的运营，该微信公众号受到更多老百姓的关注，粉丝量突破17万人次，单篇文章最高阅读量达到10万+，平均阅读4000左右。

【对外宣传】 2018年，兴安报社向《桂林日报》《广西日报》《中国气象网》等市级以上报刊推送刊登报道23篇。

【宣传文化队伍建设】 2018年，兴安报社在县农合行、供电公司等单位各举办一期新闻写作人员培训班。对单位工作人员进行了马克思主义新闻观、新闻写作技巧等内容的培训。

卫生和计划生育

【概况】 兴安县卫生和计划生育局内设办公室、人事监察股、规划信息考核股、财务股、体制改革股、疾病预防控制股(卫生应急办公室)、医政医管与综合监督股(行政审批办公室)、基层指导与政策法规股、妇幼健康服务股、计划生育家庭发展股、流动人口计划生育服务管理股、科教宣传股等12个股室。行政编制22名，设局长1名、副局长4名(含爱卫办主任1名)、计划生育协会正科级专职副会长1名、股室负责人12名；下辖直属医疗卫生计生事业单位13个、民营医院3家、乡镇卫生院11个、村级卫生室351个；全县有二甲医院3个。2018年，全县有医疗卫生工作人员2255人，其中卫生技术人员2070人(执业医师619人、执业助理医师194人、注册护士968人、药剂人员147人、检验人员82人、其他60人)。全县医疗卫生机构实际开放床位1803张。

【县级公立医院建设】 2018年，兴安县按城北中医医院、城中县医院、城南妇幼保健院的布局，加大县级公立医院建设力度。县人民医院再建一栋医技病房楼，总投入6900万元，总建筑面积14040平方米，含地下室共13层，该项目已经立项，正在办理红线图和环评。县妇幼保健院整体搬迁项目，综合大楼正在加紧内部装修，2018年5月完成主体竣工验收。县中医院整体搬迁项目总投入6880万元，总建筑面积16590平方米，含地下室共11层，该项目已经立项，选址意见和红线图已经办好，土地预审、环评等已出结果，并申报国家项目。县中医院整体搬迁项目与民政养老项目相结合，将建成医养结合示范点。

【医疗服务共同体建设】 2018年9月30日，兴安县在县人民医院召开2018年兴安县医联体工作暨医改工作推进会议，将余下6家卫生院纳入医共体建设，乡镇卫生院参与率达到100%，超额完成了桂林市下达的目标任务。进一步推进以县妇幼保健院为龙头的“妇幼医联体”建设和以县中医医院为龙头的“中医医联体”建设。

【家庭医生签约服务】 2018年，兴安县制订《兴安县家庭医生签约服务工作绩效考核方案(试行)》，每年考核两次以上，并与家庭医生服务奖励经费、家庭医生服务团队的绩效工资挂钩，切实做到“多做多得，优质多得”，增强签约服务吸引力。2018年，全县入驻村卫生室的乡村医生221人，共组建30个以全科医生(临床医师)、乡村医生为第一责任人的家庭医生服务团队。全县签约常住人口18.97万人，签约率55.37%，其中，建档立卡贫困人口签约12261人，签约率100%。

【健康扶贫工作】 2018年，兴安县立足现行医保制度，采取城乡居民基本医疗保险制度、城乡居民大病保险制度、城乡医疗救助制度及其他补充保障政策，县发改局、卫计局、人社局、财政局、扶贫办及民政局六部门，联合制订下发《兴安县建档立卡贫困人口医疗费用兜底保障工作实施方案(试行)》(兴发改字〔2018〕4号)，专门设立建档立卡贫困人口医疗救助基金，对建档立卡贫困患者就医，在基本医疗保险报销、大病保险报销、医疗救助报销的基础上，在严格费用管控、确定诊疗方案、确定单病种收费标准、规范转诊和集中定点救治的基础上，经城乡居民基本医疗保险和城乡居民大病保险、城乡医疗救助补助后，通过县财政补助措施，将建档立卡贫困人口住院医疗费用个人实际报销比例提高到90%以上(含本数)，大病、慢性病门诊医疗费用个人实际报销比例提高到80%以上(含本数)。全县健康扶贫三个一批大病集中救治一批，救治进度为98.90%；慢病签约服务救治进展98.89%；重病兜底保障，救治进展99.14%；健康扶贫大病救治专项进度，救治率99.16%。

【基层能力建设项目】 2018年，兴安县申请中央、自治区资金1769万元，对10个乡镇卫生院业务用房进行了新建、改建和扩建。申请上级资金100万元，为10个乡镇卫生院购买了救护车。申请资金600万元，为乡镇卫生院配置了DR、彩超、全自动生化仪、全自动血球仪等硬件设备。溶江镇中心卫生院、高尚镇中心卫生院、华江瑶族乡卫生院获得全国“群众满意的乡镇卫生院”称号。

【基本公共卫生服务均等化】 2018年，兴安县全面组织实施十四大项基本公共卫生服务项目，按人均50元标准进行补助，项目执行率达100%。全县共建居民纸质健康档案累计303165份，建档率89.17%，电子健康档案303165份，电子健康档案建档率89.17%；高血压患者累计建档人数21047人，健康管理率37.77%，规范管理率为89.45%；糖尿病病人累计建档6798人，健康管理率30.37%，规范管理率86.66%。

【疾病防控】 2018年，县疾控中心、县人民医院、妇幼保健院设立了艾滋病免费自愿咨询检测室，开展免费自愿咨询工作，广泛宣传国家的“四免一关怀”政策，提高公众特别是高危人群对艾滋病病毒抗体免费检测的知晓程度和自愿参与检测的意识。全年累计报告艾滋病病毒感染者和病人共计376例，人群感染率达到0.99‰；急性乙肝病例1例，个案流行病学调查率为100%；碘缺乏病防治监测300份，完成全年任务；录入国家严重精神障碍信息系统累计建档1626人，在管严重精神障碍患者1376人，非在管严重精神障碍患者99人。报告手足口病938例，其中，重症3例，无死亡病例。

【妇幼保健工作及危重孕产妇补助项目】 2018年，全县共有产妇4059人，活产4090人，住院分娩4089人，住院分娩率99.98%，新生儿死亡率3.67‰，无新生儿破伤风发生。全县新婚检查人数1518对，婚检率100%；产前筛查应筛产妇3036人，产前筛查2714人，产前筛查率89.39%；新生儿疾病筛查3988人，新生儿疾病筛查率97.51%，新生儿听力筛查4017人，筛查率为98.22%。地中海贫血基因诊断补助应补47人，实际补助47人，地中海贫血基因诊断补助率100%；地中海贫血产前诊断补助应补16人，实际补助16人，地中海贫血产前诊断补助率为100%，重症地中海贫血胎儿治疗建议干预7人，实际干预7人，重症地中海贫血胎儿治疗干预率100%。出生缺陷防控能力不断增强。全面推进免费两癌筛查及孕前优生健康检查项目工作，继续做好叶酸的发放、避孕药具的发放、免费计划生育技术服务、六网监测、孕产妇健康管理、0~6岁儿童健康管理等工作。

【中医药民族医药事业】 2018年，兴安县全面实施《桂林市中医复兴规划(2013—2020)》，以“弘扬中华文化，宣传中医科学”为主题，开展了“中医优势病种和适宜技术”的推广活动。宣传贯彻落实中医药法，举办了健康教育大讲堂活动，完成了部分乡镇的中医馆建设，抓住全域旅游时机打造中医养身特色旅游。以县中医医院的中医“龙头”作用来带动兴安县中医文化建设，在办院理念、医院管理、人才培养、诊疗活动和建筑风格等方面体现了中医药特色，使之成为弘扬和传播中医药文化的重要阵地。

【应急保障能力】 2018年，兴安县坚持“预防为主、有备无患”的工作方针，不断完善全县突发公共卫生事件应急处理机制，及时调整领导工作小组，健全2018年突发公共卫生事件应急预案，组织开展应急评估演练，加强人员培训，畅通网络直报，切实提高突发公共卫生事件预警和应急处理能力。

【卫生计生法制工作】 2018年，兴安县建立组织、纪检、公安、工商、卫计、法院等部门违法生育查处联动机制，进一步加大社会抚养费征收力度。全县违法生育案例100例，立案100人，立案率100%，征收社会抚养费80万元。社会抚养费实行“收支两条线”管理，不得将计划生育财政投入与社会抚养费征收挂钩。扎实抓好人口计生政务、村务公开，及时更新村级政务公开栏内容，推行阳光计生，促进依法行政和诚信计生工作的健康发展。做好信访维稳工作，全年接待来电来信来访60件，落实率100%，信访结案率100%。违法生育案件及时办理、及时查处，无乱收费行为，全县无一例因人口计生工作引发的恶性事件、群体性事件发生，保证了无群体性越级上访事件发生。

【计生协会工作】 2018年，兴安县计划生育家庭小额贴息贷款完成任务。2018年9月止，已对2017年110户小额贴息计生家庭审核，发放上年度贴息金额6.76万元，其中，66户独生子女户、34户双女结扎户、18户一女一男户，100%完成自治区、市小额贴息贷款考核目标。爱心保险惠及计生家庭。2018年，兴安县利用自治区爱心保险专项资金46.55万元，为全县8375个计生家庭小孩购买“爱心保险”，保险卡发放到位率100%。至10月31日，理赔金额25.54万元，其中，死亡8户，赔付金额25万元，医疗7户，赔付金额0.54万元。关爱保险超额完成任务。截至2018年8月30日，全县收取计划生育关爱保险36000份，桂林市下达本年度的任务指标29500份，超额完成6500份。

【人口计生主要指标完成情况】 2018年度，全县人口出生4907人，人口自然增长率为5.75‰，出生政策符合率为97.96%，出生人口性别比为107.7，孕产妇死亡率为0，婴儿死亡率为5.44‰，婚前医学检查率100%，全员人口数据库信息准确率、变更及时率均达95%以上，出生人口信息数据季度准确率、变更及时率达98%以上，生育登记服务目标人群覆盖率达96.24%，计划生育奖励扶助兑现率达100%，高风险重型地中海贫血胎儿产前诊断率100%，产前筛查率89.45%，流动人口计划生育免费技术服务覆盖率为100%，流动人口计划生育服务信息协查反馈率达95%以上，流动人口个案信息入库率达100%。各项指标均优于自治区、桂林市下达任务指标。

【流动人口服务管理工作】 2018年，兴安县卫生和计划生育局深入开展“把健康带回家”主题活动，关注流动人口的生产、生活、生育情况，关心流动人口计划生育困难家庭，关爱留守老人、妇女和儿童。活动期间，共对140位空巢老人、留守妇女、留守儿童和流动人口困难计生户进行了走访慰问，同时为他们发放了一定数量的蚕丝被及慰问金，帮助他们解决了生活中的实际困难。做好国家分发的跨省流动人口个案信息核查工作，重点做好流动人口个案重复、个案有缺漏项目、个案数据不规范、个案不匹配、查无此人等信息的核查工作。全面清理全员流动人口子系统“垃圾”信息，补充完善相关项目信息。查找自身问题，开展数据纠错，查找跨省流动人口个案信息数据情况，按照收到的3万余条个案数，将基本一致的个案数、重复个案数、个案项目完整个案数、查无此人个案数进行分类、核查，严把数据质量关，针对存在的问题集中时间、集中人力进行全面的数据纠错，确保流动人口数据的精准。

【计生奖励扶助工作】 2018年，兴安县卫生和计划生育局全年审核国家奖扶新增申请表781份，落实国家奖励扶助对象3427人，发放奖扶金493.488万元；审核国家特别扶助新增对象14人，落实国家特别扶助73人，发放扶助金75.336万元；落实国家特别扶助对象73人提标补助9.132万元；审核广西农村计划生育家庭扶助新增对象(55~59周岁)申请表2368份，落实区奖励扶助对象4665人，发放扶助金335.88万元；落实桂林市计划生育家庭特别扶助对象59人，发放扶助金14.16万元；落实广西农村计划生育家庭奖励扶(救)助对象430人，奖励扶(救)助金45.54万元；落实2018年农村计划生育的独生子女、双女结扎户家庭54459人，代缴新农合资金980.262万元；落实2017年非财政拨款企事业单位退休增资5%、10%的2051名，增加退休工资171.79657万元；

落实2017诚信计生家庭10120人，新农保每人补贴100元，资金101.2万元；落实2017年农村计划生育的独生子女保健费4127.5人次，发放保健费48.945万元；落实农村独生子女和双女结扎户考生高考加分350人、中考加分386人；上报2019年农村计划生育的独生子女、双女结扎户家庭医疗保险代缴21010户，共55469人；2018年非财政拨款企事业单位退休增资5%、10%，城镇居民独生子女父母年老享受奖励新增人员正在审核和录入系统中。

【脱贫攻坚工作】 2018年，兴安县卫生和计划生育局派驻4名干部担任乡挂职副书记、第一书记和工作队员。全局60多名结对帮扶干部按时深入对子户家中座谈、登记，为贫困户理清思路，指导贫困户按照县产业扶贫规划大力发展种养殖产业，落实县产业扶贫政策，带领贫困户走上勤劳致富的脱贫道路。

【党建工作】 2018年，兴安县卫生和计划生育局党支部明确班子成员责任分工，支部书记负总责，对各项工作负主体责任、履行第一责任人职责，班子其他成员履行分管工作和“一岗双责”，定期召开支委会、支部大会认真研究分析党建工作，进一步健全完善三会一课、民主生活会、组织生活会、民主评议、党费缴纳等相关制度，认真组织“三会一课”、领导班子成员人人讲党课、组织开展党员谈心谈话活动。利用党员主体活动日在白石高圩村委开展为贫困户送健康送服务活动，增强党性意识，规范了党组织活动和党员干部行为准则，有效地形成了班子成员相互配合，齐抓共管的党建良好局面。以打造学习型党组织为目标，组织党员干部认真学习了《中国共产党章程》、中共十九大和习近平总书记系列重要讲话精神，《中国共产党廉洁自律准则》《中国共产党纪律处分条例》《关于新形势下党内政治生活的若干准则》《中国共产党党内监督条例》、“中央八项规定”，用理论武装头脑，进一步坚定理想信念和政治立场，增强“四个意识”，筑牢思想防线。在深入开展“两学一做”学习教育和“转作风、提效能、优环境”专项活动中，要求撰写心得体会和自查材料，大大提高了党员干部的理论知识水平，进一步提升了全局干部职工的素养。

【宣传教育工作】 2018年，兴安县卫生和计划生育局充分发挥新媒体的快捷传导作用，大力开展宣传教育工作。充分利用春节等重点节假日和卫生计生纪念日，深入宣传疾病防控、实施全面两孩政策、婚育新风进万家活动、关爱女孩行动核心信息，使卫生计生政策和健康服务广为人知。大力开展继续医学教育工作，抓好卫生计生业务培训，加强宣传队伍教育培训，提高了卫生计生队伍业务水平和工作能力。2018年，在《中国人口报》《人民网》《广西卫计网》《广西人口与健康》《广西卫计工作》《桂林市卫计网》等媒体上发表文章123篇。

（苏金华）

社会事务

民政事务

【概况】 2018年,兴安县民政局机关及下属单位共有在编人员42名,其中局机关12名,直属事业单位30名。内设办公室、计财股、优抚股、双拥安置办、救灾救济股、老龄办、民间组织管理股、区划地名和基层政权股、社会事务与社会福利股、信息股、法制股、统计股、重大项目办等13个职能股室;下设低保所、核对中心、殡葬管理所、婚姻登记处、救助站、福利中心、军休所、募办等8个二层机构。2018年,兴安县荣获了全国、自治区、桂林市综合减灾示范社区,荣获广西养生养老小镇、全市养老机构优秀组织奖、进步奖;兴安县民政局获全区民政系统集体二等功,连续四年获全市信息宣传工作先进单位,连续7年获县绩效考评先进单位。

【社会救助】 2018年,兴安县民政局切实做好社会救助工作。一是城乡低保实现应保尽保。2018年,全县已保障城乡低保对象8.5万户16.6万人次,城镇低保月人均补助362.96元,农村低保月人均补助192.186元,分别比2017年提高26.1元和21.67元。农村低保年标准达到3852元,超过贫困控制线,农村低保对象与贫困人口重合率为32.72%。二是城乡特困人员供养水平提升。2018年,兴安县民政部门发放城乡特困人员生活费及照料护理费2.55万人次1204.6759万元,城乡特困人员月人均供养标准分别比上年增加91元和49元。通过"一站式"即时结算平台实施医疗救助866人次、117.847092万元;救助临时困难家庭718户,发放救助金178.245万元。三是城乡医疗救助有序推进。2018年,兴安县民政局通过开展参保资助、大病住院救助等方式,将城乡低保户、城乡特困人员、重点优抚对象列为医疗救助重点对象。累计实施住院救助1745人次,救助金额554.691156万元。资助特困人员、孤儿、城乡低保对象参加基本医疗保险166.2732万元。

【社会福利与事务管理】 一是养老服务业稳步发展。2018年,兴安县民政局发放三家民办养老机构2017年运营补贴15.1万元;指导华江瑶族乡成功创建广西养生养老小镇;走访慰问老年人4580人次,发放慰问款物共计10万余元;全县首家集医养结合与康复护理于一体的现代综合性夕阳无限颐养苑大楼竣工。二是残疾人两项补贴及时发放。发放困难残疾人生活补贴和重度残疾人护理补贴359.36万元,分别惠及困难残疾人27140人次,重度残疾人44732人次。三是社会事务管理全面有序。2018年,全县办理收养登记70例,救助流浪乞讨人员57人次,发放孤儿生活保障金871人次52.86万元;全年火化遗体292具,为困难家庭减免费用10.07万余元;引进桂林市仁人社会工作服务中心,全年开展关爱未成年保护活动200余次,链接社会资源物资及现金60万余元。

【优抚安置】 2018年,兴安县民政局兑现243户义务兵家属优待金359.44元;发放义务兵大学生一次性鼓励金28.8万元;发放各类抚恤补助资金2205万元,临时救助困难优抚对象9.22万元;对患大病患者医疗救助43.56万元,支出门诊定额补助41.94万元;

2月1日,兴安县民政局携手广西师范大学教育发展基金会、桂林仁人社会工作服务中心,到湘漓镇政府举办海南成美慈善基金会"爱助事实孤儿"公益项目救助金发放仪式。兴安县共有154名符合条件的儿童受助,救助金额共计235800元 (县民政局 供图)

7 月 26 日，兴安县举行“军民联欢”双拥晚会　　（县人武部　供图）

组织 52 名退役士兵参加职业技能培训，11 名转业士官已全部安排工作，参加全区“退役士兵创业模范”推选活动，其中侯波、刘小龙二人获“全区退役士兵创业模范”称号。

12 月 20 日上午，自治区副主席李彬率调研组到兴安县调研湘江战役红军遗骸收敛保护工作。桂林市副市长谢灵忠、县委书记黄洪斌等领导陪同调研。

【双拥创建】 2018 年，县财政投入 800 多万元支援驻军基础设施建设。在春节、“八一”等重大节庆日，兴安县民政局组织开展走访慰问部队、优抚对象和现役军人家属活动，发放慰问金 113.27 万元，发放慰问品 84.3875 万元。全力做好拥军优属、拥政爱民工作，顺利通过了新一轮“自治区双拥模范县”的考评工作，全面部署争创“全国双拥模范县”工作。11 月 6 日，广西军区河池军分区副司令员赵永安率自治区双拥模范城（县）考评组，到兴安县检查指导双拥模范城创建工作，并出席兴安县创建自治区双拥模范县工作汇报会。县领导黄钦、于洋、庄慧琼、杨乔木，县民政局局长张旎等领导陪同。

【救灾救济】 2018 年，全县 88900 户农户参保农村住房政策性保险，总投资 100.457 万元；兴安县民政局完成冬春救助社会化发放资金 12939 人次，共计 193.4 万元；现场查勘因灾倒房 100 户，理赔金额 39.1 万元；完成倒房重建任务 16 个；减灾社区建设亮点纷呈，城西社区获全国、全区综合减灾示范社区，道冠村民委员会荣获全市综合减灾示范社区。1 月 18 日下午，民政部副部长顾朝曦一行在自治区副主席黄伟京、民政厅厅长韩元利、党组书记朱学庆、桂林市副市长兰燕、桂林市民政局局长蒋伟名等有关领导陪同下来到到兴安调研慰问受灾群众。县委书记黄洪斌、县长黄钦、副县长吕忠荣、县民政局局长张旎等陪同调研。

【区划地名】 2018 年，兴安县第二次全国地名普查成果通过国家验收，完成与龙胜、灵川两县的县界联合检查和创建平安边界工作。

【基层政权建设】 2018 年，兴安县民政局争取上级资金 50 万元，用于农村社区试点服务设施项目建设，创建农村社区试点 26 个；开展乡风文明建设，建立 125 个村（居）民红白理事会。

【民间组织管理】 2018 年，全县新登记成立社会组织 15 家，其中社会团体 10 家，民办非企业单位 5 家；社会组织变更登记 1 家。

【婚姻登记】 2018 年，县民政部门办理结婚登记 2250 对，离婚登记 936 对，补发结婚登记证 862 对。

【老龄工作】 2018 年，兴安县民政局为年满 80 周岁以上老人发放高龄津贴 39741 人次，共计 537 万元；为 1923 位年满 60 周

8月15日上午，兴安县民政局召开专题会议学习宪法，全体干部职工参加会议 （县民政局 供图）

岁以上的老人办理广西壮族自治区老年人优待证。

【信息宣传】 2018年，兴安县民政局在人民网、中国新闻网、广西民政网、《桂林日报》等各级各类媒体发表民政稿件185篇次，连续4年获全市民政政策理论研究及信息宣传工作先进单位，县政务信息上报量、采用率均排全县第一。

民族宗教事务

【概况】 兴安县民族宗教事务局是县人民政府管理民族宗教事务工作的职能部门，主要负责党和国家关于民族宗教政策和法律、法规的宣传教育，推动民族宗教政策和法律法规的贯彻落实，促进民族团结进步事业不断发展，充分发挥宗教界人士和信教群众在促进经济发展中的积极作用，维护全县民族团结与宗教和谐民族地区经济社会发展。2018年，民宗局开展了民族团结进步创建活动，民族法律法规宣传活动；传承和保护少数民族传统文化；争取到上级民委项目资金130万元；深入各宗教活动场所进行调研；开展宗教法律法规学习月活动。

【民族团结进步创建活动】 2018年3月下旬至4月下旬，兴安县民宗局在全县范围内，开展了以“壮族三月三·和谐在八桂”为主题的民族团结进步宣传月活动。4月，在华江瑶族乡举办了瑶族刺绣培训班。11月，在华江瑶族乡举办“兴安县民族工艺传承发展交流会”

【民族政策法律法规宣传】 2018年4月，兴安县民宗局开展了为期一个月的民族团结进步宣传月活动。活动期间，通过媒体宣传（广场电子屏、电视台专题片、报社专栏）与下乡宣传相结合的方式，营造浓厚的宣传氛围。深入少数民族村寨宣传党的民族宗教政策及各种法律法规，让少数民族群众学法、知法、守法、用法。

【民族发展资金项目】 2018年，兴安县民宗局利用各级项目资金为少数民族解决困难，通过调研，经反复研究制订了少数民族发展资金分配方案，扶持了7个民族村寨的道路、桥梁、人畜饮水工程建设，扶持了10多个少数民族村寨基础设施建设水泥共200多吨。

【民族文化传承保护】 2018年，兴安县民宗局通过开展活动有效传承和弘扬民族文化。4月，在华江瑶族乡举办了瑶族刺绣培训班；11月，在华江瑶族乡举办“兴安县民族工艺传承发展交流会”，分为民族工艺交流和培训，内容是瑶族反面刺绣、瑶族特色竹编。

【宗教政策法规宣传】 2018年6月，兴安县民宗局开展了为期一个月的宗教政策法规学习月活动。活动期间，兴安县民宗局组织干部收集、整理学习资料，准备了宗教政策知识以及《宗教事务条例》等资料供广大干部、信教群众学习，并且充分结合兴安县实际，制作宣传板报、在报社开设专栏等形式开展宣传，引导兴安县各宗教界人士和信教群众深刻认识到宗教政策法规学习的重要性。12月4日国家法律宣传日，在兴安县老广场通过制作宣传板报、现场摆设服务台等方式，向兴安县市民发放资料、讲解有关民族、宗教法律法规的知识。

（何立松）

社会经济抽样调查

【概况】 国家统计局兴安县调查队是由国家统计局垂直管理的正科级机构，既是政府统计调查机构，也是统计执法机构，依法行使统计调查、统计监督的职权。下设办公室、住户和价格调查股、农业调查股和专项调查股4个股室。在职在编人员共6人。工作方式以抽样调查为主，依法进行独立的统计调查，独立向国家统计局上报调查结果，并对上报调查资料的真实性负责。主要职责为：实施国家抽样调查；开展专项调查；及时报告该地区突发性经济事件和重大社会问题；根据国家统计局的授权，依法查处调查系统、调查对象的统计违法事件；接受地方党委政府的委托，开展临时性统计调查；为当地党委政府提供数据分析服务。2018年，国家统计局兴安县调查队于朝明获得兴安县“优秀共产党员”称号。

【调查业务】 国家统计局兴安县调查队的常规调查业务：城乡住户一体化调查、农民工监测调查、劳动力监测调查、农户固定资产与建房投资调查和退耕还林监测调查等住户类业务调查；农作物播种面积调查、农作物单位面积产量调查、农产品生产价格调查、主要农产品中间消耗统计调查和畜禽监测调查等农业类业务调查；新设小微企业跟踪调查。专项调查业务：受各级党委、政府和有关部门委托的不定期进行的农村党员教育培训情况调查、国税纳税人满意度调查、政风行风公众评议调查和党风廉政建设民意调查等。

【党建工作】 2018年，国家统计局兴安县调查队把政治建设摆在首位，学习宣传贯彻中共十九大精神，以习近平新时代中国特色社会主义思想指导全队工作。坚持“三会一课”制度，强化政治纪律和组织纪律，不断提高政治素养，逐步完善党建的各项工作。1月30日，兴安县调查队组织开展队内组织生活会，队内成员紧紧围绕批评和自我批评主题开展谈话，直击源头，实事求是，领导班子虚心接受，逐条记录，把批评当作今后整改的方向和努力的重点，以实际行动认真践行党风廉政建设。

认真践行“党旗红　数据真”活动。在全队营造党建学习氛围，除了在会议室组织学习外，选派3人参加总队组织“不忘初心、牢记使命”百色起义精神主题教学，选派1人次参加县委组织党务工作培训，并进行“不忘初心、牢记使命”遵义会议主题教学，及时传达学习精神，撰写学习心得。积极开展“党旗红　数据真”主题党课日活动，兴安县调查队沿湘江北上，在红军长征伤亡最惨重全州开展“继承长征精神，扎根调查事业”主题党日活动。6月8日，兴安县调查队全体党员到本队帮扶联系点高尚镇东河村委开展支部共建活动。活动以“宣十九大精神　创党建品牌”为主题，以座谈会形式开展，党支部共建活动从“宣传19大、捐赠学习资料、座谈交流”三个方面进行。

5月24日，县调查队队长胡黎明（中）带队到高尚农业点开展春播调查　　（县调查队　供图）

【全面贯彻落实中央提高数据真实性意见的精神】 一是召开专题培训，深入传达会议精神。2018年，国家统计局兴安县调查队分别召开专题培训会议，组织全体干部学习了《全面贯彻落实中央提高数据真实性意见》《国家统计局关于深入学习贯彻执行

6月8日，兴安县调查队党支部联合东河村委党总支部开展支部共建活动（县调查队 供图）

〈防范和惩治统计造假、弄虚作假督察工作规定〉》《国家调查队系统统计违纪违法责任人责任追究办法》文件精神。二是开展多次自查，夯实数据基础。2018年，国家统计局兴安县调查队开展调查数据“三个独立”“调查业务相关记录情况”“国家统计制度执行情况”等多方面自查。综合法规股联合各股室对各项调查业务开展全面自查。检查方面包括常见的住户缺项、涂改、重笔、跳行、缺页等问题，也包括各项业务的基础台账完善情况，访户情况、核实修改记录情况、上报审批档案保存情况。通过自查，及时发现存在的问题，包点人第一时间进行整改，确保数据质量。

【干部队伍建设】 2018年，国家统计局兴安县调查队干部教育培训成效明显。一是鼓励干部参加各种集中学习。3月26日，队长胡黎明到南宁参加了广西调查总队2018年党务工作者培训班，4月23日—27日，参加了广西国家调查队系统领导干部贯彻中共十九大精神第一期集中轮训班，5月7日—11日，到贵州遵义参加了兴安县党务工作者能力提升培训；5月2日—6日，副队长蒋平侠、纪检监察员于朝明到南宁，参加广西国家调查队系统县处级以上领导干部学习贯彻中共十九大精神第二期集中轮训班；11月13日—16日，党支部参加了总队组织的党建工作者培训班。二是发挥基层党组织集中学习优势，坚持每月至少组织一次理论学习，注重学以致用，学用结合。坚持做到理论学习和业务学习齐头并进，领导率先垂范，按照学习内容，学习尽可能扩大到全队干部职工，队主要领导和分管领导主动学习相关业务知识，参加上级组织和队内组织的专项业务培训。

【服务地方工作】 一是认真做好县脱贫攻坚精准帮扶工作。2018年，国家统计局兴安县调查队成立工作小组深入到帮扶点高尚镇东河村，对扶贫户开展“一对一”帮扶，了解家庭致贫原因，有针对性地提出脱贫方案。下派一名调查队员到扶贫点驻村，专职开展扶贫工作；二是队领导多次应邀陪同县领导到各乡镇进行城乡居民收入、畜禽养殖情况和农业种植情况等与本队调查业务有关的调研活动，深入了解农村基层农业生产生活状况；三是及时向县领导和有关部门提供调查数据和分析材料，切实做好优质服务工作，积极参加县里有关工作会议，为兴安经济建设发展献言献策；四是心系贫困村调查点，为城乡住户一体化调查点水埠村委争取帮扶水泥40吨。

乡　镇

兴 安 镇

【概况】 2018年,兴安镇完成工业总产值145.1亿元,实现农业总产值7.1亿元,完成固定资产投资24.68亿元,规模工业产值19.8亿元;续建和新建招商引资项目19个,完成招商引资到位资金16.8亿元。城镇居民人均可支配收入34785元,农民人均可支配收入16879元。

2018年,兴安镇党委被评为桂林市先进基层党组织和兴安县先进基层党组织;兴安镇被评为桂林市脱贫攻坚工作先进集体;源江村被评为广西壮族自治区四星级乡村旅游示范区;城中社区被评为全国综合减灾示范社区;朝阳社区被评为桂林市最美志愿服务社区;福在村党总支、冠山村党总支、城西社区党支部继续保持自治区五星级基层党组织称号;柘园村党总支被评为自治区四星级基层党组织;道冠村党总支、双灵社区党支部继续保持自治区三星级基层党组织称号;粉洞村党总支被评为自治区三星级基层党组织;冠山村党总支、城西社区党支部被评为桂林市高标准党建示范点;福在村党总支等14个基层党组织被评为桂林市优质星级基层党组织。冠山村、福在村、粉洞村、源江村、城西社区等基层党组织建设工作,多次代表县里接受市委领导的检查和调研工作。2018年全市发展壮大村级集体经济现场会,兴安镇源江村被选为第一站现场点。2018年全县脱贫攻坚现场会在兴安镇粉洞村召开。

【项目建设】 2018年全县43个重大项目,有27个在兴安镇或与兴安镇息息相关。兴安镇以项目带动为轴心,全力服务全县重大项目建设,各项重大项目推进顺利。完成了全县重大项目建设所需土地的丈量工作共437.8亩,西绕城路竣工通车,灵渠大道(一、二期)完工并投入使用,滨江公园顺利开园,西环路和迎宾路完成提升改造,兴安镇(老护城乡礼堂)棚户区改造工作全部完成搬迁,粉洞至源江公路改建工程如期完成,“改厨、改厕、改圈”工作超额完成等。2018年,在重大项目推进中10次、8人受到县委、县政府表彰。

【招商引资】 2018年,兴安镇继续做好城西产业园和桂兴村产业园的基础设施完善和项目服务工作。创新招商机制,优化营商环境,积极鼓励引导实体经济、民营经济加大投资,充分调动民间投资积极性。全年招商引资工作中,引进项目11个,亿元以上项目7个,其中,中铁锦绣集团股份有限公司预计投资超100亿元。

【乡村振兴】 一是乡村风貌大幅提升。2018年,兴安镇大力加强村屯、社区以及公路沿线环境卫生的整治力度,突出抓好“三清洁”和农村垃圾专项治理,进一步改善村屯、社区人居环境。完成“改厨、改厕、改圈”1350户,群众卫生厕所及清洁厨房达到90%,群众幸福生活指数大幅提高。完成了董田顾家村的环村道路、雨污分流和主干道绿化建设,完成了道冠周家山污水处理和绿化、美化建设,完成了塘市荣家腊村进村道路的扩宽,乡村风貌示范带初见雏形。二是抓特色产业示范区建设。2018年,全镇实施产业振兴工程,共创建石坑油茶示范点、南源葡萄示范点、红卫柑橘示范点、冠山包笋示范点、粉洞柑橘示范点5个镇级、村级示范点,以点带面,推进农业农村现代化。三是完善人饮工程和千亿斤粮食项目等基础设施建设。源江村新源江自然村人饮工程全面启动建设,完成了南源、自治村“千

7月20日,兴安县乡村振兴“百千”工程启动仪式在三桂东村隆重举行
(兴安镇 供图)

亿斤粮食”工程的建设。四是积极营造乡风文明氛围。深入开展“道德讲堂”“新乡贤”宣讲、“传承好家风好家训”、寻找好媳妇好婆婆、社区家庭教育讲堂等活动,极大提升了广大人民群众的文明意识。全镇所有在家党员签订《党员干部带头移风易俗承诺书》,22个村社区均成立了“一约四会”,实现了所有行政村社区100%全覆盖,有效促进了乡村文明建设。

【农业】 2018年,兴安镇继续巩固壮大葡萄、无公害绿色蔬菜、柑橘、特色养殖等传统优势产业,全力打造完成源江高山生态蔬菜县级核心示范区、董田柑橘等多个镇级核心农业示范点,现代农业发展基础进一步夯实。农村生产道路和农田水利建设工作扎实推进。农村土地承包经营权确权登记颁证工作顺利完成。兴安镇老山界农家乐获得2018第二批广西四星级乡村旅游区(农家乐),源江、南源等农家乐被评为星级农家乐,农旅融合发展成效进一步呈现。农业防汛、防火和动物防疫等工作进一步得到强化。

【旅游业】 2018年,兴安镇以灵渠荣膺“世界灌溉工程遗产”和全县创建全国旅游标准化试点县为契机,倾力打造兴安镇乡村旅游精品,成功举办了兴安源江第二届风车文化节,促使源江旅游品牌效益凸显。完善周家园景区设施建设,在周家园创建兴安县第一个广西四星级乡村旅游区。以灵渠陡军文化为核心,国家AAAA级旅游景区标准打造的中国传统村落东村,完成了基础设施的建设。

11月10日,兴安源江举办第二届风车文化节骑行大会

(兴安镇 供图)

【城乡建设】 2018年,兴安镇协助县城投公司推进兴北大道、兴西路等重大项目建设的同时。注重打通堵点,重点抓好市场、背街小巷、老城区周边的断头路、拥堵路、烂路改造,协助住建、市容等部门完成教育路、城台路黄泥坡路段、桂善街、湘堤湾小区等路段建设,推进天平路、新民路、青龙街、海螺路等道路的建设,突出抓好了灵渠水街南路北路破损屋檐的修缮和水街乱停乱放的整治工作,解决各类城乡节点难题,不断改善人居环境。全面完成源江公路柏油路的建设、11个“一事一议”项目建设、石坑村和东界村办公场地及村级活动场所建设等群众最关心最直接的16件实事。

【脱贫攻坚】 2018年,兴安镇顺利完成了46户、158人脱贫,粉洞村脱贫摘帽。全年投入239.91万元实施基础设施建设,发放产业奖补资金48.708万元,雨露计划补贴资金12万元,医疗救助资金156.73万元,教育补助资金18.49万元,小额信贷贴息6.81万元,护林员工资14.15万元。按整改要求完成了自治区党委第六巡视组、2017年兴安县扶贫开发工作成效考核反馈问题、自治区脱贫攻坚大督查发现问题等14个巡查整改任务。扎实开展“项目库”建设,共上报项目290个。全年召开脱贫攻坚业务、驻村工作队员、“雨露计划”等扶贫政策专题培训会议16次,联系点领导下村培训55余次,共计培训1550余人次。

【改善民生】 一是优先发展教育事业,促进教育事业均衡发展。2018年,兴安镇全力攻坚义均教育均衡发展工作,100%完成防辍保学指标,通过对学校各种硬件设施、校舍、功能室、校园绿化美化工程和校园文化工程等建设,使各学校教学条件得到了极大改善。二是扎实开展民政工作。全年发放农村低保资金163.7万元,城市低保资金412.5万元，特困人员资金87万元，各类重点优抚对象优抚定补金588.8万元，高龄生活津贴89.5万元，残疾人两项补贴70.3万元，临时救助资金35.9万元；春荒救助497人，救助金额31.3万元；发放12座受损房屋补助资金3万元。实施7个行政村“减灾准备认证社区”创建工作，完成了城西社区申报“全国综合减灾示范社”的验收工作。三是文化工作稳步推进。2018年，兴安镇充分发挥文化站、村级公共文化服务中心、社区和村业余文艺队伍的作用，开展丰富多彩的文化活动，积极参加县举办的春节文艺调演、春节篮球赛、“五一”职工运动会、“九九”重阳节等文艺活动，不断丰富人民群众的业余生活，提高生活质量。

【社会治理】 2018年，兴安镇积极推动社会治理创新，深入推进“七五”普法工作，继续开展平安创建活动，提升社会服务管理能力。深入推进“扫黑除恶”专项斗争，并结合群众安全感满意度“双提升”工作，以“大走访”的形式走村入户，发放群众安全感满意度“双提升”宣传资料9万多份，制作并分发塑料宣传扇子2万多把，悬挂横幅100多条，治安巡逻进村屯100多个。全面推进网格化、信息化、专业化建设，着力打造共建共治共享的社会治理新格局。建立健全兴安镇禁毒委员会，并继续投入资金完善双灵社区戒毒（康复）工作站及兴安镇的社区戒毒（康复）中心，中心工作运转正常。深入开展非煤矿山、烟花爆竹、道路交通、建筑施工、危险化学品、特种设备等重点行业领域安全生产治理，抓好国道省道生命安全防护工程，全年无重大安全生产事故。认真抓好食品药品安全监管工作，确保人民群众舌尖上的安全。与各村（社区）、机关事业单位签订社会管理综合治理目标责任书，着力排查化解矛盾纠纷，集中精力消除信访积案，2018年全镇共排查矛盾纠纷137件，调处121件，调处成功率达88.3%。

【党的建设】 2018年，兴安镇深入贯彻落实《关于新形势下党内政治生活会若干准则》，坚持“三会一课”、民主生活会、组织生活会、民主评议党员、谈心谈话等制度的落实形成常态化、规范化。2018年，镇党委共开展民主生活会3次，基层党组织开展组织生活会52次，支部集体学习100多次，谈心谈话30多次。严查村（社区）干部“带病”上岗情况，确保村（社区）“两委”班子身正廉洁、领导有力。组织各党支部书记签订2018年党建目标考核责任书，不断增强支部负责人落实管党治党的责任意识。

2018年，兴安镇通过镇党委中心组、镇党校和夜学夜访活动，以及组织“十九大精神宣讲团”进村入户作专题辅导报告，全面学习贯彻落实十九大精神，扎实推进“不忘初心、牢记使命”主题教育。创办“讲习所”，促进“党员+”融合教育模式，多形式强化党员思想政治教育。严格贯彻落实“三会一课”制度和“党员活动日”要求，推进“两学一做”学习教育常态化、制度化，全面提升党员干部党性意识。强化党员监督管理，把好发展党员入口关，严格加强流动党员管理，严肃党费收缴工作。

【基层党组织建设】 2018年，兴安镇共投入210多万元新建东界、石坑两个行政村办公楼，规划三桂村办公楼修建工作。同时，对22个村社区村级办公场所进行全面排查、整改。在继续推行“新三同”“组会联盟”“党群议事会”“党员积分承诺”等载体的基础上，成立“百千工程”党员

5月9日，南宁市考察团参观兴安镇福在村党建示范点

（兴安镇 供图）

突击队，引领基层党员和群众积极投入乡村振兴大战略，2018 年全县“百千工程”项目启动仪式在兴安镇三桂东村举行。立足实际打造党建示范点，至年底全镇共创建自治区星级化基层党组织 7 个（其中五星级村党组织 3 个），市级高标准党建示范点 2 个，市级星级基层党组织 14 个。

【党建扶贫工作】 2018 年，兴安镇在粉洞村创新“大支部引领大脱贫、大脱贫促进大发展”大党支部载体，引领脱贫攻坚工作。2018 年，通过“大党支部”工作载体的实施，粉洞村共引进项目 20 多个投资 500 多万元，社会直接帮扶物资资金合计达 50 多万元，其中仅水坝房地产公司通过“千企扶千村”活动就帮扶近 20 万元，有效地促进了粉洞村脱贫攻坚工作和各项事项的发展。深入推进农村党员结对帮扶贫困户活动，通过产业带动、技术指导、就业推荐、资金帮扶、思想扶贫等有效举措助推脱贫攻坚工作。2018 年，全镇农村党员与贫困户结对扶帮比例达到 76%，全镇所有贫困户 100% 覆盖。多渠道发展壮大村级集体经济。根据各村（社区）村级集体经济发展实际情况，有针对性地确立了资源开发、资产盘活、物业经营、产业带动、招商引资、旅游活村、异地发展等七大开发发展思路，实现了村级集体收入从无到有、从少到多的目标。2018 年，全镇全面完成了上级要求发展壮大村级集体经济的目标任务。

【新闻宣传工作】 2018 年，兴安镇在《人民日报》上稿 4 篇，《光明日报》上稿 6 篇，《广西日报》《南国早报》上稿 41 篇，《桂林日报》《桂林晚报》上稿 133 篇，在中央电视台上稿 10 多篇，人民网、新华网、中国新闻网等国家级主流媒体上稿 200 多篇。

【政治生态建设】 2018 年，全镇共立案 10 件，给予 11 人党纪处分；开展“公开大接访”活动，深入开展扶贫领域腐败和作风问题专项治理，扎实开展在扫黑除恶专项斗争中强化监督执纪问责工作。2018 年，全镇共查处扶贫领域腐败和作风问题 7 件，给予党纪处分 7 人；强化整改落实，对 2017 年度述职评议会议反馈问题、2018 年落实中央及自治区党委、市委巡视巡察和县委巡查、纪检监察、中央环保督察、国务院大督查、脱贫攻坚督查巡查、审计等反馈问题，认真剖析根源病灶，切实加强整改。2018 年度反馈问题已全部完成整改。　（蒋新荣）

界首镇

【概况】 界首镇位于兴安县东北部，镇政府所在地距离县城 15 千米。全镇总面积 168.16 平方千米，辖 11 个村委会、1 个社区居委会、119 个自然村，总人口 3.99 万人，其中农业人口 3.84 万人；有学校 27 所，卫生院 2 间。2018 年，界首镇农业总产值为 7.71 亿元，同比增长 2.8%；规模工业产值为 7.48 亿元，同比增长 11%；各项经济指标运行良好，经济社会发展实现平稳较快增长。

【农业】 2018 年，界首镇以红色湘江柑橘核心示范区的升级打造为契机，进一步做强做优柑橘产业，辐射带动特色农产品产业链；以各村委为基点，“以面带点以点强面”，打造五个依托蜜橘产业示范区的村级柑橘产业示范点，全镇柑橘种植面积达到 7.8 万亩。同时，因地制宜发展西瓜、葡萄、花生、马蹄、铁皮石斛等特色农产品种植。2018 年，全镇种植西瓜 2.5 万亩，葡萄 1.5 万亩，蔬菜 1.3 万亩，花生 6000 亩，马蹄 4000 亩，铁皮石斛 200 亩。全力将界首农产品“三甜三香”（甜橙、西瓜、马蹄，小籽花生、红瓜子、香瓜）加以宣传、推广。着力推进农业“接二连三”农产品加工，农旅融合发展势头良好。通过举办界首蜜橘洽谈会、界首农产品推介等活动，大力提升了界首农产品的知名度。生猪、家禽、山羊、鸵鸟、竹鼠等特色养殖业健康发展，市场销售情况良好。

【工业】 2018 年，界首镇坚持工业化与城镇化良性互动，推动园区融合。通过大力宣传《兴安县工业发展奖励扶持办法》，工业园区企业发展态势良好。2018 年，界首镇入园企业 8 家，待入园企业 2 家，新增水果加工、木材加工企业 36 家。转变服务企业方式，全镇 276 家企业注册认定“非公 e 家亲”服务平台。2018 年，全镇招商引资完成 11 亿元，其中，新引进的界首综合农贸市场和界首湘江战役遗址公园两个项目计划投资 5.5 亿元，大大超过县里下达的目标任务。

【重点项目】 2018 年，界首镇 2 兆瓦光伏扶贫暨村集体经济电站正式并网发电，每年可增加村集体经济收入 3 万元。界首（一、二期）风电项目完成整套工程启动验收。日处理3000吨的界首污水处理厂完成厂区内主体及附属工程。枫界二级公路改建工程基本完成基础工程，2019年下半年竣工通车。界首骨伤医院投资2亿元新建综合大楼，施工矛盾纠纷得到了有效解决，基础工程顺利推进。

俯瞰界首镇古街　　（界首镇　供图）

【基础设施建设】 2018年，全镇完成24个“一事一议”项目，完成村内道路硬化和进村道路硬化15余千米，完成农田水利灌溉设施建设，修复沿河水渠等5处堰坝、水渠及排灌工程、除险加固山塘水库10处，修复防洪堤2处。完成安装农村广播电视“村村通”工程640户，完成1个自然村级文化活动场地建设。

【教育、文化、医疗、卫生】 2018年，界首镇以提高教育教学质量为重点，以“义教均衡”为契机，认真贯彻党和国家的教育方针政策，全镇小学适龄儿童入学率和中学入学率均达100%。以“保基本、补短板、兜底线”为主线，始终坚持把社会保障和民政优抚工作，作为创新社会管理和改善民生、促进社会和谐的重要途径，全年共发放各类救助金300余万元，积极完成城乡医保、农保以及低保动态调整和“两线合一”，将兜底户和孤儿等都纳入了贫困系统，有效缓解了“因病致贫、因病返贫”矛盾。2018年，界首镇对镇敬老院率先推行公建民营运行管理模式，养老服务体系建设进一步推进。2018年，全镇聘请178名村级保洁员，全面开展生态、宜居、幸福乡村保洁行动。持续加大资金投入，配备乡村垃圾处理设施，确保了全镇12个行政村（社区）户有垃圾桶、村有垃圾池、乡镇有转运压缩运输工具，农村垃圾清运处理率达到95%以上。

【信访、维稳、社会治安综合治理】 2018年，界首镇以“抓稳定、促发展”为目标，扎实推进综治维稳和平安建设工作。一是完善矛盾纠纷大调解工作机制，定期排查矛盾纠纷，坚持“调解优先”原则，努力把矛盾化解在基层。2018年，全镇各调解组织共受理调解各类矛盾纠纷84件，调处率和调解成功率均达100%。坚持预防和惩治并重，持续保持对违法犯罪的严打高压态势，有效维护全镇治安秩序。二是深入开展扫黑除恶专项斗争。围绕扫黑除恶专项斗争重点惩治对象，深入各行业、地区、领域访民声、听民怨，收集线索。及时对信访材料及群众举报进行摸排，把扫黑除恶与反腐败斗争和基层“拍蝇”结合起来，确保扫黑除恶专项斗争取得实效。2018年，界首镇以开展“扫黑除恶·神剑行”行动为契机，严厉打击“猪肉霸”唐××等为首的黑恶势力，侦破涉黑涉恶案件4起。三是全面落实安全生产责任制。坚持“安全第一、预防为主、综合治理”的方针，强化依法监管，突出重点、深化安全专项整治，严格落实安全生产目标管理责任制。定期到企业、项目工地现场开展安全生产大检查，全年共进行安全生产大检查36次，发出限期整改通知书50份，排查隐患40项，整改40项。加强各类安全生产隐患的排查治理，全年未发生重特大安全生产事故。四是扎实开展“七五”普法工作，全面落实干部职工学法用法制度，广泛开展多层次、多形式、多渠道和全方位的法治宣传教育活动，提升全民法治素养。

【旅游资源开发建设】 2018年，界首镇依托其厚重的历史文化，红军堂、古街等历史遗址借助“红道”，联网已建好的大车头示范村、新建的屯川大管家时空王国、蜜橘核心示范区、力头拉生态示范村，形成了历史文化与田园风光、生态休闲融为一体的局域旅游景区，旅游产业欣欣向荣。立足区位优势，积极鼓励和吸纳社会资本，投资界首的市场及商铺等服务行业，有力推动了集镇商贸物流的繁荣，各类服务业、电商蓬勃发展。

【基层党建工作】 2018年，界首镇党委积极开展基层党组织规范化建设年活动，认真抓好“三会一课”、党员活动日、民主生活会等制度的落实。按照基层组织“五规范”的目标要求，组织各基层党组织逐项对照完善。2018年，全镇建成五星级村党组织1个，四星级村党组织2个，三星级村党组织3个，结合村（社区）“两委”干部回头看工作和开展扫黑除恶专项斗争，整顿软弱涣散党组织1个。围绕“五个好”和“十有一超一规范”的目标和要求，打造了和平村级组织活动场所示范点（村级党群服务中心）。实行党员“三卡”管理，深化拓展党员“积分制”管理，结合“锤炼党员党性、锻造灵渠先锋”活动，在全镇85个农村基层党组织中实行党员“三卡”（即党员帮扶明白卡、设岗定职履职明白卡、积分管理明白卡）管理，切实提升党员队伍的整体素质。促进两新党组织规范化建设，实施桂林兴松林化公司、界首骨伤医院等一批“两新”党组织党建阵地提升工程，按照“六个有”规范阵地建设。2018年，界首镇两新党组织规范化建设已达到市级高标准示范点标准。“两学一做”学习教育深入推进。2018年，界首镇扎实开展“新三同”活动，深入开展“夜学、夜访”活动，全镇党员干部党性意识、理论水平、业务能力和工作实绩进一步提高。抓好党建品牌创建工作。打造了桂林兴松林化公司党支部、界首骨伤医院支部等一批市级非公党建示范点。完善村级组织活动场所建设，继续推广“两委联建、五组承诺”为载体的党建新模式，助推全镇新农村建设。扎实做好村“两委”换届工作。2018年，界首镇12个村（社区）党组织和村民委员会均按时、按程序一次性选举成功。选出村“两委”干部124名，聘请脱产干部60名。切实抓好发展党员和党费收缴工作，组织党员按月、足额缴纳党费。持续开展好两新组织百日攻坚工作。大力推进抓党建促脱贫攻坚工作，充分发挥第一书记、党员干部在扶贫攻坚方面的作用。营造风清气正政治生态。2018年，镇党委多次传达、学习《兴安县严肃党内政治生活着力营造良好政治生态的若干措施》，进一步提升党员干部的政治意识。引导村屯组建红白喜事理事会，制定村规民约，改善村风民风。突出问题导向，扎实开展中央八项规定精神“回头看”工作，大力纠正“四风”。工作中充分运用监督执纪“四种形态”，及时采取谈话提醒、通报批评等措施，坚持把纪律摆在前面。大力支持镇纪委开展纪律审查，紧盯扶贫领域、贯彻中央八项规定精神等重点问题，强化监督检查，发现问题坚决查处。

溶江镇

【概况】 溶江镇位于桂林市兴安县西南部，地处“湘桂走廊”，镇域总面积为468平方千米，总人口5.6万人，是有名的商贸重镇。溶江镇交通便利，高速、高铁横贯全镇，距桂林两江机场60千米，镇区内建有通用机场。先后获“全国重点镇”“全国文明村镇”“全国星火计划农村现代化小城镇建设示范镇”和“全国第二批特色小镇”等国家级称号。建有溶江、司门、金石三个集镇。镇内的石码坪古墓群、秦城遗址、

8月20日，兴安第三届葡萄节开幕式在溶江镇莲塘村举行

（溶江镇　供图）

王城以及灵河均为全国重点文物保护单位。

2018年，全镇完成营业收入52.36亿元，同比增长6.4%；工业总产值53.67亿元，同比增长3.2%；农业生产总值12.92亿元，同比增长4.2%。农民人均可支配收入1.57万元，同比增长10%。2018年，溶江镇获批桂林市唯一一个全区经济发达镇试点改革镇，成功入选广西旅游型特色小镇。

【项目建设】 2018年，灵渠通航二期工程顺利通航，完成了车上堰堰坝的修复，通济码头建设基本完成，其他工作按计划顺利推进。特色小镇进入培育阶段，产业策划研究通过自治区住建厅审核，相关工作正在有序推进。桂林军盈建材有限公司已完成投资并正式投产。全镇完成改厨改厕任务1425户。完成3个小(2)型水库的除险加固，金石片区的大部分水毁修复项目按期完工。完成村集体经济项目——新文红心猕猴桃基地的建设。村集体经济项目莲塘仓储中心项目主体建设完成。

【农业】 2018年，溶江镇继续巩固灵渠葡萄(核心)示范区自治区五星级示范区的创建成果，以农村经济合作社为纽带，大力推动传统优势葡萄产业转型升级，农民葡萄种植技术日趋成熟，兴安县2018年葡萄产业发展现场会在溶江镇黄茅坝村顺利召开。罗汉果、百香果、仿野生灵芝等经济作物的种植水平大幅提升。畜禽规模养殖标准化水平不断提高，新型经营主体融合发展。2018年，全镇新成立的合作社、家庭农场共计19家，其中获得区级示范合作社1家，县级示范合作社1家，县级示范家庭农场1家，乡级示范园1个，村级示范点5个，共6家养殖场通过生态养殖场资格认证。防洪抢险、应急救援能力进一步提升，2018年自治区水库水电站防洪抢险应急演练在溶江镇顺利举行；全国米171直升机应急救援综合演练观摩研讨会，在溶江白竹铺展卓通用航空机场成功举办。溶江镇农村土地承包经营权确权登记颁证工作全面完成。

【新农村建设】 2018年，溶江镇以实施乡村振兴战略为契机，进一步加大新农村建设力度，按照居住环境建设和精神文化生活同步建设的思路，多措合力，统筹兼顾，新农村建设成绩亮眼。2018年，全镇完成5个标准化篮球场的建设；建成17个村级综合服务中心；完成6个自然村村内道路硬化、7个自然村太阳能路灯的安装；半圩村委塘南生态示范村建设完成；廖家大叶山、永安产江等7条总长约15千米的道路全面建设完成；老国道至一甲桥道路建设已全面竣工；“百千工程”黄茅坝提升村和通济示范村已启动建设，各项工作进展顺利；黄茅坝村获评“美丽桂林·宜居乡村”示范点；廖家村被列为第二批市级农村社区建设试点。

【惠民工作】 2018年，溶江镇城镇新增就业412人，农村劳动力转移新增就业740人。城乡居民基本养老保险完成参保23134人，完成率95.33%；城乡居民基本医疗保险参保52984人，完成98.76%；全年发放最低生活保障金458.37万元、五保供养金145.44万元、残疾人补助资金46.82万元，完成大病救助268人，救助资金83.9万余元。溶江镇老年协会和莲塘村委七里圩老年协会，升级为桂林市三星级老年协会，佑安村委老年协会获评自治区示范性老年协会。全年完成危房改造93户，完成倒房重建7座。全市宣传思想工作现场会在莲塘村顺利召开。义务教育均衡发展顺利通过区检和国检。

【社会治安综合治理】 2018年，溶江镇结合双提升工作，继续在全镇范围内实施智慧乡村“雪亮工程”，新安装高清监控摄像头100多个，更好地维护了社会安定祥和，保障了群众的生命财产安全，群众的幸福感和安全感满意度有效提升。

【精准脱贫】 2018年，全镇脱贫122户449人；享受“雨露计划”的学生56人；产业扶贫“5+2”及“3+1”项目申报561户；享受扶贫小额贴息贷款191户；完成了3个贫困村共3条扶贫道路硬化建设；70户建档立卡贫困户危房改造全面完成，按计划完成年度各项扶贫任务。

【党建工作】 2018年，溶江镇切实整顿软弱涣散基层党组织，以党员干部思想教育为抓手，为提供各村组织工作保障，充实和配强了村“两委”班子，全镇11个村配齐村组织员，富江村成功摘掉“软弱涣散党组织”的帽子。继续深入扎实地开展了“两学一做”学习教育活动，全镇党员干部素质进一步提升，党群干群关系进一步密切。开展“阳光党员、阳光民生”惠民利民政策宣传活动，提升党员干部“为民、务实、清廉”的党性修养；认真践行“新三同”活动，办理落实50多条意见建议；组织干部职工集中开展“夜学夜访”活动，为群众解决实际问题20多个；以“新时代讲习所”为主阵地，深入学习宣传践行习近平新时代中国特色社会主义思想和中共十九大精神；结合莲塘支部“三言两语”讲党性活动，推动“两学一做”学习教育常态化。

湘漓镇

【概况】 湘漓镇地处灵渠之畔，位于县城东部，东与全州安和乡接壤，西与兴安县城隔江相望，南接溴川，北邻界首，湘漓镇因湘江、漓江两水分派而得名。全镇辖14个村委、189个自然村、253个村民小组，总人口约5.38万人；总面积163平方千米，耕地面积5.8万亩，其中水田4.3万亩，旱地1.5万亩；林地总面积14.8万亩，森林覆盖率74%。境内自然条件优越，地势平坦，气候温和，农业发达，是桂北粮食、葡萄、柑橘、蔬菜等农副产品的主要基地，素有“鱼米之乡”的美誉。湘漓镇境内有湘江、溴川河两大河流流经，桂林市第二大水库——五里峡水库库区景色优美，是旅游观光、度假休闲的理想场所。2018年，湘漓镇完成城镇化示范乡镇建设项目投资4530万元，电网建设完成湘漓段的30个塔基建设。

2018年，湘漓镇被评为广西第三次全国农业普查工作成绩突出集体；龙禾村被评为第十批桂林市文明村镇，江口村被评为2016—2017年全县脱贫攻坚先进集体；中共湘漓镇委员会、中共湘漓镇阳安村总支部委员会被评为兴安县2018年“七一”表彰先进基层党组织；张峰、李甲展、唐庭勇、秦运新、李福祥、唐继金、蒋忠平、李锡勇被评为兴安县2018年“七一”表彰先进基层优秀共产党员；张建华、罗中华被评为2017年重大项目建设第四季度先进个人；罗中华2018年获2017年征兵工作先进个人奖，陈汝明、高春梅荣获2018年广西第三次全国农业普查工作成绩突出个人奖；文华献、罗中华荣获2018年兴安县2018年第一季度重大项目建设先进个人奖；陈汝明、张代财被评为2016—2017全县脱贫攻坚先进个人；张建华被评为2018年第二季度重大项目建设先进个人；文增辉、李金华荣获兴安县2018年“七一”表彰先进基层优秀党务工作者称号。

【项目建设】 2018年，湘漓镇共有11个重点项目，其中灵渠复航、改厨改厕、新型城镇化建设等8个项目有序推进；中国南方（兴安）风电基地、兴安—桩子道路等3个项目筹备前期工作。2018年，湘漓镇根据《桂林市城镇化示范乡镇建设实施方案》的要求，结合实际对城镇化示范乡镇建设进行了认真规划，计划投入8600万元推进镇区规划编制、基础设施建设（含市政公用设施以及公共服务设施、生态绿化建设等）、产业发展等42个子项目。2018年已开工项目37个（含完工项目），占总项目的88.1%，完成项目投资额达到4530万元，占总投资额的51.2%。农村水利等基础设施建设方面，湘漓镇重点完成了湘江环境综合治理工程湘漓段350亩地征收，并进行土地补偿款的发放和清表工作。加快推进土地整治工程项目建设，年底全面完工。加快实施投资2400万的110千伏南塘—道冠线路改造工程和投资5000万的新一轮农网升级改造工程建设，完成湘漓段46塔基中的30个塔基建设，农网改造已完成90%。做好了湘

11月18日，全县柑桔黄龙病综合治理现场会在湘漓镇举行
（湘漓镇 供图）

江右岸环境综合整治工作，积极协调化解各类矛盾纠纷20多起，各项工程顺利实施，湘江拱桥建设、步行道、湘江右岸房屋（沿江面）立面改造、右岸通信网络管线改造已完工，湘江右岸成为滨江公园的重要景观节点并对外开放。配合县交通局完成普头大桥和新渡渡改桥建设，做好兴安至桩子湘漓段道路前期工作。

【农业产业结构调整】 2018年，湘漓镇始终坚持以“农业增效”“农民增收”为目标，着力促进农村土地合理有效流转，切实加大农业结构调整优化力度。在打造示范区方面，湘漓镇对柑桔产业发展进行再投入再示范，在灵源、麦源实施1000亩高效节水项目建设，并利用这一项目打造柑橘产业示范园。对全镇现有47家专业合作社和家庭农场进行筛选，引导他们申报自治区、桂林市国家级的合作社和家庭农场。2018年，全镇完成沃柑、世纪红等新品种种植100亩以上示范点3个，推广柑橘新品种种植2000多亩。

【乡村建设】 2018年，湘漓镇巩固提升清洁乡村成效，继续落实农村垃圾处理两年攻坚任务，下大力气对违规垃圾堆放点进行整治。深入实施以改厨改厕改圈为重点的宜居乡村建设活动，加大投入，全面推进打渔村、油麻坪、老屋场、磨石江示范村建设，全镇完成“双改”1495户。加大危房改造力度，完成危房改造70户。加强“美丽湘漓·生态乡村”建设，大力实施农村“三化”专项行动。全年共完成渠道清淤和维修56千米、完成山塘加固4座、完成堰坝维修4处、完成防洪堤加固6处，完成了东南坪等21个自然村村内道路硬化10.5千米。重点对打渔村、马场等村进行环境整治。打渔村进村道路基本完工，并计划对打渔村饮水和村内道理绿化进行改造升级。完成了车子头、腊背等6个自然村的太阳能路灯安装，解决了村民夜间出行难的问题，推动了人居环境持续改善。

【社会事业】 2018年，湘漓镇大力加强文化、体育、广播基础设施建设，建成村级文化活动中心1个，完善农家书屋13个，篮球场1个；安装“户户通”广播电视设备410户；建文艺戏台1个，组织群众演出33场次，2018年获兴安县原创文艺节目大赛一等奖。按照县政府的要求，做好了全县创建国家全域旅游示范县相关迎检工作。做好了花桥打渔村、双河枧底村、灵源霞子岩村等传统村落的调研工作，提升了磨石江、油麻坪等美丽乡村旅游实力；立军和水哥农家乐等桂林市三星级农家乐得到进一步提升；积极做好打渔村“摇鸟排”及普头村“黑帝圣公”的非物质文化遗产的申报，灵渠北渠得到有效整治，与灵渠南渠一并成功申报“世界灌溉工程遗产”，全镇文化旅游工作有了新突破。教育事业方面，2018年，湘漓镇投资700多万元新建了双河小学教学楼、湘漓镇初级中学学生宿舍楼、花桥中心小学综合楼，并顺利通过义务教育均衡发展国家验收。认真落实建档立卡贫困户子女15年免费教育及义务教育寄宿生生活费补助等教育补贴，2018年上半年受益学生共计1057人次，落实教育补助资金58.53万元。惠民政策有了新进展。2018年，湘漓镇严格按照程序，切实做好低保申请、调查、审核、公示工作，积极开展了城乡低保精准救助年活动，全镇在册低保人数为1029户，1812人；认真贯彻落实优抚保障政策和制度，优待抚恤金由县民政局按标准足额按时发放。

【平安建设】 2018年，湘漓镇牢固树立“发展是第一要务，稳定是第一责任”的理念，进一步掌控社会治安大局、增强维护社会稳定的能力。一是充分发挥网格化信息平台作用。切实抓好平安湘漓和网格化管理工作，通过综治E通系统上报网格事件158件，处理156件，处理率98.7%。二是加大矛盾纠纷化解力度。扎实做好矛盾纠纷化解工作，争取把矛盾纠纷化解在萌芽状态，从源头上减少信访案件的发生。2018年，全镇共排查受理各类矛盾纠纷案件共173件，成功调处169件，成功调处率97.6%。三是做好敏感节点的维稳工作。妥善处理全国“两会”、中国—东盟博览会、“八一”期间的信访维稳工作，实现了“零上访”。四是加大雪亮工程建设力度。投入40多万元在白塘、力头圩场和村庄主要路口安装了165个摄像头，对犯罪分子起到了强大的震慑作用。

【党建工作】 2018年，湘漓镇党委实施党建聚力工程，多措并举，实现了党建与经济发展互促双赢的目标。一是抓学习教育。严格落实“三会一课”制度，组织党员干部深入贯彻学习习近平新时代中国特色社会主义思想和中共十九大精神，要求每月20日进行集中学习，让党员集中学习成为常态，学习时间不少于2小时。认真实施乡村振兴战略大调研活动，主要以实地走访和座谈会的方式进行调研，收集意见建议48条，为群众解决实际问题36个。二是抓基层党建工作。严格落实党员管理积分制，全镇共有1675名党员，纳入积分管理系统的党员已有1260名。强化党组织评星定级工作，科学抓好村级党组织“星级化”管理，2018年，全镇评定出五星级1个、四星级1个、三星级3个。以“廉洁党建±”为载体，创新推出党建新模式，凝聚发展正能量，整治发展负能量，打造了磨石江村、双河村、油麻坪村等党建示范点，并以点带面在全镇铺开，在《人民网》《当代广西》等媒体进行了宣传推介。三是抓意识形态工作。坚持党建引领，把加强基层党建工作与加强意识形态工作紧密结合起来，按照党建工作责任清单和任务清单，牢牢掌握意识形态的领导权、主动权，把意识形态工作纳入党建工作责任制，建立起镇党委统一领导、各分管领导齐抓共管，各党组织具体负责的意识形态工作机制。

【脱贫攻坚】 2018年，湘漓镇根据县委、县政府脱贫攻坚的统一部署和工作要求，采取“一村一策、一户一法”的精准脱贫措施，完成了77户、228人脱贫和双河村摘帽。一是开展党员结对帮扶贫困户，助推脱贫攻坚工作。实行“联系户+党员+贫困户”的致富模式，实行“一帮一”或“多帮一”模式，把帮扶任务落实到党员和联系户身上，增强他们的责任感，加快了贫困户脱贫摘帽的步伐。二是特色产业稳定发展。在“3+1”特色产业申报中，湘漓镇通过走访宣传，全镇391户贫困户申报产业户，发放奖补资金81.461万元。三是科学谋划，壮大村级集体经济。在双河村小学、村委办公楼和江口村委分别安装50千瓦太阳能光伏，3个贫困村改变了无集体经济收入来源的现状。

【廉政建设】 2018年，湘漓镇持续把党风廉政建设和反腐倡廉工作推向深入，为经济社会持续健康发展创造风清气正的良好环境。一是落实主体责任。制定责任清单，专题研究部署党风廉政建设工作8次，严格落实民主集中制，推动批评和自我批评、交心谈心两个常态化，与班子交心谈话12人次，与村“两委”负责人和镇直单位负责人廉政约谈一次。二是强化作风建设。推进廉政教育常态化，组织观看反腐教育警示片6次，组织镇村干部参观市廉政教育基地1次，加强节假日等重要节点廉政提醒教育；结合整治形式主义、官僚主义行动和扶贫领域作风建设年活动，推进“转提优”专项工作，开展扶贫干部作风专项督查10次，通报干部69人次；完善《湘漓镇行政审批事项服务指南》，提高服务效能。12月15日，全县“转提优”现场会在湘漓镇召开，湘漓镇作典型发言。三是强化监督执纪问责。把监督重心下移到村，强化纪委监督职能，推进村级财务规范化管理，提高村干部自我监督能力和村民民主监督能力；把扶贫领域专项治理与扫黑除恶结合起来，开展扶贫专项督查6次，提醒谈话12人，诫勉谈话4人，党纪处分9人。

（时　慧　熊家矿）

12月28日，湘漓镇党委书记孙良军（左二）陪同县人武部领导于洋（左三）慰问贫困户　（湘漓镇　供图）

高尚镇

【概况】 高尚镇古名怀仁乡或称灵川里，清代统称为南乡，辖五都共三十六甲，中华人民共和国成立前为乡义、高尚、甫田三个乡，2000年1月改高尚镇。高尚镇地处兴安县西南部，镇政府所在地距离县城27千米，距离桂林市56千米，与灵川县海洋乡相接，兴阳旅游通道贯穿全境，是兴安县的“桂北老家”的第一道大门。全镇总面积296平方千米，辖16个村委会、1个居委会、213个自然村，总人口5.2万人。全镇有林地面积19333公顷，耕地面积3360公顷，其中:水田2825公顷，旱地535公顷；主要生产水稻、白果、食用菌、甜玉米、柑橘、蜜柚等农产品。2018年，全镇完成规模以上工业总产值10700万元，全社会固定资产投资22681万元，各项经济指标运行持续向好发展。

【工业】 2018年，高尚镇以“做一个高尚的人”为引领，主动适应经济发展新常态，以经济建设为中心，重点抓好招商引资工作。全年完成招商引资到位资金3.656亿元，超额完成10.79%。10月份在深圳举行的招商推介会上，成功签订投资1.67亿元的高尚镇农副产品综合市场搬迁项目。

【重大项目建设】 2018年，高尚镇新型城镇化示范乡镇建设项目共26个，计划总投入资金10875万元，2018年完成投资3252.21万元。完成镇区建设规划和控制性详细规划，启动卫生院综合楼、停车场、北街修缮加固、监控设施安装、排水设施、人行道、路灯安装、电信门口道路硬化、污水管网支管网铺设等项目建设。为进一步规范城镇建设秩序，从根本上惩治各种违法建设行为，高尚镇组织力量，依照法律程序，开展惩治“两违”专项治理工作，强制拆除“两违”建筑800多平方米，自行拆除“两违”达15亩左右。对镇区内所有乱搭乱建行为下达《限期拆除通知书》，自行拆除乱搭乱建临时建筑200余处，镇区内的乱搭乱建行为基本得以消除。2018年8月，高尚镇启动滨江步道建设，项目建设位于海洋河边，步道起于庙脚，止于大宜洞，全长4千米，滨江步道往江边的一侧都设置了安全护栏。打造以桂北老家、民俗风情、古银杏村落为主的乡土特色生态村路西村。路西村在建设新农村过程中，共计拆除旱厕95座、危房15座、其他附房25座，完成双改农户150户。2018年，路西村完成了进村路段扩宽和硬化、水渠维修、村内绿化、美化、亮化工作，搭建了文化戏台，新建了球场，对近400平方米的古祠堂进行了修缮和加固，新建了一条600余米的景观步道。

【农业】 2018年，高尚镇大力推动农业产业向规模化、科学化发展，进行绿色食品品种的选定和范围的划定，成功完成甜玉米绿色认证工作，“金满田园”粮食产业核心示范区被广西区政府认定为第七批四星级广西现代特色农业核心示范区。生猪、蔬菜、柑橘、食用菌等支柱产业，在市场竞争中为高尚镇的经济社会发展和群众的增收发挥积极作用。同时，以“百村示范、千村整治”工程为抓手，以发展现代农业为核心，探索水稻生产规模化、机械化、专业化、标准化的生产模式，完成了“金满田园”粮食产业核心示范区含口、山湾核心区的1000多亩水田工厂育秧、机械化犁田和机插收稻工作，减轻水稻生产劳动强度，提高劳动生产效率，实现水稻生产节本增收，效益提升。2018年，全镇农村土地承包经营权确权登记完成11563户、47800人、54975.57亩，农村集体产权制度改革完成了清产核资工作。大力推进“宜居乡村”建设，完成改厨改厕1329户。

【基础设施建设】 2018年，高尚镇大力完善农村路网基础设施建设，搭建好城镇与农村协同发展

9月26日，县人大常委会副主任刘婉秋（左三）赴高尚镇金满田园粮食产业（核心）示范区考察甜玉米种植生长情况 （高尚镇 供图）

的通道，完成了白蜡底、瓦厂坪、大北、内头、富家坪、大龙坳、汕塘等9个自然村共计5千米的村内道路硬化，完成13个村太阳能路灯安装227盏。

【生态旅游】 2018年，高尚镇在兴阳旅游通道沿线种植5000多株景观银杏树。路西村铺种草坪10000平方米，休闲步道、旅游公厕、篮球场、戏台、停车场、微菜园、微果园，垃圾桶、社会主义核心价值观橱窗、绿化美化景观树围等系列环境综合整治设施的建设，使村庄迎来蜕变，更具桂北老家的风韵。同时，江村游客中心主体建设、观景平台主体建设和步道建设的顺利完成，路西村观景平台和露营平台主体建设的顺利完成，以及金满田园现代农业核心区域观光产业建设的顺利完成，让群众有望实现农田一年四季有收入、乡村旅游一年四季有风景的美好愿望。

【民生保障】 2018年，全镇新增城镇就业401人，农村劳动力转移新增447人；城乡居民养老保险工作完成续缴费14678人，完成率95.6%；连续三年养老保险认证发放率为100%。城乡居民医疗保险应参保人数47606，缴费人数46139，参保缴费率98.68%。发放农村最低生活保障金3067320元、1517人；发放农村五保377户、379人；518人享受残疾人补贴；发放大病救助金363593.27元；发放高龄津贴478000元；受损房屋6座补助金额4.3万元。

【扶贫工作】 2018年，高尚镇狠抓特色产业发展，推动主导产业规模化、生态化，在发展集体经济方面下足功夫，带动贫困村贫困户增产增收。同时，通过开展产业扶持，向443户贫困户发放产业奖补资金90.283万元。强化社会救助托底功能，统筹实施最低生活保障、特困人员供养、受灾人员救助、医疗救助、教育救助、住房救助、就业救助、临时救助等各项救助制度，把精准扶贫攻坚作为提高贫困群众获得感和幸福感的“第一民生工程”。大力实施扶贫小额信贷工程，为19户贫困户生产经营提供资金支持，积极宣传国家的雨露计划，在雨露计划中受益的大学在校学生人数达72人次。东源、仁和、灵龙、凤凰4个贫困村，获财政拨付财政预算专项资金各50万元，用于发展集体经济，4个贫困村集体经济收入达到3万元以上。面上村也获得每个村20万元的入股本金，每年有2万元的集体经济收入。此外，高尚镇的基础设施建设也得到各级部门的大力支持，2018年全镇新修扶贫路约20千米，东源、仁和两个贫困村顺利脱贫摘帽。

【信访·维稳·社会治安综合治理】 2018年，高尚镇以“创平安乡镇建设平安高尚”、辖区内“发案少、秩序好”、群众满意为目标，化解矛盾纠纷，扎实推进“扫黑除恶”、禁毒、“双提升”和平安夜巡工作，有力地保障了辖区治安稳定及人民群众的生命财产安全，促进了全镇经济社会和谐、快速发展。依托“天网”工程开展预防违法犯罪活动，2018年，在镇政府、镇区、兴阳公路高尚段等重点区域，安装高清探头213个，进一步健全了高尚镇一体化防控体系，极大地增强了全镇群众的安全感。

【计生、武装、统战、群团】 2018年，高尚镇累计出生人口617人，人口自然增长率为4.61‰，17个村（居）委全部开展了诚信计生工作，诚信计生参与率达93%。在做好民兵整组的基础上，扎实开展征兵工作，顺利选送8名优秀青年入伍。统战、群团等工作取得了新进展、新成效。

【基层党建】 2018年，高尚镇切实做好发展党员工作，注重从致富带头人、优秀青年中发展党员，从源头上保证党员队伍的质量，2018年全镇发展党员14人。扎实做好党费收缴工作，根据党费明细，要求全体党员按时足额交纳党费。通过精心组织，严格筛选，共选聘10名村级党组织定额组织委员，进一步增强了村级班子的战斗力。找准基层党建工作着力点，把开展村级组织活动场所建设作为加强和巩固基层组织建设的具体行动，切实抓好基层组织活动场所建设。2018年，新建了仁和、居委、金山3个村级组织活动场所，全镇17个村（居）按照“十有一超一规范”的标准，建成了功能完善、设施配套、简洁规范、制度健全的村级组织活动场所。围绕生态旅游、脱贫攻坚、产业发展、生态乡村建设4大目标，积极筹划路西村党支部示范点建设。将基层党建品牌建设嵌入“桂北老家”乡村休闲旅游带。

【先进单位、先进个人名录】 2018年，高尚镇获兴安县先进基层党组织、兴安县脱贫攻坚政策“一口清”知识竞赛二等奖、兴安县庆“三八”“留园杯兴安魅力·扬巾帼风采”旅游推介服装秀比赛优秀组织奖、2018年桂林市关爱女性健康“两癌”保险工作优秀基层妇联单位、2017年度兴安县维护妇女儿童权益先进集体。

伍平安获评中共十九大和全国“两会”期间全市信访维稳工作成绩突出个人、杨麟角获评2017年度桂林市优秀共青团干部、鲁旭辉获评桂林市新农村建设工作先进个人、蒋勇飞获评2017年度全市“三大纠纷”调处工作先进集体和先进个人、蒋勇飞获评中共十九大期间信访维稳工作先进个人、张茜茜获评2017年度桂林市优秀共青团员、周晓辉获评兴安县2018年优秀共产党员、刘色林获评兴安县2018年优秀共产党员、邹福生获评兴安县2018年优秀共产党员、李云玲获评兴安县2018年优秀共产党员、蒋跃获评兴安县2017年度重大项目建设第四季度先进个人、李明艳获评兴安县2017年度重大项目建设第四季度先进个人、鲁旭辉获评2017年度兴安县维护妇女儿童权益先进个人、韦云鸥获评兴安县2017年度优秀妇女工作者、赵倩倩获评兴安县“三八”红旗手称号、廖玉红获评2016—2017年度全县脱贫攻坚先进个人、张茜茜获评2016—2017年度全县脱贫攻坚先进个人、王亚玲获评2016—2017年度全县脱贫攻坚先进个人、刘色林获评2016—2017年度全县脱贫攻坚先进个人、李云玲获评2016—2017年度全县脱贫攻坚先进个人、文艳玲获评兴安县“新时代讲习所”金牌讲习员比赛二等奖。

严关镇

【概况】 严关镇地处兴安县西南方，镇政府所在地北距县城10千米，自古以来为湘桂走廊之要塞，得名于秦代建造的“古严关”。严关镇交通便利，灵渠和国道322线横穿境内，泉南高速公路、湘桂高速铁路、资兴高速、202省道贯穿全镇，是桂北重要交通枢纽。全镇行政面积124.7平方千米，林地面积10.1万亩，耕地面积2.19万亩。下辖6个村委，74个自然村，119个村民小组，2018年末人口2.21万人，有瑶、壮两个少数民族，人口自然增长率控制在6.3‰以内。地属丘陵地区，南、北两端高，中间低，境内河流主要有灵渠、马尿河和黄柏江。年平均温度为18℃，年平均降水量为1800毫米，无霜期为300天左右。严关镇历史悠久，人杰地灵，物产丰富，盛产葡萄、草莓、食用菌、杉木、毛竹、雷竹等农林作物。葡萄、香草莓、蓝莓、土鸭蛋等农产品已经走上了精品农业的道路。方解石和白色大理石等矿产资源丰富，具有较大的开发潜力。主要景区有古严关、马头山庄、三米驿站、老虎塘峡谷、休闲绿道等。

2018年，全镇农业总产值3.03亿元，实现社会固定资产投资3.49亿元，完成指标数的110%，完成规模以上企业总产值3.25亿元，完成指标数的108%，实现招商引资6亿元，超额完成13.2%，农村人均可支配收入18815元，同比增长7%，经济社会得到了持续健康、快速有效的发展。

【项目建设】 2018年，严关镇紧紧围绕县委、县政府提出的“六个年”建设，坚持把抓项目、促投资作为工作的重中之重，较好地实现了全年发展目标任务。其中，碳酸钙精深加工新型材料产业园建设项目顺利推进，已完成508亩土地的征收和平整，争取用地指标145亩。仙桥园区水渠建设、电线迁移、地质灾害隐患整治和入园主干道路建设基本完成；江西坪村污水处理厂项目进展顺利，已完成厂区主体建设和设备调试工作；风电项目顺利实施，全年协助征地近20亩，化解矛盾纠纷50余起，风电一期项目如期投产发电，风电二期项目进展顺利；灵渠南渠严关段修缮和复航项目积极推进，制订了灵渠河道及绿道保洁机制，对灵渠沿线的村庄进行了环境综合整治，协助指挥部完成了有关专家的调研工作；古严关保护修缮与利用项目有序推进，前期准备工作已基本完成；交通基础设施建设项目稳步推进。总投资800万元的灵坛公路改扩建项目，完成了路面清表和路基建设，白洞田至丹岭自然村4.5千米的通村道路已基本完工。

【工业发展】 2018年，全镇新增固定资产投资项目13个，实现社会固定资产投资3.49亿元，完成规模以上企业总产值3.25亿元，发展速度位于全县前列。投资4000万的桂林茂兴新能源有限公司已落户并投入建设，桂林晟合矿粉有限公司投资2500万元的米石加工项目已签订合作意向。

【农旅融合】 2018年，严关镇在巩固水稻、葡萄等传统产业优势的基础上，新增特色水果无花果50亩、独根栽培阳光玫瑰100亩、草莓新品种50亩，砂糖橘、沃柑、东方红等500亩。新增种养殖专业合作社3个，培育家庭农场示范场6个。江西坪现代休闲农业示范区顺利通过上级验收，江西坪六良集团现代旅游休闲体验园84亩示范基地顺利建成，绿康草莓与优客尚品电商已签订合作协议，牧川生态农业开发有限公司荣获全国休闲农业与乡村旅游星级示范企业。鑫鑫水果种植专业合作社的阳光玫瑰、巨峰葡萄，在第四届全国冬葡萄技术交流会评比中获金奖；马头山新农村及核心农业示范区在央视等主流媒体上直播和报道。充分利用和挖掘严关的历史文化和人文特点，立足产业和旅游资源优势，以灵渠南渠为轴线，以绿道为串联，打造了“古严关·马头山·三米驿站”集农业采摘、观光、休闲旅游为一体的“灵渠人家”精品旅游线路，有力推动了严关镇旅游产业的发展。

【城乡面貌】 2018年，全镇新建村级文化广场、停车场、公厕等基础服务设施3处，按照县委实施乡村振兴“百村千屯”建设实施方案，对七甲、六口岩村进行整村环境综合整治，实施“三化”工程，实现硬化由主街道向村内小巷延伸、绿化由零星点缀向整村推进、亮化由传统照明向生态节能转变。马头山村基础设施进一步提升，新建了码头，修整了停车场，完善了旅游标志牌；在江西坪村修建护堤步道100余米，完成村内核心价值观基地打造。同时，在集镇区域和部分村屯大力整治私搭乱建、机动车乱停乱放、散发小广告、乱摆乱卖、占道经营等问题，推进“小巷工程”“便民工程”建设，实现庭院绿化，街道亮化美化。完成了水南田、大拱桥等部分村道硬化、永兴街部分房屋外立面改造和高速公路口绿化等建设项目，使严关的城镇面貌不断改善，群众幸福感不断提升，发展活力不断增强。

【脱贫攻坚】 2018年，全镇切实提高政治站位，扎实推进“脱贫攻坚六大行动”，采取一系列有针对性的工作措施，确保了2018年“四合一”核验顺利通过。强化扶贫基础设施建设，完成了清水村浪江至地楼、小河张家屋至横盘路以及香炉山畔田沙石路的建设任务；强化产业扶贫，共发放产业奖补资金31.789万元，积极培育村“3+1”特色产业，大力发展麻鸭、清水鱼养殖、灵芝种植等项目，通过产业带动，有效提高了脱贫质量；全面落实“雨露计划”，18名困难学生获得6.55万元的资助；建档立卡贫困户医疗保障参保率、家庭医生签约率、健康扶贫大病救治率均为100%，住院医疗费用经政府兜底个人实际报销比例达90%以上；严格落实问题整改，针对扶贫领域中央、自治区、桂林市巡视、巡察、暗访检查、审计等反馈问题，扎实有效开展整改工作，共完成个性问题整改2个，共性问题113个，并全部销号。

【生态环境】 2018年，严关镇牢固树立“绿水青山就是金山银山”的理念，严格落实中央环保督察组“回头看”整改内容，对水源污染、大气污染进行调研，减少严关境内粉尘、有色垃圾污染，还严关一片碧水蓝天。全面推行河长制，加强水源保护、水污染防治和水生态修复。根据县政府的工作部署和下发的《整治土立窑行动方案》文件精神，组织人员开展巡查120多次，制止违法行为30余起，彻底关停非法采石场8处，已捣毁土立石灰窑21口，成功取缔了塘堡村松源纸制品厂。

【基层党建】 2018年，严关镇结合“夜学夜访”及新“三同”活动，围绕中共十九大精神和习近平新时代中国特色社会主义思想，组织开展了系列主题宣传教育活动进企业、进农村、进校园，组织开展理论宣讲30多场次，开展新时代讲习所活动近20场次，精神文明建设创建活动广泛开展。基层组织建设不断夯实。投资70万元新修建成了清水村级公共服务综合楼，争取资金12万元对仙桥和灵坛村委老办公楼进行了修缮，确保两村办公场所面积达到了200平方米。新修订和完善了严关镇党委议事制度、“三会一课”制度、党费收缴管理制度、党建工作例会制度和党建工作督查制度等十二项基层党建工作制度，村干部绩效考评实行月督季考和临时重点工作督查机制。全年组织了两次基层党建专题培训班，培训全镇村级、镇直机关和“两新”组织党组织书记共140人次。深入推进党建促脱贫攻坚工程，全镇748名农村党员结对帮扶314户贫困户，实现农村党员帮扶贫困户全覆盖。积极打造党代表服务平台，先后在镇政府、清水村建立了党代表工作室，组织县、镇两级党代表入室开展活动，接待来访群众、倾听群众呼声，进一步畅通了党代表收集民意和办理提案建议的渠道，丰富了群众意见反馈方式，密切了党群关系。

【民生事业】 2018年，严关镇城乡低保救助工作全面落实，全年发放低保资金229.32万元、五保资金33.05万元、临时救助资金14.06万元、医疗救助金29.96万元。社会保险覆盖率全面提高，群众参合率达95%，建档立卡贫困户参合率达100%，新型农村社会养老保险参保率达95%以上，发放率达100%。科教文卫体等各项事业协调发展，2018年严关镇控辍保学率达100%，顺利迎接了义务教育均衡发展国家评估认定，严关镇中心小学被列为全县的样板学校。农村文体活动蓬勃开展，免费发放图书1720册，村民精神文化生活得到提高。农村医疗卫生计生工作稳步推进，实现农村贫困家庭签约服务全覆盖。落实国家、自治区、市、县各级奖励扶助3300多人次，发放各类奖励资金共103万元；住房条件得到极大改善。完成农村危房改造22户，切实为农村困难群众提供住房保障，共完成改厨改厕625户，兑付奖励资金83.82万元。扎实推进农村土地承包经营权确权登记颁证工作，土地确权登记面积23019.39亩，完成颁证4878本。

【社会大局稳定和谐】 2018年，严关镇深入开展突出社会矛盾和信访问题精准排查、精细化解工作，开展大接访活动，实行领导包案工作机制，做好矛盾纠纷排查，"变上访为下访"，努力化解积案。在节假日、东盟博览会等重要节点，组织领导干部下村入户，深入到信访群众中摸排调查，牢牢掌握工作主动性，有效地维护了社会稳定。全年共调处各类矛盾纠纷50余件，其中，化解积案6件。深入开展"扫黑除恶"专项斗争，全面开展"双提升"工作，2018年群众安全感满意度工作在全县名列前茅。加强"天网"工程和"雪亮"工程建设，新增"千里眼"高清探头67个。进一步加强禁毒和法制宣传，在农贸市场、学校等场所集中开展禁毒和法治宣传活动6场，发放宣传资料2000多份。

漠川乡

【概况】 漠川乡地处兴安县东南部，乡政府所在地距离县城33千米。全乡总面积312平方千米，辖13个村委会、168个村民小组，总人口2.3万人，有学校12所，卫生院1所。2018年，全乡规模企业完成工业总产值1.3024亿元，完成全社会固定资产投资1.08亿元，完成招商引资1.105亿元，节能减排指标完成县下达任务。同时，根据上级工作要求，圆满完成了全国第四次经济普查单位清查工作。

2018年，久中村委钟山坪村被列入第五批中国传统村落，兴安县翠珠红裳温克葡萄示范区荣获桂林市第四批现代特色农业县级示范区，桥头红石山庄获评2018年广西第一批四星级农家乐。

【农业】 2018年，漠川乡葡萄种植面积达1万亩，产值近1.8亿元，仅此一项农民人均收入6500元以上，其中，种植大户葡萄年收入更是达到10万元至20万元。成功利用"中国温克葡萄第一乡"和全国"一村一品"示范村镇品牌效应，兴安县翠珠红裳温克葡萄示范区，获桂林市第四批现代特色农业县级示范区。漠川晚熟葡萄丰收，在新华社、《人民日报》、《农民日报》、人民网等14家

9月20日，县委书记黄洪斌（左一）到漠川白面村调研

（漠川乡　供图）

11 月 17 日，漠川乡三套班子领导出席银杏之乡·桂林兴安漠川第二届金色乡村体验活动启动仪式 （漠川乡 供图）

官方主流媒体相继报道。在壮大优势产业的同时，积极做好特色产业——山蛙、野兔、山羊、油桃、猕猴桃、茂谷柑和美国糖橘的种植，鼓励壮大传统的杉木、药材产业，在增加农民收入的同时，扎实开展农村土地确权颁证和农村集体经济资产清产核资工作，为农业经济发展添加新的动力。

【生态旅游】 2018 年，漠川乡以榜上古村、长洲张家崎两个“桂北老家”的建设为着力点，以江西田、钟山坪、马家、座山等村为辐射带，全面推动乡村旅游业发展。完成榜上古村、长洲张家崎两个村的总体规划，停车场、登山步道、景观平台、古樟园、银杏公园、环村水系、旅游公厕等基础设施建设完成，漠川宾馆已开工建设，旅游集散中心积极推进。同时以庆祝改革开放 40 周年暨广西壮族自治区成立 60 周年为契机，举行了以“走进古韵漠川·放飞金色梦想”为主题的银杏之乡·桂林兴安漠川第二届金色乡村体验活动，吸引八方游客 10 万多人次，新华社、人民网、《广西日报》等多家媒体对此进行了专题报道。

【重点项目】 2018 年，漠川乡以榜上古村、长洲张家崎两个“桂北老家”的建设为着力点，完成榜上古村停车场和两个观景平台建设。不断加强旅游服务设施建设，桥头红石山庄旅游公厕建成，该山庄获评 2018 年广西第一批四星级农家乐。深入实施以改厨改厕改圈为重点的宜居乡村建设活动，完成“双改”550 户，人居环境不断提升，为旅游发展打下坚实基础。持续推进中小河流治理项目，漠川河莫家园及李家湾段防洪治理工程顺利实施，年内完成新建挡墙 1.5 千米。

【基础设施建设】 2018 年，漠川乡总投资 1200 万元、长 9.6 千米的保林通行政村公路扩建硬化工程于 11 月底竣工投入使用，标志着全县通行政村道路硬化已全面完工。总投资 1300 万元的漠川河莫家园及李家湾段防洪堤工程已完成规划设计并开工建设。实施“整县推进高标准基本农田土地整治项目”，极大改善了长洲、保合、榜上等 6 个行政村的农田生产条件。完成了田边、白花山、牛坪等 11 个自然村进村道路硬化和莫家园等 10 个自然村村内道路硬化，完成了九块田、半江、社背 3 个自然村太阳能路灯安装。

【脱贫攻坚】 2018 年，漠川乡计划脱贫 63 户、229 人，预脱贫村艳林村和保林村。联合后盾单位派出 326 名领导干部与贫困户结对子，全乡建档立卡贫困户均获得“一对一”联系帮扶，加大产业扶持力度，对新种、新养的贫困户实行以奖代补，共发放奖补资金近 58.114 万元。积极推进“十百千”产业化扶贫示范项目，财金、庄子、艳林、保林、白面等贫困村取得了产业发展长足进步。大力推进贫困村集体经济发展，2018 年计划脱贫村——保林村、艳林村各完成入股水电站 50 万元，每年为集体经济增收 3 万元以上。对照“十一有一低于”指标，完成了保林村委和艳林村委的村级公共服务中心和球场戏台的建设。

【环境保护】 2018 年，漠川乡围绕党政中心工作，不断加强生态环境保护工作，做好了传统村落环境整治和垃圾处理工作，保障了村级污水处理设施运行正常。加大对禁止露天焚烧垃圾的宣传和整治力度，完成全国第二次污染源普查入户调查工作，全面实行改厨改厕改圈工作，全年完成“双改”550 户。结合推行“河长制”，积极开展了饮用水源保护工作，确保了漠川绿水青山。

【教育、文化、医疗、卫生】2018年，漠川乡义务教育均衡发展工作有条不紊地进行，召开了教育工作暨教师节表彰大会，对扎根山区默默奉献的25名优秀教师及教育工作者进行了表彰。投资22万元的榜上至漠川中学道路硬化已完工并投入使用，总投资820万元的长洲、榜上、庄子、显里、桥头、保林、久中7所小学教学综合楼和投资170万元的榜上中心小学学生宿舍楼全面完工，全乡教育环境得到极大改善。

【信访·维稳·社会治安综合治理】2018年，漠川乡牢记“发展是硬道理，稳定是硬任务”的使命，制订了天网工程安装计划，切实抓好“安全感”、“满意度”提升工作，进一步完善社会治安综合治理体系，加大矛盾纠纷调处力度，落实了“一案一档”管理制度，及时处置了各类信访事件。严厉惩治“黄赌毒”等违法犯罪行为。严格落实“党政同责、一岗双责、齐抓共管”的安全生产责任体系，认真开展“安全隐患大排查”、“道路交通安全整治”等专项行动，及时排除安全隐患，实现生产安全“零事故”目标。

【基层党建】2018年，漠川乡坚持精品党建领航经济，深化“产业链上创新设立党组织”，探索“协会、支部建在产业链上，党员、致富能人聚在产业链上，产、销农民富在产业链上”的党建引领产业发展新路子。通过产业党建模式，富民葡萄专业合作社等党支部引领温克葡萄提质增效每亩增收1000元以上。多层次分类别树立庄子村党总支部、富民葡萄专业合作社党支部等先锋党组织和葡萄种植、特色动物养殖等先锋党员示范基地，全力打造了庄子李家湾和长洲张家崎等精品党建示范点。投资40万元完成了长洲村委张家崎村平安党建党建示范点“平安广场”建设，认真抓好自治区党委组织部党费30万元扶持协兴村发展壮大村级集体经济项目，种植特色品种“黑籽甜石榴”15亩。“月会述职”制度成效明显，村级党组织抓党建工作形成制度化，印制“党群干群连心卡”，发放到需要帮扶的群众手上，及时为群众提供信息、技术、销售一条龙服务，让“有问题找组织，有困难找党员”制度得到全面落实并取得明显成效。

（陈英鹏）

华江瑶族乡

【概况】华江瑶族乡成立于1985年9月5日，地处兴安县城西北部，位于华南第一峰——猫儿山南麓，距离桂林市区66千米，距离兴安县城41千米，行政区域面积422.28平方千米。全乡辖千祥、升坪、锐炜、同仁、杨雀、高寨、水埠、洞上9个村委会，154个村民小组，总人口18283人。居住着汉族、瑶族、壮族、苗族、土家族等民族，其中瑶族人口占26.6%，是兴安县唯一的少数民族乡。

华江瑶族乡地处漓江源头，气候温和，雨量充沛，境内河流纵横，水利资源十分充沛，矿产资源蕴藏量大，主要的矿产资源有锰矿、钨矿、萤石矿、长石矿、富热煤矿等。华江瑶族乡自然生态资源丰富、红色历史文化厚重、民族风情浓郁。主要景区景点有猫儿山生态旅游区、高寨漓源瀑布景区、十里大峡谷景区，同仁忘忧谷风情园景区、老山界龙潭江景区、界脚湾休闲度假区，千祥生态休闲、旅游养生中心（类五星宾馆度假区），红军标语楼，水埠桂北第一瑶寨风景区，锐炜生态家园景区等。华江瑶族乡是全国十大毛竹之乡，先后获得了自治区“民族团结进步模范集体”、自治区“养

11月23日，华江瑶族乡举办第四届盘王节暨“多彩瑶乡”新时代文明实践活动

（华江瑶族乡　供图）

生养老小镇”称号和桂林市第三批“新型城镇化示范乡镇建设”一等奖等荣誉。

2018年，全乡完成固定资产投资2.24亿元；完成招商引资3.3亿元；完成规模工业总产值2.99亿元；农村居民年人均可支配收入达18235元。

【经济建设】 2018年，华江瑶族乡圆满完成了桂林市第三批新型城镇化示范乡镇建设24个子项目。其中，污水处理工程、华江门楼、迎宾路、竹文化标志性建筑、民族广场、农贸市场等项目总投资4550万元，顺利通过了桂林市新型城镇化示范乡镇建设核验组的验收。华江猫儿山生态园获得自治区级四星级农家乐，农历三月三和10月16日分别成功举办了“山歌争霸赛”和“华江第四届盘王节暨‘多彩瑶乡’新时代文明实践活动”，全年接待游客稳定在50万人次以上，旅游“三产”收入超亿元。积极培育华江竹林高山野生茶产业，野生茶年产值达3000多万元；继续投入30多万元组织林农开展毛竹病虫害防治，巩固了传统优势产业的可持续发展，毛竹产业年产值达3亿元，解决就业2000多人。特色农业不断壮大，新建了猕猴桃种植基地2个、150多亩；新种罗汉果200多亩，中药材300多亩，“黑老虎”100多亩；新增冷水鱼养殖场6个、竹林鸡养殖场3个。

【社会管理】 2018年，华江瑶族乡城乡居保、医保参保率均达99%以上；完成了危房改造98户，改厨改厕520户；农村土地确权90%以上发证；完成了农村集体产权制度改革清产核资工作；完成了“一事一议”财政奖补项目7个。

【基础设施建设】 2018年，斧子口水库顺利通过验收并下闸蓄水。斧子口水库移民小城镇和雷皮洲两个后靠安置点建设工作顺利推进，部分移民户宅基地已具备启动建房条件。成功引进3个新项目，其中投资2.6亿元的“一山半岛”温泉度假酒店项目主体已建至五层；投资2亿元的中国健康好乡村项目、上海久翌公司投资10亿元的桂林阳雀国际温泉旅游度假区项目先后落户华江，阳雀国际温泉旅游度假区项目，正在进行温泉钻探，并启动了林道路建设。锐炜至高寨二级旅游公路建设项目，完成规划设计方案等前期工作。建成了6座红色文化雕塑群、1个红色文化教育小广场，在民俗博览馆二楼开辟了红色文化讲堂，到华江重走红军路、接受红色教育的游客络绎不绝。龙潭江景区项目旅游公路已完成2.5千米硬化，停车场、旅游厕所、红军文化园正在加紧建设。实施了迎宾路亮化工程，安装了富有民族特色的路灯28盏。完成了全乡9个村级综合服务中心建设，便民环境进一步优化。

【基础党建】 2018年，华江瑶族乡因地制宜，全力打造“老山界下守初心，瑶乡深处党旗红”党建品牌，以品牌建设带动工作开展，促进全乡经济社会稳步健康发展，成效较为凸显，年初被列为市级党建品牌。创立了“三学三亮三创”党建载体，同步推进“三学”，激发党员内生动力，联合县委党校创办了“政治理论讲堂”，2018年累计授课20场次；创办了“红色文化讲堂”，邀请对红色文化有深入研究的教师和红军后代，为全乡党员干部讲述红色革命历史，使广大党员接受历史教育，传承长征精神。评选出20名优秀共产党员和10名十佳党员致富带头人进行了表彰。在全乡726户党员家庭门口统一挂上“我家有党员，树立新榜样”标识牌。创建了乡级党性锤炼示范基地和高寨旅游党建示范点创优“党建+”模式，如“党建+旅游”“党建+扶贫”“党建+乡风文明建设”等模式。

【扶贫攻坚】 2018年，华江瑶族乡新识别纳入建档立卡贫困户8户、38人，将符合低保条件的220户贫困户、821人纳入低保帮扶对象，有24人享受了“雨露计划”。全乡有306户建档立卡贫困户申报了产业扶贫奖补，发放奖补资金62万元。为55户贫困户申请了贴息贷款；为29户贫困户审批了危改项目；为贫困户举办职业技能培训2批次，共培训146人。从贫困人口中选聘了99名生态护林员，每人每年工资收入6000元。2018年，全乡共有49户建档立卡户173人光荣脱贫，杨雀村顺利通过自治区“四合一”验收，成功脱贫摘帽。完成了杨雀村五谷庙至康概冲产业扶贫道路硬化1.3千米；在杨雀村新增中药材种植100多亩，弥核桃150多亩；水埠村新增百香果60亩、猕猴桃80亩；在杨雀村新建了40千瓦太阳能光伏电站一座，村集体经济年增加3万多元，还通过入股兴安县尚振水果种植专业合作社，每年分红收入1.5万元；水埠村入股黑洞江冷水鱼养殖场，每年集体收入增加2.5万元；筹资100万元入股风力发电项目，发展壮大了千祥、同仁、升坪、高寨、洞上5个村委集体经济，上述村委集体收入分别增收2万元。

崔家乡

【概况】 崔家乡位于北纬25°17′~25°55′，东经110°14′~110°56′之间，地处兴安县东南部，乡政府驻地距县城7千米。东接湘漓镇、漠川乡，南环高尚镇、白石乡，西北连兴安镇。春秋战国时期属楚国疆土，清代为南乡六都。民国25年(1936年)以后分属俸山乡、急义乡、道冠乡。解放后，曾称俸义区、高泽公社、崔家公社，1984年改称崔家乡。103省道过境，辖8个行政村，乡人民政府驻上塘村，行政区域面积94.7平方千米。2018年末总人口2.3546万人，有瑶族、壮族、侗族等少数民族，人口自然增长率3.8‰。耕地面积2.8699万亩，林地面积9.39万亩。重要矿产资源有锑矿，地方农产品作物有甜玉米、柑橘、辣椒、马铃薯等，是典型的农业之乡。

2018年，崔家乡社会经济持续健康发展，完成固定资产投资1.3亿元同比增长13.3%（根据新统计口径）；完成农业总产值3.02亿元，同比增长6.3%；农民人均纯收入达到13172元，同比增长10.5%。

2018年，崔家乡粉山村委获自治区五星级党组织，崔家乡上塘村委、三义村委获自治区四星级党组织，崔家乡长冲村委获自治区三星级党组织，兴安县崔家乡高泽村委高泽圩自然村获自治区卫生村，崔家乡高泽村委唐勤权获2017年度"美丽广西"乡村建设模范保洁员。

【农业发展】 2018年，崔家乡树牢"生态功能区"发展理念，积极探索创新，不断改进农业发展模式，实现农业增效、农民增收。一是依托全新农机合作社积极发展富硒水稻深加工项目，辐射带动周边水稻种植面积达6000多亩，已完成富硒大米加工厂主体建设。二是打造万盛元农业开发基地，采取"公司出资出技术+土地流转+村集体入股+群众参与"的方式，建成了蓝莓、猕猴桃、黑老虎、砂糖橘等多个品种的水果生态化生产园，全年接待游客达到6000人以上。三是积极引进泽源丰生态标准化农场，完成土地流转1500亩以上，种植油茶1000亩。四是加快创建崔家乡农业核心示范区建设的步伐，全年共创建崔家乡全新粮食现代化生产示范区、崔家顺森养殖2个乡级示范区，创建树发柑橘等3个村级示范点、家庭农场10个，辐射带动全乡农业创新发展。五是顺利完成土地确权颁证收尾工作，妥善处理好各类遗留问题，切实维护农民群众的利益。

4月18日，崔家乡全新农机合作社正式进入进行春耕生产期。图为种粮大户唐新全在插秧作业 （崔家乡 供图）

【生态旅游】 2018年，崔家乡以桂林市、兴安县建设"兴阳公路、兴白公路精品旅游路线"为契机，把仁山洞打造成生态宜居乡村示范点，把高泽圩打造成"桂北老家""银杏古村"生态休闲旅游示范点。2018年，崔家乡完成高泽圩立面改造，换种白果树500棵，极大丰富了旅游资源，改善了旅游基础设施条件。同时，以崔家农庄、大山岭万盛元生态农庄等为依托，积极谋划全域旅游，抓好旅游与生态农业融合发展，着重打造农旅结合示范点。

【基础设施建设】 2018年，崔家乡继续整合乡域资源，加大投入力度，加快推进乡村基础设施提质工程建设。2018年完成崔家村委田南村、上塘村委张家村、高泽村委秦家村等村15千米的村内道路和进村道路的硬化；完成危房改造46座；完成崔家双河村、蚂塘村等5个自然村125盏太阳能路灯安装，群众生活品质得到有效提高。同时，完成三义、田心、崔家、高泽、上塘5个村委的村级综合服务中心建设和投入使用，并同步安装视频系统，实现全乡农村基层阵地建设提质改造的全覆盖。

【社会管理】 2018年，崔家乡充分利用乡、村两级的"农家书屋"，实行全天对外开放管理，倡导全民阅读，普及科学知识。认真组织排练文艺节目《小丽的心事》，荣获兴安县戏曲类原创节目比赛一等奖，并多次获得优秀组织奖等荣誉。积极创建区、市级文明卫生示范村，集中开展村容村貌净化整治工作，组织全乡二层机构和行政村开展除"四害"、做"五防"活动，进一步改善农村居住环境。结合春节、国庆节、重阳节等有利时机开展禁毒防艾宣传活动，发动广大群众积极参与，打好禁毒和防治艾滋病持久战。认真抓好农村低保、大病救助等各项民生工作，严格按照要求，实施动态管理。认真做好优抚和救济款物的发放和五保老人供养和困难群众的救助工作。2018年，崔家乡城乡医疗保险签署银行代扣代缴协议书达93%以上，居全县前列。认真落实义务教育的各项政策，高度重视控辍保学工作，认真监管好中小学生食品安全和道路交通安全工作，积极推进课程改革，实施素质教育，提高教育质量。通过不断加强校园文化建设、整治校园环境卫生、加大师资配置、提升教师素质等有力举措，确保义务教育均衡发展顺利通过自治区的验收。全面完成桂林市、县、乡、村四级安全隐患排查和整改任务，顺利通过国务院的检查验收。

【党的建设】 2018年，崔家乡切实做好发展党员和党费收缴工作。持续利用党委中心组学习、党员大会、"新三同"活动、"夜学"时间学习党的政策方针。2018年，全乡共组织开展集中学习25次，支部主题党日90余次，业务培训5次，党员领导干部讲党课38次。以"党员活动日"为依托，先后组织党员干部到和各基层党组织到桂林廉政教育基地、红军长征突破湘江烈士纪念碑园等地接受警示教育和"红色教育"，引导广大党员干部增强党性观念和廉洁自律意识。

抓场所，筑牢基层组织阵地。2018年，崔家乡党委积极探索"后盾单位+乡党委+各村委"统筹协调的办法，新建高泽村委办公楼247平方米。全乡8个村级组织活动场所均已达到"十有一超一规范"验收标准。同时，依托村级服务中心的建设，积极完善各村办公场所服务设施，改善办公条件，共配备投影仪2台、视频电视9台、电脑17台、空调6台，通过加大投入力度，基层党建工作得到有效支撑。

创平台，丰富基层服务载体。2018年，崔家乡充分运用"互联网+"思维，积极与中国移动公司开展深度合作，完成直通各村级党组织的"崔家云视讯"视频会议系统的安装，利用该系统可以将会议及工作部署开到村一级，让广大党员群众足不出村就能接受培训教育，有效提高党建工作效率。同时，利用该系统还对基层党组织"三会一课""组织生活会"等制度落实情况进行实时监督和远程指导，为基层党建工作安上了"千里眼""顺风耳"。以党建服务为中心，创建"崔家党建c家"微信公众号，开设"远教天地""干部充电""基层风采"等板块，实现党员教育、管理、服务"指尖化"。

7月23日，广西师范大学兴安县崔家乡挂职队在长冲村委开展"关爱留守儿童，放飞青春梦想"志愿服务活动　　（崔家乡　供图）

【扶贫工作】 2018年，崔家乡党

委、政府严格按照年初上级部署的“二上二下一微调”方针和“两不愁三保障”及“八有一超”的标准，通过开展产业扶贫、技术扶贫、资金支持、转移就业等措施，于2018年底共实现31户、112人脱贫，顺利通过自治区、桂林市脱贫攻坚检查验收。通过依托全新农机合作社，采用“党支部+合作社+村委”的固定分红模式，联合三义、崔家、高泽村民合作社共同开展水稻种植和加工生产，实现了群众、村集体、合作社三方共赢，崔家村委各项指标均达到“十一有一低于”标准，顺利实现脱贫摘帽。

【乡村建设】 2018年，崔家乡依托“美丽兴安·宜居乡村”建设要求，结合改厨改厕工作，抓好农村宜居环境综合整治，不断改善生态环境。2018年，经过全乡干部努力，“双改”户数已达到1792户。同时，通过抓好“双改”重点村，对仁山洞、湾子江、崔家村等村进行环境综合整治，农村人居环境得到改善，以点带面不断推动各村乡村建设工作取得实效。

【社会稳定工作】 2018年，崔家乡党委、政府始终坚持稳定压倒一切的工作理念，全力推进“平安乡镇”建设，对涉军、涉法等重点群体及信访多发村进行重点排查，及时排查化解不稳定因素。全年共接待来信来访45件116人次，做到接待好、解答好、受理好，调处到位，件件有答复、有落实。全年投入20万元资金，开展“雪亮工程”建设，在全乡8个行政村、学校和集镇加装摄像头50个，全面织密视频监控网络。同时，持续开展联防夜巡活动，有效制止各类违法犯罪行为6次、驱散群众赌博窝点5处，破获刑事案件2起。2018年，全乡共查处吸毒人员21人次，全年群众安全感和政法部门满意度继续走在全县前列。 （唐 秋 李纯洁）

白石乡

【概况】 白石乡地处兴安县东南部，乡政府所在地距离县城22千米。全乡总面积86.9平方千米，辖6个村委会、74个自然村，2018年人口1.25万，其中农村人口1.19万。有壮族、瑶族等少数民族。人口自然增长率为1‰。全乡耕地面积876公顷，林地面积5542.5公顷。全乡有学校8所，其中小学6所，幼儿园1所，初中1所；卫生院1所，村医疗室6间，农家书屋7间，文艺队5支。白石乡境内企业少，环境质量优良，适合发展生态农业，盛产山地葡萄、柑橘、百香果、罗汉果、辣椒、甜玉米、毛白菜等农产品，农产品完全符合“绿色食品”概念；全乡境内主要有秦家大院、湘江源、天生桥群、喊水井等旅游景点。

2018年，白石乡围绕建设“生态白石、文明白石、富裕白石”的发展目标，统筹推进各项工作，全乡社会和谐有序，经济健康发展，基础设施进一步完善，各项社会事业取得优异成绩。尤其是脱贫攻坚工作，塘口村委代表兴安县接受自治区核验组“四合一”核验，三友村委代表兴安迎接区脱贫核验组脱贫摘帽核验获得充分肯定。

【农业】 2018年，白石乡持续调整优化农业产业结构，稳固好农业生产基本面，以农业产业化、规模化提升农业收益、扎实做好农业生产服务相关工作，发放粮食综合直补资金201.2万元，多方举措确保农业增产增效农民增收。

以特色化培育农业新增长点。利用气候环境优势，及时调整发展思路，积极推广山地特色种植，新增种植100亩以上甜柿育苗基地1个、100亩以上荔浦芋种植基地1个。充分利用山区林地资源和生态环境，探索林下经济发展，扩大种植仿野生灵芝150亩。发挥山地生态养殖优势，扶持五黑鸡生态特色养殖场1个，带动10户贫困户通过发展产业脱贫。全乡逐步形成小辣椒、毛白菜等山区生态蔬菜，百香果、柑橘、罗汉果等生态特色水果，放养山猪、放养土鸡、山羊、竹鼠生态特色养殖良好发展的局面。

扶持新型农业经营主体发展。为职业农民和专业合作社等规模农业上产经营发展主体做好发展服务工作，引导培育有文化、懂技术、会经营、集约化程度高、市场前景好的农业经营组织发挥带头和辐射作用。2018年，全乡2个现代农业示范基地、4专业化合作社、家庭农场获奖励扶持。

进一步深化农村改革创新。全面清查核实集体各类资产，全乡完成6个村委的村级集体资产清产核资工作。农村土地承包经营权确权登记工作代表市里接受自治区工作组验收，发放农村土地确权证书3004份，登记颁证率达到97.65%。积极引导土地依法依规有序流转，推动农业适度规模经营，提高土地利用率和效益，全乡土地流转累计总量达3000亩。完成第四次全国经济普查对象清查工作，摸清经济发展家底，为制定白石乡下一阶段经济发展规划提供科学依据。

【基础设施建设】 2018年，白石乡实施农村道路畅通工程，投资220万元的完成高圩村委新天桥项目建设，解决多年来困扰高圩村委边远贫困山区部分群众的出行难、出行险问题。完成喊水井1100米道路建设，以及白竹村委黑龙头、高圩村委塘家田、上牛皮岭入村道路硬化；完成鳌头村委牛路、高圩村委下牛皮岭2个自然村村内道路硬化。为三友村委下山背自然村、高圩村委上牛皮岭自然村、门家村委高桥边自然村安装太阳能路灯31盏；完成了三友村委山背、黄家、鳌头村委桂子岩5个自然村人饮工程建设，解决700多人饮水难问题。修建塘口田村内便桥2座。完成白竹村委下水冲、付家塘生产道路1700米的硬化。抓好水利等农业基础设施建设和维护，常年做好山口、腰古岭两座水库的隐患排查修复和日常运行监管，保障水库的蓄水给水功能、维持渠道管网的畅通，维修境内山塘堰坝6座，完成水渠三面光1200米，确保蓄水安全及正常发挥农田灌溉功能，为白石农业发展提供良好的水资源保障。

【精品旅游线路打造】 2018年，白石乡古建筑修缮保护工作有序开展，秦家大院及周边设施建设日趋完善，村落整体环境质量显著提升。投资200余万元的湘江源旅游栈道、投资300万元的苦竹坪至浪上旅游通道和石柱停车场、公厕、观景亭均已建成投入使用。完成三友村委喊水井1.1千米旅游公路修建，全乡旅游基础设施逐步完善，景区景点范围大幅拓宽，生态旅游景观逐步呈现。对七里峡至水源头、石柱、浪上公路沿线银杏树开展管护，加大古银杏树保护力度并开展林下环境整治，实现保护功能与景观功能的整体提升；组织发动群众利用冬闲田发展油菜花种植2000多亩，打造春季金黄花海，取得景观效益和经济效益双丰收。加大旅游资源推介，秦家大院、湘江源景区及所属石柱、浪上自然村景观、喊水井、天生桥等景点知名度快速提高。2018年，白石乡以秦家大院至湘江源“寻古探源银杏长廊”旅游路线为中轴，新的乡村旅游示范带初步成型。

白石乡秦家大院 （蒋子鸣 摄）

【脱贫攻坚】 2018年，白石乡把握方向，明确分工，落实责任，实行一村一策、一屯一计、一户一方，大力推进脱贫攻坚各项任务落地落实，真正帮到点上、扶到根上，让贫困人口真脱贫、脱真贫。扶持生产、转移就业、生态补偿、教育帮扶、医疗救助、社保兜底多措并举精准施策。切实把产业扶贫作为主攻方向，注重增强贫困村贫困户自身造血功能。全乡申请产业扶贫244户，发放奖补资金48.92万元，信贷帮扶解决群众缺资金问题，为小额贷款贴息10.56万元。开展劳动力转移培训班3期，56名贫困群众获得就业培训证书，介绍贫困群众外出务工37人，在周易电子厂率先设立全县首个扶贫车间，吸纳16名户贫困户家庭劳动力到乡扶贫车间就业，实现每月增收2000元以上。投入76.5万元发展光伏发电优化村级集体经济结构，有效解决贫困村和非贫困村村集体经济增收问题。完成危房改造68户，发放危房改造补助资金167万元，年度49户、155人实现脱贫。高圩、三友两个贫困村实现脱贫摘帽目标。

【乡村建设】 2018年，白石乡常态化做好乡村环境卫生工作。全年共投入资金65万元用于全乡街道及各行政村、自然村日常保洁与垃圾收集清运，全面建立生活垃圾村收集、乡清运的管理新模式，有效缓解垃圾处理难的问题。继续以改厕改厨工作推进农村环境整治，全年完成改厨改厕500户。开展“百千工程”，提升示范村1个，新建示范村2个，整治自然村20个。通过种植花卉树木、建造花圃、安装太阳能路灯、道路硬化、排污设施建造、整体环境整治，以及打造精品生态示范村，乡村建设实现绿化、亮化、硬化、净化、美化“五化一体”，整体生态环境建设水平得到显著提高。同时，实施农村道路畅通工程和农村电网升级改造；开展农村土地综合整治，做好田间道路及灌溉设施配套建设，改善生产和生态条件建设高标准农田。强化河长制对河流水库等水资源的监管和保护力度。发挥好村级综合服务中心和村级图书室、村级卫生室的基层公共服务职能。大力开展移风易俗，完成全乡6个村委红白理事会创建工作和6个自然村示范点建设，推动形成崇尚文明、勤俭节约的社会风尚。

【民生事业】 2018年，白石乡进一步强化最低生活保障制度的管理水平和保障水平，全面实行低保无纸化网上审批制度。2018年，全乡累计发放低保资金205.4万元，发放特困人员救助金42.5万元，发放大病救助款15.1万元，发放优抚资金60.7万元，发放80岁以上高龄老人生活补贴16.3万元，救济困难群众1500余人。城乡居民医疗保险参保人数为1.22万人，参保率达到97.6%，全乡享受城乡居民医疗保险住院报销补偿631人次，报销补偿金额280万元。城乡居民社会养老保险参保人数为8680人，其中到龄享受待遇人员2063人，发放养老金287万元；发放一次性丧葬补助3.6万元。多渠道做好就业促进工作，全乡城镇新增就业人口470人，农村劳动力转移就业新增530人。

【文化阵地建设】 2018年，白石乡规范化做好村级文化图书室免费开放，重点增加文化、健康、农村科技等图书上架。邀请县文化馆专家到白石乡开展舞蹈、乐器培训3期。重大节日期间组织群众开展村级文体活动，带领群众文艺队参加县级原创节目大赛。加强对文化市场的监督管理和巡查工作，确定鳌头、三友村委为“扫黄打非”示范点。新装卫星电视户户通76户，解决好边远、困难群众看电视难的问题。

【公共卫生服务】 2018年，白石乡全面落实公共卫生服务项目，提高基本公共卫生服务能力，乡卫生院全年服务门诊12582人次，住院202人次。建立居民健康档案建档8233人，家庭医生签约履约9465人；完成辖区贫困人口健康扶贫相关工作1160人次，严格落实建档立卡贫困户“先诊疗后付费”“一站式结算”政策。全年无医疗事故纠纷，无群众投诉事件。

【教育事业】 2018年，白石乡义务教育均衡发展，初级中学及小学入学率达100%，适龄少年儿童全部入学。全年投入120余万元提升优化乡中心小学教学设施设备，投入20余万元对各村级教学点校园建设；进一步改善低龄儿童就近入学条件，“义务教育均衡发展”顺利通过国家验收组验收。投资215万元的中心小学综合楼投入使用，投资520万元的中心幼儿园综合楼已接近竣工。2018年，白石中学中考参考人数44人，录取示范性高中27人，居兴安县同级学校首位，白石中学获评市级教育质量管理先进单位。

【社会管理】 2018年，白石乡开展转作风、提效能、优环境专项活动，用好用活现有行政资源，提高行政效能，乡政务服务中心窗口全年受理办结各类事项2000余件。常态化抓好安全生产、食品药品安全、森林防火及消防等工作。突出抓好重大节假日期间的社会稳定和安全生产工作，乡直职能部门开展5次安全生产联合大检查，重大安全隐患挂牌督办8起，销号8起，全年未发生安全生产和食品药品安全事故。平安建设扎实推进，紧扣社会治安大局持续稳定目标，开展“打黑除恶”专项斗争。进一步加强“天网”工程和“雪亮”工程建设，消除治安盲点。乡村两级综治维稳信访工作网格化管理进一步完善，信访维稳形势持续良好。充分发挥人民调解作用，三大纠纷调处25起，调处成功率为95%。多种形式开展反邪教宣传工作。聘用禁毒社工2名，加大对吸毒人员进行摸底、造册、跟踪，严禁吸毒行为。全乡群众安全感和政法队伍满意度处于全县前列。

索 引

索引说明

一、本索引采用主题分析方法。正文(包括条码、文献、资料、图片和表格)中凡具有独立检索意义的完整资料,均可通过本索引进行检索。为突出图片主题,有的图片文字说明作简略处理。

二、主题词词首按汉语拼音字母(同音字按声调)顺序排列。索引范围包括类目、分目、条目、表格标题和图片。正文中的类目、分目在本索引中用黑体字标明,其余款目用宋体字排印。表格、图片在其款目后分别标明“表”“图”。

三、主题词后的数字表示其所在页码,a、b、c 分别表示左栏、中栏、右栏。

四、同一主题的内容在文中多处出现的,在其款目后用不同的页码标明。空两字起排的款目为上一主题的“附见”。内容有交叉的款目在本索引中重复出现。

五、“编辑说明”“大事记”等栏目不作索引,阿拉伯数字开头的款目排在索引的前面。

D

K

L

M

N

P

Q

R

S

X

Y

Z